Photo

COMMENTAIRE

THÉORIQUE ET PRATIQUE

DU CODE CIVIL.

Corbeil, typogr. de CRÉTÉ.

COMMENTAIRE

THÉORIQUE ET PRATIQUE

DU CODE CIVIL

PAR

A. M. DU CAURROY,

PROFESSEUR A LA FACULTÉ DE DROIT DE PARIS;

AVEC LA COLLABORATION

DE

E. BONNIER, professeur, et **J. B. P. ROUSTAIN,** professeur suppléant

A LA MÊME FACULTÉ.

TOME DEUXIÈME

CONTENANT LE IIᵒ LIVRE DU CODE ET LE 1ᵉʳ TITRE DU IIIᵉ.

ART. 516-892.

———

PARIS,

G. THOREL, LIBRAIRE-ÉDITEUR,

PLACE DU PANTHÉON, 4.

———

1851

1850

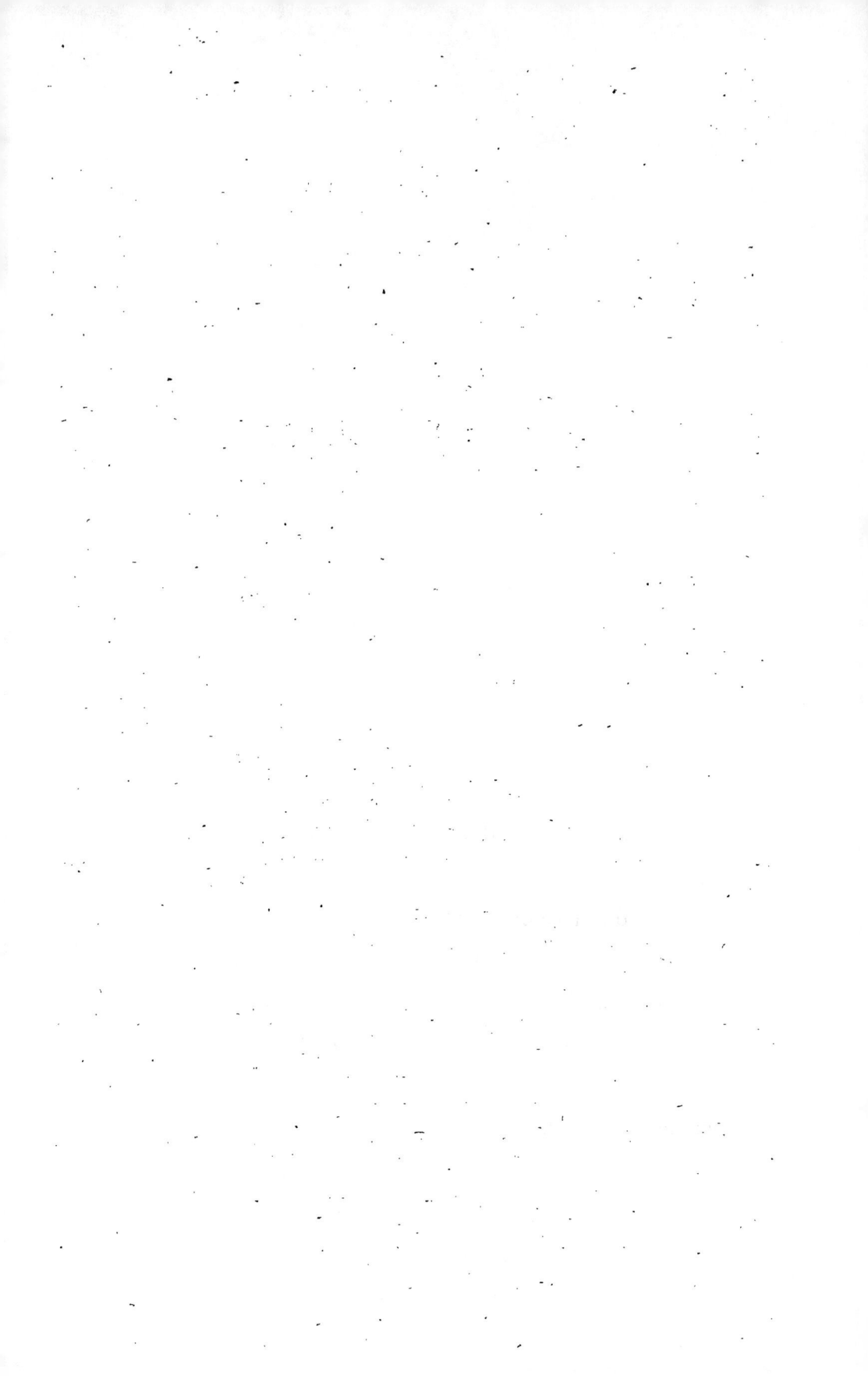

AVIS DE L'ÉDITEUR.

Pendant l'impression de ce volume, la science du droit a fait une perte aussi déplorable qu'inattendue : M. Du Caurroy a succombé au moment même où il venait de revoir une épreuve du livre dont l'élaboration consciencieuse était depuis plusieurs années sa constante préoccupation. Il n'a pas été donné à l'illustre interprète des Institutes de Justinien d'achever ces *Institutes du droit civil français*, qui devaient être le couronnement de sa carrière juridique. Les collaborateurs de M. Du Caurroy, cruellement éprouvés par cette perte, regretteront toujours l'impulsion qu'imprimait à leurs travaux un jurisconsulte dont l'ardeur égalait la sagacité. Mais ils comprennent en même temps qu'ils doivent à sa mémoire de ne point se laisser décourager par le fatal événement qui vient de briser une plume si chère aux amis de la science. Ils s'efforceront de répondre dignement et à l'attente du public éclairé, et à la pensée de M. Du Caurroy, en poursuivant avec un zèle religieux l'œuvre commencée sous ses auspices.

COMMENTAIRE

THÉORIQUE ET PRATIQUE

DU CODE CIVIL.

LIVRE DEUXIÈME.

DES BIENS, ET DES DIFFÉRENTES MODIFICATIONS DE LA PROPRIÉTÉ.

TITRE PREMIER.

DE LA DISTINCTION DES BIENS.

Décrété le 4 pluviôse an XII (25 janvier 1804). Promulgué le 14 pluviôse (4 février).

INTRODUCTION.

SOMMAIRE.

1. Quels sont les objets du droit. Distinction des choses et des biens.
2. Double rapport sous lequel les biens sont considérés dans ce titre.
3. Origine et importance de la division des biens en meubles et immeubles.
4. Subdivision des biens immeubles en trois classes.
5. Des biens immeubles par leur nature.
6. Des biens immeubles par destination. Circonstances qui immobilisent certains meubles.
7. Origine de la division des biens en corporels et incorporels.
8. Sous quel rapport les créances et les actions sont-elles considérées comme meubles ou immeubles ?
9. Distinction des biens meubles en deux classes. Motifs de la dénomination donnée à la seconde.
10. Des biens meubles par leur nature.
11. Des biens meubles par la détermination de la loi.
12. nonvénient des définitions données par le Code.

1. Suivant les jurisconsultes romains, le droit s'applique à trois objets : les personnes, les choses et les actions (1). Cette division repose sur des notions qui sont de tous les temps et de tous les pays ; et si elle

---

(1) *Inst. Pr. de jur. pers.*

n'est pas reproduite par le Code civil, c'est parce que la procédure, qui chez nous correspond assez exactement aux actions du droit romain, est en droit français l'objet d'un Code particulier. Ainsi le Code civil n'a que deux objets : les personnes, dont il a été traité dans le premier livre, et les choses, dont s'occupent le second et le troisième livre. Il faut même remarquer que le Code ne traite pas des choses en général. S'il mentionne celles qui n'appartiennent à personne (art. 714), c'est uniquement pour renvoyer à des lois spéciales qui règlent la manière dont chacun peut en user, et quelquefois même se les approprier (art. 714, 715 et 717). Ces matières sont dans le domaine du droit administratif ; le Code ne s'occupe que des choses qui, se trouvant *in bonis alicujus,* prennent la dénomination spéciale de BIENS.

2. Dans ce titre, le Code considère les biens sous deux rapports différents : d'abord en eux-mêmes, et ensuite par rapport aux personnes qui en sont propriétaires. Les biens, considérés en eux-mêmes, se rangent tous en deux classes : ils sont meubles ou immeubles (art. 516). Cette division s'applique même aux biens incorporels ; mais il faut observer qu'on ne peut pas y comprendre toute espèce de droits. Évidemment la puissance paternelle, la puissance maritale, etc., bien qu'appartenant à des particuliers, ne sont ni meubles ni immeubles : ce ne sont pas là des biens proprement dits, que l'on puisse faire figurer dans un inventaire du patrimoine.

3. La distinction des meubles et des immeubles avait pris, dans notre ancien droit, une importance qu'elle était loin d'avoir en droit romain, et qu'elle a conservée en grande partie sous le Code civil. A la vérité, la loi actuelle n'appelle plus certains héritiers à succéder aux meubles, et certains autres à succéder aux immeubles (V. art. 732) ; mais il existe encore des différences essentielles.

Ainsi, lorsque deux époux se marient sous le régime de la communauté, les immeubles qui appartiennent soit au mari soit à la femme, restent propres à chacun d'eux, tandis que leur mobilier tombe en communauté (art. 1401). Les immeubles seuls sont susceptibles d'hypothèque (art. 2118), et si tous les biens peuvent être saisis pour être vendus en justice par les créanciers du propriétaire, les formes de la saisie immobilière sont beaucoup plus longues et plus dispendieuses que celles de la saisie mobilière ou saisie-exécution (V. C. de pr., art. 583 et suiv., art. 673 et suiv.). A part toute aliénation volontaire ou forcée, le propriétaire d'un immeuble est admis à le revendiquer, même contre un possesseur de bonne foi, tant que la prescription n'est pas accomplie. En fait de meubles, au contraire, la simple possession vaut titre, lorsqu'elle est de bonne foi, en ce sens qu'elle suffit pour transférer la propriété ; et par suite la revendication des meubles n'est admise qu'exceptionnellement (art. 1141 et 2279). Enfin nous avons déjà vu que le tuteur doit faire vendre les meubles du mineur, tandis que la loi multiplie les précautions pour lui conserver ses immeubles (art. 452, 457 et 464). En un mot, la propriété mobilière est moins protégée que la propriété foncière, parce que le Code, comme la législation antérieure, attache moins d'importance aux meubles qu'aux immeubles. Il est vrai que la propriété mobilière est moins stable que la propriété foncière; mais ce n'était pas un motif suffisant pour la laisser sans protection, et le vice de cet état de choses s'est encore aggravé depuis la promulgation du Code, par suite de l'accroissement que les progrès de l'industrie ont donné aux fortunes mobilières.

CHAPITRE PREMIER.

DES IMMEUBLES.

4. Les biens immeubles sont, à proprement parler, ceux qui ne peuvent changer de place, par opposition aux meubles proprement dits, qui peuvent être déplacés soit par un mouvement qui leur est propre, comme les animaux, soit par l'action d'une force extérieure, comme une table, une chaise, etc. (art. 528).

Ainsi envisagée, la distinction des biens meubles et immeubles ne serait ni exacte ni complète. En effet, d'une part, la loi ne s'attache pas uniquement à la nature des objets pour les déclarer meubles ou immeubles. Il arrive souvent que des objets, essentiellement mobiliers par leur nature, se rattachent, par leur destination, à un immeuble dont ils deviennent l'accessoire, et alors ils sont considérés comme immeubles à cause de la destination qu'ils ont reçue, en telle sorte que, si l'immeuble principal est hypothéqué ou aliéné, ils seront soumis à la même hypothèque ou compris dans la même aliénation. D'autre part, la distinction fondée sur la nature des objets ne comprendrait pas les biens incorporels qui, par eux-mêmes, ne sont ni meubles ni immeubles, mais qui empruntent le caractère de l'objet auquel ils s'appliquent (V. art. 526).

La classification des biens dans notre droit ne dépend donc pas uniquement de leur nature, et en conséquence, le Code distingue trois sortes de biens immeubles. Les uns sont tels par leur nature même, tandis que d'autres sont seulement considérés comme immeubles, soit à raison de la destination spéciale qu'ils ont reçue, soit à raison de leur objet, s'il s'agit de biens incorporels (art. 517).

§ Ier. — Des biens immeubles par leur nature ou immeubles proprement dits.

5. Sont immeubles par leur nature les fonds de terre et les bâtiments (art. 518) ; les moulins à vent ou à eau, fixés sur piliers ou faisant partie d'un bâtiment (art. 519), par opposition à ceux qui sont établis sur bateaux (art. 531). Les fruits pendants par branches ou par racines, bien que destinés à être séparés du sol, conservent le caractère d'immeubles jusqu'au moment où ils sont détachés (art. 520 et 521). Cependant cette règle admet quelque modification en ce qui concerne la saisie et la vente des récoltes sur pied (C. de pr., art. 626 et suiv.).

§ II. — Des biens immeubles par destination.

6. Ces immeubles sont, comme nous l'avons dit, des objets mobiliers par leur nature, mais qui dépendent comme accessoires d'un immeuble proprement dit, et suivent sa condition.

Leur destination immobilière peut se constater de deux manières : ou par le rapport moral qu'établit le propriétaire entre l'héritage et les objets affectés, même temporairement, à son exploitation ; ou par l'union toute matérielle qui résulte de leur incorporation au fonds *à perpétuelle demeure*.

Les objets immobilisés par cela seul que le propriétaire les a placés sur son fonds, sont ceux qu'il affecte, soit à la culture, comme les ustensiles aratoires et les bestiaux qu'il place dans une ferme, soit à tout autre genre d'exploitation. Cette affectation existe quand le propriétaire exploite lui-même, ou bien quand il fournit à une autre personne, par exemple à son fermier, des objets propres à faciliter l'exploitation du fonds (V. art. 522 et 524). Dans tous les cas, les objets ainsi immobilisés restent immeubles tant qu'ils demeurent attachés au fonds ; mais c'est seulement par la volonté du propriétaire qu'ils peuvent prendre ce caractère, et par conséquent ceux que le preneur recevrait de toute autre personne ou placerait lui-même sur le fonds qu'il exploite, resteraient dans la classe des meubles (art. 522).

Quant aux objets qui deviennent immeubles par leur incorporation, il faut également que ce soit le propriétaire qui les ait fixés à perpétuelle demeure (art. 524 et 525). Ainsi les objets qui seraient incorporés au fonds par toute autre personne, notamment par un locataire ou un usufruitier, resteraient meubles.

§ III. — Des biens immeubles par l'objet auquel ils s'appliquent.

7. La propriété est, aussi bien que l'usufruit et les servitudes, un droit parfaitement distinct de son objet. Cependant il est rare, même dans la langue des jurisconsultes, que la propriété soit considérée comme un droit : on semble en faire abstraction pour s'occuper uniquement de

son objet. Au lieu de dire : j'ai la propriété d'un cheval ou d'une maison, on dit : j'ai un cheval ou une maison, cette chose m'appartient, elle est à moi, *hanc ego rem meam esse aio* ([1]) ; tandis que, quand il s'agit de démembrements de la propriété, on est forcé d'indiquer le droit lui-même, en disant, par exemple : j'ai l'usufruit de tel meuble ou de tel immeuble, et alors le droit se présente comme distinct de la chose sur laquelle il est établi.

De là est venue, en droit romain, la distinction des choses corporelles et incorporelles, qui a passé dans notre ancienne jurisprudence et ensuite dans le Code civil ; mais il est facile d'apercevoir que cette distinction ne peut satisfaire un esprit logique : en effet, elle tendrait à faire considérer les démembrements de la propriété comme plus incorporels que la propriété même. Pour être exact, il faudrait éviter de comprendre les droits et leur objet dans une même classification. Ce sont les droits qu'il faudrait classer plutôt que les choses, et alors le droit de propriété se rangerait, comme tous les autres, soit dans la classification en meubles et immeubles, soit dans telle autre classification qu'on voudrait établir ; mais les jurisconsultes romains, nos anciens auteurs et les rédacteurs du Code civil ont procédé tout autrement. Cédant à l'influence du langage établi, ils ont réuni dans une seule et même classification les droits et leurs objets.

8. Tout illogique qu'elle est, la distinction des choses corporelles et incorporelles a trop profondément pénétré dans la langue du droit, pour qu'il soit possible aujourd'hui de la réformer. Le Code la consacre implicitement (V. art. 1607 et 1693). Il y a plus : non content de classer les droits parmi les meubles et les immeubles, il fait rentrer dans cette classification les actions elles-mêmes, c'est-à-dire les droits considérés sous le rapport de leur exercice. C'est ainsi que l'action en revendication est déclarée meuble ou immeuble d'après la nature de l'objet que le propriétaire réclame contre le possesseur. Évidemment l'action procède du droit qu'elle tend à faire reconnaître, et ne forme point par elle-même un droit distinct. Toutefois les rédacteurs du Code civil, après avoir confondu le droit de propriété avec son objet, ont été conduits à considérer comme quelque chose de spécial le droit du propriétaire qui, ne possédant pas sa chose, est forcé de recourir à la revendication. C'est ainsi qu'ils ont rangé dans la classe des immeubles, non-seulement les droits de servitude, et le droit d'usufruit lorsqu'il est établi sur un objet immobilier, mais aussi les actions tendant à revendiquer un immeuble.

([1]) Gaïus, *Inst.*, *Comment.* 2, § 24, *Comment.* 4, § 16.

Le droit d'exiger l'accomplissement d'une obligation, c'est-à-dire le droit de créance, diffère essentiellement de la propriété et de ses démembrements. Si le Code ne s'en occupe pas dans le chapitre des Immeubles, il a formellement classé parmi les meubles *les obligations* et par suite *les actions qui ont pour objet des effets mobiliers*. Il n'est donc pas douteux que les créances et les actions qui en naissent ne doivent se ranger, suivant la nature de leur objet, parmi les meubles ou les immeubles. Néanmoins le silence du Code s'explique, parce que les créances immobilières sont fort rares dans le droit actuel.

CHAPITRE II.

DES MEUBLES.

9. Puisque les biens se divisent tous en meubles et immeubles, il semble qu'on pourrait se borner à ranger dans la première de ces deux classes tout ce qui n'est pas immeuble d'après les distinctions du chapitre précédent. A la vérité, il n'existe pas de meubles par destination, parce que la loi ne suppose pas qu'un immeuble puisse devenir l'accessoire d'un meuble quelconque ; mais il y avait à distinguer des biens corporels, meubles par leur nature, et des biens incorporels, meubles par l'objet auquel ils s'appliquent, comme l'usufruit d'un objet mobilier. Toutefois à cette dénomination le Code substitue une dénomination plus générale, parce qu'il croit devoir ranger parmi les meubles plusieurs droits dont le caractère pouvait sembler équivoque, et qui dans l'ancienne jurisprudence étaient même considérés comme immeubles. De là vient qu'au lieu de parler des meubles par l'objet auquel ils s'appliquent, comme on l'a fait à l'égard de certains immeubles, le Code oppose aux meubles par leur nature les meubles *par la détermination de la loi*.

§ Ier.— Des biens meubles par leur nature.

10. Les meubles proprement dits sont, comme nous l'avons déjà vu, les corps susceptibles de déplacement (art. 528). Le Code aurait pu se borner à cette définition, s'il n'avait pas voulu prévenir tous les doutes sur la nature de certains objets, tels que les bateaux et les matériaux destinés à la construction d'un bâtiment.

Les premiers sont meubles, quelle que soit leur importance, toutes les fois qu'ils ne sont point fixés sur piliers ou qu'ils ne font point partie d'un bâtiment (art. 519 et 531). Et cependant, comme ils peuvent avoir une grande valeur, on n'a pas voulu qu'ils fussent toujours soumis, comme les autres meubles, aux formes trop expéditives de la saisie-exécution (art. 531).

D'autre part, on aurait pu réputer immeubles par destination les matériaux assemblés pour la construction ou la reconstruction d'un bâtiment ; mais, tant qu'ils n'ont pas été employés par l'ouvrier, le Code leur conserve le caractère de meubles, lors même qu'ils proviennent d'un édifice démoli pour être bientôt relevé (art. 532).

§ II. — Des biens meubles par la détermination de la loi.

11. Au nombre des biens meubles par la détermination de la loi, il faut comprendre, indépendamment des droits énumérés par le Code (art. 529), d'autres droits qui sont évidemment meubles par l'objet auquel ils s'appliquent, c'est-à-dire, l'usufruit des effets mobiliers et l'action tendant à les revendiquer (V. art. 526).

Dans la classe des biens meubles par la détermination de la loi se trouvent rangées toutes les rentes, tant perpétuelles que viagères, soit sur l'État, soit sur des particuliers (art. 529). A cette occasion, le Code s'occupe spécialement des anciennes rentes foncières, qui constituaient une nature particulière d'immeubles, et statue sur les conditions du rachat que le débiteur peut effectuer (art. 530).

§ III. — Signification légale des différentes expressions servant à désigner les meubles.

12. Dans les contrats et dans les dispositions de dernière volonté, les meubles sont habituellement désignés par différentes expressions dont le législateur croit devoir déterminer la signification.

Les définitions légales sont souvent plus dangereuses qu'utiles, ainsi que nous le verrons en passant en revue les dénominations dont le Code a voulu fixer le sens (art. 533-536).

---

516. — Tous les biens sont meubles ou immeubles.

SOMMAIRE.

13. Les catteux ne formaient pas une troisième classe de biens.

13. D'anciens auteurs désignent, sous la dénomination de CATTEUX, une troisième classe de biens, connue seulement dans quelques provinces du nord. Au nombre des catteux se trouvaient notamment les arbres qui ne donnent aucun fruit, les chênes qui ne produisent point encore de glands, et les arbres fruitiers eux-mêmes, tant qu'ils ne sont pas

greffés; mais c'est mal à propos que les catteux ont été considérés comme formant une troisième classe de biens, puisqu'ils étaient sous tous les rapports *tenus pour meubles*. En effet CATTEUX dérive de *cattel*, qui signifie un effet mobilier ([1]). A proprement parler, les catteux, quoique immeubles par leur nature, étaient meubles par la détermination de la loi. Ainsi dans l'ancienne jurisprudence, comme dans le Code, les biens étaient tous meubles ou immeubles.

517. — Les biens sont immeubles, ou par leur nature, ou par leur destination, ou par l'objet auquel ils s'appliquent.

SOMMAIRE.

14. Quatrième classe d'immeubles établie depuis la promulgation du Code.

14. Les décrets impériaux qui sont intervenus depuis la promulgation du Code, ont créé une quatrième classe d'immeubles, en décidant que les actions de la banque de France, meubles par la détermination de la loi (art. 529), peuvent être immobilisées par une déclaration du propriétaire, dans la forme usitée pour les transferts; dans ce cas, elles sont susceptibles d'être hypothéquées ([2]).

Les rentes sur l'État ([3]) et les actions ou coupures d'actions dans les grands canaux ([4]) peuvent aussi être immobilisées dans la même forme, mais seulement lorsqu'elles font partie d'un majorat (V. art. 896).

518. — Les fonds de terre et les bâtiments sont immeubles par leur nature.

SOMMAIRE.

15. Pourquoi les bâtiments sont déclarés immeubles par leur nature. Conséquences de cette décision.

15. Les fonds de terre sont immeubles par eux-mêmes. Les bâtiments ne le sont que d'une manière accessoire; car en réalité un bâtiment n'est qu'un assemblage de matériaux mobiliers qui s'immobilisent par leur incorporation au sol, et conséquemment par une sorte de destination du constructeur. Cette destination offrant un caractère

---

([1]) Merlin, *Répert.*, v° CATTEUX.
([2]) Décret du 16 janvier 1808, art. 7.
([3]) Décret du 1er mars 1808, art. 2 et 3.
([4]) Décret du 3 mars 1810, art. 34. On appelle grands canaux ceux qui, suivant le principe établi à l'occasion du canal du midi par la loi du 28 vendémiaire an V, font partie du domaine public (Merlin, *Répert.*, v° CANAL).

de permanence, les bâtiments semblent se confondre avec le sol même ; aussi le Code les déclare-t-il immeubles par leur nature. Il en résulte que les bâtiments sont toujours immeubles, sans qu'il y ait à examiner s'ils ont été construits par le propriétaire du sol, par un possesseur de bonne ou de mauvaise foi, ou par une personne ayant droit à une jouissance temporaire, comme un fermier ou un usufruitier (¹). Dans tous les cas, le propriétaire a le droit de conserver les constructions élevées sur son terrain, sauf l'indemnité qui peut être due au constructeur (art. 555). Nous verrons toutefois que la maxime *œdificium solo cedit* n'a plus chez nous l'extension qu'elle avait en droit romain (art. 553).

Nous parlons ici des bâtiments proprement dits qui adhèrent au sol. Le même principe ne saurait s'appliquer à ceux qui sont simplement posés sur le sol, comme le sont quelquefois les moulins à vent (V. art. 531).

Sont également immeubles par leur nature les mines, ainsi que les bâtiments, puits, galeries et autres ouvrages établis à demeure pour leur exploitation (²).

519. — Les moulins à vent ou à eau, fixes sur piliers et faisant partie du bâtiment, sont aussi immeubles par leur nature.

SOMMAIRE.

16. Modification apportée par le Code à l'ancienne jurisprudence.

16. Les moulins se composent d'un mécanisme qui peut être placé sur un bateau ou dans une construction légère posée sur le sol, et alors ils sont meubles (art. 531). Ils ne perdent cette qualité que lorsqu'ils sont fixés par des piliers ou incorporés à un bâtiment dont ils sont devenus partie intégrante. Dans ce cas, le Code déclare que les moulins sont immeubles par leur nature, tandis qu'autrefois ils ne l'étaient que par destination (³). Ainsi on ne doit plus distinguer si c'est par le propriétaire ou par toute autre personne qu'ils ont été établis.

520. — Les récoltes pendantes par les racines, et les fruits des arbres non encore recueillis, sont pareillement immeubles.

(¹) Il a même été jugé par arrêt de cassation (3 *juillet* 1844) que la cession faite par le locataire, à un tiers qui reprend son bail, de constructions par lui élevées sur le terrain d'autrui, doit être considérée comme une vente d'immeubles.

(²) Loi du 21 avril 1810, art. 8.

(³) Pothier, *Communauté*, n° 37.

Dès que les grains sont coupés et les fruits détachés, quoique non enlevés, ils sont meubles.

Si une partie seulement de la récolte est coupée, cette partie seule est meuble.

521. — Les coupes ordinaires des bois taillis ou de futaies mises en coupes réglées, ne deviennent meubles qu'au fur et à mesure que les arbres sont abattus.

SOMMAIRE.

17. Comment sont mobilisés les produits du sol.

17. Les productions du sol font partie du terrain qui les porte. De là vient qu'elles sont immeubles jusqu'au moment où, séparées du fonds, elles commencent à former un objet distinct.

Cette règle s'applique à chaque fruit au fur et à mesure qu'il est détaché. La loi croit devoir s'en expliquer, sans doute pour exclure l'idée que la récolte commencée suffit pour mobiliser les produits mêmes qui ne sont pas encore séparés du sol. Il importe peu d'ailleurs que la séparation s'opère par le fait du propriétaire ou de toute autre personne, fût-ce même par le fait d'un maraudeur ou par suite d'un simple accident ; et bien que les produits ne soient pas immédiatement recueillis ou engrangés, ils n'en sont pas moins mobilisés par cela seul qu'ils ne tiennent plus au sol (¹).

Ce qu'on a dit des récoltes en général s'applique aux arbres, comme aux autres produits de la terre. Le Code s'en explique spécialement à l'égard des *coupes ordinaires des bois taillis ou de futaies mises en coupes réglées* (²), pour mieux établir ce principe qu'aucune récolte ne peut être réputée meuble avant d'avoir été coupée, et par cela seul qu'elle doit l'être périodiquement à une époque fixée d'avance, comme certains bois que la Coutume d'Orléans déclarait meubles dès l'instant même où la coupe en avait été adjugée, ou comme les grains en vert, les foins et les raisins qui, dans plusieurs provinces du nord, étaient meubles lorsqu'ils approchaient de leur maturité, c'est-à-dire à une époque fixée par la coutume pour chaque espèce de fruits (³). La saisie-brandon (⁴), saisie mobilière qui s'applique aux récoltes pendantes par

---

(¹) Pothier, *Personnes et choses*, part. 2, § 1.

(²) V. pour la distinction des taillis, futaies, etc., l'explication de l'article 590.

(³) Pothier, *Personnes et choses*, part. 2, § 1 ; Merlin, *Répert.*, vᵒ CATTEUX.

(⁴) « Le brandon, dit Brodeau sur la *Coutume de Paris* (art. 74, nᵒ 3), est le signe « et la marque élevée sur un bâton fiché en terre, comme d'un bouchon de paille, « d'une torche d'herbes, ou de rameaux d'arbres, ou de linge ou de drap, selon « l'usage de la province, qui dénote que les fruits pendants sur l'héritage sont « saisis, empêchés et arrêtés. » (V. Merlin, *Répert.*, vᵒ SAISIE-BRANDON.)

branches ou par racines, mais seulement *dans les six semaines qui précèdent l'époque de la maturité des fruits* (C. de pr., art. 626), semble n'être qu'un vestige de cette distinction.

Les arbres, et même les moissons, se vendent souvent sur pied. Dans ce cas, l'acheteur qui n'aura le bois ou les fruits qu'en les détachant du sol, n'acquiert qu'un droit mobilier (¹).

522.—Les animaux que le propriétaire du fonds livre au fermier ou au métayer pour la culture, estimés ou non, sont censés immeubles tant qu'ils demeurent attachés au fonds par l'effet de la convention.

Ceux qu'il donne à cheptel à d'autres qu'au fermier ou métayer, sont meubles.

SOMMAIRE.

18. Immobilisation des bestiaux attachés à la culture par le propriétaire. Quel effet peut avoir l'estimation.
19. A qui appartiennent les animaux donnés à cheptel. Comment peuvent-ils être saisis ?

18. Lorsque le propriétaire exploite par lui-même, les bestiaux qu'il entretient pour la culture sont immeubles par destination (art. 524). Il en est de même des bestiaux qu'il livre à son fermier ou métayer (²) pour les besoins de l'exploitation ; ils sont immeubles par destination, tant qu'ils restent attachés au fonds par l'effet de la convention qui, dans ce cas, se nomme *cheptel de fer* (art. 1821), parce que, dans les localités où le bail à cheptel est le plus usité, notamment en Berry, on dit qu'une chose est de fer, pour indiquer qu'elle est immeuble comme le terrain ou le bâtiment dont elle dépend.

On se demandait autrefois si les bestiaux fournis par le bailleur à son fermier ou métayer ne restaient pas meubles, lorsque ce dernier les recevait avec estimation. Le doute à cet égard venait de ce principe généralement admis en matière d'effets mobiliers, que l'estimation vaut

---

(¹) V. en ce sens les arrêts de rejet du 24 *mai* 1815 et du 4 *avril* 1827. La cour de cassation a jugé en conséquence (rejet, 21 *juin* 1820) qu'entre deux acheteurs d'une même coupe de bois, celui qui avait reçu la tradition de bonne foi, devait être préféré. D'autre part, lorsqu'il s'agit d'examiner quels sont les officiers compétents pour diriger la vente publique de récoltes sur pied, cette même cour décide constamment (cass., 11 *mai* 1837, 28 *août* 1838, 30 *mai* 1842), que cette vente doit être considérée comme immobilière, et que les notaires ont seuls qualité pour y procéder.

(²) Le fermier exploite moyennant une redevance fixe, qui consiste ordinairement en argent ; le colon partiaire, moyennant une quote-part des produits réservée au bailleur : et comme cette portion est communément de moitié, il arrive souvent que le colon partiaire s'appelle *métayer*, et le fonds lui-même *métairie*.

vente. Suivant plusieurs jurisconsultes, l'estimation suffisait pour trans- porter la propriété au preneur, en le constituant débiteur de la va- leur estimative considérée comme formant le prix de la vente (V. art. 1565). On répondait qu'il faut distinguer deux sortes d'estimations, dont l'une vaut vente et transporte la propriété des objets estimés, tan- dis que l'autre intervient seulement *intertrimenti causa*, pour détermi- ner une valeur dont le preneur, c'est-à-dire celui qui reçoit les objets estimés, devient responsable. C'est ce dernier système qui a prévalu. Le propriétaire est présumé avoir voulu conserver un certain fonds de bétail attaché à l'exploitation. Le Code consacre à cet égard l'opinion de La Thaumassière, déjà adoptée par Pothier ([1]). Ainsi le fonds de bétail n'appartient point au preneur : *estimé ou non*, il continue d'ap- partenir au bailleur (art. 1822), et de là il suit qu'à l'expiration du bail le preneur ne peut pas retenir les bestiaux, même en offrant de payer la valeur estimative. Il doit les laisser sur le domaine dont ils facilitent l'exploitation ([2]).

19. Du reste, si le fonds de bétail ainsi donné à cheptel appartient toujours au bailleur, il faut remarquer que chaque animal, considéré isolément, est aux risques du preneur (art. 1822 et 1825); et comme les bestiaux seraient inévitablement perdus, si on ne s'en défaisait pas dès qu'ils sont suffisamment engraissés ou qu'ils commencent à dépérir, il est évident que le preneur doit avoir le droit de les vendre quand il le juge convenable ([3]), sauf à remplacer les animaux vendus par d'autres animaux de même espèce. Sous ce rapport, et à l'égard des tiers qui traitent avec le preneur, les bestiaux ne cessent pas d'être meubles, et en réalité le principe qui en réserve la propriété au bailleur n'a qu'une application restreinte, tendant à empêcher qu'ils ne soient saisis trop facilement. Les créanciers du bailleur ne peuvent les saisir qu'immo- bilièrement avec le fonds auquel ils sont attachés.

Le bail à cheptel n'a pas lieu seulement entre le propriétaire et son fermier ou métayer (V. art. 1801); mais lorsqu'il intervient entre d'au- tres personnes, les animaux, étant nourris et entretenus sur un terrain qui n'appartient pas au bailleur, ne peuvent plus être considérés comme attachés à la culture du fonds et dès lors ne sont pas immeubles par destination.

523. — Les tuyaux servant à la conduite des eaux dans une mai-

---

([1]) *Cheptels,* n° 66.

([2]) Pothier, *ibid.*

([3]) Il a même été jugé (rej. 8 *décembre* 1806) que les créanciers du preneur peu- vent saisir ces bestiaux, pourvu que le bailleur conserve des sûretés suffisantes.

son ou autre héritage , sont immeubles, et font partie du fonds auquel ils sont attachés.

20. Les tuyaux servant à la conduite des eaux sont d'une grande importance, surtout pour les irrigations, et par conséquent pour l'exploitation des terres. Ces objets, que l'on ne place qu'à grands frais, et le plus ordinairement dans l'intérieur même du sol, n'ont rien de commun avec les conduits superficiaires, que les maraîchers emploient souvent dans leurs jardins pour faciliter de simples arrosements. Les tuyaux dont il s'agit doivent plutôt être assimilés, selon nous, aux moulins que le Code déclare immeubles par leur nature. C'est donc dans cette classe d'immeubles que nous rangeons les *tuyaux servant à la conduite des eaux*, en telle sorte qn'ils restent immeubles dans tous les cas, quelle que soit la personne qui les a incorporés au fonds. Il semble, en effet, que la loi entend les déclarer immeubles par leur nature, lorsqu'elle ajoute qu'*ils font partie du fonds auquel ils sont attachés.*

On peut objecter que l'article 523 se trouve placé entre deux articles évidemment relatifs à des immeubles par destination : mais ce serait là un faible motif pour ranger les tuyaux dans cette dernière classe d'immeubles ; car, si telle avait été l'intention du rédacteur, il aurait suffi d'insérer quelques mots de plus dans l'énumération de l'article 524. Supposer que l'article 523 n'a pas d'autre objet, ce serait en faire une disposition complétement inutile. En rédigeant un article spécial pour les tuyaux, le législateur indique, au contraire, l'intention de les distinguer des objets qu'il répute immeubles par destination.

524. — Les objets que le propriétaire d'un fonds y a placés pour le service et l'exploitation de ce fonds , sont immeubles par destination.

Ainsi , sont immeubles par destination , quand ils ont été placés par le propriétaire pour le service et l'exploitation du fonds ,

Les animaux attachés à la culture ;

Les ustensiles aratoires ;

Les semences données aux fermiers ou colons partiaires ;

Les pigeons des colombiers ;

Les lapins des garennes ;

Les ruches à miel ;

Les poissons des étangs ;

Les pressoirs, chaudières, alambics, cuves et tonnes ;

Les ustensiles nécessaires à l'exploitation des forges, papeteries et autres usines;

Les pailles et engrais.

Sont aussi immeubles par destination, tous effets mobiliers que le propriétaire a attachés au fonds à perpétuelle demeure.

SOMMAIRE.

21. Nous trouvons ici deux règles distinctes, applicables, l'une aux objets que le propriétaire a placés sur son propre fonds *pour le service et l'exploitation de ce fonds;* l'autre aux effets mobiliers qu'il a *attachés au fonds à perpétuelle demeure.* Dans ces deux hypothèses, la destination résulte toujours du fait du propriétaire. Mais, dans la première, les objets qu'il place sur son fonds, n'y sont unis que par un lien moral, comme les instruments aratoires ou les animaux attachés à la culture, etc., et la destination de ces objets peut, comme nous l'avons déjà dit, n'être que temporaire. Dans la seconde hypothèse, au contraire, il s'agit des objets matériellement attachés, ou plutôt incorporés au fonds, et alors ils doivent l'être *à perpétuelle demeure.*

Nous parlerons séparément des différents objets auxquels s'applique la première disposition.

22. Les animaux attachés a la culture et les ustensiles aratoires n'étaient point considérés comme immeubles en droit romain, ni même dans notre ancienne jurisprudence. L'ordonnance de 1747 sur les substitutions avait seulement décidé (art. 6) que *les bestiaux et ustensiles servant à faire valoir les terres* seraient tacitement *compris dans les substitutions desdites terres;* et que le grevé pourrait les conserver en les faisant *priser et estimer,... pour en rendre une égale valeur lors de la restitution du fidéicommis* (V. art. 1064). Pothier, en approuvant cette innovation, fit valoir avec force les inconvénients du système auquel l'ordonnance ne dérogeait que pour un cas spécial, et il exprima, dans l'intérêt de l'agriculture, un vœu formel pour qu'une loi nouvelle, généralisant la disposition de l'ordonnance, « attachât au domaine d'une terre

« celui des bestiaux qui servent à son exploitation (¹). » C'est ce vœu que remplit ici le Code civil.

Les animaux attachés à la culture ne sont pas seulement ceux qui tirent la charrue comme les bœufs et les chevaux, mais tous les bestiaux nécessaires à une exploitation rurale, ce qui comprend les vaches, les moutons, etc., etc. (²). Remarquons, du reste, que, si les chevaux de labour sont immeubles, il en est autrement des chevaux de luxe qu'un propriétaire entretient quelquefois comme attelage de voiture ou comme équipage de chasse.

23. Les semences données aux fermiers ou colons partiaires. Cette disposition est nouvelle ; car, en droit romain, et même au temps de Pothier (³), les semences ne devenaient immeubles que par leur adhérence au terrain, en sorte que la graine, comme la plante, ne devenait immeuble qu'autant qu'elle avait pris racine (V. art. 520). En déclarant que les semences sont immeubles par destination, le Code les considère sous un tout autre point de vue. Il s'occupe des semences qui ne sont pas encore employées. Il en résulte qu'à la fin de son bail, le fermier ou le métayer devra laisser une quantité de semences égale à celle qu'il aura reçue du bailleur, et qu'en cas d'aliénation du fonds, c'est au nouveau propriétaire qu'appartiendront ces semences. Sous ce rapport, cette disposition n'est qu'une conséquence du principe qui a dicté l'article 522.

24. Les pigeons des colombiers, les lapins des garennes... les poissons des étangs sont des animaux sauvages, qui n'appartiennent à personne tant qu'ils restent dans leur liberté naturelle. A proprement parler, ils ne sont point *in bonis alicujus,* et dès lors « le propriétaire « d'un étang où il y a des poissons, d'une garenne où il y a des lapins, « d'un colombier où il y a des pigeons, est seulement propriétaire d'un « étang empoissonné, d'une garenne peuplée de lapins ou d'un colom-« bier peuplé de pigeons, plutôt qu'il ne l'est du poisson, des lapins ou « des pigeons qui y sont (⁴). » Si l'on peut dire que ces animaux lui appartiennent, c'est en les considérant comme ne formant qu'un seul tout avec sa garenne ou avec son colombier. Dans ce sens, faisant partie d'un immeuble, ils en suivent nécessairement la condition ; tandis que les pigeons de volière, les lapins clapiers et les poissons enfermés dans un réservoir, étant *sub custodia nostra,* nous appartiennent *per se,* indépendamment de l'étang, de la garenne ou du colombier

---

(¹) Pothier, *Communauté,* n° 44.

(²) Bordeaux, 14 *décembre* 1829 ; Bourges, 24 *février* 1837.

(³) *Communauté,* n° 33.

(⁴) Pothier, *Communauté,* n° 41.

que nous pouvons avoir ou ne pas avoir. Dans ce cas ils sont meubles, comme les animaux domestiques [1].

LES RUCHES A MIEL. Pothier considérait les abeilles comme faisant partie de leur ruche, qui habituellement est meuble, tandis que Chopin et Lebrun déclaraient les abeilles immeubles, comme étant sauvages de leur nature [2]. Le Code fait prévaloir ce dernier sentiment ; mais il doit être bien entendu qu'il s'agit toujours ici d'appliquer la règle générale posée en tête de cette énumération. Conséquemment, si les ruches deviennent immeubles, c'est « quand elles ont été « placées par le propriétaire *pour le service et l'exploitation du fonds.* »

25. LES PRESSOIRS, CHAUDIÈRES, ALAMBICS, CUVES ET TONNES sont énumérés comme exemple d'USTENSILES NÉCESSAIRES A L'EXPLOITATION DES FORGES, PAPETERIES ET AUTRES USINES. Le Code déclare ces ustensiles immeubles par cela seul qu'ils sont nécessaires à l'exploitation, tandis qu'antérieurement les pressoirs, cuves, tonnes et autres objets semblables ne devenaient immeubles que dans le cas où ils se trouvaient placés dans un fonds *pour perpétuelle demeure* (art. 525), c'est-à-dire, lorsqu'à raison de leur volume ou de leur adhérence, il était difficile de les faire sortir du bâtiment ou de les en détacher [3].

Des animaux, des chevaux notamment, sont souvent employés dans une usine, par exemple pour faire tourner un manége. Ces animaux ne sont pas moins nécessaires à l'exploitation que les instruments ou ustensiles inanimés ; ils sont donc immeubles par destination [4]. On objecte, mal à propos selon nous, qu'ils ne sont pas *attachés à la culture ;* car la disposition du Code sur les animaux attachés à la culture n'est nullement limitative. Ce n'est qu'un exemple, une application entre plusieurs autres du principe qui immobilise *les objets* que le propriétaire a placés sur son propre fonds *pour le service et l'exploitation de ce fonds.* C'est ainsi que les chevaux attachés aux travaux intérieurs d'une mine sont déclarés immeubles par l'article 8 de la loi du 21 avril 1810.

26. LES PAILLES ET ENGRAIS. « Les pailles, dit Pothier [5], qui sont « dans une terre et les fumiers qui sont faits par les animaux qui ser- « vent à son exploitation étant destinés... à demeurer toujours dans « cette terre, à y être enterrés pour la fumer, et à être par là, en quel-

---

[1] Pothier, *ibid.*

[2] Pothier, *Communauté*, no 42.

[3] Pothier, *Communauté*, no 49.

[4] Il en serait autrement si les animaux n'étaient employés qu'à un service extérieur, comme le cheval qui transporte la bière d'un brasseur (Bruxelles, 21 *juin* 1807).

[5] *Communauté*, no 40.

« que façon identifiés avec cette terre, sont réputés en faire partie ».
C'est ainsi que les pailles et engrais sont immeubles par destination.
Mais il faut toujours supposer que le propriétaire est dans l'usage de
les employer à fumer son terrain ; car, s'il était dans l'habitude de
vendre ses pailles ou ses fumiers, ces différents objets conserveraient
leur qualité de meubles, et, en cas de vente du terrain, ils n'appartiendraient point à l'acheteur [1].

Il faut se garder de croire que l'énumération précédente soit complète, et par conséquent limitative. La règle qui déclare immeubles par
destination les objets que le propriétaire affecte à l'exploitation de son
fonds, a nécessairement beaucoup d'autres applications, que multi-
plient chaque jour les progrès de l'industrie.

525.—Le propriétaire est censé avoir attaché à son fonds des effets mobiliers à perpétuelle demeure, quand ils y sont scellés en plâtre ou à chaux ou à ciment, ou lorsqu'ils ne peuvent être détachés
sans être fracturés et détériorés, ou sans briser ou détériorer la partie du fonds à laquelle ils sont attachés.

Les glaces d'un appartement sont censées mises à perpétuelle demeure, lorsque le parquet sur lequel elles sont attachées fait corps
avec la boiserie.

Il en est de même des tableaux et autres ornements.

Quant aux statues, elles sont immeubles lorsqu'elles sont placées
dans une niche pratiquée exprès pour les recevoir, encore qu'elles
puissent être enlevées sans fracture ou détérioration.

SOMMAIRE.

27. Seconde classe de biens immeubles par destination. Caractère qui les distingue.

27. D'après la disposition finale de l'article précédent, les effets mobiliers deviennent immeubles par destination lorsque le propriétaire
les attache au fonds *à perpétuelle demeure*. Comme nous l'avons déjà
dit, la destination dans ce cas résulte de deux circonstances, savoir : de
l'incorporation des objets qui sont physiquement attachés au fonds, et
de l'intention qu'a eue le propriétaire de les maintenir ainsi fixés à
perpétuelle demeure, *perpetui usus causa* [2].

Pour constater cette intention, la loi admet plusieurs présomptions qui varient suivant la nature des objets. Les Coutumes de Paris

---

[1] Pothier, *ibid.*
[2] *Ulp., L. 7, § 7, D. de act. empt. et vendit.*; V. Pothier, *Communauté*, n° 48.

et d'Orléans distinguaient *s'ils tiennent à fer et à clou, ou sont scellés en plâtre ou en chaux, ou….. ne peuvent être transportés sans fraction et détérioration;* mais Pothier ne trouvait pas cette règle assez claire. Faisant abstraction des clous, du plâtre et de la chaux, il distinguait les choses qui sont placées dans une maison pour l'orner et la meubler, *ad instruendam domum*, de celles qui servent à compléter la construction, *ad integrandam domum*, et ce sont ces dernières seulement qu'il considérait comme attachées à perpétuelle demeure, parce qu'elles faisaient partie de la maison, *pars œdium*, suivant l'expression des jurisconsultes romains ([1]). C'est en ce sens que doit être entendue la disposition finale de l'article précédent : quoique le Code reproduise ici presque toutes les expressions des anciennes coutumes, on ne peut douter qu'il n'ait voulu consacrer le principe admis par Pothier.

C'est d'après ce même principe que les glaces sont immeubles lorsque leur parquet *fait corps avec la boiserie :* en effet, on ne pourrait enlever la glace sans laisser paraître que la boiserie est incomplète, qu'il y manque quelque chose, et conséquemment que la glace avait été placée *ad integrandam domum* ([2]). Aujourd'hui, on n'est plus guère dans l'usage de boiser les appartements; le parquet d'une glace est simplement appliqué sur le mur, et c'est à peine si l'enlèvement de la glace laisserait apercevoir quelque différence entre la décoration de la cheminée et la décoration des autres parties du même appartement, puisque les glaces sont simplement placées sur le papier de tenture, indépendamment de toute boiserie. Cependant nous décidons sans hésiter qu'elles font partie de la maison lorsque le propriétaire les place, comme on le fait généralement à Paris, pour tirer de ses appartements un loyer plus avantageux ([3]) ; car il faut décider, en règle générale, que les objets mêmes qui ne sont pas incorporés au fonds, peuvent néanmoins devenir immeubles par destination, lorsqu'ils sont placés à perpétuelle demeure.

Les tableaux dont parle le Code sont ceux que l'on plaçait autrefois au-dessus des portes. Cet usage n'existe plus aujourd'hui.

La décision relative aux statues est exactement conforme au système de Pothier ([4]). Remarquons, du reste, que les statues placées sur un piédestal en maçonnerie, comme celles que l'on voit dans les jardins publics, ne diffèrent en rien des statues posées dans une niche.

([1]) Pothier, *Personnes et Choses*, partie 2, art. 1 ; *Communauté*, n° 47.

([2]) V. Pothier, *ibid.*

([3]) La cour de Paris a jugé le contraire, par arrêt du 20 février 1835 ; mais elle s'est prononcée dans le sens de notre opinion le 10 avril 1834 et le 19 juin 1845.

([4]) *Communauté*, n° 53.

526. — Sont immeubles, par l'objet auquel ils s'appliquent,
L'usufruit des choses immobilières ;
Les servitudes ou services fonciers ;
Les actions qui tendent à revendiquer un immeuble.

28. Les servitudes ou services fonciers n'existent que sur des héritages, c'est-à-dire sur des fonds de terre ou des édifices ; le droit d'usufruit, au contraire, s'établit sur toute espèce de biens (art. 581), et de là vient que les servitudes sont toujours immeubles, tandis que l'usufruit est meuble ou immeuble suivant qu'il a pour objet une chose mobilière ou immobilière. Il en est de même du droit d'usage, comme nous le verrons plus loin (234).

Ce que la loi décide ici pour la revendication n'est qu'une application de cette maxime reçue dans l'ancienne jurisprudence : *actio ad mobile est mobilis, actio ad immobile est immobilis*[1]. Ainsi les créances, et les actions personnelles qui en résultent, sont meubles ou immeubles suivant la nature de leur objet, de même que les actions en revendication. On n'en saurait douter ; car si le législateur classe parmi les meubles les obligations et les actions qui en résultent (art. 529), c'est uniquement lorsqu'elles ont pour objet des sommes d'argent ou des effets mobiliers ; dans le cas contraire, la créance et l'action sont immeubles comme leur objet. Toutefois on peut s'expliquer comment les rédacteurs du Code ont paru supposer que les actions immobilières sont toujours des actions réelles. C'est que, dans les principes du Code civil, les actions personnelles immobilières sont très-rares, parce que la convention suffit pour rendre le créancier propriétaire (art. 1138). Il en résulte que le créancier, l'acheteur par exemple, agit presque toujours comme propriétaire, par une action en revendication, plutôt que comme créancier, par une action personnelle. Cependant il est possible, même à l'égard des immeubles, que la convention ne rende pas le créancier propriétaire, du moins immédiatement, par exemple, s'il s'agit d'une certaine quantité de terrains à prendre, en Algérie, sur un territoire dont le vendeur sollicite la concession.

Ce n'est pas encore ici le lieu d'examiner quels sont les différents droits des personnes sur les biens. Cet examen sera mieux placé sur l'article 543, qui est le siége de la matière.

---

[1] Pothier, *Communauté*, n° 69.

CHAPITRE II.

DES MEUBLES.

527. — Les biens sont meubles par leur nature, ou par la détermination de la loi.

528. — Sont meubles par leur nature, les corps qui peuvent se transporter d'un lieu à un autre, soit qu'ils se meuvent par eux-mêmes, comme les animaux, soit qu'ils ne puissent changer de place que par l'effet d'une force étrangère, comme les choses inanimées.

SOMMAIRE.

29. Renvoi à l'article 516.

29. Le Code, en définissant les biens qui sont meubles ou immeubles par leur nature, s'attache, comme les jurisconsultes romains, au sens naturel des mots; mais nous devons rappeler qu'autrefois, d'après certaines coutumes, une chose n'était *héritage* ou *immeuble* qu'autant qu'elle donnait un revenu annuel. (V. 13).

529. — Sont meubles par la détermination de la loi, les obligations et actions qui ont pour objet des sommes exigibles ou des effets mobiliers, les actions ou intérêts dans les compagnies de finance, de commerce ou d'industrie, encore que des immeubles dépendant de ces entreprises appartiennent aux compagnies. Ces actions ou intérêts sont réputés meubles à l'égard de chaque associé seulement, tant que dure la société.

Sont aussi meubles par la détermination de la loi, les rentes perpétuelles ou viagères, soit sur l'État, soit sur des particuliers.

SOMMAIRE.

30. Qu'entend-on ici par obligations et par sommes exigibles?
31. L'obligation de faire est, comme l'obligation de donner, meuble ou immeuble, suivant la nature de son objet.
32. Les compagnies de finances sont des personnes morales. Conséquences.
33. En quoi l'action diffère de l'intérêt.
34. Limitation du principe qui les mobilise.
35. Dans quel cas les sociétés civiles forment-elles des personnes morales?
36. En quoi la rente diffère d'une créance proprement dite. Différentes espèces de rentes qui existaient avant le Code.
37. Nature et origine des rentes constituées.
38. Pourquoi la constitution de rente est devenue moins fréquente.

30. La décision relative aux *obligations et actions qui ont pour objet des sommes exigibles ou des effets mobiliers*, est une application de l'ancienne maxime *actio ad mobile est mobilis*. Ces obligations et actions sont donc, à proprement parler, meubles par l'objet auquel elles s'appliquent. Remarquons ici que le mot *obligation* est pris dans le sens actif, comme synonyme de créance, tandis qu'ordinairement cette expression se prend dans le sens passif, et alors l'obligation n'est pas un bien, mais une dette.

On dit ordinairement qu'une somme est exigible quand on veut indiquer que le terme fixé pour le payement est échu (V. art. 1186 et 1291); mais cette question de l'échéance du terme est étrangère à la distinction des meubles et des immeubles. Il est bien certain que les créances de sommes d'argent sont meubles avant comme après cette échéance. En parlant de sommes *exigibles*, la loi a eu en vue les capitaux qui n'ont pas été placés en rentes, parce que, dans la constitution de rente, le créancier renonce à exiger le remboursement du capital qu'il fournit (art. 1909). Le Code s'exprime ici comme le fait Pothier dans un passage où il oppose à la rente constituée « la créance d'une « somme exigible ([1]). »

Dans ce premier alinéa le Code ne s'occupe pas encore des rentes, dont le caractère était plus douteux, et auxquelles il consacre une disposition spéciale.

31. D'après la règle précédemment indiquée, les obligations ou actions sont meubles ou immeubles suivant leur objet. On admet volontiers l'application de cette règle en ce qui concerne l'obligation de donner (V. art. 1136 et suiv.); mais les anciens auteurs, et notamment Pothier, n'appliquaient pas la même distinction aux obligations de faire; ils les rangeaient toutes dans la classe des meubles, parce que, suivant eux, ces obligations consistent uniquement dans le *quanti interest nostra fieri aut non fieri* ([2]). Pour être conséquent dans ce système, il faudrait aller jusqu'à soutenir, avec Voët et Merlin, que toutes les créances, sans distinguer quel est leur objet, sans examiner s'il y a obligation de faire ou obligation de donner, sont meubles, « parce « qu'il arrive souvent qu'elles ne remplissent pas leur objet, et qu'au « lieu de procurer la propriété d'un immeuble, elles ne procurent « qu'une somme d'argent ([3]). » Voët ([4]) arrivait ainsi à confondre les actions personnelles avec les actions mobilières; mais son système n'a

---

([1]) Pothier, *Personnes et Choses*, part. 2, § 2.
([2]) Pothier, *Personnes et Choses*, part. 2, § 2 ; *Communauté*, n° 72.
([3]) Merlin, *Répert.*, v° NANTISSEMENT, § 1, n° 5.
([4]) *Ad Pandectas*, lib. 1, tit. 8, n° 21.

point été admis en droit français, du moins pour les obligations de donner. Quant aux obligations de faire, le Code semble s'attacher à l'adage, *nemo præcise cogi potest ad factum*, en décidant que ces obligations se résolvent en dommages-intérêts (art. 1142). C'est là ce qui explique l'opinion de plusieurs auteurs qui rangent parmi les meubles toutes les obligations consistant *in faciendo*, quelle que soit d'ailleurs la nature du fait. Ils ne se sont pas aperçus que ces obligations ne sont pas les seules qui se résolvent en dommages-intérêts. L'obligation de donner n'aboutit elle-même qu'à une indemnité pécuniaire dans un certain nombre de cas où l'exécution directe devient impossible, et cependant la créance est meuble ou immeuble suivant la nature de son objet, quels que soient les événements qui pourront la résoudre plus tard en dommages-intérêts. Aucune différence, sous ce rapport, ne sépare l'obligation de donner et l'obligation de faire : lorsqu'on les considère en elles-mêmes, lorsqu'on examine le but que se sont proposé les parties, on aperçoit clairement que l'une ne tend pas plus que l'autre à des dommages-intérêts, qui ne sont en réalité qu'une indemnité subsidiaire en cas d'inexécution, tandis que l'accomplissement du fait convenu procurerait au créancier, soit un meuble, par exemple une pièce d'argenterie qu'un orfévre doit confectionner, soit un immeuble, par exemple un bâtiment que des entrepreneurs se sont engagés à construire. Ainsi l'obligation de faire est, comme l'obligation de donner, meuble ou immeuble, suivant la nature de l'objet que son exécution doit procurer au créancier. Cela est d'autant plus certain, que la résolution de cette obligation en dommages-intérêts n'est pas d'une nécessité aussi absolue qu'on le dit généralement ; car, en cas d'inexécution par le débiteur, le fait peut être exécuté à ses dépens, s'il y a lieu, par le créancier lui-même (art. 1145).

52. Après avoir statué sur les obligations qui se forment entre les personnes considérées individuellement, le Code s'occupe des droits que l'on peut avoir dans les sociétés qui sont habituellement désignées sous le nom de compagnies de finances, de commerce ou d'industrie. Ces droits s'appellent intérêts ou actions.

A l'époque de la rédaction du Code civil, le véritable caractère du droit de l'actionnaire n'était pas encore déterminé avec précision. Suivant Merlin, l'action, qui se confondait avec l'intérêt, n'était autre chose qu'une part emportant copropriété dans la société même. «C'est, « (disait-il) une part dans la propriété de tout ce qui compose la ma- « nufacture elle-même, c'est-à-dire, du mobilier, des ustensiles... enfin « de l'emplacement et des édifices (1). » Merlin fondait son opinion sur

---

(1) Merlin, *Questions de droit*, v° ACTION, ACTIONNAIRE.

un arrêt du parlement de Paris, relatif aux actions du marché aux veaux. On les avait déclarées immeubles, parce qu'elles s'appliquaient à un édifice. Cependant, d'après la jurisprudence elle-même, les actions d'une société commerciale étaient mobilières, bien que la société possédât des immeubles, parce qu'elle avait uniquement pour but de réaliser des bénéfices en argent, en sorte que les immeubles dépendant de l'entreprise n'étaient qu'un accessoire participant à la nature de l'entreprise elle-même (¹).

Le système de la copropriété des actionnaires a été soutenu dans le conseil d'État, à l'occasion de cette disposition de l'article 529 : *encore que des immeubles dépendant de ces entreprises appartiennent aux compagnies.* Cambacérès objecta que « dans cette hypothèse l'action donne « droit aux immeubles. » Tronchet répondit par une distinction entre *l'action* et *l'intérêt.* « L'intérêt, dit-il, rend associé et copropriétaire ; « l'action ne rend que commanditaire et ne donne droit qu'à la somme qu'on a fournie (²). Mais cette distinction, qui tendait à faire considérer l'intérêt comme immobilier, ne fut pas admise. Le texte du projet, qui ne parlait d'abord que des actions, fut modifié par l'addition des mots *ou intérêts*, qui excluent la distinction de Tronchet. Un nouveau principe a prévalu qui distingue « entre le corps de l'association et les « individus qui la composent. Aucun d'eux n'est propriétaire (³), la pro- « priété des immeubles que la banque (ou toute autre société semblable) « acquerrait, n'appartient qu'à l'entreprise *qui est là un être moral.* Cha- « que actionnaire n'a droit qu'aux produits attachés à son intérêt (⁴). » « Dès lors il n'a qu'un droit de créance essentiellement mobilier.

33. Remarquons du reste que l'action et l'intérêt, bien qu'ils se trouvent assimilés en ce qui concerne la distinction des meubles et des immeubles, diffèrent essentiellement sous d'autres rapports : l'action oblige seulement à fournir une portion du capital social, sans imposer aucune autre responsabilité, tandis que l'intérêt entraîne le plus souvent une responsabilité indéfinie (⁵).

(¹) Voyez les conclusions de l'avocat général Joly de Fleury, rapportées par Merlin, *loc. cit.*, et dans le *Répertoire de jurisprudence*, vᵒ SUBSTITUTION FIDÉICOMMISSAIRE, sect. VI, § 1, art. 3. Cette idée de mobiliser les immeubles en les considérant comme « des accessoires de la société et en quelque sorte des instruments de l'entreprise », a été reproduite par le conseiller d'État Treilhard, rapporteur de la section de législation sur ce titre et orateur du gouvernement devant le Corps législatif, tant dans la discussion du conseil d'État (séance du 4 brumaire an XII) que dans son Exposé des motifs.

(²) Discussion au conseil d'État, séance du 20 vendémiaire an XII.

(³) *Ibid.*, séance du 4 brumaire an XII.

(⁴) *Ibid.*, séance du 20 vendémiaire an XII.

(⁵) Dans les sociétés en commandite dont le capital n'est pas divisé en actions,

54. Toutefois les rédacteurs du Code, en établissant le nouveau principe qui distingue la compagnie, ou le corps de l'association, des individus qui la composent, ont pensé qu'on pourrait en abuser pour soutenir que, même après la dissolution de la société, le droit des actionnaires conserve toujours le même caractère (¹), et ils ont eu soin d'exprimer que, si les actions ou intérêts sont réputés meubles, c'est pour un temps seulement, c'est-à-dire, *tant que dure la société.*

Pour comprendre cette disposition restrictive, il faut remarquer qu'après la dissolution de la société, la personne morale n'existe plus, et que chacun exerce, de son côté, les droits que son action ou son intérêt lui donne sur les biens communs. Il se fait alors un partage : chacun des copartageants reçoit un lot en argent, ou même en immeubles, s'il en existe (²), et comme l'effet de ce partage remonte au jour même de la dissolution (art. 883), le droit de chaque actionnaire a été, dès ce moment, meuble ou immeuble, suivant la nature des objets tombés dans son lot.

Le texte d'après lequel les actions ou intérêts sont réputés meubles tant que dure la société, porte en outre qu'ils le sont *à l'égard de chaque associé seulement;* mais cette restriction n'est pas exacte. Dans la pensée du législateur, elle s'applique aux immeubles : on a voulu indiquer qu'ils ne peuvent être aliénés en faveur des tiers ou saisis par eux, que suivant les formes prescrites en matière immobilière. Quant aux actions ou intérêts, ils sont meubles à l'égard de toutes personnes, et c'est comme meubles qu'ils peuvent être vendus par chaque actionnaire ou saisis par ses créanciers.

---

l'intérêt des commanditaires se rapproche beaucoup de l'action, puisqu'ils ne sont pas tenus au delà de leur apport (C. de com., art. 26).

Dans l'ancien droit, l'action se confondait avec l'intérêt, parce que les sociétés formées par actions étaient fort rares. Elles n'existaient qu'en vertu d'un privilége accordé par l'autorité royale, et alors elles prenaient le nom de *compagnies*. La loi du 24 août 1793 supprima toutes les associations dont le capital se divisait en actions, et défendit d'en créer à l'avenir sans autorisation législative. La loi du 26 germinal an XI, aggravant cette prohibition, supprima toutes les compagnies financières, et défendit de former aucun établissement de ce genre, « sous aucun prétexte « et sous quelque dénomination que ce soit; » mais sous le directoire on abrogea cette prohibition « pour donner au commerce toute l'activité et la liberté qui lui « sont nécessaires » (*Loi du 30 brumaire an IV*). Depuis cette époque, les associations commerciales et financières ont pu se former librement, et c'est seulement en discutant l'article 529 du Code civil que le conseiller d'État Béranger (*séance du 20 vend. an XII*) a émis cette idée qu'il pourrait être utile d'exiger l'autorisation du gouvernement, idée qui a été réalisée, relativement aux sociétés anonymes, par le Code de commerce (art. 34).

(¹) Discussion au conseil d'État, séance du 4 brumaire an XII.

(²) Même séance.

35. La fiction qui considère la compagnie comme formant une personne morale ne s'applique pas seulement en matière de commerce. Les sociétés formées pour l'exploitation des mines n'ont rien de commercial, et sont en conséquence dispensées de l'impôt des patentes (¹); cependant le droit des associés est immobilier en vertu de l'article 529, qui leur est textuellement appliqué par la loi du 21 avril 1810.

Plusieurs ponts dans Paris ont été construits par des compagnies, comme l'avait été le marché aux veaux, et bien que des immeubles fissent partie intégrante du fonds social, les associés n'ont qu'un droit mobilier. On n'en saurait douter d'après la discussion du conseil d'État, où la société des trois ponts a été citée comme exemple de l'attribution de la propriété à une personne morale (²). Il faut évidemment appliquer le même principe à toutes les sociétés dont l'administration a un siége fixe, où se trouve, pour ainsi dire, établi le domicile de la compagnie. C'est ainsi que, pour les demandes dirigées contre une société, le Code de procédure (art. 59) attribue compétence au tribunal du lieu où elle est établie. On doit, au contraire, considérer comme de simples copropriétaires les membres d'une société civile qui n'a point de siége fixe, ou d'une association commerciale en participation (³), (V. C. de com., art. 47 et 48), dans laquelle les tiers traitent avec tel ou tel associé, et non pas avec la société même.

36. Les rentes diffèrent des créances proprement dites en ce que les prestations périodiques auxquelles elles donnent droit, doivent être servies à perpétuité ou du moins pendant la vie d'une ou de plusieurs personnes. Ces prestations se nomment arrérages par opposition aux intérêts d'un capital prêté pour un temps limité.

On distinguait autrefois des rentes foncières et des rentes constituées qui se subdivisaient en rentes perpétuelles et rentes viagères. Les rentes foncières étaient essentiellement immeubles; les rentes constituées à perpétuité étaient meubles dans quelques coutumes, et immeubles d'après la Coutume de Paris, qui formait, à cet égard, le droit commun (⁴). Quant aux rentes viagères, leur caractère était douteux, du moins dans les coutumes qui déclaraient en général les rentes immeubles (⁵). Le Code les range toutes expressément dans la classe des meubles.

37. Nous parlerons des rentes foncières sur l'article 530; mais nous devons ajouter ici quelques détails sur les rentes constituées.

(¹) Loi du 21 avril 1810, art. 32.
(²) Séance du 20 vendémiaire an XII.
(³) Arrêts de cassation du 2 juin 1834 et du 19 mars 1838.
(⁴) Pothier, *Communauté*, nᵒˢ 58 et 81.
(⁵) Pothier, *ibid.*, nᵒ 90.

Pour les déclarer immeubles, on s'était attaché à cette ancienne doctrine qui considérait comme héritage les biens produisant un revenu annuel (13). « La rente constituée avait paru, dit Pothier (¹), *par le re-*« *venu annuel et perpétuel qu'elle produisait,* ressembler aux biens im-« meubles, » d'autant plus, que ces rentes « composaient la plus grande « partie du patrimoine, souvent tout le patrimoine d'un très-grand « nombre de familles » (²). En effet le prêt à intérêt, que la tradition de l'Église considérait comme défendu par l'Ecriture sainte, était expressément prohibé par les lois du royaume (³). Dès lors les capitalistes se seraient trouvés dans l'impossibilité de tirer aucun revenu de leurs deniers, si l'usage ne s'était pas établi, à la fin du treizième siècle, de placer en rentes les capitaux qu'on ne pouvait point prêter à intérêt. C'est dans ce but qu'on imagina de considérer la rente comme un être moral produisant, sous le nom d'arrérages, des fruits civils et par conséquent un revenu annuel. Ceux qui avaient besoin d'une somme d'argent, ne pouvant l'emprunter directement, prenaient un détour. Ils annonçaient l'intention de créer une rente dont ils se constitueraient débiteurs en la vendant pour un certain prix ; au lieu d'emprunter, ils vendaient, et l'acheteur, au lieu de placer son capital à intérêt, en le prêtant seulement pour un temps, l'aliénait définitivement pour acquérir la rente. La constitution de rente s'opérait ainsi par une sorte de vente à réméré ; car il était de l'essence même du contrat, que le débiteur eût toujours la faculté de se libérer en rachetant la rente qu'il avait vendue, c'est-à-dire en remboursant le prix à l'acheteur (⁴).

Malgré cet expédient, la constitution de rente n'était pas sans analogie avec le prêt à intérêt, et de là les doutes qui se sont élevés dans l'origine sur la question de savoir si elle était licite, doutes qui ont été levés par deux bulles, l'une de Martin V, en 1423, et l'autre de Calixte III, en 1455 (⁵). C'est par suite de ces décisions que les rentes constituées sont devenues d'un usage général.

38. Aujourd'hui encore l'État, quand il a besoin de faire un emprunt, se constitue ordinairement débiteur d'une certaine quantité de rentes qui sont adjugées au plus offrant ; mais dans le droit privé, la constitution de rente, expressément autorisée par le Code civil (art. 1909), est aussi rare qu'elle était commune autrefois, parce que la prohibition relative au prêt à intérêt a été levée par la loi du 7 octobre 1789, dont le Code (art. 1905) reproduit la disposition.

(¹) *Communauté,* n° 81.

(²) Pothier, *Personnes et Choses,* part. 2, § 2.

(³) Déclaration de Philippe le Bel, donnée à Poissy en 1302 ; ordonnance de Blois, art. 202. V. Pothier, *Usure,* n°ˢ 57-68.

(⁴) Pothier, *Constitution de rente,* n° 2.

(⁵) Pothier, *ibid.*

530. — Toute rente établie à perpétuité pour le prix de la vente d'un immeuble, ou comme condition de la cession à titre onéreux ou gratuit d'un fonds immobilier, est essentiellement rachetable.

Il est néanmoins permis au créancier de régler les clauses et conditions du rachat.

Il lui est aussi permis de stipuler que la rente ne pourra lui être remboursée qu'après un certain terme, lequel ne peut jamais excéder trente ans : toute stipulation contraire est nulle.

SOMMAIRE.

39. Caractère des rentes foncières. Pourquoi elles n'étaient point rachetables.
40. Comment elles ont été d'abord rendues rachetables.
41. Différence entre les anciennes rentes foncières et celles qu'on établit aujourd'hui en cédant un immeuble.
42. A quelles rentes s'applique l'article 530.
43. Latitude dont jouissent les parties quant à la fixation du taux du rachat.
44. Renvoi au titre du *Prêt*.

39. Le contrat de *bail à rente*, d'où résultaient autrefois les rentes foncières, avait pour objet la cession d'un héritage ou d'un droit immobilier, sous la réserve d'une rente que le bailleur retenait, comme on retient souvent un droit de servitude sur un fonds qu'on aliène. En réalité, la rente foncière était, comme la servitude, une charge du fonds, et quoiqu'elle dût être acquittée par le preneur, il n'y avait point, de sa part, obligation proprement dite. Il n'était tenu des arrérages que comme possesseur du fonds grevé de la rente, en sorte qu'il lui suffisait, pour se libérer des arrérages à venir, de transmettre l'immeuble à un autre détenteur, ou d'en faire le déguerpissement, c'est-à-dire l'abandon en justice.

Les rentes foncières étant, comme nous l'avons dit, une charge imposée au fonds, le suivaient entre les mains de tout détenteur, quel qu'il fût, et il ne pouvait être question ici de racheter la rente, puisqu'elle n'avait pas été vendue par le débiteur, mais simplement réservée par le bailleur, qui en était propriétaire. Sans doute, il pouvait vendre par un second contrat le droit qu'il avait retenu dans le premier, mais ce nouveau contrat était purement volontaire de sa part.

40. Cependant, comme un grand nombre de propriétaires de maisons grevées de rentes qui en absorbaient le revenu, les laissaient dépérir ou même tomber en ruines, la règle générale fut modifiée par des ordonnances de Charles VII et de Henri II, qui permirent de racheter, pour cause d'utilité publique, la plupart des rentes foncières existant sur les maisons de ville, au moyen d'un prix fixé primitive-

ment au denier douze, et ensuite au denier vingt (¹). Cette expropriation était considérée comme un rachat des rentes foncières, et ce rachat exceptionnel a été converti en règle générale sous l'assemblée constituante. Toutes les rentes foncières perpétuelles ont été déclarées rachetables (²) au denier vingt pour les arrérages consistant en argent, et au denier vingt-cinq pour les prestations en grains ou autres denrées, d'après la valeur que ces prestations représentaient suivant un mode d'évaluation fixé par la loi (³). Toutefois, en devenant rachetables, les rentes foncières avaient conservé leur caractère immobilier (⁴). La loi du 12 brumaire an VII sur le régime hypothécaire décida seulement qu'à l'avenir elles ne pourraient plus être hypothéquées, et ce n'est qu'en vertu du Code civil (art. 529) qu'elles ont été rangées, par une disposition commune à toutes les rentes, dans la classe des meubles.

41. On doit comprendre que dès lors il n'existait plus à proprement parler de rentes foncières, puisqu'en les déclarant meubles on les avait dépouillées de leur caractère essentiel, qui est de représenter le fonds. Néanmoins, lorsque les différents titres du Code civil étaient déjà promulgués, le conseil d'État fut chargé d'examiner s'il convenait de *rétablir l'usage des rentes foncières* (⁵) ; mais il se prononça pour la négative, après une longue discussion (⁶). C'est à la suite de cette discussion que l'article 530 a été inséré dans le titre *de la Distinction des biens* (⁷), « parce que (comme l'a fait observer Bigot-Préameneu) (⁸), si le Code avait gardé le silence sur les rentes foncières, on « aurait pu les croire autorisées en vertu de l'axiôme que tout ce que « la loi ne défend pas est permis. »

Ainsi, lors même qu'elles auront pour cause l'acquisition d'un immeuble, les rentes ne seront plus comme autrefois une charge imposée au fonds, mais une obligation qui astreindra les contractants. Dès lors le débiteur ne sera plus libéré des arrérages par cela seul qu'il aura cessé de détenir l'immeuble à l'occasion duquel la rente a été créée, et réciproquement les tiers détenteurs ne deviendront pas, en cette seule qualité, débiteurs des arrérages à venir, précisément parce que le Code ne reconnait plus le contrat de bail à rente. Ainsi la faculté

(¹) Pothier, *Bail à rente*, n° 23.
(²) Loi du 9 août 1789, art. 6, loi du 18 décembre 1790, tit. 1, art. 1 ; tit 3, art. 1.
(³) Même loi, tit. 3, art. 6-10.
(⁴) Même loi, tit. 5, art. 3.
(⁵) Séance du 7 pluviôse an XII.
(⁶) Séance du 15 ventôse an XII.
(⁷) Loi du 30 ventôse an XII, art. 3.
(⁸) Discussion au conseil d'État, séance du 19 ventôse an XII.

de rachat qui était déjà autrefois de l'essence des rentes constituées, a été consacrée pour toutes les rentes perpétuelles, mais avec cette importante modification que la convention des parties peut suspendre l'exercice de cette faculté pendant un laps de temps déterminé. Le délai de suspension est limité à dix ans pour les rentes constituées (art. 1911), tandis qu'il peut être prolongé jusqu'à trente ans lorsque la rente a pour cause l'acquisition d'un immeuble. On voit que le Code n'a pas complétement assimilé toutes les rentes, et il importe de bien préciser leurs caractères distinctifs.

42. Il s'agit ici des rentes qui ont pour cause l'acquisition d'un immeuble vendu ou cédé à celui qui s'en constitue débiteur. La rente est établie dans le premier cas *pour le prix de la vente*, et dans le second elle est la *condition* d'une cession à titre onéreux ou même à titre gratuit. C'est ainsi, par exemple, qu'un échange peut avoir lieu entre deux immeubles d'inégale valeur, et au moyen d'une rente établie pour compenser la différence. C'est ainsi pareillement qu'un donataire peut être chargé d'une rente envers le donateur qui, en se dépouillant de sa propriété, n'entend pas faire une libéralité pure et simple. Ces différents cas de cession à titre onéreux ou gratuit ne présentent aucune difficulté; mais il n'en est pas de même des rentes établies *pour le prix de la vente*.

Selon nous, la rente doit être établie pour former directement le prix de l'immeuble vendu, par exemple, si la vente est consentie pour 1,000 fr. de rente perpétuelle. En sera-t-il de même si l'immeuble est vendu pour un capital, dont l'acheteur s'engage à servir la rente au denier vingt? Suivant quelques auteurs, il s'opère, dans ce dernier cas, une novation qui substitue une rente à la créance du prix, en sorte que la rente est véritablement constituée à prix d'argent et que le rachat n'en peut être suspendu que pendant dix ans au plus; mais cette décision nous paraît trop absolue. Nous ne pouvons admettre que tout se réduise ici à une question de formule, et comme les parties sont libres de régler les conditions du rachat, et par conséquent de fixer le capital à rembourser pour l'extinction de la rente, il importe peu, selon nous, qu'elles se bornent à fixer le montant des arrérages, sauf à en induire ensuite le capital à payer pour le rachat, ou qu'elles commencent, en sens inverse, par fixer le capital, pour régler ensuite le taux des arrérages. Dans l'un et l'autre cas, il faut s'attacher à l'intention des parties, plutôt qu'aux expressions insérées dans l'acte.

Il y aurait incontestablement novation, si, après une vente d'immeubles consentie, comme il arrive ordinairement, pour un prix fixé en argent, les parties convenaient de convertir en rente le prix formant le capital primitif : en effet cette rente aurait pour cause, non l'acquisition de l'immeuble, mais seulement la conversion du prix en un capital non exigible. Telle peut être l'intention des contractants lors même qu'il n'existe qu'un seul acte, mais ce n'est là qu'une question d'interprétation (¹), qui ne sera pas tranchée par cette seule circonstance que le prix a été évalué en argent (²).

43. La loi permet « *au créancier* de régler les clauses et les condi-« tions du rachat, » ce qui doit s'entendre d'un règlement convenu entre les deux parties, soit au moment où elles ont établi la rente, soit même postérieurement. Ainsi par exemple, elles pourront convenir que le rachat ne sera effectué qu'en numéraire (³), ou que le créancier devra en être prévenu un certain temps à l'avance. Ces clauses s'appliquent sans difficulté à toutes les rentes (art. 1909); mais ce que le législateur a surtout en vue, c'est la fixation du taux du rachat relativement aux rentes établies pour l'acquisition d'un immeuble. Les parties ont, à cet égard, une latitude qui n'existe pas pour les rentes constituées. Effectivement, la constitution de rente proprement dite est un prêt où les intérêts du capital sont représentés par des arrérages (article 1909), et dès lors, entre ces arrérages et le capital qui les produit, il doit exister une proportion telle que la limite fixée pour l'intérêt conventionnel (⁴) ne soit pas dépassée. Dans un contrat de vente, au contraire, le prix n'a point de limite légale; les contractants restent libres de fixer comme ils l'entendent ce que l'acheteur devra payer au vendeur, soit en principal soit en intérêts. Quelle que soit la proportion établie entre ces différentes prestations, le débiteur ne sera jamais reçu à prétendre que le taux de l'intérêt conventionnel a été dépassé; car l'excédant doit être considéré comme une augmentation non des intérêts, mais du capital; c'est une portion du prix payable chaque année en même temps que les intérêts proprement dits. Ces observations s'appliquent aux rentes qui ont pour cause l'acquisition d'un immeuble. Les arrérages qui paraîtraient hors de proportion avec le

---

(¹) Il est intervenu sur cette question, le 12 janvier 1814, un arrêt de rejet uniquement motivé sur l'interprétation de l'acte litigieux.

(²) Il est vrai que la rédaction primitive portait : *pour le prix* ÉVALUÉ EN ARGENT *de la vente d'un immeuble*, et que ces mots ÉVALUÉ EN ARGENT ont été supprimés sur la demande du conseiller d'État Jolivet, « parce que, disait-il, on pourrait en inférer « que la prohibition ne tombe pas sur les rentes foncières qui seraient constituées « *en nature.* » Évidemment il y a eu malentendu : M. Jolivet appliquait aux arrérages des expressions relatives au capital qui forme le prix de la vente. Leur suppression est donc sans conséquence relativement à la question qui nous occupe.

(³) Discussion au conseil d'État, séance du 19 ventôse an XII.

(⁴) Le Code, sans limiter précisément le taux de l'intérêt conventionnel, laissait cependant prévoir qu'il serait limité par une loi postérieure (V. art. 1907). Aujourd'hui la loi du 3 sept. 1807, art. 1, défend de stipuler plus de 5 p. 100 en matière civile, ou de 6 p. 100 en matière commerciale.

capital indiqué pour le rachat, doivent être considérés comme une fraction de ce même capital payable par annuités.

Nous avons supposé jusqu'ici que les arrérages de la rente semblent trop élevés en raison du capital fixé pour le rachat, mais il peut arriver, en sens inverse, que ce même capital excède de beaucoup celui que représente communément le taux des arrérages; alors tout soupçon de fraude disparaît, et le débiteur a d'autant moins le droit de se plaindre de l'élévation du capital, que la rescision de la vente pour cause de lésion n'a jamais lieu en faveur de l'acheteur (art. 1683). Néanmoins l'évaluation du capital peut être tellement exagérée qu'on soit fondé à ne point la considérer comme sérieuse dans l'intention des parties. Alors elle n'aurait plus d'autre but que d'éluder la faculté de rachat (¹), et puisque les rentes sont *essentiellement rachetables,* il ne faudra tenir aucun compte d'une convention illicite, et le rachat devra être autorisé comme s'il n'y avait pas eu de capital exprimé. Il y a, en effet, un taux légal pour le rachat : il peut s'opérer, à défaut de règlement convenu entre les parties, d'après le taux fixé par la loi du 18 décembre 1790, titre 3.

44. Il existe pour les rentes constituées des règles dont l'explication se rattachera au titre *du Prêt* (art. 1912), et nous examinerons alors jusqu'à quel point ces règles sont applicables aux rentes qui ont pour cause l'acquisition d'un immeuble.

531. — Les bateaux, bacs, navires, moulins et bains sur bateaux, et généralement toutes usines non fixées par des piliers, et ne faisant point partie de la maison, sont meubles : la saisie de quelques-uns de ces objets peut cependant, à cause de leur importance, être soumise à des formes particulières, ainsi qu'il sera expliqué dans le Code de la procédure civile.

SOMMAIRE.

45. Meubles dont la saisie exige des formes particulières.

45. Les objets mobiliers ont quelquefois une grande importance, et alors le législateur prend, dans l'intérêt du débiteur à qui ces objets appartiennent, des précautions qui tendent moins à retarder l'exercice du droit des créanciers, qu'à donner à la saisie et à la vente forcée qui en sera la conséquence, la publicité nécessaire pour attirer un grand nombre d'acheteurs, en sorte que la chose ne soit pas vendue au-dessous de sa valeur.

(¹) Pothier, *Bail à rente,* nᵒ 29.

C'est ainsi que les formes établies pour la saisie des rentes se rapprochent beaucoup des formes requises pour la saisie immobilière (V. C. de pr., art. 645 et suiv.). Quant aux meubles corporels dont la saisie est soumise à des formes spéciales, ils se divisent en trois classes, suivant leur importance. Dans la première sont les bacs, bateaux, galiotes et autres bâtiments de rivière (V. C. de pr., art. 620). La seconde classe comprend les bâtiments de mer de dix tonneaux et au-dessous (C. de com., art. 197 et suiv.), et la troisième tous les bâtiments au-dessus de dix tonneaux (C. de com., art. 202).

Remarquons du reste que les bâtiments de mer ont, quoique meubles, une importance toute particulière, à raison de laquelle le législateur les affecte à des priviléges, qui ordinairement n'existent que sur les immeubles (V. C. de com., art. 190 et suiv.).

532. — Les matériaux provenant de la démolition d'un édifice, ceux assemblés pour en construire un nouveau, sont meubles jusqu'à ce qu'ils soient employés par l'ouvrier dans une construction.

SOMMAIRE.

46. Motifs de l'innovation du Code sur les matériaux provenant d'une démolition.

46. La disposition relative aux matériaux assemblés pour une construction nouvelle est conforme au droit romain et à notre ancienne jurisprudence; mais, en appliquant la même décision aux matériaux provenant de la démolition d'un édifice, le Code a complétement innové : car autrefois ces matériaux restaient immeubles, tant que le propriétaire n'avait pas renoncé à les employer dans la reconstruction [1].

L'intention du propriétaire est un fait dont l'appréciation est très-difficile. Souvent même le propriétaire ignore, au moment où les matériaux sont déplacés, s'ils pourront être employés de nouveau dans le même bâtiment. Nous croyons qu'ici, comme dans beaucoup d'autres cas, le législateur a voulu prévenir toute contestation sur l'intention du propriétaire, et par suite sur le caractère mobilier ou immobilier des matériaux. S'il en est ainsi, on ne doit admettre aucune distinction entre les matériaux provenant d'une démolition complète, et les matériaux déplacés pour cause de réparation [2]. La limite entre ces deux opérations serait souvent très-difficile à établir.

---

[1] Pothier, *Communauté*, n° 62.
[2] La cour de Lyon a jugé (23 *décembre* 1811) que les matériaux provenant d'un édifice démoli, mais destinés à être employés dans une nouvelle construction, sont meubles.

533. — Le mot *meuble*, employé seul dans les dispositions de la loi ou de l'homme, sans autre addition ni désignation, ne comprend pas l'argent comptant, les pierreries, les dettes actives, les livres, les médailles, les instruments des sciences, des arts et métiers, le linge de corps, les chevaux, équipages, armes, grains, vins, foins et autres denrées ; il ne comprend pas aussi ce qui fait l'objet d'un commerce.

534. — Les mots *meubles meublants* ne comprennent que les meubles destinés à l'usage et à l'ornement des appartements, comme tapisseries, lits, siéges, glaces, pendules, tables, porcelaines et autres objets de cette nature.

Les tableaux et les statues qui font partie du meuble d'un appartement y sont aussi compris, mais non les collections de tableaux qui peuvent être dans les galeries ou pièces particulières.

Il en est de même des porcelaines : celles seulement qui font partie de la décoration d'un appartement, sont comprises sous la dénomination de *meubles meublants*.

DETTES ACTIVES. Il n'existe pas plus de dettes actives que de créances passives. La dette active est donc simplement une créance.

SOMMAIRE.

47. Inexactitude de la définition légale du mot *meubles*.
48. Celle des mots *meubles meublants* ne mérite pas le même reproche.

47. Jamais peut-être l'inconvénient des définitions légales n'a été mieux démontré que par la définition qui tend à préciser le sens du mot *meuble*, employé seul dans les dispositions de la lòi ou dans celles de l'homme.

Dans les dispositions de la loi, on ne saurait admettre sans danger que le mot meuble ne comprend pas les objets énumérés par l'article 533 ; car ce serait décider, d'une part, que le tuteur, obligé de vendre les meubles du mineur (art. 452), doit néanmoins garder en nature les objets les plus dispendieux à conserver, comme les chevaux, ou susceptibles de dépérir, comme les denrées ; et d'autre part, ce qui ne serait pas moins extraordinaire, que ces mêmes objets ne tombent pas sous l'application de la maxime *en fait de meubles la possession vaut titre* (art. 2279).

Dans les dispositions de l'homme, le mot MEUBLE sera bien rarement employé seul *sans autre addition ni désignation ;* mais, dans ce cas même, la première de toutes les règles sera toujours celle qui prescrit de rechercher l'intention du testateur, et lorsque cette intention sera connue, elle prévaudra certainement sur une définition que le défunt a fort bien pu ignorer (¹).

48. Le mot *meubles*, lorsqu'on y joint l'épithète *meublants*, prend un sens particulier, dont la définition, dans le Code, ne manque pas d'exactitude.

535. — L'expression *biens meubles*, celle de *mobilier* ou d'*effets mobiliers*, comprennent généralement tout ce qui est censé meuble d'après les règles ci-dessus établies.

La vente ou le don d'une maison meublée ne comprend que les meubles meublants.

SOMMAIRE.

49. Vices de cette définition.

49. Décider en termes absolus que chacune des trois expressions indiquées par la loi comprend généralement tous les objets qui ont été déclarés meubles d'après les dispositions précédentes, ce serait s'exposer à mettre le Code en contradiction avec la volonté du testateur, ou avec la commune intention des parties contractantes. Il est fort probable qu'en léguant son mobilier, le testateur ne songe guère qu'à ses *meubles meublants* (²); et lorsqu'une personne vend son mobilier ou même ses effets mobiliers, il est difficile de croire qu'elle entende vendre son mobilier incorporel, par exemple ses rentes ou ses actions dans une compagnie.

536. — La vente ou le don d'une maison, avec tout ce qui s'y trouve, ne comprend pas l'argent comptant, ni les dettes actives et autres droits dont les titres peuvent être déposés dans la maison; tous les autres effets mobiliers y sont compris.

DETTES ACTIVES. Voyez la note sur l'article 535.

SOMMAIRE.

50. Interprétation vicieuse de la volonté des parties.

50. Il faut remarquer la différence qui existe entre la vente ou le don d'une maison meublée (art. 535) et la vente ou le don d'une mai-

---

(¹) Bruxelles, 9 mars 1813.
(²) Rejet, 3 mars 1836.

son *avec tout ce qui s'y trouve*. Ces dernières expressions, beaucoup plus larges que les précédentes, semblent comprendre tout le mobilier corporel qui existe dans la maison, sauf toutefois l'*argent comptant ;* mais ici encore comment croire qu'en disposant de sa maison *avec tout ce qui s'y trouve,* le propriétaire ait voulu aliéner son linge et ses habits, sa montre et les autres bijoux que l'on porte habituellement sur soi?

Le mot *don*, pris ici dans le sens de donation, comprend incontestablement la donation proprement dite ou donation entre-vifs, et les dispositions testamentaires, de même que le mot *vente* comprend toutes les aliénations à titre onéreux, par exemple l'échange.

CHAPITRE III.

DES BIENS DANS LEUR RAPPORT AVEC CEUX QUI LES POSSÈDENT.

INTRODUCTION.

SOMMAIRE.

51. Personnalité juridique de l'État et des communes.
52. La même prérogative est accordée au département et déniée aux autres circonscriptions territoriales.
53. Ancienne distinction du domaine de l'État et du domaine de la couronne.
54. Nature diverse des biens appartenant à l'État ou aux communes.
55. Divers droits qu'on peut avoir sur les biens.

51. En s'occupant des biens sous le rapport de ceux qui les possèdent, le Code distingue d'abord s'ils appartiennent ou non à des particuliers. Les particuliers ont la libre disposition de leurs propriétés, tandis que les biens qui n'appartiennent pas à des personnes privées ne peuvent être aliénés, ou même administrés, que suivant des formes ou d'après des règles particulières (art. 537). Dans cette division, les particuliers sont opposés, non à ces sociétés privées dont le droit civil fait, ainsi que nous l'avons déjà vu, des personnes morales, mais à certaines corporations organisées et régies par le droit public, comme l'État et les communes. C'est pour comprendre ce qui appartient à toutes ces corporations, en évitant toutefois de les énumérer, qu'on a employé l'expression vague de « biens qui n'appartiennent pas à des « particuliers ([1]). »

Cette dernière classe comprenait seulement, à l'époque de la rédaction du Code, les biens nationaux, qui appartiennent à l'État, les biens communaux, dont la propriété ou la jouissance appartient aux com-

---

([1]) Discussion au C. d'État, séance du 20 vendémiaire an XII.

munes (art. 542) et ceux des établissements publics, tels que les hospices (art. 910).

On n'a jamais douté, en ce qui concerne l'État, de son aptitude à être propriétaire, et de temps immémorial chaque commune a formé en France une personne morale, ayant, comme l'État lui-même, ses droits, ses obligations, en un mot ses intérêts particuliers.

52. Le territoire français a été distribué par l'Assemblée constituante en départements, les départements en districts, et les districts en cantons (1) comprenant chacun une ou plusieurs communes. Aujourd'hui encore notre organisation politique repose sur les mêmes bases, avec cette différence toutefois que les districts sont remplacés par les arrondissements (2). Il importe de remarquer à cet égard que le département, l'arrondissement et le canton n'ont été établis que comme de simples circonscriptions territoriales pour déterminer la compétence des autorités administratives ou judiciaires. Ces circonscriptions différaient essentiellement de la commune en ce qu'elles n'avaient aucune personnalité, et cette différence subsiste encore en ce qui concerne l'arrondissement et le canton ; mais, quant au département, les dispositions contenues dans un décret du 9 avril 1811 et dans plusieurs lois postérieures (3), lui ayant supposé l'aptitude nécessaire pour acquérir, la jurisprudence a reconnu la personnalité du département, et cette jurisprudence a été confirmée par la loi du 10 mai 1838, article 10. Ainsi, outre l'État et les communes, chaque département forme une personne morale, ayant ses droits et ses intérêts particuliers.

53. Il n'existait pas autrefois de domaine de l'État distinct du domaine de la couronne ; mais, en 1790, cette dernière dénomination a été remplacée par celle de domaine de la nation ou de l'État, conformément aux règles établies par la loi du 1er décembre de cette année. De 1790 à 1792, dans les dernières années du règne de Louis XVI, de 1804 à 1848, sous l'empire et sous la monarchie constitutionnelle, la nation, suivant le texte même de la constitution de 1791 (4), a pourvu à la splendeur du trône par une liste civile, dont une loi réglait le montant, à chaque avénement, pour toute la durée du règne (5). La liste civile se composait d'un revenu annuel payé par le trésor public et, en outre, d'une dotation en biens meubles et immeubles (6). Cette dota-

---

(1) Constit. de 1791, tit. 2, art. 1.

(2) Constit. du 22 frimaire an VIII, art. 1.

(3) Loi du 16 juin 1824, art. 16 ; loi du 7 juillet 1832, art. 3.

(4) Tit. 3, chap. 2, sect. 1, art. 10.

(5) Constit. de 1791, *ibid.* ; V. Sénatusc. du 28 floréal an XII, art. 15 ; Charte de 1814, art. 23 ; Charte de 1830, art. 19.

(6) Lois du 9 juin 1790 et du 26 mai 1791 ; Sénatusc. du 28 floréal an XII, art. 15 ; lois des 8 novembre 1814 et 15 janvier 1825 ; loi du 2 mars 1832.

tion constituait un domaine de la couronne, dont le roi avait la jouissance ([1]), et qui se distinguait ainsi du domaine de la nation ou de l'État ([2]).

Les biens affectés à la dotation de la couronne étaient, comme les autres biens de l'État, dans le commerce, et par conséquent soumis aux règles du droit civil ([3]) ; et cependant, par un privilége particulier, ils étaient déclarés imprescriptibles et même inaliénables, si ce n'est dans le cas d'un échange autorisé par une loi. Néanmoins, les meubles pouvaient être aliénés moyennant remplacement, pourvu qu'il y eût estimation préalable.

54. Les biens qui appartiennent à l'État, aux communes, etc., ne sont pas tous de même nature. Les uns sont dans le commerce ; ils appratiennent à l'État, aux communes, etc., comme ils pourraient appartenir à un particulier. C'est ainsi que l'État possède des forêts considérables, qui sont pour ainsi dire dans son patrimoine. Ce sont là des biens auxquels s'appliquent toutes les règles du droit civil, par exemple la prescription (art. 2227).

Il en est autrement des biens qui sont hors du commerce, soit par leur nature même, comme les havres, les rades et généralement toutes les portions du territoire qui ne sont pas susceptibles de propriété privée, soit parce qu'une destination permanente les affecte à un usage public, comme les routes royales, qui sont à la charge de l'État (V. art. 528), les routes départementales, que chaque département confectionne et entretient à ses frais, et les chemins vicinaux, qui appartiennent aux communes et doivent être entretenus par elles.

Les biens qui se trouvent ainsi hors du commerce sont, par cela même et en vertu du droit civil, imprescriptibles (art. 2226) et inaliénables (art. 1598). Toutefois ceux qui ne sont devenus tels que par leur affectation à un usage public, rentrent dans le commerce et sont de nouveau soumis aux règles du droit commun, dès qu'ils cessent d'avoir cette destination. Dès lors ils deviennent prescriptibles ; mais, comme ils appartiennent à l'État, à une commune, etc., ils ne peuvent être aliénés que conformément aux règles du droit administratif (V. art. 541).

55. En terminant le titre *de la Distinction des biens,* la loi indique les matières dont le développement formera l'objet des trois titres suivants, savoir, la propriété, l'usufruit et les servitudes ou services fonciers (art. 543). Nous aurons à examiner jusqu'à quel point cette indi-

___

([1]) Loi du 2 mars 1832, art. 16.

([2]) On distinguait de plus, d'après la loi du 2 mars 1832 (art. 22-24), un domaine privé qui se composait des biens particuliers du prince régnant. Il était soumis aux lois ordinaires, avec cette seule restriction que le roi pouvait en disposer à titre gratuit sans être assujetti aux règles sur la quotité disponible.

([3]) Loi du 2 mars 1832, art. 8 et 9.

cation doit être considérée comme une énumération des droits qu'on peut avoir sur les biens.

---

537. — Les particuliers ont la libre disposition des biens qui leur appartiennent, sous les modifications établies par les lois.

Les biens qui n'appartiennent pas à des particuliers, sont administrés et ne peuvent être aliénés que dans les formes et suivant les règles qui leur sont particulières.

SOMMAIRE.

56. Notions sur la tutelle administrative.

56. Le principe qui attribue aux particuliers la libre disposition de leurs biens est vrai en règle générale, par opposition à celui qui régit les établissements publics. Il est d'ailleurs évident que, même parmi les particuliers, il existe des incapables, tels que les interdits et les mineurs, même émancipés.

Les communes, les établissements publics sont aussi des incapables. Leurs droits sont exercés par des administrateurs, dont les pouvoirs ont dû être limités, comme le sont, dans le droit civil, les pouvoirs du tuteur. Ainsi, ces administrateurs ne peuvent aliéner qu'avec l'autorisation de l'administration supérieure, qui, sous ce rapport, est considérée comme ayant, sur les communes et les établissements d'utilité publique, un droit de haute tutelle semblable à celui que le conseil de famille et le tribunal civil exercent à l'égard des mineurs.

Les biens de l'État sont également soumis à des règles spéciales pour leur administration ; quant à leur aliénation, c'est l'État lui-même qui l'autorise par une loi.

538. — Les chemins, routes et rues à la charge de l'État, les fleuves et rivières navigables ou flottables, les rivages, lais et relais de la mer, les ports, les havres, les rades, et généralement toutes les portions du territoire français qui ne sont pas susceptibles d'une propriété privée, sont considérés comme des dépendances du domaine public.

SOMMAIRE.

57. Distinction entre les biens de l'État et ceux du domaine public.
58. Quels sont les chemins compris dans le domaine public ?
59. Caractère distinctif des rivières navigables. Qu'entend-on par rivières flottables ?
60. Définition du rivage. Les lais et relais ne font point partie du domaine public.
61. Quels sont les canaux qui en font partie ? *Quid* des chemins vicinaux ?

57. Le *domaine public* ne différait pas, dans le droit intermédiaire, du domaine national. On comprenait sous l'une ou l'autre dénomination tous les biens de l'État, sans distinguer s'ils étaient ou non susceptibles de propriété privée. C'est ainsi que la loi du 1er décembre 1790 attribuait au domaine public les biens acquis par le roi défunt depuis son avénement [1], tandis qu'elle mettait les forteresses au nombre des domaines nationaux [2]. Le Code prend l'expression de *domaine public* dans un sens beaucoup plus restreint ; il l'applique spécialement aux biens qui, par leur nature ou leur destination, ne sont pas susceptibles de propriété privée, notamment aux forteresses (art. 540), et alors pour désigner les autres biens qu'on attribuait autrefois également au domaine national ou au domaine public dans l'ancienne acception de ce mot, le Code dit simplement qu'ils appartiennent *à l'État* (V. art. 541, 713 et 768).

Nous traiterons séparément des différents objets énumérés dans cet article.

58. LES CHEMINS, ROUTES ET RUES ne font partie du domaine public, qu'autant qu'ils sont A LA CHARGE DE L'ÉTAT. Ces derniers mots ont été ajoutés dans le Code civil pour modifier la disposition de la loi du 1er décembre 1790, dont l'article 2 semblait comprendre tous les chemins publics, ainsi que les rues et places des villes. Il a été bien expliqué dans la discussion [3] que les chemins vicinaux et les rues des villes, autres que celles qui font partie des routes entretenues par l'État, appartiennent aux communes. On a ainsi tranché les doutes qu'avait fait naître sur ce point la loi de 1790 [4].

59. LES FLEUVES ET RIVIÈRES NAVIGABLES OU FLOTTABLES. L'ordonnance de 1669 sur les eaux et forêts ne reconnaissait comme navigables que les rivières « portant bateaux de leur fond sans artifices et ouvrages de mains [5] » ; mais cette distinction n'est plus en usage. Du reste, une rivière n'est pas navigable par cela seul qu'elle porte des batelets ou même des bacs qui traversent le courant. Il faut que l'on puisse y établir une navigation proprement dite, c'est-à-dire suivre le cours dans un espace assez considérable.

La flottaison sur les rivières a lieu de deux manières différentes, soit au moyen de *trains et radeaux* qui se dirigent à peu près comme des barques, soit à *bûches perdues,* lorsque le bois est simplement abandonné au courant. Il ne s'agit point ici des cours d'eau flottables à bû-

---

[1] Loi du 1er décembre 1790, § 1, art. 7.

[2] Même loi, § 1, art. 5.

[3] Séance du 20 vendémiaire an XII.

[4] Merlin, *Répert.*, v° CHEMIN PUBLIC.

[5] Ordonn. de 1669, tit. 27, art. 41.

ches perdues ([1]), mais seulement des rivières flottables à trains et radeaux, qui se trouvent quelquefois comprises dans la dénomination générale de *rivières navigables* ([2]), parce qu'en effet les trains de bois naviguent à peu près comme les bateaux, et qu'il ne faut pas beaucoup moins d'eau pour les uns que pour les autres. Cependant on conçoit que de simples trains ou radeaux puissent tirer moins d'eau qu'un bateau ordinaire, et franchir des bas-fonds qui empêchent la navigation proprement dite. Aussi existe-t-il des rivières qui, sans être navigables, sont cependant flottables par trains et radeaux, comme on peut le voir dans la loi du 15 avril 1839 sur la pêche fluviale et dans les tableaux annexés, en exécution de cette loi, à l'ordonnance du 10 juillet 1835.

Le caractère navigable ou flottable d'une rivière est ordinairement notoire ; mais, en cas de contestation sur ce point, c'est à l'autorité administrative qu'il appartient soit de décider si la rivière est navigable ou simplement flottable, soit de fixer le point où elle commence à devenir telle ([3]).

60. LES RIVAGES, LAIS ET RELAIS DE LA MER, etc. D'après l'ordonnance de 1681 sur la marine ([4]), « est réputé bord ou rivage de la mer tout « ce qu'elle couvre et découvre pendant les nouvelles et pleines lunes, « jusqu'où le plus grand flot de mars se peut étendre. » Cette disposition n'est applicable qu'à l'Océan. La Méditerranée n'ayant point de marée, on suit, en ce qui la concerne ([5]), la règle du droit romain qui comprend dans le rivage le terrain que couvre le plus grand flot d'hiver ([6]).

On entend par *lais* les alluvions qui se forment sur la limite des propriétés riveraines, et par *relais* les terrains que l'eau abandonne. Les lais et relais des rivières, même non navigables ou flottables, appartenaient autrefois au seigneur haut justicier. Le Code les attribue aux propriétaires riverains (art. 556). Quant aux lais et relais de la mer, on pouvait bien, avant le Code, les considérer comme faisant partie du domaine public, puisque cette expression s'appliquait alors à tous les biens de l'État sans distinction ; mais aujourd'hui que l'on sépare le domaine public des biens de l'État, c'est mal à propos que les rédacteurs du Code, en reproduisant trop exactement la loi du 1er décembre 1790, classent les lais et relais de la mer

---

([1]) Ces rivières ne sont pas considérées comme flottables (Rejet, 22 *août* 1823).

([2]) Loi du 1er décembre 1790, § 1, art. 2.

([3]) Conseil d'État, 6 décembre 1820, 15 mars 1844. Voyez les tableaux annexés à l'ordonnance du 10 juillet 1835.

([4]) Tit. 7, art. 1.

([5]) Merlin, *Questions de droit*, v° RIVAGES DE LA MER.

([6]) Inst. § 3, *de divis. rer.; Javol.* L. 112, D. *de verb. signif.*

dans le domaine public. En effet, ils ne sont pas hors du commerce, puisqu'ils peuvent être aliénés par l'État. Ils peuvent même l'être sans publicité, par voie de simple concession, aux conditions que le gouvernement juge convenables ([1]).

Sous ce rapport, les lais et relais de la mer diffèrent essentiellement soit des RIVAGES, soit des PORTS, HAVRES ET RADES ([2]), qui sont une dépendance du domaine public proprement dit.

61. ET GÉNÉRALEMENT TOUTES LES PORTIONS DU TERRITOIRE FRANÇAIS QUI NE SONT PAS SUSCEPTIBLES DE PROPRIÉTÉ PRIVÉE. Cette disposition générale s'applique notamment aux grands canaux de navigation dont l'entretien est à la charge de l'État ([3]). En effet, d'après leur destination même, ils ne sont pas susceptibles de propriété privée, et se rapprochent beaucoup des routes entretenues aux frais de l'État et des rivières navigables, qui sont une dépendance du domaine public.

Nous n'en dirons pas autant des routes départementales, des chemins vicinaux, etc. : ce sont des portions de terrain non susceptibles de propriété privée ; mais elles n'appartiennent pas à l'État. Si donc elles sont considérées comme une dépendance du domaine public, c'est en ce sens qu'elles sont destinées à un usage public, et, en conséquence, qu'elles ne peuvent appartenir aux particuliers. Du reste, il est bien entendu qu'elles appartiennent soit à un département, soit à une commune.

539. — Tous les biens vacants et sans maître, et ceux des personnes qui décèdent sans héritiers, ou dont les successions sont abandonnées, appartiennent au domaine public.

SOMMAIRE.

62. En quel sens les biens vacants sont-ils attribués par le texte au domaine public ?

62. Cette disposition sera reproduite plus loin, quant aux biens vacants, par l'article 713, et quant aux successions en déshérence, par l'article 768. Remarquons seulement ici qu'en attribuant ces différents biens au *domaine public,* le texte prend cette expression dans l'ancienne

---

([1]) Loi du 16 septembre 1807, art. 41.

([2]) Le *port* est un lieu propre à recevoir les vaisseaux et à les tenir à l'abri des tempêtes. Le *havre* est aussi un port dans le sens le plus général de ce mot ; mais le mot havre désigne le plus ordinairement un port naturel, où l'on ne trouve point les quais, les bassins et les autres travaux d'art qui constituent à proprement parler un port. Tel était primitivement le *Havre-de-Grâce*, qui est devenu un des ports les plus importants de France.

([3]) Loi du 21 vendémiaire an V ; V. Merlin, *Répert.,* v° CANAL.

acception, qui comprenait tous les biens de l'État, lors même qu'ils n'étaient pas hors du commerce. Aussi le Code civil de 1804 n'attribuait-il pas ces biens au domaine public, mais *à la nation*. C'est en 1807, lorsque le Code civil a été promulgué de nouveau sous le nom de Code Napoléon, que le *domaine public* a été substitué *à la nation*. Il aurait été plus exact de dire *à l'État,* comme on l'a fait dans les articles 713 et 768.

540. — Les portes, murs, fossés, remparts des places de guerre et des forteresses, font aussi partie du domaine public.

541. — Il en est de même des terrains, des fortifications et remparts des places qui ne sont plus places de guerre : ils appartiennent à l'État, s'ils n'ont été valablement aliénés, ou si la propriété n'en a pas été prescrite contre lui.

SOMMAIRE.

63. Origine commune de ces deux articles. Inexactitude de leur rédaction.

63. Ces deux articles correspondent à une disposition unique de la loi du 1er décembre 1790. Après avoir statué sur les murs et fortifications des villes entretenues par l'État et utiles à sa défense, en décidant qu'elles font partie des domaines nationaux, cette loi ajoutait : « *Il en est de même* des anciens murs, fossés et remparts de celles qui « ne sont point places fortes (1). » Ces expressions *il en est de même* n'avaient rien d'inexact dans la loi de 1790, qui ne faisait aucune distinction entre les différents biens compris dans le domaine national. Le Code , au contraire, divise la disposition de cette loi en deux dispositions distinctes. L'une attribue les forteresses au domaine public, tandis que l'autre s'occupe des villes qui ont cessé d'être places de guerre, pour décider seulement que leurs remparts *appartiennent à l'État*. Évidemment le premier de ces deux articles prend le mot domaine public dans un sens spécial, et dès lors c'est moins une similitude qu'une différence qui devait être exprimée dans le second.

542. — Les biens communaux sont ceux à la propriété ou au produit desquels les habitants d'une ou plusieurs communes ont un droit acquis.

---

(1) Loi du 1er décembre 1790, § 1, art. 5.

SOMMAIRE.

64. L'ancienne jurisprudence appelait *communaux* les biens dont la propriété appartenait aux communes, et *usages* ceux dont les communes avaient simplement la jouissance. Cette distinction ne s'est pas conservée : la loi du 10 juin 1793 a compris les usages dans sa définition des biens communaux ([1]), et c'est en se référant à la même idée que le Code appelle biens communaux tous ceux à la *propriété* ou au *produit* desquels les communes ont un droit acquis.

La loi de 1793 reconnaissait aux différentes sections d'une même commune le droit d'avoir, chacune séparément, ses communaux ([2]). Le Code ne parle plus des sections de communes ; mais il est évident que les termes généraux de sa disposition ne peuvent avoir pour but de modifier la législation spéciale qui régit cette matière. Au surplus, la loi du 17 juillet 1838 sur l'administration municipale ([3]) reconnaît expressément l'existence légale des sections de communes.

65. Il faut observer que la définition du Code n'est rien moins qu'exacte. C'est mal à propos qu'elle attribue aux habitants la propriété ou le droit de jouissance, qui n'appartient réellement qu'à la commune, c'est-à-dire, à une personne morale dont les droits ne doivent pas se confondre avec ceux des particuliers. Les rédacteurs du Code n'auraient pas dû emprunter à la loi de 1793 une définition qui n'entrait, à cette époque, dans les vues du législateur, que parce qu'il lui importait de considérer les habitants comme ayant tous ensemble la copropriété des biens communaux, afin de les autoriser, comme on le fit alors, à partager entre eux ces mêmes biens ([4]). Ce partage gratuit, sans aucune indemnité pour la commune, fut une véritable spoliation. Cette mesure fit naître tant de difficultés, elle donna lieu à tant de réclamations, qu'une loi de l'an IV ([5]) suspendit provisoirement toutes actions et poursuites résultant de l'exécution donnée à la loi de 1793, et les ef-

---

([1]) « Les biens communaux sont ceux sur la propriété ou le produit desquels tous « les habitants d'une ou de plusieurs communes, ou d'une section de commune, ont un « droit acquis » (Loi du 10 juin 1793, sect. 1, art. 1 ; V. Merlin, *Répert.* v° COMMUNAUX).

([2]) Même loi, sect. 1, art. 2.

([3]) Art. 56-58.

([4]) Loi du 10 juin 1793, sect. 1, art. 3.

([5]) Loi du 21 prairial an IV, art. 2.

fets des partages autorisés par elle n'ont été définitivement réglés que par une loi contemporaine du Code civil, celle du 9 ventôse an XII.

66. Remarquons que les biens communaux, quoiqu'ils n'appartiennent point aux habitants, leur procurent souvent de grands avantages, soit pour la nourriture des bestiaux qui sont admis au pâturage dans les prés, soit pour la part qui revient à chaque famille dans les bois d'affouage. On appelle ainsi les bois dont la coupe annuelle se divise par feux, c'est-à-dire, en autant de parts qu'il y a de chefs de famille ayant leur domicile réel dans la commune (C. forest., art. 103 et 105). Sous ce rapport les habitants ont un droit qui n'est pas incommutable ; car il cesse d'exister dès que la chose change de destination, par exemple, lorsque les biens communaux sont vendus ou simplement affermés en vertu d'une délibération du conseil municipal approuvée par l'autorité supérieure (¹).

67. Indépendamment des communaux proprement dits, la commune peut avoir d'autres biens qui sont, à proprement parler, dans son patrimoine, et dont le revenu est perçu au profit de la caisse municipale. Enfin les communes ont ordinairement des chemins vicinaux, des rues, des églises (²), et autres choses affectées à un usage public. Ces choses sont placées hors du commerce par leur destination même, et forment, en quelque sorte, le domaine public communal.

543. — On peut avoir sur les biens, ou un droit de propriété, ou un simple droit de jouissance, ou seulement des services fonciers à prétendre.

SOMMAIRE.

68. Division des droits. Sens divers de l'expression *droits personnels*.
69. Différentes sortes de droits réels. En quel sens l'énumération du Code est limitative. De la possession considérée comme droit réel.
70. Véritable caractère de l'emphytéose. Elle n'a point été supprimée par le Code.
71. Renvoi au titre *du Louage* en ce qui concerne le droit du preneur.

68. En adoptant, pour les droits, une division que les jurisconsultes romains appliquaient seulement aux actions, on distingue ordinairement des droits personnels et des droits réels.

Il n'existe, à proprement parler, qu'une seule classe de droits personnels, les droits de créance, c'est-à-dire les droits qu'une personne

---

(¹) V. Loi du 18 juillet 1836, art. 46 et 47.

(²) De nombreuses décisions judiciaires, notamment un arrêt de cassation du 12 mars 1839, ont reconnu que les églises sont la propriété des communes, et non des fabriques.

a contre ses débiteurs. Ces droits personnels, de même que tous les droits en général, sont susceptibles de transmission héréditaire ; il faut donc éviter de les confondre avec certains droits que l'on qualifie de *personnels* dans un autre sens, tantôt pour indiquer qu'ils doivent s'éteindre au décès de la personne en faveur de laquelle ils sont établis, comme la rente viagère, l'usufruit, etc., tantôt parce qu'ils sont *exclusivement attachés à la personne* (art. 1166), comme le droit de demander la séparation de corps ou de biens (art. 1446).

69. S'il n'existe, à proprement parler, d'autres droits personnels que les droits de créance, on peut distinguer trois espèces de droits réels, savoir : 1º les droits réels principaux, qui ne se rattachent à aucun autre droit, comme la propriété ou l'usufruit ; 2º les droits réels accessoires, tels que le gage et l'hypothèque, qui ne sont établis que pour garantir l'accomplissement d'une obligation ; 3º les droits réels improprement dits, qui tiennent à l'état des personnes. En effet, celui qui prétend établir sa nationalité ou sa filiation, exerce une action réelle. L'action en désaveu de paternité, l'action tendant à faire reconnaître la validité ou la nullité d'un mariage, sont aussi des actions réelles par lesquelles on revendique l'état des personnes.

On peut aussi considérer comme droits réels, dans l'acception la plus large du mot, les diverses facultés dont l'exercice est garanti par le droit public, comme la liberté individuelle et la liberté des cultes.

La loi ne s'occupe point ici de tous les droits réels ; elle parle uniquement de ceux que l'on peut avoir sur les biens. Il ressort même de son texte qu'il ne s'agit pas, dans ce livre du Code, des droits accessoires, mais seulement des droits principaux. Nous avons à nous demander quels sont ces droits réels principaux, en d'autres termes, si la propriété, l'usufruit et les servitudes sont les seuls que l'on puisse avoir, comme sembleraient le faire croire la lettre du Code et même l'exposé des motifs. « On ne peut avoir, dit l'orateur du gouvernement, « que trois espèces de droits, ou le droit de propriété, ou un simple droit « de jouissance, ou seulement des services fonciers à prétendre. » On voit par là que l'article 543 a été rédigé dans un sens limitatif ; mais quels sont les droits qu'on a voulu exclure ? L'orateur du gouvernement l'indique positivement. « Ainsi, ajoute-t-il, notre Code a voulu abolir « jusqu'au moindre vestige de ce *domaine de supériorité*, jadis connu « sous le nom de *seigneurie féodale ou censuelle*. » Ce sont donc les droits féodaux qu'on a entendu proscrire. Sous tout autre rapport, le Code n'a rien de limitatif.

Et d'abord, il est impossible de ne pas reconnaître, en dehors de son texte, l'existence du droit de possession. La possession, en effet, n'est pas un simple fait ; c'est aussi un droit, dont les conséquences lé-

gales sont d'une grande importance. Tels sont notamment la présomption de propriété qui, en cas de revendication, attribue au possesseur
le rôle de défendeur, le droit d'intenter les actions possessoires (C. de
pr., art. 23 et suiv.), et enfin la faculté d'arriver à la propriété par la
prescription (art. 2228, 2262 et 2265).

70. Mais ne faut-il pas aller plus loin encore, et reconnaître à l'emphytéose le caractère de droit réel qu'elle avait autrefois?

L'emphytéose, que nous comparerons plus tard avec le louage, est
un contrat par lequel un propriétaire cède, pour un certain temps, la
jouissance de sa chose, moyennant une redevance annuelle. Dans l'ancienne jurisprudence, l'emphytéose était souvent consentie à perpétuité,
et alors le bail emphytéotique se rapprochait beaucoup du bail à rente
perpétuelle. La loi du 29 décembre 1790 ayant permis le rachat des
rentes foncières et des autres redevances perpétuelles, l'emphytéose
perpétuelle a cessé d'exister, et dans ce cas l'emphytéote, étant incontestablement investi du domaine utile, a été considéré comme
propriétaire par suite de l'abolition du domaine direct, réputé droit
féodal ; mais quant aux baux à rente *ou emphytéoses non perpétuelles,*
la même loi décida qu'ils seraient exécutés pour toute leur durée, en limitant à 99 ans la durée de ceux qui seraient faits à l'avenir [1].

Les auteurs qui n'admettent point l'emphytéose comme droit réel immobilier, se fondent sur la similitude qui existe, suivant eux, entre ce
contrat et la rente foncière. Puisque la loi, disent-ils, n'admet plus les
rentes foncières, lors même que leur durée ne dépasse point 99 ans,
il y a même raison pour exclure l'emphytéose, qui produit des effets
identiques.

Cette prétendue similitude n'existe pas. En effet, le bail emphytéotique ne fait que transporter au preneur un droit de jouissance, tandis
que le bail à rente lui transférait la propriété [2]. Or, ce que les auteurs
du Code ont voulu proscrire, c'est la rétention d'une sorte de domaine
direct de la part de celui qui transfère la propriété ; au contraire, le bail
emphytéotique conserve au bailleur la nue propriété, et ne fait acquérir
au preneur qu'un démembrement de la propriété qui offre une grande
analogie avec l'usufruit.

Il est vrai que, le conseil d'État s'étant occupé d'une demande tendant au rétablissement des rentes foncières, Malleville prétendit à
cette occasion, que le contrat de rente foncière était connu des Romains
« qui l'appelaient *emphyteusis ;* » mais ces paroles prouvent seulement
qu'en se reportant au droit romain, Malleville perdait de vue la légis-

---

[1] Loi du 29 décembre 1790, tit. 1, art. 1.
[2] Pothier, *Bail à rente,* nos 1 et 14.

lation en vigueur à l'époque même de la rédaction du Code civil, c'est-à-dire la loi du 11 brumaire an VII, qui permettait expressément d'hypothéquer l'usufruit et l'emphytéose pour le temps de leur durée, tandis qu'elle défendait, non moins expressément, d'hypothéquer les rentes foncières et les autres charges déclarées rachetables par la loi du 29 décembre 1790 (¹).

En fait, le contrat d'emphytéose est fréquent. Plusieurs maisons dans Paris ont été construites sur le terrain d'autrui par des spéculateurs à qui la jouissance a été concédée pour un certain temps, à la condition que le terrain et les constructions reviendraient au propriétaire. Une jurisprudence constante reconnaît à l'emphytéote un droit réel immobilier (²), et le bail emphytéotique est placé, quant aux autorisations à obtenir par les communes, sur la même ligne que l'échange et les autres aliénations (³).

71. Au surplus, ceux qui décident que le contrat de louage confère un droit réel au preneur dont le bail a date certaine (art. 1743), doivent à plus forte raison reconnaître un semblable droit à l'emphytéote ; mais nous examinerons ultérieurement s'il faut aller jusqu'à admettre un droit réel résultant du louage, si courte que soit la durée du contrat.

TITRE DEUXIÈME.

DE LA PROPRIÉTÉ.

Décrété le 6 pluviôse an XII (27 janvier 1804). Promulgué le 16 pluviôse (6 février).

INTRODUCTION.

SOMMAIRE.

72. Éléments dont se compose la pleine propriété.
73. Pourquoi ces trois éléments ne se trouvent pas dans la définition du Code. Limites du droit de propriété.
74. Ancienne distinction du domaine direct et du domaine utile.
75. Sacrifice de la propriété à l'intérêt public.
76. Droit d'accession, conséquence de la propriété. Extension que ce droit reçoit dans le Code.

(¹) Loi du 11 brumaire an VII, art. 6.
(²) Paris, 10 mai 1831; Douai, 15 décembre 1832; rejet, 19 juillet 1832.
(³) Ordonn. du 8 août 1821 sur l'administration des villes et communes.

72. Les lois romaines n'ont pas défini la propriété; elles disent simplement que le propriétaire a *plenam in re potestatem* (¹). C'est donc aux interprètes qu'est due cette définition, *jus utendi et abutendi quatenus juris ratio patitur* (²), définition peu exacte, puisqu'elle n'indique pas tous les droits que comprend le droit complexe de propriété. En effet, cette pleine puissance qui attribue au propriétaire tous les avantages qu'une chose est susceptible de procurer, s'exerce de trois manières différentes, savoir : 1° lorsqu'on emploie la chose à un usage qui, n'altérant pas la substance, peut se renouveler successivement; 2° lorsqu'on perçoit les fruits qu'elle est destinée à produire ; 3° enfin, lorsqu'on tire de cette chose une utilité dernière, qui n'est point de nature à se renouveler, par exemple, par la consommation ou même par une simple aliénation, qui épuise le droit du propriétaire.

Les trois éléments dont se compose ainsi la pleine propriété se nomment, dans le langage des jurisconsultes romains, usus, fructus et abusus, et en français *usage, jouissance* et *disposition*. Chacun de ces éléments a été considéré comme constituant un droit particulier, ce qui a donné le jus utendi, le jus fruendi et le jus abutendi.

(¹) Inst. § 4, *de usufr.*

(²) Il peut n'être pas inutile de faire remarquer que le mot latin abuti n'a pas le sens de l'expression française *abuser* (*male uti*). Les jurisconsultes romains, qui se servaient du mot abusus dans le sens de *disposition*, ont proclamé eux-mêmes ce principe, expedit rei publicæ ne sua re quis male utatur (*Inst.* § 2, *de his qui sui vel alien.*). Ils étaient donc bien éloignés de reconnaître à personne le droit de *mésuser* de sa chose, ou, ce qui revient au même, d'en *abuser*, dans le sens que nous attachons à cette expression.

73. On devrait donc pareillement distinguer en droit français le droit d'user, le droit de jouir et le droit de disposer ; mais par suite d'une confusion dont nous indiquerons plus loin l'origine, le JUS UTENDI et le JUS FRUENDI sont considérés comme ne formant ensemble qu'un seul et même droit, le droit de jouir, et le mot *user* a pris une signification toute spéciale sur laquelle nous aurons occasion de revenir. Aussi la définition du Code ne reconnaît-elle dans la propriété que deux éléments, le droit de jouir et le droit de disposer (art. 544).

Le propriétaire peut disposer *de la manière la plus absolue ;* mais cette pleine puissance est immédiatement limitée par une restriction importante : « pourvu qu'on n'en fasse pas un usage prohibé par les lois ou « par les règlements. » A cet égard le Code ne fait que reproduire le sens de la définition latine, *quatenus juris ratio patitur*.

74. L'ancienne jurisprudence reconnaissait, à l'égard des immeubles, deux sortes de propriété ou de domaine, savoir, le domaine utile ou propriété proprement dite, et le domaine direct, que Pothier appelle domaine de supériorité, parce qu'il résultait d'une réserve que le seigneur féodal faisait en aliénant le domaine utile, réserve qui lui donnait le droit d'exiger, des propriétaires tenant leurs héritages de lui, certains devoirs ou certaines redevances en reconnaissance de sa seigneurie (¹) ; mais en supprimant la féodalité et les droits féodaux l'Assemblée constituante (²) a fait disparaître toute distinction de domaine direct et de domaine utile.

75. En règle générale, le propriétaire conserve sa chose tant qu'elle n'est pas aliénée, soit par lui-même, soit par ses créanciers exerçant dans les formes légales le droit de gage qui résulte pour eux de leur créance même (art. 2092 et 2093).

Ce principe souffre exception lorsque l'utilité générale exige le sacrifice de l'intérêt particulier, par exemple, lorsqu'un terrain est nécessaire à l'établissement d'un chemin public. En pareil cas, tout propriétaire est tenu de céder sa propriété moyennant une juste et préalable indemnité (art. 545).

76. La propriété d'une chose mobilière ou immobilière a deux conséquences importantes. Elle attribue au propriétaire, 1º tous les produits de sa chose ; 2º ce qui s'unit et s'incorpore comme accessoire à cette chose, soit naturellement, soit artificiellement et, suivant le Code, cette double acquisition des produits et des accessoires, est un effet du droit d'accession (art. 546).

En statuant ainsi, le Code consacre une doctrine qui est moins celle

---

(¹) Pothier, *Domaine de propriété*, nº 3.
(²) Loi du 3 novembre 1789, art. 1.

des jurisconsultes romains que celle de leurs interprètes, doctrine dont l'exactitude est très-contestable.

En effet, le mot même d'accession est inapplicable en ce qui concerne les produits ; car l'accession suppose l'union d'une chose à une autre. Or, les fruits, loin de s'unir au fonds qui les a produits, ne commencent à former une propriété distincte qu'en se détachant de ce fonds, et la même observation s'applique au croît des animaux. C'est donc bien mal à propos qu'on a vu une accession dans cette hypothèse, où il y a plutôt *discessio* que *accessio*.

Quant à l'accession proprement dite, nous n'avons pas à examiner s'il est vrai qu'en droit romain, elle dépouille le propriétaire de l'accessoire, pour attribuer au maître du principal une véritable propriété, ou si ce résultat avait lieu seulement dans un petit nombre de cas exceptionnels, c'est-à-dire lorsqu'il n'était pas possible de faire reparaître la chose accessoire au moyen de l'action *ad exhibendum* [1].

Ce qu'il nous importe de constater, c'est que les rédacteurs du Code, s'attachant aux théories reçues de leur temps, déclarent que la propriété s'acquiert par l'accession (art. 712), ce qui aujourd'hui s'applique même dans les cas où le droit romain permettait d'agir *ad exhibendum*.

CHAPITRE PREMIER.

DU DROIT D'ACCESSION SUR CE QUI EST PRODUIT PAR LA CHOSE.

77. Le droit du propriétaire s'applique, comme nous l'avons déjà dit, à tous les produits de sa chose, et par conséquent aux fruits, c'est-à-dire à cette partie des produits que chaque chose donne d'après sa destination. Tels sont, non-seulement les produits des arbres fruitiers, mais aussi les moissons d'une terre arable, les coupes ordinaires de bois taillis, ou de futaies mises en coupes réglées, tandis que les futaies qui ne sont pas mises en coupes réglées, ne sont pas des fruits. Les produits de cette dernière nature n'en appartiennent pas moins au propriétaire, qui a droit, sans distinction, à tout ce qui provient de sa chose ; mais la distinction présente de l'intérêt en ce qui concerne l'usufruitier, le fermier et le possesseur de bonne foi, dont le droit se restreint aux fruits.

---

[1] Cette question était douteuse pour Pothier lui-même ; car, après avoir admis l'accession comme manière d'acquérir, il s'exprime en ces termes : « Ce n'est que « par une subtilité du droit que celui à qui cette chose appartenait est censé n'en « avoir plus le domaine quant à la subtilité du droit..... Il le conserve *effectu* par « l'action *ad exhibendum* qu'il a contre moi pour... qu'on détache cette chose de la « mienne et qu'on la lui rende » (*Domaine de propriété*, n° 177).

Les fruits de la terre ne naissent ordinairement qu'à l'aide de la culture. Aussi, en les attribuant au propriétaire du sol, la loi ne veut-elle pas qu'il s'enrichisse aux dépens d'autrui ; en conséquence elle lui impose l'obligation de rembourser les frais de culture et de semences qui pourraient avoir été faits par d'autres personnes (art. 548).

78. De ce que le Code attribue les fruits au propriétaire, par droit d'accession, il ne faut pas en conclure qu'ils lui appartiennent nécessairement, même lorsqu'il ne possède pas. En effet, les fruits peuvent appartenir au simple possesseur. On appelle ainsi, à proprement parler, non celui qui détient pour autrui, comme le fermier ou l'usufruitier (art. 2236), mais celui qui détient pour lui-même, *animo domini*, ce qui exclut toute idée d'un autre propriétaire par lui reconnu comme tel.

Le possesseur de la chose d'autrui est de bonne ou de mauvaise foi. Il est de bonne foi, lorsque sa possession émane d'une personne qu'il croyait faussement avoir qualité pour lui transmettre la chose (art. 550).

Le possesseur acquiert définitivement les fruits qu'il perçoit de bonne foi ; et alors même qu'ils existent en nature, il n'a rien à en rendre au propriétaire, lorsque celui-ci revendique sa chose. Le possesseur de mauvaise foi, au contraire, doit rendre, avec la chose même, tous les fruits qu'il a perçus, consommés ou non (art. 549).

CHAPITRE II.

DU DROIT D'ACCESSION SUR CE QUI S'UNIT ET S'INCORPORE A LA CHOSE.

79. Le Code établit des règles différentes suivant que le droit d'accession s'applique à des immeubles ou à des meubles, et de là vient la division de ce chapitre en deux sections.

SECTION PREMIÈRE.

DU DROIT D'ACCESSION RELATIVEMENT AUX CHOSES IMMOBILIÈRES.

80. Nous subdiviserons cette section en deux paragraphes pour distinguer l'accession industrielle, résultant des constructions, plantations et autres ouvrages, de l'accession naturelle occasionnée par les changements qui arrivent dans l'ordre de la nature, indépendamment du fait de l'homme.

§ Ier. — De l'accession industrielle.

81. La propriété du sol emportant celle du dessus et du dessous, il s'ensuit que le propriétaire peut faire sur son terrain les plantations et

les constructions qu'il juge convenables. Toutefois cette faculté se trouve modifiée, soit par le Code lui-même au titre *des Servitudes*, soit par les lois et règlements de police, notamment en ce qui concerne la hauteur des constructions. Il s'ensuit également que le propriétaire peut toujours, en observant les lois et règlements de police, faire au-dessous du sol toutes les fouilles qu'il juge à propos (art. 552). Ce-pendant cette faculté ne s'étend pas jusqu'à l'exploitation des mines. L'importance de cette espèce de produits a fait établir, en ce qui les con-cerne, des restrictions toutes spéciales au droit de propriété (¹).

Non-seulement la loi reconnaît au propriétaire le droit de planter et de construire ; mais, lorsqu'il existe des travaux, elle établit en sa faveur ces deux présomptions : 1° que les travaux lui appartiennent ; 2° qu'ils ont été faits à ses frais. Ces présomptions le dispensent de fournir au-cune preuve ; mais elles admettent la preuve contraire. Cette preuve peut être administrée, soit, contrairement au droit romain, par ceux qui se prétendraient propriétaires de tout ou partie des bâtiments (art. 553), soit par ceux qui se prétendraient créanciers à raison de travaux exécutés à leurs frais.

82. Celui qui emploie, dans les plantations ou dans les constructions qu'il fait sur son terrain, les arbres ou les matériaux d'autrui, en de-vient propriétaire. La personne à qui ces arbres ou ces matériaux ap-partenaient ne peut plus les revendiquer ; elle est seulement créancière de leur valeur, ou même de dommages-intérêts, s'il y a lieu (art. 554).

Il peut arriver, au contraire, que les plantations ou constructions soient l'œuvre d'un possesseur évincé par le propriétaire. Dans ce cas, le législateur a considéré, d'une part, que le demandeur, en reprenant sa chose, ne doit pas s'enrichir aux dépens du défendeur, et d'autre part, qu'il pourrait être forcé de renoncer à sa propriété, si on l'obligeait à rembourser la totalité des dépenses faites par le possesseur. Il convenait d'ailleurs de distinguer si le possesseur était de bonne ou de mau-vaise foi.

Le possesseur de mauvaise foi est tenu, si le propriétaire l'exige, d'enlever, à ses frais et sans indemnité, ses plantations ou construc-tions. Toutefois, si le propriétaire préfère conserver les choses dans l'état où elles sont, il en a le droit ; mais alors il doit payer intégrale-ment le prix des matériaux et de la main-d'œuvre, sans égard à l'aug-mentation de valeur, plus ou moins grande, que le fonds a pu rece-voir.

Le possesseur de bonne foi est traité moins sévèrement, en ce sens qu'il n'est jamais tenu d'enlever ; quant à l'indemnité à laquelle il a

---

(¹) V. Loi du 21 avril 1810.

droit, elle comprend, au gré du propriétaire, ou la totalité des dépenses, ou seulement l'augmentation de valeur que le fonds a reçue (art. 555).

II. — De l'accession naturelle.

83. Jusqu'à présent nous avons supposé que l'accession s'opère par le fait de l'homme, mais elle peut provenir aussi des modifications qui surviennent dans la propriété des immeubles, par suite de causes purement naturelles. C'est ce qui arrive principalement quant aux changements que subit le cours des rivières.

Les îles qui se forment dans un cours d'eau, appartiennent à l'État ou aux propriétaires riverains, suivant qu'il s'agit ou non d'une rivière navigable ou flottable (art. 560 et 561); mais cette distinction ne s'applique point aux autres changements qui s'opèrent dans le lit des rivières.

On appelle alluvions les accroissements qui se forment insensiblement sur la rive par l'exhaussement du lit. On appelle relais, les portions du lit qui restent à découvert par le retrait des eaux, lorsque leur volume diminue ou que le courant se porte sur la rive opposée. Les alluvions et les relais appartiennent toujours aux propriétaires riverains à l'héritage desquels ils adhèrent; mais à la charge de laisser le chemin de halage ou le marchepied, si la rivière est navigable (articles 556 et 557).

84. L'alluvion n'a pas lieu pour les lacs et étangs : que l'eau monte ou baisse, c'est toujours la hauteur de la décharge qui fixe la limite entre l'étang et les terres riveraines (art. 558).

Il faut éviter de confondre le cas d'alluvion avec celui où une portion de terrain est enlevée par la violence du courant et transportée sur un autre fonds. Cette portion de terrain n'est point acquise au propriétaire du fonds ; celui à qui elle a été enlevée peut, lorsqu'elle est reconnaissable, la revendiquer pendant un an, et même après ce délai, tant que le maître du fonds auquel elle est jointe, n'en a pas pris possession (art. 559).

Les relais sont attribués aux propriétaires de la rive abandonnée, sans aucune indemnité pour le dommage que peut éprouver le maître de la rive opposée (art. 557); et cependant, si la rivière se forme un nouveau cours, le Code, s'écartant à cet égard du droit romain, décide que le lit abandonné appartient, à titre d'indemnité, aux propriétaires des fonds nouvellement occupés par le courant (art. 563).

85. La propriété est également susceptible de s'accroître, indépendamment du fait de l'homme, par l'émigration de certains animaux qui, bien qu'étant considérés comme une dépendance des immeubles

auxquels ils se rattachent, conservent néanmoins leur liberté naturelle. Tels sont notamment les pigeons, lapins et poissons, que la loi déclare immeubles par destination (art. 524). Lorsqu'ils changent de colombier, de garenne ou d'étang, ils ne se rattachent plus à l'immeuble qu'ils ont quitté, mais à celui qu'ils ont préféré, et alors ils changent de maître par une sorte d'accession qui dépend de leur propre fait (art. 564).

SECTION II.

DU DROIT D'ACCESSION RELATIVEMENT AUX CHOSES MOBILIÈRES.

86. Tout en proclamant que le droit d'accession, quand il n'a pour objet que des meubles, est entièrement subordonné aux principes de l'équité naturelle (art. 565), le Code n'en a pas moins établi des règles positives, en dehors desquelles il ne peut se trouver qu'un fort petit nombre de cas non prévus.

Ces règles se réfèrent à trois hypothèses distinctes qui sont :

1° L'adjonction, c'est-à-dire la réunion de deux choses en une seule par juxta position (art. 566 et 569);

2° Le mélange de plusieurs matières (art. 573 et 574);

3° La spécification, c'est-à-dire la formation d'un objet nouveau par l'industrie d'une personne, avec la matière d'autrui (art. 570, 571 et 572).

Dans ces différentes hypothèses, la loi s'attache à distinguer quelle est la chose principale, quelle est la chose accessoire, afin d'appliquer la vieille maxime *accessorium sequitur principale* (V. art. 567, 569, 571), sauf l'indemnité que doit payer le maître du principal, pour ne pas s'enrichir de la chose ou du travail d'autrui (V. art. 566, 570, 571 et 574).

Dans le cas d'adjonction, la chose accessoire est celle qui facilite l'usage de l'autre chose, ou qui lui sert, soit d'ornement, soit de complément (art. 567). Lorsque ces moyens de distinction ne peuvent pas servir à faire reconnaître la chose accessoire, on considère comme principale celle qui est la plus considérable en valeur, ou même en volume, si les valeurs sont à peu près égales (art. 569). Toutes choses égales d'ailleurs, l'adjonction ne produit qu'une simple copropriété.

Si, au lieu d'une adjonction, il y a eu mélange de deux substances dont l'une peut être considérée comme principale à raison de sa nature, de sa valeur ou de sa quantité, la totalité du mélange appartient au propriétaire de cette substance. Sinon, le mélange appartient en commun aux deux propriétaires (art. 573).

87. Par exception aux règles précédentes, tout propriétaire qui n'a

pas consenti au mélange, a le droit de revendiquer sa chose, lorsque la séparation peut avoir lieu sans inconvénient (art. 573). Cette dernière condition n'est même pas exigée en cas d'adjonction; il suffit que la valeur de l'accessoire surpasse de beaucoup celle du principal et que le propriétaire n'ait pas consenti à l'adjonction, pour que l'accessoire puisse être revendiqué (art. 568).

En matière de spécification, le nouvel objet appartient au maître de la matière (art. 570), à moins qu'il ne préfère demander ou la valeur de sa matière, ou la restitution d'une matière semblable (art. 576).

Par suite du système qui attribue le nouvel objet au maître de la matière, le spécificateur, lors même qu'il en a fourni une partie, ne devient pas seul propriétaire du produit créé par son industrie. Dans ce cas, le nouvel objet appartient en commun aux différents propriétaires des substances qui ont été employées (art. 572). Le spécificateur ne peut prétendre à la propriété du nouvel objet, qu'autant que la valeur de son travail surpasse de beaucoup celle de la matière (art. 571).

88. Le produit de la spécification se trouve ordinairement en la possession du spécificateur. Le maître de la matière à qui la loi attribue la propriété du nouvel objet, devra donc le revendiquer ; mais il faut remarquer que cette revendication, comme celle des substances mélangées ou celle de l'accessoire dont la séparation peut être demandée (art. 568 et 573), sera très-souvent impossible, à cause de la règle « en « fait de meubles, la possession vaut titre. » En effet, le sens de cette maxime est que le possesseur de bonne foi d'un meuble en devient propriétaire, par le fait même de sa possession, excepté lorsqu'il s'agit d'une chose perdue ou volée (art. 2279).

89. Une règle plus généralement applicable est celle qui soumet à des dommages-intérêts et même à des poursuites criminelles, suivant les circonstances du fait, ceux qui ont employé la matière d'autrui sans le consentement du propriétaire (art. 577 ; C. pén., art. 379 et 408).

544. — La propriété est le droit de jouir et disposer des choses de la manière la plus absolue, pourvu qu'on n'en fasse pas un usage prohibé par les lois ou par les règlements.

SOMMAIRE.

90. Nous avons expliqué précédemment quels sont les différents droits dont la réunion constitue la pleine propriété. Nous nous bor-

nerons donc à indiquer ici les principales restrictions que les lois et les règlements apportent au principe général qui autorise le propriétaire à disposer de sa chose *de la manière la plus absolue.*

Indépendamment des règles que le Code a lui-même établies, sous la dénomination assez impropre de servitudes légales, pour l'utilité publique ou communale, et même pour l'utilité des particuliers, lorsqu'elle intéresse l'ordre général de la société (art. 649), indépendamment des lois de douanes, qui défendent souvent l'importation ou l'exportation de certaines marchandises, il existe des lois qui prohibent la culture du tabac (¹), qui s'opposent au défrichement des forêts (²), et qui règlent le desséchement des marais (³).

Le droit de propriété, subordonné aux lois, est également subordonné aux *règlements,* ce qui doit s'entendre, non-seulement des règlements d'administration publique résultant des ordonnances délibérées en conseil d'État (⁴); mais aussi des règlements particuliers et locaux (art. 645).

545. — Nul ne peut être contraint de céder sa propriété, si ce n'est pour cause d'utilité publique, et moyennant une juste et préalable indemnité.

SOMMAIRE.

91. Historique de la législation sur l'expropriation pour cause d'utilité publique.
92. Comment doit être constatée l'utilité publique. Par qui est prononcée l'expropriation. Par qui est fixée l'indemnité.
93. De l'occupation temporaire pour certains travaux. Expropriation spéciale en matière de chemins vicinaux.

91. Le principe formulé dans cet article se trouvait énoncé, dans les Constitutions de 1791, de 1793 et de l'an III, au nombre des dispositions fondamentales auxquelles le législateur ne devait porter aucune atteinte (⁵). Il n'avait point été rappelé dans la Constitution du 22 frimaire an VIII, qui a fondé le gouvernement consulaire ; mais il avait été reproduit dans les deux Chartes de 1814 et de 1830. Nous aurons à examiner jusqu'à quel point ce principe a été respecté par les lois spéciales qui en ont réglé l'application.

(¹) Lois du 28 avril 1816, art. 180 ; du 12 février 1835, et du 25 avril 1840.

(²) C. forest., art. 219 ; Loi du 22 juillet 1847.

(³) Loi du 16 septembre 1807, art. 1-27.

(⁴) T. 1, n° 17.

(⁵) Déclaration des droits de l'homme et du citoyen, placée en tête de la Constitution de 1791, art. 17, et de la Constitution de 1793, art. 19 ; Constit. de 1791, tit. 1 ; Constit. de 1793, art. 122 ; Constit. de l'an III, art. 358.

92. L'utilité publique, qui seule peut justifier une dérogation à l'inviolabilité du droit de propriété, doit, comme l'avait exigé la Constitution de 1791, être *légalement constatée* (¹), c'est-à-dire constatée par une loi, ou par une ordonnance, dans les cas où cette dernière forme suffit pour autoriser les travaux publics à l'occasion desquels l'expropriation est requise (²).

L'utilité publique une fois constatée, s'il n'intervient pas de convention amiable entre l'administration et le propriétaire, c'est aux tribunaux qu'il appartient de prononcer l'expropriation, c'est-à-dire de transférer la propriété à l'État (³). Quant à la fixation de l'indemnité, la loi du 8 mars 1810 avait attribué aux tribunaux une compétence fondée sur le droit commun; mais cette dernière attribution appartient aujourd'hui à un jury, qui a pour directeur un juge commis par le tribunal (⁴). L'indemnité allouée par le jury est *préalable* en ce sens qu'elle doit être payée avant la prise de possession; toutefois si des empêchements légitimes s'opposent au payement, il suffit que le montant de l'indemnité soit consigné pour être distribué ou remis aux parties intéressées suivant les règles du droit commun. Enfin, si l'indemnité n'a pas été payée ou consignée dans les six mois de la décision du jury, elle produit intérêt de plein droit (⁵).

Lorsqu'il s'agit de prendre possession de terrains non bâtis, pour des travaux dont l'urgence ne permet pas de suivre les formes ordinaires, l'ordonnance qui suffit toujours pour autoriser ces travaux, constate tout à la fois l'utilité publique et l'urgence. Dans ce cas, le tribunal fixe une indemnité approximative et provisionnelle, sans préjudice de l'indemnité définitive, qui sera réglée, dans la forme ordinaire, après la prise de possession (⁶).

93. Indépendamment des expropriations qui dépouillent définitivement le propriétaire, les travaux publics nécessitent souvent une occupation temporaire qui peut être autorisée par ordonnance royale, mais seulement pour les terrains non bâtis. Cette occupation a lieu moyennant une indemnité annuelle qui représente la valeur locative du terrain occupé, et qui est payable par moitié de six en six mois, sans préjudice d'une autre indemnité qui pourra être due, lors de la remise du terrain, pour les détériorations causées par les travaux. Ces différentes indemnités, lorsqu'elles ne sont pas réglées à l'amiable, doivent être

---

(¹) Loi du 8 mars 1810, art. 2.
(²) Loi du 3 mai 1841, art. 2.
(³) Même loi, art. 1.
(⁴) Loi du 8 mars 1810, art. 16 ; Loi du 3 mai 1841, art. 14, 28, 30 et 38.
(⁵) Loi du 3 mai 1841, art. 53-55.
(⁶) Loi du 30 mars 1831, art. 1, 2 et 10 ; Loi du 3 mai 1841, art. 65-74.

fixées par le tribunal, et le propriétaire, s'il n'a pas été remis en possession dans la troisième année d'occupation, peut exiger une indemnité pour la cession définitive du terrain, que l'État se trouve alors contraint d'acheter (¹).

Les principes que nous venons d'exposer ont été méconnus par la loi du 21 mai 1836, sur les chemins vicinaux. Aux termes de cette loi, les arrêtés du préfet portant reconnaissance et fixation de la largeur de ces chemins, emportent définitivement expropriation du sol compris dans les limites que l'arrêté détermine, et alors le droit du propriétaire se résout en une indemnité qui se prescrit par le laps de deux ans, et dont le montant, lorsqu'il n'a pas été réglé à l'amiable, est fixé par le juge de paix sur un rapport d'experts (²).

546. — La propriété d'une chose, soit mobilière, soit immobilière, donne droit sur tout ce qu'elle produit, et sur ce qui s'y unit accessoirement, soit naturellement, soit artificiellement.

Ce droit s'appelle *droit d'accession.*

SOMMAIRE.

94. Différence entre l'acquisition des produits et celle des accessoires.

94. C'est fort mal à propos que la loi met ici sur la même ligne les produits d'un fonds et les objets extérieurs qui s'y joignent accessoirement. Dans ce dernier cas l'accession est, pour le propriétaire de l'objet principal, un mode d'acquisition purement accidentel. A défaut d'accession, sa propriété serait moins étendue sans doute, mais son droit n'en serait pas moins entier.

L'attribution des fruits au propriétaire de la chose qui les a produits a un tout autre caractère. C'est une conséquence nécessaire de la propriété même, et spécialement du droit de jouir qui est un de ses principaux attributs. En effet, un grand nombre de biens n'ont d'utilité pour nous qu'à raison des revenus qu'ils produisent : un propriétaire qui n'aurait jamais les fruits de sa chose, n'aurait le plus souvent qu'une propriété nominale. Aussi, tout en admettant que l'usufruit, c'est-à-dire le droit de s'approprier les fruits, pourrait être séparé de la propriété, a-t-on voulu que cette séparation ne fût que temporaire, *ne in universum inutiles essent proprietates, semper abscedente usufructu* (³).

(¹) Loi du 30 mars 1831, art. 13 et 14 ; Loi du 3 mai 1841, art. 76.
(²) Loi du 26 mai 1836, art. 15 et 18.
(³) *Inst.* § 1, *de usufr.*

547. — Les fruits naturels ou industriels de la terre,
Les fruits civils,
Le croît des animaux,
Appartiennent au propriétaire par droit d'accession.

95. Le croît des animaux, leur lait, leur laine et les autres produits qu'ils donnent ordinairement sont des fruits, comme les récoltes que produit la terre. Si, dans la disposition qui nous occupe, le croît des animaux n'est pas qualifié de fruit, c'est probablement parce que les rédacteurs du Code hésitaient encore à le ranger dans la classe des fruits naturels (V. art. 583), plutôt que dans celle des fruits industriels. Observons d'ailleurs que, sauf convention particulière, le croît appartient au propriétaire de la femelle [1]. Nous expliquerons, sur les articles 582, 583 et 584, l'origine de la distinction des fruits naturels et des fruits industriels, qui ne présente aucune utilité pratique. Quant à celle des fruits naturels et des fruits civils, elle n'offre point d'intérêt, en ce qui concerne le propriétaire. C'est au titre *de l'Usufruit* que nous expliquerons sous quel rapport cette distinction peut avoir de l'importance.

548. — Les fruits produits par la chose n'appartiennent au propriétaire qu'à la charge de rembourser les frais des labours, travaux et semences faits par des tiers.

PAR DES TIERS. Dans un contrat comme dans un procès, il existe au moins deux parties. A ces parties on oppose, sous le nom de *tiers*, toute personne qui, bien que se trouvant en dehors du contrat ou de l'instance, y a cependant un intérêt; mais ici celui qui a fait les travaux se trouve seul en rapport avec le propriétaire. Il est donc partie principale, et c'est improprement qu'il est qualifié *tiers*.

96. Cette disposition s'applique soit que le propriétaire se présente avant la récolte, soit qu'il en réclame la restitution après que les fruits ont été détachés du sol. Dans le premier cas, il doit rembourser les frais de culture à ceux qui les ont faits. Dans le second cas, le possesseur, lors

---

[1] *Ulp.*, L. 5, § 2, D. *de rei vindicat.*

même que sa mauvaise foi l'empêche de garder les fruits, a toujours droit de retenir ses impenses (¹).

La décision de cet article, conçue en termes généraux, s'étend à toute personne qui aurait préparé à ses frais la moisson ; mais nous verrons qu'elle n'est pas applicable dans les rapports du propriétaire et de l'usufruitier (V. art. 585).

549. — Le simple possesseur ne fait les fruits siens que dans le cas où il possède de bonne foi : dans le cas contraire, il est tenu de rendre les produits avec la chose au propriétaire qui la revendique.

SOMMAIRE.

97. Effet de la bonne foi du possesseur en ce qui concerne les fruits. Distinctions du droit romain rejetées en droit français.
98. Comment le possesseur de mauvaise foi restitue les fruits. *Quid* des fruits qu'il a négligé de percevoir ?

97. La distinction que le Code fait ici, entre les possesseurs de bonne ou de mauvaise foi, relativement à la restitution des fruits, est très-ancienne. Elle a passé du droit romain dans notre droit coutumier. Il faut observer toutefois que la Coutume de Normandie, par une singularité remarquable, accordait à tout possesseur, sans distinction, les fruits perçus jusqu'au jour où le propriétaire avait formé sa demande (²).

D'après la doctrine qui avait fini par prévaloir en droit romain, le possesseur de bonne foi acquérait tous les fruits, ceux que le sol produit spontanément comme ceux que fait naître la culture. Toutefois il n'acquérait pas ainsi une propriété définitive. En revendiquant le fonds, le propriétaire pouvait se faire restituer les fruits perçus, pourvu qu'ils existassent encore en nature. Les fruits consommés étaient donc les seuls que le possesseur de bonne foi fût dispensé de rendre (³).

Notre ancienne jurisprudence a consacré ces principes, sans cependant admettre la restitution des fruits qui existent en nature (⁴). Ils sont donc chez nous définitivement acquis au possesseur de bonne foi.

(¹) Il a même droit, dans ce cas, de retenir, outre les frais de culture, ceux qui ont été nécessaires pour réaliser la valeur des fruits, frais de transport, d'octroi, etc. (Cass., 15 *janvier* 1839).

(²) Basnage, sur l'article 62 de la Coutume de Normandie.

(³) *Paul.*, L. 48, *D. de adquir. rer. domin.* ; *Diocl. et Maxim.*, L. 22, *C. de rei vindicat.*

(⁴) Rousseau de la Combe, vᵒ FRUITS, sect. 1; Pothier, *Domaine de propriété*, nᵒ 341. L'usage qui a rejeté la distinction des fruits existants et des fruits consommés existait déjà au xvıᵉ siècle, comme on peut le voir dans Étienne Pasquier, *Interprétation des Institutes de Justinien*, liv. 2, chap. 33, *in fin.*

En matière d'hérédité, on disait à Rome *fructus augent hœreditatem*, et par suite le possesseur, lors même qu'il était de bonne foi, devait restituer à l'héritier tous les bénéfices que l'hérédité lui avait procurés, *omne lucrum* (¹); mais cette distinction entre l'éviction qui résulte de la pétition d'hérédité et celle qui résulte d'une revendication proprement dite, a été rejetée en droit français (²). Aussi, dans l'un comme dans l'autre cas, le possesseur garde-t-il les fruits qu'il a perçus de bonne foi (art. 138).

98. Le possesseur de mauvaise foi ne fait pas les fruits siens : il est donc tenu de restituer tous ceux qu'il a perçus. La restitution a lieu en nature pour les fruits de la dernière année, s'ils existent encore. Dans le cas contraire, le possesseur les restitue en payant leur valeur estimative. Ce dernier mode de restitution est seul applicable aux fruits des années précédentes (C. de pr., art. 129).

En droit romain, le possesseur de mauvaise foi devait tenir compte, non-seulement des fruits qu'il avait réellement perçus, mais aussi de ceux qu'il avait négligé de percevoir, et dont le propriétaire aurait profité s'il avait été en possession, notamment en ce qui concerne la location des choses qui ne produisent pas de fruits proprement dits (³). Cette règle était admise dans l'ancienne jurisprudence, et rien n'indique, dans le Code, qu'on ait voulu y déroger.

Les fruits doivent être rendus avec la chose au propriétaire *qui la revendique*. Ainsi, à défaut de revendication, dans les délais fixés pour la prescription, le possesseur étant devenu propriétaire n'a plus à restituer ni la chose ni les fruits.

550. — Le possesseur est de bonne foi quand il possède comme propriétaire, en vertu d'un titre translatif de propriété dont il ignore les vices.

Il cesse d'être de bonne foi du moment où ces vices lui sont connus.

SOMMAIRE.

99. Comment s'apprécie la bonne foi. Qu'entend-on par titre translatif de propriété ?
100. Effet du titre putatif. Double signification du mot titre.
101. Comment cesse la bonne foi. La mauvaise foi du possesseur doit-elle nuire à ses héritiers ?

(¹) *Paul., L. 28, D. de hœred. petit.*

(²) Merlin, *Répert.*, v° HÉRÉDITÉ, n° 8. La cour de Bordeaux a cependant fait revivre cette ancienne distinction par un arrêt du 20 mars 1834. Mais de nombreuses décisions se sont prononcées en faveur du possesseur de bonne foi d'une hérédité (Cass. 8 août 1830 ; rej. 7 *juin* 1837; Paris, 3 *juillet* 1834).

(³) *Papin., L. 62, pr. et § 1 ; L. 64, D. de rei vindicat.* V. Pothier, *Domaine de propriété*, n° 336 ; Merlin, *Répert.*, v° FRUITS, n° 4.

99. Le possesseur est de bonne foi lorsqu'il a juste motif de se croire propriétaire. Pour apprécier ce juste motif, il faut remarquer que la translation de propriété suppose certaines conditions, soit dans la personne qui veut aliéner, soit dans celle qui veut acquérir. Et cependant, comme la qualité de propriétaire n'est pas toujours facile à vérifier, la loi se montre indulgente pour ceux qui, en traitant avec une personne, l'ont considérée comme propriétaire d'une chose qui ne lui appartenait pas. L'erreur où ils ont été à cet égard constitue leur bonne foi ; mais cette bonne foi ne les protége qu'autant qu'ils ont rempli, de leur côté, toutes les conditions d'une véritable acquisition. Le possesseur devra donc, en principe, établir qu'il existe en sa faveur ce que les jurisconsultes romains appelaient *justa causa* (¹), c'est-à-dire une cause d'acquisition légitime, telle qu'une vente ou une donation, etc., qui l'aurait rendu propriétaire, si le vendeur ou le donateur l'avait été lui-même. Cette cause d'acquisition, qui n'a pas produit son effet parce qu'elle renfermait un vice résultant de ce que le vendeur ou le donateur n'avait pas qualité pour aliéner, s'appelle, dans le Code, *juste titre* (art. 2265). Elle indique, en effet, en quelle qualité et par conséquent à quel titre le possesseur a reçu la chose. On l'appelle ici *titre translatif* de propriété parce que, considérée en elle-même, elle suffirait pour transférer la propriété, si elle n'émanait pas *a non domino*.

100. Que doit-on penser du possesseur dont le titre est purement putatif ? Cette question qui a longtemps divisé les jurisconsultes romains, a été décidée, relativement à l'acquisition de la propriété par l'usucapion, au moyen d'une distinction entre les cas où l'erreur admet et les cas où elle n'admet pas d'explication plausible. Ainsi, par exemple, si l'on a toujours considéré comme tout à fait inadmissible la prétention du possesseur qui croyait avoir acheté lui-même ce qui ne lui avait point été vendu, il en était autrement soit de la vente que le mandant croyait avoir été faite à son mandataire, soit d'un legs réellement fait en sa faveur, mais révoqué ensuite par un codicille dont l'existence était restée inconnue. Dans ces deux cas et autres semblables, le titre putatif suffisait, en droit romain, pour autoriser même l'usucapion (²), et nous ne voyons pas pourquoi il ne suffirait pas, en droit français, pour l'acquisition des fruits (³). Quant à l'acquisition de la propriété, nous nous en expliquerons en traitant de la Prescription.

(¹) *Inst.*, § 35, *de divis. rer.*.

(²) *Afric.*, L. 11, *D. pro empt.*; *Nerat.*, L. 5, § 1, *D. pro suo*; *Paul.*, L. 4, *D. pro legat.*

(³) Les cours de Toulouse (6 *juillet* 1821) et de Lyon (29 *novembre* 1828) ont effectivement accordé les fruits au légataire institué par un testament dont il ignorait les vices. La cour de Bourges (28 *août* 1832) a, au contraire, refusé ce bénéfice au possesseur qui avait été personnellement partie dans l'acte entaché de nullité.

Nous n'avons pas besoin d'avertir que le juste titre, ou titre translatif de propriété, dont nous parlons ici, n'a rien de commun avec l'acte authentique ou sous seing privé qu'on désigne aussi par le mot *titre*. En effet, le titre, dans cette dernière acception, n'est pas une cause d'acquisition, mais seulement un écrit qui constate l'existence d'un droit quelconque. On peut avoir un juste titre dans le sens du Code, sans pouvoir en fournir la preuve par un titre écrit (*instrumentum*).

101. Lorsque le possesseur a établi que sa possession se fonde, comme on vient de le voir, sur un titre translatif de propriété, la loi présume sa bonne foi (art. 2268); mais en même temps elle croit devoir déclarer que cette bonne foi cesse avec l'ignorance des vices qui ont empêché la translation de propriété. Cette décision tranche une question controversée en droit romain ([1]) et dans notre ancienne jurisprudence ([2]). On admettait bien qu'à partir de la revendication intentée par le propriétaire, tout possesseur était réputé de mauvaise foi, et devait rendre les fruits perçus pendant l'instance. Mais on se demandait si les effets de la bonne foi ne devaient pas cesser auparavant; c'est-à-dire, dès que le possesseur apprend qu'il n'est pas propriétaire. L'ordonnance de 1539, article 94, statuait dans ce dernier sens, et c'est dans le même but que le Code décide ici que le possesseur cesse d'être de bonne foi *dès que les vices de son titre lui sont connus* ([3]).

Ainsi la bonne foi du possesseur s'apprécie *de momento ad momentum*, c'est-à-dire pour chaque perception de fruits ; et cependant on se demande, relativement aux héritiers du possesseur primitif, s'ils ne sont pas légalement réputés de mauvaise foi par cela seul que le défunt connaissait les vices de son titre. Suivant Pothier ([4]), l'héritier est tenu comme le serait le défunt s'il vivait encore, parce que « sa possession « n'est qu'une continuation de la possession du défunt, qui en a tous « les vices. » Il est évident que Pothier appliquait à la perception des fruits les règles de l'usucapion; et cela mal à propos, puisqu'en droit romain ([5]) le possesseur faisait les fruits siens, lors même que la chose n'était pas susceptible d'usucapion, et réciproquement qu'il continuait d'usucaper, lors même que, n'étant plus de bonne foi, il ne pouvait plus acquérir les fruits. La règle qui, relativement à la possession des fruits, apprécie *de momento ad momentum* la bonne ou la mauvaise foi du possesseur, est donc un principe tout à fait différent de celui qui,

---

([1]) V. *Julian.*, L. 25, § 2, *D. de usur. et fruct.; Paul.*, L. 48, § 1, *D. de adquir. rer. dom.*

([2]) Pothier, *Domaine de propriété*, n°⁵ 340-342; Merlin, *Répert.*, v° FRUITS, n° 4.

([3]) Discussion au C. d'État, séance du 27 vendémiaire an XII.

([4]) *Domaine de propriété*, n° 336.

([5]) *Paul.*, L. 48, § 1, *D. de adquir. rer. dom.*

en matière de prescription, se borne à exiger la bonne foi au commencement de la possession. Il ne faut donc pas, lorsqu'il s'agit de la perception des fruits, invoquer les principes de la prescription, pour en conclure que la mauvaise foi du défunt vicie nécessairement la bonne foi de ses héritiers. Le possesseur, d'après le Code, est de bonne ou de mauvaise foi, suivant qu'il ignore ou n'ignore pas les vices de son titre ; cette ignorance est toute personnelle, et puisque la bonne foi du défunt ne suffit pas à ses héritiers, lorsque ceux-ci connaissent les vices de leur titre, on ne saurait comprendre comment, dans le cas contraire, sa mauvaise foi pourrait leur nuire (¹).

Il serait fâcheux, en effet, qu'elle leur nuisît ; car la restitution des fruits perçus pendant plusieurs années capitalise, au profit du propriétaire, des revenus qui, le plus souvent, sont entrés dans la consommation quotidienne du possesseur, pour qui cette restitution deviendrait une cause de ruine. Cette considération d'équité n'a pas été étrangère à la pensée du législateur, lorsqu'il a accordé les fruits au possesseur de bonne foi.

551. — Tout ce qui s'unit et s'incorpore à la chose appartient au propriétaire, suivant les règles qui seront ci-après établies.

SOMMAIRE.

102. L'accession proprement dite aurait dû être traitée dans le troisième livre.

102. Le titre que nous expliquons est consacré au droit de propriété considéré en lui-même et abstraction faite des différentes manières d'acquérir, qui formeront l'objet du troisième livre (V. art. 711 et suiv.). C'est donc dans ce troisième livre qu'aurait dû être placé tout ce qui concerne l'accession, et en effet le Code lui-même la comprend dans l'énumération des différentes manières d'acquérir la propriété (art. 712). Si les rédacteurs du Code ont été conduits à s'occuper ici de ce mode d'acquisition, c'est, comme nous l'avons déjà dit, parce qu'ils ont considéré le droit du propriétaire sur les fruits comme dérivant d'une accession. Ne pouvant se dispenser de parler ici de l'acquisition des fruits, ils ont cru devoir traiter en même temps de l'accession proprement dite, pour ne pas scinder les décisions qu'ils rattachaient mal à propos à un seul et même principe.

552. — La propriété du sol emporte la propriété du dessus et du dessous.

(¹) L'opinion contraire a été adoptée par la cour de Caen, le 25 *juillet* 1826 ; celle de Douai s'est prononcée en faveur de l'héritier, par arrêt du 1er *juillet* 1840.

Le propriétaire peut faire au-dessus toutes les plantations et constructions qu'il juge à propos, sauf les exceptions établies au titre *des Servitudes* ou *Services fonciers.*

Il peut faire au-dessous toutes les constructions et fouilles qu'il jugera à propos, et tirer de ces fouilles tous les produits qu'elles peuvent fournir, sauf les modifications résultant des lois et règlements relatifs aux mines, et des lois et règlements de police.

SOMMAIRE.

103. Qu'entend-on ici par le sol ?
104. La propriété des mines emporte celle du dessous. Législation romaine sur leur exploitation.
105. Législation française jusqu'en 1810.
106. Législation actuelle. La concession fait naître une propriété nouvelle.
107. Règles spéciales sur les minières et les carrières.

103. Si l'on s'attachait littéralement à la rédaction de cet article, on réduirait le sol à une surface géométrique sans aucune épaisseur. Le législateur n'a pu avoir en vue une pareille abstraction. Pour lui le sol c'est la surface du terrain avec l'épaisseur ordinaire qui suffit à la culture, aux plantations et même aux fondations d'un bâtiment. Le dessous est le terrain qu'on a besoin de fouiller plus profondément pour creuser un puits, pour exploiter une carrière, etc. C'est en ce sens que plusieurs coutumes, et notamment celle de Paris, article 187, s'exprimaient en parlant des ouvrages que le propriétaire pouvait faire au-dessous du sol. Quant au dessus, c'est le libre espace que les Romains appellent *Cœlum* ([1]) et dans lequel s'élèvent les arbres et les édifices qui constituent la superficie, prise par opposition au fonds qui les supporte.

104. Le principe qui attribue au propriétaire du sol la propriété du dessous, conduit à cette conséquence qu'il est aussi propriétaire des mines contenues dans son terrain. Les jurisconsultes romains n'avaient, à cet égard, aucun doute ([2]). Dans le Bas-Empire, lorsque le législateur commence à encourager, dans l'intérêt de l'État, l'exploitation des mines, même sans le consentement du propriétaire du sol, il lui attribue, à titre d'indemnité, le dixième des produits ([3]) ; un autre dixième était réservé au fisc, indépendamment d'un droit de préemption, qui lui

---

([1]) *Pompon. L.* 21, § 3, *D. quod vi aut clam.*
([2]) V. *Ulp. L.* 7, § 14, *D. solut. matrim.*;|*L.* 3, § 6, *D. de reb. eorum qui sub tutel.* V. Cujas 15, *observ.* 21.
([3]) *Gratian., Valent. et Theod. L.* 3, *C. de metallar. et metall.*

permettait d'acheter le surplus par préférence à tout autre [1]; mais rien n'empêchait le propriétaire d'exploiter par lui-même, s'il le jugeait convenable.

105. Les mêmes dispositions se retrouvent dans une ordonnance rendue en 1413 par Charles VI. Louis XI, dans une ordonnance de 1471, enregistrée au parlement de Paris le 14 juillet 1475, crée un grand maître des mines, spécialement chargé de rechercher celles qui se trouvaient en France, et de les faire ouvrir. Cette ordonnance accorde au propriétaire un délai de six mois dans lequel il doit se mettre en état d'exploiter par lui-même, et c'est à son défaut seulement que le droit d'exploitation passe au seigneur immédiat, puis au suzerain, et enfin au grand maître. Henri IV, dans son édit du mois de juin 1601, déclare que la création du grand maître des mines n'a eu d'autre but que de stimuler le zèle des propriétaires; et par amour pour ses bons sujets, *propriétaires des lieux,* il renonce, pour les mines de fer, de charbon et autres substances minérales, à la perception du dixième; mais en même temps il décide, pour toutes les mines en général, que le propriétaire, avant d'exploiter, devra prendre la permission du grand maître. C'était reconnaître, en quelque sorte, au propriétaire du sol un droit exclusif à la mine. Pour concilier les droits attribués au propriétaire avec l'intérêt public qui exige l'exploitation, il intervint, en mai 1680, une nouvelle ordonnance, qui, tout en reconnaissant au propriétaire le droit d'exploiter, ajouta, que sur son refus juridiquement constaté, l'exploitation serait concédée à d'autres, sous la condition de payer au propriétaire une indemnité d'un sol pour chaque tonneau de minerai de 550 livres pesant. Au surplus, il ne suffisait pas toujours, pour ouvrir une mine, d'obtenir l'autorisation du gouvernement: un petit nombre de coutumes avaient reconnu au seigneur un droit exclusif sur les biens renfermés dans l'intérieur de la terre, et dans les localités régies par ces coutumes, il fallait joindre à la permission du gouvernement celle du seigneur haut justicier [2].

Tel était l'état de la législation, lorsque les droits seigneuriaux furent supprimés par l'Assemblée constituante. Bientôt la loi du 28 juillet 1791 attribua au propriétaire du sol le droit d'exploiter librement, soit à ciel ouvert, soit même avec galerie et lumière, les substances minérales de toute nature, mais jusqu'à cent pieds de profondeur seulement. Au delà, le propriétaire n'avait droit d'exploiter qu'en vertu d'une permission qui, du reste, ne pouvait pas lui être refusée. La nécessité de cette permission était la conséquence du droit de police et de surveillance qui appartient à l'État. C'est ce que la même loi pro-

---

[1] *Valent. et Valens, L.* 1, *C. eodem.*
[2] V. Merlin, *Questions de droit,* v° MINES, § 1.

clamait en décidant « que les mines et minerais... charbons de terre ou
« de pierre et pyrites sont *à la disposition* de la nation, en ce sens seu-
« lement que ces substances ne pourront être exploitées que de son
« consentement et sous sa surveillance. » Ainsi, le droit du propriétaire du sol était formellement reconnu ; et lorsqu'il n'usait pas de son
privilége pour exploiter lui-même, les concessionnaires qui exploi-
taient à son défaut, lui devaient une indemnité, dont le règlement appartenait à l'autorité judiciaire (¹).

106. La loi du 21 avril 1810 établit sur le même sujet des principes
nouveaux. Elle détermine les substances minérales qui doivent être
considérées comme constituant une mine. Elle enlève au propriétaire
le droit d'exploiter librement jusqu'à cent pieds, et même le privilége
qu'il avait d'exploiter à une plus grande profondeur, en vertu d'une
autorisation qui ne pouvait pas être refusée. Désormais le gouvernement concède la mine à qui bon lui semble, même contre la volonté
du propriétaire : à la vérité, celui-ci conserve son droit à une indemnité; mais, au lieu d'être fixée par les tribunaux, cette indemnité est déterminée par l'acte même de concession (²). Du reste, lors même qu'elle
est concédée au propriétaire du sol, la mine forme une propriété
nouvelle, essentiellement distincte de la prpriété de la surface (³).
Cette propriété nouvelle est, par le fait même de la concession, purgée,
c'est-à-dire affranchie de tous les droits qui appartenaient au propriétaire du sol et à ses ayants droit, ce qui s'applique notamment à ses
créanciers hypothécaires. Ceux-ci conservent d'ailleurs leur hypothèque sur l'ancienne propriété, c'est-à-dire sur celle de la surface, et
peuvent même se faire colloquer sur l'indemnité qui représente la valeur des droits que leur débiteur avait sur la mine concédée (⁴).

D'après ces dernières dispositions, il est difficile de contester aujour-
d'hui que, jusqu'au moment de la concession, la propriété de la mine
reste confondue avec la propriété du sol (⁵). En effet, dire que la concession purge le droit du propriétaire de la surface, c'est admettre
l'existence d'un droit antérieur ; et lorsque la loi veut que la valeur re-
présentative de ce droit soit ajoutée à la valeur de la surface, pour
être affectée avec elle aux hypothèques que pouvaient avoir les créanciers du propriétaire, elle reconnaît que ces hypothèques s'étendaient
jusque sur la mine.

(¹) Loi du 28 juillet 1791, tit. 1, art. 1, 3, 10 et 27.
(²) Il a été jugé, par arrêt de cassation du 8 août 1839, que les règles sur l'expropriation pour cause d'utilité publique n'étant pas applicables, il n'est pas nécessaire que l'indemnité soit préalable.
(³) Loi du 21 avril 1810, art. 2, 5, 6 et 19.
(⁴) Même loi, art. 18.
(⁵) Jugé, en conséquence, que le propriétaire du sol a le droit de réclamer une

107. Indépendamment des mines proprement dites, la loi du 21 avril 1810 distingue des minières et des carrières.

Les minières comprennent les minerais de fer dits d'*alluvion*, les terres pyriteuses ou alumineuses et les tourbes. Elles ne sont jamais concédées; mais le propriétaire lui-même doit, avant de les exploiter, demander une permission qui détermine l'étendue et les règles de l'exploitation sous le double rapport de la sûreté et de la salubrité publiques [1]. A défaut d'exploitation par le propriétaire, ou avec son consentement, la permission d'exploiter peut, s'il ne s'agit pas de tourbières, être accordée à d'autres personnes, à la charge par elles de payer au propriétaire une indemnité réglée à l'amiable ou par experts [2].

Quant à l'exploitation des carrières, elle dépend uniquement de la volonté du propriétaire. Elle peut être entreprise à ciel ouvert sous la simple surveillance de la police. L'exploitation par galeries est soumise en outre à la surveillance que l'autorité administrative exerce sur les mines [3].

553. — Toutes constructions, plantations et ouvrages sur un terrain ou dans l'intérieur, sont présumés faits par le propriétaire à ses frais et lui appartenir, si le contraire n'est prouvé; sans préjudice de la propriété qu'un tiers pourrait avoir acquise ou pourrait acquérir par prescription, soit d'un souterrain sous le bâtiment d'autrui, soit de toute autre partie du bâtiment.

SOMMAIRE

108. Double présomption substituée à la règle romaine *œdificium solo cedit*.

108. La règle *œdificium solo cedit*, qui, dans le droit civil romain, ne permettait pas que la superficie appartînt à un autre qu'au propriétaire du sol, n'a plus chez nous autant d'extension. Le Code admet qu'une portion des bâtiments ou une construction souterraine peut être acquise, même par prescription, à une personne autre que le propriétaire du sol. C'est ainsi que les différents étages d'une maison forment quelquefois des propriétés distinctes (art. 664).

La loi ne devait donc pas dire, et elle ne dit pas en effet, que les plantations, constructions et autres ouvrages appartiennent au proprié-

---

indemnité de celui qui a ouvert la mine sans en avoir obtenu la concession (rejet, 1er *février* 1841).

[1] Loi du 21 avril 1810, art. 57 et 58.
[2] Même loi, art. 71, 72 et 83.
[3] Même loi, art. 81 et 82.

taire du sol. Ils sont seulement *présumés* lui appartenir, *si le contraire n'est prouvé*, et cela par suite d'une autre présomption qui les considère comme ayant été faits *par lui et à ses frais*.

Pour appliquer ces dispositions, il faut remarquer que, dans les cas ordinaires, il n'est personne qui songe à construire sur le terrain d'autrui. La loi suppose donc un propriétaire qui a cessé pendant quelque temps d'avoir le fonds en sa possession, et c'est en sa faveur qu'existe la double présomption qui le dispense de rien prouver, soit quant à la propriété des édifices, soit quant aux frais de construction.

554. — Le propriétaire du sol qui a fait des constructions, plantations et ouvrages avec des matériaux qui ne lui appartenaient pas, doit en payer la valeur ; il peut aussi être condamné à des dommages et intérêts, s'il y a lieu : mais le propriétaire des matériaux n'a pas le droit de les enlever.

SOMMAIRE.

109. Règle du droit actuel sur l'emploi des matériaux d'autrui par le propriétaire du sol.

109. En droit romain ceux qui employaient les matériaux d'autrui dans leurs constructions n'étaient jamais forcés de démolir ; mais ils étaient tenus, par l'action *de tigno juncto*, de payer le double de la valeur des matériaux, qui ne pouvaient être revendiqués qu'en cas de destruction du bâtiment [1]. Le Code déroge à ces dispositions sous un double rapport ; car le propriétaire des matériaux n'a ni le droit de les revendiquer, même après la démolition, ni l'action *de tigno juncto :* il a seulement le droit d'en réclamer la *valeur*. Toutefois le constructeur peut aussi être condamné à des dommages-intérêts s'il y a lieu, c'est-à-dire s'il a employé les matériaux d'autrui sans le consentement du propriétaire, et qu'il en résulte, pour ce dernier, un préjudice réel, par exemple, un retard dans une autre construction à laquelle ces matériaux étaient destinés. Ajoutons que, suivant les circonstances du fait, le constructeur peut être condamné comme coupable de vol ou d'abus de confiance (V. art. 577 ; C. pén., art. 379 et 408).

555. — Lorsque les plantations, constructions et ouvrages ont été faits par un tiers et avec ses matériaux, le propriétaire du fonds a droit ou de les retenir, ou d'obliger ce tiers à les enlever.

---

[1] *Inst.*, § 29, *de divis. rer.* ; V. Ulp. L. 1, D. *de tign. junct.*

Si le propriétaire du fonds demande la suppression des plantations et constructions, elle est aux frais de celui qui les a faites, sans aucune indemnité pour lui ; il peut même être condamné à des dommages et intérêts, s'il y a lieu, pour le préjudice que peut avoir éprouvé le propriétaire du fonds.

Si le propriétaire préfère conserver ces plantations et constructions, il doit le remboursement de la valeur des matériaux et du prix de la main-d'œuvre, sans égard à la plus ou moins grande augmentation de valeur que le fonds a pu recevoir. Néanmoins, si les plantations, constructions et ouvrages ont été faits par un tiers évincé, qui n'aurait pas été condamné à la restitution des fruits, attendu sa bonne foi, le propriétaire ne pourra demander la suppression desdits ouvrages, plantations et constructions ; mais il aura le choix, ou de rembourser la valeur des matériaux et du prix de la main-d'œuvre, ou de rembourser une somme égale à celle dont le fonds a augmenté de valeur.

PAR UN TIERS... CE TIERS. V. la note de l'article 548.

SOMMAIRE.

110. A quel possesseur s'applique cet article. Distinction entre les possesseurs de bonne ou de mauvaise foi.
111. Défaut d'harmonie entre les dispositions du même article. Comment il s'explique.
112. Position du propriétaire vis-à-vis du possesseur de mauvaise foi.
113. *Quid* si les ouvrages ne peuvent être enlevés sans être complétement détruits?
114. Position du propriétaire vis-à-vis du possesseur de bonne foi. *Quid* s'il est hors d'état de rembourser la plus value ?

110. Cet article reproduit, comme le précédent, une hypothèse prévue par les Instituts de Justinien ([1]). Il suppose une action en revendication intentée par le propriétaire du sol contre un possesseur de bonne ou de mauvaise foi. En effet, le tiers *évincé* dont s'occupe la disposition finale n'est autre qu'un possesseur évincé dans le sens propre du mot, c'est-à-dire dépossédé par l'autorité du juge. Les termes de la loi ne sont donc pas applicables aux travaux exécutés par l'usufruitier ou par le fermier, qui sont, l'un comme l'autre, étrangers à la possession proprement dite.

La loi traite différemment le possesseur de mauvaise foi et le possesseur de bonne foi. Le premier est forcé, si le propriétaire l'exige,

([1]) § 30, *de divis. rer.*

d'enlever à ses frais et sans aucune indemnité tout ce qu'il a planté ou construit : si, au contraire, le propriétaire préfère conserver les plantations, constructions ou autres ouvrages, il doit rembourser tout ce que le possesseur a dépensé. Quant au possesseur de bonne foi, il ne peut jamais être forcé d'enlever, et il a toujours une indemnité à recevoir : seulement le propriétaire a le choix ou de rembourser la totalité des dépenses, ou de payer une somme égale au montant de la plus value dont il profite [1].

111. Ainsi, quand il n'est pas forcé de rétablir les choses dans leur état primitif, le possesseur de mauvaise foi semble profiter de son dol, puisque le propriétaire, n'ayant pas l'option qu'il aurait à l'égard d'un possesseur de bonne foi, doit nécessairement rembourser la totalité des dépenses. Or, si la plus value égale quelquefois la dépense occasionnée par les travaux, c'est assurément le cas le plus rare. Il existe donc entre les différentes dispositions que la loi applique aux possesseurs de bonne ou de mauvaise foi, un défaut d'harmonie qu'on essayerait en vain de dissimuler ou de pallier, parce qu'en réalité ces dispositions, quoique réunies dans un seul et même article, ne dérivent ni de la même source, ni de la même pensée.

Le projet de Code civil, sans examiner si le possesseur était de bonne ou de mauvaise foi, distinguait le cas où la dépense n'excédait pas l'augmentation de valeur, et celui où elle la dépassait. Dans la première hypothèse, le propriétaire pouvait, à son choix, ou rembourser la dépense, ou exiger la suppression des travaux ; dans la seconde, le possesseur était libre d'opérer cette suppression ou d'exiger qu'on lui payât la plus value [2]. La section de législation, supprimant cette seconde hypothèse, a généralisé la décision donnée pour a première. Elle a ainsi imposé au propriétaire, par cela seul qu'il n'exige pas la suppression des travaux, l'obligation de payer toutes les dépenses, *sans égard à la plus ou moins grande augmentation de valeur que le fonds a pu recevoir*. Là se bornait le texte de l'article dans la rédaction soumise au conseil d'État, et adoptée en premier lieu sans discussion [3]. Quant à la restriction finale, *néanmoins*, etc., elle n'a été ajoutée que par suite des observations du tribunat. Ainsi, le conseil d'État avait d'abord assimilé tous les possesseurs, et ce n'est qu'en ajoutant pour le possesseur de bonne foi [4] une disposition spéciale, qu'il a rendu les dispositions précédentes exclusivement applicables au possesseur de mauvaise foi.

---

[1] Le possesseur a le droit de retenir l'immeuble jusqu'au payement de l'indemnité (Rennes, 8 *février* 1841).

[2] Projet de Code civil, liv. 2, tit. 2, art. 12.

[3] Séance du 27 vendémiaire an XII.

[4] Séance du 14 nivôse an XII.

112. Examinons d'abord la position que l'article, tel qu'il a été définitivement adopté par le conseil d'État, fait à ce possesseur. Nous expliquerons ensuite le système que le tribunat a fait prévaloir relativement au possesseur de bonne foi.

Dans la rédaction primitive, qui ne distinguait pas entre les possesseurs de bonne ou de mauvaise foi, on s'était préoccupé de la crainte que le propriétaire ne profitât des dépenses faites par le possesseur. C'est ainsi qu'en permettant au propriétaire d'exiger la suppression des travaux, on le mettait par contre, s'il les conservait, dans la nécessité de rembourser la totalité des dépenses. Restreint, dans la rédaction définitive, au possesseur de mauvaise foi, ce système produit des conséquences qui n'étaient pas dans la pensée du législateur. D'une part, on traite ce possesseur avec sévérité, en permettant au propriétaire d'exiger la suppression des travaux; et d'autre part, dans le cas où les travaux sont conservés, on le traite plus favorablement que le possesseur de bonne foi. Dès lors la position du propriétaire devient assez difficile. S'il veut conserver les travaux, il sera souvent arrêté par la nécessité de rembourser *la valeur des matériaux et le prix de la main-d'œuvre,* et il sera, en quelque sorte, forcé d'exiger la suppression des travaux.

Les interprètes du Code ont cherché à éviter un résultat aussi fâcheux, en indiquant au propriétaire qui désire conserver les choses dans l'état où elles sont, un moyen de se libérer en payant seulement la plus value. Il lui suffit pour cela de ne pas contester la bonne foi de son adversaire, qui est légalement présumée (art. 2268), et qui d'ailleurs ne saurait être révoquée en doute par le possesseur lui-même, puisque nul n'est admis à se prévaloir de sa propre turpitude. Le possesseur sera donc traité comme s'il était de bonne foi, et devra se contenter du payement de la plus value. Cependant il faut remarquer qu'en agissant ainsi le propriétaire s'expose à perdre d'un côté ce qu'il gagnerait de l'autre, puisqu'il ne peut plus se faire restituer les fruits perçus par un possesseur dont il reconnaît la bonne foi. C'est donc là un parti qui peut lui être plus ou moins avantageux suivant les circonstances. D'un autre côté, le possesseur de mauvaise foi, pouvant être forcé d'enlever tout ce qu'il a planté ou construit, doit éviter à tout prix cette ruineuse nécessité ; il lui faudra donc accepter, pour ne pas tout perdre, les propositions qu'un adversaire intelligent ne manquera pas de lui faire. Ainsi l'alternative rigoureuse dans laquelle se trouve placé le propriétaire n'aboutira le plus souvent qu'à une transaction.

113. Lorsqu'on ne peut arriver à une transaction et que le possesseur doit enlever ce qu'il a placé sur le fonds, le laissera-t-on opérer une destruction qui n'aurait pour lui aucune utilité, par exemple, enlever des

peintures ? En droit romain, à une époque où l'on n'avait point admis
que le possesseur de mauvaise foi pût rien enlever, on examinait cette
question relativement au possesseur de bonne foi dans une hypothèse
dont nous parlerons bientôt (114), et l'on décidait qu'il ne devait rien
détruire en pure perte, *nil laturus nisi ut officiat.* C'est en ce sens
que l'on disait : *non est malitiis indulgendum* (¹). Chez nous, le possesseur de mauvaise foi ayant le droit d'enlever quand il n'est pas indemnisé par le propriétaire, il semble naturel de lui appliquer la même
décision ; mais les termes de la loi sont trop absolus pour qu'on puisse
lui refuser une indemnité dans le cas où le propriétaire ne permet pas
de tout enlever. On objecterait en vain qu'il n'a aucun intérêt à le faire,
puisque c'est précisément en usant de son droit dans toute sa rigueur
qu'il peut espérer de rentrer dans ses avances.

114. La position faite au possesseur de bonne foi est la conséquence
d'un système équitable emprunté au droit romain (²). Le propriétaire
ne peut jamais exiger la suppression des travaux, et il a toujours
quelque chose à payer : seulement on le laisse libre de rembourser à
son choix, ou la totalité des dépenses, ou le montant de la plus value
qu'elles ont donnée au fonds (³). On arrive ainsi à un résultat qui n'expose jamais le possesseur à tout perdre, et qui jamais aussi ne lui permet de retirer un bénéfice du fait même de son éviction.

Toutefois le droit romain n'appliquait pas cette règle d'une manière
absolue ; le juge pouvait, devait même modifier sa décision d'après
les circonstances de la cause et la position des parties. C'est ainsi que,
pour ne pas empêcher un propriétaire peu aisé de reprendre son patrimoine, on allait quelquefois jusqu'à n'accorder au possesseur de
bonne foi que la faculté d'emporter ce qu'il pourrait enlever sans détérioration du fonds (⁴). Une pareille latitude ne saurait appartenir à
nos tribunaux : cependant, si les travaux du possesseur avaient rendu
le fonds plus productif, il serait juste de recourir à l'expédient indiqué
par Pothier (⁵), et d'autoriser le propriétaire qui serait hors d'état de
rembourser le montant des dépenses ou celui de la plus value, à se
constituer débiteur d'une rente, dont les arrérages représenteraient
l'accroissement donné au revenu du fonds.

(¹) *Celsus, L. 38, D. de rei vindicat.*

(²) *Reddat impensam… usque eo duntaxat quo pretiosior factus est, et si plus
pretio fundi accessit, solum quod impensum est (Celsus, L. 38, D. de rei vindicat.).*

(³) La plus value dont il doit être tenu compte au possesseur de bonne foi n'est
pas seulement la valeur vénale, qui pourrait résulter de l'aliénation de l'immeuble :
c'est la valeur dont la propriété s'est accrue pour le propriétaire (rej., 26 *juillet* 1838).

(⁴) *Celsus, L. 38.*

(⁵) *Domaine de propriété,* n° 347.

556. — Les attérissements et accroissements qui se forment successivement et imperceptiblement aux fonds riverains d'un fleuve ou d'une rivière, s'appellent *alluvion*.

L'alluvion profite au propriétaire riverain, soit qu'il s'agisse d'un fleuve ou d'une rivière navigable, flottable ou non ; à la charge, dans le premier cas, de laisser le marche-pied ou chemin de halage, conformément aux règlements.

557. — Il en est de même des relais que forme l'eau courante qui se retire insensiblement de l'une de ses rives en se portant sur l'autre : le propriétaire de la rive découverte profite de l'alluvion, sans que le riverain du côté opposé y puisse venir réclamer le terrain qu'il a perdu.

Ce droit n'a pas lieu à l'égard des relais de la mer.

SOMMAIRE.

115. Définition de l'alluvion, des lais et relais.
116. Divergence dans les principes de l'ancienne jurisprudence sur les alluvions.
    Pourquoi elles ne donnent lieu à aucune indemnité.
117. Pourquoi elles profitent aux riverains dans toutes les rivières.

115. L'alluvion proprement dite est un exhaussement insensible du lit de la rivière, par suite de l'accumulation des terres que l'eau dépose successivement le long de la rive. C'est ce dépôt, cet INCREMENTUM LATENS [1] que le Code appelle ici *attérissement* [2]. La même expression prend une acception différente dans l'article 560, où elle désigne un amas de terre qui s'élève au-dessus des eaux. On ne distingue plus alors si l'attérissement s'est formé insensiblement ou de toute autre manière, comme par suite d'un débordement. Dans cette dernière acception, qui était usitée dans l'ancienne jurisprudence, l'attérissement n'a rien de commun avec l'alluvion proprement dite, puisqu'il suppose la formation d'une propriété distincte.

En sens inverse, il existe une alluvion improprement dite, lorsque

---

[1] *Inst.*, § 20, *de divis. rer.*

[2] Il n'y a pas alluvion, lorsque l'attérissement n'est pas complétement adhérent au fonds riverain, mais qu'il en est séparé par un bras de rivière (rejet, 2 *mai* 1826), ou même par un filet d'eau (Bourges, 27 *mai* 1839), à moins que ce ne soit seulement à certaines époques de l'année que ce filet d'eau fasse disparaître une adhérence habituelle (rejet, 31 *janvier* 1838). Mais lorsqu'une rivière porte ses eaux tantôt d'un côté, tantôt de l'autre, les terrains découverts momentanément ne peuvent être acquis par droit d'alluvion aux propriétaires riverains (Caen, 26 *février* 1840).

l'eau se retire insensiblement, soit par suite de la diminution de son volume, soit parce qu'elle se porte d'une rive sur l'autre (¹). Dans ce cas, les portions du lit que le courant abandonne s'appellent *relais*, par opposition aux *lais* qui résultent de l'alluvion proprement dite.

116. Les principes de l'ancienne jurisprudence sur les alluvions sont très-incertains. Si plusieurs coutumes en faisaient toujours profiter les riverains (²), d'autres les attribuaient au roi, lorsque la rivière était navigable, et, dans le cas contraire, au seigneur haut justicier (³).

Suivant le Code, l'alluvion appartient toujours au propriétaire de la rive adjacente, sans indemnité pour ceux aux dépens de qui elle s'est formée. En effet, dans le cas d'alluvion proprement dite, il est impossible de reconnaître l'origine des terres successivement accumulées, et dans celui de relais, il est également impossible de savoir où le courant conduit les débris de la rive sur laquelle il se porte.

117. Les mêmes règles s'appliquent dans toutes les rivières sans distinction. Ce n'est pas, comme on le croit communément, parce qu'il serait trop difficile de distinguer le terrain qu'un accroissement imperceptible ajoute à la rive ; car ce terrain est presque toujours plus bas que la rive à laquelle il adhère. Cette distinction ne serait pas plus difficile à faire aujourd'hui qu'elle ne l'était autrefois, quand l'alluvion appartenait au roi ou au seigneur. Si les lais et relais profitent aux propriétaires riverains, même dans les rivières navigables, c'est à titre de compensation des pertes auxquelles expose le voisinage d'un cours d'eau (⁴) ; c'est par application d'une ancienne maxime, suivant laquelle les rivières *donnent* et *ôtent* comme la fortune, ou, comme le dit un jurisconsulte romain (⁵), *censitorum vice funguntur*. Peut-être aussi a-t-on pensé que les accroissements formés le long des rives n'entravent point la navigation, comme pourraient le faire les attérissements formés dans le courant (V. art. 560).

Nous ne parlons ici que des rivières. Quant aux lais et relais de la mer, ils appartiennent à l'État (art. 538). C'est à ce principe que se réfère la loi, lorsqu'elle décide qu'ils ne profitent point aux riverains.

Le marche-pied ou chemin de halage est une servitude légale établie dans l'intérêt de la navigation fluviale, comme nous l'expliquerons sur l'article 650.

558. — L'alluvion n'a pas lieu à l'égard des lacs et étangs, dont

---

(¹) Merlin, *Répert.*, v° ATTÉRISSEMENT.
(²) Merlin, *Répert.*, v° ALLUVION.
(³) Merlin, *Répert.*, v° LAIS ET RELAIS.
(⁴) Portalis, *Exposé des motifs.*
(⁵) *Pompon. L. 30, § 3, D. de adquir. rer. dom.*

le propriétaire conserve toujours le terrain que l'eau couvre quand elle est à la hauteur de la décharge de l'étang, encore que le volume de l'eau vienne à diminuer.

Réciproquement le propriétaire de l'étang n'acquiert aucun droit sur les terres riveraines que son eau vient à couvrir dans des crues extraordinaires.

SOMMAIRE.

118. Pourquoi l'alluvion n'a pas lieu dans les lacs et étangs.

118. Si l'alluvion n'a pas lieu à l'égard des lacs ou étangs, c'est sans doute parce que l'eau n'y a point de courant. Il n'en est pas en effet d'un étang comme d'une rivière : les rives d'un cours d'eau avancent ou reculent, suivant que le courant se jette d'un côté ou de l'autre. Les bords de l'étang, au contraire, sont invariablement déterminés par la hauteur de la décharge.

559. — Si un fleuve ou une rivière, navigable ou non, enlève par une force subite une partie considérable et reconnaissable d'un champ riverain, et la porte vers un champ inférieur ou sur la rive opposée, le propriétaire de la partie enlevée peut réclamer sa propriété; mais il est tenu de former sa demande dans l'année : après ce délai, il n'y sera plus recevable, à moins que le propriétaire du champ auquel la partie enlevée a été unie, n'eût pas encore pris possession de celle-ci.

SOMMAIRE.

119. Caractère mobilier de la revendication accordée par cet article.
120. Motif du délai fixé pour la réclamation.

119. Le caractère distinctif des accroissements qu'on appelle alluvions, est de se former insensiblement. La violence du fleuve qui enlève tout à coup une portion de terrain *reconnaissable*, n'opère aucun changement de propriété : *palam est eam tuam permanere* ([1]). Il est donc tout simple que cette portion de terrain puisse être *réclamée*, c'est-à-dire revendiquée par celui à qui elle a été enlevée. Toutefois on peut se demander s'il s'agit ici de la revendication d'un immeuble conservant la nouvelle position qu'une force majeure lui a donnée, ou seulement d'une action tendant à reprendre les terres déplacées pour les

---

([1]) *Inst.*, § 21, *de divis. rer.*

reporter sur le fonds qui en a été dépouillé. Cette question ayant été posée dans le conseil d'État, Tronchet répondit : « L'article ne « s'applique qu'à l'enlèvement de la superficie... Il est impossible de « venir reprendre des terres qui se détachent insensiblement ; mais « si des arbres, des maisons, ont été emportés, comme ils sont *recon-« naissables*, on ne peut refuser au propriétaire la faculté de les re-« prendre ([1]). » Il est donc bien certain que les rédacteurs du Code n'ont entendu accorder qu'une action mobilière ([2]).

120. En limitant à un an la durée de cette action dans le cas où il y a eu prise de possession par le propriétaire riverain, le Code a voulu pourvoir aux intérêts de la culture. « Un plus long terme, » dit le rapport fait au tribunat, « prolongerait l'incertitude des nouveaux posses-« seurs... Le silence que l'ancien propriétaire a gardé pendant une « année suffit pour faire présumer qu'il n'a pas voulu faire usage de « son droit de réclamation. »

Ce droit de revendication, d'après le texte même du Code, suppose une portion de terrain *reconnaissable ;* mais la violence du courant peut apporter sur la rive, des terres qu'il a précédemment divisées et confondues. En pareil cas l'accroissement profite au riverain ; car la revendication n'est pas moins impossible que dans le cas d'alluvion proprement dite.

560. — Les îles, îlots, attérissements qui se forment dans le lit des fleuves ou des rivières navigables ou flottables, appartiennent à l'État, s'il n'y a titre ou prescription contraire.

SOMMAIRE.

121. Pourquoi ces îles appartiennent à l'État. Elles ne font point partie du domaine public.

121. Les îles n'étant qu'un exhaussement partiel du terrain sur lequel coule la rivière, c'est au propriétaire du lit qu'elles doivent appartenir. En attribuant à l'État les îles formées dans le courant d'une rivière navigable ou flottable, le Code se borne en réalité à déduire la conséquence du principe qui a rangé ces rivières dans le domaine public (art. 538). Cette déduction a été formellement établie dans le conseil d'État. On l'a d'ailleurs confirmée par cette considération que « la

---

([1]) Séance du 27 vendémiaire an XII.
([2]) Cependant la cour de cassation (rejet, 3 *décembre* 1830), appliqué l'article 559 au cas où un nouveau bras de rivière, coupant brusquement une partie de champ, l'a incorporée à une île.

« nécessité d'établir la flottaison donne à la nation la libre disposition
« de tout ce que renferment les rivières navigables et flottables ([1]). »

Bien que les îles soient une dépendance du lit de la rivière, elles
n'ont pas la même destination que ce lit : de là vient que, tout en appartenant à l'État, elles ne font point partie du domaine public. C'est pour
consacrer cette différence, et pour indiquer que les îles sont susceptibles de propriété privée, que ces mots, *s'il n'y a titre ou prescription
contraire,* ont été ajoutés dans la discussion ([2]).

561. — Les îles et attérissements qui se forment dans les rivières
non navigables et non flottables, appartiennent aux propriétaires
riverains du côté où l'île s'est formée : si l'île n'est pas formée d'un
seul côté, elle appartient aux propriétaires riverains des deux côtés,
à partir de la ligne qu'on suppose tracée au milieu de la rivière.

SOMMAIRE.

122. L'attribution des îles aux riverains suppose qu'ils ont la propriété du lit. Controverse sur ce point.
123. Droits différents du seigneur féodal et du seigneur haut justicier.
124. État de la question dans les derniers temps du régime féodal.
125. Effet des lois abolitives de la féodalité.
126. Réponse aux objections tirées des lois actuelles. Renvoi à l'article 563.

122. Si les îles qui se forment dans un cours d'eau navigable ou
flottable, appartiennent à l'État, c'est, comme on l'a positivement expliqué au conseil d'État, par une conséquence du droit d'accession. En
effet, dit Treilhard ([3]), « les îles qui font partie du lit, suivent le sort
« de la chose principale. » Il semble naturel d'appliquer le même principe aux autres cours d'eau, et, en attribuant aux riverains les îles
formées dans les rivières qui ne sont ni navigables ni flottables, le
Code paraît admettre que le lit de ces rivières est une propriété
privée.

Cependant c'est une question vivement débattue que celle de savoir
si les cours d'eau qui ne font point partie du domaine public (V. art.
558), appartiennent à l'État ou aux riverains. Pour la solution de
cette difficulté il n'est pas sans intérêt de rechercher quel a été à cet
égard l'effet des lois abolitives de la féodalité et des droits seigneuriaux. On affirme, dans l'intérêt de l'État, qu'au moment où l'Assemblée constituante s'ouvrit, les seigneurs féodaux ou hauts justiciers

---

([1]) Séance du 27 vendémiaire an XII.
([2]) Même séance.
([3]) Même séance.

possédaient, comme dépositaires d'une partie de la puissance publique, la pleine propriété de tous les cours d'eau qui n'étaient ni navigables ni flottables. Or, comme les lois nouvelles n'ont point attribué aux riverains la propriété de ces cours d'eau, on conclut de leur silence qu'elles ont dû vouloir que cette propriété rentrât *ipso facto* dans le domaine de l'État.

123. Ce système confond les droits du seigneur féodal avec ceux du seigneur haut justicier, droits qu'il importe, au contraire, de distinguer soigneusement. Un travail remarquable ([1]) a porté sur ce point de l'histoire du droit une vive lumière. Suivant l'auteur, la convention féodale n'était qu'un contrat ordinaire du droit privé entre le vassal, qui acquérait le domaine utile, et le seigneur, qui se réservait le domaine direct ou domaine de supériorité, sans avoir, en cette qualité, aucune autorité publique. On arrive ainsi à cette conséquence que, pour apprécier les dispositions des coutumes relativement aux cours d'eau, il importe fort peu qu'ils aient été attribués au seigneur ou au vassal, puisque cette attribution ne pouvait, dans aucun cas, les placer en dehors du droit privé. Quant aux seigneurs justiciers, jamais, suivant le même auteur, aucun domaine n'a été attaché à la puissance publique dont ils étaient revêtus. Seulement, à une certaine époque, ils ont été considérés comme seigneurs féodaux de toutes les terres qui n'étaient pas déjà comprises dans un fief, et en ont ainsi acquis le domaine direct. De là il résulte que, si on a quelquefois attribué des possessions territoriales au seigneur justicier, c'est en le considérant comme seigneur féodal, et abstraction faite du droit de justice qui lui appartenait.

124. Nous ne pouvons pas discuter ici les nombreux arguments qu'on fait valoir de part et d'autre dans cette controverse. Nous ferons seulement observer que, si les seigneurs justiciers ont jamais eu le droit qu'on veut leur attribuer aujourd'hui dans l'intérêt de l'État, il faut du moins avouer que ce droit était singulièrement atténué dans les derniers temps du régime féodal. Non-seulement l'ordonnance de 1669 avait profondément restreint la juridiction seigneuriale, mais elle reconnaissait que des particuliers peuvent avoir droit sur les eaux courantes ([2]). L'édit de 1715 était conçu dans le même sens ([3]), et les auteurs ont spécialement appliqué le même principe aux petits cours

---

([1]) *De la propriété des eaux courantes*, par M. Championnière. L'importance de cet ouvrage nous fait déroger ici à notre habitude de ne point citer les auteurs vivants.

([2]) Ordonnance de 1669, tit. 1, art. 11.

([3]) Cet édit statue sur les usages, abus et malversations « concernant les eaux et « forêts qui appartiennent aux seigneurs laïcs et autres particuliers. »

d'eau. « A l'égard des rivières qui ne sont point navigables, quelques au-
« teurs, dit Jousse [1], prétendent qu'elles appartiennent aux seigneurs...
« Il paraît qu'on ne peut établir là-dessus aucune règle générale, et que
« tout cela dépend des titres et de la possession. » Pothier [2] est plus explicite encore : Les rivières non navigables « appartiennent, dit-il, aux
« particuliers qui sont fondés en titre ou en possession, pour s'en dire
« propriétaires dans l'étendue portée par leur titre ou leur possession; »
et tel paraissait être, suivant Pothier, le cas le plus ordinaire, puisqu'il
ne parle de la propriété des seigneurs hauts justiciers que subsidiairement, pour les rivières « qui n'appartiennent point à des particuliers
« propriétaires. » Suivant Merlin [3], il est démontré que, même sous
l'ancien régime, les seigneurs hauts justiciers n'avaient aucun droit à la
propriété des rivières, au moins dans les coutumes qui ne la leur attribuaient pas expressément. Il ne connaissait même que quatre coutumes contenant cette attribution expresse.

125. Maintenant, si l'on veut apprécier l'effet des lois abolitives de
la féodalité et des droits seigneuriaux, il faut nécessairement reconnaître que l'Assemblée constituante n'a voulu porter aucune atteinte à
la propriété privée, et dès lors qu'elle n'a point confisqué, au profit de
l'État, les rivières dont les riverains étaient fondés à se dire propriétaires, soit par titres, soit par possession. Quant aux seigneurs féodaux,
on sait à qui a profité la suppression de leur domaine direct : c'est aux
vassaux qui avaient le domaine utile. Resteraient donc seulement les
rivières attribuées aux seigneurs justiciers par les quatre coutumes que
cite Merlin; mais à quoi bon admettre que l'État a succédé dans le
territoire de quelques coutumes seulement aux seigneurs justiciers?
il n'en serait pas moins vrai pour le surplus du territoire que les petites rivières n'ont pu être attribuées à l'État. On ne peut pas supposer,
en effet, que l'Assemblée constituante ait voulu dépouiller les riverains
du droit qui leur était acquis soit par titre, soit par possession, soit
enfin par la consolidation du domaine direct avec leur domaine utile.

Certes il est difficile d'interpréter en ce sens la loi de 1790 [4], qui se
contente d'attribuer au domaine public, qu'on ne distinguait pas encore très-nettement du domaine national, les rivières *navigables*. Et
quand le Code civil y ajoute les rivières *flottables* (art. 538), il indique
suffisamment que sa classification des différents cours d'eau tient à leur
destination. Dès lors, il laisse à la propriété privée tous ceux qui ne sont
pas affectés à un usage public. Cette classification du Code est d'autant

---

[1] Sur l'ordonnance de 1669, tit. 27, art. 1.
[2] *Domaine de propriété*, no 53.
[3] *Questions de droit*, vo PÊCHE, § 1.
[4] Loi du 1er décembre 1790, art. 2.

plus remarquable qu'un tout autre système avait été proposé par Cambacérès dans son troisième projet de Code civil, qui attribuait au
domaine national les rivières *tant navigables que non navigables* (¹). Nous
verrons d'ailleurs, au titre *des Servitudes* (art. 640-645), comment le
Code, en posant certaines limites au droit des riverains sur les cours
d'eau qui bordent ou qui traversent leurs héritages, a par cela même
reconnu l'existence de leur propriété.

126. On objecte, d'une part, la disposition de l'article 563, que nous
expliquerons bientôt, et, d'autre part, la loi du 15 avril 1829 sur la
pêche fluviale, article 5. Cette loi suppose qu'une rivière est rendue ou
déclarée navigable, et dans cette hypothèse, elle décide que les riverains
seront indemnisés à raison du droit de pêche dont ils sont dépouillés.
Or, comme la loi n'accorde point d'indemnité à raison du lit de la rivière, on en conclut *a contrario* qu'il n'appartient point aux riverains.
Cet argument est loin d'être décisif ; car le terrain sur lequel est établi
un cours d'eau, étant complétement improductif, on s'explique comment le législateur n'a pas accordé d'indemnité là où il n'existe point
de produits qui puissent servir de base pour en déterminer le montant.
D'ailleurs, il n'est pas impossible que la transformation d'une rivière
qui est rendue navigable, augmente la valeur des héritages riverains,
et leur procure ainsi des avantages susceptibles de compenser la perte
du lit de la rivière.

562. — Si une rivière ou un fleuve, en se formant un bras
nouveau, coupe et embrasse le champ d'un propriétaire riverain,
et en fait une île, ce propriétaire conserve la propriété de son champ,
encore que l'île se soit formée dans un fleuve ou dans une rivière
navigable ou flottable.

SOMMAIRE.

127. Origine de cette disposition.

127. Cette décision, tirée des Instituts de Justinien (²), n'a jamais
soulevé aucun doute. On peut même s'étonner que les rédacteurs du
Code aient cru devoir statuer sur une telle hypothèse par un article
spécial.

563. — Si un fleuve ou une rivière, navigable, flottable ou non,
se forme un nouveau cours en abandonnant son ancien lit, les pro-

---

(¹) Troisième projet de Cambacérès, art. 404.
(²) § 22, *de divis. rer.*

priétaires des fonds nouvellement occupés prennent, à titre d'in
demnité, l'ancien lit abandonné, chacun dans la proportion du terrain qui lui a été enlevé.

SOMMAIRE.

128. Argument qu'on tire de cette disposition relativement à la propriété du lit. Réfutation.

128. L'indemnité que la loi accorde aux propriétaires dont le terrain
a été envahi se réduit à fort peu de chose : le lit abandonné par le
courant n'est le plus souvent qu'un emplacement stérile, et d'ailleurs
il ne peut jamais avoir pour des propriétaires dont les héritages sont à
une certaine distance, l'utilité qu'il aurait pour les riverains, surtout
s'il est divisé en petites parcelles à raison du grand nombre de personnes qui ont droit à l'indemnité.

La disposition qui attribue aux propriétaires des terrains nouvellement occupés, le lit abandonné par les eaux, a fourni à plusieurs jurisconsultes un argument pour contester le droit des riverains sur les rivières qui ne sont ni navigables ni flottables. On conçoit bien, disent-ils,
que le législateur concède, à titre d'indemnité, ce qui appartient à
l'État ; mais on ne comprendrait pas qu'il concédât de la même manière des choses qui appartiendraient aux particuliers. Ainsi, puisque le
législateur dispose du lit abandonné par un petit cours d'eau, c'est qu'il
reconnaît que ce lit appartient à l'État. Pour répondre à cet argument,
il faut rechercher les motifs de la disposition à laquelle il est emprunté.

Suivant le projet de Code civil, le lit abandonné n'était attribué aux
propriétaires des terrains nouvellement occupés, que lorsqu'il s'agissait
d'une rivière navigable ou flottable, et dans le cas contraire, il devait
appartenir aux riverains (1). Cette distinction, qui concordait avec celle
qu'on a admise à l'égard des îles (art. 560 et 561), a été supprimée par
la section de législation, dont le système a prévalu dans le conseil
d'État, par cette considération que « l'équité milite surtout pour ceux
« que le changement du cours du fleuve dépouille de leur propriété.
« Maintenant, a-t-on ajouté, qu'il s'agit de faire une loi nouvelle (2),
« c'est cette équité qu'il faut suivre » (3). On voit que le motif de l'article 563 est complètement indépendant du prétendu droit de propriété
qui appartiendrait à l'État, droit qui d'ailleurs, par une conséquence

---

(1) Projet de Code civil, liv. 2, tit. 2, art. 22 et 23.

(2) Avant le Code, le lit abandonné appartenait aux riverains par droit d'alluvion
(rejet, 26 *février* 1840) : ce qui, dans le ressort du parlement de Toulouse, s'appliquait même aux rivières navigables.

(3) Discussion au C. d'État, séance du 27 vendémiaire an XII.

logique, aurait entraîné l'attribution des îles aux mêmes propriétaires. Ce qui évidemment a préoccupé le législateur, ce sont des motifs d'é- quité placés en dehors de toute considération théorique. Ainsi, l'arti- cle 563 se borne à établir une indemnité en faveur des propriétaires dépossédés par le déplacement du lit. Dès lors, si personne n'était lésé, par exemple, si le courant se frayait un passage souterrain, si la source tarissait, etc., etc., personne n'aurait d'indemnité à réclamer, il fau- drait en revenir à la distinction consacrée par les articles 160 et 161, en attribuant à l'État le lit des rivières navigables ou flottables, et aux riverains le lit des autres cours d'eau.

564. — Les pigeons, lapins, poissons, qui passent dans un au- tre colombier, garenne ou étang, appartiennent au propriétaire de ces objets, pourvu qu'ils n'y aient point été attirés par fraude et artifice.

SOMMAIRE.

129. Les animaux dont il s'agit ne peuvent pas être revendiqués, lors même qu'ils ont été attirés par fraude.

129. En limitant les effets de l'accession au cas où les pigeons, la- pins et poissons n'ont pas été attirés *par fraude et artifice*, la loi semble admettre que, dans le cas contraire, ces animaux peuvent être revendiqués. Remarquons cependant qu'il s'agit ici d'animaux sauvages, qui ont conservé leur liberté naturelle. Suivant Pothier [1], nous n'avons pas, à proprement parler, les poissons qui sont dans notre étang, les lapins qui sont dans notre garenne, les pigeons qui habitent notre colombier ; nous avons plutôt un étang empoissonné, une garenne peu- plée de lapins, un colombier garni de pigeons. Aussi Pothier n'admet-il pas la revendication des pigeons, lapins ou poissons frauduleusement attirés chez un autre propriétaire. S'il reconnaît que les voisins ont, dans ce cas, une action, c'est, dit-il, « pour les dommages-intérêts ré- « sultant de ce qu'il (l'auteur de la fraude) aurait par cette manœuvre « dépeuplé leurs colombiers. »

Nous ne pensons pas que, relativement aux animaux dont il s'agit, le Code ait voulu innover. Cette restriction, *pourvu qu'ils n'y aient point été attirés par fraude et artifice,* n'est pas assez précise pour qu'on puisse y voir une dérogation à des principes aussi bien établis dans notre ancien droit. Il est plus naturel de penser que les rédacteurs n'ont

---

[1] *Communauté,* no 41 ; *Domaine de propriété,* nos 53, 166-168.

pas eu en vue le droit de propriété en lui-même, mais plutôt la question d'indemnité que soulève si souvent l'acquisition par accession.

Dans tout ce qui précède, nous avons supposé la possibilité d'établir que l'un des propriétaires s'est enrichi aux dépens de l'autre ; mais il arrivera souvent que cette preuve ne sera pas faite, l'identité de pareils animaux étant très-difficile à constater, et alors il sera aussi impossible d'accorder une indemnité que d'autoriser la revendication.

SECTION II.

DU DROIT D'ACCESSION RELATIVEMENT AUX CHOSES MOBILIÈRES.

565. — Le droit d'accession, quand il a pour objet deux choses mobilières appartenant à deux maîtres différents, est entièrement subordonné aux principes de l'équité naturelle.

Les règles suivantes serviront d'exemple au juge pour se déterminer, dans les cas non prévus, suivant les circonstances particulières.

SOMMAIRE.

130. Inutilité de cette disposition. Les règles suivantes ne sont pas seulement des exemples.

130. En écrivant cette disposition, les rédacteurs du Code entendaient certainement se borner ensuite à poser un petit nombre de règles qui serviraient d'exemple, comme on le dit ici, pour les cas non prévus ; mais ils se sont trouvés peu à peu entraînés à régler presque toutes les questions qui peuvent se présenter dans la matière de l'accession mobilière, et dès lors la disposition qui subordonnait le droit d'accession aux seules règles de l'équité naturelle, s'est trouvée sans application. Aussi, dans la discussion, a-t-on demandé la suppression des articles suivants, en faisant observer qu'il suffisait d'avoir posé le principe. Ces articles ayant été adoptés malgré cette observation, le tribunat demanda, de son côté, sans plus de succès, la suppression de l'article 565, qui avait, entre autres inconvénients, celui de faire « supposer que « toutes les règles suivantes ne sont que des exemples, tandis qu'elles « doivent être considérées... comme des dispositions vraiment légis- « latives. »

566. — Lorsque deux choses appartenant à différents maîtres, qui ont été unies de manière à former un tout, sont néanmoins séparables, en sorte que l'une puisse subsister sans l'autre, le tout appartient au maître de la chose qui forme la partie principale, à la charge de payer à l'autre la valeur de la chose qui a été unie.

SOMMAIRE.

131. En quoi l'adjonction diffère du mélange.

131. En attribuant au maître de la chose principale le tout formé par l'union de deux choses différentes, le texte suppose qu'elles *sont néanmoins séparables, en sorte que l'une puisse subsister sans l'autre ;* mais qu'arriverait-il donc dans le cas inverse, c'est-à-dire, si les deux choses étaient inséparables? Cette dernière hypothèse semble rentrer dans celle qui fait l'objet du second alinéa de l'article 573. Ainsi, lorsqu'en parlant de deux choses unies de manière à former un tout, le Code suppose qu'elles sont néanmoins séparables, c'est pour distinguer le cas d'adjonction proprement dite, où la propriété de l'accessoire est transférée au maître de la chose principale, du cas de mélange, où le principe de l'accession n'est applicable qu'autant que la séparation ne peut plus avoir lieu sans inconvénient (art. 573 et 574).

567. — Est réputée partie principale celle à laquelle l'autre n'a été unie que pour l'usage, l'ornement ou le complément de la première.

568. — Néanmoins, quand la chose unie est beaucoup plus précieuse que la chose principale, et quand elle a été employée à l'insu du propriétaire, celui-ci peut demander que la chose unie soit séparée pour lui être rendue, même quand il pourrait en résulter quelque dégradation de la chose à laquelle elle a été jointe.

SOMMAIRE.

132. Comment l'accessoire se distingue du principal. Dans quel cas peut-il être revendiqué ?

132. Dans une bague, les diamants seront l'objet principal, parce que l'anneau n'est qu'un moyen de les porter plus facilement. Il est évidemment disposé *pour l'usage* des pierres précieuses dont il ne forme, à proprement parler, que la monture ; tandis que les diamants enchâssés sur la poignée d'une épée ou sur une tabatière sont un ornement, et par conséquent un accessoire.

Si cependant, comme il arrivera le plus souvent dans ce dernier cas, l'accessoire est beaucoup plus précieux que le principal, il pourra être revendiqué, quelque dégradation qui puisse en résulter ; mais ici, comme dans toutes les hypothèses semblables (art. 576 et 577), il faut que la chose ait été employée *à l'insu* du propriétaire ; car son consentement, même tacite, serait considéré comme une aliénation volontaire de l'accessoire.

569. — Si de deux choses unies pour former un seul tout, l'une ne peut point être regardée comme l'accessoire de l'autre, celle-là est réputée principale qui est la plus considérable en valeur, ou en volume, si les valeurs sont à peu près égales.

SOMMAIRE.

132. Autre caractère qui distingue le principal et l'accessoire.

132. Lorsqu'on s'attache exclusivement à la destination de la chose unie à une autre pour distinguer le principal de l'accessoire (art. 567), il arrive fréquemment que l'accessoire est beaucoup plus précieux que le principal, et alors on comprend qu'il soit revendiqué (art. 568). Ici, au contraire, l'accessoire ne pouvant plus être distingué par les mêmes moyens, c'est toujours la chose la plus précieuse qui forme l'objet principal, et dès lors la séparation ne peut plus être demandée.

570. — Si un artisan ou une personne quelconque a employé une matière qui ne lui appartenait pas, à former une chose d'une nouvelle espèce, soit que la matière puisse ou non reprendre sa première forme, celui qui en était le propriétaire a le droit de réclamer la chose qui en a été formée, en remboursant le prix de la main-d'œuvre.

571. — Si cependant la main-d'œuvre était tellement importante qu'elle surpassât de beaucoup la valeur de la matière employée, l'industrie serait alors réputée la partie principale, et l'ouvrier aurait le droit de retenir la chose travaillée, en remboursant le prix de la matière au propriétaire.

SOMMAIRE.

134. Ancienne controverse sur la spécification. Pourquoi et dans quel cas le Code s'attache au système des Proculéiens.

134. La spécification, dont s'occupent ces deux articles, a été, en droit romain, l'occasion de longues controverses entre les jurascon-

sultes. En autorisant le propriétaire de la matière à réclamer, c'est-à-dire à revendiquer *la chose qui en a été formée*, le législateur se prononce ouvertement pour le système des Sabiniens. On pourrait s'en étonner, si les rédacteurs du Code n'avaient pas dû considérer la spécification sous un autre point de vue que les jurisconsultes romains. En effet, la revendication des meubles était admise à Rome, même contre les possesseurs de bonne foi, et l'on ne pouvait y soustraire le spécificateur qu'en lui attribuant la propriété du nouvel objet créé par son industrie. On conçoit alors que, dans son intérêt, les Proculéiens se soient attachés à la maxime *forma dat esse rei*. En droit français, où le spécificateur de bonne foi n'est exposé à la revendication que pour les choses perdues ou volées (art. 2279), le système des Proculéiens, s'il avait prévalu, n'aurait servi le plus souvent qu'à favoriser la mauvaise foi. On s'explique ainsi comment le Code n'a point attribué la propriété du nouvel objet au spécificateur.

Cependant l'industrie de ce dernier n'est pas entièrement sacrifiée. Elle est réputée la partie principale, lorsque sa valeur dépasse de beaucoup celle de la matière ([1]). Cette règle suffira le plus souvent pour autoriser le spécificateur à retenir la chose par lui travaillée; car il est assez rare que le prix de la main-d'œuvre n'excède pas notablement la valeur de la matière brute. Ainsi, quoique la disposition de l'article 571 ne se présente que comme subsidiaire, elle sera d'une application plus fréquente que celle de l'article 570.

Les jurisconsultes romains s'étaient attachés à une autre idée. Dans l'opinion qui avait prévalu, on distinguait si la chose pouvait ou non reprendre sa première forme, pour attribuer dans le premier cas le nouvel objet au maître de la matière; mais il eût été contraire à l'esprit du droit français de distinguer uniquement si la matière peut ou non revenir à son état primitif, au lieu de s'attacher à la valeur qu'a pu acquérir l'objet travaillé.

572. — Lorsqu'une personne a employé en partie la matière qui lui appartenait, et en partie celle qui ne lui appartenait pas, à former une chose d'une espèce nouvelle, sans que ni l'une ni l'autre des deux matières soit entièrement détruite, mais de manière qu'elles ne puissent pas se séparer sans inconvénient, la chose est commune aux deux propriétaires, en raison, quant à l'un, de la matière qui lui appartenait; quant à l'autre, en raison à la fois et de la matière qui lui appartenait, et du prix de sa main-d'œuvre.

([1]) Montpellier, 23 avril 1844.

135. Dans un objet formé en partie avec la matière du spécificateur et en partie avec la matière d'autrui, la valeur du travail peut dépasser de beaucoup la valeur des matières employées, et alors il existe un double motif d'appliquer les dispositions de l'article précédent en attribuant au spécificateur la propriété du nouvel objet.

Il faut donc, pour que le nouvel objet soit commun entre les parties intéressées, que la valeur de la main-d'œuvre ne dépasse pas notablement celle des différentes matières employées, et alors, si la nouvelle espèce a été formée *sans que ni l'une ni l'autre des deux matières soit entièrement détruite, mais de manière qu'elles ne puissent pas se séparer sans inconvénient,* la valeur de la main-d'œuvre, qui ne suffit pas pour que le spécificateur soit seul propriétaire, entre comme élément dans la fixation de sa part indivise. Dans le cas contraire, on applique l'article suivant.

573. — Lorsqu'une chose a été formée par le mélange de plusieurs matières appartenant à différents propriétaires, mais dont aucune ne peut être regardée comme la matière principale, si les matières peuvent être séparées, celui à l'insu duquel les matières ont été mélangées, peut en demander la division.

Si les matières ne peuvent plus être séparées sans inconvénient, ils en acquièrent en commun la propriété dans la proportion de la quantité, de la qualité et de la valeur des matières appartenant à chacun d'eux.

574. — Si la matière appartenant à l'un des propriétaires était de beaucoup supérieure à l'autre par la quantité et le prix, en ce cas le propriétaire de la matière supérieure en valeur pourrait réclamer la chose provenue du mélange, en remboursant à l'autre la valeur de sa matière.

136. Ici, comme dans l'article précédent, il s'agit d'une *chose formée* de plusieurs matières appartenant à différents propriétaires, mais avec cette différence que l'industrie de l'un comme de l'autre n'y est en-

trée pour rien. La loi distingue si la séparation des matières peut s'effectuer sans inconvénient, et alors elle admet la revendication de la part du propriétaire à l'insu duquel le mélange a eu lieu. Autrement, il n'existe qu'une copropriété, où l'on a égard à l'importance des droits de chacun ; et si la masse mélangée peut appartenir à l'une des parties intéressées, ce n'est qu'autant que sa matière est de beaucoup plus précieuse ou plus considérable que l'autre (V. art. 569).

575. — Lorsque la chose reste en commun entre les propriétaires des matières dont elle a été formée, elle doit être licitée au profit commun.

576. — Dans tous les cas où le propriétaire dont la matière a été employée, à son insu, à former une chose d'une autre espèce, peut réclamer la propriété de cette chose, il a le choix de demander la restitution de sa matière en même nature, quantité, poids, mesure et bonté, ou sa valeur.

137. Ces dispositions ne font que compléter les précédentes. La première, qui se réfère à l'article 572 et au second alinéa de l'article 573, n'est qu'une application de ce principe que *nul n'est tenu de rester dans l'indivision* (art. 815). Il en résulte que chacun des copropriétaires peut demander le partage ou la licitation de la chose commune. Mais ici la loi ne parle point du partage, sans doute parce que dans la plupart des cas où la copropriété résulte de l'accession, le partage en nature ne pourrait avoir lieu sans inconvénient. Il faut donc recourir à la licitation (V. t. I, n° 663). Remarquons du reste que la loi ne prescrit pas cette licitation : c'est seulement une faculté dont chacune des parties pourra user, quand elle voudra faire cesser l'indivision (V. art. 1686).

La seconde disposition est d'une équité incontestable. Dans les différents cas où le propriétaire de la matière peut réclamer le nouvel objet qui en a été formé, cette disposition l'autorise à demander simplement la valeur de sa matière ou pareille quantité et qualité : il ne peut guère y avoir de prix d'affection en pareille hypothèse.

577. — Ceux qui auront employé des matières appartenant à d'autres, et à leur insu, pourront aussi être condamnés à des dommages et intérêts, s'il y a lieu, sans préjudice des poursuites par voie extraordinaire, si le cas y échet.

SOMMAIRE.

138. Dommages-intérêts auxquels peut donner lieu l'emploi de la matière d'autrui. Qu'entend-on par poursuites extraordinaires ?

138. Ceux à qui l'accession transfère la propriété de la chose d'autrui, ne l'acquièrent jamais qu'à la charge d'en payer la valeur (art. 566, 571, 574) ; mais, indépendamment de cette valeur le propriétaire peut, suivant les circonstances, réclamer une indemnité à raison du préjudice causé par la privation de la jouissance.

En parlant de poursuites *par voie extraordinaire*, la loi semble faire allusion à des poursuites criminelles autorisées par l'ancienne jurisprudence, dans lesquelles l'instruction et le jugement étaient secrets, par opposition aux poursuites ordinaires, qui se jugeaient en audience publique. La procédure extraordinaire s'appliquait aux crimes emportant peine afflictive ou infamante, dont plusieurs sont aujourd'hui de simples délits. Il est inutile d'ajouter que dans le droit actuel les procès criminels se jugent tous en audience publique, et que dès lors il n'existe plus de poursuites par voie extraordinaire.

TITRE III.

DE L'USUFRUIT, DE L'USAGE ET DE L'HABITATION.

(Décrété le 9 pluviôse an XII (30 janvier 1804). Promulgué le 19 pluviôse (9 février).

INTRODUCTION.

SOMMAIRE.

139. Les deux titres que nous avons encore à expliquer dans le second livre, sont consacrés aux droits qui résultent du démembrement de la propriété. Ces droits peuvent ou être constitués en faveur d'une personne déterminée, sans supposer chez cette personne la propriété d'un autre bien, ou être annexés en quelque sorte à la propriété d'un héritage pour le suivre en quelque main qu'il passe. On donnait autrefois le nom de servitudes personnelles aux droits de la première espèce et le nom de servitudes réelles à ceux de la seconde; mais ces derniers sont les seuls auxquels le nom de servitude soit réservé dans le Code, parce que le législateur a voulu éviter l'expression de servitude personnelle, qui rappelait de fâcheux souvenirs.

Les droits qu'on appelait autrefois servitudes personnelles, sont l'usufruit, l'usage et l'habitation. Ils sont viagers, tandis que les services fonciers durent autant que les héritages auxquels ils se rattachent.

Nous parlerons de l'usufruit et de l'usage dans deux chapitres séparés.

CHAPITRE PREMIER.

DE L'USUFRUIT.

140. Pour peu qu'on se rappelle comment nous avons divisé le droit de propriété en trois éléments que les Romains appelaient USUS, FRUCTUS ET ABUSUS (72), on comprendra que le mot usufruit, traduction littérale du mot USUSFRUCTUS, exprime purement et simplement la réunion d'USUS et de FRUCTUS; mais il ne faut pas oublier que le sens de ces deux expressions est compris en droit français dans le mot *jouir* (art. 544). L'usufruit est donc, suivant le Code, le droit de jouir des choses dont un autre a la nue propriété, en sorte que l'usufruitier, n'ayant pas le droit de disposer (*abusus*), doit nécessairement conserver la substance (art. 578).

141. Il peut arriver toutefois, d'après la nature des choses soumises à l'usufruit, que le droit de l'usufruitier se borne à l'*usus* proprement dit. Il en est ainsi à l'égard de certains meubles qui ne sont pas destinés à être loués. Lors même qu'ils sont de nature à se détériorer insen-

siblement par l'usage, l'usufruitier peut s'en servir suivant leur destination, sauf à les rendre dans l'état où ils se trouveront à la fin de
l'usufruit, pourvu qu'ils ne soient pas détériorés par son dol ou par sa
faute (art. 589).

Quant aux choses dont on ne peut faire usage sans les consommer,
elles ne sont pas, à proprement parler, susceptibles d'usufruit.
Aussi a-t-il fallu, en droit romain, qu'un sénatus-consulte spécial
validât le legs d'usufruit sur des choses de cette nature (¹) ; mais
il faut bien le remarquer, en validant le legs, la loi romaine n'a pas
soumis à un véritable usufruit les choses *quarum non est usus sed abu-*
sus. Cela était impossible, en effet, puisque la propriété de pareils
objets, n'admettant point de démembrement, ne pouvait se distinguer
de l'usufruit. Il fallait donc de toute nécessité transférer, au légataire
de l'usufruit, la propriété même (²).

Mais, pour donner à l'héritier l'équivalent d'une nue propriété qu'il
ne pouvait conserver, le légataire s'engageait à restituer, au temps fixé
pour la cessation de l'usufruit, ou pareille quantité de choses semblables, ou leur valeur estimative, s'il y avait eu estimation lors de la
constitution de l'usufruit (³). Le Code civil ne pouvait que reproduire
ces dispositions fondées sur la nature des choses (art. 587).

SECTION PREMIÈRE.

DES DROITS DE L'USUFRUITIER.

142. Les fruits d'une chose sont les produits qu'elle donne par suite
de la destination qu'elle a reçue du propriétaire. C'est ainsi que l'usufruitier peut s'approprier les foins d'une prairie, la vendange d'une
vigne, et les moissons que donne une terre labourable. C'est ainsi
pareillement qu'au nombre des fruits sont les produits annuels des
arbres, leurs autres produits, par exemple l'ébranchage, dont la pé-
riodicité est réglée par la coutume du propriétaire ou par l'usage local
(art. 593), les coupes de bois taillis, et même celles d'une futaie,
lorsqu'elle a été mise en coupe réglée (art. 590 et 591), enfin les arbres eux-mêmes, lorsque leur destination indique qu'ils doivent être
successivement enlevés et remplacés. Cette règle s'applique aux arbres
des pépinières, lorsqu'ils sont assez forts pour être mis en place, et
même aux arbres fruitiers qui meurent ou qui sont arrachés par acci-

---

(¹) *Ulp., L. 1, D. de usufr. ear. 1 er.*

(²) *Inst. § 2, de usufr.*

(³) *Gaius, L. 7, D. de usufr. ear. rer.*

dent (art. 590 et 594). Dans tout autre cas les arbres ne sont pas des
fruits, et par conséquent l'usufruitier ne peut pas y toucher (art. 592).

C'est aussi la destination du propriétaire qui range parmi les fruits, les
autres produits du sol, par exemple, les produits d'une carrière. L'u-
sufruitier peut continuer une exploitation entreprise avant la constitution de l'usufruit ; mais il n'a pas le droit de changer la destination du
terrain en ouvrant lui-même une carrière nouvelle. Quant au trésor
qui viendrait à être découvert, ce n'est pas un fruit ni même un produit du sol, et par conséquent l'usufruitier n'y a jamais aucun droit
(art. 598).

143. Lorsqu'on examine comment les fruits sont acquis à l'usufruitier, il y a lieu de distinguer les fruits naturels ou industriels et les
fruits civils. Les fruits naturels ou fruits proprement dits appartiennent à l'usufruitier dès qu'ils cessent de faire corps avec l'objet qui les
produit. L'usufruitier profite ainsi des récoltes qui ont été préparées
avant l'ouverture de son droit par le propriétaire ; il devrait donc d'a-
près les principes généraux, payer les frais de culture et de semences
(art. 548), mais, pour éviter les difficultés qui naîtraient des évalua-
tions à faire, soit au commencement soit à la fin de l'usufruit, le législateur a décidé que les récoltes pendantes au commencement ou à
la cessation de l'usufruit, profiteront à l'usufruitier ou au propriétaire, sans indemnité de part ni d'autre (art. 585).

Les fruits civils ne sont point des produits de la chose, mais des
prestations qui se perçoivent à son occasion, comme les intérêts d'un
capital exigible, les arrérages des rentes perpétuelles ou viagères, le
prix des baux à loyer ou à ferme (art. 584). L'usufruitier les acquiert
jour par jour, c'est-à-dire, en proportion de la durée de l'usufruit,
sans égard à l'échéance du terme fixé pour le payement (art. 586).

144. L'usufruitier jouit comme le propriétaire lui-même, et par suite
il peut exercer les servitudes actives, sauf à souffrir l'exercice des servitudes passives (art. 597). Du reste, il peut jouir par lui-même ou par
d'autres, soit en donnant à loyer ou à ferme la chose soumise à l'usufruit, soit en transférant à une autre personne son droit, qui demeure
toujours soumis aux mêmes chances d'extinction.

SECTION II.

DES OBLIGATIONS DE L'USUFRUITIER.

145. L'usufruit et la nue propriété constituent sur le même objet
deux droits qu'il importe de maintenir dans leurs limites respectives.
Ainsi, le propriétaire ne doit rien faire qui nuise aux droits de l'usufruitier (art. 599), et réciproquement l'usufruitier ne doit pas, en abu-

sant du droit de jouir, porter atteinte à la nue propriété (art. 618). Il
est donc tenu de conserver la substance (art. 578). Il est même responsable du fait des tiers qui commettent des usurpations ou attentent
de toute autre manière aux droits du propriétaire, à moins que, par
un avertissement donné en temps utile, il n'ait mis celui-ci à même de
se défendre en exerçant les actions qui lui appartiennent (art. 614).
C'est pour garantir l'accomplissement de ces obligations, que l'usufruitier doit, avant d'entrer en jouissance, faire inventorier les meubles,
dresser un état des immeubles soumis au droit d'usufruit (art. 600), et
donner caution de jouir en bon père de famille. Toutefois l'usufruitier
est quelquefois dispensé de l'obligation de fournir caution, soit à raison des rapports qui l'unissent au nu propriétaire, soit par suite de l'interprétation que fait le législateur de la volonté des parties (art. 601).

À défaut de caution, l'usufruitier perd le droit d'administrer les choses sujettes à usufruit. Les immeubles sont loués ou mis en séquestre;
les denrées sont vendues et le prix en est placé avec les autres capitaux; mais c'est l'usufruitier qui, dans tous les cas, touche les loyers,
fermages et autres revenus (art. 602). La même règle s'applique aux
meubles qui, sans se consommer comme les denrées, dépérissent par
l'usage. Cependant les juges peuvent, suivant les circonstances, et sur
la demande de l'usufruitier, ordonner qu'une partie des meubles lui
sera délaissée pour son usage, sans autre garantie que son serment
(art. 603).

146. L'usufruitier prend les choses dans l'état où elles se trouvent
(art. 600), sans pouvoir exiger du propriétaire aucunes réparations. Il
supporte, pendant la durée de l'usufruit, toutes les charges de la jouissance, c'est-à-dire, celles que le propriétaire acquitte ordinairement au
moyen d'un prélèvement sur les revenus, comme les impôts et les réparations d'entretien (art. 605 et 608). Les grosses réparations, au
contraire, ne sont à la charge de l'usufruitier, qu'autant qu'elles proviennent d'un défaut d'entretien (art. 605 et 606). Si des charges extraordinaires sont imposées sur la propriété, le capital est avancé soit
par le propriétaire, à qui l'usufruitier devra tenir compte des intérêts,
soit par l'usufruitier, à qui le propriétaire devra, à la fin de l'usufruit,
rembourser le capital sans intérêts (art. 609). Enfin, si l'usufruitier ne
consent pas à faire cette avance, le propriétaire peut exiger qu'une
partie des biens soit vendue pour satisfaire aux charges (art. 612). Le
même mode de contribution s'applique, relativement aux dettes de la
succession, entre l'héritier et le légataire en usufruit de tout ou partie des biens (art. 610).

Ce que nous disons ici du légataire dont l'usufruit s'étend à tous les
biens ou à une quote-part, ne s'applique point au légataire en usufruit

d'un objet particulier. A raison de la nature même de son legs, il n'est tenu d'aucune dette (art. 611 et 1024).

147. Il faut remarquer du reste que l'usufruitier n'a aucun recours à exercer, contre le propriétaire, à raison des améliorations qu'il aurait faites, sauf le droit qui lui est réservé d'enlever les objets mobiliers qu'il a placés sur le fonds, lors même qu'ils y auraient été provisoirement incorporés (art. 599).

SECTION III.

COMMENT L'USUFRUIT PREND FIN.

148. L'usufruit s'éteint :

Par la mort naturelle ou civile de l'usufruitier, ou par le laps de trente ans, lorsqu'il a été constitué en faveur d'une commune ou de toute autre personne morale (art. 617 et 619).

Par l'expiration du temps pour lequel il a été établi (art. 617). L'usufruit constitué à terme finit même avant le temps fixé, lorsque l'usufruitier vient à décéder ; mais l'usufruit établi pour durer jusqu'au jour où une tierce personne atteindra un certain âge, par exemple, celui de sa majorité, subsiste, même après le décès de cette personne, jusqu'au jour où elle aurait atteint l'âge indiqué. C'est ainsi du moins que le Code (art. 620) interprète la volonté des parties.

Par la consolidation proprement dite, c'est-à-dire, par l'acquisition qu'aurait faite l'usufruitier de la nue propriété, ou bien lorsque le propriétaire se rend acquéreur de l'usufruit, ce que le Code appelle aussi consolidation (art. 617). Toutefois cette consolidation, qui s'opère par la volonté des parties, ne préjudicie point aux droits des tiers.

Par le non-usage pendant trente ans (art. 617).

Par la renonciation de l'usufruitier, sauf le droit réservé à ses créanciers de faire annuler la renonciation qui aurait eu lieu à leur préjudice (art. 621 et 622).

Par la perte totale de la chose soumise à l'usufruit (art. 617). Ainsi, lorsqu'un animal sur lequel ce droit était spécialement établi, vient à mourir, l'usufruitier, s'il n'a commis aucune faute, n'est pas tenu de le remplacer (art. 615). Il ne doit compte que du cuir ou de sa valeur. La même règle s'applique à l'usufruit d'un troupeau, lorsqu'il périt en entier par maladie ou par accident ; mais si le troupeau n'a pas entièrement péri, l'usufruitier est tenu de le compléter jusqu'à concurrence du croît (art. 616).

Quand même la chose ne serait pas entièrement détruite, il suffit pour l'extinction de l'usufruit, qu'elle ne puisse plus avoir la même destination. C'est ainsi que l'usufruitier d'un bâtiment détruit par un incendie ou par tout autre accident perd la jouissance du sol comme celle des matériaux, tandis que son droit subsisterait s'il était établi sur un domaine dont le bâtiment faisait partie (art. 624) ; et en effet, la destruction partielle d'une chose n'entraîne pas nécessairement la perte de la substance (V. art. 623).

149. L'extinction de l'usufruit peut être prononcée par les tribunaux, si l'usufruitier abuse de sa jouissance, soit en dégradant la chose, soit en la laissant dépérir faute d'entretien. Toutefois, les créanciers de l'usufruitier ont la faculté d'intervenir pour la conservation de leurs droits, en offrant la réparation des dégradations commises et des garanties pour l'avenir. Dans tous les cas, le juge peut, en appréciant la gravité des circonstances, ou prononcer la déchéance absolue de l'usufruitier, ou se borner à lui enlever l'administration en lui laissant la perception d'un revenu déterminé (art. 618).

CHAPITRE II.

DE L'USAGE ET DE L'HABITATION.

150. L'usage en droit romain n'était, à proprement parler, que le droit de se servir des choses sans en tirer aucun fruit (¹), et cependant, comme il existe des biens dont l'usage ne donne aucun avantage sérieux, que notamment l'usage d'un terrain ne confère d'autre droit que celui de s'y promener, les jurisconsultes ont pensé, surtout en matière de legs, qu'en constituant ce droit, le testateur avait entendu donner quelque chose de plus. C'est ainsi que, par interprétation de sa volonté, *neque enim tam stricte sunt interpretandæ voluntates defunctorum* (²), ils ont concédé à l'usager d'un fonds de terre certains fruits, et à l'usager d'un troupeau, non le croît, mais le lait ou la laine, en limitant toujours cette concession aux quantités dont l'usager aurait besoin pour sa consommation, *ad usum quotidianum* (³). Ce n'était là qu'une extension de l'usage ; mais c'est d'après cette extension que les auteurs modernes ont défini le *jus utendi*, et c'est sous le même point de vue que les rédacteurs du Code ont envisagé le droit d'usage.

Le droit d'habitation se distinguait, à Rome, de l'usage d'une maison, sous plusieurs rapports, notamment en ce qui concerne l'extinction du droit et la faculté de louer (⁴) ; mais ici encore les interprètes ont confondu ce qu'avaient distingué les lois romaines. *Usus domus* a été

(¹) *Inst. § 4, de us. et habit.*
(²) *Ulp., L. 12, §§ 1 et 2, de us. et habit.*
(³) *Inst. § 1, de us. et habit.*
(⁴) *Inst. § 5, eod. ; Ulp. L. 10, D. de us. et habit.*

pour eux un droit distinct de l'usage. « L'habitation, dit Domat [1], « est, pour les maisons, ce que l'usage est pour les autres fonds; » et le Code a consacré cette doctrine, suivant laquelle l'habitation n'est - plus guères qu'une application de l'usage.

151. D'après le Code civil, les droits d'usage et d'habitation se constituent et se perdent comme l'usufruit.

Dans le silence du titre constitutif, les droits d'usage et d'habitation sont, comme nous l'avons dit, restreints aux besoins de l'usager et de sa famille ; et comme ils sont accordés en considération de la personne, ils ne peuvent être ni cédés ni loués (art. 630 et 631).

Quelle que soit d'ailleurs la similitude qui existe entre ces droits, il faut remarquer que l'usager ne perçoit pas directement l'utilité de la chose, comme celui qui a un droit d'habitation, et que dès lors il ne doit point contribuer aux charges de la même manière.

152. Les habitants d'une commune ont quelquefois, sur certaines propriétés situées dans son territoire, notamment surles bois et sur les marais, des droits qu'on appelle improprement *usages*. Ces droits, qui sont perpétuels, ont plus d'analogie avec les servitudes qu'avec l'*usage* proprement dit, qui est essentiellement viager. Ils ne sont point réglés par le Code, mais par des lois particulières (art. 636).

CHAPITRE PREMIER.

DE L'USUFRUIT.

578. — L'usufruit est le droit de jouir des choses dont un autre a la propriété, comme le propriétaire lui-même, mais à la charge d'en conserver la substance.

SOMMAIRE.

153. En quoi cette définition diffère de la définition romaine.
154. L'usufruitier jouit comme le propriétaire lui-même. Importance de cette addition.
155. Ancienne distinction de l'usufruit formel et de l'usufruit causal.

153. Cette définition, bien qu'elle semble, au premier abord, reproduire celle du droit romain, s'en éloigne sous un double rapport. Il faut remarquer, en premier lieu, que le JUS UTENDI et le JUS FRUENDI ne forment plus qu'un droit unique, le droit de jouir. Cette modification

---

[1] Lois civiles, liv. 1, tit. 11, sect.

résulte des idées que les anciens interprètes se sont formées sur la distinction de l'usufruit et de l'usage. Justinien, dans ses Institutes (¹), dit seulement que l'usage est moins étendu que l'usufruit, et autorise l'usager à prendre, sur certains fruits, la quantité dont il a besoin pour sa consommation, *ad usum quotidianum*. En généralisant cette décision, on s'est hâté d'en conclure qu'il n'existe entre l'usage et l'usufruit d'autre différence que celle du plus au moins. « L'usage, dit Domat (²), « est distingué de l'usufruit en ce que, au lieu que l'usufruit est le « droit de jouir *de tous les fruits* que peut produire le fonds..... l'usage « ne consiste qu'à prendre, sur les fruits, la portion que l'usager peut « en consommer. » Il n'aurait pas fallu, pour définir l'usage, s'attacher au cas où le droit reçoit une extension exceptionnelle, extension limitée elle-même aux besoins de l'usager. Toutefois, le Code a consacré la doctrine de l'ancienne jurisprudence, et n'emploie qu'un seul mot, *jouir,* pour exprimer les deux idées rendues par les mots UTI et FRUI, idées entre lesquelles il n'existe plus pour nous de différence spécifique (V. art. 544).

En accordant à l'usufruitier le droit de jouir de la chose d'autrui, Domat ajoutait, *la conservant entière et sans la détériorer ni la diminuer*. Si Domat a voulu reproduire les derniers mots de la définition romaine SALVA RERUM SUBSTANTIA , sa traduction n'est rien moins qu'exacte. On reconnaît aujourd'hui que les Institutes, en parlant de la conservation de la substance, n'entendent nullement consacrer une obligation de l'usufruitier. Au surplus, l'idée de Domat est juste au fond : l'usufruitier, n'ayant pas le JUS ABUTENDI, doit conserver la chose dont le nu propriétaire a toujours droit de disposer. L'expression du Code, *à la charge,* c'est-à-dire à la condition *de conserver la substance,* exprime avec plus de brièveté l'idée de Domat.

154. La rédaction primitivement arrêtée au conseil d'État portait, *avec le même avantage que le propriétaire lui-même :* sur les observations du tribunat, on a modifié cette phrase pour faire comprendre que, si l'usufruitier a comme le propriétaire les avantages de la propriété, il doit aussi, comme lui, participer aux charges qu'elle impose. Au surplus, en accordant à l'usufruitier le droit de jouir comme le propriétaire lui-même, la loi lui confère, ainsi que nous le verrons, les pouvoirs les plus étendus, quant à l'administration des biens soumis à l'usufruit.

155. Le droit de jouir ne prend le nom d'usufruit que lorsqu'il a été détaché de la nue propriété pour former un droit particulier. Si l'on

---

(¹) § 1, *de us. et habit.*
(²) Lois civiles, liv. 1, tit. 11, sect. 2.

prenait le mot usufruit dans le sens le plus étendu, comme synonyme de jouissance, on serait conduit à dire que l'usufruit est compris dans la pleine propriété, et que dès lors le propriétaire a implicitement l'usufruit de sa propre chose. C'est ainsi que les anciens auteurs en étaient venus à reconnaître un usufruit causal qui existe dans la propriété même tant qu'il n'en a pas été détaché, et un usufruit formel qui, séparé de la nue propriété, constitue un droit particulier sur la chose d'autrui. Cette ancienne distinction est étrangère au Code civil : l'usufruit s'entend ici, comme en droit romain, du droit de jouir constitué séparément, et par conséquent sur *les choses dont un autre a la propriété.*

579. — L'usufruit est établi par la loi, ou par la volonté de l'homme.

SOMMAIRE.

156. Dans quels cas l'usufruit est établi par la loi et par la volonté de l'homme. Il ne s'établit point par la seule autorité du juge.
157. Prescriptions applicables à l'usufruit.

156. L'usufruit est établi directement par la loi, indépendamment de la volonté du propriétaire, dans deux hypothèses. La première est celle de la jouissance légale des père et mère sur les biens de leurs enfants mineurs (art. 384 et 601). Cette jouissance, comme nous l'avons déjà vu, est soumise à des règles particulières, notamment quant aux charges imposées à l'usufruitier. La seconde hypothèse, qui au contraire rentre dans le droit commun de l'usufruit, est celle où le survivant des père et mère succède avec des collatéraux autres que les frères et sœurs ou descendants d'eux. Il a droit alors à l'usufruit du tiers des biens auxquels il ne succède pas en propriété (art. 754).

L'usufruit est établi le plus souvent par la volonté de l'homme, c'est-à-dire du propriétaire, qui dispose à titre gratuit ou à titre onéreux. Il importe peu d'ailleurs qu'il dispose de l'usufruit même en se réservant la nue propriété, ou de la nue propriété en se réservant l'usufruit. Il suffit que ces deux éléments de la propriété se trouvent séparés.

En décidant que l'usufruit s'établit par la loi ou par la volonté de l'homme, le Code exclut la disposition du droit romain qui, en cas de partage judiciaire, autorisait le juge à placer dans un lot la nue propriété, et dans un autre lot l'usufruit du même objet[1]. Ce mode de partage n'a rien de contraire à l'ordre public ; il pourrait donc avoir lieu

---

[1] *Gaius, L.* 6, § 1, *D. de usuf.*

d'après la volonté des parties ; mais il faudrait un texte formel pour
que le juge pût ne donner à l'un des copartageants qu'un droit
viager. N'est-il pas de principe d'ailleurs que les lots doivent, autant
que possible, être de même nature (art. 832) ? Le tribunal ne peut donc
qu'ordonner la licitation des objets qui ne sont pas susceptibles d'être
partagés sans inconvénient (art. 1686).

157. L'usufruit peut-il s'établir par prescription ? Le doute à cet égard
naît des dispositions par lesquelles le Code semble régler, dans ce titre, comme dans le titre suivant, tout ce qui concerne les différentes
manières de constituer l'usufruit et les servitudes. En effet, lorsqu'on
voit les articles 690 et 691 s'expliquer formellement sur l'acquisition
des servitudes par prescription, tandis que la loi garde le silence en
ce qui concerne l'usufruit, on est porté à considérer comme limitative
la disposition de l'article 579 ; mais il est facile de répondre à cette objection. Et d'abord il fallait que le législateur s'expliquât sur l'acquisition des servitudes par prescription, parce qu'elles ne sont pas toutes
susceptibles de s'acquérir de cette manière. D'un autre côté, on reconnaissait déjà dans l'ancienne jurisprudence, comme l'atteste Pothier (1), que, hors le cas de prohibition spéciale, la prescription s'applique à tous les immeubles, même incorporels ; et loin de s'écarter de
cette idée, le Code, au titre *de la Prescription,* définit la possession,
la détention d'une chose ou *la jouissance d'un droit* (art. 2228), ce qui
se réfère évidemment aux choses incorporelles. Dès lors, pour ne pas
appliquer au droit d'usufruit les règles posées au titre *de la Prescrip-*
tion, il ne faudrait rien moins qu'une prohibition expresse, comme
celle qui existe pour certaines servitudes.

Toutefois la prescription trentenaire, qui fait acquérir la propriété
sans qu'on ait à rechercher si le possesseur était de bonne ou de mauvaise foi, ne peut guère s'appliquer à l'usufruit ; car il est difficile de
supposer qu'un possesseur de bonne foi entende jouir simplement
comme usufruitier plutôt que comme propriétaire. Ce sera donc
presque toujours la propriété qu'il acquerra, lorsqu'il aura possédé pendant trente ans. La question ne se présente donc dans la
pratique, que relativement à la prescription de dix ou vingt ans,
qui suppose le titre et la bonne foi. Ainsi, lorsqu'un usufruit a été
constitué par un autre que le propriétaire, la prescription de dix
ou vingt ans rend le possesseur de bonne foi usufruitier (2) (art.
2265). Évidemment, dans ce cas, le possesseur ne peut acquérir la

---

(1) *Prescription,* n° 16.

(2) Un arrêt de rejet, du 17 juillet 1816, admet l'acquisition de l'usufruit par la
prescription décennale.

propriété, puisque le titre sur lequel il se fonde n'est qu'un titre constitutif d'usufruit.

580. — L'usufruit peut être établi, ou purement, ou à certain jour, ou à condition.

PUREMENT, expression assez incorrecte, qui est prise ici dans le sens de *purement et simplement*

SOMMAIRE.

158. Différentes applications du terme ou de la condition en matière d'usufruit.

158. La constitution de l'usufruit à terme ou sous condition ne peut souffrir aucune difficulté. Remarquons seulement que la condition peut s'appliquer à l'extinction du droit, comme à son ouverture. Il en est de même du terme : en effet, l'usufruit est constitué *ex die* ou *ad diem*, suivant qu'on a voulu fixer l'époque où il prendra naissance ou bien l'époque à laquelle il doit cesser.

581. — Il peut être établi sur toute espèce de biens meubles ou immeubles.

SOMMAIRE.

159. En quel sens l'usufruit peut-il être établi sur toute espèce de biens ?

159. Quand la loi décide que l'usufruit peut être établi sur toute espèce de biens, cela ne doit pas s'entendre dans un sens absolu. Relativement aux choses dont on ne peut faire usage sans les consommer, il est impossible, comme nous l'avons remarqué, de distinguer l'usufruit de la nue propriété. Si l'usufruit peut être établi sur des choses de cette nature, c'est en ce sens que la disposition, par exemple, le legs, qui l'attribue, produit un effet analogue à celui que produirait la constitution d'un usufruit, bien qu'elle ne donne pas naissance à un usufruit proprement dit.

SECTION PREMIÈRE.

DES DROITS DE L'USUFRUITIER.

582. — L'usufruitier a le droit de jouir de toute espèce de fruits, soit naturels, soit industriels, soit civils, que peut produire l'objet dont il a l'usufruit.

583. — Les fruits naturels sont ceux qui sont le produit spontané de la terre. Le produit et le croît des animaux sont aussi des fruits naturels.

Les fruits industriels d'un fonds sont ceux qu'on obtient par la culture.

584. — Les fruits civils sont les loyers des maisons, les intérêts des sommes exigibles, les arrérages des rentes.

Les prix des baux à ferme sont aussi rangés dans la classe des fruits civils.

LE DROIT DE JOUIR DE TOUTE ESPÈCE DE FRUITS. Expression fort impropre, empruntée à Domat (*Lois civiles*, liv. 1, tit. 11, nos 2, 4 et 5). Le droit de jouir des fruits serait à proprement parler l'usufruit des fruits; la loi veut dire que le droit de jouir autorise l'usufruitier à percevoir tous les fruits; mais il est bien entendu que ce n'est pas pour en jouir, c'est pour se les approprier.

SOMMAIRE.

160. Inutilité de la distinction des fruits naturels et industriels. Utilité de celle des fruits naturels et des fruits civils.
161. Innovation du Code relativement aux prix des baux à ferme.

160. Les jurisconsultes romains du troisième siècle attribuaient au possesseur de bonne foi tous les fruits [1], sans distinguer, comme on l'avait fait antérieurement [2], les fruits que le sol produit spontanément et ceux qui naissent à l'aide de la culture. Cette distinction, reproduite par le Code d'après plusieurs interprètes, ne présente aujourd'hui aucune utilité, puisqu'il n'existe plus de différence légale entre les fruits naturels et les fruits industriels. L'usufruitier acquiert les uns comme les autres, par cela seul qu'ils sont séparés du sol. Il convient dès lors de les comprendre sous la dénomination commune de fruits naturels, par opposition aux fruits civils.

Les fruits naturels sont produits par le sol ou par les animaux; les fruits civils sont des prestations annuelles qui se perçoivent à l'occasion d'une chose [3], comme les loyers d'une maison. A proprement parler, ce ne sont pas des fruits; mais on les considère comme tels, *pro fructibus accipiuntur* [4]. Civil ici est synonyme de fictif.

[1] *Paul. L.* 48, *D. de adq. rer. dom.*
[2] *Pompon. L.* 45, *D. de usur. et fruct.*
[3] *Ulp. L.* 36, *D. eod.*
[4] Il ne faut pas considérer comme fruits civils les produits qui, d'après leur destination, ne doivent pas être détachés du capital, mais y être joints pour l'accroître. C'est ce qu'a jugé la cour de Paris le 27 avril 1827 à l'égard du fonds de réserve de la banque de France.

161. Les loyers des maisons ont toujours été mis au nombre des fruits civils, parce qu'un bâtiment n'est pas susceptible de produire des fruits naturels ; mais dans l'ancienne jurisprudence, il en était autrement du prix des baux à ferme : le fermage était régi par les mêmes principes que la récolte, dont il était considéré comme la représentation. Ainsi l'usufruitier n'avait droit au fermage qu'en raison des fruits qui avaient été perçus par le fermier pendant la durée de l'usufruit.

L'application de cette règle n'était pas sans difficulté, surtout lorsque l'usufruitier ne résidait pas sur les lieux ou dans le voisinage. On ne pouvait guère, dans ce cas, constater avec exactitude la portion de récolte qui avait été détachée du sol au moment même de son décès. Pour trancher toute contestation à cet égard, les rédacteurs du Code ont voulu que le prix des baux à ferme fût acquis à l'usufruitier comme le prix des baux à loyer, *jour par jour*, en raison de la durée de l'usufruit. C'est dans ce but que le prix des baux à ferme a été rangé parmi les fruits civils (V. art. 586).

585. — Les fruits naturels et industriels, pendants par branches ou par racines au moment où l'usufruit est ouvert, appartiennent à l'usufruitier.

Ceux qui sont dans le même état au moment où finit l'usufruit, appartiennent au propriétaire, sans récompense de part ni d'autre des labours et des semences, mais aussi sans préjudice de la portion des fruits qui pourrait être acquise au colon partiaire, s'il en existait un au commencement ou à la cessation de l'usufruit.

SOMMAIRE.

162. Comment l'usufruitier devient propriétaire des fruits naturels. Ancienne controverse sur l'indemnité relative aux frais de culture. Motifs de la décision adoptée par le Code.
163. Réserve des droits du colon partiaire.
164. Maturité absolue et maturité relative des fruits naturels.

162. Les fruits pendants par branches ou par racines au moment où l'usufruit commence ne deviennent réellement la propriété de l'usufruitier que lorsqu'ils sont détachés du sol. En effet, on n'exige pas chez nous, comme en droit romain (¹), que l'usufruitier les ait perçus par lui-même ou par les siens. Il suffit qu'ils aient été détachés du sol par une cause quelconque. En déclarant que les

---

(¹) *Inst.* § 36, *de divis. rer.*

fruits pendants *appartiennent à l'usufruitier,* le Code veut dire simplement que c'est à lui, et non au propriétaire, qu'il appartient de les percevoir, lors même que la maturité aurait devancé l'ouverture de l'usufruit [1]. D'après la règle du droit romain qui n'évalue les fruits que déduction faite des frais de culture et de semences, règle confirmée par le Code civil (art. 548), il semblerait que l'usufruitier, profitant de la récolte préparée aux frais du propriétaire, dût l'indemniser de ses avances; et réciproquement que, dans le cas où l'usufruitier décéderait avant d'avoir recueilli la récolte préparée à ses frais, le propriétaire dût rembourser le prix des labours, travaux et semences faits par l'usufruitier. Dans l'ancien droit, les auteurs étaient divisés sur ce point. Bacquet [2] et Pothier [3] dispensaient l'usufruitier de toute restitution, par ce motif qu'il prend les choses dans l'état où elles se trouvent à l'ouverture de son droit (art. 600); que les frais faits pour mettre la terre en état de produire les fruits dont elle est chargée, sont compris dans la disposition qui a constitué l'usufruit, et qu'en effet aucune loi romaine n'a jamais appliqué à l'usufruitier la maxime *fructus intelliguntur deductis impensis;* mais Bacquet et Pothier décidaient en même temps que le nu propriétaire doit, à l'extinction de l'usufruit, rembourser les frais de culture et de semences, parce qu'il ne peut invoquer aucune disposition faite en sa faveur par l'usufruitier. Suivant Renusson [4], au contraire, les frais de culture et de semences étaient dus, soit par l'usufruitier dont la jouissance commence, soit par le nu propriétaire qui rentre dans la plénitude de son droit : Renusson consentait bien à dispenser l'usufruitier de ce remboursement, mais à la condition que le nu propriétaire lui-même n'eût rien à rembourser. Ce dernier système, nonobstant son caractère aléatoire, est consacré par le Code ; sans doute, parce qu'il évite les expertises et les estimations qu'il aurait fallu faire, au commencement et à la fin de l'usufruit, et que, sous ce rapport, il rentre dans les vues du législateur moderne, tendant à prévenir, autant que possible, les causes de contestation.

163. L'usufruitier doit exécuter le bail antérieurement consenti par le propriétaire, soit à un colon partiaire, soit à un fermier. Le premier cultive sous la condition de partager les fruits avec le bailleur. Il les partagera donc avec l'usufruitier, comme il les aurait partagés avec le propriétaire. Indépendamment de la quote-part qui appartient au bailleur, le colon s'oblige quelquefois à payer annuellement une somme d'argent ou une quantité déterminée de cer-

---

[1] *Ulp. L.* 27, *D. de usuf.*
[2] *Droits de justice,* chap. 15, n° 58.
[3] *Douaire,* n°s 202 et 273.
[4] *Douaire,* chap. 14, n°s 33 et suiv.

taines denrées. Sous ce rapport, il n'est plus colon partiaire; il devient fermier, et dès lors les redevances dont il est tenu sont des fruits civils que l'usufruitier doit acquérir jour par jour, conformément aux règles établies dans l'article 586.

164. L'usufruitier a le droit de percevoir chaque espèce de fruits lorsqu'elle est parvenue à sa maturité. Toutefois, il importe d'observer qu'indépendamment de la maturité absolue que la nature opère dans la dernière période de la végétation, il existe, pour plusieurs sortes de fruits, une maturité relative, qui dépend du but particulier dans lequel chacun d'eux a été cultivé, et alors on est dans l'usage de les couper dès qu'ils sont propres à remplir ce but (¹). Les oliviers, les plantes potagères et les prairies artificielles nous en fournissent de fréquents exemples. Les céréales elles-mêmes sont souvent coupées en vert. Puisque l'usufruitier a le droit de jouir comme le propriétaire lui-même, il doit percevoir les produits du sol dès que chacun d'eux peut remplir sa destination.

Nous aurons à examiner sur l'article 595, en parlant du droit d'administration qui appartient à l'usufruitier, si la vente qu'il aurait faite d'une coupe de bois, peut recevoir son effet après l'extinction de l'usufruit.

586. — Les fruits civils sont réputés s'acquérir jour par jour, et appartiennent à l'usufruitier, à proportion de la durée de son usufruit. Cette règle s'applique aux prix des baux à ferme, comme aux loyers des maisons et aux autres fruits civils.

SOMMAIRE.

165. L'usufruitier acquiert les fruits civils, ou, pour parler plus exactement, il en devient créancier *jour par jour,* en ce sens que chaque jour de jouissance lui attribue la 365e partie de la redevance annuelle que doit payer le débiteur. Du reste, en décidant que les fruits civils sont acquis jour par jour, on ne veut pas dire que l'usufruitier peut exiger chaque jour le payement de la fraction quotidienne qui doit lui revenir. La loi n'a d'autre but que de déterminer comment ces fruits se répartiront entre le propriétaire et l'usufruitier.

(¹) *Javol. L. 42, D. de us. et usufr.*

Le prix des baux à ferme était considéré, dans l'ancienne jurisprudence, comme représentant la récolte, et alors il n'était dû à l'usufruitier qu'en raison des fruits perçus pendant la durée de l'usufruit. Si donc il arrivait que l'usufruitier décédât pendant la récolte, le fermage, suivant Pothier ([1]), était dû aux héritiers « en proportion de ce qu'il « y avait alors de fruits recueillis, par exemple, pour les deux tiers, « si les deux tiers des fruits se trouvaient alors séparés du sol. » D'après le Code, au contraire, le prix des baux à ferme s'acquiert jour par jour, comme celui des baux à loyer.

166. La nouvelle règle établie par le Code prévient, suivant Tronchet ([2]), toute contestation. « Il ne pourrait, dit-il, s'élever de diffi-« culté que dans le cas où l'on ferait dépendre le droit de l'usu-« fruitier au prix de la ferme, de l'époque où la récolte qu'il re-« présente aurait été faite » ; mais ces paroles de Tronchet sont loin d'obvier aux embarras que présente l'hypothèse où « le prix des « baux à ferme ne doit être payé, comme dans certains pays, que dix-« huit mois après la récolte ([3]). » Il est difficile de croire que ce soit dix-huit mois seulement après la récolte que doive s'effectuer le payement des fermages. En fait, les dix-huit mois courent du commencement de l'année dans laquelle les fruits sont récoltés. Ainsi, par exemple, les fermages de l'année 1848 seront payés en deux termes : l'un au jour de Noël de la même année, et l'autre à la Saint-Jean de l'année 1849. Or en se plaçant dans cette hypothèse, et en supposant un usufruit constitué le 1er octobre 1848, on peut se demander comment s'appliquera le principe qui fait acquérir les fermages jour par jour.

Si le droit de l'usufruitier, suivant les paroles de Tronchet, est indépendant de l'époque où la récolte a été faite, ce n'est pas à dire qu'il faille s'attacher à l'échéance matérielle de chaque terme de fermage. Le seul système conforme à la logique et à l'équité consiste à examiner, non pas l'époque où telle espèce de fruits a été récoltée, mais l'année à laquelle se réfère chaque fermage, pour en faire l'attribution au propriétaire ou à l'usufruitier en raison de la durée de leur jouissance respective dans l'année à laquelle se réfère le fermage échu ou à échoir. En conséquence, puisque les deux termes de fermage échéant au jour de Noël et à la Saint-Jean se réfèrent à l'année expirée, l'usufruitier ne doit toucher, pour les trois mois de jouissance qu'il a eus dans cette même année, que le quart de ces fermages représentant le trimestre du 1er octobre à la fin de l'année.

([1]) *Douaire*, n° 204.

([2]) Discussion au C. d'État, séance du 27 vendémiaire an XII.

([3]) Discussion au C. d'État, même séance.

Quant aux fermages représentant la récolte qui précède l'expiration du bail, bien que le fermier les acquitte plus promptement que ceux des années précédentes, parce qu'il doit payer en sortant, l'usufruitier a droit de les recevoir, et ils lui sont acquis pour la totalité, si l'usufruit dure jusqu'à la fin de l'année à laquelle correspond la récolte ; mais si l'usufruitier décède auparavant, ses héritiers doivent restituer au propriétaire une portion de ces mêmes fermages, correspondant au temps qui s'est écoulé depuis l'extinction de l'usufruit jusqu'à la fin de l'année(¹).

167. Si l'usufruitier, au lieu de consentir un nouveau bail, exploite par lui-même, il aura droit, non plus à des fruits civils qui s'acquièrent jour par jour, mais à des fruits naturels qui s'acquièrent dès qu'ils sont détachés du sol. Sans doute, ce changement profitera à l'usufruitier, si son droit s'éteint peu de temps après la récolte ; mais s'il s'éteint auparavant, c'est le nu propriétaire qui profitera du changement. La chance est égale de part et d'autre.

587. — Si l'usufruit comprend des choses dont on ne peut faire usage sans les consommer, comme l'argent, les grains, les liqueurs, l'usufruitier a le droit de s'en servir, mais à la charge d'en rendre de pareille quantité, qualité et valeur, ou leur estimation, à la fin de l'usufruit.

PAREILLE QUANTITÉ, QUALITÉ ET VALEUR. En restituant pareille quantité et qualité, on ne rendra point habituellement pareille valeur, ou si l'on rend la même valeur, il n'y aura plus pareille quantité et qualité. En effet, la valeur des denrées est trop variable pour qu'elle puisse facilement se trouver la même à deux époques différentes. Il faut donc considérer la mention de la *valeur* comme une addition échappée à la plume du rédacteur.

SOMMAIRE.

168. Celui à qui a été donné l'usufruit de choses dont on ne peut faire usage sans les consommer, en devient propriétaire. Il n'a donc pas seulement le droit de s'en *servir*, mais d'en disposer comme il l'entend. Cependant, comme c'est l'usufruit et non la propriété qu'on a voulu lui attribuer, la loi, pour se rapprocher, autant que possible,

---

(¹) La cour de Rouen s'est prononcée en ce sens, le 22 janvier 1828.

de ce but, lui impose, comme dans le *mutuum*, l'obligation de restituer un équivalent, qui peut être réclamé à l'époque où s'éteindrait d'après la loi ou la volonté des parties un véritable usufruit.

Quant à la nature de l'objet à restituer, on se demande d'abord, d'après les expressions du texte, PAREILLE QUANTITÉ, QUALITÉ..... OU LEUR ESTIMATION A LA FIN DE L'USUFRUIT, s'il ne s'agit pas ici d'une obligation alternative, qui laisserait au débiteur le choix ou de remplacer les choses qu'il a reçues par des choses semblables, ou d'en payer la valeur estimative. On se demande ensuite si cette valeur est celle du moment de la remise des objets ou celle du moment de la restitution. Il nous paraît évident que les rédacteurs du Code n'ont point songé à innover, et qu'ils ont seulement voulu reproduire, comme l'avait fait Domat (¹), la disposition d'une loi romaine (²). En nous référant à l'interprétation de cette loi, nous dirons que l'usufruitier n'a point le choix ; que pour savoir s'il doit restituer pareille quantité et qualité ou payer la valeur, il faut consulter la volonté du constituant, et, dans le silence du titre, distinguer si les choses dont on voulait donner l'usufruit ont été livrées avec ou sans estimation. Dans le premier cas, l'estimation vaut vente, l'usufruitier doit solder le prix en payant la valeur telle que l'estimation l'a fixée *au temps qu'il les a prises,* comme le dit expressément Domat (³). Dans le second cas, il doit rendre la même quantité et qualité, comme s'il avait reçu un *mutuum* (art. 1902).

169. L'argent monnayé se trouve expressément compris dans les choses dont on ne peut faire usage sans les consommer. Dès lors il est évident que l'usufruitier d'un capital a le droit d'en disposer comme bon lui semble. On ne pourrait donc pas, en refusant de lui livrer ce capital, le réduire à en toucher seulement les intérêts. Il n'en est ainsi que dans le cas exceptionnel où l'usufruitier ne trouve pas de caution (art. 602). Au surplus, l'usufruit d'une rente diffère essentiellement, comme nous allons le voir, de l'usufruit d'un capital en argent.

170. Ce que la loi décide sur l'usufruit des choses dont on ne peut faire usage sans les consommer, s'applique à l'usufruit des choses *fongibles*, ainsi appelées, parce que, bien qu'elles ne se consomment pas nécessairement par le premier usage qu'on en fait, elles sont susceptibles de se remplacer exactement l'une par l'autre. Les choses fongibles sont celles *quarum una alterius vice fungitur*, suivant l'expression des jurisconsultes romains. Il arrive souvent que dans l'intention des

---

(¹) Lois civiles, liv. 1, tit. 11, sect. 4, n° 7.

(²) *Gaius, L.* 7, *D. de usuf. ear. rer.*

(³) Lois civiles, liv. 1, tit. 11, sect. 4, n° 7.

parties, l'obligation de restituer porte non sur les objets considérés individuellement, mais sur une certaine quantité déterminée par le nombre, le poids ou la mesure : alors il suffit au débiteur de rendre une égale quantité d'objets semblables. C'est ainsi que l'argent monnayé est considéré comme chose fongible lorsqu'il forme l'objet d'un prêt (*mutuum*) ; aussi, à la différence du dépositaire, dont l'obligation porte identiquement sur les objets déposés (art. 1932), l'emprunteur est-il seulement obligé de rendre même quantité et qualité (art. 1895 et 1902). Les marchandises qui se débitent dans une maison de commerce, sont essentiellement fongibles, puisqu'elles sont exactement remplacées par d'autres objets provenant de la même fabrique, comme un volume par un autre exemplaire de la même édition. L'usufruitier d'un fonds de commerce deviendra donc propriétaire des marchandises qui s'y trouvent, à la charge d'en payer la valeur, si elles lui ont été livrées avec estimation ([1]), ou, dans le cas contraire, de rendre une égale quantité de marchandises semblables.

588. — L'usufruit d'une rente viagère donne aussi à l'usufruitier, pendant la durée de son usufruit, le droit d'en percevoir les arrérages, sans être tenu à aucune restitution.

SOMMAIRE.

171. Ancienne controverse sur l'usufruit d'une rente viagère. Motifs du système adopté par le Code.

171. Le capital d'une rente perpétuelle se distingue facilement du revenu qu'elle produit. Le payement des arrérages perçus par l'usufruitier, ne portant aucune atteinte au capital, n'empêche point la rente de conserver toute sa valeur ; tandis qu'une rente viagère, n'ayant point un capital distinct des arrérages, perd successivement de sa valeur à mesure que ces mêmes arrérages sont acquittés, à tel point que, si le créancier meurt pendant la durée de l'usufruit, la nue propriété n'existe plus. Ainsi, lorsqu'il perçoit les arrérages, l'usufruitier ne profite pas seulement des fruits de la rente ; il en absorbe la substance.

De là plusieurs systèmes qui, dans l'ancienne jurisprudence, ont divisé les auteurs. Les uns considéraient les arrérages de la rente comme les fractions d'un capital que l'usufruitier reçoit par parties, et qu'il doit rendre à la fin de l'usufruit : la rente viagère se trouvait ainsi assimilée aux choses dont on ne peut faire usage sans les consumer. D'autres divisaient les arrérages de la rente en deux parts, l'une,

---

([1]) Toulouse, 18 décembre 1832 ; cassation, 9 messidor an XI.

n'étant que l'intérêt du capital placé en rente viagère, formait des fruits civils qui devaient profiter à l'usufruitier, tandis que le surplus, représentant le capital, devait être restitué à la fin de l'usufruit. La première opinion ne laissait à l'usufruitier qu'un très-faible avantage, et la seconde présentait l'inconvénient d'une liquidation assez compliquée. Aussi le Code a-t-il consacré une troisième opinion, plus généralement admise, qui considérait la rente viagère comme un être moral parfaitement distinct des fruits qu'il doit produire. Dans ce système on comparait l'usufruit de la rente viagère à celui d'un animal dont la mort anéantit la nue propriété sans que l'usufruitier soit astreint à aucune restitution (art. 615). Ce système attribue la totalité des revenus soit à l'usufruitier d'une rente viagère, soit, par identité de motifs, à l'usufruitier d'un usufruit (art. 1568).

589. — Si l'usufruit comprend des choses qui, sans se consommer de suite, se détériorent peu à peu par l'usage, comme du linge, des meubles meublants, l'usufruitier a le droit de s'en servir pour l'usage auquel elles sont destinées, et n'est obligé de les rendre, à la fin de l'usufruit, que dans l'état où elles se trouvent, non détériorées par son dol ou par sa faute.

SOMMAIRE.

172. Différence entre les choses qui se consomment et celles qui se détériorent par l'usage.

172. Les choses dont on ne peut faire usage sans les consommer, ne doivent pas être confondues avec celles qu'un usage réitéré détériore peu à peu, comme le linge et les vêtements. Aussi admettait-on en droit romain que, relativement à ces dernières choses, l'usufruit peut être séparé de la nue propriété ([1]); mais souvent on s'attachait à la valeur des objets plutôt qu'à leur identité, et alors l'usufruitier en devenait propriétaire, sauf restitution, comme on l'a vu précédemment pour les choses dont le premier usage emporte consommation ([2]).

Le Code ne reproduit point cette assimilation. L'usufruit des choses qui ne se consomment point de suite, sera donc toujours, sauf la preuve d'une volonté contraire, un véritable usufruit ([3]), et au lieu d'en rendre

---

([1]) *Ulp. L.* 15, § 4, *D. de usuf.*

([2]) *Inst.* § 2, *de usuf. Ulp.* ; *L.* 11, *D. de usuf. ear. rer.*

([3]) Il en résulte que ces choses ne peuvent pas être saisies par les créanciers de l'usufruitier (Rennes, 21 *mai* 1835).

la valeur, l'usufruitier devra rendre identiquement les mêmes objets, dans l'état où ils se trouveront, usés, détériorés par la jouissance même, sans être tenu à cet égard d'aucune responsabilité [1]; mais il est bien entendu qu'il demeure toujours responsable du dol et même des fautes qu'il aurait pu commettre.

La rédaction primitive permettait de ne pas représenter les objets qui se trouveraient « entièrement consommés par l'usage, aussi sans dol « et sans faute de la part de l'usufruitier » ; mais Tronchet fit observer qu'on donnerait à l'usufruitier « la faculté de soustraire les meubles à son « profit, si on ne l'obligeait pas à représenter ce qui en reste », et la dernière partie de l'article fut retranchée par suite de cette observation [2]. Faut-il en conclure que l'usufruitier doive toujours payer la valeur des meubles qu'il ne représente pas? Sans doute, en principe, il en doit compte ; toutefois il est difficile de croire que les tribunaux ne puissent pas apprécier, d'après les circonstances, si l'usufruitier doit ou non être soupçonné d'en avoir profité en les vendant.

590. — Si l'usufruit comprend des bois taillis, l'usufruitier est tenu d'observer l'ordre et la quotité des coupes, conformément à l'aménagement ou à l'usage constant des propriétaires ; sans indemnité toutefois en faveur de l'usufruitier ou de ses héritiers, pour les coupes ordinaires, soit de taillis, soit de baliveaux, soit de futaie, qu'il n'aurait pas faites pendant sa jouissance.

Les arbres qu'on peut tirer d'une pépinière sans la dégrader, ne font aussi partie de l'usufruit qu'à la charge par l'usufruitier de se conformer aux usages des lieux pour le remplacement.

591. — L'usufruitier profite encore, toujours en se conformant aux époques et à l'usage des anciens propriétaires, des parties de bois de haute futaie qui ont été mises en coupes réglées, soit que ces coupes se fassent périodiquement sur une certaine étendue de terrain, soit qu'elles se fassent d'une certaine quantité d'arbres pris indistinctement sur toute la surface du domaine.

SOMMAIRE.

---

[1] *Ulp. L.* 9, § **3**, *D. usuf. quemadm.*
[2] Discussion au C. d'État, séance du 27 vendémiaire an XII.

173. Les coupes de bois taillis (¹) sont des fruits naturels dont l'usufruitier doit profiter, à la charge d'observer l'ordre des coupes, et la
quotité de chacune d'elles : en effet, pour qu'un taillis se reproduise
régulièrement, ses diverses parties doivent être exploitées successivement à l'âge déterminé par l'aménagement, c'est-à-dire par un règlement formel, ou, à défaut d'aménagement, par l'usage constant des
propriétaires. C'est en se conformant à ces règles que l'usufruitier jouit
en bon père de famille, et donne au nu propriétaire la certitude que
le mode d'exploitation ne sera point dénaturé à l'extinction de l'usufruit. Les bois de haute futaie diffèrent des taillis en ce qu'ils ne sont
pas toujours mis en coupes réglées; mais, en ce qui concerne les droits
de l'usufruitier, le principe est toujours le même. Ainsi, quand il existe
un aménagement ou un usage constant, l'usufruitier a droit à tous les
produits dont la destination du propriétaire a fait des fruits. Il peut
donc en pareil cas abattre les futaies, *toujours en se conformant aux
époques et à l'usage des anciens propriétaires.*

Ces expressions, *l'usage des anciens propriétaires,* s'appliquent, dans
le texte du Code, aux futaies, tandis qu'en parlant des bois taillis, la
loi prend pour règle *l'usage constant des propriétaires;* et suivant
Proudhon (²), cette différence de rédaction est d'une grande importance. « Lorsqu'il s'agit de bois taillis, dit-il, l'usufruitier a toujours le
« droit de le couper; mais quand il y a de l'incertitude sur le point
« de savoir si ce bois a reçu de la part de son maître un aménagement
« particulier, l'usufruitier, qui doit jouir en bon père de famille, est
« renvoyé à l'usage général des propriétaires qui possèdent des fonds
« de même nature dans la même région, pour se conformer à la prati-
« que ainsi établie par ceux qui administrent sagement leurs affaires.

(¹) Les bois taillis sont ceux que l'on abat périodiquement à des époques plus ou
moins rapprochées, suivant la nature du terrain ou la convenance des propriétaires,
et qui repoussent de leur souche. Les *baliveaux* sont des arbres de l'âge du taillis,
réservés lors de la coupe soit pour servir aux semis qui doivent repeupler la forêt,
soit pour obtenir de beaux arbres. Tant que le même taillis n'est pas coupé de nouveau, on les appelle baliveaux sur taillis, et après une seconde coupe, ils se nomment
modernes. On les appelle *anciens* après une troisième coupe du même taillis, et après
une quatrième *hautes futaies.* Ainsi, en supposant que le taillis se coupe à l'âge fixé
pour les bois appartenant à l'État, aux communes ou aux établissements publics,
c'est-à-dire à 25 ans (*Ordonnance du 1er août 1827, art. 69*), les baliveaux modernes auront au moins cinquante ans, les anciens soixante-quinze, et les hautes
futaies, cent.

Ce qui précède s'applique aux futaies sur taillis; mais on appelle également futaie un massif entièrement composé d'arbres qui poussent de semis, et non pas de
leur souche comme le taillis. Les dispositions du Code s'appliquent à l'une et à l'autre espèce de futaie.

(²) *Traité des droits d'usufruit,* etc., n° 1181.

« Lorsqu'il s'agit, au contraire, d'un bois de futaie, l'usufruitier n'a ja-
« mais le droit de le couper, s'il n'a été spécialement destiné à la coupe,
« et cette destination ne peut émaner que du propriétaire même de ce
« bois. »

Nous ne saurions admettre cette distinction, d'après laquelle le Code
se serait référé, tantôt à l'usage des propriétaires du bois sujet à l'usufruit, tantôt à l'usage des autres propriétaires de la même localité. C'est
la destination donnée aux choses qui, dans tous les cas, règle la jouissance de l'usufruitier, et dans tous les cas aussi cette destination doit
être donnée par le propriétaire. C'est d'après sa volonté qu'un bois est
exploité en taillis ou qu'il pousse à l'état de futaie. Ainsi, par *l'usage
constant des propriétaires* et par *l'usage des anciens propriétaires,* le
Code exprime la même idée, celle de la destination donnée au bois
taillis ou à la futaie par ceux qui en jouissaient précédemment. C'est
ainsi qu'en droit romain, l'usufruitier pouvait couper un bois taillis,
sylvam cæduam, suivant l'expression des jurisconsultes (¹), comme le
coupait le propriétaire, *sicut pater familias cædebat* (²), et les rédacteurs
du Code ne l'ont pas entendu autrement (³). En effet, si l'usufruitier
profite des parties de bois de haute futaie qui ont été mises en coupes
réglées, c'est *toujours en se conformant aux époques et à l'usage des anciens propriétaires:* ce mot *toujours* n'est évidemment qu'un rappel
des dispositions précédemment adoptées pour les bois taillis, dont l'u-
sufruitier jouit *conformément à l'aménagement ou à l'usage constant des
propriétaires.* Un usage ne peut être constant qu'autant qu'il est ancien,
et c'est pour savoir s'il est constant, qu'on remonte à l'usage des *propriétaires* à qui le bois a successivement appartenu, ou, ce qui revient
au même, à l'usage des *anciens propriétaires.*

174. On s'est demandé si un nouveau mode de jouissance introduit
par le dernier propriétaire, est obligatoire pour l'usufruitier. Il faut
remarquer à cet égard qu'un usage observé depuis longtemps par tous
ceux à qui les bois ont successivement appartenu, est une preuve suffisante de la conformité de l'exploitation avec la condition essentielle
de l'usufruit, la conservation de la substance. Un nouveau mode de
jouissance pratiqué par le dernier propriétaire n'offre pas la même garantie. On peut craindre qu'au lieu d'améliorer la distribution des
coupes, il n'ait d'autre résultat que d'amener des anticipations ruineu-
ses, et d'ailleurs l'expérience n'a pas encore prouvé la réalité des avan-

---

(¹) *Gaius, L.* 30, *D. de verb. signif.*

(²) *Ulp. L.* 9, § 7, *D. de usufr.*

(³) L'usufruitier d'un bois taillis doit, suivant le rapporteur du tribunat, « respecter
« *ce que les propriétaires ont établi* quant à l'ordre et la quotité des coupes et à
« l'aménagement. »

tages qu'on s'en était promis. Cependant, si le dernier propriétaire était un homme d'ordre, si le nouvel aménagement qu'il a établi, est conforme aux règles de la science forestière, s'il en résulte une amélioration probable, l'usufruitier devra suivre la même distribution.

175. Les coupes que l'usufruitier aurait pu faire, et qui se trouvent encore sur pied lorsque son droit expire, appartiennent au nu propriétaire sans indemnité, et ce n'est là qu'une application du principe qui régit l'acquisition des fruits naturels. Il est vrai que la communauté, à qui appartient la jouissance des biens propres à chacun des époux, doit être indemnisée à raison des coupes de bois qui auraient pu être faites et ont été laissées sur pied (art. 1403). C'est que le législateur a voulu, dans ce cas particulier, empêcher les avantages indirects que le mari, administrateur de la communauté, voudrait attribuer à ses propres héritiers ou à son conjoint, suivant que le bois dont il s'agit serait un propre du mari ou de la femme; mais il n'existe aucune raison qui empêche l'usufruitier d'avantager le nu propriétaire.

176. Les fruits d'une pépinière sont les arbres qu'on enlève chaque année pour les transplanter, et qu'on remplace par d'autres arbres, qui doivent arriver successivement au même âge que les premiers. C'est ainsi qu'une pépinière toujours garnie de semis ou de plants nouveaux, peut être entretenue sans dégradation.

592. — Dans tous les autres cas, l'usufruitier ne peut toucher aux arbres de haute futaie : il peut seulement employer, pour faire les réparations dont il est tenu, les arbres arrachés ou brisés par accident ; il peut même, pour cet objet, en faire abattre s'il est nécessaire, mais à la charge d'en faire constater la nécessité avec le propriétaire.

SOMMAIRE.

177. Avantages que l'usufruitier peut tirer des bois qui n'ont pas été mis en coupes réglées.

177. Lors même qu'une futaie n'est pas mise en coupes réglées, le propriétaire n'en est pas moins dans l'usage d'y couper des arbres, non pour les vendre, mais pour se dispenser d'acheter ailleurs le bois nécessaire à la réparation de ses bâtiments : il évite ainsi une dépense qui pourrait être considérable. On évite cette même dépense à l'usufruitier, lorsqu'à raison de sa jouissance, il est tenu de certaines réparations ; car il doit avoir, à cet égard, les mêmes avantages que le propriétaire. C'est d'après le même principe qu'il est autorisé à prendre

des échalas (art. 593) dans les bois qui ne sont pas mis en coupes réglées, et dont par conséquent il ne peut vendre la superficie ([1]).

593. — Il peut prendre, dans les bois, des échalas pour les vignes; il peut aussi prendre, sur les arbres, des produits annuels ou périodiques; le tout suivant l'usage du pays ou la coutume des propriétaires.

594. — Les arbres fruitiers qui meurent, ceux même qui sont arrachés ou brisés par accident, appartiennent à l'usufruitier, à la charge de les remplacer par d'autres.

SOMMAIRE.

178. Droits de l'usufruitier aux produits périodiques des différents arbres, et aux arbres fruitiers eux-mêmes.

178. Le premier de ces deux articles réunit mal à propos deux dispositions différentes. L'une, relative aux échalas, se réfère au principe de l'article précédent et s'applique aux bois que l'usufruitier n'a pas le droit d'exploiter ([2]). L'autre s'applique à des produits annuels ou périodiques, c'est-à-dire à des fruits naturels que l'usufruitier a le droit de percevoir pour en disposer ensuite comme il l'entendra. Tels sont non-seulement les olives, noix, pommes et autres fruits proprement dits (*fruges*), mais aussi l'émondage des haies et de certains arbres dont on forme des têtards.

Les arbres fruitiers qui meurent ou qui sont abattus par accident, ne sont pas des fruits. Si le Code, d'accord à cet égard avec la loi romaine ([3]), déclare qu'ils appartiennent à l'usufruitier, c'est sans doute à cause du peu de valeur qu'ils représentent, et en compensation des dépenses que nécessitera leur remplacement. Il faut remarquer, en effet, que lorsqu'il s'agit des arbres de haute futaie, dont la valeur est plus considérable, l'usufruitier n'a le droit de s'en servir que dans un seul but, c'est-à-dire pour les réparations dont il est tenu. Il ne pourrait donc les employer comme bois de chauffage ([4]).

595. — L'usufruitier peut jouir par lui-même, donner à ferme à un autre, ou même vendre ou céder son droit à titre gratuit. S'il donne à ferme, il doit se conformer, pour les époques où les baux

---

([1]) *Pompon. L.* 10, *D. de usuf.*
([2]) *Ulp. L.* 9, § 7, *D. eod.*
([3]) *Paul. L.* 18, *D. eod.*
([4]) *Ulp. L.* 12, *D. eod.*

doivent être renouvelés, et pour leur durée, aux règles établies pour le mari à l'égard des biens de la femme, au titre *du Contrat de mariage et des Droits respectifs des époux.*

DONNER A FERME, et, sans aucun doute, *à loyer.* On ne peut supposer ici qu'une omission involontaire.

SOMMAIRE.

179. Bien que la liberté accordée à l'usufruitier de jouir par lui-même, de louer, de vendre son droit ou de le céder gratuitement existât déjà en droit romain [1], le bail ou la cession consentis par l'usufruitier n'avaient pas autrefois les effets qu'ils ont aujourd'hui.

En droit romain et dans notre ancienne jurisprudence, le bail à ferme ou à loyer n'obligeait que les parties contractantes ou leurs héritiers. Dès lors le preneur pouvait être expulsé par l'acheteur ou par l'usufruitier, à qui le bailleur avait transféré ses droits [2]. D'un autre côté, l'effet du bail consenti par l'usufruitier cessait à l'extinction de l'usufruit [3]. Aujourd'hui le bail consenti par le propriétaire doit être exécuté par tous ceux qui lui succèdent à titre particulier comme à titre universel (art. 1743), et réciproquement, le bail consenti par l'usufruitier, pendant sa jouissance, est obligatoire pour le propriétaire, sauf toutefois une distinction importante : le bail existant à l'ouverture de l'usufruit est obligatoire pour l'usufruitier, sans qu'il y ait à examiner à quelle époque et pour quel laps de temps il a été fait, parce qu'il émane du propriétaire qui a traité dans la plénitude de son droit; l'usufruitier, au contraire, n'a pas la même latitude, parce que la chose qu'il donne à ferme ou à loyer, est la chose d'autrui : aussi le bail qu'il consent est-il soumis à certaines conditions en dehors desquelles il ne saurait lier le propriétaire.

---

(1) *Inst.* § 1, *de us. et habit.*; *Ulp. L.* 12, § 2, *D. de usuf.*
(2) *Ulp. L.* 9, § 1, *D. eod.*; *Alex. L.* 9, *C. de locat. conduct.*
(3) *Ulp. L.* 9, § 1, *D. de locat. conduct.*; Pothier, *Louage,* nos 312 et 315.

Ainsi le bail doit avoir commencé avant l'extinction de l'usufruit, ou du moins n'avoir pas été fait trop longtemps avant l'expiration d'un bail précédent. A cet égard le délai légal est de deux ans pour les baux à loyer et de trois ans pour les baux à ferme. Dans ces conditions mêmes, le bail dont la durée excède neuf années n'oblige point le propriétaire pour les années excédant ce terme. Enfin, si le bail est commencé lors de l'extinction de l'usufruit, le preneur n'a d'autre droit que celui d'achever la période de neuf ans dans laquelle il se trouve. Ces dispositions s'appliquent à l'usufruitier, au mari administrateur des biens de sa femme (art. 1429 et 1430) et au tuteur (art. 1718).

180. La violation de ces règles donne lieu à une nullité relative, qui peut être invoquée contre le preneur sans qu'il puisse s'en prévaloir. C'est ce qui n'est point douteux en ce qui concerne soit les biens de la femme, soit même ceux du mineur; car les articles 1429 et 1430 sont déclarés applicables aux biens des mineurs par une disposition formelle (art. 1718). Mais la loi, dit-on, lorsqu'elle s'occupe des biens soumis à l'usufruit, ne s'exprime pas dans les mêmes termes; elle se contente de dire que l'usufruitier *doit se conformer* aux règles établies au titre *du Contrat de mariage,* et il est permis d'en conclure que l'usufruitier, quand il contrevient à ces règles, est sans qualité; que dès lors le bail est frappé d'une nullité absolue, qui peut être invoquée par le preneur lui-même. Il nous paraît évident, au contraire, qu'en obligeant l'usufruitier à observer les règles imposées au mari, les rédacteurs du Code n'ont pas entendu aggraver le caractère d'une nullité introduite exclusivement dans l'intérêt du propriétaire. Il n'existe donc, dans tous les cas, qu'une nullité relative, dont le preneur ne peut se prévaloir pour revenir sur un contrat qu'il a librement consenti.

181. Si l'usufruitier afferme un bois taillis ou une futaie mise en coupes réglées, le bail est obligatoire pour le propriétaire, conformément aux principes que nous venons d'exposer. Cela ne souffre aucun doute ; mais il s'élève une difficulté grave dans l'hypothèse beaucoup plus fréquente où l'usufruitier vend une coupe de bois sur pied : il peut arriver, en effet, que l'usufruit s'éteigne avant que les bois vendus aient été abattus par l'acheteur. Dans ce cas il est certain que les héritiers de l'usufruitier n'ont aucun droit sur le prix d'une coupe qui n'a été effectuée qu'après le décès de leur auteur ; mais on se demande si la vente elle-même est obligatoire pour le propriétaire, comme le serait un bail consenti par l'usufruitier. Pour soutenir la négative, on dit que le législateur n'a point accordé à l'usufruitier le droit de vendre les bois sur pied, comme il lui a donné le droit de louer, et que par conséquent il faut maintenir le principe de droit commun, qui ne permet pas de ven-

dre la chose d'autrui (¹). Mais suivant nous, la vente est ici un acte d'administration qui rentre, aussi bien que le bail, dans les attributions de l'usufruitier, appelé à jouir comme le propriétaire lui-même. Ainsi, lorsqu'elle a été faite de bonne foi, à l'époque où se font habituellement ces sortes de vente, le propriétaire doit l'exécuter en laissant à l'acheteur l'exploitation de la coupe, sauf à en recevoir le prix (²).

182. Si l'usufruitier d'un fonds de terre ou d'un bâtiment peut toujours le louer, la même latitude n'existe pas à l'égard des meubles que le propriétaire n'avait pas destinés à la location. Sans doute, celui qui a l'usufruit d'un relais de poste, d'un magasin de costumes ou d'un cabinet de lecture, a le droit d'en jouir comme en jouissait auparavant le propriétaire. En conséquence, il fournira des chevaux aux voyageurs, il louera des costumes et des livres ; mais, en général le linge et les meubles meublants, si on les donnait à loyer, recevraient par cela même une destination nouvelle. Dès lors l'usufruitier ne jouirait plus, il abuserait (³). A proprement parler, l'usufruit constitué sur des choses de cette nature est un droit d'usage plutôt qu'un usufruit. Et en effet, le droit de l'usufruitier consiste *à s'en servir pour l'usage auquel elles sont destinées* (art. 589).

183. D'après les lois romaines, la cession de l'usufruit ne procurait au cessionnaire que la faculté de jouir, ou l'exercice du droit. Quant au droit lui-même, il restait attaché à la personne de l'usufruitier. Les rédacteurs du Code ont-ils voulu innover? Quoique rien ne prouve qu'ils y aient songé, ce n'est pas une raison suffisante pour déclarer le droit d'usufruit incessible ; car l'esprit de la législation moderne se montre beaucoup plus favorable à la transmission des droits que ne l'était la législation romaine. Loin d'interdire la cession du droit d'usufruit, les termes du Code semblent bien plutôt l'autoriser, et il est permis d'en conclure que la vente ou la cession gratuite de l'usufruit transmet le droit lui-même et non pas seulement son exercice, tellement que l'usufruit cédé peut être hypothéqué par le cessionnaire, comme il aurait pu l'être auparavant par le cédant. Du reste, il est bien entendu que la continuation ou l'extinction de l'usufruit dépend toujours de la vie ou de la mort du cédant, et non de la vie ou de la mort du cessionnaire.

596. — L'usufruitier jouit de l'augmentation survenue par alluvion à l'objet dont il a l'usufruit.

(¹) La cour d'Orléans (10 *août* 1815) en a conclu que les coupes vendues par l'usufruitier et non exploitées de son vivant appartiennent au nu propriétaire.

(²) Cass. 21 juillet 1818.

(³) *Ulp. L.* 15, §§ 4 et 5, *D. de usuf.*

597. — Il jouit des droits de servitude, de passage, et généralement de tous les droits dont le propriétaire peut jouir, et il en
jouit comme le propriétaire lui-même.

SOMMAIRE.

184. L'usufruitier a la jouissance des îles. Il doit souffrir l'exercice des servitudes
passives.

184. En accordant à l'usufruitier la jouissance des accroissements
survenus par alluvion, le droit romain lui refusait la jouissance des
îles, parce qu'elles forment par elles-mêmes des fonds distincts ([1]).
Évidemment, en statuant sur les alluvions, les rédacteurs du Code re-
produisent la loi romaine, et, rigoureusement parlant, on devrait en
conclure qu'en gardant le silence sur les îles, ils ont tacitement confirmé la distinction des jurisconsultes romains. Cependant il ne faut pas
oublier que les principes des deux législations ne sont pas exactement
les mêmes. En droit français, les îles formées dans les rivières navigables ou flottables appartiennent à l'État (art. 560). Dès lors il ne peut
être question ici que des petits cours d'eau, et les îles qui s'y forment,
n'ont pas assez d'importance pour qu'on puisse les considérer comme
constituant des fonds séparés.

L'exercice par l'usufruitier des droits de passage et des autres servitudes établies en faveur du fonds grevé d'usufruit, ne saurait souffrir
aucune difficulté. Non-seulement l'usufruitier peut exercer les servitudes, mais il doit les exercer ([2]), pour qu'elles ne s'éteignent point par
le non-usage (V. art. 706).

598. — Il jouit aussi, de la même manière que le propriétaire,
des mines et carrières qui sont en exploitation à l'ouverture de l'u-
sufruit ; et néanmoins, s'il s'agit d'une exploitation qui ne puisse
être faite sans une concession, l'usufruitier ne pourra en jouir qu'a-
près en avoir obtenu la permission du Roi.

Il n'a aucun droit aux mines et carrières non encore ouvertes, ni
aux tourbières dont l'exploitation n'est point encore commencée, ni
au trésor qui pourrait être découvert pendant la durée de l'usufruit.

SOMMAIRE.

185. Droit romain et ancienne jurisprudence sur l'exploitation des mines et carrières
par l'usufruitier. Distinction générale établie par le Code.
186. Autorisation nécessaire à l'usufruitier d'une mine avant la loi de 1810.

([1]) *Ulp. L.* 9, §§ 4 et 5, *D. de usuf.*
([2]) *Ulp. L.* 15, § 7, *D. eod.*

185. Suivant les jurisconsultes romains, les marbres contenus dans le sol ne devaient être considérés comme des fruits qu'autant que le propriétaire en avait commencé l'exploitation (¹), ou qu'ils étaient de nature à se reproduire successivement, comme Ulpien lui-même l'affirmait pour certaines carrières situées en Asie et même dans les Gaules (²). Les métaux, au contraire, et plusieurs autres substances, telles que la craie, le sable et même les pierres étaient toujours *in fructu* (³), sans doute parce que la grande abondance de ces produits les faisait considérer comme inépuisables. En conséquence l'usufruitier avait le droit, non-seulement de continuer l'exploitation du propriétaire, mais aussi de commencer une exploitation nouvelle (⁴).

Depuis longtemps déjà il a été reconnu que les produits intérieurs du sol ne sont pas susceptibles de se renouveler : aussi, dans l'ancienne jurisprudence, l'usufruitier ne pouvait-il s'approprier les pierres provenant d'une carrière antérieurement ouverte que dans le cas exceptionnel où elle était si riche, si abondante qu'elle paraissait en quelque façon inépuisable (⁵).

Le Code distingue, comme les jurisconsultes romains l'avaient fait à l'égard des carrières de marbre, si l'exploitation était ou non commencée avant l'ouverture de l'usufruit, et il généralise cette distinction en l'appliquant non-seulement à toutes les carrières et aux tourbières, mais encore aux mines. Leurs produits ne sont donc au nombre des fruits qu'autant qu'une exploitation antérieure à l'ouverture de l'usufruit avait déterminé la nouvelle destination du terrain.

186. Toutefois l'exploitation des mines est, à raison de sa haute importance, l'objet d'une législation spéciale.

A l'époque de la rédaction du Code civil, la loi du 28 juillet 1791 autorisait le propriétaire à exploiter sans concession, mais jusqu'à cent pieds de profondeur seulement, les mines renfermées dans son terrain. Au delà de cette limite, la mine ne pouvait être exploitée qu'en vertu d'une concession accordée au propriétaire, ou, à son défaut, à un étranger. Dans tous les cas, cette concession était personnelle ; les héritiers ou ayants cause du concessionnaire ne pouvaient continuer l'exploitation de leur auteur qu'en vertu d'une autorisation spéciale de

---

(¹) *Paul. L. 8, D. solut. matrim.*
(²) *Ulp. L. 7, § 1, D. eod. ; Javol. L. 18, de fund. dot.*
(³) *Ulp. L. 7, § 14, D. solut. matrim.; L. 9, §§ 2 et 3, de usuf.*
(⁴) *Ulp. L. 13, § 5, D. eod.*
(⁵) Pothier, *Douaire,* nº 196 ; *Communauté,* nº 97 ; Merl., *Répert.,* vº CARRIÈRE.

l'autorité administrative (¹). Ainsi, lorsque le propriétaire avait commencé l'exploitation, l'usufruitier avait droit de la continuer jusqu'à la profondeur de cent pieds ; mais il ne pouvait la poursuivre au delà qu'en vertu d'une concession, et, dans le cas même d'une concession antérieurement accordée au propriétaire, l'usufruitier devait se faire autoriser à continuer l'exploitation. C'est à cette législation que se réfère la disposition du Code, *et néanmoins s'il s'agit*, etc.

187. Aujourd'hui les mines sont régies par une autre législation. Aucune exploitation ne peut être entreprise, même jusqu'à cent pieds de profondeur, qu'en vertu d'une concession, et dès lors la mine séparée du sol constitue toujours une propriété nouvelle, propriété transmissible aux héritiers ou ayants cause du concessionnaire conformément aux règles du droit commun (²). Ainsi, en supposant que le propriétaire du sol est en même temps concessionnaire de la mine, l'usufruitier n'aura besoin d'aucune autorisation pour continuer l'exploitation, quelle qu'elle soit. La disposition du Code, qui dans ce cas même exigeait l'autorisation du gouvernement, est désormais sans objet.

Lorsqu'une mine est concédée pendant la durée de l'usufruit, soit au propriétaire, soit à un étranger, l'usufruitier n'a aucun droit sur les produits de l'exploitation ; mais il doit être indemnisé à raison du préjudice que cette exploitation peut lui causer quant à la superficie, en portant atteinte à sa jouissance.

188. Le trésor découvert dans le fonds d'autrui appartient pour moitié au propriétaire du fonds, et pour moitié à celui qui l'a découvert par le pur effet du hasard (art. 716). Le trésor n'étant pas un fruit du sol, l'usufruitier n'a évidemment aucun droit sur la moitié qui est dévolue *jure soli ;* mais il est bien entendu que l'autre moitié peut lui appartenir, comme à toute autre personne, en qualité d'inventeur (³).

599. — Le propriétaire ne peut, par son fait, ni de quelque manière que ce soit, nuire aux droits de l'usufruitier.

De son côté, l'usufruitier ne peut, à la cessation de l'usufruit, réclamer aucune indemnité pour les améliorations qu'il prétendrait avoir faites, encore que la valeur de la chose en fût augmentée.

(¹) Arrêté du Directoire exécutif, du 3 nivôse an VI.

(²) Loi du 21 avril 1810, art. 5, 7, 13 et 16. Ces dispositions ne s'étendent point aux minerais de fer d'alluvion : la même loi (art. 59, 81 et 83) autorise le propriétaire à les exploiter sans concession. Il faudra donc appliquer au droit de l'usufruitier sur ces minerais la distinction admise par le Code pour les carrières et les tourbières.

(³) *Ulp. L.* 7, § 2, *D. solut. matrim.* V. Pothier, *Douaire*, n° 197. V. aussi Grenoble, 3 janvier 1811.

Il peut cependant, ou ses héritiers, enlever les glaces, tableaux et autres ornements qu'il aurait fait placer, mais à la charge de rétablir les lieux dans leur premier état.

SOMMAIRE.

189. Effet des servitudes constituées pendant l'usufruit par le nu propriétaire.
190. Controverse sur les constructions faites par l'usufruitier. Inutilité des discussions élevées sur le sens du mot *améliorations*.
191. Véritable opinion de Pothier adoptée par le Code.
192. Réponse à une objection. Différence entre l'usufruitier et les possesseurs de bonne ou de mauvaise foi.

189. La première disposition de cet article, la seule qui existât dans la rédaction primitive, n'est qu'une conséquence du principe qui défend à toute personne de porter atteinte aux droits d'autrui. Cette règle n'a pas trait seulement aux faits matériels du propriétaire, mais aux concessions de droits dont l'exercice pourrait nuire à l'usufruitier (¹). Ainsi, par exemple, l'exercice d'un droit de passage constitué par le propriétaire sera différé jusqu'à l'extinction de l'usufruit.

190. Les deux derniers alinéa ont été ajoutés dans une seconde rédaction, « afin de prévenir les difficultés qui pourraient s'élever, lors « de la cessation de l'usufruit, sur les améliorations faites à la chose « par l'usufruitier » (²); mais, il faut en convenir, le but que s'était proposé le législateur n'a pas été atteint : sa disposition a fait naître de graves controverses. On s'est demandé si la loi entend refuser à l'usufruitier, même le droit d'enlever ses matériaux. En discutant cette question, on s'est beaucoup préoccupé de part et d'autre du sens que doit recevoir ici le mot *améliorations*. Les partisans de l'usufruitier ont prétendu qu'il faut distinguer les constructions qui changent complétement l'état des lieux, des simples améliorations, telles que le marnage des terres ou l'établissement d'un parquet dans un appartement. Il a été répondu, avec raison selon nous, que dans le langage du Code, le mot *améliorations* comprend les constructions mêmes (art. 2133 et 2175); mais il aurait fallu ajouter que cette controverse ne va pas au fond de la question. En effet, le Code ne s'occupe des améliorations que relativement à la question d'indemnité : or, tout le monde reconnaît que l'usufruitier n'a droit d'exiger aucune indemnité, même pour les constructions. Ainsi, d'une part, le mot améliorations est pris ici dans le sens le plus large; d'autre part, ce mot ne se trouve dans la

---

(¹) *Ulp. L.* 15, § 7; *Paul. L.* 16, *D. de usuf.*
(²) Discussion au C. d'État, séance du 4 brumaire an XII.

loi que lorsqu'il s'agit d'indemnité, et non lorsqu'il s'agit du droit d'enlever, c'est-à-dire au véritable siége de la difficulté, dans la disposition finale de l'article 599.

Pour attribuer ce droit à l'usufruitier, on dit qu'il ne doit pas être traité plus rigoureusement que le possesseur de mauvaise foi, qui a toujours au moins le droit d'enlever les matériaux (art. 555). On repousse, comme tout à fait inadmissible en droit français, la présomption d'une libéralité que l'usufruitier aurait voulu faire, en construisant sciemment sur le fonds d'autrui, présomption abandonnée à Rome, à l'égard du possesseur de mauvaise foi, dès le troisième siècle de l'ère chrétienne ([1]), et mal à propos reproduite par Justinien dans ses Institutes ([2]). Enfin on invoque l'autorité de Pothier (*Traités du Douaire et de la Communauté*).

191. Pothier, loin de confirmer l'opinion en faveur de laquelle il a été cité, admet positivement le principe des Institutes, relativement aux constructions faites par un possesseur de mauvaise foi. Après avoir transcrit ce texte : *nam scienti alienum fundum esse, potest objici culpa*, etc., il en fait l'application en ces termes : « Suivant « ce principe, le droit de la douairière étant un simple droit d'usufruit « ... ne lui donne point celui d'y construire des bâtiments et d'y faire « des plantations ou *autres améliorations*... La douairière a été en « faute de faire ces améliorations. » Il réfute ensuite une objection tirée de la maxime, *neminem æquum est locupletari cum alterius detrimento*, et décide formellement que la douairière « doit être cen- « sée avoir voulu gratifier le propriétaire, *donasse videtur*. » Enfin il repousse toute assimilation entre les impenses que le mari fait, avec les deniers de la communauté, sur un propre de la femme, et les impenses faites par l'usufruitier sur le bien grevé d'usufruit. Si la femme doit récompense à la communauté, c'est, dit-il, par cette raison particulière « que tous avantages directs ou indirects, entre mari et femme, « sont défendus pendant le mariage ([3]). »

Ainsi Pothier applique, dans toute sa rigueur, le principe des Institutes sur les constructions faites par le possesseur de mauvaise foi ; or évidemment les dispositions du Code ne sont qu'un résumé de sa doctrine.

Il est vrai que, suivant le même auteur ([4]), « si le propriétaire n'est « pas obligé, envers les héritiers de la douairière, au remboursement « des améliorations... il doit au moins souffrir qu'ils emportent tout

---

([1]) *Anton. L. 2, C. de rei vindicat.*
([2]) § 30, *de divis. rer.*
([3]) Pothier, *Douaire*, n° 277.
([4]) Pothier, *Ibid.*, n° 279.

« ce qui peut être détaché et emporté sans détérioration, *comme nous*
« *l'avons déjà vu;* » mais ces derniers mots se réfèrent à un passage
dans lequel Pothier ([1]) avait précédemment expliqué « qu'il doit
« être permis aux héritiers de la douairière d'emporter toutes les
« choses qu'elle a apportées dans la maison, quand même ces choses y
« seraient attachées à fer et à clous... par exemple, si la douairière a
« mis des chambranles de marbre à la place des chambranles de
« bois... des croisées à la mode à la place des anciennes croisées qui
« y étaient. »

Telle est la source où les rédacteurs du Code ont puisé. En parlant
des *glaces, tableaux et autres ornements,* ils ont voulu permettre l'enlèvement des objets qui sont immeubles par destination lorsqu'ils ont
été placés par le propriétaire dans sa maison, tandis que ces mêmes
objets, placés par l'usufruitier dans la maison d'autrui, restent meubles
par leur nature. C'est en cette qualité de meubles qu'ils peuvent être
enlevés par l'usufruitier ou par ses héritiers ; mais rien n'autorise l'enlèvement des constructions qui sont immeubles par leur nature ([2]).

192. En reconnaissant que les rédacteurs du Code se sont conformés
à l'opinion de Pothier, quelques auteurs objectent que la présomption
donasse videtur a été repoussée par la loi (art. 555), et que dès lors toute
décision fondée sur cette présomption manque de base. Il y aurait en
effet défaut d'harmonie dans le Code, s'il n'existait pas entre le possesseur de mauvaise foi et l'usufruitier une différence importante. Le
possesseur, lors même qu'il n'est pas de bonne foi, détient *animo
domini*, en telle sorte qu'il peut arriver à la propriété par la prescription. Ne possédant que pour lui-même, il n'a personne à consulter sur les changements ou les améliorations qu'il projette, et d'ailleurs il est très-possible qu'il ne sache pas à qui appartient le fonds.
L'usufruitier, au contraire, n'administre pas pour lui seul, et s'il possède, c'est uniquement pour le propriétaire. Sans doute, il a un droit
qui lui est propre, mais c'est uniquement le droit de jouir des choses
dans l'état où elles sont (art. 600) : ce qui, comme le dit Pothier ([3]), ne

---

([1]) *Douaire,* n° 271.

([2]) C'est conformément à cette distinction que dans son Traité de la Communauté,
n°⁵ 37 et 63, Pothier autorise l'usufruitier à enlever les objets mobiliers qu'il a placés
sur le fonds grevé d'usufruit, notamment un moulin à vent, c'est-à-dire un objet
que l'ancienne jurisprudence déclarait immeuble, non par sa nature, mais seulement par la destination du propriétaire. C'est donc à tort qu'on a voulu appliquer
cette décision à des constructions, comme si du temps de Pothier les moulins
avaient pu être assimilés aux bâtiments. L'assimilation n'existe que depuis le Code
civil (art. 519), et il est évident que, sous l'empire de ce Code, Pothier eût adopté pour
les moulins une décision différente.

([3]) *Douaire,* n° 277.

l'autorise pas « à construire des bâtiments, à faire des plantations ou « autres améliorations de son autorité privée. » L'usufruitier pouvait et devait s'entendre à cet égard avec le nu propriétaire et il doit s'imputer de ne l'avoir pas fait. C'est en ce sens surtout que, suivant Pothier, « la douairière est en faute » (¹).

SECTION II.

DES OBLIGATIONS DE L'USUFRUITIER.

600. — L'usufruitier prend les choses dans l'état où elles sont ; mais il ne peut entrer en jouissance qu'après avoir fait dresser, en présence du propriétaire, ou lui dûment appelé, un inventaire des meubles et un état des immeubles sujets à l'usufruit.

SOMMAIRE.

193. Obligations que la constitution d'usufruit impose au constituant. En quoi elles diffèrent de l'obligation du bailleur.
194. Obligations de l'usufruitier envers le propriétaire. Effet que peut produire la dispense de faire inventaire et de constater l'état des immeubles.

193. L'usufruit étant un droit réel, on en conclut communément que sa constitution n'établit aucune obligation entre le propriétaire et l'usufruitier, parce qu'en effet le propriétaire n'est pas tenu de faire jouir l'usufruitier, comme le bailleur, dans le contrat de louage, est tenu de faire jouir le preneur. Cette observation est juste sans doute, lorsque le nu propriétaire actuel, n'ayant pas constitué l'usufruit, ne se trouve astreint par aucun lien envers l'usufruitier, par exemple, lorsque le même objet a été légué à l'un en usufruit et à l'autre en nue propriété ; mais le plus ordinairement, celui qui constitue l'usufruit, est un vendeur ou un donateur, qui réserve la nue propriété pour lui-même ou pour ses héritiers. Or, le vendeur et le donateur s'obligent à faire délivrance, c'est-à-dire, à mettre la chose vendue ou donnée en la possession de l'acheteur ou du donataire. Le vendeur doit en outre garantir l'acheteur de toute éviction, et le donateur lui-même, bien que ses obligations ne soient pas aussi étendues, est toujours garant de ses faits personnels. Ces principes s'appliquent à la constitution de l'usufruit, comme à la transmission de la propriété. Par conséquent celui qui a constitué l'usufruit à titre gratuit ou onéreux, est tenu, comme tout

---

(¹) La cour de cassation a refusé à l'usufruitier non-seulement le droit de réclamer une indemnité, mais celui d'enlever les matériaux (rejet, 23 *mars* 1825). V. dans le même sens, un arrêt de la cour de Bourges (24 *février* 1837).

autre vendeur ou donateur, de délivrer et de garantir; mais là s'arrêtent ses obligations. Il n'est pas tenu, comme le bailleur, de délivrer la chose en bon état de réparations de toute espèce (art. 1720); et en effet, tandis que le contrat de louage oblige le bailleur à faire jouir le preneur (art. 1719), la constitution d'usufruit n'oblige pas celui qui la consent à faire jouir l'usufruitier. Le constituant s'engage simplement à conférer un droit de jouir, et ne se trouve pas plus astreint à faire des réparations, qu'il ne le serait s'il avait aliéné la propriété (¹). C'est en ce sens que, suivant le Code, *l'usufruitier prend les choses dans l'état où elles sont.*

194. Si le propriétaire qui a constitué l'usufruit, n'est pas soumis aux mêmes obligations que le bailleur, l'usufruitier, lors même que son droit est établi à titre onéreux, n'est point, sauf conventions contraires, soumis aux prestations annuelles dont le preneur est tenu en vertu du bail. La seule obligation qui soit de l'essence de l'usufruit, est celle de conserver la substance de la chose. Cette obligation existe, même dans le cas où il n'y a aucun engagement personnel de la part du propriétaire. C'est pour mieux garantir cette obligation que la loi exige un inventaire des meubles et un état des immeubles, afin que l'on puisse vérifier, lors de l'extinction de l'usufruit, quels sont les meubles à restituer, et si les immeubles n'ont pas été détériorés.

On s'est demandé si ces garanties sont toujours indispensables, ou si ce sont là des règles dont l'usufruitier puisse être dispensé par la volonté du disposant. Nous ne comprendrions pas comment, en laissant à une personne l'usufruit et à une autre personne la nue propriété, on empêcherait le nu propriétaire de conserver son droit, en faisant constater la nature et l'état des objets sur lesquels il est établi (²). Ce point ne peut souffrir aucune difficulté, lorsque le testateur laisse des héritiers à réserve, et que l'usufruit absorbe la quotité disponible : évidemment, dans ce cas, l'usufruitier ne saurait profiter d'une dispense qui tendrait à lui donner le moyen de restreindre indirectement une réserve à laquelle le défunt ne pouvait porter aucune atteinte. Mais, en dehors même de cette hypothèse, nous n'admettons pas que l'usufruitier puisse, en vertu d'une dispense quelconque, se refuser à tout inventaire, à tout état de lieux. On objecterait en vain que le testateur,

---

(¹) Pomp. L. 65, § 1, D. de usuf.
(²) On a quelquefois invoqué la discussion au conseil d'État (*séance du 27 vendémiaire an XII*), pour soutenir la validité de la dispense; mais cette discussion n'a rien de décisif sur la question générale ; car il s'agissait d'une hypothèse toute particulière où un testateur « aurait dispensé l'usufruitier de faire inventaire... et déclaré que, dans le cas où on voudrait exiger l'accomplissement de cette condition, « il lègue la pleine propriété. »

ayant la libre disposition de toute sa fortune, aurait pu léguer la pleine propriété, et que dès lors il a pu, tout en ne laissant que l'usufruit, permettre à l'usufruitier d'empiéter sur la nue propriété. Il ne s'agit pas de ce que le testateur aurait pu faire, mais de ce qu'il a fait. En séparant l'usufruit de la nue propriété, il a établi sur le même objet deux droits parfaitement distincts : il y aurait contradiction de sa part à vouloir que l'un de ces droits pût empiéter, même indirectement, sur l'autre. Toutefois nous ne considérons pas la dispense comme tout à fait inutile. Pour lui attribuer tout l'effet dont elle est susceptible, il faut l'appliquer seulement aux frais que doivent coûter l'inventaire des meubles et l'état des immeubles. Ainsi le propriétaire est toujours libre d'exiger que ces actes soient dressés, pourvu qu'ils le soient à ses frais (¹).

601. — Il donne caution de jouir en bon père de famille, s'il n'en est dispensé par l'acte constitutif de l'usufruit ; cependant, les père et mère ayant l'usufruit légal du bien de leurs enfants, le vendeur ou le donateur, sous réserve d'usufruit, ne sont pas tenus de donner caution.

JOUIR EN BON PÈRE DE FAMILLE. V. la note sur l'article 450.

SOMMAIRE.

195. Responsabilité qu'impose à l'usufruitier l'obligation de jouir en bon père de famille.
196. Comment il peut remplir l'obligation de donner caution. A quels cas peuvent s'étendre les dispenses accordées par la loi.
197. Effet de l'expropriation pour cause d'utilité publique, en ce qui concerne la dispense de donner caution.

195. L'usufruitier jouit de la chose d'autrui. Il doit donc, suivant la règle générale établie par le Code (art. 1137), apporter à la conservation de cette chose tout le soin que pourrait y apporter un bon administrateur. On lui imputera en conséquence toute faute par lui commise, sans qu'il puisse s'excuser en alléguant que les mêmes négligences lui sont habituelles dans ses propres affaires. C'est en ce sens qu'il est tenu de jouir en bon père de famille ou, comme le dit Pothier (²), en homme soigneux de ses biens.

(¹) La cour d'Agen (3 *nivôse* an XIV) a autorisé d'une manière absolue la dispense de faire inventaire. Mais de nombreuses décisions (Paris, 20 *ventôse* an XI ; Poitiers, 29 *avril* 1807 ; Toulouse, 23 *mai* 1831) admettent que la dispense doit avoir effet seulement en ce qui concerne les frais.

(²) *Douaire*, n° 212.

196. L'usufruitier doit donner caution, c'est-à-dire présenter une personne qui s'engage avec lui envers le nu propriétaire. A défaut d'une caution proprement dite, la loi autorise à donner, en place, un nantissement (art. 2041), par exemple, à consigner une somme d'argent dans une caisse publique (¹). Une hypothèque sur les biens de l'usufruitier ne donnerait pas toutes les garanties qui résulteraient d'un cautionnement; car la caution que l'usufruitier fournit en vertu de la loi doit donner hypothèque sur ses immeubles (art. 2040), et de plus elle contracte un engagement personnel, ce qui donne au propriétaire une double garantie.

Les exceptions qui permettent à l'usufruitier de jouir sans donner caution, ne peuvent être étendues à des cas non prévus par la loi, qu'autant qu'il y a identité de motifs. La dispense accordée au vendeur et au donateur sous réserve d'usufruit, s'explique par cette considération, que l'un et l'autre ne font que continuer, comme usufruitiers, la jouissance qu'ils avaient précédemment comme propriétaires. Aussi étendrons-nous la dispense dont jouit le vendeur à toute personne qui aliène la nue propriété par un échange ou par tout autre contrat à titre onéreux. On n'en peut pas dire autant dans le cas inverse, c'est-à-dire lorsque le propriétaire se réserve la nue propriété, car alors il s'agit pour l'usufruitier de commencer une jouissance nouvelle, et non plus de continuer une jouissance antérieure.

197. En cas d'expropriation pour cause d'utilité publique, l'usufruit des biens expropriés change d'objet. Il est reporté de la chose sur le prix (²), c'est-à-dire sur une somme d'argent, et alors on se trouve placé sous l'empire des dispositions relatives aux objets dont on ne peut se servir qu'en les consommant (art. 587); en conséquence l'usufruitier, quoiqu'il fût dispensé de donner caution pour l'usufruit primitif qui se trouvait constitué sur un immeuble, est tenu de donner caution pour le nouvel usufruit qui porte sur un capital mobilier (³). En effet, l'usufruit d'un immeuble offre au nu propriétaire une sécurité qui n'existe pas à l'égard des valeurs pécuniaires, et ce n'est point s'écarter de l'intention des parties contractantes ou de celle du constituant que d'exiger une garantie indispensable dans un état de choses placé en dehors de toutes leurs prévisions. Quant à l'usufruit légal des père et mère, comme il porte sur tous les biens, quelle qu'en soit la nature, il importe peu que

---

(¹) C'est ainsi qu'un arrêt de rejet, du 17 mars 1835, a considéré comme un cautionnement suffisant une somme d'argent dont la nue propriété seulement appartenait à l'usufruitier, mais qui se trouvait précisément entre les mains du propriétaire des biens sujets à usufruit, lequel était usufruitier de cette même somme.

(²) Loi du 3 mai 1841, art. 39.

(³) Même loi, même article.

le prix d'un immeuble soit substitué à l'immeuble même. Aussi la qualité seule de la personne qui a la jouissance légale a-t-elle été considérée par le législateur comme une garantie suffisante ([1]).

602. — Si l'usufruitier ne trouve pas de caution, les immeubles sont donnés à ferme ou mis en séquestre ;

Les sommes comprises dans l'usufruit sont placées ;

Les denrées sont vendues, et le prix en provenant est pareillement placé ;

Les intérêts de ces sommes et les prix des fermes appartiennent, dans ce cas, à l'usufruitier.

603. — A défaut d'une caution de la part de l'usufruitier, le propriétaire peut exiger que les meubles qui dépérissent par l'usage soient vendus, pour le prix en être placé comme celui des denrées ; et alors l'usufruitier jouit de l'intérêt pendant son usufruit : cependant l'usufruitier pourra demander, et les juges pourront ordonner, suivant les circonstances, qu'une partie des meubles nécessaires pour son usage lui soit délaissée, sous sa simple caution juratoire, et à la charge de les représenter à l'extinction de l'usufruit.

DONNER A FERME... LE PRIX DES FERMES. V. la note sur l'article 595.

SÉQUESTRE. On appelle ainsi le dépôt d'un objet litigieux, fait volontairement ou par ordre du juge, entre les mains d'un tiers chargé de faire la restitution à celle des parties qui sera jugée devoir l'obtenir (V. art. 1955 et 1956).

CAUTION JURATOIRE. On emploie ici cette dénomination pour désigner la garantie qui résulte du serment prêté par l'usufruitier : *committitur suæ promissioni cum jurejurando, quam juratoriam cautionem vocant* (Inst. § 2, *de satisdat.*).

SOMMAIRE.

198. Droits que l'usufruitier peut avoir sur les meubles, quand il ne donne pas caution.

198. La loi distingue ici deux sortes de meubles : les denrées, c'est-à-dire les objets de consommation qui doivent nécessairement être vendus si l'usufruitier ne fournit pas caution, et les autres meubles, dont la vente ne doit être ordonnée qu'en connaissance de cause. En ce qui

---

([1]) Loi du 3 mai 1841, art. 39. Même décision dans le cas où, par toute autre circonstance qu'une expropriation pour cause d'utilité publique, la valeur de l'immeuble pour lequel il y avait dispense de fournir caution, se trouve convertie en un capital mobilier (Lyon, 15 *janvier* 1836).

concerne ces derniers, le propriétaire peut exiger qu'ils soient vendus, s'ils sont susceptibles de se détériorer par l'usage; mais, dans ce cas même, l'usufruitier peut obtenir qu'on lui laisse, sans autre garantie que le serment par lui prêté, les objets nécessaires à son usage personnel.

Les diamants, les bijoux, les armes et autres choses semblables, ne dépérissant point par l'usage, ne doivent pas être vendus, et la valeur qu'ils représentent est assez considérable. D'un autre côté, il arrive souvent que le propriétaire y attache un prix d'affection soit parce qu'ils ont une valeur artistique, soit à cause des personnes à qui ces objets ont appartenu. Il nous semble convenable que le propriétaire les conserve, tant que l'usufruitier ne remplit pas la condition de sa jouissance, c'est-à-dire, tant qu'il ne fournit pas caution.

Les meubles incorporels, dont la loi ne s'est point occupée, ne donnent lieu à aucune difficulté. Il est évident que l'usufruitier pourra toujours toucher les arrérages d'une rente et les intérêts d'un capital exigible. A la vérité, le capital ne sera pas remboursé entre ses mains, mais il sera fondé à exiger que les deniers provenant du remboursement soient placés afin d'en percevoir l'intérêt.

604. — Le retard de donner caution ne prive pas l'usufruitier des fruits auxquels il peut avoir droit; ils lui sont dus du moment où l'usufruit a été ouvert.

SOMMAIRE.

199. Renvoi à l'article 1014.

199. Cet article contient deux dispositions, dont la seconde n'est que la conséquence du principe posé dans la première. C'est précisément parce que le retard de donner caution ne doit porter aucun préjudice à l'usufruitier, que les fruits lui sont toujours attribués *du moment où l'usufruit a été ouvert*. Il semblerait résulter de ces expressions que les fruits appartiennent toujours à l'usufruitier à partir de l'époque où son droit a pris naissance, et qu'en conséquence le légataire particulier a droit aux fruits à partir de la mort du testateur; mais nous verrons, en expliquant l'article 1014, que le législateur n'a point entendu déroger ici au droit commun, et qu'en accordant les fruits *à compter du jour où l'usufruit a été ouvert*, il a simplement voulu dire que l'usufruitier y aurait droit, comme si la caution avait été donnée immédiatement.

605. — L'usufruitier n'est tenu qu'aux réparations d'entretien. Les grosses réparations demeurent à la charge du propriétaire, à moins qu'elles n'aient été occasionnées par le défaut de réparation d'entretien, depuis l'ouverture de l'usufruit ; auquel cas l'usufruitier en est aussi tenu.

SOMMAIRE.

200. Quelles sont les réparations d'entretien. Comment l'usufruitier peut s'en décharger pour l'avenir.
201. Le propriétaire n'est pas tenu de faire les grosses réparations.

200. Les réparations d'entretien sont celles qu'un propriétaire intelligent doit prévoir, et auxquelles il consacre, chaque année, une partie de son revenu. Ce sont des charges annuelles ou charges des fruits (V. art. 608). Il en est autrement des grosses réparations : comme elles ont plus d'importance, et qu'elles sont souvent imprévues, elles sont une charge de la propriété même. De là il suit que les réparations d'entretien sont à la charge de l'usufruitier, et les grosses réparations à la charge du propriétaire.

Non-seulement les réparations d'entretien concernent l'usufruitier, mais il est tenu de les faire par suite de l'obligation qui lui est imposée de conserver la substance (1). Toutefois il n'en est tenu qu'en qualité d'usufruitier ; et comme il est toujours libre d'abandonner son droit, il se trouve, par ce fait même, déchargé, pour l'avenir, de toutes réparations. Quant à celles qui auraient dû être faites auparavant, s'il fallait s'en rapporter à l'opinion de Pothier (2), il pourrait aussi s'en décharger en restituant les fruits antérieurement perçus ; mais, sauf bien entendu l'effet des transactions qui pourraient intervenir sur ce point, nous ne pouvons admettre que l'abandon de l'usufruit puisse avoir une semblable conséquence. L'usufruitier qui a joui pendant un certain temps de la chose d'autrui, ne saurait par sa seule volonté s'affranchir des obligations qu'il s'est imposées en acceptant l'usufruit.

201. On s'est demandé, d'autre part, si le législateur, en décidant que les grosses réparations *demeurent à la charge du propriétaire,* a entendu l'obliger à les faire, comme il oblige l'usufruitier à faire les réparations d'entretien. D'après l'opinion la plus générale (3), le Code n'aggrave en aucune manière la position dans laquelle se trouvait le

---

(1) La cour d'Amiens avait jugé, le 1er juin 1822, que le nu propriétaire ne pouvait contraindre l'usufruitier à faire les réparations d'entretien ; mais deux arrêts de cassation (27 *juin* 1825 et 7 *juin* 1831) ont maintenu l'application des véritables principes de la matière.

(2) *Douaire*, n° 238.

(3) **Caen**, 7 novembre 1840.

propriétaire avant la constitution de l'usufruit. Toutes les réparations
étaient évidemment à sa charge, mais évidemment aussi rien ne le
contraignait à les faire. En conférant l'usufruit à une autre personne, il
ne s'engage point à la faire jouir (192) ; la seule obligation qu'il s'impose est celle de ne point porter atteinte à la jouissance concédée.

Si les grosses réparations ont été faites par l'usufruitier, par exemple, si, pour assurer sa jouissance, il a rétabli une couverture entière,
aura-t-il, à la cessation de l'usufruit, une indemnité à réclamer (¹)?
Cette hypothèse n'est pas régie, selon nous, par les dispositions de l'article 599, qui refuse toute indemnité pour les améliorations opérées par
l'usufruitier. Autre chose est, en effet, d'élever des constructions nouvelles, autre chose est de conserver une construction existante, en
exécutant des travaux sans lesquels la jouissance deviendrait impossible. Les grosses réparations sont, à proprement parler, des réparations
nécessaires, puisque sans elles la maison serait exposée à périr. Le
propriétaire ne peut que se féliciter qu'on lui ait conservé un bien que
son incurie aurait laissé perdre. A la vérité, l'usufruitier a profité de
la dépense ; mais tout ce qu'il faut en conclure, c'est qu'on ne doit pas
lui payer tout ce qu'il a déboursé. Son droit se borne à exiger, à la fin
de l'usufruit, le montant de la plus value existant à cette époque.

606. — Les grosses réparations sont celles des gros murs et des
voûtes, le rétablissement des poutres et des couvertures entières;

Celui des digues et des murs de soutènement et de clôture aussi
en entier.

Toutes les autres réparations sont d'entretien.

SOMMAIRE.

202. Quelles sont les grosses réparations. Existe-t-il une règle spéciale pour les gros
murs ?

202. La loi procède ici par voie d'énumération, comme le faisait
la coutume de Paris (art. 262), dont la disposition est reproduite dans
le premier alinéa de cet article. Le second alinéa, ajouté par la section
de législation au projet de Code, complète l'énumération légale des
grosses réparations, et le législateur croit devoir déclarer que les autres

---

(¹) La négative a été jugée par la cour de Bourges (13 *juin* 1843), et l'affirmative
par celle de Douai (2 *décembre* 1834). La cour de cassation a consacré implicitement
le droit de l'usufruitier, en l'autorisant (rejet, 29 *juin* 1835) à faire, pour le compte de
qui de droit, les travaux reconnus nécessaires par experts.

réparations sont d'entretien, et par conséquent à la charge de l'usufruitier. Toutefois cette limitation ne concerne que les bâtiments ordinaires ; car évidemment le Code ne s'occupe, ni des navires, ni des appareils qui fonctionnent dans les différentes espèces d'usines. Sans aucun doute, le mécanisme de ces appareils exige des réparations qui ne sont pas toujours de simple entretien. La roue, l'arbre tournant et les meules d'un moulin, lorsqu'il y a nécessité de les renouveler, n'ont certainement pas moins d'importance qu'une poutre (¹).

« Les grosses réparations, dit le Code, sont celles des gros murs et des voûtes », mais lorsqu'il s'agit des couvertures, des digues et des autres murs qu'on appelle de soutènement ou de clôture, la loi ne s'exprime plus de la même manière. A leur égard, elle ne reconnaît de grosses réparations qu'autant qu'il y a lieu de les rétablir *en entier*. Certains auteurs ont conclu de cette rédaction que toute réparation à faire aux gros murs et aux voûtes, lors même qu'il ne s'agit que de leur entretien, est une grosse réparation, dont l'usufruitier n'est pas tenu. Mais nous ne comprenons pas pourquoi l'usufruitier ne serait pas obligé d'entretenir les gros murs, aussi bien que les murs de soutènement et de clôture. Les grosses réparations, comme nous le démontrerons sur l'article suivant, sont des reconstructions plutôt que des réparations proprement dites. L'usufruitier ne peut donc être dispensé de l'entretien des gros murs et des voûtes que lorsqu'il y a nécessité de les rétablir en entier.

607. — Ni le propriétaire, ni l'usufruitier, ne sont tenus de rebâtir ce qui est tombé de vétusté, ou ce qui a été détruit par cas fortuit.

SOMMAIRE.

203. Origine et objet de cette disposition.
204. Son inutilité en ce qui concerne le propriétaire.
205. Peut-elle s'appliquer à l'usufruitier ? Réfutation d'une distinction proposée. L'article n'a point d'application spéciale.

203. Lorsqu'on cherche quelle application peut recevoir cette disposition, on rencontre une difficulté réelle. Remarquons avant tout que la loi ne suppose pas une perte totale de la chose sujette à usufruit, puisque alors l'usufruit aurait cessé d'exister (art. 624). Il s'agit donc seulement, soit d'un bâtiment faisant partie d'un domaine dont l'usufruit subsiste encore, soit d'une portion de bâtiment, par exemple,

---

(¹) Merlin, *Répert.,* vᵒ Usufruit, § 2. Toutefois, la cour d'Orléans a jugé (21 *février* 1821) que l'article 606 est limitatif.

d'une toiture, qui est tombée de vétusté ; en un mot, il s'agit uniquement de réparations à faire. Mais de quelles réparations ? A cet égard, il importe de remonter à l'origine de la disposition qui nous occupe.

Nous trouvons cette origine au Digeste, dans un texte où Ulpien ([1]), en attribuant à l'usufruitier la totalité des fruits, décide d'abord qu'il doit *reficere œdes;* ce qui, littéralement interprété, comprendrait même les reconstructions. Aussi, pour préciser sa pensée, Ulpien restreint-il sa proposition aux réparations qu'il appelle MODICA REFECTIO, et qui, suivant le Code, sont des *réparations d'entretien.* Ainsi, en ce qui concerne la toiture, l'usufruitier doit *reficere*, mais seulement *hactenus ut sarta tecta habeat*, et le texte ajoute : *si quæ tamen vetustate corruerunt, reficere non cogitur.* C'est l'esprit de cette décision que le Code civil a voulu reproduire, en distinguant les réparations d'entretien des grosses réparations, qu'il semble ainsi qualifier par opposition à la MODICA REFECTIO d'Ulpien. En effet, quand le Code désigne comme grosses réparations le rétablissement des poutres et des couvertures *entières,* celui des digues ou de certains murs *aussi en entier* (art. 606), c'est bien pour limiter, comme l'avait fait la loi romaine, les obligations de l'usufruitier, qui cesse d'être tenu lorsqu'il s'agit, non plus d'entretenir, mais de rétablir ce qui est tombé de vétusté, *si quæ vetustate corruerunt.* Ainsi la REFECTIO dont la loi romaine dispensait l'usufruitier, correspond assez exactement aux grosses réparations du Code; la doctrine d'Ulpien se trouve donc résumée dans les articles 605 et 606. On aurait dû ne rien ajouter à ces articles.

Malheureusement Ulpien ne s'est pas borné à mentionner ici l'usufruitier, en indiquant les réparations dont il n'est pas tenu ; dans une autre partie du texte, le jurisconsulte a parlé tout à la fois de l'usufruitier et du propriétaire : *si qua tamen vetustate corruissent,* NEUTRUM *cogi reficere.* C'est ce passage que les rédacteurs du Code ont emprunté pour en faire une disposition toute spéciale, qui semble avoir pour but de limiter soit les obligations de l'usufruitier, soit même celles que l'on supposerait imposées au propriétaire. Aussi cet article a-t-il donné lieu à des interprétations assez singulières.

204. En ce qui concerne le propriétaire, les auteurs qui le croient tenu des grosses réparations, distinguent le cas où l'un des gros murs de la maison sujette à usufruit, est en mauvais état, et alors, suivant eux, le propriétaire est tenu de le réparer, — du cas où la maison tombe en ruines, et alors le propriétaire n'est pas tenu de rétablir des constructions *entièrement* tombées de vétusté ou détruites par cas fortuit ([2]).

([1]) *L.* 7, § 2, *de usuf.*
([2]) Delvincourt, liv. 2, tit. 3, sect. 2.

Mais ce système, qui distingue les grosses réparations des reconstructions à faire en entier, repose sur une distinction tout à fait arbitraire. Si l'on admet que le propriétaire doive faire les grosses réparations, c'est qu'on le considère comme étant obligé de faire jouir l'usufruitier, ce qui tend à confondre la position du nu propriétaire avec celle du bailleur. Il faut donc reconnaître que, même dans l'opinion de ceux qui obligent le propriétaire à faire les grosses réparations, la rédaction de l'article 607 ne saurait se justifier.

205. Quant à l'usufruitier, on doit se rappeler qu'il n'est soumis qu'aux réparations d'entretien. Dès lors, pour donner un sens à la disposition qui le dispense de rebâtir ce qui est tombé de vétusté, il faudrait aller jusqu'à appliquer aux réparations d'entretien le principe établi pour les réparations locatives, dont le locataire cesse d'être tenu, lorsqu'elles ont été occasionnées par vétusté ou par force majeure (art. 1755). Mais cette assimilation serait une véritable confusion de principes; car en réalité le locataire n'a rien à réparer : s'il est tenu des réparations de menu entretien qu'on appelle réparations locatives, c'est par suite d'une présomption qui considère certaines dégradations comme résultant de son fait; il est donc tout naturel qu'il en soit complétement déchargé lorsque cette présomption se trouve renversée par la preuve contraire (art. 1754). Il en est autrement de l'usufruitier : il doit entretenir, parce qu'il a tous les revenus [1], et dès lors il est tenu des réparations d'entretien, comme des impôts, indépendamment de toute faute, lors même qu'elles sont occasionnées par cas fortuit ou par vétusté. C'est ainsi qu'il doit réparer les couvertures, qui ne sont presque jamais endommagées par son fait, mais seulement par la grêle ou par les grands vents. Remarquons d'ailleurs que l'article 607 ne peut pas s'appliquer aux réparations d'entretien, puisqu'il parle de *rebâtir*. Or, entretenir ce n'est pas rebâtir.

Cependant, pour donner à tout prix un sens à l'article 607, plusieurs auteurs distinguent parmi les réparations d'entretien dont l'usufruitier est tenu, notamment en ce qui concerne les murs de clôture. Ils admettent qu'un pan de mur tombé de vétusté ou par accident, doit être relevé par l'usufruitier. C'est là, disent-ils, une MODICA REFECTIO dans le sens du droit romain, une réparation d'entretien proprement dite, qui n'exige qu'une faible dépense et qu'un propriétaire n'hésite point à faire pour conserver sa clôture. L'usufruitier, qui doit jouir comme le propriétaire lui-même, en est donc tenu dans tous les cas. Il en est autrement, suivant eux, lorsqu'il s'agit de relever la majeure partie de la clôture, parce que cette réparation exige une forte dépense à la-

---

[1] *Ulp. L. 7, § 2, D. de usuf.*

quelle un propriétaire ne se résigne pas facilement. A la vérité, cette réparation, n'étant que partielle, est d'après la lettre du Code une réparation d'entretien, qui concerne l'usufruitier; mais on comprend qu'il en soit déchargé, lorsqu'elle a été occasionnée par vétusté ou par cas fortuit. Cette doctrine, qui tend à séparer les réparations d'entretien en deux classes, suivant leur importance, nous paraît inadmissible; car où serait la limite qui séparerait les réparations d'entretien proprement dites des reconstructions partielles? c'est mal à propos qu'on se fonde, dans cette opinion, sur le texte où Ulpien parle de la MODICA REFECTIO, qui correspond, comme nous l'avons déjà vu, à nos réparations d'entretien.

Ce qui nous paraît vraisemblable, c'est que les rédacteurs du Code, en traduisant purement et simplement un passage d'Ulpien, ont reproduit, sans le vouloir, le sens des articles précédents, et qu'en conséquence l'article 607 n'est susceptible, même à l'égard de l'usufruitier, d'aucune application spéciale (1). Remarquons toutefois que la réserve de la vétusté et du cas fortuit, en ce qui concerne l'usufruitier, peut être considérée comme une conséquence du principe qui le soumet aux grosses réparations lorsqu'elles proviennent du défaut d'entretien (art. 605).

608. — L'usufruitier est tenu, pendant sa jouissance, de toutes les charges annuelles de l'héritage, telles que les contributions et autres qui dans l'usage sont censées charges des fruits.

SOMMAIRE.

206. L'usufruitier doit acquitter toutes les charges annuelles. Application de ce principe aux contributions. *Quid* par rapport aux rentes foncières?

206. Nous avons déjà vu que l'usufruitier est soumis aux charges annuelles. La loi fait ici l'application de ce principe, en obligeant l'usufruitier à payer les contributions annuelles établies sur les biens, telles que l'impôt foncier et la taxe des portes et fenêtres. C'est l'usufruitier qui en est débiteur envers l'État, et qui est inscrit comme tel sur les rôles. Il en est autrement du fermier ou du locataire, qui paye souvent ces mêmes impôts, mais au nom et en l'acquit du propriétaire, sans en être jamais personnellement débiteur envers l'État.

---

(1) Un arrêt de rejet du 10 décembre 1828 s'est fondé sur l'article 607 pour dispenser l'usufruitier de l'obligation de réparer des planches tombées de vétusté lors de l'ouverture de l'usufruit; mais cette dispense n'est que l'application du principe suivant lequel il doit prendre les choses *dans l'état où elles sont* (art. 600).

Indépendamment des contributions proprement dites, il existe d'autres charges annuelles, au moyen desquelles on subvient aux dépenses départementales et communales. Ces charges sont ajoutées, sous le nom de centimes additionnels, et dans une proportion déterminée, aux contributions publiques. L'usufruitier doit les acquitter toutes, sans qu'il y ait lieu de distinguer celles qu'on appelle ordinaires, et dont le montant ne varie pas sensiblement d'une année à l'autre, de celles que le gouvernement impose extraordinairement dans des circonstances graves [1]. C'est que ces différentes charges sont toutes prélevées sur le revenu ; et sous ce rapport, elles diffèrent essentiellement de celles qui sont quelquefois imposées sur la propriété (art. 609), par exemple, des emprunts forcés.

Dans l'ancienne jurisprudence, les rentes foncières étaient une charge de l'immeuble, et en conséquence l'usufruitier devait acquitter les arrérages de ces rentes, comme il acquitte les impôts [2]. Le même principe a été reconnu dans le conseil d'État, lors de la discussion du titre de l'Usufruit [3], non par erreur, comme on le prétend mal à propos, mais parce que les rentes foncières n'étaient pas encore définitivement supprimées, comme elles l'ont été depuis par l'article 530, qui dans l'ordre chronologique est le dernier du Code.

609. — A l'égard des charges qui peuvent être imposées sur la propriété pendant la durée de l'usufruit, l'usufruitier et le propriétaire y contribuent ainsi qu'il suit :

Le propriétaire est obligé de les payer, et l'usufruitier doit lui tenir compte des intérêts.

Si elles sont avancées par l'usufruitier, il a la répétition du capital à la fin de l'usufruit.

SOMMAIRE.

207. Mode de contribution du propriétaire et de l'usufruitier aux charges imposées sur la propriété.

207. Les charges imposées pendant la durée de l'usufruit *sur la propriété,* c'est-à-dire sur la pleine propriété, diffèrent des réparations, en ce qu'elles grèvent tout à la fois le propriétaire et l'usufruitier, savoir : le propriétaire pour le capital, et l'usufruitier pour les intérêts, qui sont une charge des fruits. De là deux combinaisons

---

[1] Notamment 30 centimes en 1831 (Loi du 18 *avril* 1831), et 45 centimes en 1848 (Décret du 16 *mars* 1848).

[2] Pothier, *Douaire,* n° 231.

[3] Séance du 27 vendémiaire an XII.

différentes, suivant que le montant des charges est acquitté par le propriétaire ou avancé par l'usufruitier. Dans le premier cas, l'usufruitier devient débiteur, envers le propriétaire, des intérêts du capital déboursé par ce dernier. Dans le second cas, la somme avancée par l'usufruitier est considérée comme prêtée par lui au propriétaire, ou plutôt comme payée en son acquit; et alors l'usufruitier; au lieu de devoir des intérêts au propriétaire, perd les intérêts du capital par lui avancé, qui lui est remboursé purement et simplement à la fin de l'usufruit (art. 612).

Si l'usufruitier et le propriétaire se trouvent également hors d'état de satisfaire aux charges qui sont ainsi imposées sur la propriété, il ne reste qu'un parti à prendre, celui de vendre une portion des biens sujets à usufruit, et alors on arrive par une autre voie au même résultat. Le propriétaire perd une partie de son capital, et l'usufruitier une partie correspondante de ses revenus. Remarquons que c'est au propriétaire à requérir la mise en vente, puisqu'aux termes du Code, c'est lui qui est obligé envers l'État pour le payement du capital (V. art. 612).

610. — Le legs fait par un testateur, d'une rente viagère ou pension alimentaire, doit être acquitté par le légataire universel de l'usufruit dans son intégrité, et par le légataire à titre universel de l'usufruit dans la proportion de sa jouissance, sans aucune répétition de leur part.

611. — L'usufruitier à titre particulier n'est pas tenu des dettes auxquelles le fonds est hypothéqué : s'il est forcé de les payer, il a son recours contre le propriétaire, sauf ce qui est dit à l'article 1020, au titre des *Donations entre-vifs et des Testaments*.

612. — L'usufruitier, ou universel, ou à titre universel, doit contribuer avec le propriétaire au payement des dettes, ainsi qu'il suit :

On estime la valeur du fonds sujet à usufruit; on fixe ensuite la contribution aux dettes à raison de cette valeur.

Si l'usufruitier veut avancer la somme pour laquelle le fonds doit contribuer, le capital lui en est restitué à la fin de l'usufruit, sans aucun intérêt.

Si l'usufruitier ne veut pas faire cette avance, le propriétaire a le choix, ou de payer cette somme, et, dans ce cas, l'usufruitier lui tient compte des intérêts pendant la durée de l'usufruit, ou de faire vendre jusqu'à due concurrence une portion des biens soumis à l'usufruit.

SOMMAIRE.

208. L'hypothèse à laquelle s'appliquent ces trois articles est celle d'un usufruit constitué par testament. Ils déterminent dans quels cas et de quelle manière le légataire de l'usufruit doit contribuer aux dettes et aux legs qu'a laissés le défunt.

Le Code, au titre *des Donations et Testaments,* distingue trois espèces de legs, savoir : 1° le legs universel, qui comprend l'universalité des biens (art. 1003) ; 2° le legs à titre universel, qui comprend seulement, soit une quote-part de cette universalité, soit tous les immeubles ou tous les meubles, soit une quote-part des immeubles ou du mobilier ; 3° le legs particulier, c'est-à-dire tout legs qui n'est pas universel ou à titre universel (art. 1010).

Il est évident, d'après cette distinction, que le legs d'usufruit, le fît-on porter sur tous les biens, laisse toujours la nue propriété en dehors de la disposition du testateur, et dès lors ne comprend jamais ni l'universalité, ni même une quote-part des biens dans le sens du Code (art. 1010). Tout legs d'usufruit est donc un legs particulier, soumis en principe à toutes les règles qui gouvernent cette espèce de legs.

209. Néanmoins on n'applique point toujours au légataire d'usufruit la règle qui dispense le légataire particulier du payement des dettes (art. 1024).

Le légataire en usufruit de tout ou partie des biens est assimilé ici à un légataire universel ou à titre universel, parce qu'il a paru équitable de lui faire supporter ces charges dans la proportion de sa jouissance. L'usufruitier universel ou à titre universel contribuera donc au payement des dettes suivant le système précédemment exposé relativement aux charges établies sur la propriété (art. 609). Il supportera en conséquence l'intérêt des dettes, pour la totalité, s'il est usufruitier de tous les biens, et dans le cas contraire, pour une quote-part seulement (¹).

210. Cette quote-part est le plus souvent déterminée par les dispositions mêmes du testateur, qui donne en usufruit, soit la totalité, soit une partie de tous ses biens, comme la moitié, le tiers, le quart, etc. Évidemment en pareil cas, l'estimation que semble exiger le Code est superflue ; mais elle devient nécessaire, lorsque l'usufruit, au lieu de porter en tout ou en partie sur l'universalité des biens, s'applique seulement à tout ou partie des meubles ou des immeubles. On estime alors, non pas, comme le dit le Code, la *valeur du fonds sujet à usufruit* : car il s'agit d'un usufruit universel, qui ne porte pas sur tel ou tel fonds, et qui peut même ne porter que sur des meubles ; mais la valeur corrélative des meubles et des immeubles. On calcule, d'après cette estimation, quelle est la portion de dettes qui doit être à la charge soit du mobilier ou des immeubles, soit de la quote-part de l'une ou de l'autre nature de biens dont l'usufruit a été légué. C'est au payement de cette portion de dettes que l'usufruitier contribue, toujours d'après le mode précédemment indiqué par l'article 609.

211. Les mêmes règles doivent s'appliquer au payement des sommes léguées par le défunt, car ces legs sont, comme les dettes, une charge qui diminue l'actif héréditaire (V. art. 1009 et 1012). Ainsi, en supposant que le testateur ait légué un capital, l'usufruitier universel ou à titre universel contribuera au payement du legs, comme il contribuerait au payement d'une dette proprement dite. On ne saurait objecter que la loi le charge seulement d'acquitter les rentes viagères et les pensions alimentaires léguées par le défunt : s'il y a quelque chose de spécial dans cette disposition, ce n'est pas que l'usufruitier doive acquitter des arrérages qui, par leur nature, sont une charge des fruits, mais c'est qu'il doive les acquitter sans aucune répétition de sa part. Sans doute, en les payant il supporte seul une charge qui semblerait devoir se répartir entre le légataire universel ou à titre universel de l'usufruit, et celui de la nue propriété ; mais la rente viagère doit tomber tout entière à la charge de l'usufruitier, par réciprocité de la décision qui l'autorise à profiter de ces mêmes arrérages *sans être tenu à aucune restitution,* lorsqu'au lieu d'une rente à payer, il s'agit d'une rente à recevoir (art. 588).

212. Ce que la loi décide relativement aux dispositions testamentaires ne s'applique point aux donations entre-vifs de biens présents ; mais le donataire de biens à venir, qui recueille les biens en tota-

---

(¹) Il n'est pas permis au juge de s'écarter du mode de contribution légale, pour évaluer arbitrairement ce que doit payer l'usufruitier (Riom, 12 *février* 1820 ; Bordeaux, 1ᵉʳ *mars* 1838).

lité ou pour une quote-part, est tenu des dettes comme un héritier ou comme un légataire universel ou à titre universel. Il faut donc appliquer aux donations d'usufruit de biens à venir ce que le Code décide ici pour les legs.

L'usufruit n'est acquis par droit de succession que dans un seul cas. Le survivant des père et mère, lorsqu'il concourt avec des collatéraux autres que les frères, sœurs ou descendants d'eux, recueille l'usufruit du tiers des biens auxquels il ne succède pas en propriété (art. 754), c'est-à-dire du tiers d'une moitié de la succession. Il acquiert donc l'usufruit d'une quote-part, et pour cette part, il doit contribuer aux charges héréditaires, comme si l'usufruit lui en avait été laissé par testament.

213. Quant au légataire en usufruit d'objets particuliers, il demeure soumis au droit commun, en vertu duquel le légataire particulier n'est pas tenu des dettes. Si le légataire est quelquefois forcé de satisfaire un créancier, c'est par l'effet d'une hypothèque dont l'immeuble légué se trouve grevé, et alors il a son recours contre les héritiers ou autres successeurs universels (art. 1024). Il peut même, lorsqu'il est autorisé à cet effet par la volonté expresse du testateur, prévenir toute poursuite de la part des créanciers hypothécaires, en exigeant qu'ils soient préalablement remboursés par celui qui est tenu d'acquitter le legs. Telle est l'hypothèse de l'article 1020, dont le Code fait ici l'application au légataire en usufruit d'objets particuliers.

Quant au recours qu'il peut exercer, lorsqu'il a été forcé de payer, il existe sans difficulté contre les héritiers ou autres successeurs universels, lors même qu'ils n'auraient pas la nue propriété des biens sujets à usufruit. En effet, l'usufruitier qui satisfait un créancier hypothécaire, paye la dette d'autrui; on ne saurait donc lui refuser le droit de recourir contre le débiteur qu'il a libéré à ses dépens.

En accordant un recours contre le propriétaire, le texte du Code semble aller plus loin et comprendre même l'hypothèse où le propriétaire de biens sujets à usufruit ne serait point tenu des dettes, par exemple, s'il était lui-même légataire de la nue propriété. C'est une question que nous examinerons en parlant des effets que produit la subrogation légale entre les tiers détenteurs (V. art. 1251, 3°).

613. — L'usufruitier n'est tenu que des frais des procès qui concernent la jouissance, et des autres condamnations auxquelles ces procès pourraient donner lieu.

SOMMAIRE.

214. Il peut s'élever, pendant la durée de l'usufruit, des procès dont le résultat intéresse le droit de l'usufruitier. L'hypothèse à laquelle s'appliquent directement les termes de la loi est celle où le procès *concerne la jouissance.* Tel est notamment le cas d'une action connue sous le nom d'action confessoire, par laquelle on revendique l'usufruit en totalité ou pour partie seulement. L'usufruitier défendeur à cette action doit supporter tous les dépens qu'un procès peut entraîner, même pour celle des parties qui obtient gain de cause ; car, bien qu'en règle générale celui qui succombe soit condamné aux dépens (C. de pr., art. 130), son insolvabilité peut rendre cette condamnation inutile pour celui qui l'obtient. D'ailleurs un procès entraîne toujours, soit pour honoraires d'avocat, soit pour voyages, correspondances, etc., de faux frais qui, n'étant pas taxés, restent toujours à la charge de celui pour qui ils ont été faits. Quant aux *autres condamnations* dont parle la loi, elles sont relatives aux dommages-intérêts, et elles ne sont jamais encourues que pour un fait personnel. Il est donc évident qu'elles doivent toujours rester à la charge de celui contre qui elles ont été prononcées. Il peut en être autrement à l'égard des frais. Dans le cas où l'usufruitier a un recours en garantie contre ceux qui ont constitué l'usufruit, ce qui a lieu surtout lorsqu'il a été établi à titre onéreux, l'usufruitier peut même éviter la condamnation, en appelant son garant et en se faisant mettre hors de cause.

215. Une autre hypothèse, qui se présentera plus fréquemment, est celle où le procès concerne tout à la fois les droits du propriétaire et ceux de l'usufruitier. Telle serait, par exemple, la revendication d'une servitude sur les biens grevés d'usufruit. Régulièrement la demande doit être exercée tant contre le nu propriétaire que contre l'usufruitier, qui seront tous deux condamnés aux dépens s'ils succombent. Dans tous les cas, les frais de toute nature qu'ils auront à supporter doivent être considérés comme une charge de la pleine propriété.

Il faudra donc répartir cette charge entre eux, conformément aux règles établies dans l'article 609.

Si la même demande, au lieu d'être intentée tant contre le propriétaire que contre l'usufruitier, est formée contre le propriétaire seulement, il faut examiner quelle a été l'issue du procès. Dans le cas où le propriétaire a succombé, le jugement n'étant aucunement opposable à l'usufruitier, il est évident qu'on ne saurait le faire contribuer aux frais. Dans le cas, au contraire, où le propriétaire a obtenu gain de cause, le jugement peut, comme nous le verrons en expliquant l'article 1351, être invoqué par l'usufruitier en vertu des principes de la gestion d'affaires, et dès lors il devra contribuer aux frais.

Enfin on peut supposer la revendication exercée contre l'usufruitier seul. Dans ce cas, il doit dénoncer la demande au propriétaire, conformément aux dispositions de l'article 614. A défaut de cette dénonciation, il supportera les frais auxquels il aura été condamné, et n'aura aucun recours à exercer contre le propriétaire, puisqu'il sera personnellement en faute.

614. — Si, pendant la durée de l'usufruit, un tiers commet quelque usurpation sur le fonds, ou attente autrement aux droits du propriétaire, l'usufruitier est tenu de le dénoncer à celui-ci : faute de ce, il est responsable de tout le dommage qui peut en résulter pour le propriétaire, comme il le serait de dégradations commises par lui-même.

SOMMAIRE.

216. Possession précaire de l'usufruitier en ce qui concerne la propriété. Avertissement qu'il doit donner au propriétaire.

216. L'usufruitier possède pour lui-même le droit d'usufruit. Dès lors il peut agir en son propre nom, soit par une action possessoire, pour se faire maintenir en possession de son droit, soit au moyen d'une action confessoire, pour en faire reconnaître l'existence. Mais en ce qui concerne la propriété, l'usufruitier possède pour autrui, aussi bien que le fermier ou le locataire. De là vient l'impossibilité où il se trouve d'acquérir par prescription l'immeuble qu'il détient (art. 2236). Cette position de l'usufruitier explique pourquoi il est obligé, comme le preneur d'un bien rural, de dénoncer au propriétaire toute usurpation commise sur le fonds. Cette dénonciation a pour but de mettre celui à qui elle est faite en mesure d'exercer les actions qui lui appartiennent, soit en revendiquant par action pétitoire la propriété du terrain usurpé, soit en faisant maintenir sa possession par une action possessoire qui doit être intentée dans l'année du trouble (C. de pr., art. 23). Il faut donc que le propriétaire soit averti sans retard. Le Code donne au fermier le délai des assignations (art. 1768), c'est-à-dire un délai de huitaine, plus un jour par trois myriamètres de distance entre le domicile du fermier et celui du bailleur (C. de pr., art. 72 et 1033). Sans doute l'usufruitier en faisant la dénonciation dans le même délai agira sagement, mais aucune loi ne l'y oblige. C'est au juge qu'il appartient d'apprécier s'il y a eu négligence de sa part.

L'obligation de dénoncer toute usurpation commise sur un fonds de terre s'étend à tout autre fait par lequel un tiers *porte atteinte au droit du propriétaire*, par exemple, en exerçant une servitude qu'il prétend avoir sur le fonds sujet à usufruit, sans qu'il y ait lieu de distinguer entre les fonds de terre et les bâtiments. Quant à la disposition par laquelle le Code sanctionne l'obligation imposée à l'usufruitier, elle n'est qu'une application du principe qui soumet tout débiteur aux dommages-intérêts résultant soit de la non-exécution de l'obligation dont il est tenu, soit du retard apporté dans l'exécution (V. art. 1147).

615. — Si l'usufruit n'est établi que sur un animal qui vient à périr sans la faute de l'usufruitier, celui-ci n'est pas tenu d'en rendre un autre, ni d'en payer l'estimation.

616. — Si le troupeau sur lequel un usufruit a été établi, périt entièrement par accident ou par maladie, et sans la faute de l'usufruitier, celui-ci n'est tenu envers le propriétaire que de lui rendre compte des cuirs ou de leur valeur.

Si le troupeau ne périt pas entièrement, l'usufruitier est tenu de remplacer, jusqu'à concurrence du croît, les têtes des animaux qui ont péri.

SOMMAIRE.

217. Différentes manières dont les animaux peuvent faire l'objet d'un usufruit.
218. Étendue de l'obligation imposée à l'usufruitier de compléter le troupeau *jusqu'à concurrence du croît.*
219. Dans quel cas il faut rendre les fruits.

217. L'usufruit peut être établi sur les animaux de deux manières différentes : sur une ou plusieurs têtes de bétail considérées individuellement, ou sur un troupeau formant une universalité ([1]), susceptible de se perpétuer par la succession des générations.

Dans le premier cas, chaque animal est l'objet d'un usufruit distinct qui s'éteint dès que l'animal périt ; et alors l'usufruitier, en supposant qu'il n'ait aucune faute à se reprocher, n'est point obligé de remplacer cet animal, ni d'en payer la valeur. Il doit seulement tenir compte du cuir, ou, pour mieux dire, de la peau, si toutefois il n'a pas été obligé de l'enterrer, comme le prescrivent quelquefois les règlements de police, pour prévenir la contagion.

Dans le second cas, au contraire, le troupeau doit être entretenu avec son propre croît ([2]). A chaque animal qui meurt, ou qui est retiré

([1]) UNIVERSITAS, dit Ulpien (*L.* 70, § 3, *D. de usuf.*).

([2]) EX FOETU (*Inst.* § 38, *de divis. rerum*), EX AGNATIS (*Ulp. L.* 68, § 2, *D. de usuf.*). Le mot *croît*, qui signifie littéralement accroissement, désigne les produits du troupeau, et spécialement les jeunes animaux qui sont un des produits les plus importants.

du troupeau, comme inutile à la reproduction (¹), l'usufruitier est tenu de substituer un autre animal jeune et bien portant. C'est ainsi que dans un troupeau sagement administré, les bêtes arrivées à un certain âge, sont, chaque année, vendues ou mises à l'engrais (²), et immédiatement remplacées. Cette substitution s'opère sans difficulté dans les cas ordinaires; mais il arrive de temps à autre des années de mortalité qui réduisent un troupeau à un petit nombre de têtes, et c'est alors qu'il importe d'observer que l'obligation d'entretenir et de compléter le troupeau n'est pas imposée à l'usufruitier d'une manière absolue, mais seulement *jusqu'à concurrence du croît.*

218. On se demande si la loi veut parler du croît existant, ou de celui qui n'existe pas encore, par exemple, des agneaux nés avant l'accident, ou seulement de ceux qui naîtront à l'avenir. La question est posée dans un texte du Digeste. Ulpien (³), en décidant que l'usufruitier est propriétaire du croît antérieur, ajoute que c'est lui qui souffrira des événements postérieurs, *sed posteriorem casum nocere debere fructuario.* On comprend, en effet, que l'usufruitier souffre du cas fortuit, s'il est obligé de remettre dans le troupeau le croît qu'il en a déjà tiré; mais on ne voit pas aussi facilement quel préjudice il éprouverait, s'il était simplement obligé de laisser dans le troupeau le croît qui pourra naître par la suite. Au surplus, le doute, s'il pouvait s'élever sur le sens de ce texte, serait tranché par d'autres textes où les jurisconsultes se demandent à qui, en attendant que le remplacement ait été effectué, appartient le croît. Ils répondent que chaque animal, au moment de sa naissance, appartient à l'usufruitier, jusqu'au moment où il est remis dans le troupeau (⁴); enfin ils supposent que le croît vient à périr, et ils décident que la perte tombe sur l'usufruitier, qui devra fournir *alios fœtus* (⁵). Il nous paraît impossible d'appliquer ces décisions à un croît qui n'existe pas encore.

On objecte que le législateur, s'il avait ainsi entendu l'obligation de remplacer *jusqu'à concurrence du croît,* aurait soumis l'usufruitier aux grosses réparations jusqu'à concurrence de tous les profits par lui recueillis dans les années antérieures. Cet argument prouverait trop, car il tend à assimiler l'obligation de compléter le troupeau à celle de supporter les grosses réparations. Mais on ne saurait établir aucune analogie entre deux obligations dont l'une, celle qui concerne les grosses réparations, est évidemment étrangère à l'usufruitier. L'obligation de

---

(¹) *Pomp. L.* 69, *D. de usuf.*
(²) C'est-à-dire séparées du troupeau et soumises à un régime particulier.
(³) *L.* 70, § 4, *D. de usuf.*
(⁴) *Pomp. L.* 69, *D. de usuf.*
(⁵) *Ulp. L.* 70, § 2, *D. eodem.*

compléter le troupeau pourrait être assimilée avec plus de justesse à l'obligation de faire les réparations d'entretien. Or, il est clair que l'usufruitier ne saurait se dispenser de ces réparations, en alléguant la médiocrité ou même la nullité des récoltes qui ont suivi. Il serait indubitablement forcé de prendre la somme nécessaire sur le produit des années antérieures. Pour quelle raison en serait-il autrement à l'égard du croît, qui forme le revenu d'un troupeau? D'ailleurs existe-t-il un croît, tant que le troupeau n'est pas complet?

S'il est démontré que le troupeau doit être complété jusqu'à concurrence du croît antérieurement perçu, on comprendra qu'il n'y a point à distinguer entre les agneaux que l'usufruitier a conservés, et ceux qu'il a vendus, car il n'a pas pu se libérer par son fait des obligations qui lui sont imposées.

219. L'usufruitier qui complète le troupeau, n'a aucun compte à rendre des cuirs (¹). Il en profite comme il profite des arbres fruitiers qu'il est tenu de remplacer (art. 594). La disposition qui l'oblige à rendre les cuirs, n'est applicable qu'au cas de perte totale.

SECTION III.

COMMENT L'USUFRUIT PREND FIN.

617. — L'usufruit s'éteint,

Par la mort naturelle et par la mort civile de l'usufruitier;

Par l'expiration du temps pour lequel il a été accordé;

Par la consolidation ou la réunion sur la même tête, des deux qualités d'usufruitier et de propriétaire;

Par le non-usage du droit pendant trente ans;

Par la perte totale de la chose sur laquelle l'usufruit est établi.

SOMMAIRE.

(¹) *Pomp. L.* 69, *D. de usuf.*

220. En énumérant ici la plupart des causes qui opèrent l'extinction de l'usufruit, les rédacteurs du Code ont rejeté dans les articles suivants toutes les dispositions qui sont ou la conséquence ou le développement des principes qu'ils se sont bornés à énoncer dans un premier article. Aussi, pour éviter un double emploi, serons-nous obligés d'expliquer à l'avance quelques-unes de ces dispositions.

L'usufruit s'éteint :

1° PAR LA MORT NATURELLE ET CIVILE DE L'USUFRUITIER.

Que l'usufruit finisse par la mort naturelle de l'usufruitier, rien de plus simple; car, dans la pensée des parties, il est presque toujours établi en faveur de la personne, et dès lors il ne doit pas être, comme la propriété, susceptible de transmission héréditaire ; mais pourquoi le législateur a-t-il assimilé au cas de mort naturelle celui de mort civile, qui n'entre guère dans les prévisions de ceux qui constituent l'usufruit? Cette assimilation est d'autant plus étonnante, que la rente viagère, qui se constitue, comme l'usufruit, par convention ou par testament, continue, malgré la mort civile du créancier, d'être servie à ses héritiers jusqu'à sa mort naturelle (art. 1982). Tout ce qu'on peut dire pour expliquer cette différence, c'est que le Code a suivi les traditions du droit romain, suivant lequel l'usufruit s'éteignait par la CAPITIS DEMINUTIO. Pothier (¹) et Domat (²) avaient reproduit la décision de la loi romaine, et leur autorité a entraîné les rédacteurs du Code.

221. L'usufruit peut être établi en faveur d'une commune, d'un hospice, en un mot, d'une corporation formant une personne morale. Il est d'abord évident qu'en pareil cas l'usufruit finit lorsque la personne morale a cessé d'exister, par exemple, lorsqu'une ville est détruite (³) ; mais les jurisconsultes romains se sont demandé en outre si cet usufruit ne doit pas finir au bout d'un certain temps. Suivant Gaïus (⁴), sa durée devait être celle de la vie humaine la plus longue, c'est-à-dire cent ans. Suivant Ulpien (⁵), au contraire, il fallait s'arrêter au terme de trente ans. Cette fixation est adoptée par le Code, sans doute parce qu'elle se réfère à la durée moyenne de la vie humaine.

(¹) *Douaire*, n° 248.
(²) *Lois civiles*, liv. 1, tit. 2, sect. 6, n° 4.
(³) *Modestin. L. 21, D. quib. mod. usufs.*
(⁴) *L. 56, D. de usuf.; L. 28, D. de us. et usuf. per legat.*
(⁵) *L. 68, D. ad leg. falcid.*

222. On peut constituer l'usufruit en faveur de plusieurs personnes qui, sans être appelées à jouir conjointement comme des colégataires (V. art. 1044), doivent jouir l'une après la mort de l'autre. En pareil cas il existe plusieurs usufruits, dont l'un est établi purement et simplement et les autres conditionnellement : en effet, chacun des usufruitiers n'arrive à la jouissance qu'autant qu'il survit à ceux qui doivent jouir avant lui, et ce n'est qu'au décès du survivant que l'usufruit vient se réunir à la nue propriété. Il est bien entendu qu'une semblable disposition ne peut avoir lieu à titre gratuit qu'en faveur de personnes conçues au moment où le droit est constitué (art. 906). Quant aux constitutions d'usufruit à titre onéreux, les questions qui s'y rattachent doivent se décider d'après les principes sur l'effet des stipulations qu'une personne fait pour autrui ou pour ses héritiers (V. art. 1121 et 1122).

223. 2º PAR L'EXPIRATION DU TEMPS POUR LEQUEL IL A ÉTÉ ACCORDÉ. Cette disposition s'applique au laps de temps limité par un terme fixe, comme à celui qui ne doit cesser qu'à l'événement d'une condition, par exemple, à l'arrivée de tel navire. Dans un cas comme dans l'autre, l'usufruit finit, soit, du vivant de l'usufruitier, par l'échéance du terme ou par l'événement de la condition, soit, avant cette échéance ou cet événement, lorsque l'usufruitier vient à mourir. Nous admettons du reste que l'usufruit pourrait, si telle avait été la volonté des parties contractantes ou du testateur, continuer, même après la mort de l'usufruitier, jusqu'à l'expiration du terme fixé ; car la règle qui limite la durée de l'usufruit à la vie de l'usufruitier, n'étant fondée en droit français comme en droit romain (1) que sur la volonté présumée des parties, doit céder à la preuve d'une volonté contraire. Toutefois, pour ne pas ressusciter l'ancienne distinction du domaine direct et du domaine utile, il ne faut pas permettre que l'usufruit reste trop longtemps séparé de la nue propriété. Ainsi, en décidant qu'il pourra se prolonger, après la mort de l'usufruitier, jusqu'à l'expiration du terme fixé, nous pensons que la plus longue durée de cet usufruit doit être, comme celle de l'emphytéose, de 99 ans (2).

224. L'usufruit est quelquefois accordé jusqu'à ce qu'un tiers, c'est-à-dire, une personne qui n'est ni l'usufruitier ni le propriétaire, atteigne un certain âge, par exemple, sa majorité; mais qu'arrivera-t-il si cette personne meurt avant l'âge fixé ? En résolvant les doutes qui s'étaient élevés sur ce point, Justinien (3) a pensé que les parties n'avaient

---

(1) V. Justin. L. 12 ; LL. 14 et 15, C. de usuf. et habit.
(2) Loi du 29 décembre 1790, tit. 1, art. 1.
(3) L. 12, C. de usuf. et habit.

pas voulu subordonner la continuation de l'usufruit à l'existence de la personne désignée, mais plutôt limiter sa durée à un certain nombre d'années, et en conséquence il a décidé que l'usufruit se prolongerait, sauf les chances ordinaires d'extinction, jusqu'au moment où le défunt, s'il avait survécu, aurait atteint sa majorité. Cette décision, bien que confirmée par le Code, n'est pas à l'abri de toute critique. On peut dire, d'une part, que les parties, lorsqu'elles se réfèrent à la majorité d'une personne, se placent dans l'hypothèse où cette majorité s'accomplirait, et par conséquent en considèrent l'accomplissement comme une condition qui doit mettre fin à l'usufruit. Dès lors, cette condition ne pouvant plus se réaliser, on ne devrait plus en tenir compte relativement à l'extinction de l'usufruit, et ce droit devrait continuer même au delà de l'époque indiquée, sauf le cas où il viendrait à s'éteindre par un des modes ordinaires. D'autre part, on peut admettre que l'intention des parties a été de faire reposer l'usufruit sur la tête du tiers (V. art. 1971), en sorte que sa mort doive avoir pour effet d'éteindre le droit, si elle arrive avant l'époque fixée. Entre ces deux interprétations, les rédacteurs du Code ont adopté un moyen terme, qui ne satisfait pas complétement la logique.

La décision du Code ne s'applique pas à la jouissance légale des père et mère, qui, bien qu'elle ne doive cesser, en règle générale, que lorsque les enfants auront atteint l'âge de dix-huit ans accomplis (art. 384), s'éteint par la mort des enfants arrivée avant cet âge. L'usufruit légal n'est qu'une conséquence de la puissance paternelle, qui finit elle-même au décès de l'enfant. On voit que cette décision concerne une hypothèse toute différente de celle de l'article 620.

225. 3° PAR LA CONSOLIDATION.

Nul ne pouvant être usufruitier de sa propre chose, l'usufruit doit s'éteindre, par une sorte de confusion (¹), dès que la même personne réunit les qualités incompatibles d'usufruitier et de propriétaire. Cette réunion s'opère, soit entre les mains de l'usufruitier dans tous les cas où il acquiert la nue propriété à titre gratuit ou onéreux, soit même entre les mains du propriétaire, lorsqu'il devient acquéreur de l'usufruit, si, par exemple, il l'achète de gré à gré, ou s'il s'en rend adjudicataire par suite d'une saisie. Du reste, la consolidation ne doit pas être confondue avec le retour de l'usufruit à la nue propriété qui s'opère dans les cas ordinaires d'extinction, notamment à la mort de l'usufruitier. La consolidation, dépendant uniquement de la volonté des parties, ne saurait porter atteinte aux personnes à qui l'usufruitier a conféré des droits réels, tels que des hypothèques. Il est impossi-

---

(¹) *Paul. L.* 27, *D. quib. mod. usuf.*

ble, en effet, que l'acquisition de la propriété par l'usufruitier fasse évanouir des droits acquis, et dans le cas inverse, le propriétaire acheteur ou adjudicataire de l'usufruit n'est qu'un tiers détenteur, soumis comme tel à l'exercice des droits réels. Ainsi, à l'égard des tiers, l'usufruit continue d'exister, même entre les mains du propriétaire, jusqu'à l'époque où il se serait éteint si la consolidation n'avait pas eu lieu.

226. 4° PAR LE NON-USAGE DU DROIT PENDANT TRENTE ANS.

La propriété se conserve par elle-même, quoique le propriétaire ne fasse aucun usage de sa chose. Pour qu'il perde son droit, il faut qu'un autre l'acquière en possédant la chose pendant le temps nécessaire à l'accomplissement de la prescription acquisitive. Il n'en est pas de même des démembrements de la propriété : n'étant aux yeux du législateur que des dérogations au droit commun, ils ne se conservent que par l'exercice du droit. C'est ainsi que l'usufruit s'éteint par le non-usage, lorsque ni l'usufruitier lui-même, ni personne en son nom, ne fait acte de jouissance dans un certain délai ([1]). Ce principe a été appliqué de tout temps, mais le délai a beaucoup varié. Dans le dernier état du droit romain ([2]) il était de trois ans pour l'usufruit des meubles, et de dix ans entre présents ou vingt ans entre absents pour l'usufruit des immeubles. La coutume de Paris (art. 186) exigeait pour l'extinction des servitudes un délai de trente ans, et Pothier ([3]) l'exigeait également pour l'extinction de l'usufruit. Le Code consacre son opinion.

Cette prescription trentenaire qui fait cesser l'usufruit, diffère essentiellement de la prescription acquisitive, qui, ainsi que nous l'avons déjà vu, n'est pas sans application à l'usufruit des immeubles. En constituant un droit nouveau, la prescription acquisitive éteindrait évidemment un autre usufruit préexistant. Il en serait de même, si le possesseur, en invoquant soit la prescription pour un immeuble, soit la simple possession de bonne foi pour un meuble (art. 2279), se trouvait investi de la pleine propriété. On n'admet pas effectivement dans la jurisprudence moderne, que la prescription, en conférant la propriété au possesseur, laisse intacts les droits réels dont la propriété pourrait être grevée. La prescription en droit français ne doit pas être comparée à l'usucapion du droit romain. Elle a plutôt les effets de la *possessio longi temporis*, qui donnait les moyens de repousser toute action réelle.

227. 5° PAR LA PERTE TOTALE DE LA CHOSE SUR LAQUELLE L'USUFRUIT EST ÉTABLI, comme nous l'expliquerons sur les articles 623 et 624.

([1]) *Marcian. L. 38, D. de usuf.*

([2]) *Inst.*, § 3, *de usuf.*; *Justin. L. 16, § 1, C. de usuf. et habit.; L. 13, C. de servit.*

([3]) *Douaire*, n° 250; *Introd. au tit. 12 de la coutume d'Orléans*, n° 56.

618. — L'usufruit peut aussi cesser par l'abus que l'usufruitier fait de sa jouissance , soit en commettant des dégradations sur le fonds, soit en le laissant dépérir faute d'entretien.

Les créanciers de l'usufruitier peuvent intervenir dans les contestations, pour la conservation de leurs droits ; ils peuvent offrir la réparation des dégradations commises, et des garanties pour l'avenir.

Les juges peuvent, suivant la gravité des circonstances, ou prononcer l'extinction absolue de l'usufruit, ou n'ordonner la rentrée du propriétaire dans la jouissance de l'objet qui en est grevé, que sous la charge de payer annuellement à l'usufruitier, ou à ses ayant-cause, une somme déterminée jusqu'à l'instant où l'usufruit aurait dû cesser.

SOMMAIRE.

228. Origine et motifs de cette disposition. L'extinction de l'usufruit pour abus de jouissance doit être judiciairement prononcée.
229. Droit pour le juge de prononcer l'extinction absolue malgré les offres faites par les créanciers.

228. L'usufruit peut cesser 6° PAR L'ABUS QUE L'USUFRUITIER FAIT DE SA JOUISSANCE.

Cette cause d'extinction a été admise dans notre ancienne jurisprudence et dans le texte même de plusieurs coutumes (¹), par suite d'une fausse interprétation donnée à ces expressions des Institutes NON UTENDO PER MODUM (²). Néanmoins on comprend, indépendamment de l'autorité du droit romain, que le législateur ait admis la déchéance de l'usufruitier qui contrevient à l'obligation de *conserver la substance* (art. 578).

Le projet présenté au conseil d'État par la section de législation ne contenait que les dispositions qui forment aujourd'hui le premier et le troisième alinéa de l'article 618, et ne parlait aucunement des créanciers. La disposition qui autorise leur intervention, est le résultat d'un amendement que Treilhard (³) justifiait en ces termes : « Les créan-

---

(¹) Rousseau de la Combe, vᵒ USUFRUIT, sect. 6, nᵒ 18 ; Merlin, *Répert.*, vᵒ USU-FRUIT, § 5, art. 4; Pothier, *Douaire*, nᵒ 263.

(²) Voyez notamment Pasquier, *Interprétation des Institutes de Justinien*, liv. 2, chap. 56. Le texte NON UTENDO PER MODUM ET TEMPUS (§ 3, de usuf.) se réfère à un seul mode d'extinction ; mais Pasquier l'applique à deux modes différents, en sorte que, suivant lui, l'usufruit finit 1° MORTE, 2° CAPITIS DEMINUTIONE, 3° NON UTENDO PER MO-DUM, « c'est-à-dire quand il (l'usufruitier) n'use pas comme un bon père de famille et « dégrade l'héritage à lui baillé, » et 4° NON UTENDO PER TEMPUS.

(³) Séance du 27 vendémiaire an XII.

« ciers ne peuvent exercer que les droits de leurs débiteurs. Il leur est
« permis d'intervenir et de discuter la demande formée par le pro-
« priétaire, d'offrir des garanties, de demander que la privation ne
« soit que partielle ; mais *quand la contestation est jugée soit avec eux,*
« *soit sans eux* (le propriétaire n'étant pas obligé de les appeler), *il ne*
« *leur reste plus de recours.* Ils doivent s'imputer de n'avoir pas sur-
« veillé l'usufruitier. »

Ainsi, l'extinction de l'usufruit pour abus de jouissance n'a lieu qu'autant qu'elle est prononcée par les tribunaux, et le jugement rendu en
dernier ressort, avec ou sans l'intervention des créanciers, a force de
chose jugée à leur égard, sauf la tierce opposition réservée, en cas de
fraude, à ceux qui ne sont pas intervenus. La loi ne faisant à cet égard
aucune distinction, la disposition doit s'appliquer à tous les créanciers
même hypothécaires. L'usufruit revient donc au propriétaire, libre de
tous droits réels établis par l'usufruitier, notamment des hypothèques accordées à ses créanciers.

On ne peut expliquer ce résultat qu'en le rattachant au principe général qui admet la résolution de tous les droits concédés sous des conditions qui n'ont pas été remplies (art. 955, 954 et 1184). L'usufruitier
n'a le droit de jouir qu'en bon père de famille et à la charge de conserver la substance : en violant cette condition essentielle il encourt
la déchéance de son droit, et cette déchéance, conformément aux
règles sur la condition résolutoire, remonte par ses effets à la constitution même de l'usufruit. Elle remet les parties dans la position où elles
seraient si l'usufruit n'avait jamais existé (art. 1183).

229. Les créanciers qui interviennent *pour la conservation de leurs*
droits ne sont pas seulement autorisés à contester la demande formée
par le propriétaire ; ils peuvent *offrir la réparation des dégradations*
commises et des garanties pour l'avenir. Il semble qu'une pareille offre
pourvoit suffisamment à la sécurité du propriétaire, et que, par conséquent, il n'y a plus lieu de prononcer l'extinction de l'usufruit. Lorsqu'on cherche dans les travaux préparatoires quelle a pu être à cet
égard l'intention du législateur, on voit que, dans la rédaction communiquée au tribunat, les deux dernières dispositions de l'article 618 formaient un article distinct et que le tout a été refondu en un seul article
par suite des observations suivantes : « En laissant subsister ces deux
« articles, il pourrait en résulter que les juges ne devraient avoir la
« faculté de substituer une pension annuelle en faveur de l'usufruitier,
« que dans le seul cas où les créanciers interviendraient... cependant
« l'intention des auteurs du projet ne paraît pas être que cette faculté
« existe dans tous les cas, et ce but sera plus sûrement atteint par la
« rédaction proposée. » On voit que le tribunat reconnaissait comme un

pointincontestable, au cas d'intervention des créanciers, la faculté pour
le juge ou de prononcer *l'extinction absolue* de l'usufruit, ou de n'ordonner la rentrée en jouissance du propriétaire qu'à la charge de certaines
prestations annuelles. Toutefois il faut reconnaître que, dans la pensée
primitive du législateur, l'extinction absolue de l'usufruit n'avait été
admise que dans les rapports de l'usufruitier et du propriétaire. Il convient donc de ne la prononcer qu'avec une extrême réserve lorsqu'il y
a des créanciers intervenants. C'est dans cette hypothèse surtout que
la gravité des circonstances devra être appréciée en raison du plus ou
moins d'insuffisance des garanties offertes par les créanciers ([1]).

619. — L'usufruit qui n'est pas accordé à des particuliers, ne
dure que trente ans.

620. — L'usufruit accordé jusqu'à ce qu'un tiers ait atteint un
âge fixe, dure jusqu'à cette époque, encore que le tiers soit mort
avant l'âge fixé.

SOMMAIRE.

230. Renvoi à l'article 617.

230. Ces deux articles ont été expliqués précédemment (221 et 224)
avec l'article 617.

621. — La vente de la chose sujette à usufruit ne fait aucun
changement dans le droit de l'usufruitier; il continue de jouir de
son usufruit s'il n'y a pas formellement renoncé.

622. — Les créanciers de l'usufruitier peuvent faire annuler la
renonciation qu'il aurait faite à leur préjudice.

SOMMAIRE.

231. Pourquoi la renonciation doit être formelle. Peut-elle être annulée sur la demande des créanciers par cela seul qu'elle leur préjudicie ?

231. L'usufruit s'éteint : 7° PAR LA RENONCIATION DE L'USUFRUITIER, c'est-
à-dire par l'abandon pur et simple qu'il fait de son droit. Cette renonciation
n'est soumise à aucune forme particulière. Ainsi, elle peut résulter soit
d'une convention spéciale, soit d'une intervention de l'usufruitier dans

---

([1]) La latitude laissée aux juges leur permet d'obliger l'usufruitier à fournir caution, nonobstant la dispense accordée par le titre constitutif de l'usufruit (Lyon,
15 *janvier* 1836 ; Nancy, 17 *février* 1844).

une vente ou dans toute autre aliénation de la chose sujette à usufruit ; mais il faut, dans ce dernier cas, que la renonciation soit formelle. Le législateur a voulu empêcher que, sous prétexte de faire intervenir l'usufruitier *honoris causa* dans l'acte d'aliénation, on n'abusât de sa signature pour en induire plus tard une renonciation tacite.

Les créanciers peuvent, en règle générale, faire annuler tous actes faits par leur débiteur, en fraude de leurs droits (art. 1167) : ce qui suppose, non-seulement que les créanciers éprouvent un préjudice, mais aussi que le débiteur l'a causé sciemment. C'est en effet le concours de ces deux circonstances qui constituait la fraude en droit romain (¹), et rien ne porte à croire que la même expression ait pris dans le Code civil un autre sens. Cependant, lorsqu'il autorise les créanciers de l'usufruitier à faire annuler sa renonciation, le Code ne parle point de *fraude*. Cette expression, qui se trouvait dans le projet de Code civil communiqué aux tribunaux, a été remplacée par le mot *préjudice*, d'après les observations du tribunal de cassation. Aux termes de ces observations, « la fraude suppose CONSILIUM et EVENTUS ; or, ne suffit-il « pas que, par l'événement, une renonciation porte préjudice aux « créanciers, quoiqu'elle ne soit pas frauduleuse par l'intention du re- « nonçant, pour qu'il y ait lieu de la faire annuler ? »

L'intention des rédacteurs paraît évidente : ils ont modifié la règle générale en ce qui concerne les renonciations. Nous verrons sur quel motif peut se fonder cette distinction, lorsque nous expliquerons l'article 1167.

Nous ne parlons que des renonciations proprement dites, que l'usufruitier fait sans recevoir aucun équivalent ; mais il n'est pas douteux qu'une renonciation à titre onéreux ne dût rentrer dans la règle générale qui exige la fraude. Il n'y aurait même plus alors une renonciation proprement dite ; ce serait bien plutôt une acquisition de l'usufruit par le nu propriétaire.

623. — Si une partie seulement de la chose soumise à l'usufruit est détruite, l'usufruit se conserve sur ce qui reste.

624. — Si l'usufruit n'est établi que sur un bâtiment, et que ce bâtiment soit détruit par un incendie ou autre accident, ou qu'il s'écroule de vétusté, l'usufruitier n'aura le droit de jouir ni du sol ni des matériaux.

Si l'usufruit était établi sur un domaine dont le bâtiment faisait partie, l'usufruitier jouirait du sol et des matériaux.

(¹) *Alexand. L.* 1, *C. qui manumitt. non poss.* V. Inst., § 3, *qui et ex quibus caus. manumitt.*

232. L'usufruit, ainsi que nous l'avons vu sur l'article 617, s'éteint par la *perte totale* de la chose sur laquelle il était établi; mais que faut-il entendre par ces mots *perte totale?* Sans doute, quand une chose est si complétement détruite qu'il n'en reste aucune trace, l'usufruit s'éteint comme tous les autres droits qui n'ont plus d'objet. Cependant cette cause d'extinction a plus de portée pour l'usufruit que pour la propriété. Le droit du propriétaire subsiste toujours sur ce qui reste de sa chose, par exemple, sur la dépouille des animaux qui sont morts, ou sur les matériaux d'une maison qui s'est écroulée, tandis que l'usufruitier n'a plus le droit de jouir de cette dépouille ou de ces matériaux. C'est qu'effectivement il n'a ce droit sur la chose d'autrui que *salva rerum substantia,* suivant la destination qu'elle avait lors de la constitution d'usufruit, et il suffit, pour l'extinction du droit, que la chose, perdant sa forme substantielle, ne soit plus en état de remplir la même destination. Il est vrai que suivant les termes mêmes du Code, si la chose ne périt qu'en partie, l'usufruit se conserve *sur ce qui reste ;* mais pour comprendre cette disposition, il faut supposer que la partie qui subsiste conserve sa forme substantielle.

233. Ces principes s'appliquent facilement lorsque l'usufruit porte sur plusieurs objets considérés individuellement, par exemple, sur plusieurs animaux. Si l'un d'eux vient à périr, l'usufruit continue sur les autres, parce que la perte n'est que partielle (V. art. 615). Mais pour l'usufruit d'un troupeau il y a plus de difficulté. Cet usufruit s'éteignait, suivant les jurisconsultes romains (¹), dès qu'il n'existait plus qu'un nombre de bêtes insuffisant pour constituer un troupeau (²). Le Code,

---

(¹) *Pomp. L.* 31, *D. quib. mod. ususf.*

(²) Quel est ce nombre? On suppose communément, d'après un texte de Callistrate (*L.* 3, *D. de abigeis*), qu'il fallait soit dix moutons, soit quatre ou cinq porcs seulement, pour constituer un troupeau ; mais, si l'on devait s'attacher à la lettre de ce texte, on irait jusqu'à dire qu'un bœuf ou un cheval forme à lui seul un troupeau. La vérité est que le jurisconsulte ne s'occupe en aucune manière du nombre de bêtes nécessaire pour former un troupeau, mais de l'appréciation d'un délit commis par une classe de voleurs qu'on appelait *abigei.* Ce délit n'existe qu'en raison de l'importance des bestiaux enlevés, et par conséquent de leur nombre, lorsqu'il ne s'agit pas de grands quadrupèdes, tels que le cheval ou le bœuf. Il suffit, pour être *abigeus,* d'avoir enlevé d'un pâturage un seul cheval ou un seul bœuf; mais celui qui détourne moins de dix moutons ou moins de quatre porcs est un voleur ordinaire (V. *Ulp. L.* 1, § 2; *Callistr. L.* 3, *D. eod.*).

au contraire, paraît exiger que le troupeau ait péri entièrement (art. 616), en sorte que l'usufruit subsisterait, ne restât-il qu'une seule tête de bétail. Cependant, en ce qui concerne les bâtiments, le législateur revient aux principes du droit romain : l'usufruit d'une maison détruite par un incendie ou par tout autre accident, est complétement éteint. L'usufruitier ne conserve aucun droit sur les matériaux ni sur le sol que la maison occupait, si ce n'est lorsque l'usufruit, au lieu de porter seulement sur une maison, s'étend à un ensemble de biens dans lequel la maison se trouvait comprise, car alors la perte n'est que partielle.

Cette distinction empruntée au droit romain ([1]) est d'autant plus remarquable dans le Code qu'elle avait été formellement repoussée par Pothier ([2]), qui la considérait comme une subtilité inadmissible en droit français, et qui, en conséquence, attribuait à l'usufruitier, dans tous les cas, le droit de jouir tant des matériaux que du sol précédemment occupé par la maison. Domat ([3]), au contraire, avait adopté les principes du droit romain, et ils ont prévalu dans le Code, du moins en ce qui concerne les bâtiments.

Mais les jurisconsultes romains donnaient au même principe plusieurs autres applications. Ils décidaient notamment que l'usufruitier n'a plus aucun droit à la jouissance, soit d'un étang desséché, soit d'une pièce de terre envahie par les eaux ([4]). Pour ne pas admettre ces mêmes applications, il faudrait considérer la disposition de l'article 624 comme une disposition spéciale qui ne doit pas tirer à conséquence; mais ce serait là, selon nous, méconnaître l'esprit dans lequel le Code a été conçu. Les rédacteurs ont dû s'attacher à un principe, car ils avaient à opter entre deux systèmes opposés, celui de Domat reproduisant les décisions du droit romain, et celui de Pothier repoussant, même à l'égard des bâtiments, la distinction consacrée par l'article 624. S'ils ont adopté cette distinction, c'est qu'ils ont consacré le système d'où elle dérive; et s'ils ont choisi spécialement l'hypothèse de la ruine des bâtiments, c'est parce que c'était le cas le plus fréquent et le plus important où le principe reçoit son application.

([1]) V. *Ulp. L.* 5, § 2; *LL.* 8 *et* 10, *D. quib. mod. ususfr.; Julian. L.* 34, § 2; *Javol. L.* 53, *D. de usuf.*

([2]) *Douaire*, n° 256.

([3]) *Lois civiles, liv.* 1, *tit.* 2, n°s 12, 13 et 14.

([4]) *Ulp. L.* 10, §§ 2 et 3, *D. quib. mod. ususf.*

CHAPITRE II.

DE L'USAGE ET DE L'HABITATION.

625. — Les droits d'usage et d'habitation s'établissent et se perdent de la même manière que l'usufruit.

SOMMAIRE.

234. L'usage et l'habitation ne sont jamais constitués par la loi.

234. Ce texte, qui n'est guère qu'une reproduction littérale des Institutes, manque d'exactitude. Les droits d'usufruit, d'usage et d'habitation ne s'établissent pas *de la même manière*, puisque l'usufruit est établi par la loi ou par la volonté de l'homme (art. 579), tandis que l'usage et l'habitation ne sont jamais établis par la loi. Le droit accordé à la veuve commune en biens, de prendre sa nourriture et celle de ses domestiques sur les provisions existantes (art. 1465), ne saurait être considéré comme un droit d'usage, puisqu'il n'attribue pas, comme l'usage d'un fonds, la faculté de prendre une certaine quotité de fruits d'une chose principale. L'habitation qui doit être fournie à la femme survivante, ne paraît pas non plus, d'après la manière dont s'exprime la loi (art. 1465 et 1570), constituer un droit réel d'habitation. Ces différentes dispositions établissent seulement en faveur de la veuve une dette d'aliments, dont l'étendue varie suivant que les époux étaient mariés en communauté ou sous le régime dotal.

626. — On ne peut en jouir, comme dans le cas de l'usufruit, sans donner préalablement caution, et sans faire des états et inventaires.

627. — L'usager, et celui qui a un droit d'habitation, doivent jouir en bons pères de famille.

On ne peut en jouir. On jouit de la chose sur laquelle on a un droit d'usage ou d'habitation. Quant au droit lui-même, on n'en jouit pas, on l'exerce.

SOMMAIRE.

235. Dans quel cas l'usager doit-il faire inventaire et donner caution ?

235. L'obligation de jouir en bon père de famille, de faire dresser des états et inventaires, et enfin de fournir caution, pourrait faire sup-

poser que l'usager, comme l'usufruitier, a un droit d'administration ; nous verrons cependant que l'usager d'un fonds peut seulement *exiger* une certaine quantité de fruits dont il lui est fait délivrance. Ce n'est donc pas lui qui administre, puisqu'un autre est en possession. Dès lors il n'y a lieu de le soumettre à aucune garantie.

Toutefois ce n'est pas à dire que les dispositions du Code soient sans application. Si, dans les articles qui suivent, la loi semble n'appliquer le droit d'usage qu'aux immeubles, ce qui est d'ailleurs le cas le plus fréquent, ici, au contraire, l'inventaire dont elle parle suppose un droit d'usage établi sur des meubles. Il faut admettre alors que l'usager possède et par conséquent administre les objets mobiliers dont il a droit de se servir. On s'explique ainsi comment l'usager peut se trouver obligé de jouir en bon père de famille et de donner caution comme l'usufruitier.

La difficulté ne se présente pas à l'égard du droit d'habitation : ceux qui occupent en tout ou en partie la maison d'autrui, doivent évidemment donner les mêmes garanties que l'usufruitier et notamment faire dresser un état de lieux.

628. — Les droits d'usage et d'habitation se règlent par le titre qui les a établis, et reçoivent, d'après ses dispositions, plus ou moins d'étendue.

SOMMAIRE.

236. Pourquoi l'étendue des droits d'usage et d'habitation se règle surtout par le titre qui les constitue. Le *jus utendi* des Romains existe-t-il en droit français ?

236. Nous avons expliqué précédemment comment les interprètes du droit romain avaient confondu le *jus utendi* avec la concession d'une portion de fruits que plusieurs textes accordent à l'usager d'un fonds de terre ou de tout autre objet dont *l'usus* proprement dit serait presque inutile. Dans ce système, le droit d'usage ayant pour limite les besoins de l'usager et de sa famille, son étendue se trouve déterminée moins par le droit que par des circonstances de fait. C'est ainsi que le Code, en consacrant la théorie des anciens interprètes, a été amené à déclarer, comme l'avait fait Domat (¹), que l'étendue des droits d'usage et d'habitation se règle par le titre qui les constitue.

Faut-il en conclure que la loi actuelle ne reconnaisse point le *jus utendi*, c'est-à-dire le droit d'usage proprement dit, attribuant à l'usager tous les services de la chose d'autrui, mais sans lui permettre de

_____

(¹) *Lois civiles*, liv. 1, tit. 2, sect. 2.

percevoir aucuns fruits? Sans doute, ce droit d'usage n'est expressément consacré par aucune disposition du Code, mais il n'en existe pas moins. On le retrouve dans l'usufruit des meubles qui ne produisent point de fruits, lorsqu'ils ne sont point destinés à être loués (V. art. 589). On le retrouve dans l'usufruit des immeubles qui ne donnent point de fruits naturels : l'usufruit d'une maison, par exemple, ne serait en réalité qu'un droit d'usage, s'il était défendu à l'usufruitier de louer et de céder son droit.

Il existe également sur les immeubles des droits d'usage qui ne s'appliquent point à toute l'utilité du fonds, mais seulement à une utilité déterminée. Tels sont les droits de chasse ou de pêche et autres droits analogues qui ne sont pas limités comme le droit d'usage, tel que l'entend le Code civil, aux besoins de l'usager. Nous parlerons de ces droits dans le titre suivant, où nous expliquerons en quoi ils diffèrent des servitudes proprement dites (art. 686).

629. — Si le titre ne s'explique pas sur l'étendue de ces droits, ils sont réglés ainsi qu'il suit.

630. — Celui qui a l'usage des fruits d'un fonds, ne peut en exiger qu'autant qu'il lui en faut pour ses besoins et ceux de sa famille.

Il peut en exiger pour les besoins même des enfants qui lui sont survenus depuis la concession de l'usage.

L'USAGE DES FRUITS. Il faut appliquer ici ce que nous avons dit précédemment sur le droit de jouir des fruits (art. 582).

SOMMAIRE.

237. L'usager n'a point l'administration du fonds. Qu'entend-on ici par famille?

237. Il est à remarquer que la loi, en accordant à l'usager le droit d'exiger une certaine quantité de fruits, décide implicitement qu'il ne cultive pas lui-même, ou, en d'autres termes, que l'usage d'un fonds n'en donne pas l'administration. Le propriétaire devra donc délivrer en nature les fruits dont l'usager aura besoin, et, cette délivrance une fois faite, l'usager pourra disposer comme propriétaire des produits qu'il aura reçus. On ne saurait, en effet, l'astreindre à les consommer sur les lieux mêmes.

Si le fonds est affermé, l'usager peut se faire payer directement par le fermier la portion de fermage reconnue nécessaire à ses besoins et à ceux de sa famille.

Le mot famille s'entend ici des personnes qui vivent avec l'usager, ce qui comprend le conjoint, les enfants et même les domestiques. Sous la dénomination d'enfants, nous comprenons les enfants naturels ou adoptifs aussi bien que les enfants légitimes, car la famille s'étend ici, selon nous, à toutes les personnes à qui l'usager peut devoir des aliments si elles habitent avec lui. On voit par là que la quantité de fruits nécessaire à ses besoins peut varier chaque année, comme le nombre des personnes dont se compose sa famille.

631. — L'usager ne peut céder ni louer son droit à un autre.

SOMMAIRE.

238. Pourquoi l'usage ne peut être cédé ni loué.

238. La quantité de fruits que l'usager peut exiger étant fixée à raison de ses besoins (art. 630), on peut dire que l'usage a pour but de fournir à l'usager des aliments d'autant mieux assurés que son droit ne peut pas être cédé. Une pareille cession donnerait lieu d'ailleurs à de graves embarras, puisqu'il faudrait toujours constater l'étendue des besoins du cédant, qui n'aurait plus d'intérêt à rester sur les lieux.

Par la même raison l'usager ne peut affermer son droit.

632. — Celui qui a un droit d'habitation dans une maison, peut y demeurer avec sa famille, quand même il n'aurait pas été marié à l'époque où ce droit lui a été donné.

633. — Le droit d'habitation se restreint à ce qui est nécessaire pour l'habitation de celui à qui ce droit est concédé, et de sa famille.

634. — Le droit d'habitation ne peut être ni cédé ni loué.

SOMMAIRE.

239. Motif particulier qui empêche de céder ou de louer le droit d'habitation.

239. « L'habitation, suivant Domat (¹), est pour les maisons ce que « l'usage est pour les autres fonds, et au lieu que celui qui a l'usufruit « d'une maison, peut jouir de la maison en entier, celui qui n'a que « l'habitation a sa jouissance bornée à ce qui lui est nécessaire. » En consacrant cette doctrine, le Code se montre plus conséquent que ne l'avait été Domat, car il décide que le droit d'habitation, comme le

---

(¹) *Lois civiles, liv.* 1, *tit.* 2, *sect.* 2.

droit d'usage ne peut être ni cédé ni loué, tandis que Domat ([1]), dont la doctrine est en ce point conforme au dernier état du droit romain ([2]), décidait que « celui qui a l'habitation d'une maison ou d'une partie « peut céder ou louer son droit... si ce n'est que la condition fût au- « trement réglée par son titre. »

Le droit d'habitation ne se distinguant plus sous le Code, comme chez les Romains, de l'usage d'une maison, il faut appliquer ici tout ce que nous avons dit précédemment sur l'article 630. Toutefois la disposition qui interdit la faculté de louer à celui qui a un droit d'habitation, nous paraît fondée sur un motif spécial.

En effet, le droit d'habitation, comme le droit d'usage proprement dit, est ordinairement constitué par bienfaisance, pour assurer un moyen d'existence à un parent, à un ami malheureux. Or, en lui donnant un logement dans sa maison, le constituant n'a probablement pas entendu s'obliger ou obliger son héritier à vivre sous le même toit avec des cessionnaires ou des locataires inconnus. Cette considération ne s'applique pas au droit d'usage, parce que l'usager n'occupe pas le fonds, à moins qu'il n'ait tout à la fois l'usage et l'habitation.

635. — Si l'usager absorbe les fruits du fonds, ou s'il occupe la totalité de la maison, il est assujetti aux frais de culture, aux réparations d'entretien, et au payement des contributions, comme l'usufruitier.

S'il ne prend qu'une partie des fruits, ou s'il n'occupe qu'une partie de la maison, il contribue au prorata de ce dont il jouit.

SOMMAIRE.

240. Le droit d'usage, d'après une théorie généralement admise, serait un usufruit partiel, qui se confondrait avec l'usufruit même, si l'usager consommait la totalité des fruits. Ce système semble d'abord confirmé par le texte même de la loi, puisque l'usager, quand il ab-

---

([1]) *Ibid.* no 10.
([2]) *Inst.* § 5, *de us. et habit.*

sorbe la totalité des fruits, est assujetti aux frais de culture, aux réparations d'entretien et au payement des contributions, comme l'usufruitier. De ce qu'il supporte les mêmes charges, on conclut qu'il doit
avoir les mêmes droits ; mais cette théorie soulève de graves difficultés dans le cas où l'usager, ne prenant qu'une partie des fruits,
supporte les charges *au prorata de ce dont il jouit.* Si l'on considère
l'usage comme un usufruit partiel, il faut prendre sur le produit
brut du fonds la portion nécessaire à l'usager, sauf à lui à payer sa
part dans les frais de culture, les réparations d'entretien et les impôts ;
mais alors son émolument se trouvera considérablement réduit, et il
ne lui restera plus ce qui lui est nécessaire.

Pour échapper à cette difficulté, Proudhon (¹) a supposé que la seconde disposition de cet article s'applique « au cas seulement où il y
« a eu, entre les propriétaires et l'usager, un aménagement ou par-
« tage, au moyen duquel une portion du fonds a été abandonnée à ce
« dernier pour lui tenir lieu de son droit d'usage. » Un pareil aménagement, s'il avait lieu, serait une convention nouvelle, qui substituerait
au droit d'usage sur la totalité du fonds, l'usufruit d'une portion déterminée. Cette hypothèse est donc inadmissible, car la loi se place en
dehors de toute convention particulière (art. 629). Dès lors, pour donner un sens au texte, il faudrait considérer comme faisant partie des
besoins de l'usager le montant des charges qui lui sont imposées, en
sorte que sa portion dans le produit brut comprendrait, indépendamment des fruits nécessaires à sa consommation, ceux qu'il lui faudrait
vendre pour acquitter les charges de sa jouissance. On voit que, dans ce
système, l'usager recevrait d'une main pour restituer de l'autre, et que le
propriétaire se trouverait dans une position assez embarrassante, puisque l'obligation de se dessaisir des produits bruts le mettrait dans la
nécessité d'exercer contre l'usager un recours qui pourrait être illusoire.

241. On atteint plus facilement le même but, en décidant, avec Proudhon lui-même (²), que la portion de fruits nécessaire à l'usager doit
être prise sur le produit net du fonds, déduction préalablement faite
du montant des frais de culture, des impôts et des réparations d'entretien.

Nous croyons devoir appliquer la même décision au cas où l'usager
absorbe tous les fruits. Alors il peut sans doute exiger la totalité du
produit net, mais c'est le propriétaire qui doit lui en faire délivrance.
Nous n'admettons pas, en effet, que l'usager puisse, comme l'usufrui-

---

(¹) *Traité des droits d'usufruit,* etc., n° 2791.
(²) *Ibid.* n° 2792.

tier, se mettre en possession du fonds, administrer et cultiver par lui-
même. Si la loi l'entendait ainsi, elle n'assujettirait pas l'usager aux
frais de culture, puisqu'on n'a jamais imaginé d'introduire dans la loi
une disposition expresse pour y assujettir l'usufruitier, qui a seul l'administration du fonds. Les frais de culture que l'usager doit supporter,
sont évidemment des frais avancés par une autre personne. En un
mot, la loi applique expressément la règle de l'article 549 et du droit
romain : *fructus intelliguntur deductis impensis*. Remarquons d'ailleurs que l'étendue variable des besoins de l'usager ne permet pas qu'on
lui abandonne la possession et l'administration du fonds ; car, en admettant qu'il absorbe aujourd'hui la totalité des fruits, il n'en prendra
une autre année qu'une partie, si ses besoins diminuent, ou si le fonds,
par une meilleure culture, devient plus productif.

242. Les mêmes questions ne se présentent pas sur le droit d'habitation. Celui à qui ce droit appartient, en perçoit directement l'utilité ;
il l'exerce lui-même en *occupant* le logement qui lui est nécessaire ; et
puisque la loi veut qu'il supporte les charges en tout ou partie, il faut
nécessairement qu'il les acquitte par un payement direct.

636. — L'usage des bois et forêts est réglé par des lois particulières.

SOMMAIRE.

243. On peut établir sur les bois et forêts, comme sur tous les autres
biens, des droits d'usage attachés à la personne de l'usager, et auxquels s'appliqueraient les dispositions précédentes ; mais le mot *usage*
désigne dans cet article un droit perpétuel, qui est affecté, soit au territoire d'une commune, soit à une portion de ce territoire. En d'autres
termes, les droits d'usage qui, suivant le Code, sont réglés par des
lois particulières, ont une grande analogie avec les servitudes proprement dites, dont s'occupe le titre suivant (¹). « Nous entendons parler,

---

(¹) En se fondant sur cette analogie, plusieurs arrêts ont décidé que les usagers
dans les bois et forêts ne sont point tenus de contribuer au payement de l'impôt
foncier (V. Cour de cassation, rejet, 30 *juillet* 1838 ; Metz, 7 *mars* 1837 ; Bourges, 15 *juin* 1838. D'autres ont soumis l'usager à cette contribution, mais seulement
dans le cas où il absorbe tous les fruits (V. Cour de cassation, rejet, 13 *août* 1839

« dit Salvaing (¹), de la faculté de prendre du bois dans une forêt ou
« d'y faire paître le bétail, accordée à une communauté, ou à des ha-
« bitants dans la terre du seigneur, ou à des particuliers en considé-
« ration de telle métairie qu'ils possèdent, auquel cas elle est réelle
« et prédiale et perpétuelle, parce que, si bien *debetur personis,* elle
« est due *ratione rei,* elle est due *ratione habitationis aut prædii pos-*
« *sessi.* C'est pourquoi elle est due à perpétuité à tous ceux qui habi-
« teront dans cette terre ou qui posséderont ce fonds. »

Ces droits sont notamment, l'usage en bois, qui permet de prendre
le bois nécessaire pour le chauffage, pour la confection des instruments
d'agriculture ou pour la construction et la réparation des maisons; le
panage, c'est-à-dire, le droit d'introduire dans la forêt un certain nombre de porcs, qui s'y nourrissent de glands et de faînes; enfin le pâturage, qui permet de faire paître dans une forêt un certain nombre de
chevaux ou de bêtes *aumailles,* c'est-à-dire bœufs, vaches et veaux, à
l'exclusion des chèvres et des bêtes à laine (²).

244. Ces droits d'usage tirent leur origine des guerres qui ont précédé l'établissement du régime féodal, ou plutôt des dévastations
qu'elles avaient produites. «Les seigneurs, dit Henrion de Pansey (³),
« avaient de grands domaines, des bois considérables, peu d'habi-
« tants, et le désir d'en augmenter le nombre. Pour y parvenir, le
« meilleur moyen était d'améliorer la condition de leurs sujets en fa-
« vorisant l'agriculture. Pour cultiver, il faut des bestiaux, il faut un
« bâtiment au cultivateur; mais les bestiaux exigent des pâturages, et
« comment bâtir, comment subvenir à mille autres besoins sans la fa-
« culté de couper du bois dans les forêts? Les seigneurs se trouvaient
« donc dans la nécessité de permettre à leurs habitants le pâturage sur
« les terres de leur domaine, et même l'usage de leurs bois, et c'est
« ainsi que la plupart ont fait. » De semblables droits pouvaient gêner
considérablement l'exercice du droit de propriété; d'un autre côté, ils
établissent entre le propriétaire et l'usager une sorte d'indivision. Or,
comme, d'après les lois romaines, nul n'est tenu de rester dans l'indivision (⁴), et que l'exercice d'une servitude ne doit jamais rendre
le fonds servant inutile pour le propriétaire (⁵), l'ancienne jurisprudence avait reconnu la faculté d'aménagement, qui permettait de cir-

---

et 25 *février* 1845). La cour de Nancy, au contraire, l'a soumis à la contribution
foncière dans tous les cas, par arrêt du 18 mai 1843.

(¹) *Traité de l'usage des fiefs et autres droits seigneuriaux,* chap. 97.
(²) Ordonn. de 1669, tit. 19, art. 1 et 3; Code forestier, art. 78.
(³) *Dissertations féodales,* v° COMMUNAUTÉ, t. 1, p. 440.
(⁴) *Dioclet. et Maxim. L. 5, C. commun. divid.*
(⁵) *Ulp. L. 13, § 1, commun. præd.*

conscrire l'exercice du droit d'usage à une portion déterminée du fonds usager. Mais cet aménagement, en resserrant les bornes de l'usage, ne changeait pas la nature du droit. Le *cantonnement,* qui autorise le propriétaire à convertir l'usage en un droit de propriété sur une portion déterminée des fonds usagers, ne fut introduit que plus tard par une jurisprudence fondée non sur le texte, mais sur l'esprit de l'ordonnance de 1669 (¹).

245. Le cantonnement ne pouvait d'abord avoir lieu que sur la demande du propriétaire ; mais, en vertu de la loi du 28 août 1792 (art. 5), il a pu être demandé même par les usagers. Le Code forestier (art. 63, 111 et 118) leur retire ce droit. Quant au propriétaire, il conserve la faculté de demander le cantonnement, mais seulement pour le droit d'usage en bois. Pour les autres droits d'usage, il ne peut que les racheter moyennant une indemnité convenue de gré à gré, ou réglée, en cas de contestation, par les tribunaux (C. for., art. 63, 64, 111 et 120).

Au surplus, toute concession de droits d'usage dans les forêts de l'État a été interdite pour l'avenir par le Code forestier (art. 62).

TITRE IV.

DES SERVITUDES OU SERVICES FONCIERS.

Décrété le 10 pluviôse an XII (31 janvier 1804). Promulgué le 20 pluviôse (10 février).

INTRODUCTION.

SOMMAIRE.

246. Caractère général des servitudes. En quoi elles diffèrent de l'usufruit.
247. Trois espèces de servitudes établies par le Code. Critique de cette division.
248. Prohibitions relatives à l'écoulement des eaux. Droits du propriétaire de la source. Modifications que ce droit peut subir.
249. Droits des riverains sur les petits cours d'eau. Caractère spécial que prend, en cette matière, la compétence des tribunaux.
250. Règles sur le bornage et sur le droit de clôture.
251. Différentes espèces de servitudes légales. Classification de celles dont le Code s'est spécialement occupé.

(¹) Merlin, *Répert.,* vᵒ DROIT D'USAGE, sect. 2, § 6.

246. Les servitudes proprement dites, que le Code appelle aussi services fonciers, consistent dans le droit qu'a le propriétaire d'un fonds
de tirer une certaine utilité du fonds d'autrui, soit en exerçant sur ce
fonds une partie des droits attachés à la propriété, soit en empêchant
le propriétaire d'exercer lui-même certains droits (art. 637). Ces restrictions du droit d'autrui ne sont pas établies, comme l'usufruit, pour
l'avantage de telle ou telle personne, mais pour l'utilité ou la commo-
dité d'un fonds : en quelques mains que ce fonds passe, celui auquel
il appartient peut toujours exercer son droit sur le fonds grevé. On a
donc pu donner aux services fonciers le nom de servitudes réelles, pour
indiquer que, si les personnes en profitent ou en souffrent, ce n'est
qu'en qualité de propriétaires. Aussi, dans l'usage, appelle-t-on *héritage servant* celui qui est grevé de la servitude, et *héritage dominant*
celui qui en profite, sans que ces expressions se rattachent d'ailleurs à
l'ancienne distinction féodale du domaine utile et du domaine direct,
qu'on nommait aussi domaine de supériorité (V. art. 638).

247. Suivant le texte du Code, les servitudes dérivent ou de la situation naturelle des lieux, ou des dispositions de la loi, ou enfin du fait
des propriétaires, en sorte que le législateur distingue trois classes de
servitudes (art. 639). Mais, puisque le droit de propriété, d'après sa définition même, est limité par la loi ou par de simples règlements (art.
544), on doit reconnaître que les dérogations au droit commun établies
par le fait de l'homme constituent seules de véritables servitudes. D'un
autre côté, lors même que l'on consentirait à voir des servitudes dans les
règles générales tendant à limiter le droit de propriété, on ne comprendrait pas la distinction que le législateur a voulu créer entre les servitudes établies par la loi et celles qui dérivent de la situation des lieux :
on ne peut réellement assigner à ces dernières d'autre origine que les
dispositions de la loi ; car, en l'absence d'un état social régulier, on ne

conçoit pas l'existence de ces prétendues servitudes naturelles. Ceux qui admettent l'existence des servitudes établies par la loi, doivent donc ranger dans la même classe celles que le Code fait dériver de la situation naturelle des lieux.

CHAPITRE PREMIER.

DES SERVITUDES QUI DÉRIVENT DE LA SITUATION DES LIEUX.

248. L'eau suit nécessairement la pente du sol. En prenant ce fait pour point de départ, le Code établit une double prohibition. D'une part, le propriétaire du fonds supérieur ne doit point, en rendant plus onéreuse la charge de l'écoulement des eaux, aggraver la condition du fonds inférieur ; et d'autre part, celui à qui appartient ce dernier fonds, ne peut élever aucune digue pour éviter de recevoir les eaux du fonds supérieur, pourvu qu'elles en découlent naturellement, sans que la main de l'homme y ait contribué (art. 640).

Si les eaux courantes nuisent quelquefois au fonds qui les reçoit, elles lui procurent souvent des avantages réels. Aussi le Code a-t-il réglé les droits des différents propriétaires auxquels ces eaux peuvent être utiles, soit qu'elles surgissent dans leur fonds, soit qu'elles proviennent d'un fonds supérieur. Celui qui a une source dans son terrain, en est par cela seul propriétaire, et dès lors il peut diriger le cours de l'eau à sa volonté, tant que le propriétaire inférieur n'a point acquis de droit à l'eau (art. 641), soit par une concession expresse, soit par la concession tacite que fait présumer une possession de trente ans. Ces trente ans courent du moment où il a terminé des ouvrages *apparents*, destinés à faciliter la chute de l'eau dans sa propriété (art. 642). Dans l'un comme dans l'autre cas, il existe une véritable servitude établie par le fait de l'homme.

Il n'est même pas besoin d'une concession du propriétaire de la source, lorsque l'eau est nécessaire aux habitants d'une localité. Ils ont un privilége fondé sur le principe qui sert de base à l'expropriation pour cause d'utilité publique, et ils peuvent empêcher le propriétaire de la source de changer la direction du courant, sauf son droit à une indemnité, qui, à la différence de l'usage de l'eau, peut se perdre par l'effet de la prescription (art. 643).

249. Les propriétaires riverains d'un cours d'eau qui n'est ni navigable ni flottable, peuvent toujours s'en servir pour l'irrigation de leurs terres. Ils peuvent même, quand l'eau traverse leur fonds, changer sa

direction, pourvu qu'à la sortie de ce fonds, elle soit rendue à son cours naturel (art. 644).

L'autorité administrative exerce, à l'égard des mêmes cours d'eau, un droit de police, qui l'autorise soit à prendre les mesures relatives au curage du lit et à l'entretien des digues ou autres ouvrages d'art (¹), soit à fixer la hauteur du barrage nécessaire aux moulins et autres usines (²); mais les contraventions aux règlements administratifs doivent être poursuivies, suivant leur gravité, devant les tribunaux correctionnels ou de simple police, et les contestations qui intéressent les propriétaires riverains, devant les tribunaux civils (³). Conformément à cette distinction, les tribunaux sont seuls compétents pour statuer sur la propriété des cours d'eau et sur l'usage qu'en peuvent faire les riverains. Dans cette matière spéciale, le Code ne les charge pas seulement de rechercher quel est exactement le droit de chaque partie, ni même de faire respecter les règlements administratifs; il leur accorde un pouvoir en quelque sorte réglementaire, qui leur permet de faire fléchir devant l'intérêt général le droit exclusif de tel ou tel propriétaire (art. 645).

250. C'est assez mal à propos que le législateur range au nombre des servitudes dérivant de la situation des lieux le droit qui appartient à tout propriétaire, soit de contraindre ses voisins au bornage, soit de clore son terrain.

L'incertitude des limites entre les fonds contigus est une source de difficultés que la loi cherche à prévenir, et, dans ce but, elle veut que des bornes soient placées à frais communs, dès que l'un des voisins le demande (art. 646).

Le droit de clore un héritage est une conséquence essentielle de la propriété. Aussi le Code, repoussant les restrictions qui, dans l'ancienne jurisprudence, entravaient l'exercice de ce droit, l'accorde-t-il à tout propriétaire, nonobstant les droits de parcours et de vaine pâture dont le fonds pourrait être grevé (art. 647 et 648).

CHAPITRE II.

DES SERVITUDES ÉTABLIES PAR LA LOI.

251. Les servitudes établies par la loi n'ont pas toutes le même objet. Les unes ont un but d'utilité publique ou communale, et leur

---

(¹) Loi du 14 floréal an II.
(²) Loi du 6 octobre 1791, tit. 2, art. 16.
(³) Décret du 12 avril 1812.

étendue est déterminée par des règlements particuliers, qui n'entrent point dans le plan du Code civil (art. 650). Les autres concernent plus spécialement l'utilité des particuliers; mais plusieurs d'entre elles sont réglées par les lois sur la police rurale, et nous n'avons à parler ici que de celles dont le Code civil s'est spécialement occupé (V. art. 652). Elles sont classées dans les cinq sections qui suivent.

SECTION PREMIÈRE.

DU MUR ET DU FOSSÉ MITOYENS.

252. En droit romain, les propriétaires voisins devaient, en règle générale, laisser entre leurs constructions respectives un intervalle ([1]), que Denis Godefroid ([2]) évalue à deux pieds et demi. De là vient que chaque maison, séparée des maisons voisines par une sorte de chemin de ronde qu'on appelait *ambitus,* se trouvait isolée comme une île, et prenait en effet le nom d'*insula.* Ce n'est pas qu'il n'y eût quelquefois des murs communs entre deux voisins ([3]); mais on n'appliquait pas à cette copropriété tous les effets qu'on attribue chez nous à la mitoyenneté. Elle ne se présumait pas, et l'un des voisins ne pouvait jamais l'acquérir sans le consentement de l'autre. Le système du Code sur la mitoyenneté n'est donc pas emprunté aux lois romaines, il dérive tout entier de notre droit coutumier.

La rubrique de cette section est incomplète, car le Code s'occupe non-seulement du mur et du fossé mitoyens, mais aussi de la haie mitoyenne. On a même inséré dans cette section plusieurs dispositions étrangères à la mitoyenneté.

253. Dans les villes et dans les faubourgs, il ne suffit pas, comme dans les champs, de lever toute incertitude sur la ligne séparative des héritages, il faut empêcher que les animaux ou les personnes mêmes n'entrent trop facilement dans les dépendances d'une maison habitée. De là vient, pour chacun des voisins, le droit d'exiger qu'un mur de clôture soit élevé, à frais communs, jusqu'à la hauteur fixée par les règlements ou usages locaux, et, à leur défaut, par le Code lui-même (art. 663).

Ce mur est mitoyen, comme tout autre mur construit à frais communs; les deux voisins en sont copropriétaires par indivis. Cette mitoyenneté ou copropriété d'une clôture a des avantages si évidents que

---

([1]) *Papir. Just. L.* 14, *D. de servit. præd. urb.*
([2]) Notes sur le texte précité.
([3]) *Gaius, L.* 8; *Procul. L.* 13; *Paul. L.* 14, *D. de serv. præd. urb.*

la loi déroge, en ce qui la concerne, à ce principe général, que nul n'est tenu de rester dans l'indivision (V. art. 815), et qu'elle autorise à l'égard des murs de clôture l'acquisition forcée de la mitoyenneté. En effet, si l'on suppose un mur construit par un seul propriétaire sur la limite même de son terrain, ce mur, qui n'est pas mitoyen, pourra le devenir à la volonté du voisin. Il suffira pour cela que ce dernier rembourse au constructeur la moitié de la valeur, tant de la maçonnerie que du terrain qui la supporte (art. 660 et 661), et alors, par l'effet de la mitoyenneté, le mur aura, pour chacun des deux propriétaires, presque autant d'utilité qu'il en avait auparavant pour l'un d'eux. Ainsi, en prenant des précautions et en exécutant les travaux nécessaires pour éviter de causer aucun dommage au voisin (art. 662), chacun d'eux pourra se servir du mur mitoyen pour appuyer ses constructions et placer ses poutres, même en dépassant la moitié de l'épaisseur de la maçonnerie (art. 657) ; mais l'emploi des mêmes précautions ne dispense pas celui qui veut exhausser le mur mitoyen de payer une indemnité pour le tort que la surcharge cause à la partie inférieure (art. 658 et 659).

Les frais de réparation et de reconstruction du mur mitoyen sont supportés en commun par les deux propriétaires, et cependant chacun d'eux peut se dispenser d'y contribuer en abandonnant la mitoyenneté, si toutefois le mur ne soutient pas son propre bâtiment (art. 655 et 656).

254. La mitoyenneté, étant dans l'intérêt réciproque des deux voisins, est facilement présumée par la loi. C'est ainsi que tout mur servant de séparation, soit entre bâtiments, soit entre cours et jardins, soit entre enclos dans les champs, est réputé mitoyen, si la présomption de mitoyenneté n'est pas détruite par les titres de propriété, ou au moins par d'autres présomptions résultant, soit d'une possession exclusive appartenant à l'un des voisins (V. art. 670), soit de marques de non-mitoyenneté fournies par la construction même du mur, notamment par la manière dont l'égout est disposé (art. 653 et 654).

Des présomptions semblables existent à l'égard des fossés ou des haies servant de séparation. A défaut de titres de propriété, ils sont réputés mitoyens, sauf la présomption contraire qui peut résulter, à l'égard du fossé, du rejet de la terre, et, dans tous les cas, d'une possession exclusive (art. 666, 667, 668 et 670); mais aucun texte n'établit la cession forcée de la mitoyenneté du fossé ou de la haie.

255. A l'occasion du mur mitoyen, les rédacteurs du Code ont cru devoir régler, dans cette section, les obligations respectives des propriétaires à qui appartiennent les différents étages d'une maison. Au surplus, ce règlement n'a son application que dans le silence des titres

de propriété (art. 664). En parlant de la haie mitoyenne, le législateur a été amené à fixer la distance qu'on doit laisser entre les plantations et la ligne de séparation des deux fonds, pour ne pas nuire au voisin (art. 671, 673).

SECTION II.

DE LA DISTANCE ET DES OUVRAGES INTERMÉDIAIRES REQUIS POUR CERTAINES CONSTRUCTIONS.

256. Certaines constructions ou certains dépôts peuvent préjudicier au voisin, lorsqu'on les établit contre le mur mitoyen ou, à plus forte raison, contre le mur d'autrui. Il faut alors, pour prévenir toute dégradation, faire un contre-mur ou d'autres ouvrages déterminés, les uns par des règlements de police, les autres par des usages locaux que le Code maintient (art. 674).

SECTION III.

DES VUES SUR LA PROPRIÉTÉ DE SON VOISIN.

257. L'intérieur des habitations et de leurs dépendances ne serait pas suffisamment clos, s'il n'était pas fermé même aux regards d'un voisin trop curieux. Il suit de là qu'aucune ouverture ne peut être pratiquée dans un mur mitoyen (art. 675), et que les fenêtres percées dans un mur de séparation non mitoyen doivent être établies de manière que, tout en éclairant les appartements, elles ne permettent point de regarder au dehors et surtout de rien jeter chez le voisin (art. 676 et 677).

Pour avoir la liberté d'ouvrir dans son propre mur des fenêtres ordinaires, le propriétaire doit observer certaines distances, qui varient suivant que le mur est parallèle à la ligne formant la limite de son terrain ou perpendiculaire à cette même ligne (art. 678-680).

SECTION IV.

DE L'ÉGOUT DES TOITS.

258. Si un fonds est quelquefois assujetti à recevoir l'eau qui provient d'un autre fonds, c'est uniquement lorsqu'elle en découle naturel-

lement (art. 640). On comprend dès lors que l'égout des bâtiments ne doit pas, de droit commun, tomber sur le fonds d'un autre propriétaire. Il faut que chacun établisse son toit de manière à diriger les eaux pluviales sur son propre fonds ou sur la voie publique (art. 681).

SECTION V.

DU DROIT DE PASSAGE.

259. La propriété d'un fonds deviendrait inutile si le propriétaire ne pouvait y avoir accès. Il y a donc nécessité, lorsqu'un terrain se trouve enclavé, d'établir sur l'un des fonds voisins un passage, qui doit être pris du côté où le trajet sera le plus court et le moins dommageable (art. 682-684). Ce passage n'est dû qu'à la charge de payer une indemnité proportionnée au préjudice qu'il occasionne; mais il faut remarquer que l'indemnité peut se prescrire sans que le passage cesse d'être dû (art. 685).

260. D'après une loi nouvelle (¹), un semblable passage est dû, moyennant une juste et préalable indemnité, aux eaux dont un propriétaire a le droit de disposer, lorsqu'il veut les faire passer à travers le fonds d'autrui, pour faciliter l'irrigation d'un autre fonds ou pour dessécher celui qu'elles inondent. Sont cependant exceptés de cette servitude les bâtiments, cours, jardins et enclos attenant aux habitations.

637. — Une servitude est une charge imposée sur un héritage pour l'usage et l'utilité d'un héritage appartenant à un autre propriétaire.

HÉRITAGE, en droit romain PRÆDIUM (*Inst. pr.*, § 1, 2 et 3, *de servit.*), est un fonds de terre ou un bâtiment. Un héritage est nécessairement immeuble, mais tous les immeubles ne sont pas des héritages. Cette dernière expression ne comprend ni les meubles qui sont immeubles par destination, ni les biens incorporels qui sont immeubles par l'objet auquel ils s'appliquent. *Héritage* ne saurait, du reste, se confondre avec *hérédité*, synonyme de *succession* (V. art. 157).

SOMMAIRE.

261. Explication de cette définition.

261. La servitude peut être considérée sous un double point de vue. A l'égard du fonds dominant, elle est un droit; à l'égard du fonds ser-

(¹) Loi du 29 avril 1845, art. 1 et 3.

vant, elle constitue une *charge*. Le Code, se préoccupant de cette idée que la servitude est une dérogation au droit commun, s'attache à la position du fonds servant, lorsqu'il définit la servitude une charge, expression qu'on applique du reste à tous les droits réels envisagés passivement (V. art. 865 et 954).

En ajoutant que la servitude est établie *pour l'usage et l'utilité d'un héritage,* la loi exprime un des caractères essentiels du droit de servitude : en effet, l'usufruit est une charge établie en faveur d'une personne, ce qui lui a fait donner le nom de servitude personnelle, tandis que la servitude proprement dite est établie, au contraire, *pour l'usage et l'utilité d'un héritage,* afin d'en rendre la jouissance plus commode ou plus avantageuse au propriétaire quel qu'il soit (V. l'article 686 et son explication).

L'héritage sur lequel est établie la servitude, c'est-à-dire le fonds servant, ne doit pas appartenir au maître du fonds dominant, mais *à un autre propriétaire.* Il en est de même de l'usufruit et des autres démembrements de la propriété. C'est en ce sens que les jurisconsultes romains disaient : NEMINI RES SUA SERVIT.

638. — La servitude n'établit aucune prééminence d'un héritage sur l'autre.

SOMMAIRE.

262. Ancienne prééminence du *fief dominant* sur le *fief servant,* à laquelle le texte fait allusion.

262. En conservant dans le Code civil les expressions de *servitudes ou services fonciers,* le législateur a cru devoir écarter tous les souvenirs du système féodal ; et effectivement, comme l'a dit l'orateur du gouvernement, il ne s'agit pas dans ce titre « de ces prééminences d'un fonds sur « l'autre qui prenaient naissance dans le régime à jamais aboli des fiefs. » Pour comprendre les idées anciennes auxquelles cet article fait allusion, il convient de se reporter à ce qui se passait sous l'empire du régime féodal. On sait que le bail à fief ou *inféodation* était la concession d'une chose immobilière, avec translation du domaine utile, à charge de foi et hommage envers le concédant, qui retenait le domaine direct. Ordinairement les seigneurs ne concédaient ainsi qu'une partie de leur domaine, et alors on distinguait, d'une part, le *fief dominant,* qui restait entre les mains du seigneur, et auquel était attachée la prééminence ou supériorité féodale, et d'autre part, le *fief servant,* concédé au vassal (¹). C'est dans un sens bien différent qu'on distingue aujourd'hui le

_____

(¹) Pothier, *Fiefs,* part. 1, chap. prélimin., § 1 ; Merlin, *Répert.,* v° FIEF.

fonds dominant, qui profite de la servitude, et le fonds servant, qui la supporte.

639. — Elle dérive ou de la situation naturelle des lieux, ou des obligations imposées par la loi, ou des conventions entre les propriétaires.

SOMMAIRE.

263. Examen des dénominations appliquées aux différentes espèces de servitudes.

263. Sans reproduire ici ce que nous avons dit précédemment de cette classification (246), nous ferons seulement observer qu'elle motive la division du titre en trois chapitres. Et toutefois les rubriques ne sont pas tout à fait d'accord avec les expressions employées dans cet article. On ne voit plus dans la rubrique du chapitre II cette expression *obligations imposées par la loi,* qui se retrouve pourtant dans les articles 651 et 652. Nous nous expliquerons, à cet égard, quand nous parlerons des engagements qui se forment sans convention (art. 1370).

Quant à la rubrique du chapitre III, *Des servitudes établies par le fait de l'homme,* elle s'exprime avec plus d'exactitude que cet article; car les servitudes dont traite le chapitre III s'établissent non-seulement par convention, mais par testament, et même par la prescription.

CHAPITRE PREMIER.

DES SERVITUDES QUI DÉRIVENT DE LA SITUATION DES LIEUX.

640. — Les fonds inférieurs sont assujettis envers ceux qui sont plus élevés, à recevoir les eaux qui en découlent naturellement, sans que la main de l'homme y ait contribué.

Le propriétaire inférieur ne peut point élever de digue qui empêche cet écoulement.

Le propriétaire supérieur ne peut rien faire qui aggrave la servitude du fonds inférieur.

SOMMAIRE.

264. Motifs de cette disposition. A quelles eaux elle s'applique.
265. Exceptions que comporte la prohibition d'aggraver la servitude du fonds inférieur. Loi du 29 avril 1845.

264. Cet article s'applique surtout aux eaux pluviales et à celles qui proviennent de la fonte des neiges ([1]). Si le propriétaire inférieur pouvait les empêcher de suivre la pente naturelle du sol, le fonds supérieur en serait inondé. C'est ce qui n'a jamais été permis ([2]) : aussi la règle que pose ici le Code civil n'est-elle qu'un emprunt fait au droit romain ([3]). Il faut remarquer, du reste, que chez nous, comme à Rome, les eaux pluviales appartiennent au premier occupant, et si le propriétaire supérieur veut les retenir, son voisin n'a aucunement le droit de se plaindre ([4]).

Les termes de la loi comprennent seulement les eaux qui s'écoulent du fonds supérieur *naturellement, sans que la main de l'homme y ait contribué :* ce qui exclut, d'une part, les eaux ménagères ou celles qui ont servi dans une fabrique, et, d'autre part, les eaux qu'un puits artésien fait surgir à la surface du sol. Il est possible que le propriétaire inférieur trouve son avantage à les recevoir, mais il ne saurait y être contraint, puisqu'elles ne coulent que par le fait de l'homme.

265. Du principe que le propriétaire inférieur ne doit recevoir les eaux du fonds supérieur qu'autant qu'elles en découlent naturellement, résulte cette conséquence que le propriétaire supérieur ne doit rien faire qui aggrave la condition de son voisin, en lui transmettant les eaux d'une manière nuisible ([5]), par exemple, en leur donnant un courant plus rapide, en comprimant l'eau pour la forcer à s'élever et la laisser ensuite retomber de plus haut, ou en réunissant sur le même

---

([1]) Suivant un arrêt de la cour d'Aix, du 19 mai 1813, cet article ne s'applique point aux fleuves.

([2]) Loi du 6 octobre 1791, tit. 2, sect. 4, art. 15 et 16. Celui qui inonde les fonds voisins ou qui leur transmet l'eau d'une manière nuisible, est puni, d'après cette loi, d'une amende qui peut s'élever jusqu'au montant des dommages-intérêts.

L'inondation du fonds supérieur peut être causée par la retenue des eaux courantes, comme elle l'est quelquefois par les travaux qui empêchent l'écoulement des eaux pluviales. En effet, les moulins et autres usines et les étangs eux-mêmes ne s'établissent sur une rivière qu'au moyen d'un barrage, dont la hauteur est fixée par l'autorité administrative; mais souvent on élève les eaux au-dessus de la hauteur fixée, et alors il peut y avoir inondation des fonds supérieurs ou des chemins publics. Dans ce cas, ceux qui exploitent l'usine ou l'étang sont passibles d'une amende, qui, sans être jamais moindre de cinquante francs, ne peut excéder le quart des dommages-intérêts. S'il y a eu dégradation, ils sont en outre punis d'un emprisonnement de six jours à un mois (C. pén., art. 457).

([3]) *Ulp. L.* 1, § 13 *et* 23, *D. de aqua et aquæ pluv.*

([4]) *Ulp. d. L.* 1, § 11 *et* 21, *D. eod.*

([5]) Loi du 6 octobre 1791, tit. 2, sect. 4, art. 15. La cour de Lyon a même jugé, le 29 mai 1844, qu'un propriétaire ne peut détruire, au détriment des propriétaires inférieurs, des travaux d'art destinés à prévenir l'invasion des eaux pluviales et existant depuis plus de trente ans sur son héritage.

point des eaux qui naturellement seraient divisées ([1]). Ces règles, posées par les jurisconsultes romains, reçoivent exception, suivant eux, à l'égard des sillons que l'on trace dans les champs ensemencés pour empêcher l'eau d'y séjourner. Il est évident que de pareils sillons forment des rigoles qui peuvent n'être pas sans inconvénient pour les fonds auxquels elles aboutissent; mais l'intérêt de l'agriculture les a fait excepter de la règle générale ([2]).

Une autre exception, fondée sur le même motif, a été établie, en 1845, par la loi qui permet de faire passer sur le fonds d'autrui les eaux destinées à l'irrigation. Ces mêmes eaux nuiraient aux fonds qu'elles sont venues fertiliser, si elles y restaient trop longtemps. Il faut donc qu'elles puissent s'écouler sur les fonds inférieurs ; et bien qu'elles aient été détournées de leur cours naturel par la main de l'homme, le propriétaire inférieur est tenu de les recevoir, sauf une indemnité qu'il peut exiger ([3]).

641. — Celui qui a une source dans son fonds, peut en user à sa volonté, sauf le droit que le propriétaire du fonds inférieur pourrait avoir acquis par titre ou par prescription.

SOMMAIRE.

266. Droits du propriétaire de la source sur l'eau et sur la direction du courant.
267. *Quid* lorsque le cours d'eau est un affluent d'une rivière navigable?

266. L'eau, qui passe successivement d'un point sur un autre, n'appartient pas, par elle-même et comme objet distinct, au propriétaire du fonds d'où elle sort. S'il peut retenir l'eau qui se trouve encore sur son terrain, il n'a jamais le droit de reprendre celle qui est passée sur le fonds d'autrui. L'eau de la source ne lui appartient donc que comme l'accessoire du sol sur lequel elle coule.

C'est aussi comme partie intégrante de l'héritage où elle prend naissance qu'une source appartient au propriétaire de cet héritage, et s'il était démontré qu'elle tire son origine d'un fonds supérieur où elle n'avait précédemment qu'un cours souterrain, c'est au propriétaire de ce dernier fonds qu'elle aurait toujours appartenu ([4]).

Le principal avantage que procure la propriété de la source est dans la faculté attribuée au propriétaire de diriger le courant, soit pour ar-

---

([1]) *Ulp. L.* 1, § 1, *D. de aqua et aquæ pluv.*
([2]) *Ulp. d. L.* 1, § 3, 4, 5, 7, 8 *et* 15, *D. eod.*
([3]) Loi du 29 avril 1845, art. 2.
([4]) *Ulp. d. L.* 1, § 12; *Pomp. L.* 21, *D. de aqua et aquæ pluv.*

roser son terrain, soit pour faire mouvoir une usine. C'est ce droit à la direction du courant qui intéresse surtout les propriétaires inférieurs, et qui peut être modifié à leur profit par la prescription. Tant que son droit reste entier, le propriétaire de la source en dispose librement. Il peut changer la direction primitive du courant ; il peut même absorber l'eau en totalité. Il en est autrement lorsque son droit a été modifié par la constitution d'une servitude.

267. On s'est demandé si le propriétaire de la source peut détourner le cours d'eau, lorsqu'il est un affluent d'une rivière navigable. Cette question ne se présente évidemment que pour les affluents d'une certaine importance, et alors le volume d'eau sera tel, qu'il sera bien difficile au propriétaire d'en détourner le cours. Dans tous les cas, il nous paraît évident que, la loi n'ayant fait aucune distinction, ce serait tomber dans l'arbitraire que d'apporter des exceptions au principe qu'elle consacre.

642. — La prescription, dans ce cas, ne peut s'acquérir que par une jouissance non interrompue pendant l'espace de trente années, à compter du moment où le propriétaire du fonds inférieur a fait et terminé des ouvrages apparents destinés à faciliter la chute et le cours de l'eau dans sa propriété.

SOMMAIRE.

268. Nécessité de travaux apparents pour faire commencer la prescription. Ne suffit-il pas qu'ils soient faits sur le fonds inférieur ?

268. La simple direction du cours de l'eau ne suffirait pas pour donner au propriétaire inférieur une possession utile. La prescription suppose qu'il a exécuté des ouvrages *apparents* pour s'approprier le cours de l'eau. Il ne saurait y avoir de difficulté sur ce point ; mais on se demande si les travaux dont l'achèvement fait commencer la prescription, doivent exister sur le fonds même où surgit la source, ou bien s'il suffit que le propriétaire inférieur les ait exécutés sur son propre fonds. La question est controversée, et cependant l'intention du législateur ne saurait, selon nous, souffrir aucun doute.

Ceux qui pensent que les travaux doivent avoir été faits sur le fonds supérieur, se fondent sur ce que, le propriétaire de ce fonds étant maître de la source, la prescription ne peut lui être opposée qu'autant qu'elle est de nature à faire supposer un abandon tacite de son droit. S'il a laissé passer trente ans sans détourner le cours naturel de l'eau, c'est de sa part un acte de pure faculté, qui ne peut servir de base à la prescription (art. 2232), et lors même qu'il a été fait des travaux, s'ils n'existent que sur le fonds inférieur, le propriétaire de la source peut n'en pas avoir connaissance, et, dans tous les cas, il n'a pas le droit de s'y opposer. D'ailleurs, lorsque l'eau coule librement jusqu'à l'extrémité du fonds supérieur, elle en sort sans être grevée d'aucune servitude, et il n'y a pas lieu de s'occuper de la direction qu'elle peut recevoir sur le fonds inférieur.

Ceux qui considèrent comme suffisants les travaux exécutés par le propriétaire inférieur sur son propre fonds, répondent que le texte exige seulement des ouvrages *apparents*, ce qui est conforme aux règles générales de la prescription, suivant lesquelles la possession doit être *publique et non équivoque* (art. 2229). Il suffit donc que les travaux n'aient rien de clandestin. Il est vrai que le propriétaire de la source ne pouvait empêcher le voisin d'exercer son droit de propriété, mais il pouvait toujours interrompre la prescription par une demande judiciaire. Il n'est pas exact non plus de dire que l'eau arrive jusqu'à la limite du fonds supérieur libre de toute servitude; car son cours est nécessairement accéléré par suite des travaux qui facilitent sa chute dans le fonds inférieur.

Les doutes, s'il pouvait en rester, seraient levés par la discussion au conseil d'État et par les observations du tribunat.

La rédaction primitive ne contenait, à l'égard des sources, qu'une seule disposition conçue en ces termes : « Celui qui a une source dans « son fonds peut en user à sa volonté. » Lors de la discussion (¹), Berlier réclama dans l'intérêt du propriétaire inférieur qui aurait reçu l'eau « pendant un temps assez long pour en prescrire l'usage. Ce serait, di- « sait-il, porter à ce propriétaire un grand préjudice que de suppri- « mer ou de détourner l'eau, *surtout s'il y a eu des ouvrages faits en* « *considération de cet état de choses.* » Tronchet fit observer qu'il serait très-difficile de prescrire « si la possession n'était attestée par des ou- « vrages *extérieurs.* » Lorsque le propriétaire, dit Cambacérès, a souffert pendant le temps nécessaire « les ouvrages faits par le propriétaire « inférieur, il paraît avoir tacitement concédé des droits à ce dernier. » D'un autre côté, suivant Regnault (de Saint-Jean-d'Angely), « l'intérêt « public exige que l'on conserve aux propriétaires inférieurs l'avantage « des irrigations qu'ils se sont ménagées par des travaux ou des con- « structions. » Enfin, l'article ayant été adopté, « avec les amende- « ments proposés par M. Berlier, M. Regnault, et par le consul Camba- « cérès, » une rédaction nouvelle a autorisé la prescription, en exigeant, comme l'avait demandé Tronchet, des travaux *extérieurs.*

Comme on le voit, aucune distinction n'a jamais été proposée, dans

---

(¹) Séance du 4 brumaire an XII.

la discussion, quant à l'emplacement des travaux. Ce serait déjà pour les jurisconsultes, un motif suffisant de n'en point admettre, si l'intention du législateur ne s'était pas manifestée d'une manière plus positive encore. La question a été posée et discutée dans les observations du tribunat, qui interpréta le projet de loi en ce sens, qu'il suffit d'ouvrages exécutés par le propriétaire inférieur sur son propre fonds. Toutefois, « vu les difficultés que le mot *extérieurs* pourrait faire naître sur le « sens qu'il doit avoir ici, » le tribunat proposa d'y substituer le mot *apparents*. En faisant droit à cette observation, le conseil d'État a évidemment confirmé l'interprétation qu'elle tend à faire prévaloir ([1]).

643. — Le propriétaire de la source ne peut en changer le cours, lorsqu'il fournit aux habitants d'une commune, village ou hameau, l'eau qui leur est nécessaire; mais si les habitants n'en ont pas acquis ou prescrit l'usage, le propriétaire peut réclamer une indemnité, laquelle est réglée par experts.

COMMUNE, VILLAGE OU HAMEAU. Le territoire de la France se divise, comme nous l'avons déjà vu (52), en départements, arrondissements, cantons et communes. Ainsi, la commune est une circonscription administrative dont l'étendue est fixée par la loi. Le mot *village* se prend par opposition au mot *ville*, pour désigner une agglomération d'habitants moins considérable. Une ville constitue presque toujours à elle seule une commune, tandis qu'une même commune comprend souvent plusieurs villages. *Hameau* n'est qu'un diminutif de *village*.

SOMMAIRE.

269. L'eau est tellement nécessaire aux besoins de la vie, que le législateur a dû faire prévaloir l'intérêt d'une communauté d'habitants sur le droit du propriétaire de la source. Il ne peut donc en changer le cours, lorsque les habitants en ont besoin, soit pour leur usage personnel, soit pour abreuver leurs bestiaux. Résulte-t-il de là que le propriétaire doive livrer passage sur son fonds aux personnes et aux bestiaux mêmes? Ce serait ajouter à la loi que d'admettre une exigence qui mettrait le propriétaire de la source dans l'impossibilité de se clore ([2]).

([1]) L'opinion contraire a été cependant consacrée par de nombreuses décisions judiciaires, notamment par un arrêt de cassation du 25 août 1812, et par des arrêts de rejet du 6 juillet 1825 et du 5 juillet 1837.

([2]) L'établissement d'un lavoir sur le terrain d'autrui dans cette hypothèse ne constitue qu'une servitude discontinue, qui, aux termes de l'article 691, ne peut s'acquérir par prescription (Poitiers, 25 *janvier* 1826).

Il lui suffit de ne pas *changer le cours* de l'eau, pour la laisser arriver à une place où les habitants ont un libre accès.

La commune doit indemniser le propriétaire du préjudice résultant pour lui de l'impossibilité où il est de disposer de sa chose. Cette indemnité est due, suivant le texte, tant que la commune n'a pas *acquis ou prescrit l'usage* du cours d'eau ; mais on s'accorde à considérer cette rédaction comme inexacte. Il ne s'agit point ici, comme dans l'article précédent, d'acquérir par titre ou par prescription une servitude conventionnelle ; car il est évident que c'est le législateur même qui accorde aux habitants le cours de l'eau. Le Code veut parler de l'indemnité due au propriétaire de la source, indemnité dont la commune peut se libérer par prescription, lorsque, suivant l'expression assez impropre du texte, elle n'a pas acquis l'usage de l'eau par un arrangement conclu avec le propriétaire.

644. — Celui dont la propriété borde une eau courante, autre que celle qui est déclarée dépendance du domaine public par l'article 538 au titre *de la Distinction des biens,* peut s'en servir à son passage pour l'irrigation de ses propriétés.

Celui dont cette eau traverse l'héritage, peut même en user dans l'intervalle qu'elle y parcourt, mais à la charge de la rendre, à la sortie de ses fonds, à son cours ordinaire.

PEUT MÊME EN USER. La rédaction primitive portait : *en user à sa volonté ;* mais il est à craindre, dit le conseiller d'État Pelet, « que l'un des propriétaires supérieurs ne s'empare tellement des « eaux qu'il n'en absorbe l'usage et n'en laisse rien échapper vers les propriétés inférieures. » On a fait droit à cette observation en supprimant les mots *à sa volonté.* Il n'est donc pas exact de prétendre, comme on le fait, que ces mots *en user* tendent à conférer au riverain un droit absolu, par opposition aux mots *s'en servir* employés dans le premier alinéa.

SOMMAIRE.

270. Droit des riverains sur les rivières navigables ou flottables dans la législation intermédiaire. Changement opéré par le Code.
271. Droits des riverains sur les autres cours d'eau.
272. Avantage dont est privé le propriétaire qui ne possède pas les deux rives. Droit d'appui établi par la loi du 11 juillet 1847.
273. Autre servitude relative aux irrigations ; loi du 29 avril 1845.

270. D'après la loi du 6 octobre 1791 ([1]), qu'on appelle ordinairement Code rural, « nul ne pouvait se prétendre propriétaire exclusif « des eaux d'une rivière navigable ou flottable. En conséquence, tout « propriétaire riverain pouvait, *en vertu du droit commun,* y faire des

---

([1]) Tit. 1, sect. 1, art. 4.

« prises d'eau, sans néanmoins en détourner ni embarrasser le cours
« d'une manière nuisible au bien général et à la navigation. » Cette législation, qui, tout en exceptant les entreprises *nuisibles au bien général et à la navigation,* laissait aux riverains le droit de s'approprier
l'eau, considérée comme *res nullius,* avait produit dans l'application
des conséquences fâcheuses. Le Directoire, par un arrêté du 9 ventôse
an VI, avait dû prendre des mesures pour assurer à la navigation son
libre cours. Le Code civil va plus loin : revenant aux dispositions de l'ancien droit (¹), il repousse, par la réserve contenue dans cet article,
le principe même de la loi de 1791. Les riverains n'ont donc plus, *en
vertu du droit commun,* la faculté de rien entreprendre sur le cours des
rivières navigables ou flottables, qui restent affectées au service de la
navigation.

Néanmoins il ne faut pas en conclure que les rivières comprises
dans le domaine public ne puissent jamais être utilisées dans un intérêt
privé ; sans doute elles ont une destination d'intérêt général, mais la
navigation n'exige qu'un certain volume d'eau, et l'excédant, s'il
en existe, ne doit pas être perdu. L'utilité générale même veut qu'il
puisse être employé même par les particuliers, non plus en vertu du
droit commun, comme le disait la loi de 1791, mais au moyen d'une
concession faite par le gouvernement, soit aux riverains, soit à des
personnes qui n'ont aucune propriété sur la rive.

Ces concessions purement gracieuses dérivent d'une tolérance toujours subordonnée à l'intérêt public, et sont par conséquent révocables
toutes les fois que cet intérêt l'exige (²). Il faudrait une loi spéciale pour
valider l'aliénation définitive d'une portion quelconque du domaine
public.

271. Les rivières non navigables et non flottables ne sont point
soumises au même régime. Les riverains ont sur le courant des droits
dont l'étendue varie, suivant que l'eau borde ou traverse leur fonds.

Lorsque le cours d'eau sépare deux héritages, il peut être considéré
comme une clôture mitoyenne, sur laquelle l'un des riverains ne doit
faire aucune entreprise nuisible au propriétaire de l'autre rive ; c'est
ainsi, par exemple, qu'il ne peut empiéter sur le lit de la rivière, de
manière à rejeter le courant sur la rive opposée, ou, en sens inverse,
abaisser son propre sol pour attirer l'eau de son côté (³).

(¹) Ordonn. de 1669, tit. 27, art. 44.

(²) Depuis la loi de finances du 16 juillet 1840, article 8, le budget des recettes porte,
chaque année, le prix de ces concessions au nombre des ressources du trésor public.

(³) Il n'est point permis de faire des constructions, même défensives, dans le lit
d'une rivière, lorsqu'elles peuvent nuire au propriétaire de l'autre rive (Nîmes,
27 *juillet* 1829).

Chacun des riverains peut, suivant le texte, se servir de l'eau pour l'irrigation de sa propriété, et même, ce dont on ne saurait douter, pour l'établissement d'une usine; mais il ne l'emploie ainsi qu'*à son passage,* c'est-à-dire, sans avoir le droit d'en détourner le cours. Ce droit n'appartient qu'à ceux qui possèdent l'une et l'autre rive, et encore l'eau doit-elle, à la sortie de leur fonds, être rendue à son cours ordinaire. Cette restriction démontre que personne n'a de droit absolu sur les eaux qui, se renouvelant sans cesse, deviennent successivement l'accessoire de tous les fonds qu'elles parcourent. Les riverains supérieurs ou inférieurs ont un droit égal, et chacun l'exerce à son tour, sans pouvoir empêcher l'usage des autres (¹).

Ainsi, le droit attribué aux riverains pour l'irrigation de leurs propriétés s'applique aux propriétés situées sur la rive, en proportion du besoin que chacun peut avoir, suivant la nature du terrain et en raison de son étendue. Un fonds riverain s'accroît quelquefois par l'acquisition de terrains qui ne sont pas sur la rive, et l'on se demande, en pareil cas, si la quantité d'eau primitivement attribuée au propriétaire augmente comme l'étendue de sa propriété. Il nous paraît certain qu'elle ne doit pas augmenter au préjudice des autres riverains. Toutefois, comme cette matière n'admet rien d'absolu (art. 645), les juges devront apprécier ce que l'équité permet d'attribuer à l'irrigation, suivant les circonstances de l'acquisition et suivant que l'eau est plus ou moins nécessaire aux autres riverains.

Au reste, il n'est pas douteux qu'ici, comme vis-à-vis du propriétaire de la source, les riverains inférieurs ne puissent, en exécutant des travaux *apparents,* acquérir par prescription le droit de s'approprier le courant (²).

272. La position du propriétaire dont l'héritage est traversé par la rivière, est d'autant plus avantageuse qu'il peut, au moyen d'un barrage, faire refluer l'eau sur son terrain. Celui qui ne possède qu'une seule rive ne peut obtenir le même résultat qu'en appuyant son barrage sur la rive opposée, ce que le Code civil ne permettait pas de faire sans le consentement du voisin; mais une loi nouvelle, plus favorable aux irrigations, applique ici le principe de l'expropriation pour cause d'utilité publique. Chacun des riverains peut donc aujourd'hui, en payant une juste et préalable indemnité, acquérir le droit d'appuyer sur la rive opposée les ouvrages nécessaires à la prise d'eau; et de

---

(¹) V. Coutume de Normandie, art. 206. Si l'on s'en rapporte à l'orateur du tribunat, le propriétaire du fonds supérieur avait autrefois, dans quelques pays coutumiers, le droit de consommer l'eau sans en rien laisser au propriétaire inférieur.

(²) Rejet, 26 février 1844.

même que le propriétaire joignant un mur peut en acheter la mitoyenneté, même sans le consentement de celui qui l'a construit (art. 660 et 661), le riverain sur le fonds duquel un semblable barrage est appuyé peut toujours en réclamer l'usage commun (¹).

273. D'après une autre loi et par application du même principe, ceux qui ont des propriétés séparées par le fonds d'autrui peuvent utiliser les eaux naturelles ou artificielles (par exemple, les eaux provenant d'un puits artésien) dont ils ont le droit de disposer, en les faisant passer d'un fonds sur l'autre, mais toujours à la charge de payer au propriétaire du fonds intermédiaire une juste et préalable indemnité (²).

Cette dernière faculté peut être très-avantageuse au propriétaire qui veut utiliser des eaux artificielles ou même les eaux d'une source dont il dispose librement; mais, à l'égard des eaux d'une rivière, il arrivera rarement qu'un propriétaire ait intérêt à les faire passer sur le fonds d'autrui pour les conduire sur un fonds plus ou moins éloigné de la rive, puisque la loi de 1845 ne change en aucune manière les dispositions du Code en ce qui concerne la distribution des eaux entre les parties intéressées. La quantité dont chaque riverain a la disposition reste la même, et dès lors il importe peu qu'elle soit employée sur un point plutôt que sur un autre. Cette objection est très-sérieuse dans les localités où l'industrie et l'agriculture se partagent les eaux sans en rien laisser perdre, mais il existe beaucoup de rivières dont on ne retire que peu ou point de profit sous le rapport des irrigations. Rien n'empêche alors un propriétaire riverain de prendre l'eau dont il a besoin pour ses propriétés, tant que les voisins n'en réclament point leur part. Jusque-là, en effet, il ne saurait leur causer aucun préjudice.

645. — S'il s'élève une contestation entre les propriétaires auxquels ces eaux peuvent être utiles, les tribunaux, en prononçant, doivent concilier l'intérêt de l'agriculture avec le respect dû à la propriété; et, dans tous les cas, les règlements particuliers et locaux sur le cours et l'usage des eaux doivent être observés.

SOMMAIRE.

274. Importance des eaux courantes. Intérêts opposés de l'agriculture et de la propriété du cours d'eau. Les intérêts de l'industrie se confondent ici avec ceux de la propriété.

275. Compétence respective des autorités administrative et judiciaire.

(¹) Loi du 11 juillet 1847.

(²) Loi du 29 avril 1845, art. 1. La même faculté appartient au propriétaire d'un fonds submergé, lorsqu'il veut donner un écoulement à des eaux nuisibles (*même loi*, art. 3).

274. Les eaux courantes ont, dans l'intérêt général, une grande importance. Elles augmentent la fécondité des terrains où elles peuvent se répandre, et suffisent souvent pour convertir en riches pâturages les fonds les plus arides. D'un autre côté, le courant des rivières est une force qui fait mouvoir différentes usines, entre autres, des moulins. De là un conflit entre l'intérêt de l'agriculture, qui a besoin d'irrigations, et celui des propriétaires à qui appartient un cours d'eau, et qui veulent l'employer à divers usages, notamment à l'exploitation d'une usine. C'est ainsi que l'intérêt de l'industrie, auquel on croit communément que les rédacteurs du Code n'ont pas songé, se trouve nécessairement compris dans celui de la propriété. Ce sont ces deux intérêts que l'autorité administrative et l'autorité judiciaire sont appelées à concilier.

275. Cette conciliation, envisagée au point de vue de l'utilité générale, est faite par des règlements qui doivent émaner de l'administration. L'ordonnance du 14 août 1822 règle, sous ce rapport, la compétence des préfets (¹), et lorsqu'il a été rendu de semblables règlements, les tribunaux doivent avant tout s'y conformer. A défaut de règlements administratifs, l'autorité judiciaire statue dans les affaires qui lui sont soumises (²), en conciliant *l'intérêt de l'agriculture avec le respect dû à la propriété.*

On met d'accord ces deux intérêts trop souvent opposés, en déterminant les jours, et même les heures, où chacun aura l'usage exclusif du même cours d'eau. Cette première distribution opérée, il faut encore régler la manière dont les riverains useront de l'eau pendant le temps où elle est affectée aux irrigations. Autrement, les propriétaires supérieurs pourraient l'absorber en totalité, et il importe qu'elle arrive aux fonds inférieurs.

646. — Tout propriétaire peut obliger son voisin au bornage de leurs propriétés contiguës. Le bornage se fait à frais communs.

PEUT OBLIGER SON VOISIN, c'est-à-dire, le contraindre en vertu de l'obligation que la loi lui impose.

SOMMAIRE.

(¹) Les maires n'ont point qualité à cet égard (rejet, 4 *août* 1835 ; 15 *décembre* 1838).

(²) En l'absence de règlements et de titres, il appartient aux tribunaux de statuer *ex bono et œquo* sur l'usage des eaux (cass. 10 *août* 1821 ; rejet, 7 *mai* 1838).

276. La plantation de bornes a pour but de fixer d'une manière stable ([1]) la limite de deux héritages contigus. Lorsque cette limite est contestée, la demande en bornage équivaut à une action en revendication, qui doit être portée devant le tribunal civil ; mais dans le cas où les parties, sans avoir de difficulté sur la propriété même, ne s'entendraient point pour se borner à l'amiable, une compétence spéciale est attribuée au juge de paix par la loi du 25 mai 1838, article 6. Cette loi lui donne également le droit de statuer sur les contestations relatives soit aux distances prescrites pour les plantations d'arbres ou de haies (V. art. 671 et 672), soit aux constructions et travaux énoncés dans l'article 674. Ainsi, le juge de paix, dont la compétence primitive, en matière réelle immobilière, était restreinte aux actions possessoires ([2]), connaît de plusieurs questions qui, sans avoir pour objet la revendication proprement dite des biens immobiliers, tendent à régler l'exercice de la propriété foncière. Nous verrons plus tard si l'action en bornage doit ou non être considérée comme purement réelle, et en conséquence si elle ne peut être soumise qu'au juge de la situation des biens (V. art. 1370).

277. Le bornage se fait à frais communs, c'est-à-dire *à moitié frais* ([3]), et non en proportion de la valeur ou de l'étendue respective des deux fonds, parce qu'il offre aux deux parties le même avantage, celui de prévenir les anticipations qui sont à craindre d'un côté comme de l'autre. Quant aux frais du procès qui peut s'élever à cette occasion, ils sont supportés, d'après la règle générale, par la partie qui succombe (C. de pr., art. 130).

647. — Tout propriétaire peut clore son héritage, sauf l'exception portée en l'article 682.

648. — Le propriétaire qui veut se clore, perd son droit au parcours et vaine pâture, en proportion du terrain qu'il y soustrait.

SOMMAIRE.

278. Anciennes restrictions au droit de clôture. Définitions des droits de vaine pâture et de parcours.

([1]) L'action en bornage ne saurait être écartée, lors même qu'il existe d'ailleurs une limite, telle qu'une rangée d'arbres. Cette limite n'a point une fixité suffisante (cass. 30 *décembre* 1818). Il en est autrement lorsqu'il existe depuis plus d'un an une clôture régulière, telle qu'un mur (Besançon, 10 *mars* 1828).

([2]) Loi du 24 août 1790, tit. 3, art. 9 et 10.

([3]) Loi du 6 octobre 1791, tit. 1, sect. 1, art. 3. Ce principe est également applicable entre l'État et un particulier (Douai, 26 *mars* 1844).

279. Dispositions de la loi de 1791 sur ces droits. Ils ne font point obstacle à la clôture, lors même qu'ils sont fondés sur un titre.

280. Comment est réglé le nombre de bêtes que chacun peut envoyer au parcours ou à la vaine pâture. Comment un fonds est-il réputé clos?

278. Le droit de se clore, qui est une conséquence de la propriété, était soumis, dans l'ancienne jurisprudence, à plusieurs restrictions résultant, soit du droit de chasse réservé au seigneur féodal ou haut justicier, même dans les parcs et jardins attenants aux habitations [1], soit des droits de vaine pâture et de parcours.

Le droit de vaine pâture est ainsi appelé par opposition au droit de grasse ou vive pâture, que les habitants d'une commune peuvent avoir sur les landes, marais ou bruyères appartenant à la commune ou assujettis dans leur intérêt à un pâturage exclusif. La vaine pâture s'exerce dans toute l'étendue du territoire communal, sur les grands chemins, sur les prés après la fauchaison de la première herbe, sur les guérets et les terres en friche, sur les bois de haute futaie, et les taillis après le quatrième ou le cinquième bourgeon, et en général sur tous les héritages où il n'y a ni semences ni fruits [2]. Le parcours n'est que la vaine pâture respectivement exercée par les habitants de deux communes voisines [3].

279. La loi du 6 octobre 1791, connue, comme nous l'avons déjà dit, sous le nom de Code rural, après avoir supprimé les droits de vaine pâture et de parcours qui n'étaient pas fondés soit sur un titre particulier, soit sur une possession autorisée par la loi ou par les coutumes, ajoutait : Article 4. « Le droit de clore et déclore les héritages résulte « essentiellement de celui de propriété, et ne peut être contesté à « aucun propriétaire. » Article 5. « Les droits de parcours et le droit « simple de vaine pâture ne pourront, en aucun cas, empêcher les « propriétaires de clore leurs héritages, et tout le temps qu'un héri- « tage sera clos, il ne pourra être assujetti ni à l'un ni à l'autre de ces « droits. » Cette décision formelle s'applique évidemment à tous les droits de parcours ou de vaine pâture maintenus par les précédentes dispositions, et l'on ne doit pas s'étonner de les voir soumis à une pareille restriction, puisque le législateur, en maintenant le droit de parcours ou de vaine pâture fondé sur un titre ou sur une possession légalement autorisée, avait fait des réserves expresses [4].

Cependant, on a jugé, relativement à la vaine pâture, que ce

---

[1] Merlin, *Répert.*, v° CHASSE.
[2] Merlin, *Répert.*, v° VAINE PATURE.
[3] V. loi du 6 octobre 1791, tit. 1, sect. 4, art. 2 ; Merlin, *Répert.*, v° PARCOURS.
[4] Même loi, tit. 1, sect. 4, art. 2 et 3.

droit, lorsqu'il est établi par un titre, empêche le propriétaire de se clore (¹). On s'est fondé mal à propos sur une disposition spécialement applicable aux prairies « qui deviennent communes à « tous les habitants, soit immédiatement après la récolte de la « première herbe, soit dans tout autre temps déterminé (²). » Suivant cette disposition, « le droit dont jouit tout propriétaire de « clore ses héritages, a lieu *même* par rapport à ces prairies dans les « paroisses où la communauté dont on vient de parler existe *sans* « *titre de propriété et seulement par l'usage.* » Évidemment cette distinction qui soumet à une interprétation restrictive les dispositions générales de la loi, ne concerne pas le droit de vaine pâture, mais un véritable droit de copropriété sur la seconde herbe (³); et loin de restreindre le droit accordé à tout propriétaire de clore ses héritages nonobstant le droit de vaine pâture, la loi donne à ce droit une extension spéciale, comme le prouve le mot *même*. On objecte encore que l'article 7 de la même loi distingue formellement si le droit de vaine pâture est établi par titre ou par l'usage. « La clôture, dit le texte, affran- « chira de même du droit de vaine pâture réciproque ou non récipro- « que entre particuliers, *si ce droit n'est pas fondé sur un titre.* » Rien de plus clair en effet, mais *entre particuliers* seulement, et nous ne sommes nullement autorisés à étendre la même distinction au droit des communes. En effet, la vaine pâture, lorsqu'elle est limitée à deux héritages seulement, n'a pas pour l'agriculture les inconvénients qu'elle aurait sur la totalité d'une commune, dont le territoire peut être fort étendu, et l'on conçoit que le législateur ait voulu maintenir plus strictement l'observation des conventions entre particuliers. Remarquons d'ailleurs qu'il y aurait eu inconséquence à décider que la vaine pâture constituée par titre en faveur d'une commune suffit pour empêcher la clôture des héritages, lorsque le parcours ne l'empêche pas, *même dans le cas où le droit de la commune serait fondé sur un titre* (⁴). C'est aussi par le droit antérieur qu'il convient d'interpréter la décision du Code qui accorde à tout propriétaire le droit de se clore, en lui faisant perdre seulement *son droit au parcours et vaine pâture, en proportion du terrain qu'il y soustrait.*

280. Pour comprendre cette disposition, il faut savoir que d'après la

---

(¹) Rejet, 14 fructid. an IX; cassation, 15 décembre 1808.
(²) Loi du 6 octobre 1791, sect. 4, art. 11.
(³) V. les motifs d'un arrêt de rejet du 25 floréal an XIII rapporté par Merlin, *Répert.*, vᵒ VAINE PATURE, § 1, art. 2, nᵒ 3. Voyez aussi le plaidoyer de Merlin, *Questions de droit*, vᵒ VAINE PATURE, § 1.
(⁴) Loi du 6 octobre 1791, tit. 1, sect. 4, art. 7.

loi de 1791 la quantité de bétail que chaque propriétaire peut envoyer au parcours ou à la vaine pâture est réglée dans chaque commune *à tant de bêtes par arpent*, soit par des règlements et usages locaux, soit par un arrêté du conseil municipal (¹), et c'est ce nombre de têtes de bétail qui est diminué proportionnellement, quand un propriétaire clôt une partie de son terrain (²).

Du reste, un héritage n'est réputé clos relativement au parcours et à la vaine pâture qu'autant qu'il est entouré soit par un mur de quatre pieds de hauteur, soit par des palissades, des haies vives, ou des haies sèches faites suivant le mode usité dans la localité, soit enfin par un fossé de quatre pieds d'ouverture et de deux pieds de profondeur (³).

CHAPITRE II.

DES SERVITUDES ÉTABLIES PAR LA LOI.

649. — Les servitudes établies par la loi ont pour objet l'utilité publique ou communale, ou l'utilité des particuliers.

650. — Celles établies pour l'utilité publique ou communale ont pour objet le marchepied le long des rivières navigables ou flottables, la construction ou réparation des chemins et autres ouvrages publics ou communaux.

Tout ce qui concerne cette espèce de servitude, est déterminé par des lois ou des règlements particuliers.

SOMMAIRE.

281. Dispositions de l'ordonnance de 1669 sur le marchepied. Distinction du marchepied et du chemin de halage à l'égard des rivières.
282. Marchepied des rivières flottables, soit par trains et radeaux, soit à bûches perdues.
283. A quelle servitude le Code fait allusion en parlant de la construction des chemins et autres ouvrages.

(¹) Loi du 6 octobre 1791, tit. 1, sect. 4, art. 13. — Il faut remarquer, à cette occasion, que tout chef de famille domicilié peut, lors même qu'il n'est ni propriétaire ni fermier, envoyer à la vaine pâture ou au parcours des bêtes à laine ou une vache avec son veau (*ibid.*, art. 14).

(²) *Ibid.*, art. 16.

(³) *Ibid.*, art. 6. Aussi un arrêt de cassation du 29 mars 1841 a-t-il refusé avec raison de considérer comme clôture un cordon d'herbe de deux mètres, qu'un propriétaire avait laissé autour de son pré après l'avoir fauché.

281. Le marchepied, suivant l'ordonnance de 1669, est le terrain que les propriétaires riverains doivent laisser libre de toutes constructions et plantations sur les deux bords d'une rivière navigable, savoir « Vingt-quatre pieds au moins de place en largeur pour chemin royal « et trait de chevaux, sans qu'ils puissent planter arbres ni tenir clô- « ture ou haies plus près que trente pieds du côté que les bateaux se « tirent, et dix pieds de l'autre bord ([1]). »

Ainsi, lorsqu'il s'agit d'une rivière navigable, le marchepied se compose de deux chemins séparés par le cours de l'eau. Le plus large, qu'on appelle chemin de halage (V. art. 556), sert aux chevaux qui halent ou tirent les bateaux à la remonte. Le marchepied proprement dit est destiné aux piétons; il facilite surtout le sauvetage des trains et radeaux.

282. Lorsqu'une rivière est simplement flottable, les trains de bois, qui ne remontent jamais le courant, n'ont pas besoin d'être halés, et par suite, les propriétaires riverains ne sont pas assujettis à laisser un chemin de halage pour les chevaux : aussi le décret du 22 janvier 1808, qui déclare applicable à toutes les rivières de l'Empire la disposition de l'ordonnance, s'occupe-t-il seulement des rivières navigables. Toutefois, il faut toujours laisser le marchepied proprement dit, dont nous avons signalé l'utilité. A la vérité, le texte du Code, qui semble mettre les rivières flottables sur la même ligne que les rivières navigables, ne vient pas à l'appui de cette distinction, mais elle est clairement établie par la loi du 15 avril 1829 sur la pêche fluviale, article 35, et elle est observée dans la pratique administrative.

Un marchepied limité à quatre pieds (1 mètre 32 cent.) de largeur existe aussi le long des rivières flottables à bûches perdues, en vertu d'un arrêté du 13 nivôse an V, qui n'a pas été inséré au Bulletin des lois ([2]).

283. La disposition du Code sur les servitudes qui ont pour objet *la construction ou réparation des chemins ou autres ouvrages publics ou communaux,* ne fournit qu'une indication vague des lois ou des règlements dont le législateur a voulu parler. On a cité, d'une part, l'ordonnance de 1669, d'après laquelle les bois, épines et broussailles traversés par un grand chemin, doivent être essartés et coupés dans une largeur de soixante pieds, afin que le chemin *soit libre et plus sûr* ([3]);

([1]) Ordon. de 1669, tit. 28, art. 7. La sanction établie par l'ordonnance est une amende de 500 francs.

([2]) Un avis du C. d'État du 21 février 1822 reconnaît l'existence de ce marchepied, déjà établi autrefois par l'ordonnance de 1672 (ch. 17, art. 7).

([3]) Ordon. de 1669, tit. 28, art. 3.

et d'autre part, l'article 6 d'un règlement du conseil rendu le 3 mai
1720, qui oblige « tous les propriétaires d'héritages tenants et abou-
« tissants aux grands chemins et branches d'iceux, » à les planter
d'arbres d'espèces différentes suivant la nature du terrain. Ce sont là
sans doute d'importantes restrictions au droit commun de la propriété :
elles sont établies dans un but d'utilité publique ; mais elles ne concernent ni la construction, ni la réparation des chemins. Nous pensons
que le Code se réfère au droit d'extraire les matériaux nécessaires à la
confection des travaux publics en général, et, par conséquent, à l'établissement et à l'entretien des chemins. L'extraction de ces matériaux,
déjà autorisée, dans les terrains non clos, par un arrêt du conseil du
7 septembre 1755, a été réglementée par la loi du 6 octobre 1791 [1],
et plus récemment, par celle du 16 septembre 1807 sur le dessèche-
ment des marais. D'après cette loi, le propriétaire doit être indemnisé
du préjudice qu'il éprouve par suite de la dégradation du terrain, mais
on ne lui tient compte de la valeur des matériaux, qu'autant qu'ils ont
été tirés d'une carrière déjà en exploitation [2]. Cette disposition exorbitante ne s'applique point aux matériaux extraits pour un travail
communal [3].

651. — La loi assujettit les propriétaires à différentes obligations l'un à l'égard de l'autre, indépendamment de toute convention.

652. — Partie de ces obligations est réglée par les lois sur la
police rurale ;

Les autres sont relatives au mur et au fossé mitoyens, au cas où
il y a lieu à contre-mur, aux vues sur la propriété du voisin, à l'é-
gout des toits, au droit de passage.

SOMMAIRE.

284. Obligations imposées aux propriétaires à raison du voisinage de leurs fonds,
tant par les lois sur la police rurale que par le Code.

284. Les obligations dérivent de plusieurs sources, et entre autres
des dispositions de la loi (art. 1370). La loi impose des obligations aux
personnes, soit, comme nous l'avons vu au titre *du Mariage* (art. 205
et 206), à raison de la parenté ou de l'affinité qui les unit, soit à raison
du voisinage de leurs fonds. C'est ainsi que tout propriétaire peut être

---

[1] Tit. 1, sect. 6, art. 1.
[2] Loi du 16 septembre 1807, art. 55.
[3] Arrêt du C. d'État du 17 décembre 1807.

forcé, en cette seule qualité, de borner son héritage (art. 646). Le Code établit entre propriétaires voisins d'autres obligations analogues, qui pour la plupart sont traitées dans les différentes sections de ce chapitre, mais dont une partie est réglée *par les lois sur la police rurale*. Ces expressions du Code semblent se référer au titre II de la loi du 6 octobre 1791, intitulé *de la Police rurale*. Toutefois, ce titre, applicable aux délits ruraux, ne contient aucune règle sur les obligations que la loi impose aux propriétaires. Les seules dispositions qui aient quelque rapport avec les matières dont s'occupe ici le Code, se trouvent dans la même loi (¹), sous la rubrique : *Des troupeaux, des clôtures, du parcours et de la vaine pâture*.

SECTION PREMIÈRE.

DU MUR ET DU FOSSÉ MITOYENS.

653. — Dans les villes et les campagnes, tout mur servant de séparation entre bâtiments jusqu'à l'héberge, ou entre cours et jardins, et même entre enclos dans les champs, est présumé mitoyen, s'il n'y a titre ou marque du contraire.

654. — Il y a marque de non-mitoyenneté lorsque la sommité du mur est droite et à plomb de son parement d'un côté, et présente de l'autre un plan incliné;

Lors encore qu'il n'y a que d'un côté ou un chaperon ou des filets et corbeaux de pierre qui y auraient été mis en bâtissant le mur.

Dans ces cas, le mur est censé appartenir exclusivement au propriétaire du côté duquel sont l'égout ou les corbeaux et filets de pierre.

SOMMAIRE.

285. Divers cas où le Code admet la présomption de mitoyenneté pour les murs.
286. *Quid* à l'égard du mur qui sépare un bâtiment d'une cour ou d'un jardin ?
287. Quand la présomption de mitoyenneté cède à une preuve ou à une présomption contraire.

285. Les présomptions de mitoyenneté admises par le Code s'appliquent à des hypothèses qui doivent être soigneusement précisées.

La loi s'occupe d'abord des murs servant de séparation *entre bâtiments*. Elle les répute mitoyens jusqu'à *l'héberge*, « c'est-à-dire, comme « on l'a expliqué au conseil d'État (²), jusqu'au point où deux bâti-

---

(¹) Tit. 1, sect. 4.
(²) Séance du 4 brumaire an XII.

« ments de hauteur inégale peuvent profiter d'un mur commun. La
« partie du mur qui excède la sommité du bâtiment le plus bas, est
« évidemment propre en totalité au maître du bâtiment le plus élevé. »
Héberge, vieux terme de palais, signifie donc la sommité du toit le
moins élevé ([1]).

Après les murs entre bâtiments, viennent les murs *entre cours et jardins*. Ils sont présumés mitoyens non-seulement dans le cas où la clôture est forcée (art. 663), mais même lorsqu'elle est facultative; car
les deux voisins ont un égal intérêt à être clos du côté où ils se tou-
chent. Aussi voit-on peu de cours ou de jardins qui ne soient pas
enclos, même dans les villages.

Le même intérêt n'existe pas dans les champs, où les soustractions
sont moins faciles et ont moins d'importance; par suite, la présomption
de mitoyenneté n'y est applicable qu'*entre enclos*. Il n'est pas probable, en effet, lorsqu'un terrain se trouve seul en état de clôture dans
les champs, que les voisins qui n'ont rien fait pour se clore, aient contribué à la clôture d'autrui.

286. Que doit-on décider relativement au mur qui sépare un bâtiment d'une cour ou d'un jardin? Pothier ([2]) pensait que ce mur doit
être réputé mitoyen jusqu'à la hauteur fixée pour la clôture; mais en
statuant ainsi, il suivait la Coutume d'Orléans, d'après laquelle *tout
mur* était commun *entre voisins* jusqu'à une certaine hauteur. Le Code,
au contraire, s'écarte des anciennes présomptions et pose de nouveaux
principes. Il faut donc se garder d'ajouter aux présomptions établies
par la loi. Que tout mur entre bâtiments soit réputé mitoyen, on le
comprend, parce que les deux propriétaires avaient un intérêt égal à
sa construction; mais le propriétaire d'une cour ou d'un jardin, à qui
suffirait un mur de clôture ordinaire, aura bien rarement contribué à
la dépense du gros mur qui soutient la maison voisine ([3]).

287. Les présomptions de mitoyenneté n'ont rien d'absolu; elles cèdent non-seulement à la preuve résultant des titres de propriété, mais
à plusieurs présomptions qui dispensent de fournir cette preuve. Telle
est d'abord la présomption générale, d'après laquelle le possesseur est
réputé propriétaire tant que la partie adverse ne prouve pas que la
propriété lui appartient en tout ou en partie, présomption qui prévaut

---

([1]) Un arrêt de rejet du 9 mars 1840 décide avec raison que la mitoyenneté *jusqu'à l'héberge* s'entend seulement des cas où il y a présomption légale : lorsqu'un
titre déclare le mur *mitoyen*, la mitoyenneté doit s'appliquer au mur tout entier.

([2]) Sur la Coutume d'Orléans, art. 234.

([3]) Pau, 18 août 1834. Dans le cas même où il existe deux bâtiments, s'il est
prouvé qu'ils n'ont pas été construits à la même époque, la présomption de mitoyenneté n'est plus applicable (Bourges, 21 *décembre* 1836).

sur toute autre, même en matière de mitoyenneté, comme nous le démontrerons sur l'article 670. Telles sont, en outre, les présomptions spéciales de non-mitoyenneté, que la loi tire de diverses marques dont l'origine remonte à la construction même du mur.

Ces marques consistent dans la manière dont l'égout du mur a été disposé, ou dans la saillie que présentent certaines pierres indiquant que l'un des voisins, en supportant seul les frais de la construction, a entendu s'en réserver seul tous les avantages. En effet, un mur mitoyen doit avoir un double égout que lui donne, ou la double pente établie au sommet, ou le chaperon dont il est recouvert. Les filets ou larmiers doivent régner, au-dessous du chaperon, d'un côté comme de l'autre. Il en est de même des corbeaux ou grosses pierres que l'on place de distance en distance pour recevoir les poutres. En sens inverse, lorsque ces différents signes n'existent que d'un seul côté, ils font présumer que le mur appartient au propriétaire du côté où ils se trouvent, sauf, dans tous les cas, la preuve résultant des titres; car les *marques contraires* ne fournissent elles-mêmes qu'une présomption nouvelle, qui peut sans doute prévaloir contre la présomption de mitoyenneté, mais qui doit s'effacer elle-même devant la présomption générale que fournit la possession, et, à plus forte raison, devant la preuve contraire résultant d'un titre de propriété.

655. — La réparation et la reconstruction du mur mitoyen sont à la charge de tous ceux qui y ont droit, et proportionnellement au droit de chacun.

656. — Cependant tout copropriétaire d'un mur mitoyen peut se dispenser de contribuer aux réparations et reconstructions en abandonnant le droit de mitoyenneté, pourvu que le mur mitoyen ne soutienne pas un bâtiment qui lui appartienne.

SOMMAIRE.

288. Abandon facultatif de la mitoyenneté par celui qui ne veut pas en supporter les charges. Renvoi à l'article 663.

288. Que les frais de réparation et de reconstruction du mur mitoyen soient à la charge des deux propriétaires qu'il sépare, et en proportion du droit de chacun, rien de plus simple [1]. Ce qu'il faut re-

---

[1] L'action en remboursement des frais de construction, se rattachant à une servitude légale, a un caractère réel, et peut dès lors être exercée contre un tiers détenteur, acquéreur de la propriété voisine (rejet, 21 *mars* 1843).

marquer, c'est la faculté laissée à chacun d'eux de se dispenser de toute contribution à ces frais, en abandonnant le droit de mitoyenneté, ce qui s'applique au mur lui-même et au terrain sur lequel il est placé. Cet abandon ne souffre aucune difficulté de la part de celui qui n'a point de bâtiment appuyé sur le mur mitoyen ; mais, dans le cas contraire, il aurait évidemment pour résultat de faire supporter les constructions de l'un par le mur de l'autre. Dans une pareille hypothèse, l'abandon de la mitoyenneté fait supposer l'abandon du bâtiment lui-même (art. 699).

Le propriétaire en faveur de qui la mitoyenneté a été abandonnée, ne profite du terrain compris dans l'abandon qu'à la condition d'entretenir et même de reconstruire le mur ; si cette condition n'est pas accomplie, l'abandon reste sans effet, et les deux héritages conservent leur limite primitive.

Nous examinerons sur l'article 663 la question de savoir si dans les villes et faubourgs, où la clôture est forcée, la mitoyenneté du mur de clôture peut être abandonnée.

657. — Tout copropriétaire peut faire bâtir contre un mur mitoyen, et y faire placer des poutres ou solives dans toute l'épaisseur du mur, à cinquante-quatre millimètres (deux pouces) près, sans préjudice du droit qu'a le voisin de faire réduire à l'ébauchoir la poutre jusqu'à la moitié du mur, dans le cas où il voudrait lui-même asseoir des poutres dans le même lieu, ou y adosser une cheminée.

SOMMAIRE.

289. Précautions à prendre pour placer les poutres et les solives dans un mur mitoyen. Renvoi à l'article 662.

289. La facilité d'appuyer deux constructions sur un seul mur est un des principaux avantages de la mitoyenneté. Pour bâtir contre un mur, il faut nécessairement lui faire supporter les poutres du bâtiment. Suivant la Coutume de Paris (art. 208), les poutres placées de l'un ou de l'autre côté ne devaient pénétrer dans le mur mitoyen que jusqu'à la moitié de son épaisseur ; mais, dans la pratique, cette disposition n'était observée que pour les parties du mur où il se trouvait des cheminées, ou lorsque les poutres des deux maisons voisines se rencontraient sur le même point. Dans tout autre cas, les poutres étaient toujours placées dans toute l'épaisseur du mur, à deux pouces près, parce qu'il faut toujours que le bout de la poutre soit recouvert par la

maçonnerie. Le seul inconvénient qui en résulte, dit Goupy (¹), « c'est « que, lorsqu'il se fait quelque changement de cheminée dans la mai-« son du voisin, on est obligé de couper à coups d'*ébauchoir* (²) les « bouts de ces poutres pour mettre dessus une charge suffisante pour « les garantir du feu. » C'est évidemment à cette observation que le Code se réfère, en sanctionnant une pratique contraire au texte de la Coutume.

Les *solives* sont des pièces de bois qui portent d'un bout sur une poutre et de l'autre sur un mur. Les solives étant très-rapprochées, on ne pourrait les placer toutes dans un mur mitoyen sans l'affaiblir. Suivant l'usage, on ne fait entrer dans le mur qu'un petit nombre de so-lives dites d'*enchevêtrure*, entre lesquelles on place une pièce de bois parallèle au mur. Cette pièce, qu'on appelle *linçoir,* est assemblée dans les solives d'enchevêtrure et reçoit l'extrémité des solives intermédiaires, qui, de cette manière, ne portent pas dans la maçon-nerie (³).

Nous verrons sur l'article 662 que l'on ne peut ainsi bâtir contre un mur mitoyen sans prendre les précautions nécessaires pour ne pas nuire au voisin.

658. — Tout copropriétaire peut faire exhausser le mur mi-toyen; mais il doit payer seul la dépense de l'exhaussement, les réparations d'entretien au-dessus de la hauteur de la clôture com-mune, et en outre l'indemnité de la charge en raison de l'ex-haussement et suivant la valeur.

659. — Si le mur mitoyen n'est pas en état de supporter l'ex-haussement, celui qui veut l'exhausser doit le faire reconstruire en entier à ses frais, et l'excédant d'épaisseur doit se prendre de son côté.

SOMMAIRE.

290. Indemnité à payer par celui qui exhausse un mur mitoyen.
291. Causes qui peuvent nécessiter la reconstruction du mur à exhausser. Consé-quences de cette reconstruction.

(¹) Notes sur Desgodets, art. 208 de la Coutume, n° 1.
(²) Il s'agit dans ce cas de diminuer la longueur d'une pièce de bois qu'on ne peut pas scier sur place. La réduire à l'*ébauchoir*, c'est donc la raccourcir sans la déplacer. L'ébauchoir est un fort ciseau à l'usage des charpentiers. Il est tout en fer et se distingue par là du ciseau des menuisiers, qui est emmanché dans un mor-ceau de bois.
(³) Goupy, *ibid.*, n° 6.

290. Une des conséquences les plus importantes de la mitoyenneté est d'autoriser chacun des propriétaires à exhausser le mur dont il veut se servir, soit pour y adosser des constructions nouvelles, soit même pour empêcher qu'on n'aperçoive des fenêtres voisines ce qui se passe chez lui.

A partir du point où il est ainsi exhaussé, le mur cesse d'être mitoyen ; il est donc tout simple que la construction et l'entretien soient payés aux frais du propriétaire qui a fait l'exhaussement. La loi veut qu'il paye en outre une indemnité (¹) *en raison de l'exhaussement,* parce que la *charge,* c'est-à-dire, le poids supporté par la partie inférieure qui reste mitoyenne, en compromet nécessairement la solidité. Suivant la Coutume de Paris (art. 197), cette indemnité était de *six toises l'une,* en sorte que le constructeur devait, dans tous les cas, payer le sixième de ce que lui coûtait l'exhaussement ; mais cette disposition était critiquée sous un double rapport. Desgodets faisait observer qu'un mur construit avec des plâtras ou d'autres substances légères ne devait pas coûter autant qu'un « mur formé de matériaux plus pesants. « Ainsi, disait-il, c'est sur la pesanteur du mur du haut que les charges « doivent être réglées pour le prix du payement à faire au voisin. » Goupy objectait, d'un autre côté, que le sixième de l'exhaussement pourrait équivaloir à toute la valeur du mur inférieur, et même la dépasser. Ainsi, par exemple, en supposant un mur mitoyen de deux toises de hauteur à partir des fondations, sa valeur aurait été intégralement remboursée par celui qui l'aurait exhaussé de six toises (²). Néanmoins le projet de Code civil (³) voulait que l'indemnité fût payée *suivant l'usage,* c'est-à-dire, suivant les dispositions de la coutume locale ; mais la section de législation a inséré dans la loi les mots : *suivant la valeur,* qui doivent s'entendre de la valeur de l'exhaussement, comme si le texte portait *sa valeur.* En statuant ainsi, le Code adopte évidemment une base qui n'est pas précisément celle de l'ancienne Coutume. La valeur de l'exhaussement doit être appréciée, et dès lors l'indemnité à payer pour la *charge* n'est plus invariablement fixée comme elle l'était dans la Coutume.

Remarquons toutefois que l'exhaussement, s'il était mal construit, n'aurait qu'une faible valeur, et cependant il ne pèserait pas moins qu'un autre. Aussi la valeur de l'exhaussement doit-elle toujours être

---

(¹) Indépendamment de l'indemnité ordinaire, il peut en être dû une pour le préjudice que causerait l'exhaussement aux constructions du voisin (Paris, 4 *mai* 1813).

(²) Desgodets et Goupy, sur l'article 197 de la Coutume de Paris, n° 3.

(³) Liv. 2, tit. 4, art. 18.

estimée, relativement à l'indemnité qui est due au voisin, comme s'il était bien construit ([1]).

291. Le mur mitoyen peut ne pas être en état de supporter l'exhaussement, soit parce qu'il n'a pas conservé son aplomb, soit parce que les matériaux dont il est formé s'écraseraient sous un nouveau fardeau, soit enfin, ce qui arrivera presque toujours, parce qu'il n'a pas une épaisseur proportionnée à la hauteur qu'on veut lui donner. Dans ces différents cas, celui qui veut exhausser le mur, doit le reconstruire en entier à ses frais, en prenant sur son propre terrain l'excédant d'épaisseur qui lui est nécessaire. Le nouveau mur devient mitoyen jusqu'à la hauteur primitive, mais celui qui l'a reconstruit à ses frais ne paye aucune indemnité pour la surcharge ([2]).

660. — Le voisin qui n'a pas contribué à l'exhaussement, peut en acquérir la mitoyenneté en payant la moitié de la dépense qu'il a coûté, et la valeur de la moitié du sol fourni pour l'excédant d'épaisseur, s'il y en a.

661. — Tout propriétaire joignant un mur, a de même la faculté de le rendre mitoyen, en tout ou en partie, en remboursant au maître du mur la moitié de sa valeur, ou la moitié de la valeur de la portion qu'il veut rendre mitoyenne, et moitié de la valeur du sol sur lequel le mur est bâti.

SOMMAIRE.

292. Faculté d'acquérir la mitoyenneté d'un mur sans le consentement du propriétaire.
293. Comment doit s'évaluer l'exhaussement qu'on veut rendre mitoyen.
294. Le droit du *tour d'échelle* sur le fonds d'autrui n'existe pas comme servitude légale.

292. Le droit d'acheter la mitoyenneté n'est accordé qu'au propriétaire *joignant un mur*, ou, comme le disait la Coutume de Paris (art. 200), *joignant sans moyen* ([3]). Ainsi, lorsque l'un des voisins aura, en dehors de son mur, une portion de terrain, il ne sera pas forcé de céder la mitoyenneté de ce mur qui n'est pas construit sur la limite même, et par conséquent ne joint pas l'héritage d'autrui.

Le mur du voisin peut être rendu mitoyen *en tout ou en partie*, c'est-

---

([1]) Desgodets, sur l'article 197 de la Coutume de Paris, n° 3.
([2]) Desgodets, sur l'article 195 de la Coutume, n°s 8 et 10.
([3]) Desgodets, sur l'article 210 de la Coutume, n° 13.

à-dire, pour une partie de sa hauteur comme pour une partie de sa longueur. En effet, celui qui achète la mitoyenneté pour bâtir n'est pas obligé de faire un bâtiment aussi élevé que celui du voisin. On peut d'ailleurs acheter la mitoyenneté sans avoir l'intention de bâtir. C'est ainsi que le propriétaire d'un jardin peut avoir intérêt à rendre un mur mitoyen seulement jusqu'à la hauteur nécessaire aux espaliers qu'il veut établir (¹).

Le prix de la mitoyenneté se compose : 1° de la moitié de la valeur actuelle de la maçonnerie, sans égard à la dépense faite au moment de la construction ; 2° de la moitié de la valeur du terrain. Il faut observer que ce dernier élément d'appréciation est fixe, car, lors même que le mur n'est pas rendu mitoyen dans toute sa hauteur, l'acheteur n'en doit pas moins payer la moitié du terrain (²).

293. Lorsqu'un mur a été exhaussé par l'un des propriétaires, celui qui n'a pas contribué à l'exhaussement peut aussi en acquérir la mitoyenneté ; mais alors, au lieu de payer seulement la moitié de sa valeur, il doit, d'après le texte, payer *la moitié de la dépense qu'il a coûté*. La loi suppose sans doute que l'exhaussement est rendu mitoyen peu de temps après sa construction, et elle considère le constructeur comme un *negotiorum gestor,* qui a construit pour son voisin en même temps que pour lui-même. D'ailleurs on ne doit pas admettre la spéculation d'un propriétaire qui, ayant intérêt à l'exhaussement, le laisserait construire par un autre dans l'intention de profiter immédiatement après de la différence qui pourrait se trouver entre la valeur de la construction et la dépense qu'elle aurait coûté.

Il en est autrement à l'égard d'un exhaussement déjà ancien. Il faut alors appliquer la règle générale au propriétaire qui a, *ex novâ voluntate,* l'intention d'acquérir la mitoyenneté, et lui faire payer seulement la moitié de la valeur actuelle.

294. Bien qu'un mur de clôture puisse toujours être construit sur l'extrême limite du fonds, il arrive quelquefois que le propriétaire laisse en dehors de sa clôture une portion de terrain, qui donne de grandes facilités pour les travaux que nécessitent l'entretien, l'exhaussement ou la reconstruction du mur. Lorsque la largeur du terrain ainsi réservé n'est pas moindre de trois pieds anciens, il existe un droit appelé *droit du tour d'échelle,* dénomination qui n'indique pas ici un

---

(¹) On peut même acheter la mitoyenneté d'un mur, uniquement pour faire fermer les jours de souffrance qui y sont pratiqués depuis moins de trente ans (rejet, 1ᵉʳ *décembre* 1813 ; Paris, 18 *juin* 1836 ; Toulouse, 8 *février* 1844).

(²) Les frais de l'expertise, si elle est nécessaire, doivent être supportés par celui qui veut acquérir la mitoyenneté (Limoges, 12 *avril* 1820 ; Riom, 11 *juillet* 1838).

droit de servitude, mais bien un véritable droit de propriété. Le tour d'échelle, considéré comme servitude, s'exerce dans le même but et en dehors du mur de clôture, mais sur le fonds voisin. Remarquons, du reste, que le tour d'échelle sur le terrain d'autrui n'existe pas dans le Code, et qu'il n'existait pas non plus dans la Coutume de Paris (').

662. — L'un des voisins ne peut pratiquer dans le corps d'un mur mitoyen aucun enfoncement, ni y appliquer ou appuyer aucun ouvrage sans le consentement de l'autre, ou sans avoir, à son refus, fait régler par experts les moyens nécessaires pour que le nouvel ouvrage ne soit pas nuisible aux droits de l'autre.

SOMMAIRE.

295. Origine de cette disposition. Elle s'applique à tous les ouvrages relatifs à un mur mitoyen.

295. Cette disposition, qui défend de pratiquer aucun enfoncement dans le mur mitoyen sans le consentement du voisin, ne doit pas s'entendre d'une manière absolue : il résulte du texte même qu'il suffit de mettre le voisin en demeure, sauf, en cas de refus, à provoquer une expertise. Doit-on considérer comme placés en dehors de cette règle les cas précédemment signalés par la loi (art. 657), où l'un des copropriétaires veut faire bâtir contre un mur mitoyen? Ainsi entendues, les dispositions du Code présenteraient une véritable contradiction de principes : on ne saurait concevoir, en effet, pourquoi le législateur se serait montré plus sévère à l'égard de travaux qui n'ont qu'une faible importance, qu'à l'égard des constructions qui obligent à percer le mur mitoyen dans toute son épaisseur. D'ailleurs l'article 662 est bien général puisqu'il défend d'appuyer, d'appliquer aucun ouvrage sans l'emploi des précautions légales. Il faut donc voir dans cette disposition une règle commune à tous les travaux qui se rattachent à un mur mitoyen, règle empruntée aux articles 203 et 204 de la Coutume de Paris, laquelle, tout en donnant à chaque propriétaire le droit de percer et même de démolir le mur mitoyen « pour s'y loger et édifier en le « rétablissant à ses dépens », exigeait une dénonciation préalable au voisin. La Coutume, article 207, indiquait elle-même les travaux à exé-

---

(¹) V. un acte de notoriété du Châtelet de Paris, rapporté par Desgodets sur l'article 202 de la Coutume, n° 9. Un arrêt de la cour de Bordeaux, du 20 décembre 1836, tout en reconnaissant qu'il n'existe point de servitude légale de tour d'échelle, estime qu'en cas d'absolue nécessité, le passage indispensable pour les réparations pourrait être obtenu en connaissance de cause.

cuter par celui qui voulait placer une poutre dans le mur mitoyen, sans exiger dans les campagnes autant de précautions que dans les villes, et le Code, craignant sans doute d'entrer dans des détails qui appartiennent à l'architecture plutôt qu'à la jurisprudence, s'en est référé purement et simplement à une expertise, ce qui revient à dire qu'on suivra l'usage de chaque localité.

663. — Chacun peut contraindre son voisin, dans les villes et faubourgs, à contribuer aux constructions et réparations de la clôture faisant séparation de leurs maisons, cours et jardins ès dites villes et faubourgs : la hauteur de la clôture sera fixée suivant les règlements particuliers ou les usages constants et reconnus ; et, à défaut d'usages et de règlements, tout mur de séparation entre voisins, qui sera reconstruit ou rétabli à l'avenir, doit avoir au moins trente-deux décimètres (dix pieds) de hauteur, compris le chaperon, dans les villes de cinquante mille âmes et au-dessus, et vingt-six décimètres (huit pieds) dans les autres.

SOMMAIRE.

296. Motifs et utilité de cette disposition. Compétence de l'administration et des tribunaux pour déterminer ce qu'il faut entendre par ville.
297. L'abandon de la mitoyenneté du mur de clôture n'est pas admissible dans les villes et faubourgs. Réponse aux objections. Examen de la discussion au conseil d'État.

296. Le droit de clôture est établi dans les villes et faubourgs pour obvier aux inconvénients qu'entraîne souvent l'agglomération de la population sur un même point, et spécialement aux contestations trop fréquentes entre voisins. Aussi la hauteur du mur de clôture augmente-t-elle dans les villes qui ont une nombreuse population.

Suivant Pothier ([1]), les faubourgs se composent des maisons qui tiennent à la ville, *continentia œdificia sub urbe*; mais comment distinguer une ville d'un bourg, ou même d'un village? S'il y a des villages qui prennent l'importance d'une ville, on trouve d'anciennes villes qui ne renferment aujourd'hui qu'une faible population.

Le projet de Code civil ([2]) ne rendait la clôture obligatoire que dans les communes dont la population excède trois mille âmes : divers changements de rédaction ont fait perdre de vue cette fixation. Si l'autorité administrative, appréciant l'importance d'une commune, lui

---

([1]) Sur la Coutume d'Orléans, art. 236.
([2]) Liv. 2, tit. 4, art. 15.

a conféré le titre de ville, il ne peut exister aucune difficulté; mais, en l'absence d'une semblable décision, on ne saurait admettre que les tribunaux puissent surseoir à statuer sur cette question, et en référer à l'administration. Il ne s'agit pas en effet d'une difficulté administrative, mais d'une question de pur droit civil (¹).

297. Dans les villes et faubourgs, chacun peut contraindre son voisin à contribuer à l'entretien. et même à la construction d'un mur de séparation.

Cependant on soutient que celui à qui cette contribution est demandée, peut se dispenser de la fournir en abandonnant la mitoyenneté du mur de clôture, comme celle d'un mur ordinaire (art. 656), ou même, lorsque la clôture n'existe pas encore, en abandonnant la moitié du terrain nécessaire à sa construction : ce qui conduirait à décider, contre le texte formel de la loi, que chacun n'est pas contraint de contribuer, mais seulement de délaisser une portion du mur ou une portion du terrain. Pour soutenir ce système, on dit que les articles 653 et suivants s'appliquent aux villes comme aux campagnes ; que dès lors les murs de clôture des villes et faubourgs sont compris, comme les autres, dans la disposition qui autorise *tout copropriétaire d'un mur mitoyen* à en faire l'abandon pour se dispenser de contribuer aux frais d'entretien et de reconstruction (art. 657) ; que, pour établir le contraire, il aurait fallu déroger à la règle générale par une disposition exceptionnelle, que l'article 663 ne contient pas (²). On invoque même en ce sens la discussion du conseil d'État.

Il est facile de répondre, sur le premier point, que le droit de clôture dans les villes et faubourgs est l'objet d'une disposition spéciale, qui se place nécessairement en dehors du droit commun. Quant à la discussion au conseil d'État, le procès-verbal contient, il est vrai, une observation de Berlier tendant à faire exprimer dans l'article « que le' « propriétaire interpellé de contribuer à la clôture pourrait s'en dis- « penser en renonçant à la mitoyenneté et en cédant la moitié de la « place sur laquelle le mur doit être construit », et une réponse de Tronchet portant « que cette modification est exprimée dans l'arti- « cle 18 » du projet, qui correspondait à l'article 656 du Code (³).

Pour apprécier cette réponse, il faut voir à quelle hypothèse elle se

---

(¹) Il y a de nombreuses décisions en ce sens dans une matière tout à fait analogue, lorsqu'il s'agit de savoir ce qu'il faut entendre par *campagnes* dans l'article 974 (rejet, 10 *juin* 1817 et 10 *mars* 1829).

(²) Cette opinion a été suivie par un arrêt de rejet du 29 septembre 1819 et par un arrêt de cassation du 5 mars 1828. L'opinion contraire a été adoptée par les cours d'Angers (23 *avril* 1819), de Paris (29 *juillet* 1823) et d'Amiens (15 *août* 1838).

(³) Séance du 4 brumaire an XII.

référait. On discutait alors une disposition générale, qui fixait la hauteur des murs à construire entre voisins, sans leur imposer l'obligation de se clore, et sans distinguer en aucune manière les villes et faubourgs des autres localités. La question prit, au contraire, une autre face lorsque Bigot-Préameneu fit l'observation suivante : « Dans les villes d'une « population un peu nombreuse, toujours les propriétaires ont été dans « l'obligation de se clore, et cependant l'article ne rappelle pas cette « obligation. » Tronchet lui-même déclara à la fin de la discussion « que si la disposition générale est restreinte au cas où l'un des voi- « sins force l'autre... il n'y a plus de difficulté à décider que le mur sera « d'une hauteur déterminée, suffisante pour la sûreté des deux voi- « sins, » et le conseil d'État décida en principe que dans les villes d'une population un peu nombreuse les propriétaires seraient forcés de se clore. Dans cette dernière partie de la discussion, l'observation de Berlier sur l'abandon de la mitoyenneté n'a pas été renouvelée, et il est facile de voir que la rédaction définitive, en reproduisant plusieurs expressions de la Coutume de Paris (¹), s'est référée aux dispositions de cette Coutume, article 210, qui n'admettait cet abandon que hors les villes et faubourgs (²).

664. — Lorsque les différents étages d'une maison appartiennent à divers propriétaires, si les titres de propriété ne règlent pas le mode de réparation et reconstruction, elles doivent être faites ainsi qu'il suit :

Les gros murs et le toit sont à la charge de tous les propriétaires, chacun en proportion de la valeur de l'étage qui lui appartient.

Le propriétaire de chaque étage fait le plancher sur lequel il marche.

Le propriétaire du premier étage fait l'escalier qui y conduit; le propriétaire du second étage fait, à partir du premier, l'escalier qui conduit chez lui, et ainsi de suite.

SOMMAIRE.

298. Usages locaux qui expliquent cette disposition.
299. Règles nouvelles établies par le Code sur les réparations à faire par le propriétaire de chaque étage.

298. C'est une hypothèse assez singulière que celle d'une maison

---

(¹) « Chacun peut contraindre son voisin ès villes et faubourgs à contribuer, etc. » (Coutume de Paris, art. 209).

(²) V. Pothier sur la Coutume d'Orléans, art. 234.

dont les divers étages appartiennent à différents propriétaires. Cependant elle était prévue dans plusieurs Coutumes, notamment dans celle d'Orléans (art. 257), et aujourd'hui encore cette division est usitée dans certaines localités, notamment dans les villes de Rennes et de Grenoble. On conçoit, en effet, que les enfants partagent ainsi la maison paternelle, lorsque chacun d'eux y attache un prix d'affection, qui ne permet ni de la liciter ni de la faire entrer dans un seul lot.

La Coutume de Paris ne prévoyait rien de semblable, sans doute parce que dans l'ancienne pratique, comme dans la pratique actuelle, les maisons indivises étaient très-rarement partagées, et qu'elles étaient presque toujours vendues par licitation.

299. Néanmoins les rédacteurs du Code, admettant la division par étages, distinguent les réparations auxquelles les différents propriétaires devront contribuer, et celles dont chacun sera tenu séparément. Ils rangent avec raison dans la première classe les réparations de la toiture, qui auparavant devaient être faites par le propriétaire du dessus [1]; mais lorsqu'ils s'occupent de l'escalier, ils s'écartent de la stricte logique, car il est évident que l'escalier du premier sert à tous les étages supérieurs. On a voulu éviter les calculs compliqués qu'il faudrait faire pour apprécier exactement la contribution de chacun des étages, et peut-être aussi a-t-on craint de grever les parties du bâtiment qui ont précisément le moins de valeur. Il est à peine nécessaire de faire observer que ces règles s'appliquent seulement à défaut de règles établies par les titres de propriété.

665. — Lorsqu'on reconstruit un mur mitoyen ou une maison, les servitudes actives et passives se continuent à l'égard du nouveau mur ou de la nouvelle maison, sans toutefois qu'elles puissent être aggravées, et pourvu que la reconstruction se fasse avant que la prescription soit acquise.

SOMMAIRE.

300. Renvoi aux articles 702 et 703.

300. Voyez, pour l'explication de cet article, celle des articles 702 et 703.

666. — Tous fossés entre deux héritages sont présumés mitoyens s'il n'y a titre ou marque du contraire.

---

[1] Coutume d'Orléans, art. 257 ; V. Arrêtés de Lamoignon, tit. 20, art. 32.

667. — Il y a marque de non-mitoyenneté lorsque la levée ou le rejet de la terre se trouve d'un côté seulement du fossé.

668. — Le fossé est censé appartenir exclusivement à celui du côté duquel le rejet se trouve.

SOMMAIRE.

301. Circonstances qui font cesser la présomption de mitoyenneté des fossés.
302. La présomption est plus générale à l'égard des fossés qu'à l'égard des murs.

301. Le propriétaire qui creuse un fossé sur son terrain et à la limite même de son héritage, rejette la terre de son côté, soit, comme le dit Pothier (¹), parce qu'il n'a pas le droit de la rejeter sur le fonds voisin, soit parce qu'elle lui appartient et qu'il entend se la réserver. Lorsqu'au contraire, deux propriétaires creusent un fossé pour servir de séparation entre leurs héritages, les mêmes raisons s'appliquent aux deux voisins, et par conséquent les terres sont rejetées d'un côté comme de l'autre. La propriété du fossé ne saurait donc être douteuse, si la terre qui en est sortie restait sur le bord où elle a été jetée; mais il arrive quelquefois, surtout dans les prairies qui ont besoin d'être exhaussées, que cette terre est transportée sur d'autres points, et c'est alors, quand il n'existe plus de traces du rejet, que la présomption de mitoyenneté s'applique, sauf, bien entendu, la preuve contraire, qui doit être fournie par celui qui prétend avoir la propriété exclusive du fossé dont il n'a pas la possession : car ici, comme dans toute autre circonstance, celui qui possède est dispensé de prouver son droit. Il serait singulier d'ailleurs que la possession complète du fossé n'eût pas plus de force que la simple induction tirée du rejet de la terre (²).

302. Les murs de séparation ne sont réputés mitoyens dans les champs que lorsqu'ils séparent deux enclos (art. 653). Tout fossé, au contraire, est réputé mitoyen par cela seul qu'il se trouve entre deux héritages, sans doute parce que, coûtant moins cher qu'un mur, on doit supposer plus facilement qu'il a été creusé à frais communs. D'ailleurs, la propriété des murs étant plus importante, on ne devait pas leur appliquer aussi facilement la présomption de mitoyenneté.

669. — Le fossé mitoyen doit être entretenu à frais communs.

(¹) Sur la Coutume d'Orléans, art. 252.
(²) C'est cependant ce qu'ont jugé les cours de Bourges (26 *mai* 1825), de Douai (15 *février* 1836) et de Poitiers (23 *juin* 1836).

303. Si la propriété des murs peut être achetée par l'un des voisins sans le consentement de l'autre (art. 661), c'est surtout pour lui donner la facilité de construire. Le même motif n'existant pas à l'égard des fossés et des haies, la cession forcée de la mitoyenneté n'est établie, en ce qui les concerne, par aucune loi. Le Code n'admet pas davantage qu'on puisse abandonner le fossé mitoyen pour se dispenser de contribuer aux frais d'entretien, qui n'ont jamais qu'une faible importance. Le silence du législateur à cet égard est d'autant plus significatif que la question était débattue autrefois, du moins pour certains fossés dans lesquels s'amassent des eaux dormantes, et qui, par cela même, servent de clôture [1].

670. — Toute haie qui sépare des héritages est réputée mitoyenne, à moins qu'il n'y ait qu'un seul des héritages en état de clôture, et s'il n'y a titre ou possession suffisante au contraire.

304. Il ne s'agit point ici des haies sèches formées de branches sans racines, et qui ne constituent le plus souvent qu'une clôture provisoire. Quant aux haies vives, la présomption de mitoyenneté qui les concerne, lorsqu'elles occupent la limite même des deux héritages, se fonde sur un principe particulier. En effet, le propriétaire, qui peut toujours élever un mur ou creuser un fossé sur la limite de son fonds, n'est pas également libre de faire des plantations (art. 671). Une haie plantée entre deux héritages, et sur la ligne qui les sépare, ne peut régulièrement exister que du consentement des deux propriétaires ; et, comme il ne peut y avoir aucun indice qui prouve qu'elle appartient à l'un plutôt qu'à l'autre, on doit la considérer comme mitoyenne.

En établissant cette règle générale, le Code rejette les présomptions admises par les anciens auteurs en faveur de l'héritage qui a le plus

---

[1] V. Desgodets sur l'article 213 de la Coutume de Paris, n° 2, et les Notes de Goupy.

besoin de clôture. C'est ainsi que la haie séparant une terre labourable d'un pré, d'une vigne ou d'un jardin, était censée appartenir au propriétaire du pré, de la vigne ou du jardin. La présomption de mitoyenneté ne cesse dans le Code que si l'un des héritages est *en état de clôture*, par exemple, un jardin au milieu des champs.

305. Ici, comme précédemment (art. 653 et 666), la présomption légale s'efface devant le titre, c'est-à-dire devant la preuve contraire. Elle s'efface également lorsque l'un des voisins a en sa faveur une *possession suffisante*; mais on se demande à cet égard si la loi entend parler ici d'une possession de dix, vingt ou trente ans, suffisante pour faire acquérir la propriété (2262 et 2265), ou simplement de la possession annale, qui, sans attribuer la mitoyenneté, en fait présumer l'acquisition et rejette la preuve contraire sur la partie adverse. Pour établir que la loi n'entend pas parler ici de la possession annale, on dit que cette possession, qui permet d'intenter l'action possessoire et non l'action pétitoire, ne saurait enlever au voisin son droit de mitoyenneté [1]. Mais cette objection repose sur une véritable confusion. Il ne s'agit pas d'attribuer ou d'enlever à l'un des voisins le droit de mitoyenneté, il s'agit seulement de savoir quelle est l'étendue de la présomption de mitoyenneté, ce qui n'est qu'une question de preuve. Il n'est donc pas étonnant que la loi subordonne la présomption de mitoyenneté à celle qui résulte de la possession. Ainsi, la mitoyenneté, dans ce cas, cessant d'être présumée, doit être prouvée par celui qui n'est pas en possession; tandis qu'à défaut de possession annale, la preuve de la non-mitoyenneté incomberait à celui des voisins qui prétend avoir la propriété exclusive de la haie. Pour se montrer conséquents, les partisans du système que nous combattons devraient aller jusqu'à dire, comme on l'a fait sans succès [2], que l'action possessoire n'existe pas à l'égard des haies réputées mitoyennes; car, si l'on admet que l'un des voisins peut, en exerçant la complainte, se faire maintenir dans la possession exclusive de la haie, nous ne concevons pas comment on pourrait soutenir que la possession annale n'a pas à l'égard des haies la même force que dans les autres contestations relatives à la propriété. Si le Code, qui n'a rien dit de la possession, lorsqu'il s'est occupé du mur et du fossé mitoyens, en parle relativement aux haies, c'est parce qu'à leur égard la présomption de mitoyenneté, n'étant jamais détruite par aucune marque contraire, ne peut céder qu'à la présomption générale qui résulte de la possession.

---

[1] V. en ce sens les arrêts de cassation du 13 décembre 1836, et de rejet du 17 janvier 1838.

[2] V. Merlin, *Répert.*, vᵒ HAIES.

671. — Il n'est permis de planter des arbres de haute tige qu'à la distance prescrite par les règlements particuliers actuellement existants, ou par les usages constants et reconnus; et, à défaut de règlements et usages, qu'à la distance de deux mètres de la ligne séparative des deux héritages pour les arbres à haute tige, et à la distance d'un demi-mètre pour les autres arbres et haies vives.

SOMMAIRE.

306. Motifs de cette disposition. Elle n'est pas applicable entre deux bois.
307. Règles de l'ancien droit sur les distances à observer.

306. A l'occasion des clôtures, et spécialement des haies mitoyennes, le législateur détermine la distance que chaque propriétaire doit laisser entre les plantations et la limite de son terrain ([1]). La loi veut prévenir le préjudice que des arbres placés trop près du fonds voisin peuvent lui causer, soit par l'ombre qu'ils projettent, soit par l'obstacle qu'ils opposent à la circulation de l'air. Ces motifs ne s'appliquent point entre deux bois : aussi reconnaît-on que les arbres peuvent s'étendre de part et d'autre jusqu'à la ligne de séparation. Quant au propriétaire d'un bois qui ne confine point à un autre bois, il doit observer la distance prescrite. Non-seulement le Code forestier ne déroge point, sous ce rapport, au Code civil, mais l'ordonnance réglementaire de ce Code décide formellement qu'à l'avenir les plantations ou les réserves destinées à remplacer les arbres de lisière seront effectuées en arrière de la ligne de limitation des forêts, à la distance prescrite par l'article 671 du Code civil ([2]).

307. Les distances que le Code fixe, soit pour les arbres à haute tige, soit pour les autres arbres et même pour les haies vives, ne sont obligatoires, dans chaque localité, qu'à défaut de règlement particulier ou d'usage constant ([3]). Il n'existe guère de règlements sur cette matière, et c'est aux Coutumes qu'il faut surtout se référer. La distance qu'elles prescrivent varie ordinairement suivant l'essence des arbres et le genre de culture du fonds voisin. D'après la Coutume d'Orléans, les ormes, les noyers et les chênes ne pouvaient être plantés qu'à une distance de quatre toises de la vigne d'autrui. Dans toute autre localité ou à l'égard des autres arbres on suivait, selon Pothier ([4]), le droit

---

([1]) Ces règles s'appliquent à la ville comme à la campagne (Nîmes, 14 *juin* 1833).
([2]) Ordon. du 1er août 1827, art. 176.
([3]) Cet usage peut être établi par la notoriété publique (Bourges, 16 *novembre* 1830; Poitiers, 7 *janvier* 1834).
([4]) Sur la Coutume d'Orléans, art. 259.

commun, c'est-à-dire, le droit romain ([1]), qui exigeait une distance de cinq pieds. La Coutume de Paris n'établissait, à cet égard, aucune règle, et il ne paraît pas que la pratique fût bien constante ([2]).

672. — Le voisin peut exiger que les arbres et haies plantés à une moindre distance soient arrachés.

Celui sur la propriété duquel avancent les branches des arbres du voisin, peut contraindre celui-ci à couper ces branches.

Si ce sont les racines qui avancent sur son héritage, il a droit de les y couper lui-même.

SOMMAIRE.

308. Comment se prescrit le droit de faire arracher les plantations placées trop près de la limite. Effet de la prescription.
309. Nature particulière du droit de faire élaguer les branches et de couper les racines.
310. Les fruits des branches qui avancent sur le terrain d'autrui appartiennent au propriétaire de l'arbre.

308. La faculté accordée au voisin d'exiger l'enlèvement des arbres plantés à une *moindre distance,* est la sanction de la prohibition établie par l'article précédent. Cette faculté doit être exercée dans les trente ans à compter de la plantation (art. 2262). Ce laps de temps expiré, il est bien évident que les arbres existants peuvent être maintenus, mais on se demande si leur propriétaire peut les remplacer par d'autres arbres de même essence. Pour soutenir l'affirmative, on dit que la nécessité où il était primitivement d'observer une certaine distance, grevait son héritage d'une servitude qui est éteinte par la prescription; que, dès lors, il reprend, entre autres droits, celui de renouveler ses plantations quand bon lui semble. Comme nous l'avons vu précédemment, on ne saurait reconnaître de véritables servitudes dans les restrictions apportées par la loi à l'exercice du droit de propriété. Il y a, au contraire, servitude acquise au propriétaire des arbres, à compter du moment où le voisin a perdu le droit d'invoquer l'application du droit commun. Toutefois, on insiste en objectant qu'il suffit de reconstruire un bâtiment dont la chute ou la démolition remonte à moins de trente ans, pour perpétuer activement et passivement les

([1]) *Gaius, L.* 13, *D. fin. regund.*
([2]) V. Desgodets sur l'article 210 de la Coutume de Paris, nos 21 et suiv., avec les notes de Goupy. Un arrêt de la cour de Paris du 2 décembre 1820 autorise, à Vincennes, la plantation d'arbres de haute tige à trois pieds de distance, conformément aux usages de la banlieue.

servitudes qui existaient sur ce bâtiment ou en sa faveur (art. 665), et en appliquant à la plantation d'un nouvel arbre ce que la loi décide textuellement pour la reconstruction d'un ancien mur, on en conclut que le droit résultant de la position des arbres sur la limite d'un fonds continue d'exister, lorsque d'autres arbres sont mis à la même place moins de trente ans après la mort ou l'enlèvement des premiers.

Nous ne voyons aucune similitude à établir entre la reconstruction d'un ancien bâtiment et le renouvellement d'une plantation. Le bâtiment qu'on relève peut être considéré comme étant toujours le même, tandis qu'un arbre est essentiellement distinct d'un autre arbre. L'un a souvent plus de vigueur que l'autre, et il n'est pas impossible que la nouvelle plantation ait pour les fonds voisins des inconvénients que n'avait pas la précédente : on s'explique ainsi comment un propriétaire néglige souvent d'interrompre, relativement aux arbres, une prescription qu'il ne laisse pas s'accomplir relativement à une fenêtre indûment percée dans le mur du voisin. En tolérant l'existence d'un arbre placé trop près de la limite, on renonce bien au droit d'exiger son enlèvement, mais on n'aliène pas d'avance le même droit relativement à d'autres arbres qui n'existent pas encore [1].

309. Le droit de couper les racines ou de faire couper les branches qui s'étendent d'un fonds sur un autre, s'applique aux arbres que le propriétaire ne peut pas être forcé d'arracher, soit parce qu'ils sont à la distance fixée [2], soit parce que la prescription lui permet de les conserver à une moindre distance. A la différence du droit d'avoir des plantations rapprochées de la ligne de séparation, le droit de faire élaguer les branches et de couper les racines, se rattachant à des actes de pure tolérance, doit être considéré comme imprescriptible [3]. Il doit aussi être maintenu nonobstant tout usage contraire [4].

La faculté accordée à tout propriétaire de couper lui-même les racines qui s'étendent sur son terrain, est justifiée par le droit qui lui appartient de protéger sa propriété contre tout envahissement (art. 552).

---

[1] Rennes, 19 juin 1838 ; Bourges, 8 décembre 1841; Douai, 14 avril 1845.

[2] Pothier, Coutume d'Orléans, art. 259. — D'après le Code forestier (art. 160), l'article 672 du Code civil n'est pas applicable à l'élagage des arbres de lisière des bois et forêts qui avaient plus de trente ans à l'époque de la promulgation de ce Code (31 juillet 1827). Quant aux arbres destinés à remplacer les arbres de lisière, ils doivent être élagués sur la réclamation des riverains conformément à l'article 672 du Code civil (Ord. du 1er août 1827, art. 176).

[3] Paris, 16 février 1824 ; Bourges, 4 juin 1845 ; Rejet, 16 juillet 1835.

[4] Cassat. 31 décembre 1810.

Cependant le droit romain n'admettait pas que l'on pût ainsi se faire justice à soi-même (¹).

310. Les branches qui avancent sur le fonds d'autrui peuvent avoir des fruits, qu'il est impossible de cueillir ou de ramasser sans entrer chez le voisin. Sans doute, ce dernier n'est pas obligé de laisser à des étrangers l'accès de sa propriété, close ou non close; mais nous ne comprenons pas comment il pourrait empêcher le propriétaire de l'arbre de récolter, ou tout au moins de ramasser des fruits qui ne peuvent appartenir qu'à lui. Ceux qui n'ont pas exigé, comme ils en avaient le droit, l'élagage des branches projetées sur leur terrain, ne sauraient être admis à invoquer le respect dû à la propriété, pour s'approprier la chose d'autrui. Leur tolérance à l'égard des branches doit entraîner, suivant nous, la nécessité d'une autre tolérance à l'égard des fruits. Ce n'est là qu'une application du droit commun sur la revendication des choses qui se trouvent, par une cause quelconque, en la possession d'autrui, revendication qui ne pourrait cesser qu'en vertu d'une disposition exceptionnelle.

673. — Les arbres qui se trouvent dans la haie mitoyenne, sont mitoyens comme la haie; et chacun des deux propriétaires a droit de requérir qu'ils soient abattus.

SOMMAIRE.

311. Les arbres plantés dans la haie sont communs plutôt que mitoyens.

311. Il y a une sorte de contradiction à déclarer, d'une part, que les arbres placés dans une haie mitoyenne sont mitoyens comme la haie, et, d'autre part, que chacun des voisins peut exiger leur enlèvement; car une clôture mitoyenne doit être conservée et entretenue par les propriétaires. La vérité est que ces arbres sont plutôt communs que mitoyens : on rentre à leur égard dans le principe suivant lequel nul n'est tenu de rester dans l'indivision. Aussi les arbres existants dans les haies doivent-ils être arrachés dès que l'un des propriétaires l'exige.

SECTION II.

DE LA DISTANCE ET DES OUVRAGES INTERMÉDIAIRES REQUIS POUR CERTAINES CONSTRUCTIONS.

674. — Celui qui fait creuser un puits ou une fosse d'aisances près d'un mur mitoyen ou non;

(¹) *Pompon. L.* 6, § 2, *D. arbor. furt. cæsar.*

Celui qui veut y construire cheminée ou âtre, forge, four ou fourneau,

Y adosser une étable,

Ou établir contre ce mur un magasin de sel ou amas de matières corrosives,

Est obligé à laisser la distance prescrite par les règlements et usages particuliers sur ces objets, ou à faire les ouvrages prescrits par les mêmes règlements et usages, pour éviter de nuire au voisin.

SOMMAIRE.

312. Nature différente des précautions exigées pour certaines constructions. L'option indiquée par la loi n'existe pas d'une manière générale.
313. Dispositions diverses de la Coutume de Paris, maintenues par le Code.
314. Les mêmes précautions ne sont pas toujours exigées pour toute espèce de murs, *mitoyens ou non.*

312. Les précautions qu'un propriétaire doit prendre pour certaines constructions, sont prescrites ou dans un intérêt d'utilité publique, notamment pour prévenir les incendies, ou seulement *pour éviter de nuire au voisin* (¹), et alors le législateur n'établit qu'une règle d'intérêt privé, qui peut être modifiée par la convention des parties. Les règlements auxquels le Code renvoie sont, en général, des règlements de police, qui concernent surtout la construction des cheminées (²) et des fosses d'aisances. Quant aux règles établies par l'usage, ce sont surtout celles qui concernent l'intérêt particulier du voisin.

Les rédacteurs du Code ont voulu se référer par une disposition générale aux précautions prescrites par les règlements de police, et à celles que la Coutume de Paris avait indiquées en détail. Il en résulte que le constructeur semble avoir dans tous les cas une option qui lui permet soit de bâtir à une certaine distance, sans prendre aucune autre précaution, soit de ne point observer cette distance en exécutant certains travaux : mais, en réalité, cette option existe très-rarement, du moins à Paris (³); car les fosses d'aisances, quel que soit leur emplacement, doivent toujours être construites de manière à éviter les infiltra-

_____

(¹) S'il est constant qu'un ouvrage nuit au voisin, la justice peut en ordonner la destruction, même dans le silence des règlements (rejet, 29 *janvier* 1829).

(²) Tel est notamment le règlement de police du 21 janvier 1672, qui, entre autres dispositions, défend de faire passer des poutres ou autres pièces de bois dans les tuyaux de cheminées.

(³) La Coutume de Paris, art. 217, ne prescrivait de distance que pour les *cloaques* et les *fossés à eaux*. Le cloaque ou *puisard* est un trou dans lequel se jettent les eaux qui n'ont pas d'écoulement sur la superficie du terrain. Le cloaque est entouré de murs et ordinairement voûté. On nomme *fossés à eaux* les trous creusés

tions ('). Et, d'un autre côté, lorsqu'il s'agit d'adosser contre un mur une étable ou un magasin de sel, il ne peut être question d'observer une distance quelconque. Il faut nécessairement recourir à des ouvrages intermédiaires, c'est-à-dire à des contre-murs.

313. D'après la Coutume de Paris (art. 191), les puits et les fosses d'aisances doivent être séparés du mur mitoyen et, à plus forte raison, du mur de clôture appartenant au voisin, par un contre-mur d'un pied d'épaisseur. La Coutume fixe également l'épaisseur de la maçonnerie qui doit séparer un puits d'un autre puits ou d'une fosse d'aisances.

Le feu qu'on entretient dans une cheminée endommagerait le mur mitoyen, si l'on ne prenait aucune précaution pour le préserver. La Coutume de Paris (art. 189) voulait qu'on élevât jusqu'à la hauteur du manteau de la cheminée un contre-mur de tuilots d'un demi-pied d'épaisseur; mais l'usage des plaques de fonte, placées au contre-cœur de la cheminée, a prévalu sur celui du contre-mur en tuiles (²).

Lorsqu'il s'agit de fours, forges ou fourneaux, la même Coutume exige un mur particulier, séparé du mur mitoyen par un intervalle d'un demi-pied, qui doit rester ouvert par les côtés, afin que l'air extérieur circule librement. Quant aux tuyaux nécessaires pour le dégagement de la fumée, on peut toujours les former à l'aide du mur mitoyen. Plusieurs coutumes permettent même de les enclaver dans ce mur (³).

La négligence avec laquelle sont trop souvent tenus les bestiaux, peut amener des infiltrations qui endommagent les murs des étables. De là vient la nécessité de préserver le mur mitoyen, contre lequel une étable est construite, par un contre-mur élevé sous les auges. Cette précaution ne serait pas nécessaire dans une étable bien tenue, surtout si elle était pavée (⁴).

A part toute construction, les matières qu'on élève en tas, peuvent nuire au mur contre lequel on les adosse. S'il appartient à un voisin, ou s'il est seulement mitoyen, il faudra donc le préserver par un contre-mur. Le Code n'exige cette précaution que pour un amas de matières *corrosives*, telles que le sel ou les fumiers, qui peuvent, en décomposant le mortier, détruire le lien de la maçonnerie; mais la même règle doit être appliquée à tous les amas qui, sans avoir rien de corro-

---

à découvert, comme les mares et les fosses à fumiers. Il n'était permis de les établir qu'à six pieds au moins des murs *appartenant au voisin ou mitoyens*. Voyez, sur cette disposition de la Coutume, Desgodets, nos 1 et 2, avec les notes de Goupy.

(¹) Cette matière est réglée aujourd'hui à Paris par l'ordonnance du 24 septembre 1819.

(²) Desgodets, sur l'article 189 de la Coutume, n° 3.

(³) Notes de Goupy sur Desgodets, *ibid.*

(⁴) Desgodets, sur l'article 188 de la Coutume de Paris, n° 4.

sif, sont de nature à opérer sur les murs une pression nuisible, par exemple, aux terres *jectices* qu'un propriétaire fait apporter dans son jardin, et qui élèvent le sol à une hauteur qu'il n'atteint pas du côté opposé [1].

314. En prescrivant les travaux nécessaires pour éviter de nuire aux voisins, la Coutume de Paris s'était surtout préoccupée de la conservation des murs mitoyens; deux articles seulement, applicables aux terres jectices et au cloaque [2], parlaient du mur *appartenant au voisin ou mitoyen*. Le Code semble généraliser cette disposition en exigeant les mêmes précautions pour toute espèce de mur *mitoyen ou non;* mais ici l'expression du législateur va au-delà de sa pensée. Évidemment les précautions légales ne sont imposées à aucun propriétaire pour la conservation de sa propre chose : la disposition du Code ne peut donc s'appliquer, comme celle de la Coutume, qu'au mur d'autrui ou au mur mitoyen; et même, suivant cette interprétation, la nécessité de préserver le mur d'autrui ne saurait se présenter en ce qui concerne les étables, les magasins de sel et autres bâtiments, puisqu'on ne peut les établir contre un mur de clôture, si l'on n'en a pas au moins la mitoyenneté. A l'égard des puits et des fosses d'aisances, l'article 191 de la Coutume ne s'occupait que du mur mitoyen; mais, comme nous l'avons déjà dit, si le constructeur doit préserver le mur mitoyen, il doit, à plus forte raison, préserver le mur d'autrui. La disposition du Code sur le mur *mitoyen ou non* doit indubitablement s'appliquer à cette hypothèse.

SECTION III.

DES VUES SUR LA PROPRIÉTÉ DE SON VOISIN.

675. — L'un des voisins ne peut, sans le consentement de l'autre, pratiquer dans le mur mitoyen aucune fenêtre ou ouverture, en quelque manière que ce soit, même à verre dormant.

676. — Le propriétaire d'un mur non mitoyen, joignant immédiatement l'héritage d'autrui, peut pratiquer dans ce mur des jours ou fenêtres à fer maillé et verre dormant.

Ces fenêtres doivent être garnies d'un treillis de fer, dont les mailles auront un décimètre (environ trois pouces huit lignes) d'ouverture au plus, et d'un châssis à verre dormant.

---

[1] Desgodets, sur l'article 192 de la Coutume de Paris, n° 5.
[2] Art. 192 et 217.

677. — Ces fenêtres ou jours ne peuvent être établis qu'à vingt-six décimètres (huit pieds) au-dessus du plancher ou sol de la chambre qu'on veut éclairer, si c'est à rez-de-chaussée, et à dix-neuf décimètres (six pieds) au-dessus du plancher, pour les étages supérieurs.

JOURS OU FENÊTRES... FENÊTRES OU JOURS. Dans les articles 678 et 679 la loi parle de *vues*, et on en conclut ordinairement que ces deux mots *jours* et *vues* s'appliquent dans des acceptions différentes aux deux espèces de fenêtres dont la loi s'occupe dans cette section. Cependant la rubrique ne mentionne que les *vues*, sans doute parce que ce mot a conservé dans le Code l'acception générale qu'il avait dans la Coutume de Paris, articles 200 et 202. S'il en est ainsi, le mot *jour* n'a point de signification spéciale.

SOMMAIRE.

315. Prohibition absolue de toute espèce de jours dans le mur mitoyen.
316. Jours qui peuvent être percés par le propriétaire dans le mur non mitoyen.
317. Distinction admise par les anciens auteurs entre les vues de coutume et les vues de servitude.

315. La disposition qui défend de percer des fenêtres dans un mur mitoyen est tellement absolue, que celles qui sont établies dans un mur non mitoyen, avec les précautions exigées par la loi, doivent être bouchées dès que la mitoyenneté est acquise au voisin sur l'héritage duquel donnent ces fenêtres. Cette conséquence n'a jamais été contestée pour la partie inférieure du mur, que l'on peut considérer comme tenant lieu de clôture; mais, quant à la partie supérieure, l'ancienne jurisprudence a varié. Si l'on a toujours reconnu au propriétaire qui a construit un exhaussement, le droit d'y pratiquer des jours, dits de souffrance, sauf à les boucher, lorsque le voisin, après avoir acheté la mitoyenneté, veut appuyer une construction nouvelle sur la partie du mur où ils sont percés, on a longtemps dénié, à celui qui ne voulait point bâtir, la faculté de faire boucher les jours par ce seul motif que le mur était devenu mitoyen. C'est en 1670 seulement que la jurisprudence a été fixée en sens contraire par un arrêt qui a ordonné la suppression des jours, quoique le voisin, qui avait acheté la mitoyenneté, *n'eût pas dessein de bâtir* (¹).

316. Quant au mur qui, sans être mitoyen, est placé de manière à le devenir, parce qu'il joint immédiatement à l'héritage d'autrui, la loi permet au propriétaire d'y pratiquer des jours, mais en même temps elle pourvoit à ce qu'on ne puisse rien jeter chez le voisin. C'est dans ce but qu'elle exige un treillis de fer, en limitant l'ouverture que peu-

---

(¹) Notes de Goupy sur Desgodets, art. 200 de la Coutume de Paris, n° 19. Voir en ce sens un arrêt de rejet du 1er décembre 1813.

vent avoir les mailles, et un châssis à verre dormant, c'est-à-dire, un châssis qu'on ne peut ouvrir. Elle veut de plus que ces ouvertures soient toujours établies, dans chaque appartement, à une hauteur qui ne permette pas facilement de voir au dehors, en sorte que l'héritage voisin ne soit pas exposé aux regards des personnes placées dans la pièce que les jours éclairent.

317. Les jours qui sont ainsi percés, conformément aux dispositions du Code, ne sont point établis en vertu d'un droit de servitude sur l'héritage voisin, mais en vertu d'une règle générale qui constitue le droit commun de la propriété. La servitude, suivant les principes antérieurement exposés, consiste, au contraire, dans une dérogation tendant, soit à empêcher le propriétaire du mur d'y ouvrir les jours que la loi autorise, soit à lui permettre d'ouvrir ceux qu'elle n'autorise pas. Cette distinction n'avait point échappé aux anciens auteurs : ils appelaient vues *de coutume* celles que le droit commun permet d'ouvrir dans un mur non mitoyen, par opposition aux *vues de servitude* qui existent en vertu d'un droit particulier ([1]).

678. — On ne peut avoir des vues droites ou fenêtres d'aspect, ni balcons ou autres semblables saillies sur l'héritage clos ou non clos de son voisin, s'il n'y a dix-neuf décimètres (six pieds) de distance entre le mur où on les pratique et ledit héritage.

679. — On ne peut avoir des vues par côté ou obliques sur le même héritage, s'il n'y a six décimètres (deux pieds) de distance.

680. — La distance dont il est parlé dans les deux articles précédents, se compte depuis le parement extérieur du mur où l'ouverture se fait, et, s'il y a balcons ou autres semblables saillies, depuis leur ligne extérieure jusqu'à la ligne de séparation des deux propriétés.

SOMMAIRE.

318. Toutes les vues sont droites ou obliques suivant la position respective des héritages qu'elles intéressent.
319. Ces règles s'appliquent aux fenêtres d'une maison, et non aux ouvertures pratiquées, hors des villes et faubourgs, dans un mur de clôture.
320. Liberté réciproque des maisons séparées par un chemin public.
321. Effet de la prescription relativement aux fenêtres qui ne sont pas à la distance légale.

318. Les vues droites ou fenêtres d'aspect sont celles qu'on établit

---

([1]) Desgodets, sur l'article 200 de la Coutume de Paris, n° 4.

dans un mur parallèle à la ligne de séparation de deux héritages, tandis que les vues par côté ou obliques sont ouvertes dans le mur en retour d'équerre. On voit par là qu'à proprement parler, toutes les vues sont droites ou obliques, suivant la position respective des héritages qu'elles intéressent. En effet, la fenêtre qui donne une vue droite sur un fonds situé au levant, ne donne qu'une vue oblique sur un autre fonds situé au midi, et réciproquement.

Lorsque le mur dans lequel on veut ouvrir des fenêtres, au lieu d'être parallèle ou perpendiculaire à la ligne de séparation, forme avec cette ligne un angle très-aigu, la distance qui les sépare peut être beaucoup moins grande d'un côté que de l'autre, et alors il ne doit pas être établi de fenêtre sur les points qui sont trop rapprochés de la limite (¹).

319. Ces règles s'appliquaient autrefois à tous les fonds qui étaient clos; mais à la campagne les terrains sont souvent sans clôture, et dans ce cas on pouvait ouvrir des vues sans observer aucune distance (²). Aujourd'hui le Code établit une règle générale qui s'applique sans distinction à tous les héritages *clos ou non clos*. Faut-il en conclure que, même dans les champs, les murs d'un jardin ou d'un parc ne devront avoir aucune ouverture, en sorte que le propriétaire ne pourra se ménager aucune vue sur la campagne? Les vues ou fenêtres dont le Code s'occupe dans cette section, sont évidemment celles qui éclairent des appartements d'où l'on peut voir sans se déranger et sans s'exposer aux intempéries des saisons. Les mêmes dispositions ne sauraient concerner les vues dont on ne peut jouir que temporairement en se promenant au dehors, lorsque la température le permet. De semblables ouvertures n'ont rien de commun avec les fenêtres d'une maison; si les mêmes règles pouvaient être appliquées aux unes et aux autres, on arriverait aux conséquences les plus bizarres. Un propriétaire qui aurait commencé à se clore serait contraint de se clore entièrement, même à la campagne, et une partie de mur venant à tomber, il serait forcé ou de la rétablir, ou de supprimer toute sa clôture (³).

320. Lorsque deux maisons sont séparées par un chemin, chaque propriétaire est libre, lors même que le chemin n'a pas dix-neuf décimètres de largeur, d'établir dans son mur telles fenêtres que bon lui semble; car les deux fonds ne se joignent pas immédiatement, et d'ailleurs on peut toujours prendre des vues sur la voie publique (⁴). Autrement, elle n'aurait pas l'aspect qu'elle doit avoir.

(¹) Desgodets, sur l'article 202 de la Coutume de Paris, nᵒ 9.

(²) Desgodets, *ibid*. nᵒ 13.

(³) Rejet, 3 août 1836.

(⁴) Desgodets, *ibid*. nᵒ 15. Il existe cependant en sens contraire un arrêt de Nancy du 25 novembre 1816.

321. Le propriétaire d'un bâtiment trop rapproché du fonds voisin pour avoir, d'après le droit commun, des vues droites ou obliques, peut les acquérir par titre ou par prescription ; mais, lorsque ce bâtiment joint immédiatement le fonds d'autrui, on se demande si, en achetant la mitoyenneté, le propriétaire voisin n'a pas le droit de faire boucher les fenêtres, lors même qu'elles existeraient depuis trente ans. Malgré les doutes qu'on a élevés sur ce point, il nous paraît incontestable qu'on ne saurait ici, en l'absence d'un texte formel, méconnaître l'effet ordinaire de la prescription.

Ce qui fait plus de doute, c'est l'étendue des droits qui peuvent être acquis de cette manière. Puisque le propriétaire qui a ouvert des fenêtres, a le droit de les conserver, ne s'ensuit-il pas qu'il est désormais interdit au voisin d'élever des constructions tellement rapprochées qu'elles interceptent le jour ? Si l'on supposait une convention entre deux propriétaires, personne n'hésiterait à décider que celui qui a concédé les vues, s'est interdit toute construction qui les rendrait illusoires, et que dès lors il doit reculer son bâtiment à la distance légale de deux mètres ; or, n'en doit-il pas être de même, lorsqu'il s'agit de vues établies par prescription ? Ceux qui pensent que la prescription ne fait pas perdre au voisin le droit de bâtir sur la limite même des deux héritages, s'attachent ordinairement à la distinction des servitudes légales et des servitudes établies par le fait de l'homme. Ils soutiennent que la prescription acquise par l'un des voisins n'a eu d'autre effet que de libérer son héritage de la servitude légale, et non de lui faire acquérir une servitude nouvelle, qui empêche l'autre voisin de bâtir sur son terrain. On répond dans l'opinion contraire qu'il y a dans l'espèce acquisition d'une véritable servitude, puisque toute dérogation à une servitude légale constitue une servitude proprement dite.

Mais cette controverse ne va pas au fond de la question : on peut très-bien admettre l'existence d'une servitude nouvelle, et soutenir cependant que la prohibition de construire constituerait à l'égard du voisin une servitude non apparente, qui ne saurait s'acquérir sans titre (art. 691). La prescription, peut-on ajouter, ne donne pas au droit qu'elle établit en consacrant la possession, plus d'étendue que n'en avait la possession même. C'est en ce sens que l'on dit communément : *tantum præscriptum quantum possessum*. La question se réduit donc à examiner quel est le droit qui a été exercé. Ce ne peut être que celui de conserver les fenêtres telles qu'elles existent ; car, quant au droit de bâtir sur son propre fonds, le voisin était libre d'en user ou non. C'était de sa part un acte de pure faculté, qui ne pouvait fonder aucune prescription (art. 2232).

Sans méconnaître ces principes, nous en repoussons l'application dans la question qui nous occupe. Celui dont les fenêtres ont existé pendant trente ans, n'a pas possédé purement et simplement un mur percé de plusieurs ouvertures. Il a eu des fenêtres d'aspect, d'où la vue s'étendait sur le fonds voisin, et la prescription a transformé ce fait en un droit de vue. Peut-on dire sérieusement que ce droit continuera de s'exercer comme il s'exerçait précédemment, lorsqu'un nouveau mur interceptera l'air et la lumière? non certainement. Le droit d'avoir des vues et le droit de recevoir la lumière sont moralement indivisibles. D'ailleurs, comme l'orateur du gouvernement l'a expliqué lui-même, en parlant de l'acquisition des servitudes continues et apparentes (¹), la prescription se fonde sur le consentement présumé du propriétaire qui l'a laissée s'accomplir, lorsqu'il pouvait facilement l'interrompre. Elle doit donc avoir le même effet que le titre dont elle suppose l'existence (²).

SECTION IV.

DE L'ÉGOUT DES TOITS.

681. — Tout propriétaire doit établir des toits de manière que les eaux pluviales s'écoulent sur son terrain ou sur la voie publique ; il ne peut les faire verser sur le fonds de son voisin.

SOMMAIRE.

322. Précautions à prendre pour que l'égout du toit ne porte pas sur le fonds voisin.

322. La règle qui enjoint à tout propriétaire d'établir son toit de manière que les eaux pluviales ne tombent pas sur le fonds voisin, ne saurait, sous aucun rapport, être considérée comme établissant une servitude. C'est une des nombreuses applications du principe de droit commun qui défend de faire arriver sur le fonds d'autrui ce qui n'y arriverait pas naturellement, par exemple, d'y rien jeter. La servitude que les Romains appelaient *jus stillicidii*, consisterait en sens inverse dans la dérogation spéciale qui autoriserait un propriétaire à établir son toit de manière que l'égout portât sur le fonds voisin (³).

Pour faire porter l'égout de son toit sur son propre fonds, le propriétaire qui élève un bâtiment doit placer son mur à une certaine

---

(¹) Exposé des motifs.

(²) La jurisprudence des cours d'appel présente une grande divergence sur cette question. Quant à la cour de cassation, après s'être prononcée contrairement à notre opinion par un arrêt de rejet du 10 janvier 1810, elle l'a adoptée par un autre arrêt de rejet du 1ᵉʳ décembre 1835.

(³) Desgodets, sur l'article 186 de la Coutume de Paris, nº 18.

distance de la limite ([1]) ; autrement, le toit, qui dépasse toujours le parement extérieur de la muraille, conduirait les eaux pluviales chez le voisin, et il ne suffirait pas, pour rentrer dans la légalité, de les recueillir dans une gouttière au moyen de laquelle on les rejetterait d'un autre côté ([2]) ; car la gouttière elle-même empiète sur le fonds qu'elle tend à préserver, ce qui est contraire à la règle générale qui attribue au propriétaire du sol la propriété du dessus (art. 552).

SECTION V.

DU DROIT DE PASSAGE.

682. — Le propriétaire dont les fonds sont enclavés, et qui n'a aucune issue sur la voie publique, peut réclamer un passage sur les fonds de ses voisins pour l'exploitation de son héritage, à la charge d'une indemnité proportionnée au dommage qu'il peut occasionner.

683. — Le passage doit régulièrement être pris du côté où le trajet est le plus court du fonds enclavé à la voie publique.

684. — Néanmoins il doit être fixé dans l'endroit le moins dommageable à celui sur le fonds duquel il est accordé.

SOMMAIRE.

323. Droit du propriétaire d'un fonds enclavé à obtenir un passage. Base de l'indemnité qu'il doit payer.
324. Règles sur la détermination du terrain où doit être établi le passage.
325. Cas dans lequel le passage ne peut être réclamé comme nécessaire.

323. On ne saurait admettre qu'un propriétaire perdît toute l'utilité d'un terrain qui lui appartient, faute d'y avoir aucun accès. Aussi a-t-il toujours été reconnu que celui dont le fonds n'a aucune issue sur la voie publique, peut, sauf à payer une indemnité, forcer ses voisins à lui fournir un passage ([3]). « Le bien public, dit Bourjon ([4]), *rend telle* « *vente forcée.* »

L'indemnité qui forme le prix de cette vente, est la compensation du dommage causé au voisin sur le fonds duquel le passage est établi. On

---

([1]) Aussi le fait que l'égout d'un toit a porté longtemps sans réclamation sur le terrain voisin du mur, emporte-t-il présomption de la propriété de ce terrain (Bordeaux, 22 *février* 1844).

([2]) Notes de Goupy sur Desgodets, article 196 de la Coutume de Paris, n° 12.

([3]) *Ulp.* L. 12, D. *de religios.*

([4]) Droit commun de la France, liv. 4, tit. 1, part. 2, chap. 1, n° 1.

doit donc prendre pour base d'évaluation le préjudice qu'il éprouve, sans s'attacher à l'avantage qu'obtient le propriétaire du fonds enclavé.

324. Pour que le dommage et l'indemnité soient moins considérables, le passage doit être fixé du côté où le trajet est le plus court ; mais cette règle générale est nécessairement subordonnée à celle qui prescrit de choisir le point où le passage sera le moins dommageable. Il peut arriver, en effet, que le trajet le plus court ne soit, pour aucune des parties, le plus avantageux. Il faut s'en rapporter à cet égard à l'appréciation du juge. Suivant Bourjon (1), la règle qui prescrit le trajet le plus court, doit s'appliquer entre plusieurs voisins d'une manière absolue, lorsqu'il s'agit de désigner celui qui doit fournir le passage, sauf à lui à le fournir *dans l'endroit le moins dommageable ;* mais nous ne pensons pas que les rédacteurs du Code se soient attachés à cette distinction. Il peut fort bien arriver que le passage le plus court par un des fonds voisins soit moins avantageux pour tous les intéressés qu'un trajet plus long par un autre fonds, et nous ne voyons pas pourquoi le juge ne pourrait pas préférer ce dernier parti. Nous croyons qu'il lui appartient toujours de tenir compte de l'opportunité, *ut de opportunitate loci prospiciat* (2).

325. Le passage est accordé comme nécessaire à celui *qui n'a aucune issue.* La même disposition ne saurait donc s'appliquer à ceux qui, ayant un chemin quelconque, voudraient s'en procurer un autre plus court ou plus commode (3). Pourrait-elle être invoquée relativement à un terrain que le propriétaire actuel ou ses auteurs ont volontairement enclavé, en partageant un fonds en plusieurs lots ou en aliénant la partie qui donne sur la voie publique? Évidemment, en pareil cas, les vendeurs ou les copartageants devaient réserver un passage en faveur des parties du fonds qui en avaient besoin. S'ils ont négligé cette précaution, ils ne peuvent pas se faire un titre de leur propre faute pour imposer à des étrangers une obligation toujours onéreuse. S'ils ont besoin d'un passage, c'est sur les autres parties du même fonds qu'il doit être pris (4). Pour appliquer la disposition du Code entre des voisins qui sont restés étrangers à la répartition de la propriété, il faut supposer un événement de force majeure qui a privé un héritage de toute communication. Tel serait, par exemple, l'établissement d'un canal fermant l'accès du chemin.

685.—L'action en indemnité, dans le cas prévu par l'article 682

---

(1) *Ibid.* nos 2 et 3.
(2) *Ulp. d. L.* 12, *D. de religios.*
(3) Rejet, 31 mai 1825.
(4) Rejet, 1er mai 1811 ; Caen, 26 mai 1824.

est prescriptible; et le passage doit être continué, quoique l'action
en indemnité ne soit plus recevable.

526. En partant de cette idée, qu'un passage doit être cédé au
propriétaire du fonds enclavé, on arrive à cette conséquence, que
la servitude de passage n'existera qu'autant que l'emplacement aura
été déterminé et l'indemnité évaluée. Dans ce système, c'est le propriétaire du fonds enclavé qui a une action contre les voisins pour *réclamer un passage* (art. 682). Or, un droit de passage est une servitude
discontinue, qui ne s'établit point par prescription (art. 691), et peu
importe dès lors que pendant un laps de temps plus ou moins long le
propriétaire du fonds enclavé ait passé librement sur l'un des fonds
voisins. On considère alors le passage comme n'ayant eu lieu que par
tolérance, jusqu'au moment où le propriétaire du fonds enclavé a
demandé et obtenu, moyennant indemnité, la concession d'une véritable servitude. Il est vrai que l'indemnité peut se prescrire, comme
toute autre créance, mais c'est seulement à compter du jour où le
payement en est devenu exigible (art. 2257), ce qui suppose évidemment que le montant en a été fixé. C'est dans ce sens que paraît
avoir été rédigé l'article 682, d'après lequel celui qui a besoin d'un
passage a le droit de le *réclamer*, c'est-à-dire, de se le faire céder.

Ici, au contraire, la loi donne au propriétaire sur le fonds duquel
le passage a été exercé, une *action en indemnité*. Évidemment les rôles
sont changés : ce n'est plus le propriétaire du fonds enclavé qui réclame un passage; la loi le considère purement et simplement comme
débiteur d'une indemnité. Pour expliquer ce résultat, on est forcé
d'admettre que le droit de passage existe comme servitude légale, par
le fait même de l'enclave, et sauf l'indemnité due au voisin sur le fonds
duquel il s'exerce. On objecte que déclarer cette indemnité prescriptible
même avant que le montant en ait été fixé, ce serait faire acquérir par
prescription une servitude discontinue. Mais, comme nous l'avons
déjà dit, le droit de passage existe, d'après la disposition du Code, par
cela seul qu'il est nécessaire. Il ne reste plus qu'à en déterminer l'assiette. En souffrant qu'un semblable droit soit exercé pendant trente
ans dans la même direction, la partie intéressée a tacitement reconnu
qu'il ne devait pas être exercé sur un autre point. Elle a ainsi renoncé

à toute réclamation sur la détermination même du chemin à suivre (¹).

CHAPITRE III.

DES SERVITUDES ÉTABLIES PAR LE FAIT DE L'HOMME.

INTRODUCTION.

SECTION PREMIÈRE.

DES DIVERSES ESPÈCES DE SERVITUDES QUI PEUVENT ÊTRE ÉTABLIES SUR DES BIENS.

SOMMAIRE.

327. A quelles conditions peuvent avoir lieu les servitudes établies par le fait de l'homme.
328. Comment elles se divisent.
329. Comment s'établissent ces différentes espèces de servitudes.
330. Comment peut être remplacé le titre constitutif de la servitude.
331. Droits que les servitudes attribuent à l'un des voisins. A quoi l'autre peut être astreint.
332. Interdiction de toute innovation tendant à modifier l'exercice de la servitude.
333. Actions auxquelles les servitudes donnent lieu.
334. Divers modes d'extinction applicables aux servitudes.
335. Comment elles peuvent s'éteindre par non-usage.
336. Règle spéciale sur ce mode d'extinction.

527. Ce troisième chapitre est consacré aux servitudes proprement dites, établies par dérogation aux règles générales, qui constituent, comme nous l'avons dit, le droit commun de la propriété. Cette dérogation n'est permise aux propriétaires que sous deux conditions : la première, commune à toutes les conventions (art. 6), c'est qu'il ne soit porté aucune atteinte aux règlements qui intéressent l'ordre public, comme ceux qui tendent à prévenir les incendies et les inondations; la seconde, particulière aux servitudes, c'est que les services établis aient uniquement pour but de favoriser l'exploitation du fonds dominant, sans jamais assujettir le propriétaire voisin à aucun service personnel (art. 686).

528. Le Code reconnaît une première distinction des servitudes en urbaines et rurales. La doctrine distingue également les servitudes affirmatives, qui autorisent un propriétaire à exercer activement cer-

---

(¹) Après s'être prononcée en sens contraire, le 8 juillet 1812, la Cour suprême a rendu en faveur de cette opinion de nombreuses décisions, notamment trois arrêts de cassation du 10 juillet 1821, du 19 novembre 1832 et du 16 février 1835.

tains droits sur le fonds d'autrui, et les servitudes négatives, qui lui permettent seulement d'empêcher que le propriétaire du fonds servant n'exerce, sur son propre terrain, certains droits, par exemple, celui de bâtir; mais ces deux divisions sont théoriques plutôt que pratiques. Il en est autrement des deux autres divisions admises par le Code, dont nous reconnaîtrons l'utilité en parlant de la constitution des servitudes et de leur extinction.

Suivant ces deux divisions, les servitudes sont continues ou discontinues, apparentes ou non apparentes (art. 688 et 689).

On appelle servitudes continues celles dont l'exercice est indépendant du fait de l'homme, et servitudes discontinues celles qui ont besoin du fait actuel de l'homme pour être exercées (art. 688).

Les servitudes sont apparentes ou non apparentes suivant que leur existence est ou non manifestée par un signe extérieur (art. 689).

SECTION II.

COMMENT S'ÉTABLISSENT LES SERVITUDES.

329. Les servitudes sont toutes susceptibles de s'établir par titre (art. 690 et 691), c'est-à-dire, par une convention entre les propriétaires voisins ou par une disposition de dernière volonté faite par le propriétaire du fonds servant. Indépendamment de la constitution par titre, les servitudes peuvent s'établir ou par la prescription ou par la destination du père de famille. La prescription n'a lieu qu'à l'égard des servitudes continues et apparentes (art. 690). La destination du père de famille suppose que deux héritages, appartenant au même propriétaire, se sont trouvés entre ses mains dans un état tel que l'un d'eux aurait été évidemment grevé d'une servitude envers l'autre, s'ils n'avaient pas eu le même maître (art. 693). Quand ils viennent à être séparés, la servitude prend naissance par suite de la volonté présumée de ceux entre lesquels la propriété a été divisée. Lorsque l'acte constatant l'aliénation qui a séparé les deux fonds n'est pas représenté, la destination du père de famille s'applique exclusivement aux servitudes continues et apparentes (art. 692 et 693). Si cet acte est représenté, la destination du père de famille s'applique par cela seul qu'il existe un signe apparent de servitude (art. 694).

330. La preuve testimoniale n'est point admise à l'égard des servitudes qui ne s'établissent que par titre, du moins lorsque leur valeur excède 150 fr. En pareil cas, on aura besoin d'un acte soit primordial, soit recognitif (art. 695), sauf l'effet ordinaire de l'aveu et du serment (art. 1356 et 1358).

SECTION III.

DES DROITS DU PROPRIÉTAIRE DU FONDS AUQUEL LA SERVITUDE EST DUE.

331. En règle générale, une servitude n'impose point la nécessité d'agir ou de faire. Le propriétaire du fonds servant n'est astreint que d'une manière passive, soit à une abstention, par exemple, à ne point bâtir, soit à une simple tolérance, par exemple, à laisser passer sur son terrain. Du reste, la constitution même de la servitude autorise implicitement l'autre propriétaire à faire tout ce qui est nécessaire pour en user, notamment à passer sur le fonds servant pour puiser de l'eau à une fontaine placée dans ce même fonds (art. 696), et à exécuter à ses frais les travaux qu'exigent le maintien et l'exercice de son droit (art. 697). Bien plus, ces mêmes travaux peuvent être mis à la charge du propriétaire voisin ; mais, dans ce cas même, ce dernier a toujours la faculté de s'en affranchir, comme de la servitude elle-même, en abandonnant le *fonds assujetti* (art. 699).

332. Les personnes à qui appartient le fonds grevé de la servitude ou celui qui en profite, doivent s'abstenir de tout changement qui en rendrait l'exercice moins avantageux à celle qui en jouit, ou plus onéreux pour celle qui la supporte (art. 702). Aussi le maître du fonds servant ne peut-il changer l'état des lieux, ni transporter l'exercice du droit d'un point sur un autre, sauf le cas où des motifs graves permettraient d'opérer le changement en connaissance de cause (art. 701); et, d'un autre côté, si le fonds dominant est possédé par indivis, les copropriétaires doivent toujours exercer leur droit de manière à ne point aggraver la condition du fonds servant (art. 700).

333. Les servitudes donnent lieu, comme l'usufruit, à deux actions réelles. L'une, qui se nomme confessoire, appartient au propriétaire du fonds dominant, pour la revendication du droit qu'il prétend avoir sur l'héritage du défendeur. L'autre, qu'on appelle *négatoire* par opposition à la précédente, est donnée au propriétaire qui soutient que son héritage n'est point grevé, envers le fonds voisin, de telle ou telle servitude. Dans l'un et l'autre cas, c'est à celui qui n'est pas en possession à jouer le rôle de demandeur, et par conséquent à faire la preuve, *quia semper necessitas probandi incumbit illi qui agit* (¹).

Indépendamment des actions confessoire et négatoire, il existe, pour 'usufruit et pour les servitudes, des actions relatives à la possession.

_____

(¹) *Inst.* § 4, *de legat.* ; *Martian. L.* 21, *D. de probat.* V. Cujas, *ad Afric. tractat.* 9, *L.* 15, *D. de nov. oper. nunciat.*

En effet, celui qui depuis un an exerce paisiblement une servitude peut se faire maintenir en possession de ce droit (C. de pr., art. 25); car il importe de distinguer, pour les immeubles incorporels comme pour les immeubles corporels, ce qu'on appelle le *petitoire*, c'est-à-dire, la justification au fonds de l'existence du droit, et le *possessoire*, c'est-à-dire, la justification des conditions requises pour la possession légale. Celui qui obtiendra gain de cause au possessoire s'assurera le rôle de défendeur, et mettra son adversaire dans la nécessité d'agir par une action confessoire ou négatoire.

SECTION IV.

COMMENT S'ÉTEIGNENT LES SERVITUDES.

354. Les servitudes, à la différence de l'usufruit, droit essentiellement temporaire, sont perpétuelles, à moins qu'elles n'aient été constituées pour finir à une époque déterminée ou à l'événement d'une condition; car, on ne doit pas, chez nous, s'arrêter à la prohibition des lois romaines, qui excluaient toute convention limitative de la durée des servitudes, et d'ailleurs, même à Rome, cette prohibition de pur droit civil était facilement éludée, dans la pratique, au moyen de l'exception de dol, qui faisait prévaloir la volonté des contractants (¹).

Les servitudes s'éteignent aussi par la renonciation du propriétaire à qui appartient le fonds dominant, ou par l'abandon que son voisin lui fait du fonds assujetti (art. 699). La consolidation ou confusion, résultant de la réunion des deux héritages dans les mains du même propriétaire, emporte, à plus forte raison, extinction de toute servitude (art. 705).

355. Il ne suffit pas, pour éteindre le droit de servitude, d'un changement de substance dans le fonds servant. La démolition d'un bâtiment, ou toute autre circonstance qui apporte dans l'état des choses une modification telle que la servitude ne puisse plus s'exercer, ne produit pas une extinction définitive : la servitude revit, si les choses sont rétablies dans leur état primitif avant l'expiration du délai de trente ans (art. 703 et 704).

Les servitudes s'éteignent, comme l'usufruit, par trente ans de non-usage (art. 706). A l'égard des servitudes discontinues, ce délai court, d'après le droit commun, du jour où leur exercice a cessé. Pour les servitudes continues, qui s'exercent indépendamment du fait actuel de l'homme, le délai ne part que du jour où il a été fait un acte contraire à leur exercice (art. 707).

(¹) *Papin. L. 4, D. de servit.*

Remarquons, du reste, que ceux qui tout en usant de leur droit, ne l'exercent pas comme ils le pourraient, perdent par non-usage le droit d'en user autrement qu'ils ne l'ont fait pendant les trente dernières années (art. 708).

336. Lorsque le fonds dominant appartient par indivis à plusieurs propriétaires, il suffit que l'un d'eux conserve son droit pour conserver celui des autres, par exemple, lorsqu'il a seul usé de la servitude, ou lorsqu'il peut invoquer le privilége de la minorité (art. 709 et 710).

SECTION PREMIÈRE.

DES DIVERSES ESPÈCES DE SERVITUDES QUI PEUVENT ÊTRE ÉTABLIES SUR LES BIENS.

686. — Il est permis aux propriétaires d'établir sur leurs propriétés, ou en faveur de leurs propriétés, telles servitudes que bon leur semble, pourvu néanmoins que les services établis ne soient imposés ni à la personne, ni en faveur de la personne, mais seulement à un fonds et pour un fonds, et pourvu que ces services n'aient d'ailleurs rien de contraire à l'ordre public.

L'usage et l'étendue des servitudes ainsi établies se règlent par le titre qui les constitue; à défaut de titre, par les règles ci-après.

SOMMAIRE.

337. Distinction entre les droits qualifiés servitudes légales et les servitudes proprement dites. Son utilité pratique.
338. Prohibition d'établir des servitudes contraires à l'ordre public.
339. En quel sens un service foncier doit être imposé, non à la personne, mais au fonds.
340. En quel sens il doit être établi en faveur d'un fonds et non d'une personne.
341. Faculté d'établir certains droits d'usage sur un fonds en faveur d'une personne déterminée. *Quid* des droits de chasse et de pêche?

337. Les règles exposées dans les deux chapitres précédents constituent, comme nous l'avons dit, le droit commun de la propriété, et c'est en dérogeant à ces règles que les propriétaires établissent de véritables servitudes, pour modifier la condition légale de deux héritages voisins. Nous insistons sur cette observation, parce que, indépendamment de son exactitude dans la doctrine, elle est loin d'être sans application pratique. On convient souvent, dans les aliénations de propriétés foncières, que le vendeur devra garantir l'acheteur de toute espèce de servitudes, et certes aucun acheteur ne serait admis à se prévaloir de cette clause pour se plaindre de la nécessité où il serait de

recevoir les eaux du fonds supérieur ou de fournir passage au propriétaire du fonds enclavé; tandis que son action en garantie serait fondée, si le voisin avait droit de planter ou de bâtir sans observer les distances légales, parce qu'il existerait alors une dérogation au droit commun, et par conséquent une servitude proprement dite. Remarquons d'ailleurs que les règles établies sous le nom de servitudes légales sont souvent communes aux deux voisins, en sorte qu'on ne peut distinguer le fonds dominant du fonds servant, comme on peut toujours le faire, lorsqu'il existe une servitude établie par le fait de l'homme.

338. En permettant aux propriétaires d'établir les servitudes qu'ils jugent convenables, le Code limite cette faculté par des restrictions dont il importe de reconnaître le caractère et l'étendue.

Une première restriction, commune à toutes les conventions, exclut tout ce qui serait contraire à l'ordre public : ce qui s'applique notamment, en matière de servitudes, aux précautions exigées pour certaines constructions par l'article 674. Les unes sont, comme nous l'avons déjà dit, prescrites dans l'intérêt particulier du voisin, et les autres dans un intérêt de sûreté générale. Rien n'empêche un propriétaire de renoncer aux premières, parce qu'elles n'intéressent que la conservation de son mur ; mais aucune convention entre des propriétaires voisins ne saurait les affranchir des règlements de police qui limitent à Paris la hauteur des maisons, ou de ceux qui, pour prévenir les incendies, déterminent la manière dont on doit construire les cheminées. A plus forte raison, devrait-on considérer comme violant l'ordre public les conventions contraires aux bonnes mœurs, que les sujétions féodales n'ont pas toujours respectées.

339. Indépendamment de cette prohibition générale, la loi défend certaines conventions, non plus d'une manière absolue, mais en tant qu'elles tendraient à établir un service foncier.

La loi exclut d'abord les services *imposés à la personne*. Cependant toute personne peut engager ses services à une autre : ainsi, lorsqu'un propriétaire établit une servitude sur son héritage, rien ne l'empêche de louer ses services au maître du fonds dominant; mais cette convention, tout en produisant son effet entre les contractants, ne pourrait modifier en aucune manière leurs droits de propriété respectifs. Ce que la loi prohibe, c'est la clause en vertu de laquelle tout propriétaire du fonds servant serait, en cette qualité, tenu d'un service personnel dont il ne pourrait s'affranchir par l'abandon même du fonds. De semblables conventions n'intéressent en rien l'exploitation du fonds dominant; elles n'ont rien de commun avec les services fonciers, et le silence des jurisconsultes romains indique assez qu'elles sont restées étrangères aux habitudes romaines. Aujourd'hui ces mêmes conventions auraient, entre autres inconvénients, celui de rappeler les obligations qu'avait autorisées le système féodal.

La servitude, qui, comme on vient de le voir, ne peut pas être imposée à la personne, doit être imposée *à un fonds,* ou, pour mieux dire, à la propriété, qui se trouve moins complète qu'auparavant, puisqu'elle ne comprend plus les mêmes droits. Ceux à qui appartiendra désormais le fonds servant n'auront plus la faculté, soit d'exercer les droits qui ont été aliénés par l'établissement même de la servitude, soit d'empêcher le propriétaire voisin de tirer de son propre fonds une certaine utilité.

540. Les servitudes ne doivent pas être établies *en faveur de la personne,* mais pour un fonds, ou plutôt pour son utilité (art. 637), c'est-à-dire, pour le rendre plus productif, plus commode et, en général, plus avantageux (¹). C'est ainsi qu'un droit de passage, bien qu'il s'exerce par le fait des personnes, est réellement établi pour l'utilité du fonds dont il facilite l'exploitation. Il en serait autrement si l'on accordait à un propriétaire voisin le droit de se promener dans un parc ou d'y cueillir des fleurs ou des fruits. Ces concessions ne sont d'aucune utilité pour le fonds du concessionnaire : aussi, avant même que l'on pût se préoccuper d'aucune idée de féodalité, ont-elles été considérées, en droit romain, comme étrangères à la nature même des servitudes réelles (²).

541. Il en résulte qu'une pareille convention ne constitue jamais un service foncier, mais, comme elle n'a rien de contraire à l'ordre public, elle doit produire son effet. C'est une servitude personnelle dans le sens du droit romain, ou, pour parler le langage du Code civil, un droit d'usage accordé à une personne déterminée (art. 628). C'est ainsi que le droit de chasser ou de pêcher sur la propriété d'autrui peut être établi en faveur de la personne.

On se demande toutefois si ce droit n'est pas, comme le droit de passage, susceptible d'améliorer la condition d'un autre fonds. On fait remarquer, à cet égard, que la location du fonds dominant en deviendrait plus facile et, par cela même, plus avantageuse. Mais nous croyons qu'il en est de la chasse et de la pêche comme de la promenade, *spatiari in alieno,* qui de tout temps a été considérée comme tenant à la personne plutôt qu'au fonds, parce que de tels droits ne facilitent

---

(¹) Il a été jugé par arrêt de cassation, le 23 novembre 1808, que le droit de puiser de l'eau à une fontaine ne peut être exercé, à titre de servitude, par celui qui n'a pas de propriété auprès de cette fontaine.

(²) « Ut pomum decerpere liceat, ut spatiari, ut cœnare in alieno possimus, ser- « vitus imponi non potest. » (*Paul. L. 8, D. de servit.*)

en rien la culture d'un terrain, et ne contribuent pas non plus à rendre une maison plus commode et plus habitable ([1]).

687. — Les servitudes sont établies ou pour l'usage des bâtiments, ou pour celui des fonds de terre.

Celles de la première espèce s'appellent *urbaines*, soit que les bâtiments auxquels elles sont dues, soient situés à la ville ou à la campagne.

Celles de la seconde espèce se nomment *rurales*.

SOMMAIRE.

342. Inutilité de cette division. Importance de la distinction telle qu'elle était admise en droit romain.

542. La division des servitudes en rurales et urbaines avait, en droit romain et dans notre ancienne jurisprudence, une importance qu'elle n'a plus dans le droit actuel. Ces différentes servitudes n'étaient pas régies par les mêmes principes quant à leur acquisition ([2]) et quant à leur extinction ([3]). Dans le Code, au contraire, cette distinction, telle qu'elle est présentée, n'a plus aucune utilité.

Suivant les principes du droit romain, il importait peu qu'une servitude fût établie pour l'usage d'un bâtiment ou d'un fonds de terre. Ainsi, un droit de passage était toujours une servitude rurale, bien qu'il fût constitué pour l'usage d'une maison. Les servitudes étaient rurales ou urbaines, suivant qu'elles étaient attachées au sol même ou seulement à la superficie ([4]); en sorte que la servitude rurale avait une durée indépendante des bâtiments avec lesquels périssait nécessairement la servitude urbaine ([5]). Considérée sous ce rapport, la distinction romaine est dans la nature même des choses, et elle peut encore s'appliquer, comme nous le verrons en expliquant les articles 703 et 704; mais ce n'est pas ainsi qu'elle a été entendue par les anciens

---

([1]) Dans une espèce soumise à la cour d'Amiens, le 2 décembre 1835, un vendeur s'était réservé *à perpétuité* le droit de chasser sur l'héritage vendu, pour lui *et pour ses ayant-cause*. Mais la seule question sur laquelle la cour ait eu à se prononcer, était celle de savoir si la réserve était obligatoire vis-à-vis des tiers détenteurs, question qu'elle a dû résoudre affirmativement; car l'usage irrégulier constitue incontestablement un véritable droit réel.

([2]) Voyez les Fragments d'Ulpien, tit. 19, § 1 et 3.

([3]) *Paul. L. 20, D. de servit. præd. urb.; Gaïus, L. 6, D. eod.*

([4]) ALIÆ IN SOLO, ALIÆ IN SUPERFICIE CONSISTUNT. *Paul. L. 3, D. de servit.*

([5]) *Paul. L. 20, § 2, D. de servit. præd. urb.; Javol. L. 13, D. de servit. præd. rustic.*

auteurs. Domat lui-même ([1]), quoiqu'il ait entrevu la vérité, ne s'est point affranchi complétement de l'erreur commune.

688. — Les servitudes sont ou continues, ou discontinues.

Les servitudes continues sont celles dont l'usage est ou peut être continuel sans avoir besoin du fait actuel de l'homme : tels sont les conduites d'eau, les égouts, les vues et autres de cette espèce.

Les servitudes discontinues sont celles qui ont besoin du fait actuel de l'homme pour être exercées : tels sont les droits de passage, puisage, pacage et autres semblables.

689. — Les servitudes sont apparentes, ou non apparentes.

Les servitudes apparentes sont celles qui s'annoncent par des ouvrages extérieurs, tels qu'une porte, une fenêtre, un aqueduc.

Les servitudes non apparentes sont celles qui n'ont pas de signes extérieurs de leur existence, comme, par exemple, la prohibition de bâtir sur un fonds, ou de ne bâtir qu'à une hauteur déterminée.

SOMMAIRE.

343. Origine de ces deux divisions.
344. Caractères distinctifs des servitudes continues et discontinues.
345. Comment se distinguent les servitudes apparentes et non apparentes. Comment ces divisions se combinent entre elles et avec la division des servitudes en positives et négatives.

343. Les distinctions consacrées ici par le Code sont plus récentes que celles des servitudes urbaines et rurales. Elles ont été imaginées par les interprètes. En cherchant à concilier les textes du *Corpus juris,* ils ont supposé que ces textes s'appliquaient tantôt à des servitudes patentes ou visibles, tantôt à des servitudes cachées ou latentes. La division des servitudes en continues et discontinues, qui ne se distinguait pas d'abord bien nettement de la précédente, se rattache aussi à une interprétation d'un texte du Droit romain ([2]). Ces deux divisions ont été admises dans la jurisprudence et ont passé dans la rédaction même de plusieurs coutumes ([3]). L'ancienne division romaine a été conservée à côté des deux autres, mais elle a perdu peu à peu son importance pratique, et les divisions nouvelles ont prévalu dans l'usage : elles ont seules conservé dans le Code une utilité sérieuse. Toutefois, le législateur définit plus exactement qu'on ne l'avait fait précédem-

---

([1]) Lois civiles, liv. 1, tit. 12, sect. 1, nos 3 et 4.
([2]) *Paul. L.* 14, *D. de servit.*
([3]) Merlin, *Répert.*, vo SERVITUDE, § 7, 8, 22 et 23.

ment les servitudes continues et discontinues, et substitue aux dénominations de servitudes visibles ou cachées, patentes ou latentes, la dénomination de servitudes *apparentes* ou *non apparentes*.

344. La continuité des servitudes tient le plus ordinairement à la disposition des bâtiments ou de tout autre ouvrage permanent. Tel est, par exemple, le caractère d'un droit de vue, qui consiste dans l'existence même des fenêtres, plutôt que dans le fait des personnes qui profitent de la vue. On appelait autrefois *quasi-continues* les servitudes « dont la cause, suivant l'expression de Merlin, ou l'ouvrage « qu'on a fait pour les établir, subsiste toujours, bien que l'effet en « soit souvent interrompu. » On rangeait dans cette classe l'égout des toits, et, suivant quelques auteurs, les conduites d'eau ; mais le Code, sans s'arrêter à cette distinction, énumère l'égout et la conduite d'eau parmi les servitudes continues. C'est probablement pour prévenir toute difficulté sur ce point qu'il qualifie de continues toutes les servitudes dont l'usage *est ou peut être* continuel ([1]) ; et, en effet, il ne cite comme servitudes discontinues que celles dont l'exercice, n'ayant lieu que par le fait de l'homme, admet nécessairement des intermittences.

345. La distinction des servitudes apparentes et non apparentes ne se présente pas avec une netteté parfaite dans la rédaction du Code. Dans la définition des servitudes apparentes, il suppose des *ouvrages extérieurs*, tandis que dans celle des non apparentes, il parle seulement d'un *signe extérieur* de l'existence du droit. C'est cette dernière définition qu'il convient d'adopter, comme étant la plus large ([2]), et le législateur paraît s'y être définitivement attaché, comme nous le verrons sur l'article 694.

Nous ferons observer que les servitudes négatives, ne s'annonçant dans l'usage par aucun signe extérieur, se rangent tout à la fois dans la classe des servitudes non apparentes et dans celle des servitudes continues ; tandis que les servitudes positives, au contraire, se rangent, suivant leur nature, tantôt dans une classe, tantôt dans une autre. Ainsi, en combinant la distinction des servitudes positives et négatives avec les deux divisions consacrées par les articles 688 et 689, nous ferons quatre catégories de servitudes, qui sont : 1° continues et apparentes, comme un droit de vue ; 2° continues, mais non apparentes, comme les servitudes négatives ; 3° apparentes, mais discontinues, comme un droit de passage, qui se manifeste par une porte percée dans un mur de clôture ; 4° discontinues et non apparentes, comme le droit

---

([1]) La cour de Pau a décidé, dans le même esprit, le 11 juin 1834, qu'une prise d'eau constitue une servitude discontinue, bien que, pour en user, il soit nécessaire de lever une vanne.

([2]) Bourges, 13 décembre 1825.

de faire paître des bestiaux sur le fonds d'autrui, d'y prendre du sable, de la marne, etc.

SECTION II.

COMMENT S'ÉTABLISSENT LES SERVITUDES.

690. — Les servitudes continues et apparentes s'acquièrent par titre, ou par la possession de trente ans.

SOMMAIRE.

346. Toute servitude peut s'établir par titre. Double sens du mot titre.
347. Constitution des servitudes continues et apparentes par la prescription.
348. Peuvent-elles s'établir par la prescription de dix ou vingt ans ?

346. Toute servitude peut s'établir par titre, c'est-à-dire, par une convention entre voisins (art. 639), ou par une disposition testamentaire de celui à qui appartient le fonds servant. Nous considérons aussi comme établie par titre la servitude qui, dans un partage judiciaire, serait constituée par le tribunal : par exemple, un droit de passage au profit d'un immeuble qui autrement se trouverait enclavé. Sans doute, le juge ne doit établir aucune servitude pour satisfaire à de simples convenances, mais on ne saurait, selon nous, lui dénier le pouvoir de constituer celles dont la division des biens ferait sentir la nécessité, surtout si l'on peut, par ce moyen, éviter le morcellement des héritages.

Il faut remarquer, à cet égard, que le mot *titre* se prend ici dans une double acception : il désigne, d'une part, la convention qui établit la servitude, et, d'autre part, l'écrit ou l'acte qui régulièrement doit être dressé pour constater l'existence de cette convention, parce que la valeur des servitudes s'élève, en général, au-dessus de 150 francs, et que la preuve testimoniale des conventions n'est pas admissible au-dessus de cette valeur (art. 1341). Néanmoins, il ne faut pas conclure de là qu'à défaut d'acte, la convention ne puisse pas être prouvée. On peut toujours, bien qu'il s'agisse de plus de 150 francs, provoquer un aveu judiciaire (art. 1356), déférer le serment (art. 1358 et 1360), ou même, s'il existe un commencement de preuve par écrit, faire entendre des témoins ([1]) (art. 1347).

347. Les servitudes qui sont tout à la fois continues et apparentes, diffèrent des autres sous ce rapport qu'elles peuvent s'établir par la prescription. En statuant ainsi, le Code décide une question sur laquelle l'ancienne jurisprudence était fort divisée. Un grand nombre de coutumes, notamment celle de Paris, ne permettaient pas qu'une ser-

---

([1]) Paris, 14 juin 1843.

vitude pût s'établir par *longue jouissance, sans titre* (¹), tandis qu'en pays de droit écrit la prescription était admise. Le Code fait prévaloir la règle du droit écrit pour les servitudes continues et apparentes, et pour toutes les autres exclut l'acquisition par la possession, même immémoriale (art. 691).

348. Suivant le texte, les servitudes continues et apparentes s'acquièrent par la *possession de trente ans :* on en conclut que la prescription de dix ou vingt ans ne profite pas au voisin qui a en sa faveur titre et bonne foi, par exemple, lorsque la servitude lui a été vendue par un possesseur qu'il considérait mal à propos comme propriétaire. On dit, pour justifier cette conclusion, que les règles exposées au titre de la Prescription s'appliquent seulement aux objets mentionnés dans ce même titre; que, pour tous autres objets, les règles de la prescription se trouvent dans les divers titres qui leur sont propres (art. 2264), et que, dès lors, il n'existe pour les servitudes d'autre prescription que celle qui est autorisée au titre même des Servitudes, c'est-à-dire la prescription trentenaire. En effet, dit-on, les servitudes n'existent que par exception au droit commun. On ne doit donc pas étendre à une autre prescription ce que la loi décide relativement à la prescription de trente ans (²).

La première partie de cet argument tendrait à faire décider que les règles générales du titre de la Prescription ne s'appliquent point aux immeubles incorporels; mais on trouve dans ce titre même la preuve du contraire, puisque la loi comprend dans sa définition de la possession, non-seulement la détention d'une chose, c'est-à-dire la possession proprement dite des choses corporelles, mais aussi ce qu'on appelait autrefois la quasi-possession des choses incorporelles, qui consiste dans la jouissance d'un droit (art. 2228). Aussi l'usufruit, comme nous l'avons vu précédemment, peut-il se constituer par la prescription, même de dix ou vingt ans.

Remarquons d'ailleurs qu'à l'égard des servitudes continues et apparentes, la loi admet expressément la possession trentenaire. Le débat ne porte donc pas sur la prescription elle-même, mais seulement sur la durée qu'elle doit avoir. La prescription de dix ou vingt ans ne fait

---

(¹) Coutume de Paris, art. 186; Merlin, *Répert.*, v° SERVITUDE, § 22.

(²) La plupart des arrêts que l'on cite ordinairement à l'appui de cette opinion, sont relatifs à une autre hypothèse, celle où un tiers détenteur de l'héritage servant prétend acquérir par dix ou vingt ans la libération des servitudes dont est grevé cet héritage (V. l'art. 706 et son explication). On invoque aussi fort mal à propos un arrêt de cassation du 10 décembre 1834, dans l'espèce duquel celui qui prétendait avoir acquis la servitude par prescription décennale, ne justifiait d'aucun titre émané d'un tiers possesseur du fonds voisin.

qu'abréger, en considération de la bonne foi du possesseur, le délai ordinaire de la prescription de trente ans : dès-lors, quand on admet cette prescription pour ceux qui n'ont ni titre ni bonne foi, il est difficile de comprendre pourquoi le même laps de temps serait exigé de tous autres possesseurs, malgré la disposition formelle qui se contente de dix ou vingt ans, lorsqu'un immeuble a été possédé de bonne foi et en vertu d'un juste titre (art. 2265).

En réalité, il n'y a, pour exclure la prescription décennale, d'autre motif que le texte de l'article 690 sur la possession de trente ans. Mais on comprend que le législateur se soit expliqué spécialement sur cette prescription, précisément parce qu'elle était exclue par les coutumes où l'on suivait la maxime, *point de servitude sans titre;* tandis que sous l'empire de ces mêmes coutumes on admettait la prescription de dix ou vingt ans, qui suppose un titre (¹). Il n'est pas vraisemblable que les rédacteurs du Code, en autorisant une prescription repoussée par les Coutumes de Paris et d'Orléans, aient entendu exclure la prescription qu'elles autorisaient. Le texte du Code n'indique rien de pareil, car il n'a rien d'exclusif. Il se borne à dire que les servitudes continues et apparentes s'acquièrent par la possession de trente ans, tandis que l'article suivant s'exprime d'une manière beaucoup plus énergique, en décidant que les servitudes discontinues ou non apparentes ne s'établissent *que par titres.*

691. — Les servitudes continues non apparentes, et les servitudes discontinues, apparentes ou non apparentes, ne peuvent s'établir que par titres. ·

La possession même immémoriale ne suffit pas pour les établir ; sans cependant qu'on puisse attaquer aujourd'hui les servitudes de cette nature déjà acquises par la possession, dans les pays où elles pouvaient s'acquérir de cette manière.

SOMMAIRE.

349. Comment s'établissent les servitudes discontinues ou non apparentes. Motifs qui ont fait rejeter la prescription.
350. Effet spécial de la prescription immémoriale suivant Dumoulin. Pourquoi le Code ne l'a point admise.

349. A la différence des servitudes continues et apparentes, les autres servitudes ne peuvent s'établir par la prescription. Le Code prend soin d'énumérer les différentes classes de servitudes qui

---

(¹) Pothier, introduction au titre XIII de la Coutume d'Orléans, n° 8.

ne sont pas tout à la fois continues et apparentes, pour ne laisser aucun doute sur la généralité du principe qui, à leur égard, exclut la possession même immémoriale. Elles ne peuvent, dit le texte, s'établir *que par titre*. Nous verrons, en expliquant l'article 694, que cette décision n'est pas parfaitement exacte en ce qui concerne les servitudes discontinues, mais *apparentes* : sans admettre la prescription, elles peuvent cependant s'établir sans un titre formel.

La règle qui, à l'égard des servitudes discontinues ou non apparentes, repousse la prescription, se justifie par plusieurs motifs. Et d'abord, les servitudes négatives ne sauraient en aucun cas s'établir par prescription; car le propriétaire qui s'abstient de tels ou tels travaux, par exemple, de bâtir sur son héritage, exerce par cela même le droit qui lui appartient de les exécuter ou non. C'est de sa part un acte de pure faculté, qui ne peut fonder, au profit du voisin, ni possession, ni prescription ([1]). Quant aux servitudes positives, discontinues ou non apparentes, si la prescription acquisitive ne leur est pas applicable, ce n'est pas, comme semble l'indiquer un texte de Paul ([2]), par ce motif qu'à leur égard la possession soit dépourvue du caractère de continuité qu'elle doit avoir pour opérer la prescription (art. 2229). Il suffit pour la continuité de la possession que chaque droit, suivant sa nature, soit exercé quand le besoin l'exige. S'il en était autrement, la propriété elle-même ne se prescrirait jamais, car le possesseur d'un bien corporel ne fait pas continuellement acte de propriété; il ne cultive pas ; il ne reste même pas toujours dans la maison qu'il habite. La véritable raison est que, entre voisins, l'exercice d'une faculté qu'on ne peut avoir sur le fonds d'autrui qu'en vertu d'un droit de servitude, n'est pas regardé comme une possession véritable, mais comme un usage précaire et de simple tolérance, qui ne produit jamais aucune prescription (art. 2232). Cette raison, que Pothier ([3]) donne pour toutes les servitudes, parce qu'il écrivait sous l'empire de la règle, *point de servitude sans titre,* s'applique plus naturellement aux

---

([1]) L'ancienne jurisprudence avait admis que les servitudes négatives deviennent prescriptibles à compter du moment où l'un des voisins signifie à l'autre qu'il s'oppose à ce que celui-ci bâtisse sur son propre terrain ou exerce tout autre droit en qualité de propriétaire (Merlin, *Répert.*, v° SERVITUDE, § 21, n° 5, et § 22). Cette doctrine, qu'on a tenté de faire revivre sous l'empire du Code, nous paraît insoutenable en présence du principe suivant lequel les actes de pure faculté ne peuvent fonder aucune possession (art. 2232). Ce principe serait facilement éludé, s'il était permis de mettre une personne en demeure d'exercer tel ou tel droit réel dans un délai déterminé, à peine de déchéance (V. en ce sens un arrêt de cassation du 8 *août* 1837).

([2]) *L.* 14, *D. de servit.*

([3]) Sur l'article 225 de la Coutume d'Orléans.

servitudes discontinues ou non apparentes. Un voisin souffre volontiers que l'on passe sur son terrain pour arriver plus facilement ou plus promptement sur un autre fonds; il ne pourrait guère tolérer une entreprise manifestée par un ouvrage permanent, par exemple, par une fenêtre percée contre les dispositions du droit commun.

550. L'autorité de Dumoulin avait fait admettre que la possession immémoriale, ou de cent ans au moins, étant plutôt un titre qu'une prescription, devait suffire pour constituer une servitude quelconque, malgré le texte formel des Coutumes qui excluaient toute prescription (¹). Pothier (²) se rangeait à cette opinion, mais dans le cas seulement où la Coutume ne s'en était pas expliquée.

Le Code n'admet pas qu'une possession précaire change de nature par cela seul qu'elle se prolonge pendant cent ans (art. 2231); et en conséquence il repousse la possession immémoriale comme la prescription ordinaire, toutes les fois qu'il ne s'agit pas de servitudes continues et apparentes.

En excluant pour l'avenir la possession immémoriale des servitudes non continues ou non apparentes, la loi maintient expressément celles qui, à l'époque de sa promulgation, se trouvaient établies de cette manière. Cette décision est une conséquence du principe que les lois, n'ayant point d'effet rétroactif, laissent subsister les droits acquis. Du reste, il faut observer que la possession immémoriale est toujours fort difficile, pour ne pas dire impossible à établir ; et la difficulté augmente tous les jours, lorsqu'il s'agit, comme dans l'espèce, de prouver que la possession existait déjà depuis cent ans, à l'époque de la promulgation du Code (³).

692. — La destination du père de famille vaut titre à l'égard des servitudes continues et apparentes.

693. — Il n'y a destination du père de famille que lorsqu'il est prouvé que les deux fonds actuellement divisés ont appartenu au

---

(¹) « Hujusmodi vero tempus habet vim constituti, nec dicitur præscriptio, sed ti-« tulus. — Hujusmodi exceptio temporis immemorialis nunquam censetur exclusa « etiam per legem prohibitivam, nec per quæcumque verba quamcumque præscrip-« tionem excludentia. » (*Consil.* 26, n°⁵ 24 et 25.)

(²) Sur la Coutume d'Orléans, art. 225.

(³) De la combinaison de ces deux principes, que les témoins devaient avoir quatorze ans lors de la promulgation du Code, et qu'ils devaient déposer de faits à leur connaissance personnelle depuis quarante ans, les cours d'Agen (8 *janvier* 1833) et de Pau (13 *mars* 1834) ont tiré la conséquence que les témoins, dans une pareille enquête, devaient être âgés de cinquante-quatre ans lors de la promulgation du Code. Combien existe-t-il encore aujourd'hui de ces personnes ?

même propriétaire, et que c'est par lui que les choses ont été mises dans l'état duquel résulte la servitude.

SOMMAIRE.

351. Ce qu'on entend par *destination du père de famille*. A quelles servitudes elle s'applique en règle générale.
352. Preuve que doit faire celui qui invoque la destination du père de famille.
353. Admissibilité de la preuve testimoniale.

351. Cette maxime, *la destination du père de famille vaut titre*, inconnue dans les pays de droit écrit, se trouvait dans la Coutume de Paris (art. 216), ainsi que dans celle d'Orléans (art. 228) ; nous ne pouvons donc mieux l'expliquer qu'en reproduisant ici le commentaire de Pothier sur cette dernière coutume.

« Lorsque deux héritages appartiennent au même maître, le service
« que l'un tire de l'autre, comme lorsqu'une maison a une vue ou un
« égout sur l'autre, n'est pas servitude, QUIA RES SUA NEMINI SERVIT
« (*L.* 26, *ff. de servit. præd. rustic.*) ; C'EST DESTINATION DU PÈRE DE FA-
« MILLE. Si, par la suite, ces maisons viennent à appartenir à différents
« maîtres, soit par l'aliénation que le propriétaire fera de l'une de ces
« maisons, soit par le partage qui se fera entre ses héritiers, le service
« que l'une des maisons tire de l'autre, qui était destination de père
« de famille, devient un droit de servitude..., sans qu'il soit besoin
« que par l'aliénation... ou par le partage cette servitude ait été ex-
« pressément constituée. La raison est que la maison qui a été aliénée
« est censée l'avoir été en l'état qu'elle se trouvait, et pareillement
« que lorsqu'elles ont été partagées, elles sont censées l'avoir été telles
« et en l'état qu'elles se trouvaient... Ce qui suffit pour établir la ser-
« vitude. C'est ce que signifie notre Coutume par ces termes : *Desti-*
« *nation du père de famille vaut titre*. » Ainsi, la servitude s'établit
dans ce cas par la volonté présumée des contractants ou des copartageants.

Mais, évidemment, le consentement que fait supposer la destination
du père de famille, ne peut se manifester que par des ouvrages extérieurs. Pothier suppose une vue ou un égout, et le texte de plusieurs
Coutumes se référait à ces mêmes exemples, ce qui semblait manifester une tendance à exiger que la servitude fût tout à la fois continue
et apparente. C'est ce que le Code établit en principe : cependant nous
verrons, en expliquant l'article 694, que ces deux caractères ne doivent pas toujours être réunis.

352. Celui qui invoque la destination du père de famille, doit prouver que les deux héritages *ont appartenu au même propriétaire*, et,

suivant le texte du Code, il doit prouver, en outre, que c'est par ce dernier que les choses ont été mises *dans l'état duquel résulte la servitude;* mais ce qu'il importe de rechercher, c'est moins son fait personnel que son intention. La destination du propriétaire qui laisse subsister un état de choses préexistant, lorsqu'il pouvait le changer, n'est pas moins certaine que celle du propriétaire qui fait lui-même des ouvrages nouveaux. Ce qu'il faut prouver, c'est donc que l'état de choses d'où résulte la servitude existait à l'époque où les deux héritages se trouvaient réunis dans la même main (¹).

555. Suivant la Coutume de Paris (art. 216), la destination du père de famille vaut titre, *quand elle est ou a été par écrit et non autrement* (²). Cette disposition, qui n'existait pas dans l'ancienne coutume, n'ayant point été reproduite par le Code (³), nous croyons pouvoir en conclure que le législateur a voulu faire prévaloir la règle suivie dans plusieurs autres coutumes, sous l'empire desquelles la destination du père de famille se prouvait par témoins (⁴). Cette opinion est généralement admise relativement au second fait dont la loi exige la preuve, c'est-à-dire, relativement à cette circonstance que l'état de choses d'où résulte la servitude existait avant la séparation des deux fonds. On conçoit, en effet, qu'il peut être fort difficile, surtout après un long intervalle, de constater par écrit un fait de cette nature; mais, quant au premier fait, savoir que les deux fonds ont appartenu à la même personne, la question est controversée. Plusieurs auteurs exigent une preuve écrite, parce que la propriété s'acquiert ordinairement par des contrats ou des dispositions à titre gratuit, qui n'admettent pas la preuve testimoniale (⁵). Toutefois, il ne serait pas exact de dire que toute acquisition peut être prouvée par écrit. Ainsi, évidemment la prescription ne s'appuie pas toujours sur un acte, et d'ailleurs, est-il donc absolument nécessaire de prouver la propriété de celui dans la main duquel ont été réunis les deux fonds? Non, sans doute, il suffit qu'il en ait eu la possession constante; car ce n'est pas son fait qui constitue la servitude, mais bien le consentement tacite de ceux entre lesquels s'opère la division. Or, la possession admet incontestablement la preuve par témoins.

694. — Si le propriétaire de deux héritages entre lesquels il

---

(¹) Bordeaux, 21 février 1826.

(²) Même sous l'empire de la coutume, la preuve par écrit n'était nécessaire qu'autant qu'il y avait dénégation du fait de la construction par le propriétaire des deux héritages (Paris, 30 *janvier* 1810).

(³) Rapport du tribun Albisson.

(⁴) Merlin, *Répert.,* vᵒ SERVITUDE, § 19, nᵒ 4.

(⁵) V. Merlin, *ibid.*

existe un signe apparent de servitude, dispose de l'un des héritages sans que le contrat contienne aucune convention relative à la servitude, elle continue d'exister activement ou passivement en faveur du fonds aliéné ou sur le fonds aliéné.

SANS QUE LE CONTRAT CONTIENNE AUCUNE CONVENTION, ETC. Le contrat résulte de la convention, et dès lors il ne peut pas la contenir. Le *contrat* est pris ici pour l'acte qui constate l'existence du contrat.

SOMMAIRE.

354. Opposition apparente entre cette disposition et celle de l'article 692. Est-il nécessaire de modifier le texte ou d'en restreindre la portée?

354. Cet article ne paraît être, au premier aspect, qu'une application spéciale du principe établi par les articles précédents. Deux héritages appartenant au même maître sont séparés par le fait du propriétaire qui aliène l'un d'eux, sans que le contrat fasse mention d'aucune servitude. Néanmoins, la loi reconnaît entre les deux fonds désormais séparés l'existence d'une servitude, qui n'a pu être établie que par suite de la destination du père de famille. Cela ne souffrirait aucune difficulté, si la loi exigeait ici, comme dans l'article 692, que la servitude fût continue et apparente, mais elle se contente d'un *signe apparent de servitude.*

Plusieurs auteurs, admettant l'idée d'une omission faite par les rédacteurs du Code, interprètent cet article comme s'il parlait d'un signe apparent de servitude *continue,* et l'appliquent seulement aux servitudes continues et apparentes, parce que suivant eux l'article 692 est limitatif (¹). Il est vrai que cet article parle seulement des servitudes *continues et apparentes,* mais il n'est pas conçu dans un sens restrictif. Il peut donc se concilier facilement avec la nouvelle application que présente l'article 694, et il n'est pas nécessaire de supposer une omission, que l'on ne pourrait réparer sans rendre le texte complétement inutile; car sa disposition restreinte aux servitudes continues et apparentes ne serait qu'un exemple assez inutilement donné par le législateur.

Le tribun Albisson, dans son rapport au Tribunat, a donné une tout autre explication. Il s'agit, suivant lui, de deux héritages dont l'un, *avant leur réunion* dans les mains du même propriétaire, *devait un service à l'autre.* L'orateur admet que toute servitude est éteinte lorsque le fonds dominant et le fonds servant appartiennent au même maître, il convient qu'en cas d'aliénation de l'un ou de l'autre, il était indispensable, pour faire renaître la servitude, qu'elle eût été réservée expressément. « Mais, continue-t-il, on ne prévoyait pas le cas où *la chose parlant*

(¹) La cour de Paris (11 *avril* 1838) s'est prononcée en ce sens.

« *d'elle-même*, la réservation ne paraissait plus nécessaire, et *c'est ce*
« *cas que le Code civil a prévu très-sagement.* » Cette interprétation, qui
restreindrait beaucoup la portée de l'article 694, est purement divina-
toire (¹). Elle suppose gratuitement la préexistence d'une servitude dont
le texte ne fait aucune mention ; d'ailleurs, si telle était réellement l'hypothèse de l'article 694, il ne se trouverait pas dans la section II, *Comment s'établissent les servitudes.* Sa place serait dans la section IV, *Comment s'éteignent les servitudes* ; il y modifierait la disposition qui déclare toute servitude éteinte par la réunion dans la même main des héritages servant et dominant (art. 605), en faisant revivre la servitude
éteinte par confusion, comme l'article 704 fait revivre les servitudes qui
avaient cessé d'exister en vertu de l'article précédent.

Mais pourquoi n'expliquerait-on pas la loi telle qu'elle est, sans ajouter au texte, sans supposer ce qu'il n'a pas même indiqué ? Rien n'empêche de voir dans l'article 694 une exception modifiant la règle générale posée dans les articles précédents. L'exception consiste en ce
que l'existence d'un *signe apparent* suffit pour qu'une servitude continue ou discontinue soit constituée par suite de la destination du père
de famille, comme il suffira plus tard, pour que, dans le silence du contrat, le vendeur soit affranchi de toute garantie relativement aux servitudes apparentes (art. 1638). Si l'on considère l'article 694 comme
une exception, la difficulté se réduit à en fixer exactement les limites.
Plusieurs auteurs ont voulu distinguer, comme appartenant à la règle
générale, le cas où les deux fonds sont restés réunis dans les mains du
père de famille jusqu'à son décès, pour rejeter dans l'exception le cas
où le père de famille sépare lui-même les deux héritages en *disposant*
de l'un d'eux. Mais cette distinction, bien qu'elle semble au premier aspect cadrer avec la lettre de l'article 694, ne se justifie par aucun motif.
Il est difficile de comprendre pourquoi la volonté des parties qui ont
fait une donation entre-vifs, une vente ou un échange, serait plus lar-
gement interprétée que celle des héritiers qui partagent une succession.

On a remarqué avec raison, selon nous, que, d'après l'article 693, il
suffit que les deux héritages aient appartenu au même propriétaire, que,
si la loi exige la preuve de ce fait, elle ne demande pas comment, par
qui, et à quelles conditions, l'un des fonds a été séparé de l'autre ; tandis que dans l'article 694, la loi s'attache aux circonstances intervenues
lors de la séparation, qui doit avoir eu lieu *sans que le contrat contienne
aucune convention relative à la servitude.* Or, on ne sera certain de ce
fait négatif qu'autant qu'on aura sous les yeux l'acte qui a dû être dressé
pour constater de quelle manière s'est opérée la séparation. Le silence

---

(¹) Elle a été adoptée par la cour de Lyon le 11 juin 1831.

de cet acte prouve que, bien qu'il existât un *signe apparent de servitude*, on n'a pas voulu modifier la position respective des deux fonds, et c'en est assez pour faire présumer que, d'après l'intention des parties, il doit exister une servitude. Tel est le cas de l'exception. La règle générale reprend son empire toutes les fois que la même certitude n'existe pas, et alors il faut que la servitude soit tout à la fois apparente et continue.

Ainsi, les servitudes continues et apparentes s'établissent par suite de la destination du père de famille, lors même qu'on ne représente aucun acte constatant la disposition qui a séparé les deux fonds, et les servitudes simplement apparentes, dans le cas seulement où cette disposition est prouvée par la représentation d'un acte dans lequel il n'a point été fait mention de la servitude (¹).

695. — Le titre constitutif de la servitude, à l'égard de celles qui ne peuvent s'acquérir par la prescription, ne peut être remplacé que par un titre recognitif de la servitude, et émané du propriétaire du fonds asservi.

SOMMAIRE.

355. Ce qu'il faut entendre par *titre constitutif* et *titre recognitif*. Preuves admissibles au défaut de la preuve littérale.
356. Formes de l'acte recognitif. Renvoi au titre *des Contrats*.

355. Comme nous l'avons dit précédemment (346), le mot titre est employé par le législateur dans une double acception. Il désigne tantôt la disposition qui constitue la servitude, tantôt l'acte qui constate l'existence de cette disposition. C'est dans ce dernier sens que la loi s'occupe ici du titre qu'elle nomme *constitutif* ou primordial (art. 1337), par opposition au titre *recognitif*, que l'on dresse quelquefois, notamment en cas de perte de l'acte primitif, pour constater l'aveu des parties intéressées qui reconnaissent volontairement l'existence de la servitude. Il est d'ailleurs évident qu'une pareille reconnaissance doit émaner du propriétaire à qui appartient le *fonds assujetti*.

A l'égard des servitudes continues et apparentes, la prescription une fois accomplie dispense de représenter aucun titre; mais, s'il s'élève quelque difficulté sur l'existence d'une servitude qui ne s'établit *que par titres* (V. art. 691), il faut un acte recognitif pour remplacer l'acte primordial. Nous avons déjà dit qu'à défaut de preuve littérale, on peut, en toutes circonstances, provoquer un aveu judiciaire, déférer le serment décisoire, ou même, s'il existe un commencement de preuve par écrit, faire entendre des témoins (346). Il importe d'ajouter ici que

---

(¹) *Thémis*, t. VI, p. 473. De nombreux arrêts, notamment un arrêt de rejet du 26 avril 1837, ont consacré cette opinion.

II.

la perte du titre constitutif peut être prouvée par témoins, et qu'en pareil cas, on peut aussi établir par témoins la teneur de ce titre (art. 1348, 4°). Il n'est donc pas exact de dire, comme le fait la loi, que le titre constitutif ne peut être remplacé que par un titre recognitif.

356. Nous reviendrons, au titre des Contrats, sur les actes recognitifs, et nous verrons qu'en règle générale, ils ne dispensent de la représentation de l'acte primordial qu'autant que la teneur de ce dernier s'y trouve spécialement relatée (art. 1337). Nous aurons à expliquer l'origine de cette disposition, et c'est alors seulement que nous pourrons apprécier si elle doit s'appliquer aux droits réels.

696. — Quand on établit une servitude, on est censé accorder tout ce qui est nécessaire pour en user.

Ainsi la servitude de puiser de l'eau à la fontaine d'autrui, emporte nécessairement le droit de passage.

SOMMAIRE

357. Origine de cette disposition.

357. Cette disposition, qui n'est susceptible d'aucune controverse, et qui n'a pas besoin d'explication, part d'une idée générale empruntée à plusieurs décisions données par les jurisconsultes romains, qui se préoccupaient surtout du passage dont on a souvent besoin pour exercer une servitude ([1]). Il est d'ailleurs évident que ce droit de passage n'est qu'une servitude accessoire, qui s'éteint avec la servitude principale, par exemple, lorsque la fontaine est tarie.

SECTION III.

DES DROITS DU PROPRIÉTAIRE AUQUEL LA SERVITUDE EST DUE.

697. — Celui auquel est due une servitude, a droit de faire tous les ouvrages nécessaires pour en user et pour la conserver.

SOMMAIRE.

358. Application de ce principe à différentes espèces.

358. Le droit accordé au propriétaire du fonds dominant de faire tous les ouvrages nécessaires pour user de la servitude, doit s'entendre surtout des travaux à exécuter sur le fonds servant; car il serait fort inutile d'attribuer à un propriétaire le droit de faire des travaux sur son propre fonds, à moins toutefois qu'il ne s'agisse d'ouvrages non autorisés par le droit commun, par exemple, d'une digue destinée à empê-

---

([1]) *Ulp. L. 3, § 3, D. de servit. præd. rustic.; Marcell. L. 10, D. de servit.*

cher l'écoulement des eaux provenant du fonds supérieur (art. 640).

Les lois romaines fournissent plusieurs applications du principe posé dans cet article, surtout, en ce qui concerne le droit de passage. Ainsi, le maître du fonds dominant avait incontestablement le droit de pourvoir à l'entretien et à la réparation du chemin ; il pouvait exiger qu'on lui laissât arracher un arbre qui inclinait sur la voie et la rendait impraticable ou difficile ; mais une convention formelle aurait été nécessaire pour l'autoriser à étendre sur la voie une couche de cailloux, afin de constituer ce qu'on appelle aujourd'hui un chemin ferré (¹). En droit français, ce serait une question d'interprétation. Nous ne pensons pas qu'on puisse empêcher de ferrer ou même de paver le chemin accordé pour le passage des grosses voitures, surtout si elles doivent passer fréquemment ; mais il en serait autrement d'un chemin accordé seulement pour le passage des piétons.

Lorsque le droit de passage s'exerce sur un fonds plus élevé que le fonds dominant, on a quelquefois besoin d'une pente ou d'un escalier. Ces ouvrages peuvent être établis sur le fonds servant, s'il y a nécessité, c'est-à-dire, lorsque, d'après la disposition des lieux, ils ne peuvent pas l'être sur le fonds dominant. Du reste, on ne doit prendre que l'espace rigoureusement nécessaire (²).

Ce n'est pas seulement pour exercer son droit, mais aussi pour le *conserver*, que le propriétaire du fonds dominant est autorisé à exécuter certains travaux sur le fonds voisin, ce qui doit s'entendre des travaux propres à maintenir les choses dans l'état où elles doivent être pour le meilleur usage de la servitude. C'est ainsi que le droit de conduite d'eau par un fossé creusé dans le fonds servant, permet non-seulement de curer le fossé, mais aussi de jeter sur les bords la terre, le sable ou les pierres provenant du curage (³).

698. — Ces ouvrages sont à ses frais, et non à ceux du propriétaire du fonds assujetti, à moins que le titre d'établissement de la servitude ne dise le contraire.

699. — Dans le cas même où le propriétaire du fonds assujetti est chargé par le titre de faire à ses frais les ouvrages nécessaires pour l'usage ou la conservation de la servitude, il peut toujours s'affranchir de la charge, en abandonnant le fonds assujetti au propriétaire du fonds auquel la servitude est due.

(¹) *Ulp. L.* 4, § 5, *D. si servit. vind.*
(²) *Paul. L.* 20, § 1, *D. de servit. præd. urb.*
(³) *Pomp. L.* 11, § 1, *D. commun. præd.* Il existe en ce sens un arrêt de la cout de Bordeaux du 23 janvier 1828.

359. La constitution d'une servitude est une aliénation partielle des droits compris dans la propriété du fonds servant. Cette aliénation diminue les droits du propriétaire, sans lui imposer des obligations que ne lui imposerait même pas une aliénation complète. Aussi les travaux qui peuvent être faits par le propriétaire du fonds dominant, sont-ils à ses frais.

Cette règle, sévèrement observée en droit romain, ne souffrait exception que relativement à la servitude *oneris ferendi,* qui astreignait l'un des voisins à supporter certaines constructions appuyées sur son mur ou sur son bâtiment. A raison de la nature toute spéciale de cette servitude, on avait fini par admettre que le propriétaire du fonds servant devait tenir son mur en état de porter le poids des constructions voisines. Il faut observer que la controverse n'avait pas pour objet la validité de la convention par laquelle un propriétaire s'engageait personnellement à entretenir tel ou tel mur : ce qui faisait question, c'était la faculté d'établir, à titre de servitude prédiale, une obligation de cette nature. Aussi, dans l'opinion qui a prévalu, cette obligation a-t-elle été considérée comme constituant un droit réel, qui s'attachait au fonds servant, et non à la personne qui avait consenti la servitude : *non hominem debere, sed rem,* disaient les jurisconsultes, et en conséquence, ils laissaient au maître du fonds servant, comme à l'usufruitier, la faculté de s'affranchir de toute réparation par l'abandon de son droit ([1]).

Aujourd'hui la validité d'une semblable convention ne saurait souffrir aucun doute; car ce que les Romains n'admettaient que d'une manière exceptionnelle, le Code l'autorise pour toute espèce de servitudes, en réservant toujours au propriétaire du fonds servant la faculté d'abandon.

368. D'après le texte, il faut abandonner *le fonds assujetti,* mais nous n'en concluons pas qu'il faille toujours l'abandonner en totalité. Il appartient au juge d'apprécier, suivant la nature de chaque servitude, et en recherchant l'intention de ceux qui l'ont constituée, s'ils ont voulu assujettir la totalité ou seulement une partie de leur héritage. Ainsi, par exemple, un droit de pâturage sur un pré en affecte toutes les parties ; il faudra donc abandonner le pré tout entier. Ainsi encore,

---

([1]) *Ulp. L.* 6, § 2 et 3, *D. si servit. vind.; Paul. L.* 33, *D. de servit. praed. urb*

dans la servitude *oneris ferendi*, le délaissement d'un mur ou d'une colonne au maître du fonds dominant ne procurerait le plus souvent qu'une indemnité illusoire. Mais dans beaucoup de cas il doit suffire d'abandonner la partie du fonds sur laquelle s'exerce la servitude, par exemple, la carrière ou la fontaine dans laquelle un voisin a un droit d'extraction ou un droit de puisage. Pareillement, lorsqu'il s'agit d'un droit de passage, il suffira ordinairement d'abandonner la propriété du terrain sur lequel le chemin est tracé.

700. — Si l'héritage pour lequel la servitude a été établie vient à être divisé, la servitude reste due pour chaque portion, sans néanmoins que la condition du fonds assujetti soit aggravée.

Ainsi, par exemple, s'il s'agit d'un droit de passage, tous les copropriétaires seront obligés de l'exercer par le même endroit.

Si l'héritage..... vient à être divisé. Il ne s'agit pas ici du cas où le fonds dominant a été partagé en plusieurs lots, comme semblerait l'indiquer cette expression *vient à être divisé*. La loi veut dire seulement qu'il appartient à plusieurs *copropriétaires* qui en jouissent par indivis.

SOMMAIRE.

361. Comment s'exerce le droit de servitude en cas d'indivision du fonds dominant.

561. Les servitudes, étant établies pour l'exploitation d'un héritage, sont dues en général à toutes ses parties [1] : s'il se trouve appartenir à plusieurs copropriétaires, par exemple, à plusieurs héritiers, le droit de servitude doit être pour eux ce qu'il était précédemment pour un seul. Ils l'exercent en commun, comme ils jouissent en commun du fonds dominant, *sans néanmoins que la condition du fonds assujetti soit aggravée*. C'est ainsi que pour exercer un droit de passage, les différents co-propriétaires du fonds dominant devront se contenter d'un seul chemin, et si le passage n'a été primitivement accordé que dans une certaine époque de l'année, ou pour un but déterminé, par exemple pour la moisson, aucun d'eux ne passera ni dans un autre temps, ni pour un autre but.

On objecte que le passage, par cela même qu'il existe plusieurs propriétaires, deviendra plus fréquent et par cela même plus incommode. Il faut se rappeler, à cet égard, que les servitudes sont établies pour le service et l'exploitation d'un héritage, dont les besoins n'augmentent pas comme le nombre des propriétaires. Aussi Dumoulin décide-t-il que la condition du fonds servant ne doit nullement être

---

[1] *Paul.* L. 23, § 3, *D. de servit. præd. rustic.* Cependant on peut constituer une servitude *ad certam partem fundi*, comme le dit le même jurisconsulte. (*L.* 6, *D. de servit.*)

aggravée par cette circonstance que le fonds voisin appartient à plusieurs propriétaires, au lieu d'appartenir à un seul, et en conséquence, Dumoulin admet l'intervention du juge pour déterminer en pareil cas la manière dont la servitude doit être exercée (¹). Cela se conçoit relativement au droit de passage accordé pour l'exploitation d'un fonds de terre; mais on n'en pourrait pas dire autant du passage accordé pour faciliter l'accès d'une maison. Le nombre des allants et venants augmente nécessairement comme le nombre des habitants, et l'on ne voit pas alors comment l'exercice de la servitude pourrait être limité par le juge.

- Au surplus, la difficulté ne tient ici qu'à la nature du droit de passage, servitude indivisible, puisqu'on ne saurait passer pour partie. Mais, comme le fait observer Dumoulin (²), il existe plusieurs servitudes qu'il est difficile de ne pas considérer comme divisibles. Telles sont, notamment, celles qui autorisent une prise d'eau ou l'extraction de certaines substances, soit pour une quantité déterminée, soit jusqu'à concurrence des besoins du fonds dominant. Dans ces différents cas, les propriétaires de ce fonds, quel que soit leur nombre, ne prendront toujours que la quantité fixée par le titre constitutif de la servitude ou la quantité nécessaire à l'exploitation du fonds (³), sauf à la faire déterminer par le juge, si les parties ne s'accordent pas sur sa détermination.

Jusqu'à présent, nous avons supposé que le fonds dominant est indivis entre les copropriétaires. Après le partage, au contraire, il n'y a plus de copropriété. Chacun des copartageants est seul propriétaire de son lot. Cette circonstance ne doit en aucune manière aggraver la condition du fonds servant. Elle pourra même lui profiter, si la servitude est attribuée à quelques-uns des lots seulement.

701. — Le propriétaire du fonds débiteur de la servitude ne peut rien faire qui tende à en diminuer l'usage ou à le rendre plus incommode.

Ainsi, il ne peut changer l'état des lieux, ni transporter l'exercice de la servitude dans un endroit différent de celui où elle a été primitivement assignée.

Mais cependant, si cette assignation primitive était devenue plus onéreuse au propriétaire du fonds assujetti, ou si elle l'empêchait d'y faire des réparations avantageuses, il pourrait offrir au proprié-

---

(¹) *Extricat. labyrinth. sexdec. leg.* nᵒˢ 50 et 51.

(²) *Extricat. labyrinth. de divid. et indiv.*, part. 3, nᵒ 291.

(³) L'usage de la servitude doit être strictement restreint au fonds possédé par indivis. (Bourges, 13 *novembre* 1838).

taire de l'autre fonds un endroit aussi commode pour l'exercice de ses droits, et celui-ci ne pourrait pas le refuser.

702. — De son côté, celui qui a un droit de servitude, ne peut en user que suivant son titre, sans pouvoir faire, ni dans le fonds qui doit la servitude, ni dans le fonds à qui elle est due, de changement qui aggrave la condition du premier.

SOMMAIRE.

362. Changements dont les deux voisins doivent réciproquement s'abstenir. Modification autorisée en faveur de ceux qui souffrent la servitude.

362. Ces deux articles appliquent, en matière de servitude, la règle générale qui veut que chacun, en exerçant son propre droit, respecte le droit d'autrui. Il en résulte que les deux voisins doivent s'abstenir de tout changement qui rendrait la servitude, soit moins avantageuse ou moins commode pour ceux qui l'exercent, soit plus onéreuse pour ceux qui la souffrent.

Cependant, la loi admet, en faveur de ces derniers (¹), la possibilité d'un changement qui, sans nuire au fonds dominant, profiterait au fonds servant, telle qu'une direction nouvelle donnée au chemin par lequel s'exerce un droit de passage, ou l'indication d'une autre carrière pour l'extraction du sable, d'un autre emplacement pour l'abreuvage des bestiaux. C'est ainsi, notamment, que pour disposer d'un puits sur lequel un voisin a le droit de puisage, on pourrait être admis à établir sur un autre emplacement non moins commode, un nouveau puits dont l'eau aurait les mêmes qualités sans être à une plus grande profondeur.

De pareils changements ne doivent pas être exécutés par la seule volonté de celui à qui appartient le fonds servant. Il ne peut que les *offrir*, et si l'offre n'est pas acceptée, c'est aux tribunaux qu'il appartient d'autoriser le changement.

SECTION IV.

COMMENT LES SERVITUDES S'ÉTEIGNENT.

703. Les servitudes cessent lorsque les choses se trouvent en tel état qu'on ne peut plus en user.

(¹) Un arrêt de cassation, du 16 mai 1838, repousse l'opinion qui attribue également au propriétaire du fonds dominant la faculté de changer l'assiette primitive de la servitude.

704. Elles revivent si les choses sont rétablies de manière qu'on puisse en user ; à moins qu'il ne se soit déjà écoulé un espace de temps suffisant pour faire présumer l'extinction de la servitude, ainsi qu'il est dit à l'article 707.

SOMMAIRE.

363. Contradiction apparente que présente la rédaction de ces articles. Ils ne contiennent pas une simple application des règles du non-usage.
364. Le délai court malgré l'impossibilité matérielle d'exercer la servitude.

364. L'explication de ces deux articles ne laisse pas d'offrir quelque difficulté. Si, d'une part, suivant l'artice 703, les servitudes *cessent* lorsqu'on ne peut plus en user, ce qui indique seulement une interruption dans l'exercice du droit, d'autre part, elles *revivent,* aux termes de l'article 704, si les choses sont rétablies dans leur premier état, ce qui implique une extinction dans le temps intermédiaire. En parlant de la cessation de la servitude, le Code emprunte les expressions dont se servait Domat (¹) pour indiquer une extinction, du moins provisoire, du droit. Sans attacher à ces expressions une importance exagérée, voyons dans quelle hypothèse se place la loi et quel système elle a voulu consacrer.

Les changements qui rendent l'exercice des servitudes impossible, sont fréquents pour celles qui, suivant l'expression des jurisconsultes romains, *in superficie consistunt* (342). C'est ainsi, par exemple, que la ruine ou la démolition, soit d'une maison, soit d'un mur mitoyen, interrompt l'exercice d'une servitude que la reconstruction fait revivre activement ou passivement, lorsqu'elle a lieu dans le délai de trente ans (art. 665) ; mais l'application des mêmes principes aux servitudes *quæ in solo consistunt* ne se présente que dans des cas pour ainsi dire exceptionnels. Il faut supposer une fontaine qui tarit ou un pré que la rivière envahit, et sur lequel on ne peut plus ni passer ni faire paître les bestiaux (²).

Dans de semblables hypothèses, on se demande si la servitude est éteinte ou si l'exercice en est seulement suspendu. Ce qui complique la difficulté, c'est que l'article 704 semble se référer à l'extinction des servitudes par le non-usage, en sorte que cet article et le précédent ne seraient qu'une application inutile des règles sur ce mode d'extinction. Il y a cependant de l'intérêt à distinguer le cas de non-usage du

---

(¹) Lois civiles, liv. 1, tit. 12, sect. 6, n° 2.
(²) *Javol. L.* 14, *D. quemadm. servit. Papin. L.* 34, § 1 , *de servit, præd. rustic.*

cas où l'exercice de la servitude est devenu impossible : dans la première hypothèse, le délai de trente ans ne court pas contre les mineurs (art. 710). Dans la seconde, au contraire, l'obstacle tient à la nature des choses, et il est le même pour tous. L'extinction par non-usage, s'il s'agit d'une servitude continue, suppose *un acte contraire* (art. 707), tandis qu'on ne saurait ici rien exiger de pareil, puisqu'il est impossible de faire quelque chose de contraire à ce qui n'a pas d'existence [1]. Dans la rigueur des principes, la servitude qui ne peut plus s'exercer devrait être éteinte, comme n'ayant plus d'objet; mais, par une fiction empruntée au droit romain [2], le Code veut qu'elle continue d'exister (art. 665), si, avant l'expiration du délai de trente ans, les choses sont rétablies dans leur premier état. Le renvoi à l'article 707 ne peut donc se justifier qu'autant qu'il se réfère au délai de trente ans. En effet, tout en empruntant les expressions de Domat, le législateur a modifié le système de ce jurisconsulte, qui, même après le délai fixé pour l'extinction par non-usage, admettait le rétablissement de la servitude quand les choses revenaient à leur état primitif. Le projet de Code civil [3] n'admettait ce rétablissement que dans les dix ans, bien qu'il exigeât trente ans pour le non-usage, et le Code, en portant le délai à trente ans dans le premier cas, n'a point entendu établir une véritable assimilation entre les deux hypothèses.

364. Ceux qui considèrent l'expiration des trente ans comme opérant une extinction de la servitude par non-usage, soutiennent qu'elle ne peut être opposée à une personne qui s'est trouvée dans l'impossibilité d'agir, par exemple, dans l'hypothèse précédemment citée d'une fontaine complétement tarie. Les jurisconsultes romains n'ont rien admis de semblable pour les servitudes urbaines, *quæ in superficie consistunt* (342); mais, pour les servitudes rurales, *quæ in solo consistunt,* on cite deux textes [4] qui, après avoir admis l'extinction de la servitude par l'expiration du délai légal, décident que le propriétaire du fonds servant devra constituer une servitude nouvelle. D'après ces deux textes, la servitude est réellement éteinte, mais le propriétaire du fonds dominant, qui n'avait aucune négligence à se reprocher, est

---

[1] Rennes, 18 novembre 1842.

[2] Paul convient (*L.* 20, § 2, *D. de servit. præd. urb.*) que, rigoureusement parlant, un bâtiment reconstruit est un autre bâtiment (*aliud est quod sequenti loco ponitur*); mais il croit devoir considérer l'ancien et le nouveau bâtiment comme identiques, lorsque la reconstruction a lieu sur le même plan et dans les mêmes dimensions, *eadem specie et qualitate.* Alors, dit le jurisconsulte, UTILITAS EXIGIT UT IDEM INTELLIGATUR.

[3] Liv. 2, tit. 4, art. 55 et 57.

[4] *Javol. L.* 14, *D. quemadm. servit.*; *Paul. L.* 35, *D. de servit. præd. rust.*

rétabli dans son droit par une véritable *restitutio in integrum* ([1]). Ce résultat se conçoit en droit romain, parce que le délai fixé pour l'extinction de la servitude n'était que de deux ans ([2]), tandis qu'en droit français, on n'exige pas moins de trente années (art. 707). Il est permis de croire qu'après un semblable délai, qui suffit, en règle générale, pour éteindre toutes les actions (art. 2262), la loi n'admet plus l'identité de deux états de choses séparés par un aussi long intervalle. Aussi le Code a-t-il abandonné, en connaissance de cause, le système de Domat.

Toutefois, on insiste en faisant observer que, d'après l'article 704, le laps de trente ans n'entraîne pas absolument l'extinction de la servitude, mais la fait seulement *présumer :* or, une présomption légale admet en général la preuve contraire. Cette interprétation ne tend à rien moins qu'à dénaturer tout le système de l'extinction par non-usage ; car l'article 704 renvoie à l'article 707, en sorte que le non-usage n'emporterait également qu'une simple présomption d'extinction, ce qui est évidemment inadmissible. Si la loi n'avait voulu établir qu'une présomption, la même idée se retrouverait dans l'article 665, dont la rédaction suppose, au contraire, l'extinction absolue de la servitude. Après tout, l'opinion que nous combattons n'est qu'une application de la maxime surannée, *contra non valentem agere non currit præscriptio.* On ne saurait donc admettre que le propriétaire du fonds dominant puisse se prévaloir de l'impossibilité où il a été d'exercer son droit ([3]).

705. Toute servitude est éteinte lorsque le fonds à qui elle est due, et celui qui la doit, sont réunis dans la même main.

SOMMAIRE.

365. Effet de la confusion. Dans quel cas elle peut cesser.
366. La séparation des deux fonds par une cause nouvelle ne fait pas renaître la servitude.

365. L'extinction des servitudes par la réunion des fonds servant et dominant dans la même main est une conséquence nécessaire de la règle *nemini res sua servit.* C'est comme propriétaire, et non à titre de servitude, que le maître des deux fonds pourra désormais régler leurs rapports ; et si les deux héritages sont séparés de nouveau, l'ancienne servitude ne pourra exister qu'en vertu d'une nouvelle constitution, soit par titre, soit par suite de la destination du père de famille.

([1]) « Quorum mihi postulatio, cum non iniqua visa sit, *succurrendum* his putavi. » Telles sont les expressions du rescrit relaté dans la *L.* 35, *de servit. præd. rustic.*

([2]) *Paul. Sentent. lib.* 3, *tit.* 6, § 30 ; *V. Justin. L.* 13 *C. de servit. et aq.*

([3]) Si l'exercice de la servitude est devenu impossible sur la partie du fonds servant qui lui était affectée, on ne peut pas exiger qu'une servitude analogue soit constituée sur une autre partie du même fonds (Cass., 16 *mai* 1838).

Les effets de la confusion ne sont pas toujours définitifs : l'acquisition qui l'a produite peut être résolue par l'effet d'une cause antérieure à l'acquisition même, par exemple, par l'exercice de la faculté de rachat (art. 1673), ou par suite des hypothèques dont le fonds était grevé; et alors, cette acquisition étant réputée non avenue, la servitude continue d'exister (art. 2177), nonobstant une confusion qui n'a été qu'apparente (¹).

Pareillement, lorsque celui à qui l'un des deux fonds appartient, recueille pour partie une succession dans laquelle se trouve l'autre fonds, la confusion ne s'opère que conditionnellement, au cas où, par l'effet du partage, le fonds héréditaire tomberait dans son lot (art. 883).

366. La confusion produit, au contraire, une extinction définitive, lorsque les deux fonds qui ont été réunis dans les mains du même propriétaire, sont séparés en vertu d'une cause nouvelle, telle qu'une aliénation volontaire. Ce principe n'est contesté par personne : on se demande seulement ce qu'il faut décider dans le cas où le propriétaire de l'un des deux fonds, après avoir recueilli l'autre dans une succession, vend ses droits héréditaires. Toullier (²) décide que les servitudes revivent, par cette raison que « la vente d'une succession comprend tout ce qui en provient, « et rien au delà. » Il est certain que l'acheteur ne doit avoir rien de plus, ni rien de moins que ce qu'il aurait s'il était héritier. On doit donc lui remettre l'immeuble héréditaire avec la servitude active ou passive, qui en augmentait ou diminuait la valeur; mais il importe de savoir si l'ancienne servitude revit ou si les parties ne constituent pas plutôt une autre servitude? Évidemment, en pareil cas, la séparation s'opère en vertu d'une cause nouvelle, qu'on ne saurait confondre avec une résolution. La question ne présente aucun intérêt entre l'héritier et l'acheteur; elle n'a d'importance qu'à l'égard des tiers, par exemple, si l'on suppose que l'héritier n'a vendu ses droits successifs qu'après avoir aliéné le fonds qui lui était propre. Dans ce cas, on ne saurait admettre que l'héritier puisse faire revivre, au profit ou au détriment d'un tiers, une ancienne servitude (³).

(¹) Toutefois, la résolution, qui détruit les effets de la confusion, laisse subsister les servitudes établies par destination du père de famille (Paris, 28 *décembre* 1835).

(²) Tome III, n° 699; V. Merlin, *Répert.*; vᵒ SERVITUDE, § 32.

(³) Les auteurs qui ont débattu cette question se sont attachés à un texte de Pomponius (*L. 9, D. commun. præd.*) qu'ils interprètent diversement. Cette loi, ne s'occupant point de l'intérêt des tiers, n'a d'application que dans l'intérêt respectif du vendeur et de l'acheteur. Nous pensons avec Lalaure (*Traité général des servitudes réelles*, liv. 1, chap. 12, dist. 1) qu'il s'agit dans le texte, non de faire revivre une servitude ancienne, mais de constituer une servitude nouvelle.

706. La servitude est éteinte par le non-usage pendant trente ans.

707. Les trente ans commencent à courir, selon les diverses espèces de servitudes, ou du jour où l'on a cessé d'en jouir, lorsqu'il s'agit de servitudes discontinues, ou du jour où il a été fait un acte contraire à la servitude, lorsqu'il s'agit de servitudes continues.

SOMMAIRE.

367. En quoi les servitudes discontinues diffèrent, sous le rapport du non-usage, des servitudes continues.
368. La prescription décennale est-elle applicable à la prescription des servitudes?

367. L'extinction de la servitude par non-usage est, comme celle de l'usufruit, fondée sur un abandon présumé de celui à qui le droit appartenait (¹). Quant au droit de propriété, nous avons déjà expliqué (226), qu'il ne s'éteint point par non-usage. Sans doute, le possesseur de la chose d'autrui en acquiert la propriété au bout de trente ans (art. 2262), mais il ne faut pas confondre la prescription, qui suppose la chose en la possession d'autrui, avec le non-usage, qui consiste dans une simple abstention.

Le délai du non-usage commence à courir du jour où le propriétaire du fonds dominant a cessé d'exercer son droit, c'est-à-dire, à l'égard des servitudes discontinues, qui ne s'exercent que par le fait de l'homme (art. 688), du jour où le fait a eu lieu pour la dernière fois. Quant aux servitudes continues, comme elles s'exercent indépendamment du fait actuel de l'homme, elles se conservent par cela seul que les lieux restent dans l'état d'où résulte en quelque sorte la servitude. Ce principe s'applique sans difficulté à un droit d'égout, à un droit de vue et aux autres droits semblables ; ils se conservent ou plutôt ils s'exercent par cela seul que le toit d'une maison avance sur le fonds voisin, lors même qu'il ne s'écoule actuellement aucune eau pluviale ; par cela seul qu'il existe une fenêtre, fût-elle fermée, ou même close par des contrevents. Nulle difficulté non plus pour les servitudes continues qui consistent *in non faciendo* : il est évident que le propriétaire du fonds dominant exerce son droit par cela seul que le voisin s'abstient de faire, sur son propre fonds, ce que la servitude lui interdit. Mais, relativement aux conduites d'eau, on fait observer que le fait de l'homme est indispensable pour ouvrir la vanne qui ferme le canal. Cette objection tendrait à faire considérer la servitude de conduite d'eau comme dis-

---

(¹) L'extinction n'est pas absolue; le propriétaire du fonds servant est censé en avoir abdiqué le bénéfice, lorsqu'il souffre de nouveau l'exercice de la servitude après l'expiration de trente ans. (Orléans, 31 *décembre* 1835).

continue : toutefois, la loi l'ayant expressément rangée parmi les servitudes continues (art. 689), on doit lui appliquer les mêmes règles et décider qu'elle s'exerce par cela seul qu'il existe un fossé ou des tuyaux disposés de telle manière que l'eau y entrerait d'elle-même si elle n'était pas arrêtée par une vanne. Dans ce système, la vanne est moins un obstacle au cours de l'eau, qu'une facilité donnée au propriétaire du fonds dominant, pour régler suivant sa volonté l'exercice de son droit.

Pour faire courir le délai de trente ans à l'égard des servitudes continues, la loi exige *un acte contraire à la servitude,* c'est-à-dire un fait qui en empêche l'exercice, par exemple, lorsqu'une fenêtre a été murée, lorsqu'on a exécuté dans le fonds servant les travaux prohibés par une servitude négative, ou enfin, à l'égard des conduites d'eau, lorsque la vanne a été fermée de manière à ne pouvoir plus s'ouvrir, lorsque le canal a été comblé ou les tuyaux déplacés. A compter de ce moment, le propriétaire du fonds dominant est mis en demeure de faire cesser l'obstacle, quel que soit d'ailleurs l'auteur du fait ; car la loi ne distingue pas si l'acte contraire émane d'un étranger ou du propriétaire du fonds servant. Quant au maître du fonds dominant, il est évident que son propre fait ne pourrait que fortifier la présomption qui milite contre lui.

368. On se demande si les règles du non-usage sont encore applicables, lorsque le fonds servant, sortant des mains du propriétaire qui avait constitué la servitude, est possédé par un tiers détenteur qui a titre et bonne foi. La prescription de dix ou vingt ans ne saurait, dit-on, lui faire acquérir la libération des servitudes, parce que la seule prescription admise, tant pour leur établissement que pour leur extinction, est la prescription trentenaire (art. 690) ; et si les hypothèques s'éteignent par la prescription décennale (art. 2180), c'est en vertu d'une disposition spéciale, qui ne doit pas être étendue à d'autres cas (¹). Nous ferons d'abord observer que le délai fixé pour l'extinction des droits d'usufruit et de servitude par non-usage n'admet aucune interruption civile (V. art. 2244), et dès lors n'est pas une prescription proprement dite. Ainsi, en décidant que l'usufruit et les servitudes s'éteindront par le non-usage pendant trente ans, la loi ne s'est point attachée aux règles de la prescription. La question d'extinction par la possession de dix ou vingt ans reste donc entière, et loin de voir dans l'article 2180 une règle spéciale, nous devons considérer cette disposition comme une déduction logique des principes du droit français sur la prescription décennale, qui, nous l'avons déjà vu (226), ne reproduit pas l'usuca-

---

(¹) Cette opinion est généralement admise par la jurisprudence. Elle a en sa faveur trois arrêts de rejet (20 *décembre* 1836, 28 *mars* 1837, 16 *avril* 1838).

pion du droit civil romain, mais plutôt la *longi temporis possessio* du droit prétorien. Si cette prescription affranchit le possesseur de bonne foi de toute hypothèque, pourquoi les mêmes raisons ne s'appliqueraient-elles pas à l'usufruit et aux servitudes? Ainsi, en appliquant par analogie les dispositions de l'article 2180, nous admettrons que le non-usage pendant trente ans pourra seul éteindre la servitude, tant que le fonds servant sera en la possession du constituant ou de ses héritiers; mais lorsque l'immeuble est passé dans les mains d'un tiers détenteur, la servitude doit s'éteindre, comme l'hypothèque, par l'expiration du temps dont un possesseur a besoin pour l'acquisition de la propriété ([1]).

708. — Le mode de la servitude peut se prescrire comme la servitude même, et de la même manière.

SOMMAIRE.

369. Origine de cette disposition. La restriction qui en résulte s'applique à toutes les servitudes. Il en est autrement de l'extension.
370. Les indications d'heure et de lieu contenues dans le titre constitutif peuvent n'être que démonstratives.

369. Suivant Domat ([2]), « les servitudes se perdent par la prescrip-« tion, ou elles sont réduites à ce qui est conservé par la possession « pendant le temps suffisant pour prescrire. » C'est en ce sens que Domat interprétait mal à propos un texte relatif à une prise d'eau qui devait avoir lieu pendant la nuit seulement, et qui avait été exercée pendant le jour. Il ne s'agissait point dans ce texte d'une modification de la servitude, mais bien de son extinction par non-usage ([3]) : il est certain, en effet, qu'en droit romain la servitude se conservait, dans toute son étendue, par cela seul qu'on avait exercé une partie des droits qui en résultaient ([4]). Ce système est beaucoup plus simple que celui du droit français, qui fait naître de nombreuses difficultés dans la pratique.

Quoique l'article 708, d'après son origine et la place qu'il occupe dans la section relative à l'extinction des servitudes, concerne seulement les restrictions qu'elles peuvent subir en raison de la manière dont elles ont été exercées, on reconnaît généralement que le même principe doit s'appliquer à l'extinction des servitudes continues et apparentes, les seules qui s'acquièrent par prescription (art. 690). Ainsi, par exemple, un droit de vue limité, d'après le titre constitutif, à une

---

([1]) La cour de Nancy a rendu, le 14 mars 1842, un arrêt fort bien motivé dans le sens de notre opinion.

([2]) Lois civiles, liv. 1, tit. 12, sect. 6, n° 11.

([3]) *Paul. L.* 10, § 1, *D. quemadm. servit.*

([4]) *Paul. L.* 2, § 1 ; *L.* 8, § 1, *D. eod.* ; *L.* 9, § 1, *D. si servit. vind.*

seule ouverture d'une dimension déterminée, deviendra plus étendu, si le propriétaire du fonds dominant jouit pendant trente ans de plusieurs fenêtres, ou même d'une seule fenêtre établie sur de plus grandes dimensions.

Les servitudes discontinues ou non apparentes, n'étant pas susceptibles de s'établir par prescription (art. 691), ne reçoivent aucune extension par suite de l'usage qu'on en fait; mais les servitudes sont toutes sur la même ligne, dès qu'il s'agit de les restreindre. Lors donc que le propriétaire du fonds dominant n'exerce qu'une partie de ses droits, il doit en principe perdre par non-usage ceux qu'il n'exerce pas : par exemple, si, pouvant passer à pied, à cheval, et même avec des voitures, il use seulement du moins étendu de ces droits; si, pouvant puiser une certaine quantité d'eau, il n'en a puisé qu'une partie [1].

370. Cependant on a fait observer, avec raison selon nous, que le mode indiqué dans le titre constitutif n'est point nécessairement limitatif [2]. Ainsi, par exemple, relativement à un droit de puisage, l'indication des heures peut n'avoir eu d'autre but que de déterminer le moment le plus commode pour l'usage du droit. Si pendant trente ans le puisage a eu lieu à une autre heure, ce n'est pas une raison pour décider que la servitude est éteinte ou même limitée par la manière dont elle a été exercée. Pareillement, lorsque le titre constitutif d'un droit de passage indique un emplacement pour l'exercice de la servitude, cette détermination pourra, suivant les circonstances, être considérée comme purement démonstrative, et alors le passage dont on aura usé pendant trente ans sur un autre emplacement, y sera transporté par la volonté présumée des parties [3]. Tel est même le système du Code relativement à la servitude légale de passage (320). Cependant, il en sera autrement en règle générale, parce que les indications relatives au mode de la servitude sont réputées limitatives; et si cette règle peut fléchir souvent en ce qui concerne la désignation des heures, elle reçoit ordinairement son application quant à la désignation du lieu.

709. — Si l'héritage en faveur duquel la servitude est établie, appartient à plusieurs par indivis, la jouissance de l'un empêche la prescription à l'égard de tous.

---

[1] C'est donc à tort que la cour de Caen a jugé, le 1er mars 1839, que l'ouverture d'une seule fenêtre pendant trente ans, avait conservé, dans son intégrité, un droit de vue concédé pour plusieurs fenêtres.

[2] Voyez la *Revue du droit français et étranger*, t. III, p. 817.

[3] La cour de Caen a jugé, le 27 août 1842, qu'on pouvait acquérir par prescription le droit de passer par un endroit différent de celui qui avait été assigné dans le titre constitutif de la servitude.

710. — Si, parmi les copropriétaires, il s'en trouve un contre lequel la prescription n'ait pu courir, comme un mineur, il aura conservé le droit de tous les autres.

SOMMAIRE.

371. Par qui peut être exercée la servitude. Effet de l'indivision du fonds dominant relativement à l'extinction par non-usage.

371. Nous avons parlé précédemment du cas où le fonds dominant appartient par indivis à plusieurs copropriétaires, qui ont tous le droit d'user de la même servitude comme d'une chose commune. Observons qu'ils ne sont pas astreints à exercer leur droit par eux-mêmes. La servitude se conserve par l'usage qu'en fait un possesseur de bonne ou de mauvaise foi, un usufruitier, ou toute autre personne qui l'exerce pour le service du fonds dominant [1], par exemple, les ouvriers qui passent pour travailler à la culture de ce fonds ; *nam satis est nomine fundi itum esse* [2]. Si la servitude est conservée au fonds dominant par les ouvriers qui le cultivent, elle peut l'être, à plus forte raison, par l'un des propriétaires, *per socium,* disent les jurisconsultes romains [3].

Toutefois, on peut douter que les rédacteurs du Code se soient préoccupés ici de la personne par qui le droit de servitude est exercé ; ils se sont plutôt attachés à cette idée, que le droit conservé par l'un des copropriétaires est conservé par tous ; et, dans ce sens, la décision de l'article 709 cadre exactement avec celle de l'article suivant. En effet, lors même que personne n'a usé de la servitude, il suffit que la prescription ne coure pas contre l'un des copropriétaires, par exemple, à cause de sa minorité (V. art. 2252), pour que le droit de tous se trouve conservé. Cette décision, que les jurisconsultes romains appliquaient au droit de passage [4], est généralisée par le Code. Dès lors, elle paraît devoir s'étendre à toutes les servitudes, y compris celles que l'on pourrait considérer comme divisibles.

Après le partage, la servitude qui est attribuée à différents lots est assimilée, même lorsqu'il s'agit d'un droit de passage, à une servitude qui, dès l'origine, aurait été constituée pour plusieurs fonds. Il en résulte qu'elle peut être conservée par un lot et perdue par un autre.

---

[1] *Paul. L. 5, 21 et 23, D. quemadm. servit. amitt.* ; *Scævol. L. 20, 22 et 24, D. eod.*

[2] *Cels. L. 6, pr., D. eod.*

[3] *Paul. d. L. 5.*

[4] *Cels. L. 6, § 1, D. quemadm. servit. amitt.*

LIVRE III.

DES DIFFÉRENTES MANIÈRES DONT ON ACQUIERT LA PROPRIÉTÉ.

—•—

DISPOSITIONS GÉNÉRALES.

Décrétées le 29 germinal au XI (19 avril 1803). Promulguées le 9 floréal (29 avril).

INTRODUCTION.

SOMMAIRE.

372. Rubrique générale du troisième livre. Comment on peut s'expliquer ce qu'elle a d'incomplet.
373. Différentes divisions des manières d'acquérir.
374. Modes d'acquisition compris dans l'énumération du Code. Indication sommaire de l'ordre dans lequel chacun d'eux est traité.
375. Existe-t-il d'autres manières d'acquérir? *Quid* de l'occupation?
376. Les effets jetés à la mer ne sont pas *res nullius*, non plus que le trésor. Règles qui les concernent.
377. Acquisition par l'effet direct de la loi.
378. Énumération complète des manières d'acquérir. Observations critiques sur la distribution des titres du troisième livre.

372. En consacrant ce troisième et dernier livre aux *différentes manières dont on acquiert la propriété*, les rédacteurs du Code civil ne donnent qu'une indication incomplète des matières dont ils ont à s'occuper; car ce n'est pas seulement de la propriété qu'il sera question dans les développements qui vont suivre. Si l'on peut admettre que dans l'acquisition de la propriété, le Code a implicitement compris celle des autres droits réels qui en font partie intégrante, il faut toujours reconnaître qu'en dehors des droits réels et de leur acquisition, il reste encore à traiter du droit personnel, qui appartient au créancier contre son débiteur. Toutefois on s'explique, jusqu'à un certain point, pourquoi le législateur a cru pouvoir rattacher la matière des obliga-

tions à celle des divers modes d'acquisition de la propriété. Il faut remarquer, en effet. que le Code civil diffère de toutes les législations
antérieures par l'admission d'un principe nouveau, savoir, que la propriété s'acquiert et se transmet *par l'effet des obligations* (art. 711), en
sorte que le droit réel s'acquiert souvent en même temps et de la même
manière que le droit personnel. Il en résulte que les obligations ont
pu être considérées, dans le Code, sous le double rapport du droit personnel qu'elles supposent toujours, et du droit réel qui en dérive souvent d'après la législation actuelle.

373. Les manières d'acquérir se divisent ordinairement en originaires et dérivées, suivant qu'elles servent, comme l'occupation, à
constituer la propriété sur des choses qui n'appartiennent à personne,
ou, comme la plupart des autres modes d'acquisition, à transmettre
une propriété antérieurement acquise. Sous un autre rapport, on distingue certaines manières d'acquérir qu'on appelle A TITRE PARTICULIER,
parce qu'elles s'appliquent directement aux choses considérées isolément (*singulæ res*) , et d'autres manières d'acquérir qu'on appelle A TI-
TRE UNIVERSEL, parce qu'elles ont pour objet les biens d'une personne
pris en masse (*per universitatem*). C'est ainsi notamment qu'un héritier acquiert tous les droits d'un défunt et par conséquent tous les
biens qui lui appartenaient.

La distinction établie entre les manières d'acquérir, suivant qu'elles
sont à titre universel ou particulier, présente, le plus ordinairement du
moins, cet intérêt que le successeur à titre universel est tenu d'acquitter les dettes de son auteur. Remarquons d'ailleurs que toute acquisition originaire est à titre particulier : il faut supposer l'homme en
rapport avec d'autres hommes, et non avec la nature seule, pour concevoir l'acquisition d'un ensemble de biens.

374. Sans entrer dans les distinctions de doctrine que nous avons
indiquées, le Code se borne à dire que la propriété s'acquiert par succession, par donation entre-vifs ou testamentaire, par l'effet des obligations, par l'accession, et enfin par la prescription (art. 711 et 712).

Nous avons parlé de l'accession au second livre. Nous aurons à examiner, dans les trois premiers titres du troisième, les successions,
les donations et l'effet des obligations (art. 1138). Il faut observer, à
cet égard, qu'en vertu du nouveau principe qui fait acquérir la propriété par l'effet des obligations, celui qui veut acquérir un objet certain et déterminé, l'acheteur, par exemple, n'a plus besoin d'être mis
en possession. La propriété lui est transférée par la convention même,
sauf le cas où sa mise en possession serait, dans l'intention des contractants, une condition du transport de la propriété. Nous nous expliquerons, du reste, sur la translation de propriété, soit pour les corps

certains, soit pour les quantités, dans nos développements sur l'article 1138.

Quant à la prescription, qui se trouve rejetée à la fin du Code, c'est tout à la fois un mode d'acquisition et un mode de libération ; car il suffit pour l'extinction d'une obligation que le créancier ait négligé l'exercice de ses droits pendant un certain laps de temps. Considérée comme manière d'acquérir, la prescription suppose une négligence semblable de la part du propriétaire, et de plus la possession d'une autre personne pendant le laps de temps fixé par la loi.

Une autre manière d'acquérir, qui présente une certaine analogie avec la prescription, a lieu, à l'égard des meubles corporels, en faveur du possesseur de bonne foi. Il arrive souvent, qu'un meuble est livré, à titre gratuit ou onéreux, par celui qui n'en est pas propriétaire, et dans ce cas, ainsi que nous l'avons déjà dit (88), *la possession vaut titre* (art. 2279).

575. Il est facile de voir que le législateur, en énumérant les différentes manières d'acquérir, s'est préoccupé des acquisitions dérivées. Faut-il en conclure qu'il n'existe plus, dans le droit actuel, d'acquisitions originaires, et que la propriété des choses qu'on appelle communément *res nullius*, ne se constitue point, comme autrefois, par l'occupation ? La loi semble le décider ainsi lorsqu'elle attribue à l'État la propriété des biens qui n'ont pas de maître (art. 713). Cependant le chasseur acquiert le gibier dont il s'empare, et nos populations maritimes vivent en grande partie des produits de la pêche. L'occupation est donc toujours une manière d'acquérir, du moins lorsqu'elle s'applique aux animaux qui sont restés dans leur liberté naturelle. En déclarant que la chasse et la pêche sont réglées par des lois particulières (art. 715), le législateur modifie le principe de l'article 713 ; car il reconnaît les droits que le chasseur ou le pêcheur acquiert, comme premier occupant, sur le gibier ou le poisson qu'il a pris. L'acquisition des plantes et herbages qui croissent sur les rivages de la mer, résulte aussi d'une occupation réglée par des lois particulières (art. 717).

376. Les effets jetés à la mer pour alléger un navire, ceux qui ont été perdus ou égarés, ne sont point par cela seul *res nullius*. Celui à qui ils appartiennent peut les revendiquer, même contre un possesseur de bonne foi (art. 2279) ; mais, à défaut de cette revendication dans certains délais, la propriété de ces objets est également régie par des lois particulières (art. 717).

Le trésor n'est pas non plus *res nullius,* puisqu'il n'est pas plus abandonné par le propriétaire que les objets perdus ; mais ici le Code a cru devoir statuer lui-même, et, reproduisant les dispositions du droit romain, il attribue à l'inventeur la moitié des objets par lui découverts sur le fonds d'autrui, et au propriétaire l'autre moitié (art. 716).

Dans ces différentes circonstances, l'acquisition est réglée, jusqu'à un certain point, par le principe de l'occupation, quoique l'application de ce principe soit modifiée par les dispositions de la loi.

377. Enfin, il est des circonstances où c'est la loi qui attribue directement la propriété, soit à l'État, soit à des particuliers, par exemple, lorsqu'elle donne l'ancien lit d'une rivière qui a changé son cours, à ceux aux dépens de qui a été formé le nouveau lit (art. 563).

378. Indépendamment des cas assez rares où la propriété s'acquiert ainsi par l'effet direct de la loi, on voit que la propriété s'acquiert de six manières, savoir :

Par l'occupation,

Par l'accession,

Par les successions,

Par les donations entre-vifs ou testamentaires,

Par l'effet des obligations,

Et par la prescription, ou par la possession de bonne foi en matière mobilière.

Ce sont les quatre derniers modes d'acquisition que le troisième livre du Code va exposer dans l'ordre même où la loi les a énumérés. Ainsi, après les successions et les donations, viendront les obligations et enfin la prescription. Seulement, il faut observer que le législateur, voulant, comme nous l'avons dit, traiter des obligations sous le double point de vue du droit réel et du droit personnel, consacre à cette seule matière plusieurs titres : les deux premiers (tit. 3 et 4) établissent les principes généraux, tandis que beaucoup d'autres (tit. 5-15 et 17) appliquent ces mêmes principes aux obligations qui résultent des contrats les plus usuels.

Quant aux titres 16, 18 et 19, qui traitent de la contrainte par corps, de l'expropriation forcée et des priviléges et hypothèques, s'ils peuvent être considérés comme se rattachant aussi à la matière des obligations, ce n'est que d'une manière tout à fait accessoire ; car, dans ces différents titres, le législateur suppose que les engagements du débiteur n'ont pas été remplis et que les créanciers font valoir leurs droits, ce qui est assez étranger, il faut en convenir, à l'acquisition de la propriété. Il aurait mieux valu ranger ces matières dans un quatrième livre, où le cautionnement et le nantissement, contrats purement accessoires, se seraient tout naturellement rapprochés des priviléges et hypothèques ; mais il a suffi que ces différentes matières eussent un rapport quelconque avec celle des obligations, pour qu'on se crût autorisé à les réunir dans un même livre. Ce n'est qu'après avoir ainsi complété tout ce qui concerne les obligations que les rédacteurs ont abordé la prescription, qui forme le dernier titre du Code.

711. — La propriété des biens s'acquiert et se transmet par succession, par donation entre-vifs ou testamentaire, et par l'effet des obligations.

712. — La propriété s'acquiert aussi par accession ou incorporation, et par prescription.

SOMMAIRE.

379. Exclusion complète, dans le projet de Code civil, de toute acquisition par occupation. Comment le projet a été modifié.

379. Le projet de Code civil, après avoir énuméré différentes manières d'acquérir, avait formellement exclu l'occupation. « La loi civile, disait-il, ne reconnaît point le droit de simple occupation. Les « biens qui n'ont jamais eu de maître, et ceux qui sont vacants comme « abandonnés par leurs propriétaires, appartiennent à la nation. Nul « ne peut les acquérir que par une possession suffisante pour opé- « rer la prescription ». Mais, la cour d'appel de Paris ayant critiqué cette exclusion comme trop générale, la section de législation du Conseil d'État a fait droit à ses observations. Aussi a-t-elle supprimé la disposition qui excluait tout droit d'occupation, et inséré un nouvel article sur les choses qui n'appartiennent à personne (art. 714). C'était bien évidemment reconnaître le droit du premier occupant, du moins dans certaines limites : aussi la section de législation a-t-elle cru devoir modifier en outre la rédaction primitive de l'article 711. Cet article ne dit plus seulement, comme dans le projet, *la propriété s'acquiert*, mais *la propriété s'acquiert et se transmet*. Cette addition indique assez que l'article 711 s'applique seulement aux acquisitions dérivées.

713. — Les biens qui n'ont pas de maître appartiennent à l'État.

SOMMAIRE.

380. Définition des biens vacants. Attribution de ces biens par les coutumes aux seigneurs hauts-justiciers.
381. Attribution de ces biens à l'État par le droit intermédiaire.
382. Restriction du droit de l'État en ce qui concerne les choses *pro derelicto habitæ*. Circonstances qui donnent lieu à l'abandon des immeubles.

380. Cette disposition ne reproduit qu'en partie celle de l'article 539 sur les biens vacants et sans maître.

Les biens vacants sont ceux dont le propriétaire est inconnu, et qui par suite sont réputés n'appartenir à personne (¹). Les biens sont non-seulement vacants, mais sans maître, lorsqu'ils n'appartiennent à aucun propriétaire. Tels sont notamment les biens que laisse, à son décès, une personne frappée de mort civile (art. 33).

Nos anciennes coutumes avaient attribué aux seigneurs hauts-justiciers tous les biens vacants et sans maître. Ils appartenaient à celui dans la juridiction duquel ils étaient trouvés ou situés, suivant qu'il s'agissait de meubles ou d'immeubles (²).

381. En 1789, la suppression des droits féodaux entraîna celle des justices seigneuriales et de tous les droits de justice dont profitaient les seigneurs (³), et en 1790, tous les biens vacants et sans maître furent expressément attribués à la nation (⁴) ; mais c'est en 1791 seulement que les seigneurs ont été déclarés déchus de tous les droits qui leur étaient attribués comme justiciers, et ce à compter de la publication du décret du 4 août 1789 (⁵). Au surplus, cette déchéance, bien qu'elle remonte à l'abolition du régime féodal, dont elle n'est que la conséquence nécessaire, n'a point eu d'effet rétroactif. Les seigneurs ont été formellement maintenus dans la propriété des objets dont ils avaient pris possession publiquement, avant la promulgation de la loi portant suppression de leurs justices (⁶). A compter de la même époque, l'État s'est trouvé mis à la place des hauts-justiciers (⁷).

382. Ainsi, en règle générale, c'est à l'État qu'appartiennent tous les biens dont le maître est inconnu et ceux qui n'appartiennent plus à personne (⁸). Toutefois cette règle admet de nombreuses modifications, du moins en ce qui concerne les meubles; ne sait-on pas, en effet, que parmi les nombreux objets qui sont chaque jour jetés sur la voie publique, il en est plusieurs qui ont encore leur utilité et dont la recherche constitue, dans les grandes villes, une industrie spéciale? Que le Code n'ait pas songé à cette espèce d'industrie, cela se conçoit, mais il n'a certainement pas entendu la supprimer. Les choses *pro derelicto habitæ* sont donc toujours acquises au premier occupant, c'est-à-dire, à celui qui en a pris possession avant tout autre.

Un pareil abandon se conçoit difficilement à l'égard des immeubles,

---

(¹) Merlin, *Répert.*, vᵒ BIENS, § 9.

(²) Merlin, *ibid.*

(³) Décret du 4 août 1789, promulgué le 3 novembre, art. 4.

(⁴) Loi du 1ᵉʳ décembre 1790, art. 3.

(⁵) Loi du 20 avril 1791, tit. 1, art. 7.

(⁶) Même loi, tit. 1, art. 8 et 9.

(⁷) Loi du 1ᵉʳ décembre 1790, art. 3.

(⁸) La cour de Paris a appliqué cette règle, le 15 novembre 1832, à la succession d'un étranger décédé en France sans laisser de parents au degré successible.

sans doute parce qu'on trouve toujours à s'en défaire en faveur d'un acheteur ou au moins d'un donataire. Cependant, lorsqu'il s'agit soit de terres vaines et vagues, soit de landes et bruyères, soit de fonds habituellement inondés ou ravagés par les eaux, il peut arriver que le produit soit insuffisant pour acquitter la contribution à laquelle ces fonds doivent être soumis. Aussi la loi a-t-elle autorisé le propriétaire qui veut s'affranchir de l'impôt, à faire un abandon perpétuel au profit de la commune dans laquelle ces propriétés sont situées (1).

714. — Il est des choses qui n'appartiennent à personne et dont l'usage est commun à tous.

Des lois de police règlent la manière d'en jouir.

SOMMAIRE.

383. Origine, but et application de cet article. Signification toute spéciale du mot *jouir*.

383. L'article précédent s'est occupé des BIENS, c'est-à-dire, des objets qui sont ou qui ont été *in bonis alicujus*. Au contraire, les CHOSES, dont il s'agit ici, sont les objets qui par leur nature même se trouvent *extra patrimonium*, comme nous l'avons fait remarquer en parlant des BIENS et des CHOSES au commencement du second livre.

Ainsi que nous l'avons déjà dit (379), la disposition du projet de Code civil qui excluait le droit d'occupation, a été supprimée sur les observations présentées par la cour d'appel de Paris relativement aux choses qu'on appelle *res communes*. « Entend-on, dit la Cour, sous-« traire aux particuliers la faculté d'acquérir ces choses, pour les don-« ner à la nation? Est-ce qu'un particulier qui va puiser de l'eau à la « rivière n'acquiert pas le domaine de l'eau qu'il y a puisée? Les pier-« res, les coquillages qu'on ramasse sur le bord de la mer, n'appar-« tiennent-ils pas à celui qui s'en saisit? » C'est par suite de cette observation qu'on a inséré dans le Code l'article 714, qui consacre le droit d'occupation à l'égard des choses qui sont *communia omnium* (2), comme l'air et l'eau courante.

Considéré en masse, l'air atmosphérique n'est pas évidemment susceptible de propriété privée; mais une certaine quantité d'air peut être renfermée dans un récipient, et alors elle appartient à celui qui en a pris possession, par exemple, au chimiste qui dispose de cette quantité d'air en la décomposant.

Il en est de même de l'eau qu'un particulier puise dans une rivière, navigable ou non; car autre chose est le fleuve, qui, dans son ensem-

---

(1) Loi du 3 frimaire an VII, art. 66 et suiv.

(2) *Inst.*, § 1, *de divis. rer.*

ble, demeure toujours affecté aux besoins de la navigation, autre chose est l'eau courante, qui passe actuellement sous tel pont pour être, dans un instant, remplacée par une autre. Ce n'est pas la rivière qui est commune et par conséquent susceptible d'occupation; c'est l'eau même que l'on a puisée dans le courant (¹). Cependant la loi semble ne pas voir là une acquisition; elle ne parle des choses *dont l'usage est commun à tous* que pour renvoyer à des lois de police qui règlent *la manière d'en jouir.* Mais il faut remarquer ici la signification toute spéciale du mot *jouir :* il veut dire que chacun s'approprie les choses dont il prend possession. C'est dans le même sens, à peu près, que l'on dit d'une personne qu'elle jouit des droits civils pour indiquer que ces droits lui appartiennent (art. 8 et 13). Le droit de jouir des choses qui n'appartiennent à personne est donc réellement le droit de les acquérir par occupation, et peu importe d'ailleurs que cette acquisition soit soumise à des règlements de police; car en droit romain nul ne pouvait construire sur le rivage de la mer sans une autorisation spéciale (²), et néanmoins c'était par occupation que le constructeur acquérait la portion de rivage par lui occupée (³).

715. — La faculté de chasser ou de pêcher est également réglée par des lois particulières.

SOMMAIRE.

384. En droit romain, chacun acquérait par occupation les animaux sauvages qu'il avait pris, même sur le terrain d'autrui. Le propriétaire n'avait d'autre droit que d'interdire l'entrée de son fonds (⁴). En France, les Rois de la première et de la seconde race ont prohibé la chasse dans les forêts royales; mais on ne voit pas précisément à quelle date la faculté de chasser est devenue le privilège d'une certaine classe de

---

(¹) Pothier, Domaine de propriété, n° 84.
(²) *Pompon. L. 50, D. de adquir. rer. dom.*
(³) *Nerat. L. 14, D. eod.*
(⁴) *Inst.* § 12 *et* 14, *de divis. rer.*

personnes. On suppose seulement que, vers le commencement de la troisième race, les gouverneurs de provinces, s'étant attribué la souveraineté dans le ressort de leurs gouvernements respectifs, ont maintenu les prohibitions antérieures et leur ont même donné plus d'extension. Quoi qu'il en soit, Charles VI, en 1396, défendit expressément aux non nobles de chasser sans permission, et ce règlement fut confirmé par plusieurs autres, notamment en 1515, 1533, 1578, 1601 et 1607. De là vient que depuis longtemps en France le droit de chasser a été considéré comme une concession de la puissance souveraine [1].

C'est conformément à ce principe que l'ordonnance de 1669 sur les eaux et forêts, renouvelant plusieurs ordonnances antérieures, notamment celles des mois de juin 1601 et juillet 1607, prononça une interdiction absolue de toute espèce de chasse contre les roturiers *non possédant fiefs*, et n'accorda la permission de chasser qu'aux gentilshommes, aux nobles et aux seigneurs, sans distinguer, à l'égard de ces derniers, s'ils avaient ou non la noblesse [2].

385. C'est toujours à l'autorité souveraine qu'il appartient de concéder le droit de chasse et d'en régler l'exercice ; mais aujourd'hui ce droit n'est plus un privilége. A l'époque de la promulgation du Code, l'abolition du régime féodal avait déjà entraîné la suppression du *droit exclusif des fuies et colombiers* [3], *de la chasse et des garennes ouvertes* [4]. Il avait été permis dès lors à tout propriétaire de détruire ou faire détruire toute espèce de gibier, sur son terrain seulement, en se conformant toutefois « aux lois de police qui pourraient être faites relativement à la sûreté publique [5] ; » car l'exercice du droit de chasse peut nuire aux récoltes et même compromettre la sûreté des personnes. Aussi le législateur qui avait fait du droit de chasse une consé-

---

[1] Merlin, *Répert.*, vº CHASSE, § 2, § 3, nº 1.

[2] Ordonn. de 1669, tit. 30, art. 1, 14 et 20.

[3] Loi du 2 novembre 1789, art. 2 et 3. Les mots *fuie* et *colombier* étaient synonyme dans une grande partie des pays de droit écrit. Dans la plupart des pays coutumiers, on entendait par *colombier* une tour ronde ou carrée ayant des boulins ou des trous dans toute sa hauteur, pour loger les pigeons. Tout autre local employé à la même destination s'appelait *fuie* ou volière, surtout lorsque les boulins ne régnaient pas dans toute la hauteur (Merlin, *Répert.* vº COLOMBIER, nº 11).

[4] Le mot *garenne* s'entendait autrefois d'un terrain qui était défensable en ce sens qu'on ne devait point y entrer sans permission, surtout pour chasser. Aujourd'hui le mot garenne s'entend d'un terrain où il y a des lapins ; et dans ce sens on distingue les garennes ouvertes et les garennes fermées de murs ou de fossés pleins d'eau. D'après la loi de 1789, tout propriétaire peut avoir une garenne ouverte, comme il peut avoir un colombier, mais alors il est responsable du dommage causé aux héritages voisins par ses lapins (Merlin, *Répert.*, vº GARENNE, § 2 ; vº GIBIER, nº 8).

[5] Loi du 3 novembre 1789, art. 3.

quence de la propriété territoriale, ne tarda-t-il pas à s'apercevoir que « par un abus répréhensible de cette faculté, la chasse était deve-« nue une source de désordre (¹). » En conséquence, le droit accordé au propriétaire de détruire ou faire détruire sur son terrain toute espèce de gibier, a été restreint, sur les terres non closes, à certaines saisons. De là vient que tous les ans, en raison de l'état des récoltes, la chasse est ouverte et fermée, dans chaque département, à des époques déterminées par l'autorité administrative (²). D'un autre côté, la loi du 22 juillet 1791, sur la police municipale et correctionnelle, ayant autorisé les administrations municipales à publier les règlements de police et à rappeler les citoyens à leur observation (³), on en a conclu que les anciens règlements étaient maintenus en vigueur, notamment en ce qui concerne l'usage des armes à feu, et dès l'an IX la chasse au fusil fut interdite par des arrêtés préfectoraux à quiconque n'aurait pas une permission (⁴) qu'on appelait *port d'armes de chasse* (⁵). Cette permission ne pouvait valoir que pour un an et n'était accordée qu'à la charge d'une rétribution dont le montant a varié (⁶).

386. L'exercice du droit de chasse n'avait été réglementé, en 1790, que par provision, « en attendant de plus grands développements sur « cette matière (⁷); » et néanmoins ce règlement provisoire a subsisté jusqu'en 1844, époque où une loi nouvelle a établi une répression plus forte contre les abus de la chasse et spécialement contre l'industrie illicite des braconniers. Aujourd'hui, comme antérieurement, il est expressément défendu de chasser sur le terrain d'autrui sans le consentement du propriétaire; mais en ce qui concerne le droit qui appartient à chacun sur son propre terrain, la loi actuelle se montre beaucoup plus sévère que la législation intermédiaire. Depuis 1790, chacun pouvait chasser en toute saison dans ses lacs ou étangs, dans ses terres, pourvu qu'elles fussent séparées des héritages voisins par des murs ou des haies vives, et même dans ses bois et forêts, pourvu que ce fût sans chiens courants. Bien plus, le propriétaire et le fermier pouvaient détruire le gibier dans les terres non closes, à la condition de ne pas se servir d'armes à feu, mais seulement de filets ou engins qui ne nuisent pas aux récoltes. Ils pouvaient même faire usage du fusil pour repousser et détruire les bêtes fauves, c'est-à-dire les

---

(¹) Loi du 30 avril 1790, préambule.
(²) Même loi, art. 1.
(³) Loi du 22 juillet 1791, art. 46, 2°.
(⁴) Merlin, *Répert.*, v° ARMES, § 2, n° 2.
(⁵) Décret du 11 juillet 1810, art. 1.
(⁶) Même décret, art. 12 et 13 ; loi du 28 avril 1816, art. 77.
(⁷) Loi du 30 avril 1790, préambule.

cerfs, daims ou chevreuils, qui se répandaient dans leurs récoltes [1].
Aujourd'hui le droit de chasser librement en toute saison est restreint
aux héritages attenant aux habitations et entourés d'une clôture continue formant obstacle à toute communication avec les héritages voisins [2]. Partout ailleurs, même dans les bois et forêts, le propriétaire
ne peut chasser que de jour, pendant la saison où la chasse est ouverte,
et en vertu d'un *permis de chasse* dont le prix est de 25 francs. Sans ce
permis, on ne peut chasser d'aucune manière, tandis qu'auparavant
le port d'armes n'était exigé que pour la chasse au fusil. D'un autre
côté, l'obtention du permis n'autorise, en général, que deux sortes de
chasse, au fusil et à courre. Bien plus, la loi prohibe l'usage des chiens
lévriers, celui des appaux, des chanterelles, et tous autres moyens de
prendre le gibier, ce qui comprend les filets, collets et autres engins,
à l'exception des bourses destinées à prendre les lapins [3]. Enfin, pour
mieux empêcher la chasse en temps prohibé, la loi met alors le gibier
hors du commerce : elle en prohibe la vente [4].

Ces dispositions s'appliquent au gibier proprement dit, c'est-à-dire
aux animaux sauvages dont la chair peut servir d'aliment ; on doit y
comprendre le gibier d'eau, dont la chasse a lieu, dans les marais et
sur les étangs, fleuves ou rivières, sans inconvénient pour l'agriculture : aussi les préfets sont-ils autorisés à déterminer spécialement les
époques où cette chasse est permise. Il en est de même pour les
oiseaux de passage autres que la caille. A leur égard, il appartient aux
préfets de permettre l'emploi des moyens qui sont prohibés pour tout
autre gibier [5].

La chasse qui a pour but la destruction des animaux malfaisants ou
nuisibles, peut avoir lieu en tout temps et sans permission spéciale.
Toutefois, pour qu'on n'abuse pas de cette faculté, la loi veut que le
préfet détermine à l'avance les conditions de cette chasse et les espèces
d'animaux qui en seront l'objet [6].

Le droit naturel d'occupation reste entièrement libre à l'égard des
animaux sauvages qui ne sont pas compris sous la dénomination de
gibier : on peut donc les poursuivre et les prendre, en tout temps et
par toute sorte de moyens. Cette règle s'appliquerait aux petits oiseaux, s'ils n'étaient pas utiles à l'agriculture par la grande quantité
d'insectes qu'ils détruisent. Aussi sont-ils placés sous la protection des

---

[1] Loi du 30 avril 1790, art. 13, 14 et 15.
[2] Loi du 3 mai 1844, art. 2.
[3] Même loi, art. 1, 5 et 9.
[4] Même loi, art. 4, 9 et 11.
[5] Même loi, art. 9.
[6] Même loi, même article.

arrêtés que chaque préfet peut prendre pour empêcher leur destruction ([1]).

387. La pêche est fluviale ou maritime, suivant qu'elle s'exerce dans les eaux douces ou dans les eaux salées. La limite à laquelle s'arrête la pêche maritime, à l'embouchure des fleuves, est déterminée par l'autorité administrative ([2]).

Cette distinction n'existait pas en droit romain. Les poissons, comme le gibier, appartenaient par droit d'occupation à celui qui les avait pris, même sur le fonds d'autrui ([3]). Notre ancienne législation, au contraire, a toujours distingué la pêche maritime de la pêche fluviale, et, relativement à celle-ci, les rivières navigables des autres cours d'eau. Les rivières navigables ayant toujours fait partie du domaine public ([4]), même avant l'ordonnance de 1669, qui les a formellement attribuées au domaine de la couronne, le droit de pêche dans ces rivières s'est trouvé par cela même réservé à l'État ([5]). Cette règle s'étend aujourd'hui aux rivières flottables par trains et radeaux, et même aux canaux dont l'entretien est aux frais de l'État ([6]). Le droit de pêche y est exercé par des fermiers auxquels il a été attribué par voie d'adjudication publique ou par une concession de licence, et néanmoins toute personne peut pêcher au moyen d'une ligne flottante tenue à la main ([7]).

Quant à la pêche dans les petites rivières, elle appartenait généralement aux seigneurs du fief : cependant quelques coutumes l'avaient attribuée au seigneur haut-justicier ([8]). Après l'abolition du régime féodal, les riverains ont succédé au droit que les seigneurs avaient perdu ([9]), et de là vient qu'aujourd'hui le droit de pêcher dans les rivières et canaux qui ne sont point entretenus aux frais de l'État, appartient jusqu'au milieu du cours d'eau aux propriétaires respectifs des deux rives. En conséquence nul ne peut y pêcher d'aucune manière sans leur permission ([10]).

388. La pêche maritime est entièrement libre, en ce sens qu'elle peut être exercée par toute personne sans permission ([11]). Du reste, à la mer, comme dans les rivières, les pêcheurs doivent toujours obser-

---

([1]) Loi du 3 mai 1844, art. 9.
([2]) Loi du 15 avril 1829, art. 1, 2 et 3.
([3]) *Inst.*, § 12, *de divis. rer.*
([4]) Merlin, *Répert.*, v° RIVIÈRE, § 1, n° 1.
([5]) Ordonn. de 1669, tit. 27, art. 41 ; loi du 14 floréal an X, art. 12 et 14.
([6]) Loi du 15 avril 1829, art. 1.
([7]) Même loi, art. 5 et 10.
([8]) Merlin, *Répert.*, v° PÊCHE, § 1, n° 1.
([9]) Avis du C. d'État, 30 pluviôse an XIII.
([10]) Loi du 15 avril 1829, art. 2.
([11]) Ordonn. de 1681 sur la marine, liv. 5, tit. 1, art. 1.

ver les règlements qui déterminent les temps, saisons et heures pendant lesquels la pêche est interdite, les procédés ainsi que les engins et les instruments prohibés, et la dimension des filets dont l'usage est permis. Ces règlements prescrivent aussi, en général, les mesures nécessaires pour empêcher la destruction du frai et favoriser la reproduction des différentes espèces de poissons (¹).

716. — La propriété d'un trésor appartient à celui qui le trouve dans son propre fonds : si le trésor est trouvé dans le fonds d'autrui, il appartient pour moitié à celui qui l'a découvert, et pour l'autre moitié au propriétaire du fonds.

Le trésor est toute chose cachée ou enfouie sur laquelle personne ne peut justifier sa propriété, et qui est découverte par le pur effet du hasard.

SOMMAIRE.

389. Définition du trésor. Dispositions du droit romain et de l'ancienne jurisprudence sur la propriété des trésors.
390. Décision de l'empereur Adrien reproduite par le Code. Vice de rédaction.

389. On appelle trésor, en droit romain, tout objet caché dont l'origine est complétement ignorée, *vetus quædam depositio pecuniæ cujus non extat memoria*(²), ou, suivant un autre texte, les objets mobiliers cachés depuis très-longtemps par un propriétaire inconnu, *condita ab ignotis dominis vetustiore tempore mobilia*(³). Lorsqu'on peut savoir par qui les objets ont été cachés ou du moins oubliés, ils ne constituent pas un trésor (⁴), bien que quelquefois cette dénomination leur soit improprement appliquée par plusieurs jurisconsultes romains (⁵). Les décisions du droit romain sur le trésor proprement dit ont varié suivant les époques. La décision d'Adrien, qui paraît avoir prévalu (⁶), attribue la moitié du trésor au propriétaire du fonds et l'autre moitié à la personne qui l'a découvert sans en faire la recherche (*non data ad hoc*

(¹) Loi du 15 avril 1829, art. 23 et suiv. *Voyez* Ordonn. de 1681, liv. 5, et autres règlements postérieurs rapportés par Merlin, *Répert.*, vᵒ PÊCHE, sect. 2.

(²) Paul. L. 31, § 1, D. *de adquir. rer. dom.*

(³) Leo, L. 1. C. *de thesaur.*

(⁴) Paul. d. L. 31, § 1, *de adquir. rer. dom.* Aussi un arrêt de la cour de Bordeaux, en date du 22 février 1827, refuse-t-il de voir un trésor dans un dépôt de pièces de monnaie d'effigie toute récente.

(⁵) Pompon. L. 15, D. *ad exhib.*

(⁶) Du moins dans la législation de Justinien (*Inst.* § 39, *de divis. rer.*). D'après une constitution de Théodose et Valentinien (L. 2, C. Th. *de thesaur.*), le propriétaire n'avait pas la moitié, mais seulement le quart des valeurs trouvées dans son terrain par un étranger.

opera, mais *fortuito casu* (¹), c'est-à-dire par le seul effet du hasard, par exemple, en labourant, en démolissant un mur, ou en pratiquant une fouille dans tout autre but que celui de rechercher des richesses ignorées. Il ne faut pas, en effet, favoriser les dégradations qu'un étranger viendrait faire sur le terrain d'autrui, sous prétexte d'en tirer des choses précieuses (²).

D'après notre ancienne jurisprudence, la décision d'Adrien était observée dans les pays de droit écrit, tandis qu'en pays coutumier le seigneur haut-justicier avait toujours une part du trésor trouvé dans sa juridiction. Il en prenait le tiers ou la moitié, suivant qu'il partageait avec l'inventeur et le propriétaire ou avec ce dernier seulement (³).

390. Le Code reproduit la décision d'Adrien ; mais en définissant le trésor, d'après la constitution de Léon, *toute chose cachée ou enfouie sur laquelle personne ne peut justifier sa propriété*, il ajoute : *et qui n'a été découverte que par le pur effet du hasard*. Cette addition, prise à la lettre, généraliserait une condition que le droit romain imposait à l'inventeur seulement, en sorte que les objets trouvés par le propriétaire luimême sur son propre fonds ne constitueraient pas un trésor, si les fouilles avaient été entreprises en vue de la découverte (⁴). Évidemment on ne peut voir là qu'un vice de rédaction.

717. — Les droits sur les effets jetés à la mer, sur les objets que la mer rejette, de quelque nature qu'ils puissent être, sur les plantes et herbages qui croissent sur les rivages de la mer, sont aussi réglés par des lois particulières.

Il en est de même des choses perdues dont le maître ne se représente pas.

SOMMAIRE.

391. Cet article s'occupe 1° des objets jetés à la mer ou de ceux qu'elle rejette ; 2° des plantes qui croissent sur le rivage ; 3° des choses per-

---

(¹) *Inst.*, § 39, *de divis. rer.*

(²) *Leo*, L. 1, C. *de thesaur.*

(³) Pothier, Domaine de propriété, n° 66 ; Merlin, *Répert.*, v° OCCUPATION, § 3, art. 1, n° 5.

(⁴) Dans cette hypothèse, la cour d'Orléans a décidé, le 10 février 1842, que le propriétaire du sol a droit à la totalité du trésor, à l'exclusion de l'ouvrier par lui employé.

dues dont le maître ne se représente pas. Nous allons examiner chacun de ces points et d'abord ce qui concerne les épaves pluviales.

La mer rejette sur ses rivages des objets de différente nature, qui sont compris sous la dénomination d'épaves (¹) maritimes.

Les navires et les marchandises poussés à la côte doivent être réclamés dans l'an et jour. Ce délai expiré, l'ordonnance de 1681 sur la marine veut que ces épaves soient vendues et le prix partagé entre le Roi et l'amiral (²); et, comme aujourd'hui l'État se trouve substitué tant aux droits de l'amiral (³) qu'à ceux du Roi, il doit profiter de la totalité du prix.

Indépendamment des navires et des marchandises que les flots poussent sur le rivage, d'autres objets peuvent être recueillis en pleine mer ou retirés du fond des eaux. L'ordonnance en attribue le tiers aux sauveteurs. Le prix des deux autres tiers est rendu au propriétaire, s'il se représente dans l'an et jour, et, dans le cas contraire, partagé entre le Roi et l'amiral (⁴), c'est-à-dire aujourd'hui, attribué à l'État. La même règle s'applique aux choses du crû de la mer, telles que l'ambre, le corail, les poissons à lard et autres objets qui n'ont jamais appartenu à personne, lorsqu'ils sont trouvés sur la grève. L'inventeur n'en a également que le tiers. Lorsque, au contraire, les mêmes objets sont tirés du fond de la mer, ou pêchés sur les flots, ils appartiennent par droit d'occupation à ceux qui les ont pêchés ou tirés des eaux (⁵).

392. Les rochers qui se trouvent sur le bord de la mer, principalement sur les côtes de Normandie et de Bretagne, produisent une herbe connue sous les différents noms de *varech*, *sar* ou *goëmon*. On l'emploie à l'engrais des terres ou bien on la brûle pour lessiver les cendres et en extraire la soude. Le varech qui se trouve sur les rochers ou sur les îles situés en pleine mer, ou qui est jeté par les flots sur le rivage, peut être recueilli, en toute saison, par le premier occupant (⁶); quant à celui qui pousse sur les rochers de la côte, le droit de le couper ou de l'arracher a été réglementé, dans des vues différentes, par l'ordonnance de 1681 sur la marine et par deux déclarations

---

(1) Les amateurs d'étymologies font dériver le mot ÉPAVE du latin *expavefacta*, parce qu'ils supposent que ce mot s'appliquait primitivement à des bestiaux dispersés par la frayeur. Mais cette origine est peu vraisemblable ; car de tout temps on a perdu des objets inanimés aussi bien que des bestiaux.

(2) Ordonn. de 1681, liv. 4, tit. 9, art. 26.

(3) Les tribunaux d'amirauté ont été supprimés par la loi du 13 août 1791, tit. 5, art. 1.

(4) Ordonn. de 1681, liv. 4, tit. 9, art. 27.

(5) *Ibid.*, liv. 4, tit. 9, art. 29.

(6) Déclaration du 30 mai 1731, tit. 3, art. 3 et 4; Déclaration du 30 octobre 1772, art. 4.

du 30 mai 1731 et du 30 octobre 1772. La déclaration de 1731, renouvelant et développant les dispositions de l'ordonnance de la marine,
avait voulu concilier l'intérêt des cultivateurs et celui des fabricants de
soude avec un intérêt plus général, celui de la reproduction du poisson, pour laquelle on croyait alors que le varech était d'une grande
utilité (¹). Plus tard, les prescriptions établies dans ce dernier but
ayant été considérées comme inutiles (²), la déclaration de 1772 s'est
uniquement préoccupée de l'intérêt des cultivateurs et de celui des fabricants de soude. La récolte du varech, qui n'avait lieu qu'une fois par
an (³), a été permise en deux saisons différentes, savoir : aux cultivateurs depuis le 1 janvier jusqu'à la fin de mars, et aux fabricants de
soude depuis le 1er juillet jusqu'au 1er octobre seulement (⁴).

Les rochers où se produit le varech sont, comme les autres parties
du rivage, compris dans le territoire des communes situées sur la
côte, et c'est aux habitants de ces communes qu'appartient exclusivement la récolte (⁵).

Ces règles qu'une philanthropie mal entendue avait fait supprimer
en l'an II, ont été rétablies, sous le Consulat, par un arrêté qui autorise
les préfets à « déterminer, par des réglements *conformes aux lois*, tout
« ce qui est relatif à la pêche en goëmon et varech (⁶). »

395. On range parmi les épaves terrestres divers objets mobiliers
que le propriétaire n'a pas revendiqués en temps utile. Tels sont notamment les bestiaux qui sont trouvés errans, les effets emportés par
les eaux d'une rivière débordée, oubliés dans les bureaux de messa-
geries ou déposés au greffe des tribunaux, enfin les choses égarées
sur la voie publique. Dans l'ancienne jurisprudence, ces épaves étaient
en général acquises au seigneur haut-justicier, après plusieurs publications faites pour avertir le propriétaire de se présenter (⁷). Ce privilége
des seigneurs ayant été supprimé (⁸), on en pourrait conclure que les
épaves terrestres appartiennent aujourd'hui à l'État ; mais le Code se
contente de renvoyer à des lois particulières, et ces lois n'établissent
pas de règles uniformes.

(¹) Déclaration du 30 mai 1731, préambule.

(²) Déclaration du 30 octobre 1772, préambule.
On s'est demandé dans ces derniers temps s'il est vrai que le varech soit inutile à la reproduction du poisson. Une commission nommée pour l'examen des
difficultés relatives à la pêche côtière est actuellement saisie de cette question.

(³) Déclaration de 1731, tit. 2, art. 1.

(⁴) Déclaration de 1772, art. 1 et 3.

(⁵) Déclaration de 1731, tit. 2, art. 1; Déclaration de 1772, art. 1.

(⁶) Arrêté du 18 thermidor an X. *Voy.* Merlin, *répert.*, v° VARECH.

(⁷) Pothier, Domaine de propriété, nᵒˢ 67-78.

(⁸) Loi du 20 avril 1791, art. 7.

En premier lieu, l'ordonnance de 1669 sur les eaux et forêts veut que les épaves fluviales soient vendues au profit de l'État, si elles ne sont pas réclamées dans le mois par le propriétaire, *sauf à lui délivrer les deniers un mois après la vente* (¹).

En ce qui concerne les ballots, malles et paquets déposés dans les bureaux des voitures publiques, et non réclamés dans les six mois, ils doivent être déclarés à la régie de l'enregistrement et des domaines, qui fait procéder à leur ouverture par le juge de paix. La vente des effets doit être annoncée dans les journaux un mois à l'avance, et être faite aux enchères publiques. Le prix peut être réclamé dans le délai de deux ans à partir de la vente : ce délai expiré, il est définitivement acquis à l'État (²).

Les objets déposés dans les greffes et conciergeries à l'occasion d'un procès civil ou criminel doivent être remis à la régie de l'enregistrement et des domaines pour être vendus aux enchères publiques, lorsque l'instance est terminée par un jugement ou lorsque l'action est prescrite (³). Le prix peut être réclamé pendant trente ans (⁴), conformément au droit commun (art. 2262). Cependant les titres et papiers appartenant à des condamnés ou à des tiers doivent rester au greffe pour être remis à qui de droit (⁵).

594. Quant aux autres épaves, on ne s'accorde pas sur le point de savoir à qui elles doivent appartenir lorsque le propriétaire ne se présente pas. Plusieurs auteurs les attribuent au fisc, qui, suivant eux, a succédé aux droits des seigneurs hauts-justiciers (⁶). Cette décision ne souffrirait aucune difficulté si l'article 713, d'après lequel les biens vacants appartiennent à l'État, devait toujours recevoir son application. Mais, comme nous l'avons déjà reconnu (379), ce n'est point là une règle absolue, du moins en ce qui concerne les meubles. Aussi, à défaut de lois et de règlements particuliers, doit-on admettre aujourd'hui que les objets dont il s'agit, ou leur prix quand ils ont été vendus par les soins de l'administration, peuvent être réclamés par l'inventeur. Ce dernier, si on ne lui accordait aucun droit, pourrait fort bien se dispenser de déclarer à l'autorité publique les objets qu'il a trouvés, et il importe au propriétaire lui-même que l'inventeur puisse conserver l'espoir d'en profiter un jour. Ces motifs ont déterminé le ministre des finances à ordonner que le prix d'une montre perdue serait remis à

(¹) Ordonn. de 1669, tit. 31, art. 16.
(²) Décret du 13 août 1810.
(³) Loi du 11 germinal an IV.
(⁴) Ordonn. des 23 janvier 1821 et 22 février 1829.
(⁵) Ordonn. du 9 juin 1831.
(⁶) Merlin, *Répert.*, vᵒ ÉPAVES ; vᵒ GAIVES.

l'inventeur, quoiqu'un avis du conseil d'État eût été rendu antérieurement en sens contraire (¹).

TITRE I.

DES SUCCESSIONS.

Décrété le 29 germinal an XI (19 avril 1803). Promulgué le 9 floréal (29 avril).

INTRODUCTION AUX CHAPITRES I ET II.

SOMMAIRE.

395. Le mot *succession* a plusieurs significations.

Dans l'acception la plus large, il s'applique toutes les fois qu'une personne prend la place d'une autre, en acquérant tout ou partie des droits qui appartenaient à celle-ci. C'est ainsi que l'acheteur ou le donataire succède au vendeur ou au donateur. Dans un sens plus restreint, le mot succession s'entend exclusivement d'une acquisition à titre universel. A Rome, on succédait ainsi, même à une personne vivante, notamment en cas d'adrogation (²). Chez nous, au contraire, le mot succession rappelle l'idée de la mort, qui, en dépouillant le défunt, permet à un ou à plusieurs survivants de prendre sa place. Il y a donc succession, dans ce sens, par cela seul qu'un survivant se trouve substitué aux droits du défunt.

Dans une autre acception, le même mot désigne l'objet de l'acquisition que fait une personne en succédant à une autre. Succession

---

(¹) Avis du C. d'État, du 5 janvier 1821, décision ministérielle du 3 août 1825.
(²) *Inst.* § 1, *de adquisit. per adrogat.*

alors devient synonyme d'hérédité. C'est en ce sens que l'on dit : une riche succession : Mais le plus souvent on désigne, par ce mot, la transmission elle-même et c'est ainsi que l'on dit : la succession s'ouvre par la mort naturelle ou par la mort civile (art. 718 et 719).

La dénomination d'héritier comprenait en droit romain, ceux à qui l'hérédité était déférée par le testament du défunt, aussi bien que les héritiers désignés par la loi, et appelés, à raison de cette vocation, héritiers légitimes (1). Dans le système du Code civil, le testament ne défère point, à proprement parler, la succession du testateur ; il ne sera donc question dans ce titre que des successions déférées *ab intestat* aux personnes désignées par la loi.

596. En droit romain, ceux à qui l'hérédité était déférée par testament ou par la loi, ne pouvaient en général l'acquérir que par une manifestation de leur volonté, et c'était alors seulement qu'elle devenait transmissible. Chez nous, la succession ouverte par le prédécès d'une personne se transmet aux héritiers du survivant, lors même qu'il n'a survécu qu'un instant de raison. Ses héritiers peuvent accepter ou répudier la succession déférée à leur auteur, comme il aurait pu le faire lui-même de son vivant.

Il importe donc beaucoup, lorsque plusieurs personnes respectivement appelées à la succession l'une de l'autre viennent à périr dans un même événement, de savoir laquelle est prédécédée, laquelle a survécu ; car les héritiers du survivant ont à recueillir, indépendamment de sa propre succession, celle du prédécédé. Si toute vérification est impossible, la loi tranche la difficulté en admettant des présomptions, qui sont de deux espèces. Les unes, qui résultent des circonstances du fait, sont abandonnées à l'appréciation du juge ; les autres, qui résultent de l'âge ou du sexe, ont le caractère de présomptions légales (art. 720, 721 et 722 ; V. art. 1349, 1350 et 1353).

597. En déterminant l'ordre dans lequel les successions sont déférées, la loi distingue deux classes de successeurs. La première se compose des *héritiers légitimes*, ainsi appelés, non parce que c'est la loi qui leur défère la succession (car tous ceux dont il est question dans ce titre sont appelés par la loi), mais parce qu'ils sont choisis dans la famille et parmi les parents légitimes du défunt, par opposition aux enfants naturels et à d'autres successeurs, qu'on appelle successeurs irréguliers (V. art. 723 et 724).

Le principal intérêt de cette distinction consiste en ce que les héritiers légitimes succèdent à la personne du défunt et en conséquence sont tenus, sauf le cas où ils ont accepté sous bénéfice d'in-

---

(1) « Légitimis, hoc est, quibus legitima potuit deferri hereditas. » (*Ulp. L. 2, D. unde legitim.*).

ventaire (V. art. 802), d'acquitter toutes les dettes du défunt, comme s'ils les avaient eux-mêmes contractées, tandis que les successeurs irréguliers, succédant aux biens plutôt qu'à la personne du défunt, ne sont tenus de ses dettes que jusqu'à concurrence des biens dont ils profitent.

D'un autre côté, les héritiers légitimes, succédant à la personne, sont saisis de plein droit de tous les biens, droits et actions du défunt (art. 724). Par l'effet même de cette saisine, la possession des choses que possédait le défunt, se continue en faveur des héritiers légitimes, et par suite ils peuvent appréhender les biens héréditaires sans permission du juge. Les successeurs irréguliers, au contraire, n'étant point saisis de plein droit, ont besoin de se faire envoyer en possession par justice (art. 724, 770 et 773).

598. L'ouverture de la succession suppose dans la personne du défunt la capacité de transmettre, capacité qui, même sous le Code civil, existait déjà pour les étrangers, comme pour les Français (t. I, n° 54 et suiv.) ; mais cette capacité ne saurait exister chez les personnes frappées de mort civile, qui ne peuvent avoir d'héritiers : aussi est-ce par droit de déshérence que l'État recueille les biens acquis par le condamné depuis que la mort civile est encourue (art. 25 et 33).

En admettant que le défunt avait la capacité nécessaire pour transmettre, il reste à examiner quelles personnes ont ou non celle de succéder.

Comme nous l'avons déjà dit, il faut, pour succéder, avoir survécu au DE CUJUS (*de cujus hereditate agitur*). Ainsi une personne prédécédée ne peut avoir ni par conséquent transmettre aucun droit à l'hérédité. D'un autre côté, la succession n'est déférée au survivant qu'autant qu'il a coexisté avec le défunt, ce qui exclut l'enfant qui n'a été conçu qu'après l'ouverture de la succession, et dans tous les cas ceux qui ne sont pas nés viables (art. 725 ; V. t. I, n°s 436 et 438). Du reste, parmi les personnes qui existent ou que la loi considère comme existantes lors de l'ouverture de la succession, il n'y a plus aujourd'hui qu'une seule classe d'incapables, celle des morts civilement (art. 25 et 725).

399. Lors même que le successible a la qualité requise, il peut être exclu comme indigne, à raison de torts graves qu'il aurait eus envers le défunt (art. 727 et 728). A la différence de l'incapable, qui est étranger à la succession, l'indigne a, vis à vis des tiers, tous les droits d'un héritier tant que son exclusion n'a pas été prononcée ; mais il doit restituer à ses cohéritiers les fruits perçus depuis l'ouverture de la succession (art. 729). En outre, l'indignité, étant une peine, doit être prononcée contre le successeur qui l'a encourue, et dans aucun cas elle ne peut s'étendre à ses enfants (art. 730). Les causes d'indignité, que l'ancienne

jurisprudence laissait à l'appréciation des tribunaux, sont dans le Code l'objet d'une énumération limitative (art. 727 et 728).

CHAPITRE PREMIER.

DE L'OUVERTURE DES SUCCESSIONS ET DE LA SAISINE DES HÉRITIERS.

718. — Les successions s'ouvrent par la mort naturelle et par la mort civile.

719. — La succession est ouverte par la mort civile, du moment où cette mort est encourue, conformément aux dispositions de la section II du chapitre II du titre *de la Jouissance et de la Privation des Droits civils.*

SOMMAIRE.

400. Détermination précise du moment où s'ouvre la succession. Comment se prouv
le décès. A quel moment la mort civile est encourue. Renvoi.

400. Le moment auquel s'ouvre la succession devait être déterminé d'une manière précise. Effectivement, le droit de succéder supposant l'existence de l'héritier à l'ouverture de la succession (art. 725), la prolongation de la vie du DE CUJUS, ne fût-elle que de quelques instants, pourrait, en retardant l'ouverture de la succession, la déférer à des personnes autres que celles à qui elle aurait été dévolue quelques instants plus tôt ; car la préférence entre les parents du défunt est réglée le plus souvent par la proximité du degré, et ceux qui n'étaient pas les plus proches à une époque, peuvent le devenir, un peu plus tard, par la mort du parent qui les précédait.

En droit romain, ce n'était pas toujours au moment de la mort que l'hérédité était déférée, même *ab intestat.* Lorsqu'il existait un testament, la vocation des héritiers légitimes était retardée jusqu'à l'époque où il était devenu certain qu'il n'y aurait pas d'héritier testamentaire, et c'est à cette dernière époque seulement qu'on examinait à quels parents l'hérédité devait appartenir, à raison de la proximité du degré (1).

La mort d'une personne, et par conséquent l'ouverture de sa succession, se prouve, en règle générale, par l'acte inscrit sur les registres de l'état civil, vérification préalablement faite du décès par l'officier public (art. 77). Pour la foi due à cet acte, nous ne pouvons que nous référer aux développements donnés sur l'article 79.

Quant à la mort civile, c'est à compter du moment même où elle est encourue que la succession est ouverte. Voyez, pour l'application de cette règle, l'explication des articles 26 et 27 (t. 1, nos 89-92).

---

(1) *Inst.*, § 7, de hered. quæ ab intest.; § 3, de legit. agnat. success.

720. — Si plusieurs personnes, respectivement appelées à la succession l'une de l'autre, périssent dans un même événement, sans qu'on puisse reconnaître laquelle est décédée la première, la présomption de survie est déterminée par les circonstances du fait, et, à leur défaut, par la force de l'âge ou du sexe.

SOMMAIRE.

401. Droit commun sur la preuve de la survie ou du prédécès des personnes appelées à se succéder réciproquement. Présomptions de fait laissées à l'appréciation du juge.
402. Présomptions légales. A quel cas elles s'appliquent.
403. Elles ne s'appliquent point en cas de dispositions testamentaires.

401. Lorsque deux parents périssent dans un même événement, il importe de savoir lequel a survécu ; car la succession du prédécédé peut avoir été déférée au survivant et par lui transmise à ses propres héritiers. Si l'on s'en tenait à la règle générale, ceux-ci ne pourraient jamais se prévaloir de cette transmission qu'en prouvant la survie de leur auteur (art. 135), et à défaut de cette preuve, les *commorientes*, c'est-à-dire, les personnes qui succombent dans un même événement, seraient considérés comme n'ayant jamais eu aucun droit à la succession l'un de l'autre (art. 136) ; mais ici le Code modifie jusqu'à un certain point le droit commun.

Il admet deux sortes de présomptions. Les premières sont tirées des circonstances du fait, dont l'appréciation appartient au juge. La disposition du Code sur ces présomptions n'est qu'une application des principes généraux : la loi, en effet, abandonne l'examen des circonstances aux lumières et à la prudence du magistrat dans tous les cas où la preuve testimoniale est admissible (art. 1355), et par conséquent toutes les fois qu'il a été impossible de se procurer une preuve littérale (art. 1348). Le juge pourra donc toujours prendre en considération les circonstances de l'événement dans lequel plusieurs parents auront péri. Citons seulement quelques exemples : dans un combat où plusieurs corps de troupes ont été successivement engagés, on doit considérer comme ayant survécu le militaire qui n'a combattu qu'en seconde ligne. Dans un naufrage, la personne qui savait nager a dû survivre à celle qui n'avait aucun moyen de se soutenir sur les eaux.

402. Lorsque les circonstances du fait ne fournissent aucun indice, la loi s'attache à l'âge et au sexe des personnes qui ont succombé, pour en tirer elle-même des présomptions dont le juge ne doit pas s'écarter. Voyons dans quelle hypothèse ces présomptions sont applicables.

Le Code exige d'abord que plusieurs personnes aient péri *dans un même événement,* par exemple, dans un naufrage ou dans un combat. Ses dispositions ne seraient donc pas applicables entre deux parents décédés le même jour par suite de maladie ou de toute autre cause qui les aurait frappés isolément. Il est évident, en effet, que l'âge ou le sexe ne sont en pareil cas d'aucune considération.

Le Code exige ensuite que les *commorientes* soient *respectivement appelés à la succession l'un de l'autre,* comme deux cousins n'ayant point d'autre parent qui les prime dans leurs successions respectives. En ce cas, les deux successions passent ensemble aux héritiers du survivant. Si l'un des *commorientes* seulement est appelé à la succession de l'autre sans réciprocité, par exemple, si l'un des deux cousins laisse des enfants, on ne doit pas, selon nous, admettre les présomptions légales de survie. On ne pourrait le faire qu'en se décidant à ne tenir aucun compte des termes restrictifs de la loi : *plusieurs personnes respectivement appelées à la succession l'une de l'autre.* Les mêmes motifs militent, dit-on, dans les deux hypothèses ; mais celle où plusieurs parents sont respectivement appelés à se succéder, présente une complication qui n'existe pas dans l'hypothèse inverse. Lorsque la vocation des *commorientes* n'est pas réciproque, la difficulté ne se présente plus que pour l'une des deux successions, et l'on conçoit que le législateur n'ait pas cru devoir régler par les mêmes présomptions l'hypothèse la moins compliquée. Dans ce cas, la succession de l'un des *commorientes* sera dévolue à ses héritiers d'après les règles ordinaires ; quant à l'autre succession, sa dévolution soulève une question de preuve qui doit se résoudre d'après les principes développés sur les articles 135 et 136 (tome I, n° 222).

403. A plus forte raison faut-il repousser l'opinion des auteurs qui appliquent ces présomptions de survie, en dehors des successions proprement dites, entre plusieurs personnes qui auraient testé l'une en faveur de l'autre, avec ou même sans réciprocité. En effet, il n'appartient qu'au législateur de déterminer les cas où des présomptions, toujours plus ou moins arbitraires, doivent suppléer au défaut de preuves. En admettant ici des présomptions de survie, le Code introduit une règle exceptionnelle, qui se justifierait bien moins si on l'appliquait aux dispositions testamentaires. Aussi Pothier, lorsqu'il subordonne la validité des legs à la survie du légataire [1], n'applique-t-il pas les présomptions qu'il admet dans les successions proprement dites [2], et cette application serait d'autant moins admissible aujourd'hui que le Code a beaucoup étendu, même en matière de succession, les présomptions autorisées par l'ancienne jurisprudence. Remarquons

---

[1] Pothier, Donations testamentaires, chap. 5, sect. 2, § 1.

[2] Pothier, Successions, chap. 3, sect. 1, § 1.

d'ailleurs que les dispositions de ce titre sont, comme l'a fait observer le premier consul dans la discussion ([1]), inapplicables en matière de testament. Aussi le législateur a-t-il cru devoir s'expliquer formellement sur la saisine du légataire universel (art. 1006).

De ce que nous refusons d'appliquer les présomptions de survie entre deux personnes qui ont disposé de leurs biens l'une au profit de l'autre, il ne faut pas conclure que, dans le cas où les *commorientes* sont respectivement héritiers légitimes, ces présomptions profiteront exclusivement aux successeurs *ab intestat* de celui qui est réputé avoir survécu. Lorsque ce dernier a laissé un testament, l'étendue des droits des légataires doit se régler d'après le montant des deux successions réunies : si la succession du prédécédé est avantageuse, la quotité disponible s'en trouve augmentée, ce qui profite même aux légataires particuliers. Mais c'est surtout pour le légataire à titre universel que la question présente de l'intérêt : sa quote part se calcule tant sur les biens du testateur survivant que sur ceux du prédécédé. Quant au légataire universel, s'il est en concours avec des héritiers à réserve, sa position est exactement la même que celle d'un légataire à titre universel (art. 1004) ; car alors il ne recueille qu'une partie des biens. Si, au contraire, le testateur ne laisse ni descendants ni ascendants, le légataire universel, étant saisi de plein droit, écarte les héritiers légitimes. Or, nous n'appliquons les présomptions de survie qu'entre les personnes respectivement appelées à se succéder *ab intestat*, ce qui n'a pas lieu dans l'espèce.

721. — Si ceux qui ont péri ensemble avaient moins de quinze ans, le plus âgé sera présumé avoir survécu.

S'ils étaient tous au-dessus de soixante ans, le moins âgé sera présumé avoir survécu.

Si les uns avaient moins de quinze ans, et les autres plus de soixante, les premiers seront présumés avoir survécu.

722. — Si ceux qui ont péri ensemble avaient quinze ans accomplis et moins de soixante, le mâle est toujours présumé avoir survécu, lorsqu'il y a égalité d'âge, ou si la différence qui existe n'excède pas une année.

S'ils étaient de même sexe, la présomption de survie, qui donne ouverture à la succession dans l'ordre de la nature, doit être admise : ainsi le plus jeune est présumé avoir survécu au plus âgé.

SOMMAIRE.

([1]) Séance du 25 frimaire an XI.

404. Bien que les jurisconsultes romains se soient souvent occupés du cas où plusieurs personnes succombent dans un même événement, ils ont rarement préjugé la survie de l'une d'elles. Toutefois les enfants pubères étaient présumés survivre à leur père ou mère, tandis que les impubères étaient considérés comme prédécédés ([1]). Au surplus, il faut observer que dans les successions la question de survie n'avait pas à Rome la même importance que chez nous ; car l'hérédité déférée au survivant n'était point par cela même transmissible à ses héritiers, à moins qu'il ne fût au nombre des héritiers nécessaires, à qui l'hérédité était acquise *ipso jure* ([2]).

Le Code s'attache, en général, à *la présomption de survie qui donne ouverture à la succession dans l'ordre de la nature :* en conséquence le plus jeune est présumé avoir survécu. Cette considération est même la seule que la loi admette dans deux hypothèses : 1° lorsque les *commorientes* sont l'un et l'autre au-dessus de soixante ans ; 2° lorsque le plus jeune est au-dessous de quinze et le plus âgé au-dessus de soixante. A ces deux hypothèses il faut en joindre une troisième dont la loi ne parle pas, celle où l'un des *commorientes* a plus de quinze et moins de soixante ans, tandis que l'autre est au-dessus de soixante. Alors la présomption de survie, qui serait en faveur du plus jeune s'il avait moins de quinze ans, existe à plus forte raison pour lui lorsqu'il est dans toute la force de l'âge.

405. Si les *commorientes* sont l'un et l'autre entre quinze et soixante ans la loi ne se détermine plus seulement d'après l'âge, mais aussi d'après le sexe. Si les *commorientes* ne sont pas du même sexe et que la différence d'âge n'excède pas une année, alors le mâle, bien que plus âgé, est présumé survivant.

Lors même que le législateur se détermine uniquement d'après l'âge, le texte admet la survie du plus âgé, quand les *commorientes* sont l'un et l'autre au-dessous de quinze ans, et la même décision doit s'étendre au cas où, le plus jeune ayant moins de quinze ans, le plus âgé se trouverait entre quinze et soixante. La solution de cette seconde hypothèse résulte implicitement des règles établies par le Code ; car dans le système du législateur, les forces vont en croissant jusqu'à la puberté, et se conservent jusqu'à soixante ans, âge où elles commencent à décroître. On s'explique ainsi comment, d'une part,

---

([1]) *Tryphon. L. 9, § 1 et 4; Javol. L. 22; Gaius, L. 23, D. de reb. dub ; Papin. L. 26, D. de pact. dotal.*

([2]) *Inst. § 3, de hered. quæ ab intest. defer.*

le plus âgé de deux impubères est présumé avoir survécu, et comment, d'autre part, entre un impubère et une personne âgée de plus de soixante ans, le plus jeune est réputé survivant. Dès lors entre deux personnes, dont l'une, impubère, n'a pas acquis toute sa force, tandis que l'autre, pubère, mais âgée de moins de soixante ans, a encore toute la sienne, la présomption de survie fondée sur la force de l'âge (art. 729) doit être évidemment pour la plus âgée.

406. La loi ne prévoit pas le cas où deux jumeaux viendraient à périr ensemble, et en effet elle n'avait point à s'en occuper, puisque la question de survie entre deux frères qui ont nécessairement le même père et la même mère, n'est d'aucune importance, les héritiers de l'un étant aussi les héritiers de l'autre. Observons d'ailleurs que l'hypothèse où l'on ne peut pas savoir quel est le plus âgé des *commorientes*, était formellement prévue dans une disposition qui excluait toute présomption de survie, disposition qui a été supprimée comme reproduisant surabondamment le droit commun ([1]).

Ceux qui sont mis à mort dans une même exécution, ne périssent pas simultanément. Cependant le procès-verbal d'exécution peut garder le silence sur l'ordre dans lequel les condamnés ont été mis à mort, et dans ce cas une loi du 20 prairial an IV présume la survie du plus jeune. Mais c'est là une disposition spéciale, qui ne doit pas tirer à conséquence.

723. — La loi règle l'ordre de succéder entre les héritiers légitimes : à leur défaut, les biens passent aux enfants naturels, ensuite à l'époux survivant ; et s'il n'y en a pas, à l'État.

AUX ENFANTS NATURELS, ENSUITE A L'ÉPOUX SURVIVANT, etc. Cette énumération est incomplète. Nous verrons, en effet, que, dans le cas où un enfant naturel décède sans postérité, ses père et mère et même ses frères et sœurs sont appelés à lui succéder (art. 765 et 766), même de préférence au conjoint survivant.

SOMMAIRE.

407. Conséquences de la distinction établie entre les héritiers légitimes et les successeurs irréguliers. Dans quel sens on peut dire que les biens passent aux enfants naturels *à défaut d'héritiers légitimes*.

407. Les héritiers légitimes succèdent à la personne du défunt, et c'est comme représentants du DE CUJUS qu'ils acquièrent tous ses droits. Ceux, au contraire, que la loi appelle à défaut d'héritiers légitimes, ne succèdent pas à la personne du défunt, mais à ses biens, et même, à proprement parler, ils ne succèdent pas : seulement c'est à eux que *les biens passent*. En s'exprimant ainsi, le législateur a voulu indiquer qu'ils ne représentent pas le défunt, et que dès lors s'ils sont tenus

---

([1]) Discussion au C. d'État, séance du 25 frimaire an XI.

des dettes, c'est seulement parce que les dettes sont une charge des biens qu'ils acquièrent. On en conclut que les successeurs irréguliers ne sont obligés de payer les dettes que jusqu'à concurrence de leur émolument.

De ce que la loi n'appelle ici les enfants naturels qu'*à défaut d'héritiers légitimes*, il ne résulte pas que tout concours soit impossible entre ces deux classes de successeurs ; les enfants légitimes eux-mêmes n'excluent pas totalement les enfants naturels (art. 756). Toutefois la loi ne s'occupe pas ici des droits qu'un enfant naturel peut avoir en concours avec des héritiers légitimes, parce que ces droits ne s'étendent jamais à la totalité des biens. Elle n'entend parler que du cas où les biens passent en totalité aux enfants naturels, et alors elle dit avec raison qu'ils ne passent ainsi qu'*à défaut d'héritiers légitimes*.

724. — Les héritiers légitimes sont saisis de plein droit des biens, droits et actions du défunt, sous l'obligation d'acquitter toutes les charges de la succession : les enfants naturels, l'époux survivant et l'État doivent se faire envoyer en possession par justice dans les formes qui seront déterminées.

SOMMAIRE.

408. En quoi la saisine diffère de la possession. Trois causes de saisine d'après les anciens auteurs.
409. Comment la saisine résultait soit de l'occupation, soit de la tradition de fait.
410. Décisions diverses des coutumes relativement à la tradition de fait.
411. Troisième cause de saisine, l'ouverture d'une succession. Ancienneté de la règle : *Le mort saisit le vif.* Comment elle est devenue applicable aux fiefs.
412. Effets de la saisine, suivant Pothier.
413. Jusqu'à quel point le Code consacre la doctrine de cet auteur.
414. Nécessité de l'envoi en possession pour les successeurs irréguliers. La transmissibilité est indépendante de la saisine.

408. La saisine n'est pas, à proprement parler, la possession même. C'est plutôt une qualité de la possession qui la rend susceptible d'effets civils. C'est ainsi notamment que, dans l'ancienne jurisprudence, le droit d'exercer l'action possessoire, connue sous le nom de complainte, n'appartenait qu'au possesseur avec saisine.

Nos plus anciens auteurs distinguaient trois causes de saisine, savoir : l'occupation, la tradition de fait et l'ouverture d'une succession (1).

409. En cas d'occupation, la saisine n'était acquise qu'après une possession continuée pendant l'an et jour. En cas d'aliénation volontaire,

---

(1) Grand coutumier de France, liv. 2, chap. 21, édition de Charondas, pages 138 et 139.

la tradition de fait conférait à l'acquéreur la saisine et en même temps tous les droits de son prédécesseur : *facti traditio*, disent les vieux auteurs, *saisinam generat et inducit.* Toutefois cette tradition de fait n'est pas la tradition ordinaire qui a lieu entre un vendeur ou donateur et un acheteur ou donataire ; c'est une investiture féodale, « à « savoir, dit l'auteur du grand Coutumier, quand le seigneur foncier... baille la saisine à cause de vendition, échange, don, aliéna- « tion ou autre titre (¹). » A cet effet, les parties contractantes devaient comparaître devant la justice seigneuriale, l'une pour s'y *devestir* ou *désaisir*, l'autre pour prendre saisine, en se faisant *investir* ou *saisir* par l'accomplissement de différentes formules qu'on appelait *vest* et *devest*, *désaisine* et *saisine*, *déshéritance* et *adhéritance*, *mise de fait* ou *main-assise.* Cette nécessité de prendre saisine dérivait du droit même des seigneurs, qui dans l'origine étaient propriétaires de tous les héritages situés dans le territoire de leurs seigneuries respectives, et qui en conservaient le domaine direct, lors même qu'ils en avaient aliéné le domaine utile en les inféodant. De là les feudistes avaient tiré cette conséquence, que le vassal ne pouvait transférer son domaine utile que par l'intervention du seigneur (²).

410. La nécessité de prendre saisine, d'abord admise dans toute la France, fut considérablement restreinte même avant la nouvelle rédaction des coutumes. La plupart d'entre elles admirent la transmission du domaine utile indépendamment de l'ensaisinement féodal, qui, cessant d'être nécessaire, devint purement facultatif. C'est en ce sens que l'ancienne coutume de Paris disait formellement, dans son article 55, *au titre des censives et droits seigneuriaux :* NE PREND SAISINE QUI NE VEUT (³).

D'autres coutumes, dites de tradition réelle, plus attachées aux anciens usages, ont maintenu cette règle que la propriété n'est pas transférée tant qu'il n'y a pas eu *désaisine* et *saisine*, ou *vest* et *devest.* Quelques-unes d'elles n'exigeaient cette solennité que pour la translation du droit de propriété, tandis que les autres l'exigeaient pour l'acquisition de tous les droits réels. Ces dernières coutumes sont celles qu'on appelait coutume de *nantissement* (⁴).

411. Dans les successions, l'héritier pouvait se dire, incontinent après la mort de son auteur, en possession et saisine de tous les biens dont le défunt était lui-même saisi, *quia saisina defuncti descendit in vi-*

(¹) Grand coutumier de France, liv. 2, chap. 21, édition de Charondas, pages 138 et 139.

(²) Merlin, *Répert.*, vᵒ NANTISSEMENT ; Denisart, vⁱˢ *Saisine et désaisine.*

(³) Voyez, dans la nouvelle coutume, l'article 82.

(⁴) Denisart, *loc. cit.*

vum (¹), ou parce que, suivant la formule universelle des coutumes, LE MORT SAISIT LE VIF, c'est-à-dire, d'après Charondas, « le fait et le rend « possesseur (²). » Cette règle, en vertu de laquelle l'héritier se trouve de plein droit possesseur de tout ce que possédait le défunt, ne peut se concevoir qu'au moyen d'une fiction de droit.

On ne saurait dire exactement à quelle occasion ni même à quelle époque cette fiction a été introduite dans la jurisprudence française. On sait seulement qu'elle est très-ancienne, et que dans l'origine elle ne s'appliquait pas aux fiefs. L'héritier devait prendre saisine comme les successeurs à titre particulier, ou du moins faire hommage au seigneur avant de se mettre en possession du fief (³). Cependant les assises de Jérusalem nous montrent la saisine des fiefs passant de plein droit aux héritiers en ligne directe (⁴). Quant aux héritiers collatéraux, le Style du parlement de Paris leur refuse encore la saisine contre le seigneur féodal (⁵). C'est vers la fin du seizième siècle seulement que la saisine des fiefs paraît avoir été étendue aux collatéraux (⁶).

412. En conférant aux héritiers la possession de tous les biens compris dans la succession, la saisine les investit de tous les droits du défunt et les autorise à exercer toutes ses actions. Pothier va plus loin encore lorsqu'il dit : « Cette saisine consiste en ce que tous les droits « du défunt, toutes ses obligations, dès l'instant de sa mort, passent « de sa personne en celle de ses héritiers qui deviennent..... proprié- « taires de toutes les choses dont le défunt était propriétaire, créanciers « de ce dont il était créancier, débiteurs de ce dont il était débiteur. « Ils ont, dès cet instant, le droit d'intenter toutes les actions que le « débiteur aurait eu le droit d'intenter, et sont sujets à toutes celles « auxquelles le défunt aurait été sujet. » Quant à la possession, Pothier continue en ces termes : « Il y a plus (ce qui est bien contraire aux « principes du droit romain et aux idées naturelles), la possession « qu'avait le défunt..... quoique la possession soit une chose de fait, « est par cette règle (*le mort saisit le vif*) réputée passer à l'héritier « sans aucune appréhension de sa part. Il est réputé possesseur des « mêmes choses que le défunt possédait..... et il peut former l'action

---

(¹) Grand coutumier de France, *loc. cit.*

(²) Charondas, *ibid.*, page 159.

(³) Grand coutumier de France, édition de Charondas, pages 140 et 141.

(⁴) Assises de Jérusalem, chap. 151, tome 1, page 227, de l'édition de M. Beugnot.

(⁵) *Stylus curiæ parlamenti, cap.* 28, § 6. Cet ouvrage a été publié par Dumoulin ; il se trouve dans le second tome de ses œuvres.

(⁶) V. Bacquet, Droit de déshérence, chap. 2, n° 5 ; Droit d'aubaine, ch. 36, n° 22.

« en complainte contre tous ceux qui se seraient mis en possession de
« quelques effets de la succession soit du vivant du défunt, soit depuis
« sa mort (¹). »

413. Le Code, lorsqu'il déclare que les héritiers légitimes sont saisis
de plein droit *des biens, droits et actions du défunt*, ne consacre pas
précisément la doctrine de Pothier. Ces expressions, *biens, droits et actions*, doivent s'entendre en ce sens, que la saisine leur confère, non la
propriété, comme nous le verrons bientôt, mais la possession civile des
biens du défunt, et la faculté d'exercer ses droits comme d'intenter
ses actions (²). Quant aux dettes, le législateur, d'accord avec Pothier,
ne donne la saisine que *sous l'obligation d'acquitter toutes les charges de
la succession*. Cette décision tranche une controverse de l'ancienne jurisprudence : suivant plusieurs auteurs, la saisine ne devait pas être
rétorquée contre l'héritier, et en conséquence les créanciers de la succession ne pouvaient le poursuivre qu'après qu'il avait accepté l'hérédité (³). Nous verrons que, d'après le Code, au contraire, l'héritier
peut être poursuivi par les créanciers, tant qu'il n'a pas renoncé ou
du moins accepté sous bénéfice d'inventaire.

Ces différents effets de la saisine ont lieu *de plein droit*, indépendamment de toute manifestation de la volonté de l'héritier et même à son
insu. Cela s'explique par une présomption légale qui le répute acceptant, du moins tant qu'il n'a pas exprimé une volonté contraire ; car
le droit français a toujours reconnu ce principe, que nul ne devient héritier malgré lui. *Il ne se porte héritier qui ne veut*, disent les coutumes
(V. art. 775).

414. La saisine, qui appartient aux héritiers légitimes, est formellement déniée aux successeurs irréguliers. *Ils doivent*, dit le texte, *se faire
envoyer en possession par justice*. Cette nécessité qu'on leur impose est
une innovation du Code : l'ancienne jurisprudence ne faisait, sous ce
rapport, aucune différence entre les héritiers proprement dits et ceux
qu'on appelait héritiers irréguliers, parce que, tout en succédant à l'u-
niversalité des biens, ils ne représentaient pas la personne du défunt,
et par conséquent n'étaient pas tenus des dettes *ultra vires* (⁴). Dès lors
la saisine appartenait en principe à tout successeur *ab intestat*, notam-

---

(¹) Pothier, Successions, chap. 3, sect. 2.

(²) De ce que l'héritier se trouve investi des biens, droits et actions du défunt, la
Cour de cassation (arrêt du 7 mars 1826) a tiré cette conséquence, que ce n'est point
à lui à faire la preuve du droit de son auteur sur les biens que cet auteur possédait lui même *pro herede* lors de son décès.

(³) Lebrun, Successions, liv. 3, chap. 1, n° 36.

(⁴) Pothier, Successions, chap. 6.

ment au seigneur à qui les biens d'un défunt passaient par droit de déshérence, de bâtardise, d'aubaine ou de confiscation (¹).

De ce que les successeurs irréguliers ne sont pas saisis de plein droit, faut-il conclure que l'enfant naturel ou le conjoint survivant, venant à décéder avant de s'être fait envoyer en possession, ne transmet pas ses droits à ses propres héritiers ? On serait conduit à cette conclusion, s'il fallait admettre la théorie des anciens auteurs, suivant lesquels la transmissibilité des droits acquis aux héritiers légitimes par le prédécès du DE CUJUS serait un effet de la saisine, comme le disait Pothier (²), et comme le disent encore plusieurs auteurs. Mais cette théorie est complètement inadmissible, puisque, d'après Pothier lui-même, les légataires, quoiqu'ils ne fussent pas saisis de plein droit par la mort du testateur, n'en avaient pas moins dès ce moment le droit de transmettre (³). La transmission est donc tout à fait indépendante de la saisine, et ceux mêmes qui ont cru devoir rattacher la transmission à la saisine, ne vont pas jusqu'à nier que les droits d'un successeur irrégulier ne soient transmissibles, comme ceux d'un héritier légitime, par cela seul qu'il a survécu au DE CUJUS. Ce sera, du reste, en expliquant les effets de l'envoi en possession auquel sont soumis les successeurs irréguliers, que nous verrons en quoi leur position diffère de celle des héritiers légitimes.

CHAPITRE II.

DES QUALITÉS REQUISES POUR SUCCÉDER.

725. — Pour succéder, il faut nécessairement exister à l'instant de l'ouverture de la succession.

Ainsi, sont incapables de succéder,

1° Celui qui n'est pas encore conçu ;

2° L'enfant qui n'est pas né viable ;

3° Celui qui est mort civilement.

SOMMAIRE.

415. Incapacité de l'enfant non viable et du mort civilement. Renvoi.

416. L'enfant conçu succède indépendamment de toute fiction.

417. Consécration par le Code de l'incapacité des personnes conçues après la mort du DE CUJUS.

(¹) Merlin, *Répert.*, vᵒ HÉRITIER, sect. 1, § 2, nᵒˢ 2 et 3 ; Lebrun, Successions, liv. 3, chap. 1, nᵒˢ 13 et 14.

(²) Traité des Successions, chap. 3, sect. 2 ; note 4 sur l'article 301 de la coutume d'Orléans.

(³) Pothier, Donations testamentaires, chap. 5, sect. 2, § 1.

418. Comment se prouve la conception à l'époque de l'ouverture. Distinctions d'après les quelles on doit admettre ou rejeter les présomptions relatives à la légitimité.

415. Les personnes que la loi déclare incapables de succéder parce qu'elles n'existaient pas, ou du moins parce qu'elles n'avaient pas la vie civile, sont 1° celles qui n'étaient pas encore conçues ; 2° celles qui ne sont pas nées viables ; 5° enfin celles qui étaient frappées de mort civile. Nous ne pouvons, en ce qui concerne les deux dernières causes d'incapacité, que nous référer à ce que nous avons dit précédemment des enfants non viables (1) et des effets de la mort civile (t. I, n°s 82 et 436). Nous n'avons donc plus à nous occuper ici que de l'incapacité des personnes qui n'étaient pas encore conçues à l'ouverture de la succession.

416. En droit romain, les enfants conçus étaient, jusqu'au moment de leur naissance, au nombre des personnes incertaines, et comme tels incapables d'être institués ; mais, dans un certain nombre de cas, on dérogeait à cette règle en considérant l'enfant conçu comme déjà né (2). Le législateur français n'avait nul besoin de recourir à une semblable fiction : aussi ne se trouve-t-elle consacrée par aucune disposition du Code civil. D'après le texte même de l'article 725, les enfants conçus sont évidemment au nombre des personnes qui existent (V. art. 906).

417. Les personnes qui n'ont été conçues qu'après la mort du DE CUJUS, ne peuvent jamais venir à sa succession. Leur qualité même de petit-fils ou petite-fille du défunt ne saurait les faire arriver à sa succession, en cas de renonciation de leur père ou mère. Il en était ainsi à Rome, bien que l'hérédité *ab intestat* n'y fût pas toujours déférée dès l'époque du décès : les textes refusent formellement l'hérédité au petit-fils conçu après la mort de son aïeul, *quia nullo jure cognationis patrem patris sui tetigit* (3). Malgré quelques doutes qui se sont élevés sur ce point dans l'ancienne jurisprudence, ce principe a prévalu sur les conclusions de d'Aguesseau (4).

418. Mais comment établir qu'un enfant était conçu à l'ouverture de la succession ? Suivant plusieurs auteurs, les présomptions établies au titre de la paternité et de la filiation (art. 312 et suiv.) sur la durée de la gestation, doivent s'appliquer toutes les fois qu'il s'agit de savoir si tel enfant était conçu lorsqu'un droit s'est ouvert. D'après ce système,

_____

(1) Ajoutons toutefois que l'enfant né vivant est présumé viable jusqu'à preuve du contraire (Limoges, 12 *janvier* 1813 ; Angers, 28 *mai* 1822 ; Bordeaux, 8 *février* 1830).

(2) *Inst.* § 4, de tutel.

(3) *Inst.*, § 8, de hered. quæ ab intest.

(4) Merlin, *Répert.*, v° SUCCESSION, sect. 2, art. 1.

on pourrait toujours faire remonter la conception jusqu'au trois centième jour avant la naissance (¹). Il nous paraît impossible de donner une pareille extension à des présomptions établies dans le seul intérêt de la légitimité. C'est seulement quand la question de légitimité est engagée dans la question de successibilité, que l'une et l'autre doivent, comme on s'accorde à le reconnaître, se décider par les mêmes principes. Ainsi l'enfant né moins de trois cents jours après le décès du mari de sa mère est habile à lui succéder ; car, en attribuant la paternité au défunt, la loi suppose nécessairement que la conception a eu lieu de son vivant. Ainsi encore, lors même qu'il ne s'agit pas de la succession paternelle, l'enfant, par cela seul qu'il est réputé conçu à la mort du mari (²), est capable de succéder à tout parent, même collatéral décédé postérieurement.

Mais la question de savoir si tel enfant était conçu avant la mort du défunt se présente souvent indépendamment de la question de légitimité : par exemple, lorsque la naissance a lieu dans le cours d'un mariage célébré depuis longtemps sans que la cohabitation des époux ait été interrompue, et sans qu'il se présente aucune autre cause de désaveu. En pareil cas, l'enfant sera évidemment capable de recueillir les successions dont l'ouverture ne remonte pas au delà de neuf mois avant la naissance. Seulement, si les circonstances indiquent un accouchement prématuré, les adversaires de l'enfant seront reçus à établir qu'il n'était pas conçu à l'ouverture de la succession. Si, au contraire, on ne peut admettre la successibilité de l'enfant qu'en supposant une gestation de plus de neuf mois, la légitimité étant, comme nous l'avons supposé, hors de cause, il n'y a pas de raison suffisante d'étendre la présomption légale hors du cas pour lequel elle a été faite.

Du reste, le terme de neuf mois ne peut pas être considéré comme une limite rigoureuse ; et, si l'enfant devait toujours établir que la ges-

---

(¹) Ce système a été admis par la cour de Paris, le 19 juillet 1819, et par celle d'Orléans, le 16 mars 1832. Le pourvoi contre ces décisions a été rejeté par les arrêts du 8 février 1821 et du 28 novembre 1833. Toutefois, dans le dernier de ces arrêts, la Cour de cassation paraît considérer comme susceptible d'être détruite par la preuve contraire, la présomption que la gestation s'est prolongée pendant trois cents jours.

(²) Lors même que le mariage n'est pas dissous, l'absence du mari ou toute autre cause semblable peut produire temporairement une impossibilité physique de cohabitation, et alors la légitimité de l'enfant est subordonnée à la question de savoir s'il a pu être conçu avant le départ du mari ou après son retour (art. 312). Dans l'un et l'autre cas, l'enfant sera capable de recueillir les successions ouvertes depuis le moment où la loi le répute conçu, et incapable pour toute succession antérieurement ouverte.

tation a duré plus de neuf mois, il serait le plus souvent dans l'impossibilité de prouver un fait qui cependant n'a rien de contraire à
l'ordre de la nature. Aussi a-t-on proposé de prendre la limite de
trois cents jours, non plus comme une de ces présomptions invinci-
bles qui n'admettent pas la preuve contraire (V. art. 1352), mais seulement comme une présomption simple qui dispenserait l'enfant de
prouver sa capacité relativement aux successions ouvertes moins de
trois cents jours avant sa naissance, en laissant à ses adversaires le
droit de prouver que la conception n'a pas eu lieu du vivant du DE CU-
JUS. Sans repousser absolument cette idée, nous devons faire observer
que, dans ce système, la preuve réservée aux adversaires de l'enfant
n'est guère moins difficile que ne le serait, pour l'enfant lui-même, la
preuve dont on veut le dispenser. D'ailleurs, si la gestation dure souvent un peu plus de neuf mois, il est bien rare qu'elle atteigne le
terme de trois cents jours ou même qu'elle en approche. D'après ces
considérations, nous ne doutons pas que les juges ne soient facilement
disposés à considérer l'enfant comme habile à succéder, si la succession s'est ouverte neuf mois et quelques jours seulement avant la naissance ([1]); mais s'il fallait supposer une gestation plus longue, et surtout une gestation de neuf mois et demi à dix mois, alors il convien-
drait de soumettre celui qui prétend succéder à la nécessité de prouver
qu'il était conçu à l'époque de l'ouverture : ce qui, dans la pratique,
équivaudra presque toujours à le déclarer non recevable.

726. — Un étranger n'est admis à succéder aux biens que son
parent, étranger ou Français, possède dans le territoire du
Royaume, que dans les cas et de la manière dont un Français succède à son parent possédant des biens dans le pays de cet étranger,
conformément aux dispositions de l'article 11, au titre *de la Jouissance et de la Privation des Droits civils.*

SOMMAIRE.

419. Capacité attribuée aux étrangers par la loi du 14 juillet 1819.
420. En quel sens il faut entendre l'exclusion supposée par l'article 2 de cette loi.
421. A quels biens s'applique l'égalité maintenue par cet article.

419. Par cette disposition, les rédacteurs du Code appliquaient, en
matière de succession, le principe de réciprocité posé par l'article 11;
mais une loi postérieure, du 14 juillet 1819, a expressément abrogé

([1]) Dans l'espèce jugée par la cour de Paris, le 10 juillet 1819, la naissance avait
eu lieu neuf mois et neuf jours après l'ouverture de la succession.

l'article 726, en accordant aux étrangers le droit de succéder en France *de la même manière que les Français* (¹).

D'après cette loi, les étrangers succèdent indépendamment de tous traités entre leur nation et la France (V. t. I, n°s 54-56). Dès lors, si l'on suppose une succession composée de biens situés tant en France qu'en pays étranger, et dévolue à des étrangers en même temps qu'à des Français, il peut arriver que les Français soient exclus, en tout ou en partie, des biens situés en pays étranger, tandis que les biens situés en France se partageraient entre tous les héritiers sans distinction. De là résulterait, au préjudice des héritiers français (²), une inégalité que le législateur de 1819 a voulu prévenir en leur accordant un prélèvement sur les biens situés en France. La portion qu'ils doivent prélever est *égale à la valeur des biens situés en pays étranger dont ils seraient exclus, à quelque titre que ce soit, en vertu des lois et coutumes locales* (³).

420. On s'est demandé quelle portée il faut donner à ces mots *à quelque titre que ce soit*. Le législateur a-t-il entendu seulement parler des lois qui excluraient les héritiers français en leur qualité de Français, ou a-t-il voulu comprendre dans sa disposition les inégalités applicables même aux étrangers d'après leur propre législation? On pourrait soutenir que les Français, une fois admis à succéder, ne doivent pas nécessairement venir au partage avec les droits que leur accorde la loi française, en un mot, qu'il doit leur suffire de succéder conformément au droit commun de la localité, comme on succédait autrefois dans les différentes provinces de France suivant leurs législations respectives. Mais le doute à cet égard se trouve tranché par les motifs mêmes du projet de loi. Après avoir rappelé les inégalités que produisait autrefois la diversité de nos anciennes coutumes, et auxquelles on n'avait pas songé à remédier, « parce qu'un Français ga- « gnait ce que l'autre perdait, » le garde des sceaux déclare « qu'on « ne peut pas avoir la même indifférence pour les avantages d'un « étranger sur un Français. » En admettant que les étrangers succéderont indépendamment du principe de réciprocité qui pouvait les exclure en totalité, le législateur leur accorde un avantage, et, suivant l'expression du ministre, il y met *une condition*. Sa pensée est d'établir, autant qu'il dépend de lui, « l'égalité entre les héritiers étrangers « et les héritiers français (4). »

(¹) Loi du 14 juillet 1819, art. 1.

(²) La cour de Caen a jugé, le 25 mars 1833, qu'il y a même raison de décider au cas où, dans la même hypothèse, tous les cohéritiers seraient Français.

(³) Même loi, art. 2.

(⁴) V. l'exposé de motifs présenté à la chambre des pairs par le garde des sceaux, le 4 mai 1819.

421. La loi de 1819 oppose les *biens situés en France* aux *biens situés en pays étranger* ; mais faut-il en conclure qu'elle n'a entendu parler que des immeubles ? Certains auteurs, tout en restreignant l'application du statut réel aux immeubles, admettent néanmoins que le prélèvement accordé par cette loi aux héritiers français doit se prendre même sur les meubles, parce qu'autrement l'égalité que le législateur a voulu établir, pourrait n'avoir pas lieu. Pour nous, qui avons admis que la loi française régit les meubles comme les immeubles dans toute l'étendue du territoire (t. I, n° 25), nous ne pouvons hésiter à admettre la même solution (¹).

727. — Sont indignes de succéder, et, comme tels, exclus des successions :

1° Celui qui serait condamné pour avoir donné ou tenté de donner la mort au défunt ;

2° Celui qui a porté contre le défunt une accusation capitale jugée calomnieuse ;

3° L'héritier majeur qui, instruit du meurtre du défunt, ne l'aura pas dénoncé à la justice.

SOMMAIRE.

422. Différences qui séparent l'incapacité de l'indignité, soit en droit romain, soit en droit français.

423. Limitation des causes d'indignité aux trois cas prévus par le Code. Première cause, condamnation pour meurtre ou tentative de meurtre.

424. L'indignité n'est pas encourue par le condamné en cas d'excuse légale. Elle est encourue nonobstant les circonstances atténuantes et nonobstant la grâce ou la prescription de la peine.

425. Seconde cause d'indignité. Appliquer à la dénonciation et à la plainte, ce que la loi dit de l'accusation.

426. La dénonciation ou la plainte doit avoir été jugée calomnieuse sur la demande du défunt.

427. Troisième cause d'indignité. Différence entre le droit romain et le droit français relativement à l'action publique.

428. L'obligation de dénoncer ne porte que sur le meurtre.

429. *Quid* de l'héritier mineur qui n'a connu le crime que depuis sa majorité ?

422. L'incapacité suppose un défaut d'aptitude, soit pour succéder, soit pour recueillir à un autre titre. C'est ainsi que le mort civilement est incapable de succéder, puisqu'il n'a pas la jouissance des droits civils. Sous ce rapport, l'incapacité diffère essentiellement de l'indignité, qui empêche un héritier de conserver l'hérédité : ainsi l'indigne succède, mais il est ensuite dépouillé des droits qu'il avait acquis.

(¹) V. en ce sens un arrêt de la cour de Paris, du 1ᵉʳ février 1836.

Cette distinction entre les effets de l'incapacité et ceux de l'indignité était déjà établie en droit romain, où l'on disait *indigno aufertur hereditas*. On allait même plus loin : on confisquait les biens enlevés à l'indigne, et il fallait bien qu'il les eût acquis pour que l'on pût les confisquer sur lui.

En France, on a repoussé cette confiscation. Les biens dont l'indigne est dépouillé, ont été attribués à ses cohéritiers ou aux personnes qui auraient succédé à son défaut. Sous ce rapport, l'indigne a été autrefois assimilé à un incapable, mais seulement à l'égard du fisc. Sous tout autre rapport, les anciennes différences ont subsisté (¹), et le Code les maintient par cela même qu'il traite séparément des incapables et des indignes. Il importe, en effet, de ne pas les confondre. Tandis qu'un incapable ne devient jamais héritier, l'indigne, au contraire, ayant la capacité nécessaire pour succéder, se trouve investi de l'hérédité à l'égard des tiers, jusqu'au jour où son indignité, et par conséquent son exclusion, sont prononcées sur la demande des parties intéressées.

425. En droit romain et dans l'ancienne jurisprudence, les causes d'indignité étaient nombreuses, et n'étaient même pas déterminées d'une manière limitative. Le Code n'en reconnaît plus que trois. La première résulte de la condamnation qui a été prononcée contre un successible coupable d'*avoir donné ou* seulement *tenté de donner la mort au défunt* ; car la tentative, c'est-à-dire le commencement d'exécution, est punissable comme le crime lui-même, toutes les fois qu'elle n'a été suspendue que par des circonstances indépendantes de la volonté de son auteur (C. pén., art. 2).

Quoique la loi ne parle ici que de la tentative, il n'est pas douteux qu'on ne doive mettre sur la même ligne la complicité, puisque le complice est assimilé par le Code pénal (art. 59) à l'auteur principal du crime.

Il ne faut pas croire, d'autre part, que quiconque a donné la mort soit nécessairement considéré comme indigne. Aucune difficulté ne saurait exister relativement à ceux qui, en donnant la mort, se trouvaient en état de démence, ou bien qui n'ont fait qu'obéir à une autorité légitime ou user du droit de défense naturelle, et, en général, relativement à tous ceux auxquels l'homicide ne saurait être moralement imputable : ces personnes ne sont passibles d'aucune condamnation (C. pén., art. 64, 327 et 328). Quant à celui qui commet un homicide par imprudence, il encourt à la vérité une peine correctionnelle (C. pén., art. 319); il est *condamné*, mais il l'est pour une simple imprudence, et le législateur n'a pu avoir en vue une semblable hypothèse. Il

---

(¹) Lebrun, Successions, liv. 3, chap. 1, n° 9.

pourrait y avoir plus de doute à l'égard de l'héritier qui, sans vouloir donner la mort, a porté des coups ou fait des blessures d'où la mort est résultée. Sa position est beaucoup plus grave, puisqu'il encourt la peine des travaux forcés à temps (C. pén., art. 309 et 310). Toutefois, s'il est condamné, c'est pour avoir occasionné la mort sans intention de la donner ; ce cas ne rentre donc pas non plus dans les termes de l'article 627.

424. En serait-il de même si l'héritier, coupable d'un meurtre, se trouvait dans un cas d'excuse légale (C. pén., art. 321, 322 et 324)? En lui appliquant littéralement la disposition du Code, on le déclarerait indigne, puisque, malgré l'excuse, il est condamné pour avoir donné la mort. Cependant, comme, loin d'être assimilé à un meurtrier ordinaire, l'héritier n'encourt qu'une peine correctionnelle, il serait trop rigoureux de le considérer comme indigne. Concevrait-on, en effet, qu'un mari fût exclu de la succession d'un collatéral qu'il aurait surpris en flagrant délit d'adultère avec sa femme, dans la maison conjugale (C. pén., art. 324)? Remarquons, du reste, qu'il ne faut pas confondre l'hypothèse d'un meurtre excusable avec celle où il existe seulement des circonstances atténuantes. Dans ce dernier cas, des considérations d'équité font abaisser le taux de la pénalité sans que le fait cesse d'être considéré comme un crime.

Au surplus, celui contre qui a été prononcée la peine du meurtre, peut obtenir sa grâce ou prescrire sa peine ; mais le Code s'attache au fait même de la condamnation, et cette condamnation une fois prononcée entraîne l'indignité comme une conséquence nécessaire.

425. Une seconde cause d'indignité consiste, suivant le Code, dans le fait *d'avoir porté contre le défunt une accusation capitale jugée calomnieuse.*

La mise en accusation d'un prévenu ne peut résulter que d'un arrêt de la cour d'appel qui le renvoie devant la cour d'assises (C. d'instr. cr., art. 218, 221 et 231). Aucune accusation n'est donc portée directement par les particuliers ; ils sont seulement admis à provoquer une instruction, et par suite une mise en accusation, au moyen d'une dénonciation proprement dite (C. d'instr. cr., art. 30 et 31), ou d'une plainte s'ils se prétendent lésés (C. d'instr. cr., art. 63 et 66). C'est donc au dénonciateur ou au plaignant, par qui a été provoquée la mise en accusation du défunt, qu'il faut appliquer la disposition du Code sur l'indignité encourue par *celui qui a porté contre le défunt une accusation capitale.*

Les jurisconsultes romains n'entendaient par condamnations *capitales* que les condamnations entraînant soit la peine de mort, soit la privation des droits de liberté ou de cité. Suivant certains auteurs il faudrait considérer comme condamnations capitales toutes celles qui sont infamantes ; mais c'est là une rigueur exagérée (¹). Une accusation n'est capitale que lorsqu'elle tend à retrancher à perpétuité l'accusé de la société. Nous réservons dès lors cette qualification aux accusations de nature à entraîner la peine de mort ou une autre peine afflictive perpétuelle.

426. Le dénonciateur ne devient indigne qu'autant que la dénonciation a été *jugée calomnieuse*, sur la demande de l'accusé lui-même, soit par la cour d'assises, soit par le tribunal correctionnel, si l'accusé acquitté n'a connu la dénonciation qu'après la clôture de la session des assises (C. d'instr. cr., art. 358 et 359), ou s'il n'y a pas eu d'accusation; car la dénonciation calomnieuse constitue dans tous les cas un délit (C. pén., art. 373), qui est de la compétence du tribunal de police correctionnelle (²). Les mêmes règles s'appliquent à la plainte, qui n'est qu'un mode de dénonciation.

Si le défunt a gardé le silence, la dénonciation, n'ayant pas été jugée calomnieuse, ne peut devenir une cause d'indignité; car le droit de se plaindre d'une calomnie n'appartient qu'à la personne qui en a été victime, et par conséquent ne passe point à ses héritiers.

427. Suivant les jurisconsultes romains, les héritiers, en cas de meurtre du défunt, devaient, sous peine d'indignité, venger sa mort en se portant accusateurs du meurtrier (³); mais, déjà, dans l'ancienne jurisprudence, on s'était écarté de ce système et, comme le dit Pothier, cette cause d'indignité était devenue inadmissible en droit français, « le soin de la vengeance du défunt étant, suivant nos usages, remis « au ministère public plutôt qu'aux héritiers (⁴). » Ainsi, la doctrine faisait déjà prévaloir le principe aujourd'hui formellement consacré par la loi (C. d'instr. cr., art. 1), qui réserve au ministère public le droit d'intenter l'action tendante à l'application des peines. Les héritiers ne peuvent donc se porter accusateurs; ils ont seulement le droit de provoquer l'exercice de l'action publique par le magistrat compétent. Du reste, le Code, comme la loi romaine, voit dans leur abstention une indifférence coupable: aussi les oblige-t-il, sous peine d'indignité, à dénoncer le meurtre du défunt, du moins lorsqu'ils n'en sont pas

---

(¹) Ces auteurs font une fausse application d'une loi romaine dont le véritable sens est de restreindre la signification du mot *capitalis* (*Modest. L. 103, D. de verb. signif.*).

(²) Le Code d'instruction criminelle (art. 359) attribue juridiction aux tribunaux civils, parce qu'il suppose une demande en dommages-intérêts; mais il faut prendre garde que les tribunaux civils, toujours compétents pour évaluer le préjudice causé par une dénonciation, ne le sont jamais pour qualifier les infractions à la loi pénale. Or il faut, pour que le dénonciateur puisse être déclaré indigne, que le fait ait été qualifié par le tribunal compétent, c'est-à-dire, par la cour d'assises ou par le tribunal de police correctionnelle.

(³) *Paul., Sentent., lib. 3, tit. 5, § 2; V. Marcian. L. 15, § 2, de sc. silanian.*

(⁴) Pothier, Successions, chap. 1, sect. 2, art. 4, § 2.

dispensés à raison du lien de famille qui les unit au meurtrier (art. 728).

428. Ceux pour qui la dénonciation est un devoir, ne le remplissent, en règle générale, qu'en donnant aux magistrats tous les renseignements qui sont à leur connaissance (C. d'instr. cr., art. 30). Le Code civil se montre moins exigeant pour les héritiers, qu'il s'agit de frapper d'une pénalité rigoureuse. La dénonciation qu'ils sont tenus de faire, porte uniquement sur le *meurtre*, c'est-à-dire, sur un fait matériel, abstraction faite de la personne du meurtrier.

429. L'obligation de dénoncer n'est imposée qu'aux *héritiers majeurs*. Quant aux mineurs, la loi ne tient aucun compte de la connaissance qu'ils ont pu avoir du meurtre avant leur majorité ; mais, s'ils n'en sont instruits que postérieurement, devront-ils, sous peine d'indignité, faire la dénonciation ? Nous ne le pensons pas. Prononcer l'indignité pour un simple défaut de dénonciation, c'est déjà une assez grande rigueur, et l'interprétation ne doit pas chercher à étendre une semblable pénalité. Il faut donc restreindre la disposition du Code à l'héritier qui se trouve dans le cas prévu par le texte, c'est-à-dire, à celui qui se trouve majeur lors de l'ouverture de la succession.

Le Code n'ayant fixé aucun délai pour la dénonciation, les juges devront apprécier, d'après les circonstances, jusqu'à quel point les retards de l'héritier constituent une négligence coupable.

728. — Le défaut de dénonciation ne peut être opposé aux ascendants et descendants du meurtrier, ni à ses alliés au même degré, ni à son époux ou à son épouse, ni à ses frères ou sœurs, ni à ses oncles et tantes, ni à ses neveux et nièces.

Aux ascendants et descendants du meurtrier, ni a ses alliés au même degré, ni, etc. Dans la rédaction adoptée au conseil d'État, après ces mots « aux ascendants et descendants du meurtrier » on ajoutait « ni à ses alliés *en ligne directe*. » Le tribunat proposa d'étendre l'exception aux alliés en ligne collatérale, et par conséquent de ne faire mention des alliés qu'à la fin de l'article, que l'on terminerait par les mots *ni à ses alliés au même degré*. Cette proposition fut admise ; mais, par une singulière inadvertance, les mots qui devaient se trouver à la fin de l'article ont été écrits à la place des mots supprimés, en sorte que la phrase *ni à ses alliés au même degré* semble s'appliquer seulement aux alliés en ligne directe, tandis qu'il faut évidemment l'appliquer à tous les alliés du même degré que les parents énumérés par le Code.

SOMMAIRE.

430. Comment les parents ou alliés du meurtrier pourront-ils profiter de la dispense ? *Quid* si l'indignité a été prononcée par un jugement passé en force de chose jugée ?

430. Si la loi n'a pas voulu forcer le conjoint, les parents ou alliés les plus proches du meurtrier à faire une dénonciation qui, en provoquant une instruction judiciaire, tendrait à compromettre un

membre de leur famille, ils doivent pour profiter de cette dispense invoquer les liens qui les unissent au meurtrier, et alors ils font plus que dénoncer le meurtre, puisqu'ils en désignent l'auteur. Les parents ou alliés du meurtrier ne pourront donc se prévaloir de la disposition du Code, tant que le meurtrier sera dans le cas d'être poursuivi et condamné : cette disposition ne sera utilement invoquée qu'après la mort du meurtrier, ou lorsque la prescription aura éteint l'action publique.

Ainsi, il pourra arriver que l'indignité soit prononcée faute de dénonciation d'un meurtre dont l'auteur était inconnu, et qu'ensuite la condamnation du coupable fasse connaître les circonstances qui affranchissaient les héritiers de l'obligation de dénoncer. Il n'existera aucune difficulté si le jugement peut encore être attaqué par la voie de l'opposition ou de l'appel ; mais, si le jugement est en dernier ressort ou passé en force de chose jugée, en supposant d'ailleurs qu'il n'existe aucun moyen de cassation, la requête civile est la seule voie par laquelle il puisse être attaqué. Or, à part les ouvertures qui tiennent uniquement à la procédure, cette voie, du moins pour les majeurs, suppose le *dol personnel* (C. de pr., art. 480). Évidemment, dans le cas où ceux qui ont fait prononcer l'indignité connaissaient le meurtrier et savaient par quels liens le défendeur lui était uni, il y a dol de leur part, et alors le jugement doit être rétracté. Dans le cas contraire, on doit reconnaître à regret que, la requête civile étant inadmissible, la chose jugée conserve toute sa force.

729. — L'héritier exclu de la succession pour cause d'indignité, est tenu de rendre tous les fruits et les revenus dont il a eu la jouissance depuis l'ouverture de la succession.

SOMMAIRE.

431. L'indignité doit, dans tous les cas, être prononcée du vivant de l'indigne.
432. A l'égard des héritiers, l'indigne est réputé n'avoir jamais été ni héritier, ni même possesseur de bonne foi.
433. *Quid* à l'égard des tiers ? Maintien des aliénations faites par l'indigne.

431. Il ne faut pas oublier que l'indigne, à la différence de l'incapable, est investi de l'hérédité, tant qu'il n'en a pas été dépouillé par un jugement. Telle était la doctrine de Pothier [1] : « l'indignité, « dit-il, n'a pas lieu de plein droit ; elle doit être prononcée [2]. » Il

---

[1] Pothier, *Successions*, chap. 1, sect. 2, art. 4, § 2.
[2] Nous avons expliqué précédemment (tome I, n° 307) en quel sens on dit qu'une chose a lieu ou n'a pas lieu de plein droit.

ne suffit donc pas de faire constater à une époque quelconque les faits d'indignité, comme on constate l'incapacité d'une personne même après sa mort. La question doit être jugée en connaissance de cause ; et, comme il y a là une sorte de peine (¹), il faut reconnaître que l'indignité ne doit pas être prononcée contre les héritiers du coupable. On s'accorde à décider qu'il en est ainsi relativement au défaut de dénonciation du meurtre du défunt, parce que cette cause d'indignité repose sur des circonstances de fait qui ne peuvent être appréciées que par le juge. Quant aux deux autres causes, elles supposent un jugement qui a déjà condamné l'héritier comme meurtrier ou comme calomniateur. Dès lors il est, dit-on, fort inutile de faire déclarer par un second jugement ce qui a été jugé avec l'indigne ; mais il faut remarquer que, si l'indignité encourue par l'héritier qui n'a pas dénoncé le meurtre du défunt, doit être prononcée par un jugement spécial, la même règle doit s'appliquer aux deux autres cas énumérés dans le même article. Il est difficile de comprendre comment les différentes causes d'indignité, si elles ne devaient pas avoir le même effet, auraient été réunies dans une seule disposition. Nous croyons donc que la demande en déclaration d'indignité, nécessaire pour l'un des trois cas prévus par le Code, l'est également pour les deux autres.

Du reste, c'est au tribunal civil, seul compétent pour statuer sur un intérêt purement pécuniaire, que cette demande doit être soumise.

432. A l'égard des successibles qui ont fait prononcer son exclusion, l'indigne est privé de tous les avantages que lui avait attribués la succession. Il est dépouillé de la propriété des biens qu'il avait recueillis, ou plutôt il est réputé n'en avoir jamais été propriétaire, ni même possesseur de bonne foi (²). Aussi doit-il rendre, indépendamment des biens, *tous les fruits et les revenus* qu'il a perçus depuis l'ouverture de la succession, comme devrait les rendre un possesseur de mauvaise foi (art. 138 et 549). Par fruits et revenus le Code entend non-seulement les fruits naturels, mais aussi les fruits civils, tels que les loyers et fermages, les arrérages des rentes et les intérêts des capitaux placés. Quant aux capitaux que l'indigne a gardés entre ses mains, il n'en doit l'intérêt que suivant le droit commun, c'est-à-dire à compter de la demande formée contre lui pour faire prononcer son indignité (V. art. 1153).

(¹) Mais, de ce que l'indignité est une sorte de peine, il ne faut pas conclure que l'action en indignité soit indivisible. Un cohéritier peut donc être déclaré indigne vis-à-vis de quelques-uns seulement de ses cohéritiers, ainsi que l'a jugé un arrêt de cassation, du 12 décembre 1813.

(²) *Sever. et Anton. L. 1, C. de his quib. aufert.*

Si, avant l'ouverture de la succession, l'héritier était débiteur ou créancier du DE CUJUS, la confusion qui s'est opérée (V. art. 1300) est considérée comme non-avenue, puisque l'indigne est réputé n'avoir jamais été héritier. En conséquence il redevient débiteur ou créancier comme il l'était pendant la vie du défunt. Les servitudes qui existaient entre ses immeubles et ceux de la succession, sont pareillement rétablies (¹).

433. Ainsi, par rapport à ses adversaires l'indigne est dépouillé rétroactivement, comme si son droit se trouvait résolu. Or, en règle générale, nul ne peut transférer à autrui plus de droit qu'il n'en a lui-même (V. art. 2125). On pourrait donc croire qu'en traitant avec des tiers, l'indigne ne leur a conféré que des droits résolubles. Cette conclusion paraîtrait même d'autant mieux fondée, que dans une matière analogue, en cas de révocation d'une donation pour cause d'ingratitude (art. 955), le législateur a cru devoir introduire une disposition spéciale pour empêcher que la révocation ne préjudicie aux aliénations faites par le donataire, ainsi qu'aux hypothèques et autres droits réels par lui concédés (art. 958). Le titre des Successions ne contenant aucune disposition pareille, il semble que l'on doive appliquer la règle générale, et décider que les tiers, en traitant avec l'indigne, n'ont pu acquérir que les droits qu'il avait lui-même, et par conséquent des droits susceptibles d'être résolus par la déclaration d'indignité.

Telle n'est pas, suivant nous, l'intention du législateur. Il est difficile de croire qu'il ait voulu établir des règles différentes sur les effets de l'ingratitude et sur ceux de l'indignité, qui ont aujourd'hui encore une si grande affinité. Dans l'un et l'autre cas, il y a une peine, dont l'application ne doit pas retomber sur les tiers qui n'ont aucune faute à s'imputer. En s'expliquant ici sur les rapports des cohéritiers entre eux, la loi donne à entendre que le même principe ne s'applique pas vis-à-vis des tiers. S'il faut reconnaître, comme nous avons cherché à l'établir, que l'indigne est investi de l'hérédité, tant qu'un jugement ne l'en a pas dépouillé, il faut nécessairement admettre la validité des aliénations et constitutions de droits réels consentis par lui avant que son exclusion ait été prononcée.

Ceux qui ont fait déclarer l'indignité n'ont donc qu'une action personnelle pour se faire rendre le prix des biens aliénés par l'indigne, et

---

(¹) On n'a point admis en droit français les dispositions du droit romain, qui conservait à l'indigne la qualité d'héritier, et par conséquent refusait de faire revivre en sa faveur les créances ou les droits éteints par confusion (*Papin. L.* 18, § 1 ; *Modest. L.* 8 ; *Ulp. L.* 29, *D. de his quæ ut indign.*). Il était trop rigoureux, en effet, de le dépouiller de ses propres biens ; il suffit de lui ôter ceux du défunt (Lebrun, *Successions, liv.* 3, *chap.* 9, n° 25).

en général toutes les valeurs dont il a profité en disposant des biens héréditaires (V. art. 958).

730. — Les enfants de l'indigne, venant à la succession de leur chef, et sans le secours de la représentation, ne sont pas exclus pour la faute de leur père; mais celui-ci ne peut, en aucun cas, réclamer, sur les biens de cette succession, l'usufruit que la loi accorde aux pères et mères sur les biens de leurs enfants.

SOMMAIRE.

434. Confiscation admise par le droit romain. Rigueur de l'ancienne jurisprudence. Abrogation de cette jurisprudence par le Code.
435. L'indigne peut-il être représenté par ses enfants? Origine et explication du texte.

434. La question de savoir si les enfants sont habiles à recueillir, de leur chef, la succession dont leur père s'est rendu indigne, ne se présentait pas à Rome dans la succession des ingénus, puisque dans cette hypothèse le fisc s'emparait des biens; mais le patron qui avait porté une accusation capitale contre son affranchi, perdait le droit de succéder, sans toutefois qu'on appliquât à cette hypothèse les règles de l'indignité, et alors son exclusion n'empêchait pas ses enfants de venir à la succession ([1]). Dans notre ancienne jurisprudence, où l'on n'admettait pas la confiscation des biens acquis à l'indigne, on s'est demandé si la faute du père devait nuire à ses enfants, et plusieurs arrêts ont admis l'affirmative ([2]). Lebrun, qui approuve cette jurisprudence, s'efforce mal à propos de la rattacher à une loi romaine, qui ne refusait aux enfants qu'un seul droit, celui de s'enrichir des biens que leur père avait acquis par un crime ([3]). Le Code s'écarte de l'ancienne jurisprudence, en consacrant formellement le principe que les enfants de l'indigne ne sont point exclus pour la faute de leur père. Il est donc incontestable que les enfants recueilleront la succession dont leur père a été dépouillé, du moins lorsqu'ils succéderont *de leur chef.*

435. Mais le texte fait naître une difficulté; car, tout en reconnaissant le droit des enfants *à succéder de leur chef,* il ajoute *et sans le secours de la représentation.* Ces mots semblent compléter l'idée précédemment exprimée, qu'ils pourront succéder de leur chef : d'où il serait permis de conclure que l'indigne prédécédé ne peut pas être représenté par ses enfants. En conséquence, pour donner un sens aux expressions du Code,

---

([1]) *Ulp. L.* 17, *pr.* et § 1, *D. de jur. patron.*
([2]) Lebrun, *Successions,* liv. 3, chap. 9, n°s 10 et 11.
([3]) *Paul. L.* 7, § 4, *D. de bon. damnat.*

plusieurs auteurs les appliquent au cas où la représentation est possible, c'est-à-dire, lorsque l'indigne est prédécédé. Merlin admet avec regret cette interprétation, parce qu'il croit apercevoir dans l'article 730 la reproduction d'une opinion attribuée à Lebrun et combattue par Bouhier [1]. Nous croyons, au contraire, que les rédacteurs du Code avaient en vue une décision de Pothier ainsi conçue : « Tout ce que « nous avons dit, touchant les enfants de l'exhérédé, reçoit pareille ap- « plication à l'égard des enfants de l'indigne... C'est pourquoi on « doit pareillement décider qu'ils ne peuvent succéder par représenta- « tion *s'il est vivant* ; mais qu'ils le peuvent *s'il est prédécédé* » [2]. En parlant du cas où l'indigne est prédécédé, Pothier suppose un héritier présomptif qui aurait pu être déclaré indigne en cas de survie, et qui est mort avant l'ouverture de la succession sans que son indignité ait pu être prononcée ; mais cette hypothèse est étrangère à la disposition qui nous occupe. La loi suppose évidemment la survie de l'indigne, puisque c'est lui qui, dans le même article et dans la même phrase, est privé de l'usufruit légal sur les biens que ses enfants recueillent dans la succession dont il est exclu. On s'occupe donc ici d'un indigne proprement dit, qui a survécu au défunt et a été exclu de la succession après son ouverture. C'est dans cette même hypothèse que se place expressément Pothier, lorsqu'il décide que les enfants ne peuvent représenter leur auteur, et c'est évidemment la même idée que les rédacteurs du Code ont voulu exprimer en excluant la représentation.

Il est vrai qu'on ne représente pas les personnes vivantes (art. 744) ; mais il ne faut pas, pour expliquer à la lettre les expressions du texte, appliquer la loi à une hypothèse qui ne paraît pas s'être présentée à la pensée du législateur. D'ailleurs, si l'on voulait appliquer le système contraire, il faudrait que l'indignité fût prononcée après la mort de l'indigne, puisqu'on le suppose représenté et par conséquent mort avant le DE CUJUS. Or, ce serait là s'écarter complétement du principe suivant lequel l'indignité doit être prononcée contre celui même qui l'a encourue (431).

INTRODUCTION AU CHAPITRE III.

SOMMAIRE.

436. Signification, chez nous, du mot parent. Parenté directe ou collatérale. Origine de ces dénominations.

---

[1] Merlin, *Répert.*, vo INDIGNITÉ, sect. 2, § 3, no 7.
[2] Pothier, *Successions*, chap. 2, sect. 1, art. 1, § 2.

436. Le chapitre III, intitulé *Des divers ordres de succession*, ne comprend que les successions déférées aux héritiers légitimes, à raison de la parenté qui les unissait au défunt.

Le mot *parens*, dérivé du verbe *parere*, engendrer, ne se dit en latin que des père et mère et autres ascendants; mais le mot *parent* a, en français, une signification beaucoup plus large; il s'applique à toutes les personnes qu'on appelait à Rome *cognati*, c'est-à-dire, aux personnes qui sont unies par les liens du sang, soit qu'elles descendent l'une de l'autre, comme le père et le fils, soit qu'elles aient seulement un auteur commun, comme le frère et la sœur. Dans le premier cas, la parenté est directe, et les parents sont respectivement ascendants et descendants. Dans le second cas, les parents sont qualifiés de collatéraux.

Pour se rendre compte de ces dénominations, il faut recourir, comme le faisaient les jurisconsultes romains ([1]), à l'image d'une échelle double, au sommet de laquelle se place l'auteur commun. Le fils occupe le premier échelon au-dessous de son père; le fils du fils, le second échelon du même côté, et ainsi de suite. Si nous supposons maintenant que l'auteur commun a plusieurs enfants, le second fils occupera l'autre côté de l'échelle avec toute sa postérité, qui s'y trouvera placée de la même manière, en descendant d'un échelon ou d'un degré à chaque génération. Ainsi la série des générations forme entre les ascendants et les descendants, qui se trouvent les uns au-dessous des autres, sur le même côté de l'échelle, ce qu'on appelle une ligne. Quant aux parents qui, tout en ayant un auteur commun, ne descendent pas les uns des autres, ils se trouvent placés les uns d'un côté de l'échelle, les autres du côté opposé, et c'est pour cela qu'on les appelle collatéraux (*a latere*) : c'est ainsi que les enfants du même père sont unis entre eux par une parenté collatérale.

_____

([1]) « A similitudine scalarum » (*Paul. L. 10, § 10, D. de grad. et affin.*).

437. Il est évident que les générations, à mesure qu'elles se succèdent, s'éloignent de plus en plus de l'auteur commun ; et de là vient que, dans chaque ligne, la proximité s'apprécie par le nombre de générations qui existe entre les deux parents. Par conséquent, les enfants sont au premier degré ou, plus exactement, à un seul degré de leur père ou mère, et les petits-enfants à deux degrés de leur aïeul. A l'égard des collatéraux, comme ils appartiennent à deux lignes différentes, il est nécessaire de compter les degrés dans chaque ligne pour avoir la somme des générations qui existent entre chacun d'eux et l'auteur commun. Ainsi deux frères, étant l'un et l'autre au premier degré par rapport à leurs père et mère, sont entre eux au second degré. Deux cousins sont au quatrième degré, parce qu'ils sont, l'un comme l'autre, à deux degrés de leur aïeul, tandis que l'oncle et le neveu ne sont qu'au troisième degré, parce que l'oncle ne se trouve lui-même qu'à un seul degré de l'auteur commun (art. 735-738). Ce mode de calcul a été emprunté par le Code civil au droit romain.

Le droit canonique, au contraire, ne comptait entre deux collatéraux que le nombre de degrés qui séparaient l'un d'eux de l'auteur commun. S'ils ne se trouvaient pas à égale distance, on comptait les degrés à partir du plus éloigné. Ainsi, dans ce système, l'oncle et le neveu n'étaient pas au troisième degré, mais seulement au second, comme les cousins germains. Du reste, ce calcul n'était observé que relativement aux empêchements de mariage (1).

Le droit de succéder n'appartient pas à tous les parents indéfiniment ; il est limité par le Code au douzième degré (art. 755) et, dans cette limite même, les parents ne succèdent que les uns à défaut des autres, d'après les règles qui nous restent à exposer.

438. Pour déterminer les parents qui doivent succéder de préférence à d'autres, la loi française ne s'attache pas seulement au degré de parenté ; elle répartit les successibles en plusieurs ordres, c'est-à-dire en plusieurs classes, dans chacune desquelles un certain nombre de parents se trouvent réunis d'après leur qualité plutôt que d'après leur degré, la priorité du degré n'étant un titre de préférence qu'entre les parents du même ordre. C'est ainsi qu'en droit romain, les plus proches cognats, par exemple la mère ou les frères et sœurs utérins, étaient exclus par les agnats d'un degré égal ou même plus éloigné, qui eux-mêmes ne venaient qu'à défaut d'héritiers siens, parce que les héritiers siens, les agnats et les cognats, formaient trois ordres distincts, qui ne devaient jamais concourir (2).

---

(1) Pothier, *Contrat de mariage*, nos 125 et suiv.
(2) *Inst.* § 11 et 12, de grad. cognat.

439. Lorsqu'on examine dans quel but ont été établis les différents ordres de succession, on reconnaît, malgré la diversité des combinaisons qui ont été adoptées aux différentes époques, que les législateurs ont presque toujours cherché à conserver les biens du défunt dans sa famille. C'est ainsi évidemment que la loi des Douze Tables appelait, en premier ordre, les héritiers siens, et, en second ordre, les agnats, sans admettre les cognats, même en troisième ordre; car le mot famille, à Rome, s'entendait uniquement de la famille agnatique, dont les cognats ne faisaient point partie. Si ces derniers ont été admis à succéder, ce n'est point par le droit civil, mais seulement par le droit prétorien (¹). Peu à peu, cependant, le principe de l'agnation est devenu moins exclusif, et certains cognats, par exemple la mère, ont passé au rang des agnats (²). Enfin la suppression de toute distinction entre les agnats et les cognats, opérée par la novelle 118, a sanctionné définitivement la révolution morale qui avait transformé le caractère de la famille en y introduisant les parents maternels aussi bien que les parents paternels.

440. Dans les pays de droit écrit, la novelle 118 formait le droit commun des successions *ab intestat* (³); mais d'autres principes ont prévalu en pays coutumiers. Là on s'attachait, pour régler les successions en ligne ascendante ou collatérale, à la nature des biens et à l'origine des acquisitions faites par le défunt. On distinguait des héritiers aux meubles et des héritiers aux immeubles. Pour les immeubles eux-mêmes, les règles variaient selon qu'ils étaient propres ou acquêts. Les propres, c'est-à-dire, les biens que le défunt avait reçus de ses parents, étaient qualifiés paternels ou maternels suivant qu'ils provenaient de l'une ou de l'autre ligne, et, en conséquence, ils devaient revenir aux parents du côté desquels ils étaient advenus au défunt. Tel était le sens de la règle *paterna paternis, materna maternis* (⁴).

441. Les héritiers succèdent, ou de leur chef, lorsque la loi leur défère directement l'hérédité, ou par représentation, lorsqu'ils n'arrivent qu'en prenant la place de leurs père, mère, ou autres ascendants.

La représentation, en droit romain, était une conséquence de l'organisation de la famille. On sait qu'à Rome la puissance paternelle s'étendait de mâle en mâle à toute la postérité des fils de famille, en sorte que l'aïeul avait sous sa puissance les enfants de son fils; et lorsque celui-ci venait à mourir ou était émancipé, ses enfants qui étaient

---

(¹) *Inst.*, § 3, *de legit. agnat. success.*; *pr.*, *de success. cognat.*

(²) *Inst. pr.*, *de sc. tertyll.*; *pr.*, *de sc. orphit.*; § 3 et 4, *de legit. agnat. success.*

(³) V. Rousseau de la Combe, v° *Succession ab intestat.*

(⁴) Merlin, *Répert.*, v° PATERNA PATERNIS.

restés dans la famille, prenaient la place de leur père. Dès lors ils con-
couraient dans la succession avec les autres enfants de leur aïeul, c'est-
à-dire avec leurs oncles et tantes, quoique ceux-ci fussent au premier
degré. En prenant la place de leur père, les petits-enfants prenaient
par la même raison la part qu'il aurait prise s'il était resté dans la famille (¹).

Dans l'ancien droit romain, la représentation n'était admise qu'en
faveur des descendants du défunt. Justinien l'introduisit le premier en faveur de certains collatéraux. Il autorisa les enfants de frères
ou sœurs prédécédés à prendre, dans la succession de leur oncle
ou tante, la part que leur père ou mère aurait prise comme frère ou
sœur du défunt. Du reste, la représentation était restreinte aux parents
que nous venons d'indiquer ; elle n'était pas même admise en faveur
des petits-enfants de frères ou sœurs (²).

442. Ces règles ont été strictement observées dans les pays de droit
écrit (³). Quant aux pays coutumiers, on y trouve, relativement à la
représentation, une grande diversité de principes. Repoussée par un
petit nombre de coutumes, la représentation était admise par les autres, tantôt pour les descendants seulement, tantôt aussi pour les collatéraux. Plusieurs coutumes l'admettaient même à l'infini, c'est-à-dire,
pour tous les collatéraux sans distinction. Dans ces coutumes, la succession aux meubles et aux acquêts était déférée, à défaut de descendants, d'abord aux frères et sœurs du défunt ou à leurs descendants,
ensuite aux oncles et tantes ou à leurs descendants, puis aux grands-
oncles et grand'tantes ou à leurs descendants, et ainsi de suite.

443. Indépendamment de la représentation en ligne collatérale,
plusieurs coutumes avaient admis la division ou la *fente* d'une seule et
même succession en deux successions parallèles, en sorte que les meubles et les acquêts du défunt se partageaient par moitié entre les parents
paternels et les parents maternels, lors même qu'ils n'étaient pas égaux
en degré. On se demandait si, après cette fente ou division première,
la moitié attribuée à chacune des deux lignes ne devait pas se refendre
de la même manière entre les deux branches de la même ligne. La jurisprudence avait consacré le système de la refente dans le cas où les
représentés se trouvaient égaux en degré ; et en conséquence, dans une
espèce où la moitié des biens déférée aux parents paternels se trouvait
dévolue aux descendants de huit grands-oncles, dont cinq frères de
l'aïeul et trois seulement de l'aïeule, elle avait décidé que cette moitié
serait partagée par souches. Dans le cas, au contraire, où les repré-

---

(¹) *Inst.*, § 6, *de hered. quæ ab intest.*
(²) *Nov.* 118, *cap.* 3.
(³) Merlin, *Répert.*, vᵒ REPRÉSENTATION, sect. 1, § 2 et 3.

sentés se trouvaient inégaux en degré, la refente avait été repoussée, en sorte que la moitié afférente à chaque ligne restait tout entière au parent le plus proche ([1]).

444. Les collatéraux appartiennent quelquefois à l'une et à l'autre ligne. Tels sont notamment les frères et sœurs nés des mêmes père et mère que le défunt. On les appelle germains pour les distinguer, soit des consanguins, qui, ayant le même père, ont une autre mère, soit des utérins, que la même mère a eus de différents lits. Justinien, dans ses novelles ([2]), a voulu que les frères et sœurs germains ou leurs enfants succédassent à l'exclusion des autres frères et sœurs, et cette règle, qui constitue le privilége du *double lien*, a été observée dans les pays de droit écrit, comme les autres dispositions de la novelle 118 ([3]). Dans le reste de la France, le privilége du double lien a été repoussé par un grand nombre de coutumes. Même parmi les autres, plusieurs l'admettaient seulement en faveur des frères et sœurs, quelques-unes en faveur des neveux et nièces, comme dans la novelle 118. Certaines coutumes l'étendaient aux oncles et tantes; d'autres enfin à tous les collatéraux. Du reste, les parents qui, en vertu de ce privilége, excluaient les autres, ne les excluaient pas toujours en totalité. Il faut remarquer en outre que, pour concilier le privilége du double lien avec la règle *paterna paternis*, on n'appliquait ce privilége qu'aux meubles et aux acquêts ([4]).

445. La loi du 17 nivôse an II a supprimé, en matière de succession, toute différence quant à la nature des biens et à leur origine ([5]), et par cela même la règle *paterna paternis*. Elle a, par une disposition expresse, aboli le privilége du double lien ([6]); mais elle maintenait formellement la représentation à l'infini en faveur de tous les collatéraux, ainsi que la fente des biens entre les parents paternels et maternels ([7]), sans s'expliquer toutefois à l'égard de la refente. Son silence sur ce point faisait naître de vives controverses, auxquelles la jurisprudence mit fin en se prononçant contre la refente (V. 453).

446. Le Code civil, qui a remplacé la loi de nivôse, confirme la suppression du privilége attaché au double lien, et celle des distinctions admises dans le droit coutumier quant à la nature et à l'origine des biens (art. 752). Il admet la représentation en ligne collatérale, mais seulement en faveur des descendants de frères ou sœurs du défunt

---

([1]) Merlin, *Répert.*, v° REPRÉSENTATION, sect. 2, § 4, n°s 5 et 12.
([2]) *Nov.* 84, *cap.* 1; *nov.* 118, *cap.* 3.
([3]) Merlin, *Répert.*, v° DOUBLE LIEN, sect. 1, § 1.
([4]) Merlin, *ibid.*, sect. 2.
([5]) Loi du 17 nivôse an II, art. 62.
([6]) Même loi, art. 90.
([7]) Même loi, art. 77 et 83.

(art. 742). S'il exclut formellement la refente (art. 754), il admet le système de la fente à l'égard des ascendants et des collatéraux (art. 755). D'après ce système, lorsqu'il se trouve des ascendants dans la ligne paternelle et des collatéraux dans la ligne maternelle, ou réciproquement, la succession se divise en deux parties égales, et chacune d'elles est déférée soit aux ascendants, soit aux collatéraux de chaque ligne, comme s'il s'agissait de deux successions différentes.

La succession est déférée en premier ordre aux enfants et autres descendants du défunt, sans distinction de sexe ou de primogéniture, et sans qu'il y ait à examiner s'ils sont ou non issus de différents mariages (art. 745).

Si les descendants forment un ordre distinct, on ne saurait en dire autant des ascendants ou des collatéraux. Les parents de ces deux dernières classes étant souvent appelés à concourir, il ne suffit pas, pour déterminer leur rang, de s'attacher à la qualité d'ascendant ou de collatéral. En effet, les frères et sœurs du défunt, ainsi que leurs descendants, sont préférés par le Code non-seulement aux autres collatéraux, mais même aux ascendants, à l'exception toutefois du père et de la mère (art. 748-752). Il faut même remarquer de plus, que la présence des frères, sœurs, etc., du défunt suffit pour empêcher, à l'égard des père et mère, l'application du système de la fente. Ainsi, lors même que les frères ou sœurs sont tous consanguins ou tous utérins, aucune partie de la succession ne peut appartenir soit aux collatéraux soit aux ascendants de l'autre ligne, excepté le père et la mère qui ont chacun un quart (art. 748, 749 et 751) ; mais le législateur revient au système de la fente, lorsque les frères et sœurs ne sont pas tous du même lit. Alors les germains, s'il y en a, prennent part comme consanguins dans une moitié, et comme utérins dans l'autre (art. 752).

A défaut de frères, sœurs, neveux, nièces, etc., la fente des biens a toujours lieu, et alors il peut arriver que la succession se divise par moitié entre les collatéraux d'une ligne et les ascendants de l'autre. En pareil cas, le principe de la distinction des ordres s'applique séparément dans chaque ligne. C'est ainsi que les ascendants, y compris le père et la mère, sont préférés aux oncles, tantes et autres collatéraux de la même ligne (art. 746 et 755).

447. Il faut donc distinguer quatre ordres différents, savoir :

1° L'ordre des descendants ;

2° L'ordre des frères, sœurs, neveux, nièces, etc., sous la réserve du droit des père et mère ;

3° L'ordre des ascendants ;

4° Celui des collatéraux autres que les frères, sœurs ou descendants d'eux.

Lors même qu'il n'existe ni frères, ni sœurs, ni descendants d'eux, il peut arriver, à raison de la règle générale sur la fente des biens, que le père ou la mère, concourant avec des collatéraux de l'autre ligne, n'ait qu'une moitié de la succession. Dans ce cas, la loi modifie le principe de la fente en attribuant au survivant des père et mère, indépendamment de la moitié qu'il recueille en toute propriété, le tiers en usufruit de la moitié déférée aux collatéraux de l'autre ligne (art. 753 et 754).

448. Par exception au principe qui défend de rechercher l'origine des biens pour en régler la succession (art. 732), tout ascendant succède aux choses par lui données au défunt, lorsqu'elles se retrouvent en nature (art. 747). Nous avons vu qu'un droit semblable appartient à l'adoptant dans la succession de l'adopté, et même des enfants ou descendants de l'adopté (art. 351 et 352).

CHAPITRE III.

DES DIVERS ORDRES DE SUCCESSION.

SECTION PREMIÈRE.

DISPOSITIONS GÉNÉRALES.

731. — Les successions sont déférées aux enfants et descendants du défunt, à ses ascendants et à ses parents collatéraux, dans l'ordre et suivant les règles ci-après déterminés.

SOMMAIRE.

449. La rédaction de cet article n'exclut pas l'existence d'un quatrième ordre de succession.
450. L'adopté et ses descendants succèdent comme enfants ou descendants de l'adoptant.

449. En déférant la succession aux descendants du défunt, à ses ascendants et à ses collatéraux, le Code semble avoir le même but que la loi de nivôse, qui était conçue dans des termes à peu près semblables; mais cette loi, comme la novelle 118, établissait *trois espèces de successions* (¹), et par conséquent trois ordres. L'article 731 n'établit pas une distinction aussi tranchée. Nous ne devons donc point hésiter à reconnaître, d'après l'ensemble des dispositions de ce chapitre, l'existence d'un quatrième ordre, qui en ressort évidemment.

450. L'adopté a sur la succession de l'adoptant tous les droits d'un enfant légitime (art. 350). Il est donc compris sous la dénomination d'enfant dans la disposition de cet article; et c'est même pour mieux

---

(¹) Loi du 17 nivôse an II, art. 63.

indiquer sa vocation que le mot *enfants* a été, d'après les observations du Tribunat, ajouté au mot *descendants*, qui se trouvait seul dans la rédaction communiquée officieusement.

Nous pensons même qu'en attribuant à l'adopté le droit de succéder à l'adoptant, la loi n'a pas entendu exclure les descendants légitimes de l'adopté. S'il existe une disposition restrictive dans le Code, c'est uniquement par rapport aux parents de l'adoptant (art. 350).

732. — La loi ne considère ni la nature ni l'origine des biens pour en régler la succession.

SOMMAIRE.

451. Anciennes distinctions, dont la suppression est confirmée par le Code.

451. L'ancienne jurisprudence avait établi, nous l'avons vu, d'après la nature et l'origine des biens laissés par le défunt, des règles de succession très-différentes. Indépendamment des meubles et des immeubles, des propres et des acquêts, on distinguait aussi, relativement au droit d'aînesse, des biens nobles et des biens roturiers (¹). Cette distinction est comprise comme les autres dans l'abrogation prononcée par la loi de nivôse (²) et confirmée par le Code civil.

La législation nouvelle rentre ainsi dans le système du droit romain, où les biens du défunt se trouvaient tous dévolus à ses héritiers, sans distinction d'origine.

733. — Toute succession échue à des ascendants ou à des collatéraux, se divise en deux parts égales; l'une pour les parents de la ligne paternelle, l'autre pour les parents de la ligne maternelle.

Les parents utérins ou consanguins ne sont pas exclus par les germains; mais ils ne prennent part que dans leur ligne, sauf ce qui sera dit à l'article 752. Les germains prennent part dans les deux lignes.

Il ne se fait aucune dévolution d'une ligne à l'autre, que lorsqu'il ne se trouve aucun ascendant ni collatéral de l'une des deux lignes.

SOMMAIRE.

452. Système de la fente. Modification apportée à la loi de nivôse.
453. Exclusion de la règle *paterna paternis*, et, par contre, extension du système de la fente.
454. Exclusion du privilége attaché au double lien.

(¹) Merlin, *Répert.*, v° BIENS, § 4 ; Pothier, Successions, chap. 2, sect. 1, art. 2.
(²) Loi du 17 nivôse an II, art. 62.

452. Les trois dispositions contenues dans cet article, sont empruntées à la loi de nivôse (¹), et néanmoins le Code apporte au principe de la fente des biens une exception qui n'existait pas dans cette loi. Lorsque le défunt laisse des frères, sœurs ou descendants d'eux dans une ligne seulement, ils excluent tous les parents de l'autre ligne, sauf le père ou la mère (art. 750 et 752).

453. En repoussant la règle *paterna paternis*, que Cambacérès proposait de rétablir, du moins en partie (²), le législateur a voulu éviter les recherches difficiles et coûteuses qu'il fallait faire autrefois pour vérifier l'origine de tel ou tel immeuble ; et cependant, il ne s'est pas dissimulé que, pour obtenir cet avantage, il s'exposait à faire passer dans une famille des biens que le défunt devait peut-être à une autre. C'est pour atténuer cet inconvénient que les auteurs du Code, confirmant à cet égard la loi de nivôse, ont appliqué le système de la fente non-seulement aux meubles et acquêts, mais à l'universalité des biens. Ils ont considéré le patrimoine du défunt comme une sorte de fonds social que les parents paternels doivent partager également avec les parents maternels. « Deux familles, dit l'orateur du gouvernement, s'étaient « associées par un mariage ; elles restent encore unies dans le malheur « commun qui aura enlevé les fruits de cette union. »

454. Les parents consanguins ou utérins, c'est-à-dire ceux qui ne tiennent au défunt que par son père ou par sa mère, ne sont pas exclus par les germains, c'est-à-dire par les parents qui sont tout à la fois du côté paternel et du côté maternel. Ainsi se trouve confirmée l'abrogation du privilége qui était attaché, dans l'ancienne jurisprudence, au double lien (³) ; mais la suppression de ce privilége ne pouvait porter atteinte au droit qui appartient essentiellement aux germains de prendre part dans les deux lignes.

734. — Cette première division opérée entre les lignes paternelle et maternelle, il ne se fait plus de division entre les diverses branches ; mais la moitié dévolue à chaque ligne appartient à l'héritier ou aux héritiers les plus proches en degrés, sauf le cas de la représentation, ainsi qu'il sera dit ci-après.

SOMMAIRE.

455. Doutes soulevés dans le droit intermédiaire sur le système de la refente. Exclusion formelle de ce système par le Code.
456. Explication de la réserve faite par le texte pour le cas de représentation.

(¹) Loi du 17 nivôse an II, art. 83, 89 et 90.
(²) Discussion au C. d'État, séance du 25 frimaire an XI.
(³) Il a été décidé, par un arrêt de rejet, du 8 août 1838, que cette abrogation

455. Cette disposition, qui exclut formellement le système de la refente, n'existait pas dans la loi de nivôse. On l'a insérée dans le Code pour éviter le retour des nombreuses contestations qui s'étaient élevées sous l'empire de la législation intermédiaire. Le tribunal de cassation, appelé à décider cette question, en avait référé au pouvoir législatif le 24 germinal an VI. Une commission nommée par le conseil des Cinq-Cents avait proposé un projet de résolution contraire au système de la refente ; mais ce projet fut rejeté le 8 nivôse an VII, et bientôt après, le 18 germinal, le tribunal de cassation se prononça pour la refente. Depuis il a rendu de nombreuses décisions en sens contraire (¹).

456. En excluant la refente, le Code ajoute, *sauf le cas de la représentation, ainsi qu'il sera dit ci-après*. Cette exception, si l'on en croit certains auteurs, ne peut recevoir aucune application, parce que la fente des biens n'a lieu, disent-ils, qu'entre les ascendants, ou entre ceux des collatéraux en faveur desquels la représentation n'est pas admise. Mais cette critique est mal fondée ; car les frères et sœurs sont représentés par leurs descendants (art. 742), et la fente des biens s'opère par moitié, conformément à la règle générale, toutes les fois que les frères et sœurs ne sont pas du même lit (art. 752). C'est à cette hypothèse, sans aucun doute, que l'article 734 entend se référer.

735. — La proximité de parenté s'établit par le nombre de générations ; chaque génération s'appelle un *degré*.

736. — La suite des degrés forme la ligne : on appelle *ligne directe* la suite des degrés entre personnes qui descendent l'une de l'autre ; *ligne collatérale*, la suite des degrés entre personnes qui ne descendent pas les unes des autres, mais qui descendent d'un auteur commun.

On distingue la ligne directe, en ligne directe descendante et ligne directe ascendante.

La première est celle qui lie le chef avec ceux qui descendent de lui ; la deuxième est celle qui lie une personne avec ceux dont elle descend.

On appelle..... ligne collatérale, etc. D'après les définitions mêmes du Code, il est évident que, s'il existe une suite de générations, et par conséquent de degrés entre les ascendants et leurs descendants, il n'y a rien de pareil entre deux collatéraux. Dès lors, il peut exister plusieurs lignes qui soient collatérales entre elles, mais il n'y a point, à proprement parler, de ligne collatérale. Toutefois

n'a point été opérée par la loi du 8 avril 1791, mais seulement par celle du 17 nivôse an II.

(¹) Après s'être encore prononcé pour la refente le 28 messidor an VII, le tribunal a statué en sens contraire par les arrêts de rejet des 12 brumaire, 1er et 11 nivôse an IX, et par les arrêts de cassation des 13 floréal an X, 4 ventôse an XI et 13 messidor an XII. V. Merlin, *Questions de droit*, v° Successions, § 8.

le Code parle ici une langue qu'il a trouvée toute faite et qu'on essayerait vainement de réformer aujourd'hui. Ainsi, quoiqu'il n'existe point de ligne collatérale, nous emploierons ces mots dans leur sens usuel.

On distingue la ligne directe en ligne directe descendante et ligne directe ascendante. Ces expressions, en supposant l'existence de deux lignes directes, présentent une idée très-inexacte. La série des générations, qui forme une ligne, est toujours la même. Si on la qualifie tantôt d'ascendante, tantôt de descendante, c'est qu'on la considère sous deux points de vue différents. Lorsqu'il s'agit de la succession de l'aïeul, ses enfants, petits-enfants, etc., viennent en ligne descendante, et lorsqu'il s'agit de succéder aux enfants, le père, l'aïeul, etc., viennent en ligne ascendante.

SOMMAIRE.

457. Acceptions différentes du mot *ligne*.

457. Précédemment le mot ligne a été pris dans un sens collectif, pour désigner une partie de la famille, c'est-à-dire tous les parents que le défunt a laissés, soit du côté paternel, soit du côté maternel. Dans ce sens on distingue la *ligne paternelle* et la *ligne maternelle* (art. 735), qui se divisent l'une et l'autre en plusieurs *branches* (art. 734), lorsqu'on veut opposer les parents paternels soit du père du défunt, soit de sa mère, aux parents maternels de l'un ou de l'autre. Ici, au contraire, le mot *ligne* indique seulement une ou plusieurs séries de générations.

737. — En ligne directe, on compte autant de degrés qu'il y a de générations entre les personnes : ainsi le fils est, à l'égard du père, au premier degré ; le petit-fils, au second ; et réciproquement du père et de l'aïeul à l'égard des fils et petits-fils.

738. — En ligne collatérale, les degrés se comptent par les générations, depuis l'un des parents jusques et non compris l'auteur commun, et depuis celui-ci jusqu'à l'autre parent.

Ainsi, deux frères sont au deuxième degré ; l'oncle et le neveu sont au troisième degré ; les cousins germains au quatrième ; ainsi de suite.

SOMMAIRE.

458. Rédaction inexacte du Code, relativement au calcul des degrés de parenté collatérale.

458. Le calcul des degrés de parenté n'est susceptible d'aucune difficulté en ligne directe. Pour les collatéraux, le Code adopte une méthode que Pothier formulait en ces termes : « Il faut compter le « nombre des générations..... depuis l'un de ses parents jusqu'à la « souche commune d'où ils descendent, et depuis cette souche jusqu'à « l'autre parent » [1]. Cette méthode n'avait rien d'inexact ; mais les ré- dacteurs du Code ont commis une méprise en ajoutant JUSQUES ET NON

---

[1] Pothier, Successions, chap. 1, sect. 2, art. 3, § 2.

COMPRIS L'AUTEUR COMMUN. Cette addition vient d'une réminiscence incomplète : plusieurs auteurs, après avoir expliqué qu'il faut remonter de l'un des parents à l'auteur commun, et ensuite redescendre jusqu'à l'autre parent, croyaient ne pas devoir compter les générations; ils préféraient compter les personnes que l'on rencontre en montant et en descendant, et, comme la première génération suppose toujours deux personnes, ils avaient soin de ramener le nombre des personnes au nombre des générations, en faisant abstraction de l'auteur commun, *dempto communi stipite* (¹). Le Code ne compte point les personnes, mais les générations; c'est donc bien mal à propos qu'il dit *jusques et non compris l'auteur commun* (²).

SECTION II.

DE LA REPRÉSENTATION.

739. — La représentation est une fiction de la loi, dont l'effet est de faire entrer les représentants dans la place, dans le degré et dans les droits du représenté.

SOMMAIRE.

459. Utilité des fictions de droit. Exemple tiré d'une autre disposition du Code.
460. Application limitée de la fiction qui sert de base à la représentation. Jusqu'à quel point les représentants entrent dans les droits du représenté.
461. Il ne faut pas s'attacher exclusivement à la capacité du représenté.

459. La représentation, suivant Pothier, est une «*fiction de la loi* par « laquelle des enfants sont rapprochés et placés dans le degré de pa- « renté qu'occupaient leurs père et mère pour succéder en leur place « avec les autres enfants du défunt » (³). Le Code présente aussi la représentation comme une fiction légale, et ce n'est point là une question de mots. Il importe, à cet égard, d'établir le véritable caractère de la représentation, bien qu'on ait nié l'existence de cette fiction et même celle des fictions de droit en général.

« La fiction, dit Toullier, est la ressource de la faiblesse; c'est la « supposition d'un fait contraire à la vérité. La fiction est donc indi- « gne de la majesté du législateur; il n'a pas besoin de feindre; il

---

(¹) Voici la formule de ces auteurs : « Incipiendum est ab uno eorum de quorum « cognatione quæritur et ascendendum gradatim ad communem stipitem, tum des- « cendendum utique gradatim ad alterum, ET QUOTQUOT OCCURRUNT PERSONÆ DEMPTO « STIPITE, TOT SUNT GRADUS » (Lorry, sur le titre *de nuptiis*, § 1—5).

(²) Quant aux preuves propres à établir la parenté collatérale, elles peuvent consister dans des actes autres que les registres de l'état civil (arrêt de rejet du 2 *mars* 1814), ou même dans la possession d'état (arrêt de rejet du 19 *juillet* 1809).

(³) Pothier. Successions. chap. 2, sect. 1, art. 4.

« commande. » Aussi le même auteur croit-il devoir attribuer exclusivement l'origine des fictions aux préteurs et aux jurisconsultes romains, qui, dans l'impuissance d'abroger les lois, voulaient néanmoins
y déroger[1]. Mais il est constant que les lois elles-mêmes ont introduit
des fictions. Ainsi, lorsque la loi Cornélia a voulu maintenir le testament d'un citoyen mort en état de captivité, la validité de ce testament
n'a pas été le résultat d'une décision impérative et absolue ; elle n'a
été que la conséquence d'une fiction : *quoniam pater qui non rediit, jam
tum decessisse intelligitur ex quo captus est* [2]. A part le cas de la représentation, le Code lui-même a établi des fictions dont l'existence et
l'utilité ne sauraient être révoquées en doute. C'est ainsi qu'aux termes
de l'article 883, « chaque cohéritier est *censé* avoir succédé seul et
« immédiatemment à tous les effets compris dans son lot, et n'avoir
« jamais eu la propriété des autres effets de la succession. » Nous verrons au surplus, en expliquant cet article, combien il serait inexact de
considérer le partage comme étant, à tous égards, déclaratif et non
translatif de propriété. Le législateur était d'autant mieux fondé à
établir ainsi des fictions, qu'à la différence des règles posées en termes absolus, ces fictions n'ont jamais que des effets relatifs.

460. Puisque la représentation n'est qu'une fiction de la loi, nous
ne pensons pas qu'on doive lui attribuer plus d'étendue que ne lui
en donne Pothier, lorsqu'il fait monter les représentants à la place et
au degré du représenté. Il est vrai que les termes du Code, comme
ceux de la loi de nivôse [3], vont au delà de la définition de Pothier,
puisqu'après avoir fait entrer les représentants dans la place et dans le
degré du représenté, ils les font encore entrer *dans ses droits*. Évidemment, il ne s'agit pas des droits qu'a le représenté ; mais seulement
des droits qu'il aurait eus s'il était venu à la succession. Les expressions du Code ne signifient donc rien de plus que ce que disait Pothier.

On se demande, à cet égard, jusqu'à quel point les représentants,
pour employer les expressions de Pothier, sont *subrogés aux droits du
représenté*. En d'autres termes, à part l'incapacité résultant de la mort
civile, que la loi ne permet pas d'opposer aux représentants (art. 744),
peut-on se prévaloir, pour les exclure, des mêmes vices qu'on aurait
pu opposer à leur auteur ? Les anciens interprètes ont distingué, relativement à cette subrogation, deux sortes de vices : les uns absolus,
les autres accidentels. Les premiers peuvent être opposés aux représentants [4]. Ainsi, par exemple, avant la loi du 14 juillet 1819, un

---

[1] Toullier, tome 4, n° 189.
[2] *Papin. L. 10, D. de captiv. et postlim.*
[3] Loi du 17 nivôse an II, art. 82.
[4] « Si incapacitas non sit originaria aut perpetua, sed ex accidenti obveniat,

étranger qui n'avait pas le droit de succéder, était frappé d'une incapacité absolue, par suite de laquelle ses enfants jouissant des droits civils en France n'auraient pu représenter leur père. Il en a toujours été autrement des incapacités qui résultent d'une circonstance accidentelle (¹). C'est ainsi que Pothier, examinant si le fils exhérédé peut, en cas de prédécès, être représenté par ses enfants, se prononce pour l'affirmative, sans tenir compte de l'exhérédation, parce que la faute commise par l'exhérédé ne doit pas rejaillir sur ses enfants, ni par conséquent les empêcher de succéder à leur aïeul (²). L'exhérédation n'existe plus dans le Code civil. Quant aux causes d'indignité qui pourraient exister dans la personne d'un héritier présomptif prédécédé, si l'on ne voulait pas admettre avec nous que l'indignité suppose nécessairement la survie de l'indigne, on serait toujours conduit au même résultat par cette considération que la faute du père ne constitue qu'un vice accidentel, insuffisant dès lors pour empêcher la représentation.

461. Il ne faut donc pas, avec certains auteurs, exagérer la fiction jusqu'à faire renaître en quelque sorte la personne prédécédée. Cette idée conduirait à des conséquences évidemment inadmissibles; elle aboutirait à ne tenir compte que de la capacité du représenté. Il est certain, au contraire, que ceux qui sont personnellement incapables, ne succèdent pas même par représentation. On peut citer pour exemple les filles, qui ne pouvaient avoir aucun droit sur les fiefs, même comme représentant leur père (³). Il en serait de même aujourd'hui, en supposant frappée de mort civile la personne qui voudrait succéder par représentation (⁴).

Toutefois, en attribuant aux enfants la part que leur père aurait prise, la représentation ne leur attribue rien au delà. Ainsi, lorsqu'un fils prédécédé a reçu du défunt une donation sujette à rapport, ses enfants, succédant à leur aïeul par représentation du donataire, sont tenus du rapport comme l'aurait été leur auteur. Le Code (art. 848) confirme à cet égard la doctrine de Pothier (⁵).

740. — La représentation a lieu à l'infini dans la ligne directe descendante.

Elle est admise dans tous les cas, soit que les enfants du défunt

---

« repræsentatio nihilominus obtinebit. » V. les auteurs cités par Merlin, *Répert.*, vᵒ REPRÉSENTATION, sect. 4, § 3.

(¹) Merlin, *ibid.*

(²) Pothier, Successions, chap. 2, sect. 1, art. 1, § 2.

(³) Merlin, *ibid.*, nᵒ 3.

(⁴) C'est ainsi encore que, suivant un arrêt de la cour de Toulouse, du 25 avril 1844, l'adopté ne peut venir par représentation à la succession des parents de l'adoptant prédécédé.

(⁵) Pothier, Successions, chap. 2, sect. 1, art. 1, § 3.

concourent avec les descendants d'un enfant prédécédé, soit que tous les enfants du défunt étant morts avant lui, les descendants desdits enfants se trouvent entre eux en degrés égaux ou inégaux.

462. La représentation en ligne directe descendante ([1]) a toujours été admise à l'infini et dans tous les cas, c'est-à-dire, soit lorsque le défunt laisse pour héritiers des descendants à différents degrés, soit même lorsque, tous les enfants étant prédécédés, les petits-enfants se trouvent tous au même degré ([2]).

Dans la première hypothèse, les petits-enfants ont besoin de représenter leur père ou leur mère pour n'être pas exclus par les enfants du premier degré. Dans la seconde, les petits-enfants sont tous en rang utile pour succéder, mais la représentation amène un partage par souche au lieu d'un partage par tête (art. 743).

Nous avons vu précédemment que la représentation n'avait pas lieu, même en ligne directe, dans toutes les coutumes. Cette diversité de législation avait cessé, même avant la loi de nivôse ; car la représentation en ligne directe était déjà établie pour toute la France par la loi du 15 avril 1791, article 3.

741. — La représentation n'a pas lieu en faveur des ascendants ; le plus proche, dans chacune des deux lignes, exclut toujours le plus éloigné.

465. Si les petits-enfants peuvent tenir lieu à leur aïeul du fils ou de la fille qu'il a perdus, l'aïeul ne prend pas, dans l'affection de ses petits-enfants, la place de leur père ou mère ([3]). Aussi a-t-on rarement songé à établir la représentation en ligne directe ascendante. D'après la novelle 118, l'ascendant le plus proche exclut tous les autres, ce

---

([1]) Elle existe, même en faveur des enfants de l'adopté prédécédé (Cour de Paris, 26 mars 1839 ; arrêt de cassation, 2 décembre 1822).

([2]) *Inst.*, § 6, *de hered. quæ ab intest.*

([3]) C'est sans doute ce qu'a voulu exprimer l'orateur du Tribunat devant le Corps législatif, lorsqu'il a dit : « La successibilité des ascendants est contre la marche « ordinaire des événements. On croit voir un fleuve remonter à sa source ; il n'y « aura donc point de représentation pour ce cas extraordinaire. »

qui est essentiellement contraire au système de la représentation. Cependant, lorsque plusieurs ascendants, tant paternels que maternels, se trouvent au même degré, Justinien veut que les biens se divisent par moitié entre les deux lignes, quel que soit le nombre des héritiers qui se trouvent d'un côté ou de l'autre [1]. Dans ce cas, la novelle 118, tout en excluant la représentation à l'égard des ascendants, semble établir entre eux le système de la fente.

La novelle 118 était observée dans les pays de droit écrit et dans un petit nombre de coutumes, qui avaient des dispositions conformes, ou qui se référaient au droit écrit pour les cas non prévus. La coutume de Bailleul, en Flandre, paraît être la seule qui se soit prononcée d'une manière générale en faveur de la représentation [2]. Partout ailleurs la jurisprudence avait repoussé le partage par souche, même dans le cas prévu par la novelle. On cite en ce sens un arrêt de règlement du 50 mai 1702.

En décidant que les ascendants *succèdent toujours par tête,* la loi de nivôse [3] leur refusait implicitement le bénéfice de la représentation, qui est formellement dénié par le Code. Ainsi, l'ascendant *le plus proche exclut toujours le plus éloigné.*

Néanmoins ce principe ne reçoit son application que *dans chacune des deux lignes* séparément ; car, dans toute succession déférée à des ascendants ou à des collatéraux, on observe toujours la règle générale sur la fente des biens (art. 733) ; mais il ne faut pas confondre les effets de la fente avec ceux de la représentation. En effet, la fente des biens ne donne pas lieu, comme la représentation, au partage par souche. Ainsi, la moitié des biens attribuée à l'une des deux lignes, paternelle ou maternelle, ne doit pas se subdiviser entre les différentes branches de la même ligne. Le plus proche du côté maternel prend seul la moitié attribuée à sa ligne ; et, s'il existe plusieurs ascendants au même degré, ils partagent par tête. Remarquons d'ailleurs que la fente des biens ne produit aucun des effets de la représentation ; car les ascendants de l'une ou de l'autre ligne succèdent toujours de leur chef, et dès lors chacun d'eux doit rapporter ce qui lui a été donné par le défunt ; mais un ascendant n'est jamais soumis au rapport de ce qui a été donné à un ascendant d'un degré plus rapproché, tandis que l'héritier succédant par représentation d'un héritier plus proche, doit rapporter ce qui a été donné au représenté (art. 848).

742. — En ligne collatérale, la représentation est admise en fa-

---

[1] *Nov.* 118, cap. 2.
[2] Merlin, *Répert.*, v° REPRÉSENTATION, sect. 4, § 5.
[3] Loi du 17 nivôse an II, art. 73.

veur des enfants et descendants de frères ou sœurs du défunt, soit qu'ils viennent à sa succession concurremment avec des oncles ou tantes, soit que tous les frères et sœurs du défunt étant prédécédés, la succession se trouve dévolue à leurs descendants en degrés égaux ou inégaux.

SOMMAIRE.

465. Représentation en ligne collatérale. Terme moyen que le Code établit entre la novelle 118 et la loi de nivôse.
466. Double effet de la représentation en ligne collatérale. Controverse que termine cette décision du Code.

465. Le Code civil prend ici un terme moyen entre la novelle 118 et la loi de nivôse. Les seuls successibles qu'il permet de représenter sont les frères, sœurs, neveux et nièces du défunt : il n'admet donc plus la faculté de représenter les autres collatéraux, comme l'avait fait la loi antérieure, pour favoriser la division des propriétés. D'un autre côté, il décide que les frères et sœurs seront représentés par leurs *enfants et descendants*, et non pas seulement par leurs enfants, comme le voulait la constitution de Justinien (¹) ; en un mot, la représentation a lieu en faveur des neveux, nièces, petits-neveux et petites-nièces du défunt à l'infini, comme en ligne directe descendante (²).

466. Remarquons que, même en ligne collatérale, la représentation a pour effet, non-seulement de faire concourir les successibles d'un degré inférieur avec ceux du degré supérieur, mais aussi d'établir le partage par souche. Ainsi, lorsqu'à défaut de frères et sœurs, les neveux ou petits neveux se trouvent au même degré, ils n'en succèdent pas moins par représentation, et conséquemment par souche. Ainsi se trouve terminée la longue controverse qui s'était élevée sur la question de savoir si, à défaut de frères et sœurs, les neveux et nièces devaient, d'après la novelle 118, succéder par souche ou par tête (³). Le débat sur ce point s'est prolongé jusque dans le conseil d'État. Tout en admettant la représentation des frères et sœurs par leurs enfants et descendants, à quelque degré qu'ils puissent être, la rédaction présentée par la section de législation exigeait encore que le défunt eût laissé des frères ou sœurs. C'est dans la discussion seulement que cette condition a été supprimée (⁴).

(¹) *Nov.* 118, *cap.* 3.
(²) Discussion au C. d'État, séance du 25 frimaire an XI.
(³) Merlin, *Répert.*, v° Représentation, sect. 1, § 3, n° 3 ; Rousseau de la Combe, v° *Représentation*, sect. 2, n° 4.
(⁴) Discussion au C. d'État, séance du 25 frimaire an XI.

743. — Dans tous les cas où la représentation est admise, le partage s'opère par souche : si une même souche a produit plusieurs branches, la subdivision se fait aussi par souche dans chaque branche, et les membres de la même branche partagent entre eux par tête.

SOMMAIRE.

467. Divisions et subdivisions que nécessite le système de la représentation.

467. Les héritiers qui succèdent de leur chef partagent par tête, c'est-à-dire que la succession se divise en autant de parts égales qu'il y a d'héritiers, à moins que la loi n'attribue à l'un ou à plusieurs d'entre eux une part fixe, comme elle l'a fait pour le père et la mère en concours avec les frères, sœurs, neveux ou nièces du défunt, etc. (art. 748 et 749).

Il en est autrement des héritiers qui succèdent par représentation ; ils partagent toujours par souche, parce que les représentants, quel qu'en soit le nombre, doivent prendre tous ensemble la part qui aurait appartenu à leur auteur. Ainsi, lorsque le défunt laisse un fils et des petits-enfants d'un fils ou d'une fille prédécédée, la succession se divise en deux moitiés, dont une pour les petits-enfants et l'autre pour le fils survivant. Il en serait de même si les deux enfants au premier degré étaient prédécédés, laissant l'un trois enfants et l'autre deux. La succession se diviserait encore en deux moitiés, dont l'une se subdiviserait par tête entre les trois petits-enfants qui représentent l'une des souches, tandis que l'autre moitié ne serait subdivisée qu'en deux parts.

Le Code suppose de plus qu'*une même souche a produit plusieurs branches,* et alors il admet une subdivision, non par tête, mais par souche dans chaque branche. Voici l'hypothèse à laquelle s'applique cette décision : un fils prédécédé est représenté dans la succession de son père par un petit-fils survivant et par des arrière-petits-enfants nés d'un autre petit-fils prédécédé. Dans ce cas, la part qu'une première division par souche attribue aux représentants du fils prédécédé, doit se subdiviser encore par souche entre le petit-fils survivant et les enfants de son frère ; quel que soit leur nombre, sauf à eux à partager par tête la part qui leur adviendra du chef de leur père.

Ce que nous avons dit des petits-enfants, arrière-petits-enfants, etc., du défunt, s'applique sans difficulté à ses neveux, petits-neveux, etc.

744. — On ne représente pas les personnes vivantes, mais seulement celles qui sont mortes naturellement ou civilement.

On peut représenter celui à la succession duquel on a renoncé.

468. La règle qui empêche de représenter une personne vivante était admise même avant Dumoulin, mais c'est à lui qu'on l'attribue communément, parce qu'il l'a formulée sur l'article 241 de la coutume du Maine dans les termes suivants : *Reprœsentatio numquam est de persona vivente, sed tantum de parente mortuo naturaliter vel civiliter* [1]. Cependant Pothier décidait qu'en cas de renonciation de tous les enfants, les petits-enfants, bien qu'appelés de leur chef, devaient jouir du bénéfice de la représentation, non pour succéder, mais seulement pour partager par souche et non par tête [2]. Dumoulin lui-même allait plus loin encore ; suivant lui, les enfants du renonçant devaient représenter leur père à l'effet de concourir avec d'autres petits-enfants venant eux-mêmes par représentation d'un enfant prédécédé ; mais cette doctrine avait été rejetée par la plupart des auteurs et par plusieurs arrêts [3].

Ces tempéraments admis par Dumoulin et par Pothier à la rigueur du principe qui empêche de représenter les personnes vivantes, témoignent des répugnances que leur inspiraient les conséquences, souvent fort iniques, de ce principe. Peut-être eût-il été mieux de rejeter le principe lui-même, qui ne se justifie point par des raisons bien solides : le Code, au contraire, a posé une règle absolue. Bien loin d'admettre la représentation des personnes vivantes, il décide spécialement qu'on ne représente jamais celles qui ont renoncé à la succession. Ainsi, lorsque tous les enfants ont renoncé, les petits-enfants partagent par tête. Si les enfants ne renoncent pas tous, la part des renonçants accroît à ceux qui acceptent la succession (art. 787). Enfin, et par application du même principe, lorsqu'il y a deux fils dont l'un renonce et dont l'autre est prédécédé, les enfants de ce dernier, montant au premier degré comme représentant leur père, obtiennent par droit d'accroissement la part de leur oncle, dont les enfants se trouvent exclus.

469. C'est de la loi seule, et non du représenté, que vient le bénéfice

---

[1] Merlin, *Répert.*, v° REPRÉSENTATION, sect. 4, § 2.
[2] Pothier, Successions, chap. 2, art. 1, § 2.
[3] Merlin, *loc. cit.*

de la représentation. C'est donc comme enfants, et non comme héritiers de leur père ou mère, que les représentants prennent sa place. Ainsi, après avoir renoncé à la succession paternelle ou maternelle, ils n'en viennent pas moins par représentation à la succession de l'aïeul. C'est aussi ce qu'on décidait dans l'ancienne jurisprudence, malgré l'argument que fournissait à l'opinion contraire une constitution de Justinien (¹). La Coutume de Paris avait même consacré cette doctrine par une disposition (²) qui a passé dans le Code (art. 848).

Il importe, à cet égard, de ne pas confondre les effets de la représentation avec ceux de la transmission. Les héritiers ne peuvent succéder que de deux manières, ou de leur chef, ou par représentation. Quant à la transmission, ce n'est pas un mode particulier de succéder, puisque celui à qui une hérédité est transmise par le décès de l'héritier, succède à ce dernier et non au DE CUJUS. La transmission et la représentation ont lieu dans des circonstances toutes différentes : si la succession, d'un aïeul, par exemple, arrive par transmission à ses petits-enfants, c'est lorsque leur père a survécu. Dans cette hypothèse, c'est au père lui-même que l'hérédité de l'aïeul a été déférée, et les biens qu'il a acquis comme héritier, se confondant avec ses propres biens, sont devenus le gage de ses créanciers. Les petits-enfants n'y peuvent avoir droit qu'en qualité d'héritiers, non de leur aïeul, mais de leur père, et ils doivent dès lors accepter la succession de ce dernier. La représentation, au contraire, suppose le prédécès du père. Évidemment ce n'est pas à lui qu'est déférée la succession de l'aïeul ; c'est aux petits-enfants, qui succèdent alors comme représentants, et non comme héritiers de leur père. Aussi peuvent-ils le représenter après avoir renoncé à sa succession, et par conséquent sans être tenus envers ses créanciers (³).

470. Si l'on ne représente pas les personnes vivantes, peut-on du moins représenter un absent ? En d'autres termes, la part d'un absent dans une succession ouverte depuis sa disparition peut-elle être recueillie par ses enfants, ou doit-elle rester aux héritiers avec lesquels il aurait eu le droit de concourir ? Supposons, par exemple, un aïeul qui laisse un fils présent et des enfants d'un autre fils absent. Dans cette espèce, on a soutenu que la succession doit rester tout entière au fils présent, par ce motif que « la vie et la mort de l'absent sont, comme « le disait Pothier, également incertaines... Lorsque la mort de cet « absent sert de fondement à une demande, le demandeur est obligé « de fonder sa demande en justifiant de sa mort ; de même, lorsque la « vie de cet absent sert de fondement, comme dans l'espèce ci-dessus

---

(¹) *Nov.* 22, *cap.* 21.
(²) Coutume de Paris, art. 308.
(³) Arrêts de cassation du 5 frimaire an VII, et de rejet du 8 février 1810.

« proposée, le demandeur doit justifier de sa vie (¹). » Cet argument,
fondé sur la règle *actori incumbit onus probandi*, a paru suffisant, sous
le Code, pour écarter les enfants de l'absent, qui, suivant Proudhon (²),
« ne pourraient exercer la pétition d'hérédité, ni au nom de leur père,
« parce qu'on ne peut pas se porter héritier pour un autre, ni en leur
« propre nom, et comme venant par droit de représentation, parce que
« la mort de leur père n'est pas prouvée, et qu'on ne peut représenter
« quelqu'un qu'autant qu'il est décédé. »

On a répondu pour les enfants du fils absent par le dilemme suivant:
« Il ne peut y avoir de milieu ; notre père était vivant ou mort à l'é-
« poque du décès de notre aïeul. S'il était vivant, il a recueilli sa part,
« et il nous l'a transmise avec sa propre succession ; nous pouvons
« donc la prendre par droit de transmission. S'il était mort, nous pou-
« vons le représenter, et par conséquent prendre sa part (³). » Cet argument suffit pour démontrer que la succession de l'aïeul ne saurait
appartenir tout entière au fils présent (⁴), mais il laisse indécise la
question de savoir si les enfants de l'absent ont réellement droit à la
moitié de la succession, attendu que leur père peut être encore vivant
et se trouver investi de l'hérédité. En supposant que ses enfants aient
droit à la succession de leur aïeul, il faut encore savoir s'ils
viennent par droit de transmission ou par droit de représentation, ce
qui, ainsi que nous l'avons démontré, est loin d'être indifférent. Il reste
donc à examiner à quel titre les enfants de l'absent peuvent se présenter au partage.

471. Et d'abord, ils ne sauraient invoquer le droit de transmission ; car, d'après l'article 135, quiconque réclame un droit échu à une
personne dont l'existence n'est pas reconnue, doit prouver que cette
personne existait à l'époque où le droit s'est ouvert. Ainsi les petits-enfants qui ne justifient pas de l'existence de leur père à la mort de l'aïeul,
sont non recevables à prétendre que ses droits leur ont été transmis.
Mais sont-ils également tenus de prouver le prédécès de leur père,
lorsqu'ils prétendent venir par représentation ?

472. Pothier reconnaissait que la mort de l'absent doit se présumer
après l'âge de cent ans (⁵). Cette présomption se retrouve dans le Code
civil (art. 129) ; mais elle concerne seulement les biens qui appartenaient à l'absent au jour de sa disparition. On ne saurait donc l'étendre
aux successions ouvertes depuis cette époque. Dès lors, s'il fallait s'en

---

(¹) Pothier, Successions, chap. 1, sect. 2, art. 1.
(²) Proudhon, Traité de l'état des personnes, chap. 20, sect. 6, § 3, question 4.
(³) Delvincourt, liv. 1, tit. 5, chap. 3, sect. 1.
(⁴) A moins qu'on ne suppose l'absent vivant et renonçant, comme le fait Proudhon ; mais la renonciation dans le système du Code ne se présume pas (art. 784).
(⁵) Pothier, Successions, chap. 1, sect. 2, art. 1.

tenir à la règle *actori incumbit onus probandi*, on déciderait forcément que les enfants de l'absent ne peuvent pas plus venir par représentation que par transmission. Heureusement une disposition spéciale de la loi permet d'éviter ce résultat. L'article 136 établit, relativement aux successions ouvertes après la disparition de l'absent, une présomption toute spéciale. Ces successions sont exclusivement dévolues aux personnes avec qui l'absent aurait concouru, ou à celles qui auraient succédé *à son défaut*. Évidemment la loi, en statuant ainsi, suppose le prédécès de l'absent ; il ne peut donc plus être question de sa survie (470), et c'est uniquement par droit de représentation que ses enfants viennent à la succession.

Toutefois on a contesté le sens de l'article 136. Proudhon distingue dans cette disposition deux ordres de successibles, savoir : 1° ceux qui auraient concouru avec l'absent ; 2° ceux qui auraient succédé à son défaut. Les petits-enfants, dit-il, sont dans cette dernière classe, et dès lors ils ne peuvent succéder qu'autant qu'il ne se trouve point, dans la première, de parents au même degré que leur père. Autrement, c'est à ces parents que la succession est *exclusivement* dévolue, et avec raison, suivant Proudhon, puisqu'ils ont un droit certain, tandis que les enfants de l'absent n'ont qu'un droit conditionnel subordonné au prédécès de leur père. Rien ne prouve, selon nous, que la loi ait établi deux ordres de successibles venant l'un à défaut de l'autre. Si elle distingue le cas où certains parents auraient pu concourir avec l'absent, du cas où des parents d'un degré inférieur auraient succédé à son défaut, c'est pour prévoir tout à la fois l'hypothèse où l'absent serait représenté, et celle où sa part devrait profiter à des héritiers du même degré. Il n'y a rien à conclure de la place que le mot *exclusivement* occupe dans l'article 136 ; car il est commun aux deux membres de phrase séparés par la disjonctive *ou*. C'est donc uniquement à la personne de l'absent que se rapporte l'exclusion. Quant au droit *certain* des parents qui sont au même degré que l'absent, il existe indubitablement sur la part qui leur est personnellement déférée ; mais il s'agit ici de la part de l'absent, et, à cet égard, le droit des parents qui auraient pu concourir avec lui est subordonné à la double condition de sa survie et de sa renonciation. Leur vocation est donc aussi incertaine, pour ne rien dire de plus, que celle des personnes appelées à défaut de l'absent. Dans cette incertitude, il faut agir comme si l'absent n'existait pas à l'époque où la succession s'est ouverte. Dès lors, cette succession doit appartenir *à ceux qui l'auraient recueillie à son défaut*, c'est-à-dire, suivant les circonstances, à ses représentants ou à ceux qui auraient concouru avec lui [1].

---

[1] La représentation a été admise, dans l'espèce, par un arrêt de la cour de

SECTION III.

DES SUCCESSIONS DÉFÉRÉES AUX DESCENDANTS.

745. — Les enfants ou leurs descendants succèdent à leurs père et mère, aïeuls, aïeules, ou autres ascendants, sans distinction de sexe ni de primogéniture, et encore qu'ils soient issus de différents mariages.

Ils succèdent par égales portions et par tête, quand ils sont tous au premier degré et appelés de leur chef : ils succèdent par souche lorsqu'ils viennent tous ou en partie par représentation.

SOMMAIRE.

473. Anciennes distinctions supprimées par le droit intermédiaire et par le Code.
474. Projet de loi tendant au rétablissement du droit d'aînesse et à l'extension des substitutions. Lois du 17 mai 1826 et du 11 mai 1849.
475. Dans quel cas les descendants partagent par tête ou par souche.

473. En appelant les enfants ou descendants à la succession de leurs père, mère ou autres ascendants, le Code signale trois sortes de distinctions admises dans le droit coutumier et déjà supprimées par la législation intermédiaire, savoir :

1° Les distinctions de sexe.

D'après la Coutume de Normandie ([1]), les filles ne pouvaient succéder aux propres tant qu'il existait des enfants mâles. A l'égard des meubles et des acquêts, cette même coutume déférait la succession aux enfants mâles, en les obligeant à constituer une dot à leurs sœurs, lorsqu'elles n'avaient pas été mariées par les père et mère de leur vivant.

Plusieurs autres coutumes, en prononçant la même exclusion, ne distinguaient point les propres des acquêts. Parmi ces coutumes, les unes, comme celle d'Auvergne, privaient de toute succession les filles mêmes qui n'avaient rien reçu en mariage ; les autres, comme celles de Bretagne et de Bourbonnais, n'excluaient les filles mariées qu'autant qu'elles avaient été convenablement dotées ([2]).

2° Les distinctions de primogéniture.

Certaines coutumes, notamment celle de Ponthieu, attribuaient toute la succession au fils aîné, en le chargeant de partager une certaine quantité de biens entre ses puînés. Dans les autres coutumes, les en-

---

Paris, du 27 janvier 1812. D'après un arrêt de rejet du 10 novembre 1824, la même décision doit être adoptée, même pour les successions ouvertes avant la promulgation du Code.

([1]) Art. 249, 252 et 253.

([2]) Merlin, *Répert.*, v° RAPPEL, sect. 3.

fants succédaient tous ensemble, mais l'aîné avait presque toujours des avantages plus ou moins considérables [1].

3° Les distinctions relatives aux différents mariages d'où sont issus les enfants.

D'après plusieurs coutumes de Flandre et d'après celle d'Arras, la dissolution du mariage attribuait aux enfants qui en étaient issus, outre la succession du parent prédécédé, un droit de *dévolution* sur les biens du survivant, droit qui mettait celui-ci dans l'impossibilité d'aliéner. Il était donc obligé de conserver ses biens aux enfants nés de ce mariage, à l'exclusion des autres enfants qu'il pourrait avoir ultérieurement [2].

Les droits d'aînesse et de masculinité ont été supprimés, à l'égard des fiefs, par la loi du 8 mars 1790, et, à l'égard des autres biens, par celle du 15 avril 1791. Cette dernière loi a supprimé en même temps les dispositions des coutumes qui, dans une même succession, établissaient des différences entre les enfants nés de divers mariages [3].

474. Le gouvernement de la restauration a tenté, en 1826, de faire revivre en partie le droit d'aînesse. En même temps qu'il proposait d'élargir le cercle des substitutions permises par le Code civil, il demandait que la portion disponible formât un préciput en faveur du fils aîné, toutes les fois que le défunt n'aurait pas fait de dispositions contraires; mais le projet a été rejeté en ce qui touche cette dernière partie, et il n'en est resté que la loi du 17 mai 1826, relative aux substitutions, loi abrogée elle-même par celle du 11 mai 1849.

475. Les enfants et descendants succèdent par égales portions quand ils sont tous *au premier degré*, ou, plus exactement, au degré le plus proche; par exemple, au second degré, quand il ne reste ni fils ni filles du défunt. Il faut toutefois, pour qu'il en soit ainsi, que les petits-enfants succèdent de leur chef, c'est-à-dire, que les fils ou filles aient renoncé ou aient été déclarés indignes; car leur prédécès donne lieu à la représentation, que les représentants se trouvent en degrés égaux ou inégaux (art. 740), et alors la succession se partage par souche (art. 743).

---

[1] Pothier, Successions, chap. 2, sect. 1.

[2] Merlin, *Répert.*, v° DÉVOLUTION COUTUMIÈRE, § 2. Louis XIV a entrepris, en 1667, la guerre de Flandre, pour soutenir ce qu'on appelait alors le droit de la reine, c'est-à-dire le droit de dévolution appartenant à la reine Marie-Thérèse, infante d'Espagne, née du premier mariage de Philippe IV.

[3] Loi du 15 avril 1791, art. 1.

SECTION IV.

SECTION IV.

DES SUCCESSIONS DÉFÉRÉES AUX ASCENDANTS.

746. — Si le défunt n'a laissé ni postérité, ni frère, ni sœur, ni descendants d'eux, la succession se divise par moitié entre les ascendants de la ligne paternelle et les ascendants de la ligne maternelle.

L'ascendant qui se trouve au degré le plus proche, recueille la moitié affectée à sa ligne, à l'exclusion de tous autres.

Les ascendants au même degré succèdent par tête.

SOMMAIRE.

476. Troisième ordre de succession. Application aux ascendants du système de la fente. Exclusion de la représentation.

476. Cet article suppose que le défunt n'a laissé *ni postérité, ni frère, ni sœur, ni descendants d'eux.* C'est alors que les ascendants viennent en troisième ordre ; et dans cet ordre se trouvent compris les père et mère eux-mêmes, qui sont appelés concurremment avec les frères et sœurs ou descendants d'eux (art. 748 et 749).

La division par moitié entre les ascendants paternels et maternels, et l'attribution exclusive de chaque moitié au plus proche dans chaque ligne, ne sont que les conséquences de la fente des biens (art. 733), et de cet autre principe que les ascendants ne succèdent jamais par représentation (art. 741).

747. — Les ascendants succèdent, à l'exclusion de tous autres, aux choses par eux données à leurs enfants ou descendants décédés sans postérité, lorsque les objets donnés se retrouvent en nature dans la succession.

Si les objets ont été aliénés, les ascendants recueillent le prix qui peut en être dû. Ils succèdent aussi à l'action en reprise que pouvait avoir le donataire.

351. *Si l'adopté meurt sans descendants légitimes, les choses données par l'adoptant, ou recueillies dans sa succession, et qui existeront en nature lors du décès de l'adopté, retourneront à l'adoptant ou à ses descendants, à la charge de contribuer aux dettes, et sans préjudice des droits des tiers.*

Le surplus des biens de l'adopté appartiendra à ses propres parents ; et ceux-ci excluront toujours, pour les objets même spécifiés au présent article, tous héritiers de l'adoptant autres que ses descendants.

352. *Si, du vivant de l'adoptant, et après le décès de l'adopté, les enfants ou descendants laissés par celui-ci mouraient eux-mêmes sans postérité, l'adoptant succédera aux choses par lui données, comme il est dit en l'article précédent; mais ce droit sera inhérent à la personne de l'adoptant, et non transmissible à ses héritiers, même en ligne descendante.*

SOMMAIRE.

477. Le droit attribué aux ascendants, de succéder aux choses par eux données, tire son origine des règles établies en droit romain sur la dot profectice, ainsi appelée parce qu'elle provenait, à la femme, de son père ou d'un ascendant paternel. Cette dot devait être rendue à l'ascendant qui l'avait constituée, lorsqu'il existait encore à la dissolution du mariage arrivée par la mort de sa fille. Ce droit, qui n'était d'abord qu'une conséquence de la puissance paternelle [1], a été ensuite attaché à la seule qualité de père ou d'aïeul, même à l'égard de la fille émancipée [2]. Du reste, le principe du droit romain a reçu une notable extension dans les pays de droit écrit. Ce qui avait été établi relativement à la dot, a été appliqué aux autres donations, et le privilége qui était réservé aux ascendants paternels, a été étendu à tou

---

[1] *Pompon. L.* 6, *D. de jur. dot.* ; *Alexand. L.* 4, *C. solut. matrim.*

[2] *Pompon. L.* 10; *Julian. L.* 59, *D. solut. matrim.*; *Ulp. L.* 5, *D. de divort.*

les ascendants sans distinction. D'un autre côté, d'après l'esprit de la législation moderne, qui rattache la conservation de la dot à l'intérêt des enfants, le droit de l'ascendant donateur a été restreint au cas où le donataire prédécédé ne laisse aucune postérité [1].

478. Ce droit n'avait point partout le même caractère. Il est fondé, selon Furgole, « sur une stipulation tacite, inhérente à la donation, et « les biens donnés reviennent de plein droit, *veluti quodam jure postli-* « *minii* [2]; » c'est-à-dire, comme ils reviendraient en vertu d'une condition expressément insérée dans la donation. Ce système faisait tomber toutes les aliénations, toutes les charges et hypothèques consenties par le donataire, qui était réputé n'avoir jamais eu la propriété (V. art. 952). De là vient que le droit des ascendants sur les biens par eux donnés a été appelé droit de *réversion*, et plus spécialement droit de *retour légal*, par opposition au retour conventionnel, qui résulte d'une clause expresse de la donation (V. art. 951). Toutefois les conséquences du principe de Furgole n'étaient réellement admises que dans les parlements de Toulouse, de Grenoble et de Bordeaux. Dans les pays de droit écrit qui ressortissaient au parlement de Paris, le donataire disposait librement des biens donnés; les aliénations qu'il avait faites et les hypothèques par lui constituées conservaient leur effet à l'égard du donateur. Le parlement de Provence avait admis un moyen terme : il maintenait les hypothèques et les aliénations à titre onéreux, tandis qu'il annulait les aliénations à titre gratuit [3].

Le retour légal au profit des ascendants donateurs a été introduit dans la dernière rédaction de la Coutume de Paris par l'influence de Dumoulin. Ce droit n'avait pas d'ailleurs, dans les pays coutumiers, les mêmes effets que dans les pays de droit écrit. Ce n'est que dans un très-petit nombre de coutumes qu'il constituait une condition résolutoire. En règle générale, c'est à titre successif que les ascendants reprenaient les biens par eux donnés [4]. La Coutume de Paris s'en expliquait en ces termes: « Toutefois ils (les père, mère, aïeul et aïeule) « *succèdent* aux choses par eux données à leurs enfants décédant sans « enfants et descendants d'eux [5]. »

La loi de nivôse, en se bornant à maintenir le retour conventionnel (V. art. 951), avait implicitement supprimé le retour légal [6]. Le Code civil, plus favorable aux ascendants, leur restitue leur ancienne pré-

---

    [1] Merlin, *Répert.*, vº RÉVERSION, sect. 1, § 1, art. 1 et 2; § 2, art. 1, nº 3.

    [2] Furgole, sur l'ordonn. de 1731, quest. 42.

    [3] Merlin, *Répert.*, vº RÉVERSION, sect. 1, § 2, art. 2 et 3.

    [4] Merlin, *ibid.*, sect. 2, § 2.

    [5] Coutume de Paris, art. 313.

    [6] Loi du 17 nivôse an II, art. 74. C'est ce qu'a jugé la Cour d'Agen (Arrêts des 20 et 28 *février* 1807).

rogative; mais il ne paraît pas admettre le système de Furgole, puisqu'il établit en faveur des ascendants un ordre spécial de succession, tel à peu près qu'il existait dans le droit coutumier, et spécialement dans la Coutume de Paris.

479. Voyons d'abord sur quels biens s'exerce le droit de l'ascendant donateur.

Le mot *choses*, pris ici comme synonyme de *biens*, n'a plus le sens qu'il avait dans la coutume. Autrefois, le retour légal s'appliquait seulement aux immeubles, que l'ascendant reprenait comme héritier aux propres dans la succession du donataire (¹). Suivant le Code, au contraire, les ascendants reprennent tous les biens, meubles ou immeubles, aliénés par une donation entre-vifs proprement dite. Quant à la donation de biens à venir par contrat de mariage, comme elle ne produit son effet qu'à la mort du donateur, elle ne peut évidemment lui conférer aucun droit sur la succession du donataire.

Pour que les ascendants succèdent aux choses par eux données à leurs enfants ou descendants, il faut que ceux-ci soient *décédés*. Quoique ce mot ne s'entende ordinairement que des personnes mortes naturellement, le droit de l'ascendant donateur doit s'exercer dans la succession du donataire de quelque manière qu'elle soit ouverte, et par conséquent en cas de mort civile comme en cas de mort naturelle (²).

Il faut, de plus, que le donataire soit décédé sans *postérité*, parce que le donateur est présumé avoir embrassé les enfants du donataire dans la libéralité faite à ce dernier. La postérité d'une personne se compose de ses descendants, quel que soit leur degré. Quant à l'adopté, si l'on peut dire, d'une part, qu'il n'est pas compris dans le mot postérité, et d'autre part, que l'intention présumée du donateur ne s'étend pas jusqu'à lui, il est facile de répondre qu'il a dans la succession de l'adoptant tous les droits d'un enfant légitime (art. 350). Dût-on prendre à la lettre le mot *postérité*, l'adopté aurait au moins les droits d'un légataire universel. Or, comme nous le verrons, l'ascendant donateur est primé par les légataires.

On se demande encore si le mot *postérité* comprend les enfants naturels du donataire. Ce qui fait la difficulté, c'est que les enfants naturels ne figurent point parmi les héritiers proprement dits (V. art. 756), et n'ont sur la succession de leurs père et mère que des droits fort restreints (art. 757). Ils sont de plus repoussés, dans une hypothèse analogue, par l'article 351, qui, en accordant à l'adoptant une prérogative semblable à celle des véritables ascendants, la lui accorde par cela seul que l'adopté meurt *sans descendants légitimes*. Mais tout en recon-

---

(¹) Pothier, Successions, chap. 1, sect. 2, art. 3, § 2.

(²) Il en est de même en cas de déclaration d'absence (Nancy, 31 *janvier* 1838).

naissant que l'ascendant donateur est préféré aux enfants naturels ([1]),
on se demande s'il n'existe pas au moins une réserve en faveur de ces
derniers. Nous examinerons cette question sur l'article 913, et nous
verrons alors comment le droit de l'ascendant donateur peut se combiner avec celui de l'enfant naturel.

480. Enfin, on s'est demandé si le droit de retour légal s'exerce seulement dans la succession du donataire, ou s'il doit s'exercer aussi
dans celle des enfants du donataire, lorsqu'ils lui ont survécu et
qu'ils décèdent eux-mêmes sans postérité ? Cette question était controversée sous la Coutume de Paris : Ferrière la décidait négativement;
suivant Pothier, au contraire, « cette préférence de l'ascendant dona-
« teur sur les autres parents a lieu non-seulement dans la succession
« de l'enfant qui était lui-même donataire, mais encore dans celle des
« enfants de cet enfant donataire ([2]). » Pour apprécier cette décision
de Pothier, il faut se rappeler que, dans les coutumes, le droit de l'ascendant donateur n'était en réalité qu'un droit de succession aux propres; aussi, en reconnaissant que le donateur devait être préféré à
tous les collatéraux, s'était-on demandé s'il devait être également préféré à un ascendant plus proche. Pothier résolvait cette question par
l'affirmative, parce que cette solution lui paraissait plus conforme au
texte de la coutume. Cette préférence une fois établie en faveur du
donateur dans la succession du donataire, il n'y avait pas de motifs
pour la lui refuser dans la succession des enfants de ce dernier; car
c'était toujours une succession aux propres, et tel est sans doute le
motif qui avait déterminé la décision de Pothier. Depuis l'abrogation
de la règle *paterna paternis,* etc., il n'y a plus de succession aux propres; le retour légal est un droit exceptionnel, contraire à la règle qui
défère la succession sans considérer l'origine des biens (art. 732), à la
règle qui consacre le système de la fente (art. 733), et à celle qui préfère l'ascendant le plus proche au plus éloigné (art. 741), contraire, en
un mot, à tous les principes établis par la loi en matière de succession.
Ce droit spécial doit donc être restreint dans les limites que lui assi-
gne le texte du Code. Or, il est accordé à l'ascendant donateur, et par
conséquent dans la succession du donataire. Relativement aux enfants
du second degré, l'ascendant n'est plus un donateur. C'est comme
héritiers de leur père qu'ils ont recueilli les biens donnés, désormais
confondus dans la masse de leur patrimoine ([3]).

([1]) Il existe en ce sens un arrêt de Cassation du 3 juillet 1832.

([2]) Pothier, Successions, chap. 2, sect. 2, art. 3, § 2.

([3]) Voyez, en ce sens, les arrêts de la cour d'Agen (20 et 28 *février* 1807), de la
cour de Nimes (14 *mai* 1819), et de la Cour de cassation (arr. de rejet du 18 *août*
1818 et du 30 *novembre* 1819).

481. Lorsque le donataire décède sans postérité, l'ascendant donateur succède à *l'exclusion de tous autres*, c'est-à-dire, par préférence à tous les parents qui, d'après la règle ordinaire des successions, lui seraient préférés. Tels sont les frères, sœurs, neveux, nièces, etc., et les ascendants de la même ligne que le donateur, mais plus proches en degré, par exemple le père ou la mère, lorsqu'il s'agit d'une donation faite par un aïeul à ses petits-enfants. On voit par là qu'en appelant les ascendants à succéder aux choses par eux données, la loi établit en leur faveur un ordre de succession tout à fait spécial. Ainsi, quand l'ascendant donateur se trouve le plus proche dans l'une des deux lignes paternelle ou maternelle, il recueille, d'une part, comme ascendant et conformément au droit commun, la portion de biens que la loi lui attribue en cette seule qualité, et, d'autre part, comme donateur, les choses par lui données. Dans cette hypothèse, il y a véritablement deux successions susceptibles d'être acceptées ou répudiées séparément. Nous verrons plus tard que les ascendants ont, dans la succession ordinaire, une réserve, et nous examinerons, sur l'article 915, les difficultés que soulève ce droit de réserve lorsqu'il se trouve concourir avec la prérogative de l'ascendant donateur.

482. Les biens donnés ne reviennent au donateur qu'autant qu'ils se retrouvent *en nature dans la succession*, c'est-à-dire, lorsque le donataire défunt ne les a pas aliénés à titre onéreux ou à titre gratuit, soit par donation entre-vifs, soit même par testament [1]; car non-seulement l'ascendant donateur n'a qu'un droit de succession; mais la disposition qui lui attribue ce droit est limitée, comme toutes les autres dispositions de ce titre, aux successions déférées ab intestat.

Pour être opposable à l'ascendant donateur, l'aliénation doit avoir un caractère définitif, qui ne laisse au donataire aucun moyen de rentrer dans la propriété des objets dont il a disposé. Telle ne serait pas une aliénation susceptible de se résoudre par l'accomplissement d'une condition résolutoire, par exemple dans l'hypothèse d'une vente à réméré (V. art. 1659 et suiv.). En pareil cas, la propriété des objets aliénés doit être considérée comme n'ayant jamais cessé d'appartenir à celui qui les reprend. Si le donataire, après avoir ainsi aliéné, meurt avant l'accomplissement de la condition qui peut résoudre l'aliénation, l'ascendant donateur succède au droit éventuel qu'avait le défunt; c'est en vertu de ce principe que la loi lui accorde *l'action en reprise que pouvait avoir le donataire.*

---

[1] Après s'être déjà prononcée en ce sens par un arrêt de rejet du 17 décembre 1812, la Cour de cassation a cassé, le 16 mars 1830, un arrêt de la cour d'Agen qui préférait l'ascendant au légataire. L'affaire a été jugée par la cour de Bordeaux, le 16 avril 1831, en faveur du légataire, et plusieurs arrêts de cours d'appel sont venus confirmer cette jurisprudence.

Lors même que la vente est contractée purement et simplement, l'aliénation qui en résulte est toujours subordonnée à une condition résolutoire tacite pour le cas où le prix ne serait pas acquitté (art. 1184 et 1654); mais l'ascendant ne succède pas seulement à l'action en reprise, il succède aussi à l'action en payement du prix, qui a une étroite connexité avec la précédente. Cette disposition du Code semble aussi s'expliquer par le souvenir du droit romain, d'après lequel l'acheteur ne devenait pas propriétaire avant le payement du prix. Par un vestige de cette ancienne règle, la vente dont le prix reste dû est considérée, relativement au droit de retour, comme une aliénation incomplète.

483. Si, après s'être dépouillé par une aliénation définitive, le donataire acquiert de nouveau les mêmes biens, par exemple, s'il les rachète ou s'il les recueille dans une succession, il ne les possède plus au même titre; dès lors l'ascendant donateur n'y a plus aucun droit, parce que ce n'est plus de lui que le défunt les tient. Le droit de retour a cessé d'exister au moment où les biens ont été aliénés. Une nouvelle acquisition ne saurait le faire revivre. On a objecté que, les choses se retrouvant *en nature dans la succession,* la condition exigée par la loi est remplie, et qu'il y aurait de l'arbitraire à exiger que les biens se retrouvassent au même titre dans la succession du donataire. Mais il a été répondu avec raison que l'ascendant n'a le droit de retour qu'en qualité de donateur. Dès lors, s'il succède aux choses qui existent en nature dans la succession, ce n'est qu'autant qu'elles y sont en vertu de la donation. Que déciderait-on, en effet, si, après avoir été aliéné par le donataire, le même bien lui était donné de nouveau par un autre ascendant. Évidemment c'est à ce dernier qu'appartiendrait le droit de retour. Il faut donc reconnaître, d'après l'esprit de la loi, que les choses doivent exister en nature dans la succession, et, de plus, s'y retrouver au même titre. C'est en vain qu'on voudrait opposer à cette décision la doctrine de la subrogation réelle; car cette subrogation, comme nous allons le voir, n'existe pas dans la matière qui nous occupe.

Ceux qui admettent cette subrogation, l'appliquent notamment en cas d'échange, et veulent que l'ascendant donateur reprenne l'objet reçu par le défunt en contre-échange; ils se fondent, soit sur l'article 1407, d'après lequel l'immeuble acquis à titre d'échange par l'un des époux communs en biens est subrogé à l'immeuble aliéné, soit sur l'article 1559, qui, en autorisant à certaines conditions l'échange des immeubles dotaux, décide que les immeubles acquis en contre-échange seront dotaux eux-mêmes. Mais la subrogation n'est pas alors un effet naturel du contrat; c'est seulement une précaution prise par le législateur pour obvier aux inconvénients qui naîtraient de l'échange dans les deux hypothèses signalées. Le soin même que le législateur a pris de s'expliquer dans ces deux articles, prouve qu'il se plaçait en dehors du droit commun.

484. Jusqu'ici nous avons supposé une donation d'immeubles. Voyons si les meubles sont soumis aux mêmes principes. La loi parle en général des *choses données*, et s'applique sans difficulté aux meubles corporels. Quant aux créances, on se demande comment elles peuvent se retrouver en nature. Incontestablement les créances subsistent en nature tant qu'elles n'ont pas été cédées ou éteintes. Si l'on suppose, au contraire, qu'une obligation a été substituée à une autre, par exemple en cas de novation, nous ne voyons pas de raison pour ne pas appliquer ce que nous avons dit sur le cas d'échange.

Si la donation consiste en argent monnayé, l'ascendant donateur ne peut reprendre la somme que dans le cas assez rare où il est constant que le donataire l'a conservée sans en faire usage et sans la confondre dans la masse de son patrimoine. La même décision doit s'appliquer aux billets de banque : remarquons toutefois que, ces billets faisant l'office de monnaie, leur échange contre des écus ne ferait point obstacle au droit de retour, pourvu que l'origine du numéraire fût bien constante [1].

Du reste, nous n'admettons nullement que ce droit puisse s'exercer sur un objet, meuble ou immeuble, acheté par le défunt avec l'argent donné [2]. Nous repoussons à plus forte raison l'opinion qui, en cas de perte des choses données, autorise l'ascendant à reprendre l'équivalent sur les autres biens existant dans la succession. Ce système ne tendrait à rien moins qu'à effacer la règle qui exige que les choses se retrouvent en nature. Quelque favorable que paraisse la prérogative des ascendants, il ne faut pas oublier qu'elle est tout exceptionnelle, et que dès lors elle ne doit pas être étendue au delà des limites fixées par le texte du Code [3].

485. C'est uniquement à titre de succession, comme l'indique suffisamment le texte du Code, que l'ascendant reprend les choses par lui données. Dès lors il les reprend dans l'état où elles se trouvent, avec les droits réels dont les a grevées le donataire, et par la même raison il doit supporter une partie des dettes. Pour soutenir le contraire, il faudrait supposer qu'il existe une différence de principe entre l'hypothèse

---

(1) Suivant un arrêt de rejet du 30 juin 1817, il suffirait qu'on trouvât, lors du décès du donataire, une somme égale à celle qui a été donnée.

(2) Ainsi, le retour ne peut s'exercer sur un immeuble donné à la femme en paiement de la dot constituée en argent par l'ascendant (arrêt de rejet du 7 *février* 1821).

(3) Selon Maleville, « le droit de retour doit toujours avoir lieu, excepté seule- « ment que l'objet n'en ait péri dans les mains du donataire, ou n'ait été dissipé « par lui sans emploi utile. »

prévue par l'article 747 et celle de l'article 351, qui, en accordant à l'adoptant une prérogative semblable à celle des ascendants, ne la lui accorde qu'à *la charge de contribuer aux dettes et sans préjudice du droit des tiers.* Or, il n'y a aucune raison sérieuse de distinguer entre les deux hypothèses : si l'un des donateurs est plus favorable que l'autre, c'est assurément l'adoptant, dont la libéralité est indépendante des liens du sang, et qui d'ailleurs n'a aucun droit sur la succession ordinaire de l'adopté. Le législateur aurait pu sans doute lui donner un droit de retour fondé sur une condition résolutoire tacite, et alors il n'aurait eu aucune charge réelle à supporter ; mais puisqu'il en est autrement, puisque l'adoptant lui-même contribue aux dettes et reste soumis aux droits réels créés par l'adopté, en un mot, puisque le droit de retour n'est pour lui qu'un droit de succession, on ne comprendrait pas que ce droit revêtît un autre caractère à l'égard de l'ascendant donateur. On ne saurait donc sans inconséquence soutenir que les biens donnés lui reviennent par suite d'une condition résolutoire (¹).

Nous examinerons, en expliquant l'article 873, jusqu'à quel point les créanciers peuvent agir contre un héritier qui ne succède ainsi qu'à des biens déterminés.

486. Voyons maintenant comment les règles précédemment exposées s'appliquent à l'adoptant.

Ce dernier ne reprend également les choses par lui données qu'autant qu'elles existent en nature *au décès de l'adopté,* c'est-à-dire dans sa succession. Il est vrai que le Code, en décidant que ces choses *retourneront* à l'adoptant, semble établir un retour fondé sur une condition résolutoire; mais toute équivoque disparaît devant la disposition précise de l'article 351, qui maintient les droits des tiers et soumet l'adoptant au payement des dettes. En lui imposant cette obligation, la loi caractérise clairement le privilége qu'elle lui accorde. C'est une véritable succession, et non pas un droit de retour (²).

Quoique le législateur ne s'en soit pas expliqué au titre de l'Adoption, on admet généralement que la disposition de l'article 747 sur les *actions en reprise* doit être suppléée dans l'article 351. Faut-il également suppléer la décision relative au prix des biens vendus? Nous ne voyons aucune raison de scinder des dispositions que le législateur a réunies dans un même alinéa, et qui se rattachent, comme nous l'avons dit, à la même idée, savoir que l'ascendant donateur ne doit être privé du droit de retour que par une aliénation complète et définitive.

(¹) Aussi une circulaire de la régie de l'enregistrement, en date du 23 brumaire an VIII, applique-t-elle au retour légal le droit proportionnel dont sont passibles les mutations par décès.

(²) Ainsi jugé, par arrêt de cassation, le 28 décembre 1829.

487. Voyons maintenant à l'exclusion de qui s'exerce, en cas d'adoption, le droit de retour, et à quelles personnes il est accordé.

Si le droit de l'ascendant ne s'exerce qu'autant que le donataire décède *sans postérité*, le droit de l'adoptant, au contraire, est expressément restreint au cas où l'adopté meurt *sans descendants légitimes*. Il en résulte que l'existence d'enfants naturels de l'adopté ne saurait en aucune manière faire obstacle au droit de l'adoptant, sauf toutefois la question de savoir si, dans cette hypothèse même, les enfants naturels ont droit à une réserve (V. l'explication de l'article 913).

Quant aux personnes qui auraient été elles-mêmes adoptées par l'adopté, ce ne sont pas là, à proprement parler, des descendants légitimes ; il semble donc que l'adoptant devrait également les primer. Cependant il ne faut pas oublier que tous les droits des enfants légitimes appartiennent aux enfants adoptifs (art. 350), et, lors même qu'il n'en serait pas ainsi, il faudrait encore leur reconnaître les droits des légataires universels ; or, comme les légataires sont préférés à l'adoptant, la même préférence doit appartenir, dans l'hypothèse, aux personnes que l'adopté a lui-même prises en adoption.

488. L'ascendant donateur n'exerce son droit que dans la succession du donataire ; mais l'adoptant exerce le sien tant dans la succession de l'adopté que dans celle de ses enfants et même de ses descendants. L'extension donnée à la prérogative de l'adoptant s'explique par cette circonstance qu'il n'est jamais appelé à la succession ordinaire. D'un autre côté, l'adoption, en cas de prédécès de l'adopté et de ses descendants, devient sans objet, et l'on conçoit que le législateur préfère l'adoptant aux autres parents de l'adopté, en ce qui concerne les choses par lui données.

489. C'est par la même raison que la loi accorde aux descendants de l'adoptant prédécédé, mais seulement dans la succession de l'adopté, le droit qu'aurait eu leur auteur, et même un droit plus étendu, puisqu'il s'applique à tous les biens provenant de l'adoptant. Ainsi, indépendamment des choses par lui données entre-vifs, les descendants de l'adoptant reprennent les biens recueillis dans sa succession par l'adopté.

Nous trouverons une prérogative semblable attribuée aux frères et sœurs légitimes d'un enfant naturel dans l'article 766.

748. — Lorsque les père et mère d'une personne morte sans postérité lui ont survécu, si elle a laissé des frères, sœurs, ou des descendants d'eux, la succession se divise en deux portions égales, dont moitié seulement est déférée au père et à la mère, qui la partagent entre eux également.

L'autre moitié appartient aux frères, sœurs ou descendants d'eux, ainsi qu'il sera expliqué dans la section V du présent chapitre.

749. — Dans le cas où la personne morte sans postérité laisse des frères, sœurs, ou des descendants d'eux, si le père ou la mère est prédécédé, la portion qui lui aurait été dévolue conformément au précédent article, se réunit à la moitié déférée aux frères, sœurs ou à leurs représentants, ainsi qu'il sera expliqué à la section V du présent chapitre.

Si le père ou la mère est prédécédé. Évidemment il en serait de même en cas de renonciation ou d'indignité.

SOMMAIRE.

490. Second ordre de succession. Règles spéciales indépendantes du principe de la fente.

490. La loi suppose ici l'existence soit du père et de la mère, soit de l'un d'eux seulement, avec des frères et sœurs, neveux et nièces, etc., appelés à succéder en second ordre.

- Dans le premier cas, c'est-à-dire, lorsque les père et mère ont survécu, si la succession se divise en deux portions égales, ce n'est nullement en vertu du principe qui attribue la moitié des biens aux parents paternels et l'autre moitié aux parents maternels. Cela est si vrai que, si les frères et sœurs étaient tous consanguins ou tous utérins, ils n'en auraient pas moins la moitié des biens (¹).

D'un autre côté, il n'en est pas de la moitié attribuée aux père et mère comme de celle qui est dévolue aux frères et sœurs. A défaut du père ou de la mère, la part du prédécédé ne profite pas au survivant, mais aux frères et sœurs ou à leurs descendants, qui ont alors les trois quarts de la succession. C'est qu'à proprement parler, les frères et sœurs ou leurs descendants sont appelés, quel que soit leur nombre, à toute la succession (art. 750), sauf la déduction d'un quart pour chacun des père et mère (art. 751).

SECTION V.

DES SUCCESSIONS COLLATÉRALES.

750. — En cas de prédécès des père et mère d'une personne morte sans postérité, ses frères, sœurs ou leurs descendants sont

---

(¹) Bien que cette prérogative des frères et sœurs résulte clairement des articles 748 et 752, il a fallu, pour la consacrer, qu'il intervînt plusieurs décisions judiciaires, notamment un arrêt de rejet du 27 décembre 1809.

appelés à la succession, à l'exclusion des ascendants et des autres collatéraux.

Ils succèdent, ou de leur chef, ou par représentation, ainsi qu'il a été réglé dans la section II du présent chapitre.

751. — Si les père et mère de la personne morte sans postérité lui ont survécu, ses frères, sœurs ou leurs représentants ne sont appelés qu'à la moitié de la succession. Si le père ou la mère seulement a survécu, ils sont appelés à recueillir les trois quarts.

SES FRÈRES, SOEURS OU LEURS REPRÉSENTANTS. Le mot représentants s'applique aux neveux, nièces, etc.; mais il faut remarquer qu'ils ont droit à la moitié ou aux trois quarts, lors même qu'ils viennent de leur chef, par suite de la renonciation ou de l'indignité des frères et sœurs. Cette observation s'applique également à l'article 749.

SOMMAIRE.

491. En quoi le Code s'écarte de la Novelle 118 et de la loi de nivôse.

491. Ces deux articles, se bornant à reproduire la disposition des articles précédents, n'exigent aucune explication particulière.

Remarquons seulement que, dans le concours des frères et sœurs avec les ascendants, le Code se montre plus favorable aux premiers que ne l'avait été Justinien, sans l'être autant que la loi de nivôse. La Novelle 118 préférait tous les ascendants aux frères et sœurs et descendants d'eux, à l'exception des frères germains, qui étaient admis à partager par tête avec les ascendants (1). La loi de nivôse, au contraire, conçue dans un esprit démocratique peu favorable à la vieillesse, voulait que les ascendants fussent toujours exclus par leurs propres descendants ou par ceux d'un ascendant au même degré (2). Le Code est plus équitable envers les père et mère, puisqu'il les admet concurremment avec leurs propres enfants, qui sont les frères et sœurs du défunt. Quant aux enfants de l'aïeul, qui sont les oncles et tantes du DE CUJUS, ils ne sont appelés qu'en quatrième ordre, à défaut d'ascendants de la même ligne (art. 753).

752. — Le partage de la moitié ou des trois quarts dévolus aux frères ou sœurs, aux termes de l'article précédent, s'opère entre eux par égales portions, s'ils sont tous du même lit; s'ils sont de lits différents, la division se fait par moitié entre les deux lignes

---

(1) *Nov.* 118, *cap.* 2. D'après cette constitution, les enfants de frères ou sœurs germains prédécédés n'étaient point admis à concourir, comme représentants de leur père ou mère, avec les ascendants. Ce droit ne leur a été accordé que par la Novelle 127.

(2) Loi du 17 nivôse an II, art. 69-72.

paternelle et maternelle du défunt; les germains prennent part dans les deux lignes, et les utérins ou consanguins chacun dans leur ligne seulement : s'il n'y a de frères ou de sœurs que d'un côté, ils succèdent à la totalité, à l'exclusion de tous autres parents de l'autre ligne.

492. Les frères et sœurs consanguins ou utérins sont appelés, comme les frères et sœurs germains, à recueillir la moitié, les trois quarts ou même la totalité de la succession, *à l'exclusion de tous autres parents de l'autre ligne.* Cette décision remarquable déroge, comme nous l'avons déjà vu, au principe général qui divise les biens par moitié entre les parents paternels et les parents maternels (art. 753). Il en résulte que les biens provenant au défunt du côté paternel pourront passer en totalité aux parents maternels, et réciproquement.

Remarquons, au surplus, que le principe sur la fente des biens redevient applicable, même entre frères et sœurs, lorsqu'ils sont de lits différents.

Ce que la loi dit des frères et sœurs est évidemment applicable à leurs descendants, venant par représentation ou même de leur chef (*V.* la note sur les articles 748 et 749).

753. — A défaut de frères ou de sœurs, ou de descendants d'eux, et à défaut d'ascendants dans l'une ou l'autre ligne, la succession est déférée pour moitié aux ascendants survivants; et pour l'autre moitié, aux parents les plus proches de l'autre ligne.

S'il y a concours de parents collatéraux au même degré, ils partagent par tête.

493. Les collatéraux autres que les frères et sœurs, neveux et nièces, etc., ne sont appelés, dans la ligne paternelle ou maternelle, qu'en quatrième ordre, à défaut d'ascendants.

Le Code suppose ici qu'il existe d'un côté des ascendants et de l'autre des collatéraux. A défaut d'ascendants dans l'une comme dans l'autre ligne, la succession se diviserait encore par moitié entre les collatéraux paternels et les collatéraux maternels, et le partage entre les collatéraux de chaque ligne aurait toujours lieu par tête, la représentation n'étant admise qu'en faveur des descendants de frères et sœurs.

754. — Dans le cas de l'article précédent, le père ou la mère survivant a l'usufruit du tiers des biens auxquels il ne succède pas en propriété.

494. Lorsque deux époux sont en communauté de biens, la mort de l'un d'eux fait passer la moitié des acquêts, c'est-à-dire des biens acquis pendant la durée de la communauté, aux héritiers du conjoint prédécédé, et notamment aux enfants du mariage. Suivant l'ancienne jurisprudence, ces biens devenaient propres dans la succession des enfants décédés sans postérité, et alors le survivant des père et mère n'y avait aucun droit, parce que, d'après la règle *paterna paternis*, etc., le père ne pouvait succéder aux propres maternels, non plus que la mère aux propres paternels ; mais les Coutumes de Paris et d'Orléans avaient modifié cette conséquence rigoureuse, en accordant au survivant des père et mère l'usufruit des biens qui étaient devenus propres dans la succession des enfants, quoiqu'ils fussent acquêts de communauté relativement aux père et mère. Le survivant, dit Pothier, avait cet usufruit *in præmium collaborationis*, parce qu'il avait contribué à l'acquisition de ces biens (¹).

On ne peut pas en dire autant des biens que des collatéraux partagent avec le survivant des père et mère. Cependant l'usufruit établi en sa faveur par l'article 754, n'est pas sans quelque analogie avec celui que donnaient les Coutumes d'Orléans et de Paris. Si cet usufruit, dans l'hypothèse prévue par le Code, ne porte pas sur la totalité des biens déférés aux collatéraux, c'est parce que le père ou la mère, dans cette même hypothèse, a droit à la moitié de la succession en toute propriété.

755.—Les parents au delà du douzième degré ne succèdent pas.

A défaut de parents au degré successible dans une ligne, les parents de l'autre ligne succèdent pour le tout.

495. En droit romain, les cognats n'étaient appelés à succéder que jusqu'au sixième degré, sauf une seule exception (²). Notre ancienne

---

(¹) Pothier, Successions, chap. 2, sect. 2, art. 2.
(²) *Inst.*, § 5, *de Success. cognat.*

jurisprudence, au contraire, admettait tous les parents sans aucune limite. « Un parent au millième degré, dit Lebrun, s'il se pouvait prou-« ver tel, aurait exclu et le droit de déshérence et le droit de confis-« cation (¹). »

En s'arrêtant au douzième degré, les rédacteurs du Code civil ont voulu prévenir les contestations que produisait la recherche d'une parenté devenue très-incertaine, parce que, comme l'a dit l'orateur du gouvernement, « les relations de famille sont effacées dans un si grand « éloignement. » Cette considération s'applique aux cousins et à leurs descendants; quant aux descendants soit du défunt, soit de ses frères ou sœurs, il est évidemment impossible que, même au douzième degré, ils puissent avoir été conçus avant l'ouverture de la succession.

Après avoir exclu les parents au-delà du douzième degré, le texte ajoute : *à défaut de parents au degré successible dans une ligne, les parents de l'autre ligne succèdent pour le tout.* Cette addition complète la disposition de l'article 755, qui, en attribuant une moitié aux parents paternels et l'autre moitié aux parents maternels, prohibe toute dévolution d'une ligne à l'autre, si ce n'est lorsqu'il ne se trouve aucun ascendant ni collatéral dans l'une des deux lignes.

INTRODUCTION AU CHAPITRE IV.

SOMMAIRE.

496. Le Code range au nombre des successeurs irréguliers les enfants naturels du défunt, les père et mère et même les frères et sœurs d'un enfant naturel décédé. Il considère aussi comme successeurs irréguliers le conjoint du défunt et enfin l'État, qui vient à défaut de tout autre successible.

497. Parlons d'abord des parents naturels.

Comme nous l'avons déjà vu (tome 1, n° 471), les lois romaines

---

(¹) Lebrun, Successions, liv. 1, chap. 6, sect. 4, n° 13.

distinguaient des enfants légitimes, des enfants naturels et des enfants *vulgo concepti* ou *spurii ;* mais ces distinctions, qui dérivaient, à l'égard des *liberi naturales,* des règles constitutives de la famille romaine, et à l'égard des *spurii,* de l'incertitude de la paternité, n'étaient d'aucune application relativement à la mère. Que les enfants fussent nés *ex nuptiis, ex concubinatu* ou *ex vaga venere,* en réalité ils étaient tous pour elle des *liberi naturales.* Aussi les enfants furent-ils tous appelés, comme cognats, à la succession maternelle, dès que le lien du sang devint, d'après le droit prétorien, un titre suffisant pour succéder (¹); et toute distinction fut également repoussée, lorsque le droit civil lui-même déféra aux enfants l'hérédité maternelle (²). Quant à la succession du père, il en était autrement : les enfants naturels et les *spurii,* n'appartenant pas à sa famille, demeuraient étrangers à l'hérédité.

Justinien le premier accorda aux *liberi naturales* une part dans la succession de leur père *intestat.* Cette part était d'un sixième, lorsque le défunt ne laissait ni descendants légitimes ni épouse ; dans le cas contraire, elle se réduisait à de simples aliments (³). Quant aux dispositions testamentaires qui pouvaient être faites en faveur des *liberi natu rales,* elles ont été limitées, dans le Bas-Empire, de la manière suivante : Le testateur qui laissait une épouse ou des enfants légitimes, ne pouvait disposer que d'un douzième tant au profit des enfants naturels que de leur mère (⁴), tandis que celui qui ne laissait ni épouse ni enfants légitimes, pouvait disposer d'un quart. Justinien, après avoir porté cette dernière fraction à la moitié (⁵), a supprimé, dans la même hypothèse, toute restriction (⁶).

Ces règles ne s'appliquaient point aux *spurii.* La paternité étant tout à fait incertaine à leur égard, les dispositions que le père faisait en leur faveur ne pouvaient être l'objet d'aucune prohibition. En ce qui concerne la mère, Justinien a décidé que les *spurii* ne pourraient ni succéder *ab intestat,* ni rien recevoir par testament, lorsque leur mère appartiendrait à la classe des personnes *illustres* (⁷). En outre, il s'est montré fort sévère à l'égard des enfants nés d'une union incestueuse ou contraire aux lois. Il leur a refusé le titre d'enfants naturels, et, loin de les appeler à l'hérédité paternelle, il ne leur a pas même accordé des aliments (⁸).

(¹) *Inst.,* § 4, *de Success. cognat.*
(²) *Inst.,* § 3, *de Sc. orphit.*
(³) *Nov.* 89, *cap.* 12, § 4 *et* 6.
(⁴) *Arcad et Honor. L.* 2, *C. de Natural. liber.; v. Nov.* 89, *cap.* 12, *pr. et* § 2
(⁵) *Justin. L.* 8, *C. de Natural. liber.*
(⁶) *Nov.* 89, *cap.* 12, § 1 *et* 3; *v. Authent.* LICET, *C. de Natural. liber.*
(⁷) *Justin. L.* 5, *C. ad Sc. orphit.*
(⁸) *Nov.* 89, *cap.* 15. V. *Authent.* EX COMPLEXU, *C. de Incest. nupt.*

498. Le droit canonique, ne reconnaissant qu'une seule espèce de mariage, ne pouvait admettre la distinction que la loi romaine avait établie entre les *liberi naturales* et les *spurii*, et considérait les enfants nés hors mariage comme étant tous nés *ex damnato coitu*. Du reste, cette législation, plus humaine sous ce rapport que celle de Justinien, donnait des aliments à tous les enfants, sans excepter même les enfants incestueux ou adultérins (¹).

/ Comme nous l'avons dit (t. 1, n° 471), le *concubinatus* des Romains et les unions morganatiques ou mariages de la main gauche, usités notamment en Allemagne, n'ont point été reconnus en France. Dès lors, la distinction des *liberi naturales* et des *spurii* est restée étrangère à nos lois civiles comme au droit canonique, et tous les enfants nés hors mariage ont pris, dans notre ancienne jurisprudence, la dénomination de bâtards. En cette qualité leur condition primitive ne différait pas de celle des aubains (t. 1, n° 54). Ils étaient serfs du seigneur haut justicier du lieu de leur naissance. En conséquence, ils ne pouvaient, ni se marier sans sa permission, ni disposer par testament, et les biens qu'ils laissaient en mourant appartenaient au seigneur par droit de mainmorte ; mais peu à peu les droits que s'attribuait le haut-justicier sur la succession des bâtards, ont été rattachés à la couronne par différentes ordonnances (²).

C'est ainsi que, dans le dernier état de la jurisprudence, un usage constant attribuait au Roi, du moins en règle générale, et à titre de déshérence, la succession des bâtards (³). En même temps leur condition s'était beaucoup améliorée ; car ils avaient la jouissance des droits civils. Cependant, comme ils n'appartenaient à aucune famille et qu'ils ne pouvaient se prévaloir de la parenté naturelle, ils ne succédaient qu'à leur conjoint et à leurs enfants légitimes, et ne transmettaient leurs biens qu'à ces mêmes personnes (⁴). Quant à leur capacité pour recevoir, elle était limitée, à l'égard de leurs père et mère, aux donations à titre particulier, et même les bâtards incestueux ou adultérins ne pouvaient recevoir que des aliments (⁵).

499. Nous avons vu précédemment (t. I, n° 471) comment la dénomination d'enfant naturel a remplacé celle de bâtard. Sous la Convention, les enfants nés hors mariage furent d'abord déclarés capables de succéder à leurs père et mère (⁶), et bientôt après, la loi du 12 brumaire

---

(¹) V. les notes de Denis Godefroy, sur l'Authentique précitée.

(²) Merlin, *Répert.*, v° BATARD, sect. 1.

(³) Merlin. *ibid.*; Pothier, Successions, chap. 6.

(⁴) Merlin, *Répert.*, v° BATARD, sect. 1, n° 2. V. Pothier, Personnes et Choses, part. 1, tit. 4.

(⁵) Pothier, *ibid.*

(⁶) Loi du 4 juin 1793.

an II leur accorda, même dans les successions collatérales, les droits d'héritiers légitimes(¹), en n'exceptant que les enfants adultérins. Ces derniers eurent seulement, à titre d'aliments, dans la succession de leurs père et mère, le tiers de la portion à laquelle ils auraient eu droit s'ils étaient nés dans le mariage (²). Il est à remarquer que cette portion attribuée aux enfants adultérins par le droit intermédiaire est précisément celle que le Code (art. 757) donne aux enfants naturels simples en concours avec des enfants légitimes.

Au surplus, les dispositions de la loi de brumaire, quoiqu'elles réglassent textuellement les successions qui devaient s'ouvrir après sa promulgation (³), n'ont été appliquées par la jurisprudence qu'aux successions des père et mère décédés, en sorte que, dans l'intervalle entre la loi du 12 brumaire an II et notre Code civil, il y a eu en apparence solution de continuité dans la législation. Le législateur a lui-même adopté cette jurisprudence sous le Consulat, et après avoir promulgué la loi du 12 germinal an XI, qui forme, dans le premier livre du Code civil, le titre, VII *de la Paternité et de la Filiation*, il rendit cette même loi applicable à l'état et aux droits des enfants naturels dont les père et mère étaient morts depuis la promulgation de la loi du 12 brumaire an II (⁴). Toutefois, en statuant ainsi, d'après une règle constante en matière de lois interprétatives (⁵), il a maintenu les conventions et les jugements passés en force de chose jugée par lesquels auraient été réglés les droits d'un enfant naturel (⁶).

500. Le Code civil, adoptant un système contraire à celui du droit intermédiaire, distingue les enfants légitimes des enfants naturels, soit en déclarant que ces derniers ne sont pas héritiers, soit en leur donnant le droit de succéder à tout parent autre que leurs père et mère (art. 756). D'un autre côté, le Code se montre plus favorable aux enfants naturels que l'ancienne jurisprudence : il leur attribue dans la succession paternelle ou maternelle une part qui varie suivant la qualité des héritiers avec lesquels ils se trouvent en concours (art. 757). Il les appelle même à recueillir la totalité des biens à défaut de parents au degré successible (art. 758).

L'enfant naturel prédécédé est représenté par ses enfants ou descendants légitimes (art. 759); mais cette représentation ne peut avoir lieu au profit de ses enfants naturels, puisqu'ils n'ont

---

(¹) Loi du 12 brumaire an II, art. 1, 2 et 9.
(²) Même loi, art. 13.
(³) Même loi, art. 1 et 9.
(⁴) Loi du 24 floréal an XI, art. 1.
(⁵) *Theod. et Valentin.* L. 7, C. de Legib.
(⁶) Loi du 24 floréal an XI, art. 3.

aucun droit sur la succession des parents de leur père et mère (art. 756).

Par exception aux règles générales qui défendent de faire aucune convention sur une succession non ouverte et même d'y renoncer (art. 791 et 1130), l'enfant naturel est écarté de la succession de son père ou de sa mère lorsqu'il a reçu du défunt la moitié de ce que la loi lui attribue, pourvu que la volonté de réduire l'enfant naturel à cette moitié ait été formellement exprimée. Le seul droit qui reste alors à l'enfant naturel, c'est celui de faire compléter la moitié, en cas d'insuffisance (art. 761).

Les enfants naturels, n'ayant pas la saisine, doivent se faire envoyer en possession par justice lorsqu'ils succèdent seuls (art. 773), ou, s'ils se trouvent en concours avec des héritiers légitimes, leur demander la délivrance.

Les enfants adultérins ou incestueux, si l'on suppose leur filiation établie dans l'un des cas précédemment indiqués (t. 1, n° 387), n'ont droit qu'à des aliments (art. 762).

501. Passons maintenant à la succession de l'enfant naturel décédé. Elle est déférée, en premier ordre, à ses enfants ou descendants d'après le droit commun des successions. A défaut de descendants viennent, comme successeurs irréguliers, les père et mère du défunt, et enfin ses frères et sœurs naturels. Les frères et sœurs légitimes n'ont qu'un droit semblable à celui des descendants de l'adoptant sur ceux des biens de l'adopté qui proviennent de leur auteur commun (art. 766).

502. A défaut d'héritiers légitimes et à défaut des parents naturels appelés d'après les dispositions précédentes, les biens sont dévolus au conjoint survivant (art. 767). Cette disposition tire son origine du système de succession que les préteurs ont introduit à Rome sous le titre de *bonorum possessio*, système d'après lequel le conjoint survivant succédait au conjoint prédécédé, en obtenant la possession de biens *unde vir et uxor*, à défaut de cognats, c'est-à-dire en quatrième ordre [1]. Ce principe a été observé dans les pays de droit écrit, et consacré dans les autres pays par le texte de plusieurs coutumes. Enfin il a été admis partout où la coutume locale ne contenait aucune disposition contraire [2].

Autrefois, comme aujourd'hui, le conjoint ne succédait qu'à défaut de parents ; mais, en le plaçant au nombre des successeurs irréguliers, l'ancienne jurisprudence ne lui refusait pas la saisine [3].

503. Lorsqu'il n'existe ni parents habiles à succéder, ni conjoint sur-

---

[1] *Inst.*, § 6, de *Bonor. possess.*
[2] Lebrun, Successions, liv. 1, chap. 7, n° 3.
[3] Lebrun, *ibid.*, liv. 3, chap. 1, n° 12.

vivant, la succession tombe en déshérence (V. art. 33), et alors les biens appartiennent à l'État (art. 768). Cette prérogative de l'État était déjà consacrée par la législation romaine [1] ; nos anciennes coutumes l'avaient attribuée aux seigneurs hauts justiciers [2], et lors de la suppression des justices seigneuriales, elle est revenue à l'État.

504. En déférant les biens aux successeurs irréguliers, le législateur a voulu garantir autant que possible le droit des héritiers légitimes qui pourraient exister. De là vient que les successeurs irréguliers ne peuvent obtenir leur envoi en possession sans que leur demande ait été rendue publique (art. 770 et 773). De là vient aussi la nécessité où ils sont de faire inventaire et de donner caution (art. 769, 771 et 773). Toutefois cette dernière obligation n'est pas imposée à l'État, parce qu'il est toujours réputé solvable.

CHAPITRE IV.

DES SUCCESSIONS IRRÉGULIÈRES.

SECTION PREMIÈRE.

DES DROITS DES ENFANTS NATURELS SUR LES BIENS DE LEURS PÈRE OU MÈRE, ET DE LA SUCCESSION AUX ENFANTS NATURELS DÉCÉDÉS SANS POSTÉRITÉ.

756.—Les enfants naturels ne sont point héritiers ; la loi ne leur accorde de droit sur les biens de leurs père ou mère décédés, que lorsqu'ils ont été légalement reconnus. Elle ne leur accorde aucun droit sur les biens des parents de leur père ou mère.

SOMMAIRE.

505. Double dérogation au droit intermédiaire.
506. Caractère du droit attribué à l'enfant naturel sur les biens de ses père et mère.
507. Droits que l'enfant naturel peut exercer soit contre les héritiers, soit contre les tiers.
508. En quel sens exige-t-on qu'il ait été légalement reconnu ?

505. Cet article abroge les dispositions du droit intermédiaire, qui donnait aux enfants naturels les mêmes droits qu'aux enfants légitimes, non-seulement dans la succession de leurs père et mère, mais aussi dans la succession de leurs autres parents [3]. D'une part, le Code ne leur accorde *aucun droit sur les biens des parents de leurs père ou mère*, ce qui présente une certaine analogie avec la disposition de l'ar-

---

[1] Inst. de Gaïus, liv. 2, § 150 ; Fragments d'Ulpien, tit. 28, § 7.
[2] Pothier, Successions, chap. 6.
[3] Loi du 12 brumaire an II, art. 1, 2 et 9.

ticle 350 sur les droits de succession que l'adoption confère à l'adopté. D'autre part, quant aux biens des père et mère eux-mêmes, les enfants naturels ne peuvent réclamer les droits d'enfants légitimes. C'est ce que le Code avait déjà décidé, en annonçant toutefois que leurs droits seraient réglés au titre des Successions (art. 338). Ce que le législateur leur accorde dans ce titre, c'est un droit *sur les biens de leurs père ou mère décédés.* De plus, il repousse le système de la loi de brumaire, en déclarant que les enfants naturels *ne sont point héritiers.* Malheureusement, cette disposition a jeté beaucoup d'incertitude sur la nature du droit attribué aux enfants naturels.

506. On s'est demandé si ce droit ne consiste pas dans une simple *créance*, comme l'a dit l'orateur du Tribunat devant le Corps législatif. Cette idée, qui tendrait à faire d'un successeur irrégulier un créancier de la succession, et par conséquent à lui donner, sous certains rapports, plus de droits qu'aux héritiers eux-mêmes, est une réminiscence du projet de Code civil. Aux termes de ce projet, non-seulement l'enfant naturel n'était point héritier, mais la portion qu'on lui accordait sur les biens de ses père et mère, lui était attribuée à titre de *créance* : aussi les héritiers pouvaient-ils lui offrir la valeur de cette portion *en argent ou en fonds* à leur choix [1]. D'après la rédaction présentée au conseil d'État par la section de législation, les enfants naturels n'avaient également qu'une créance, bien qu'il ne fût plus question d'accorder aux héritiers le droit d'en offrir la valeur. En même temps, la disposition correspondant à celle de l'article 757 fixait la portion de l'enfant naturel au tiers de la *portion héréditaire* qu'il aurait eue s'il eût été légitime. Dès lors il n'y avait plus d'harmonie entre deux dispositions, dont l'une n'accordait qu'une créance, tandis que l'autre attribuait une part héréditaire. Cette contradiction ayant été signalée dans la discussion, Cambacérès demanda « qu'on évitât le « mot *créance* et qu'on se bornât à déclarer que les enfants naturels « *ne sont pas héritiers* ; mais que la loi leur accordât un droit sur les « biens de leur père [2]. » C'est dans le sens de cette observation que l'article a été définitivement rédigé. Ainsi, tout en déniant aux enfants naturels le titre d'héritier, la loi les appelle à succéder ; elle les appelle, il est vrai, comme successeurs irréguliers, mais enfin comme successeurs, au même titre que le conjoint survivant, dont on n'a jamais imaginé de faire un créancier. D'un autre côté, lors même que l'enfant naturel concourt avec des héritiers légitimes, il a une portion de la part héréditaire qu'il aurait eue s'il eût été légitime (art. 757). Son droit est donc calqué sur celui des héritiers proprement dits ; il est

[1] Projet de Code civil, liv. 3, tit. 1, art. 60.
[2] Discussion au C. d'État, séance du 2 nivôse an XI.

moins étendu sans doute, mais, sauf le titre d'héritier et la saisine qui s'y rattache, il est de même nature. C'est un droit de succession, et par conséquent un droit réel, qui donne l'action en revendication contre tout détenteur des biens de la succession (¹).

507. Puisque l'enfant naturel n'a pas la saisine, il doit se faire envoyer en possession par justice (art. 770 et 775), ou, s'il existe des héritiers légitimes *saisis de tous les biens, droits et actions du défunt* (art. 724), leur demander la délivrance de sa part. Il est à cet égard dans la position d'un légataire à titre universel, qui, n'étant jamais saisi de plein droit, est assujetti à demander la délivrance (art. 1011). Aussi, tout en accordant à l'enfant naturel l'action en revendication qui appartient à tout propriétaire, doit-on reconnaître qu'il ne peut pas l'exercer contre les tiers, tant qu'il n'a pas obtenu l'envoi en possession ou la délivrance.

Si l'enfant naturel, à part la saisine, a véritablement un droit héréditaire, on ne doit point hésiter à décider que, dans tous les cas où la loi règle les droits des héritiers et leurs obligations, l'enfant naturel a les mêmes droits à exercer et les mêmes obligations à remplir (²). On ne saurait nier, par exemple, qu'il ne soit fondé à exiger des héritiers avec lesquels il concourt, sinon un rapport proprement dit, que lui-même n'est pas obligé de faire, du moins une imputation semblable à celle dont il est tenu (³) (art. 760). Il est impossible, en effet, que le législateur, en distribuant la succession entre les héritiers légitimes et les enfants naturels, n'ait pas voulu maintenir entre eux le principe de l'égalité proportionnelle et leur accorder réciproquement les mêmes garanties.

508. Lorsque la loi subordonne le droit des enfants naturels à la condition d'avoir été *légalement reconnus*, elle se réfère tacitement aux articles 334 et suivants, compris sous la rubrique *de la Reconnaissance des enfants naturels*. Ces enfants sont donc légalement reconnus, soit qu'il y ait eu reconnaissance proprement dite, soit que la paternité ou la maternité ait été recherchée et judiciairement constatée, dans les cas où elle peut l'être; en un mot, la loi veut que la filiation naturelle soit établie *légalement*, c'est-à-dire par les moyens qu'elle autorise vis-à-vis du père ou de la mère, sans en exclure aucun, mais aussi

---

(¹) Aussi un arrêt de cassation du 20 mai 1806 autorise-t-il l'enfant naturel à revendiquer contre les tiers, les biens aliénés par les héritiers légitimes. Les décisions rendues en sens contraire se fondent, non sur la nature spéciale du droit de l'enfant naturel, mais sur le système général de la validité des ventes faites par l'héritier apparent.

(²) Il est donc fondé à réclamer sa part dans la succession en corps héréditaires (Paris, 22 mai 1813).

(³) Voyez en ce sens un arrêt de rejet du 28 juin 1831.

sans donner aux enfants naturels plus de facilité qu'ils n'en auraient
eu avant l'ouverture de la succession. On aurait pu croire sans doute
qu'après la mort des père et mère, lorsque le scandale n'est plus à
craindre, la recherche de la maternité ou de la paternité ne serait plus
soumise aux mêmes règles : c'est pour exclure cette idée que la loi
prescrit ici une condition déjà indiquée par l'article 338, savoir, que
les enfants naturels aient été *légalement reconnus*.

Si l'enfant naturel a un droit de succession sur les biens de ses père
et mère *décédés*, ceux-ci n'en sont pas moins obligés pendant leur vie
de lui fournir des aliments. Nous avons déjà vu, en effet, que cette obligation naît du fait même de la paternité ou de la maternité, indépendamment du mariage (t. 1, n° 353).

757. — Le droit de l'enfant naturel sur les biens de ses père ou
mère décédés, est réglé ainsi qu'il suit :

Si le père ou la mère a laissé des descendants légitimes, ce droit
est d'un tiers de la portion héréditaire que l'enfant naturel aurait
eue s'il eût été légitime ; il est de la moitié lorsque les père ou mère
ne laissent pas de descendants, mais bien des ascendants ou des
frères ou sœurs ; il est des trois quarts lorsque les père ou mère ne
laissent ni descendants ni ascendants, ni frères ni sœurs.

SOMMAIRE.

509. Progression des droits accordés à l'enfant naturel suivant la qualité des héri-
    tiers avec lesquels il concourt.
510. *Quid* lorsqu'il existe plusieurs enfants naturels ? Le Code a-t-il prévu cette hy-
    pothèse ?
511. Solution affirmative. Conséquence qui doit en résulter.
512. Autre système plus favorable aux enfants naturels. Résultats auxquels il con-
    duirait.
513. Comment les partisans de ce système prétendent échapper au reproche d'in-
    conséquence.
514. L'enfant naturel en concours avec des descendants de frères ou sœurs n'a que
    la moitié.
515. Droit de l'enfant naturel lorsqu'il existe des ascendants dans une ligne et des
    collatéraux dans l'autre.

509. En distinguant ici trois hypothèses différentes, la loi s'attache
à cette idée fondamentale que l'enfant naturel doit avoir le tiers, la
moitié ou les trois quarts de ce qu'il aurait eu, *s'il eût été légitime*.
Dans les deux dernières hypothèses, lorsqu'il n'existe que des ascendants ou des collatéraux, l'enfant naturel, s'il était légitime, aurait
évidemment toute la succession : la moitié ou les trois quarts que la loi
lui attribue, sont donc la moitié ou les trois quarts de la totalité.

Dans la première hypothèse, celle où le défunt laisse des enfants ou descendants légitimes, la condition de l'enfant naturel est beaucoup moins favorable; car, en le supposant légitime, il ne pourrait jamais avoir toute la succession, mais seulement une part déterminée par le nombre des héritiers, et c'est le tiers seulement de cette part que la loi lui attribue définitivement. Ainsi, selon qu'il se trouve en concours avec un, deux ou trois enfants légitimes, sa part se réduit à un sixième, un neuvième ou un douzième.

510. Il ne s'élève jusqu'ici aucune difficulté; mais, lorsqu'il se trouve plusieurs enfants naturels, on ne s'accorde plus. Dans ce cas, l'obscurité du texte qui parle de l'*enfant naturel* en général, a donné naissance à de nombreux systèmes. Sans entrer dans l'examen de chacun d'eux, nous exposerons celui que nous croyons le plus conforme à l'intention du législateur.

Toute la difficulté consiste à savoir si la part attribuée à l'enfant naturel est attribuée aux enfants naturels en masse ou s'il faut calculer séparément la part de chacun d'eux. Ceux qui s'attachent à cette dernière idée, posent en fait « que le législateur n'a pas prévu « le cas où il existerait plusieurs enfants naturels. » Il est même impossible, selon eux, « de dire que la loi ait été écrite pour ré-« gir ce cas : en lisant les discussions au Conseil d'État, les discours « des orateurs du gouvernement et du Tribunat, on ne trouvera pas « de traces de l'examen de cette question; *il est toujours parlé de* l'en-« fant naturel *au singulier* (¹). »

511. En fait cela n'est pas exact. L'article 756 parle des enfants naturels au pluriel, et, dans la discussion à laquelle il a donné lieu, Maleville, Cambacérès et Jolivet n'ont jamais parlé autrement (²). Quant à l'article 757, le projet de Code civil parlait de l'enfant naturel au singulier, puis, prévoyant le cas où il n'existerait ni enfants légitimes ni ascendants, il attribuait à l'enfant naturel le quart de la succession, en ajoutant l'explication suivante : « Dans ce dernier cas, tous les enfants « naturels, *en quelque nombre qu'ils soient*, ne peuvent prendre en-« semble que le quart de la succession (³). » Le concours de plusieurs enfants naturels était donc formellement prévu, et il n'a pas cessé de l'être dans les deux rédactions subséquentes du même article; car elles n'ont fait que modifier la quotité attribuée à l'enfant naturel, sans rien changer quant aux personnes à qui cette quotité doit profiter. Ainsi, en donnant à l'enfant naturel la moitié ou les trois quarts de la

---

(¹) Voir dans la *Revue de droit français et étranger*, tome I, 1844, pages 507 et 594, une dissertation intitulée : *De la portion héréditaire et de la réserve des enfants naturels.*

(²) Séance du 2 nivôse an XI.

(³) Projet de Code civil, liv. 3, tit. 1, art. 55.

succession, le Code a eu en vue les enfants naturels pris en masse.

Ce qui a lieu dans les deux dernières hypothèses du texte, doit nécessairement avoir lieu dans la première. Par conséquent, s'il est vrai qu'en parlant en général de l'enfant naturel, le législateur a entendu parler de tous les enfants naturels du défunt, quel qu'en soit le nombre, le tiers qui leur est accordé dans le premier cas, doit se calculer pour eux tous comme la moitié ou les trois quarts dans les deux autres. Ainsi, pour attribuer à chaque enfant naturel le tiers de ce qu'il aurait eu s'il eût été légitime ; il faut considérer provisoirement tous les enfants naturels comme légitimes, établir, d'après cette supposition, quelle serait la part héréditaire de chacun et en prendre le tiers : par exemple, si l'on suppose cinq, six ou sept enfants tant naturels que légitimes, la part héréditaire de chacun étant d'un cinquième, d'un sixième ou d'un septième, se réduit, pour chaque enfant naturel, à un quinzième, à un dix-huitième ou à un vingt et unième.

512. On critique ce résultat comme contraire au texte du Code. Chaque enfant naturel n'obtient pas, dit-on, le tiers de ce qu'il aurait eu s'il eût été légitime, puisque dans ce calcul les enfants légitimes profitent seuls des deux tiers retranchés à la part des enfants naturels, tandis que chacun de ces derniers devrait avoir une partie de ce qui est retranché à la part des autres. En effet, chacun d'eux semble autorisé à dire : Si j'étais légitime, j'aurais moi-même une partie des deux tiers que perdent les autres enfants naturels (1). Mais cette prétention nous paraît mal fondée : s'il est vrai, comme nous croyons l'avoir démontré, que, pour déterminer la part d'un enfant naturel momentanément considéré comme légitime, il ne faut pas tenir compte de la qualité des enfants qui concourent avec lui, un enfant naturel n'est pas fondé à soutenir qu'il doit profiter du retranchement que les enfants légitimes font subir aux autres enfants.

Du reste, pour faire apprécier toute la portée du système que nous combattons, il suffit de montrer quelles en sont les conséquences. De l'aveu même de ses partisans, il conduit à donner aux enfants naturels, en concours avec des enfants légitimes, la moitié de la succession ou davantage, c'est-à-dire, autant ou même plus qu'ils n'auraient en concours avec des ascendants ou des frères et sœurs (2). Certes, rien n'est plus opposé à la progression établie par le législateur en raison de la faveur que lui ont paru mériter les différentes classes d'héritiers. En distinguant trois hypothèses différentes, il n'a pu vouloir que la con-

---

(1) Dissertation précédemment citée, nos 8 et 10.

(2) Cinq enfants naturels concourant avec un enfant légitime, auraient la moitié de la succession, et cette proportion serait dépassée s'il existait six enfants naturels ou un plus grand nombre (Même dissertation, no 23).

dition des enfants légitimes se trouvât jamais inférieure à celle d'aucune autre classe d'héritiers.

513. Ce résultat, ou plutôt cette anomalie, reconnu par les partisans du système que nous venons d'exposer, ne se présente, disent-ils, que dans des cas très-rares, qui ont pu être négligés par le législateur. Mais, lorsque les conséquences d'une théorie sont contraires à la logique, il ne suffit pas, pour sa justification, d'alléguer que ces conséquences ne se présenteront pas souvent dans la pratique. Il vaut mieux s'attacher à l'interprétation qui exclut toute anomalie.

On a cherché à échapper à l'objection par une autre voie. S'il est vrai, a-t-on dit, que le législateur n'a songé qu'à un seul enfant naturel, cela est vrai dans tous les cas prévus par l'article 757. Dès lors, plusieurs enfants naturels en concours avec des ascendants ou des collatéraux devraient avoir chacun une part proportionnelle à la part d'un seul, et par conséquent ils prendraient à eux tous plus de la moitié ou des trois quarts de la succession. Ainsi, par exemple, quatre enfants naturels en concours avec des collatéraux, ne laisseraient à ces derniers qu'un treizième à partager entre eux. Un semblable résultat serait fort étrange, puisqu'il rendrait souvent illusoires les droits de la famille légitime, ce qui serait en contradiction manifeste avec l'esprit du législateur tel qu'il s'est révélé dans la discussion. Remarquons d'ailleurs que ce système contient une contradiction implicite; car, en réalité, il attribue à chaque enfant naturel en concours avec des ascendants ou avec des collatéraux bien au delà de la moitié ou des trois quarts de ce qu'il aurait eu s'il eût été légitime, tandis qu'en cas de concours avec des enfants légitimes, ce système ne permet point aux enfants naturels de dépasser la proportion du tiers indiquée par la loi. Il faut donc nous en tenir au système le plus logique et en même temps le moins compliqué dans le calcul (1).

514. Il nous reste à examiner plusieurs questions qui s'élèvent sur l'article 757.

Lorsqu'à défaut d'ascendants, de frères et de sœurs, il existe des neveux et nièces, petits-neveux et petites-nièces, etc., succédant de leur chef ou par représentation des frères ou sœurs dont ils descendent, le texte semble donner à l'enfant naturel les trois quarts de la succession; mais on ne s'expliquerait pas pourquoi le législateur se serait déterminé à séparer ici les frères et sœurs de leurs descendants, qui, partout ailleurs, sont appelés dans le même ordre de suc-

---

(1) Un arrêt de cassation, du 26 juin 1809 pose le principe que l'enfant naturel doit être réputé fixativement légitime pour la fiction de sa part héréditaire; mais il n'existe pas, à notre connaissance, d'arrêt qui ait statué *in terminis* sur le cas de concours de plusieurs enfants naturels avec des héritiers légitimes.

cession. Il faut donc, d'après l'ensemble des dispositions du Code, attribuer aux descendants de frères ou sœurs les droits qu'auraient eus leurs père et mère, et par conséquent ne donner à l'enfant naturel que la moitié des biens.

Cette intention du législateur résulte assez clairement de la discussion au Conseil d'État. La rédaction proposée par la section de législation ne parlait pas des frères et sœurs, mais seulement des ascendants. Ainsi, l'enfant naturel devait avoir les trois quarts par cela seul qu'il n'existait ni descendants ni ascendants. Maleville objecta que « les trois quarts sont trop pour les enfants naturels qui concou-
« rent avec des frères et sœurs; que d'ailleurs l'article *n'est pas concor-*
« *dant avec la disposition qui règle le concours entre les ascendants et les*
« *frères.* » C'est par suite de cette observation qu'on a mentionné les frères et sœurs avec les ascendants dans la seconde des trois hypothèses, sans aucune idée d'exclusion à l'égard des neveux et nièces. Bien loin de là, ils se trouvent compris dans l'idée positivement exprimée de faire concorder l'article 757 avec ceux qui règlent le concours des ascendants et des frères ou sœurs; car ces articles appellent tous les descendants de frères ou sœurs; ils les appellent avec les ascendants, et même avant les ascendants autres que les père et mère. A la vérité, la loi assimile ici tous les ascendants, mais en les plaçant tous sur la même ligne, elle ne fait que fortifier les droits de la famille légitime, et l'on ne peut pas supposer qu'en même temps elle ait agi en sens inverse, comme elle l'aurait fait en séparant les neveux et nièces des frères et sœurs. Ce serait une singulière manière d'établir la concordance dont parlait Maleville.

On objecte que la succession des enfants naturels est une succession irrégulière, qui a ses principes à part; que dès lors il faut décider les questions qu'elle présente d'après les dispositions du chapitre IV, sans recourir à celles qui se trouvent dans le chapitre précédent. Évidemment, ce n'est là qu'une confusion; car, si la succession est irrégulière à l'égard des enfants naturels, elle est incontestablement régulière à l'égard des neveux et nièces. Il est certain d'ailleurs que la progression établie dans les trois hypothèses prévues par l'article 757, a été calculée en raison du degré de faveur que méritent les différentes classes d'héritiers en présence de qui se trouve l'enfant naturel. Or, comment concevoir que sa présence rendît les descendants de frères ou sœurs moins favorables? Pour les écarter, il ne faudrait rien moins qu'une exclusion expresse, à laquelle le législateur n'a jamais songé [1].

---

[1] Les cours de Paris (10 *avril* 1810) et de Rennes (26 *juillet* 1843) se sont prononcées en faveur des descendants de frères et sœurs. Mais l'opinion contraire a été adoptée par beaucoup de cours d'appel et par la Cour de cassation (rejet 6 *avril* 1813, 20 *février* 1823 et 28 *mars* 1833).

515. On se demande enfin quelle est la portion de l'enfant naturel, lorsqu'il existe dans une ligne des ascendants et dans l'autre des collatéraux. Plusieurs auteurs, se référant au principe de la fente, donnent à l'enfant naturel la moitié de la moitié que ce principe attribue aux ascendants, et les trois quarts de la moitié déférée aux collatéraux, au total, cinq huitièmes de la succession. Cette répartition, d'ailleurs très-ingénieuse, est contraire au texte du Code, qui fixe la part de l'enfant naturel à la moitié ou aux trois quarts, sans établir de fraction intermédiaire. La loi lui attribue la moitié, lorsque le défunt *laisse des ascendants ou des frères ou sœurs*; elle ne lui accorde les trois quarts qu'autant que le défunt ne laisse *ni ascendants, ni frères ni sœurs*. Ainsi, tant qu'il existe des ascendants, l'enfant naturel ne peut avoir qu'une moitié. En appliquant le système de la fente dans l'intérêt de l'enfant naturel, on détruirait l'égalité que ce système a pour but d'établir entre les parents paternels et maternels, puisque les ascendants d'une ligne conserveraient un quart des biens, et les collatéraux de l'autre ligne un huitième seulement.

Pour procéder régulièrement, il faut prélever la part de l'enfant naturel sur la succession, et diviser le surplus conformément aux règles du droit commun : c'est alors seulement que le principe de la fente trouve son application.

758. — L'enfant naturel a droit à la totalité des biens, lorsque ses père ou mère ne laissent pas de parents au degré successible.

516. Les enfants naturels, dit l'orateur du gouvernement, « ne partageront pas le titre d'héritier avec les enfants légitimes. Leurs « droits sont réglés avec sagesse, plus étendus quand leur père ne « laisse que des collatéraux, plus restreints quand il laisse des enfants « légitimes, des frères ou des ascendants. — Enfin, à défaut de « parents, l'enfant naturel *succède*. »

L'enfant naturel, même en concours avec des héritiers légitimes, prend part à la succession. Dès lors il succède tout aussi bien qu'à défaut de parents au degré successible, et il peut, comme nous l'avons dit, provoquer le partage. Lorsqu'en l'absence de tout héritier légitime, il est appelé à la totalité des biens, sa position est meilleure en fait, sans que son droit change de nature. N'ayant pas la saisine, il est toujours assujetti à demander, non pas la délivrance, puisqu'il n'existe pas d'héritiers proprement dits, mais l'envoi en possession (1) (art. 770 et 773). Il est donc impossible de comprendre la distinction que Treilhard semble établir, quant au droit de succession, entre l'enfant qui prend seulement une partie des biens et celui qui prend la totalité. Peut-être faut-il voir dans cette distinction un vestige du système qui, en cas de concours de l'enfant naturel avec des héritiers légitimes, ne lui accordait qu'un droit de créance, système que Treilhard avait soutenu avec persévérance dans le conseil d'État.

759. — En cas de prédécès de l'enfant naturel, ses enfants ou descendants peuvent réclamer les droits fixés par les articles précédents.

SOMMAIRE.

517. Droit des enfants ou descendants de l'enfant naturel sur la succession de leur aïeul.
518. A quels enfants ou descendants ces droits peuvent appartenir.

517. Puisque la loi, en cas de prédécès de l'enfant naturel, appelle ses enfants ou descendants à *réclamer les droits fixés par les articles précédents*, nous devons en conclure qu'elle les appelle par représentation. Est-ce à dire pour cela qu'ils ne peuvent pas venir de leur chef, en cas de renonciation ou d'indignité de leur auteur ? Le doute à cet égard peut naître de ce que le texte parle seulement du cas de prédécès ; mais, s'il est vrai, comme nous l'avons établi précédemment (461), que le représentant doit être capable de succéder par lui-même au DE CUJUS, il est évident que les descendants de l'enfant naturel ont qualité pour succéder de leur chef aussi bien que par représentation. C'est précisément parce qu'on les reconnaissait capables de succéder *proprio jure* à leur aïeul, qu'on leur a permis de venir par représentation.

518. D'un autre côté, il faut se garder de donner au texte une extension incompatible avec le système général du Code. Il ne s'agit dans cet article que des enfants ou descendants légitimes. Quant aux enfants naturels de l'enfant naturel, comme ils n'ont aucun droit sur les biens des parents de leurs père et mère (art. 756), ils sont sans qualité pour succéder à leur aïeul par représentation, aussi bien que de leur chef.

Il est vrai qu'on s'est demandé au Conseil d'État « si l'enfant natu-« rel du bâtard jouira du bénéfice de cet article. » Berlier a fait ob-« server que « l'article ne peut s'appliquer à un tel enfant dans toute sa « latitude, puisqu'on a décidé, 1° qu'il n'était pas héritier, mais sim-« plement créancier ; 2° que cette créance réduite à une quotité des « biens et droits du père ne les représente conséquemment pas en « entier.» Cambacérès a répondu que, «quoique l'enfant naturel ne soit

---

(¹) Toutefois on ne saurait prononcer un envoi en possession provisoire, sous prétexte qu'il peut se présenter des hériters légitimes (Paris, 20 *germinal* an XIII).

« pas héritier, il a cependant droit à un tiers d'une part héréditaire.
« L'article transmet ce droit à ses descendants ; or, s'il n'a que des en-
« fants naturels, ils auront un neuvième dans la succession de leur
« aïeul (¹). » Ainsi, Berlier et Cambacérès admettaient que l'enfant
naturel peut être représenté, au moins pour partie, par ses propres
enfants naturels. Remarquons toutefois que Berlier se référait au projet de Code civil, qui attribuait aux enfants naturels un droit de
créance. S'il s'agissait, en effet, d'une créance, on concevrait qu'elle
passât aux enfants naturels du créancier prédécédé, comme à ses autres
successeurs, dans la proportion du droit de chacun, tandis que le droit
de succession ne passe qu'aux personnes désignées par la loi. Quant
à Cambacérès, il parle, à la vérité, d'un droit de succession, mais
il affirme, sans le prouver, que ce droit passe aux enfants naturels
d'un enfant naturel, et suppose ainsi, contre la décision formelle de
l'article 756, qu'ils sont habiles à succéder au père de leur père. Si
l'on doit, selon nous, attacher une grande importance aux discussions
du Conseil d'État, quand il s'agit d'interpréter une disposition douteuse, il faut bien se garder d'affaiblir, sur la foi d'opinions individuelles, l'autorité d'un texte formel.

760. — L'enfant naturel ou ses descendants sont tenus d'imputer sur ce qu'ils ont droit de prétendre, tout ce qu'ils ont reçu
du père ou de la mère dont la succession est ouverte, et qui serait
sujet à rapport, d'après les règles établies à la section II du chapitre VI du présent titre.

SOMMAIRE.

519. Les héritiers légitimes sont tenus de rapporter, c'est-à-dire, de
remettre dans la masse partageable, tout ce qu'ils ont reçu du défunt
par donation entre-vifs (art. 843). Cette obligation tend à maintenir
la répartition que la loi établit entre eux, sauf le droit qui appartient
au DE CUJUS, de modifier cette répartition en dispensant du rapport l'héritier donataire, sans excéder toutefois la quotité disponible (art. 919).

Relativement aux enfants naturels, le Code apporte une double dérogation à ces règles. Il ne les soumet point au rapport proprement

---

(¹) Discussion au C. d'État, séance du 2 nivôse an XI.

dit ; il les oblige seulement à imputer ce qu'ils ont reçu sur ce qu'ils ont droit de prétendre, et, d'un autre côté, il ne permet pas qu'on leur donne plus que la part qu'il leur a lui-même attribuée (art. 908). Ainsi, l'obligation d'imputer s'étend à toute donation sujette à rapport d'après le droit commun, et cette obligation n'admet jamais de dispense.

520. Pour bien comprendre en quoi consiste l'imputation, il convient de la comparer au rapport.

Les objets donnés ne se rapportent pas tous de la même manière. Les meubles ne sont jamais rapportés en nature ; l'héritier donataire en devient propriétaire incommutable, et par conséquent il les prend à ses risques pour la valeur qu'ils avaient à l'époque de la donation. Il doit donc déduire cette valeur de ce qui lui revient dans la succession. C'est en ce sens que, suivant l'expression du Code, le rapport des meubles a lieu *en moins prenant* (art. 868) ; mais ce rapport, comme nous le verrons bientôt, n'est en réalité qu'une imputation. Le Code suit une autre règle à l'égard des immeubles. D'une part, l'héritier donataire n'ayant, en règle générale, qu'une propriété résoluble, ils demeurent aux risques de la succession, et ne sont pas sujets à rapport lorsqu'ils ont péri par cas fortuit (art. 855) ; d'autre part, les immeubles rapportés rentrent dans la masse partageable libres de tous droits réels créés par le donataire, comme s'ils ne lui avaient jamais appartenu (art. 865). Enfin, lorsque des circonstances particulières autorisent le rapport des immeubles en moins prenant, ils ne sont jamais comptés pour la valeur qu'ils avaient à l'époque de la donation (V. art. 860 et 861).

L'enfant naturel, au contraire, n'étant pas soumis au rapport, mais seulement à l'imputation, devient propriétaire incommutable des biens, meubles ou immeubles, qu'il reçoit, et les prend tous à ses risques. Il est donc évident que cette imputation n'a rien de commun avec le rapport en nature. On ne doit pas non plus la confondre avec le rapport en moins prenant appliqué aux immeubles, car, dans ce dernier cas, les immeubles demeurent aux risques de la succession, tandis que les biens donnés à l'enfant naturel sont tous à ses risques, et doivent dès lors s'imputer pour la valeur qu'ils avaient à l'époque de la donation. Cette valeur, étant celle qu'il a reçue, forme invariablement la base de l'imputation (¹). La même distinction ne saurait s'appliquer aux meubles. Comme tout donataire doit en tenir compte d'après la valeur qu'ils avaient au moment de la donation, il n'y a aucun intérêt à distinguer l'imputation du rapport en moins prenant.

521. De ce que les biens donnés à l'enfant naturel ne sont pas su-

---

(¹) Ces principes sont consacrés de la manière la plus précise par un arrêt de rejet du 11 janvier 1831.

jets à rapport, il ne résulte pas que leur valeur ne doive pas être ajoutée à celle des biens existants dans la succession, lorsqu'il s'agit de calculer les droits respectifs des héritiers et de l'enfant naturel donataire. Supposons, par exemple, que ce dernier ait reçu 10,000 fr., et que les biens laissés par le défunt s'élèvent à 90,000 fr. : la part de l'enfant naturel devra être calculée sur une masse totale de 100,000 fr. Si on portait seulement la masse à 90,000 fr., comme le veulent quelques auteurs, la donation faite à l'enfant naturel lui deviendrait préjudiciable, et telle n'a pu être l'intention du législateur. Remarquons, au surplus, que les biens donnés, même à des enfants légitimes, avec dispense de rapport, doivent toujours être compris dans l'actif du donateur pour le calcul de la quotité disponible (art. 922). Or, il s'agit ici de savoir si l'enfant naturel a reçu tout ce qu'il avait droit de prétendre : il faut donc, dans ce cas comme dans l'autre, ajouter aux valeurs effectives de la succession celles dont le défunt a disposé entre-vifs.

522. Suivant le rapport fait au Tribunat par Chabot, l'imputation prescrite par cet article « est pour les héritiers légitimes une garan-« tie que les enfants naturels n'auront pas plus que la loi ne permet « de leur donner. » Cette disposition se réfère donc seulement aux articles 757 et 759 ; car, lorsqu'il n'existe pas d'héritiers légitimes, la garantie qu'on a voulu leur donner n'a plus aucun objet. Les droits de l'enfant naturel s'étendent alors à la totalité des biens (art. 758), et la quotité dont le défunt a pu disposer en sa faveur est illimitée. Dans ce cas, l'imputation ne saurait se concevoir qu'autant que la succession serait déférée à plusieurs enfants naturels ; mais pourrait-on dire alors que chacun d'eux doit imputer, sur ce qu'il a droit de prétendre, *tout* ce qu'il a reçu du défunt? Nous ne le pensons pas ; car, outre cette considération que l'imputation n'a plus de motifs en l'absence des héritiers légitimes, on mettrait les père et mère dans l'impossibilité d'avantager un de leurs enfants, impossibilité qu'on ne saurait justifier par aucun motif plausible. Rien ne s'oppose donc à ce que les enfants naturels soient soumis entre eux aux règles ordinaires du rapport.

Ce retour au droit commun doit sembler d'autant plus raisonnable que la règle exceptionnelle de l'imputation n'était, dans le projet de Code civil, que la conséquence du droit de créance attribué à l'enfant naturel. En lui accordant une fraction de part héréditaire, on lui a donné le droit de venir au partage, et il aurait été soumis au rapport, si les rédacteurs du Code n'avaient pas maintenu le système de l'imputation pour le cas où l'enfant naturel donataire concourt avec des héritiers légitimes. Mais il n'y a aucune raison pour s'écarter du droit commun en ce qui concerne le partage que font entre eux les enfants naturels.

761. — Toute réclamation leur est interdite, lorsqu'ils ont reçu, du vivant de leur père ou de leur mère, la moitié de ce qui leur est attribué par les articles précédents, avec déclaration expresse, de la part de leur père ou mère, que leur intention est de réduire l'enfant naturel à la portion qu'ils lui ont assignée.

Dans le cas où cette portion serait inférieure à la moitié de ce qui devrait revenir à l'enfant naturel, il ne pourra réclamer que le supplément nécessaire pour parfaire cette moitié.

SOMMAIRE.

523. Le Code n'admet point d'exhérédation proprement dite. Exception en ce qui concerne l'enfant naturel.
524. Existe-t-il dans ce cas une donation qui doive être acceptée par l'enfant? Double dérogation aux principes généraux. Considérations qui la justifient.
525. La volonté du père ou de la mère peut-elle être exprimée dans un acte postérieur?
526. *Quid* si la donation est inférieure à la moitié?
527. La réduction des droits de l'enfant naturel reste sans effet, lorsqu'il n'existe plus d'héritiers légitimes.

523. En permettant aux père et mère de réduire les droits de l'enfant naturel ou de ses descendants ; le Code crée en leur faveur une faculté tout exceptionnelle, car, en règle générale, le droit des héritiers ne peut pas être directement restreint par la volonté du défunt. C'est en vain, par exemple, qu'un père prononcerait contre ses enfants une exhérédation totale ou partielle, comme le permettait l'ancienne jurisprudence ; ils n'en viendraient pas moins à sa succession. Sans doute, un père de famille peut réduire indirectement les droits de ses enfants ; il peut, dans une certaine mesure, donner entre-vifs ou par testament les biens qui lui appartiennent, par là il diminue l'actif de sa succession, il la rend moins avantageuse ; mais cette succession, telle qu'elle est, appartient toujours à ses enfants. En un mot, le droit actuel n'admet point l'exhérédation proprement dite. Cette règle souffre exception en ce qui concerne l'enfant naturel, puisque ses droits peuvent être réduits de moitié sans que le père ou la mère, par la volonté de qui cette réduction a lieu, dispose de l'autre moitié en faveur de personne. Il y a donc ici exhérédation partielle.

524. Toutefois cette exhérédation n'a lieu qu'à certaines conditions. Pour que toute réclamation soit interdite à l'enfant naturel ou à ses descendants, la loi veut qu'ils aient *reçu, du vivant de leur père ou*

mère, la moitié de ce qui leur est attribué par les articles précédents ([1]). Or, recevoir du vivant de ses père et mère, n'est-ce pas recevoir une donation entre-vifs, et toute donation ne suppose-t-elle pas le consentement du donataire ?

On objecte que le droit du père doit être indépendant de la volonté de l'enfant. Si le consentement du donataire était exigé, son refus pourrait, dit-on, paralyser souvent l'exercice du droit paternel. On invoque le discours prononcé devant le Corps législatif par l'orateur du Tribunat ; et en effet, Siméon, pour qui le droit de l'enfant naturel n'était qu'un droit de créance, n'a vu dans l'hypothèse de cet article qu'un payement anticipé. En s'attachant à cette idée, on décide que le père, en cas de refus de l'enfant naturel, peut faire des offres réelles suivies de consignation (V. art. 1257), qui tiendront lieu de la donation non acceptée. Enfin, en revenant à l'idée d'une donation proprement dite, on va jusqu'à supposer que l'acceptation pourrait être faite, au nom de l'enfant naturel, par un tuteur *ad hoc*, ce qui serait abuser de sa minorité pour léser ses intérêts ([2]).

Prétendre que le droit du père serait souvent paralysé, c'est poser en principe ce qui est en question, puisqu'il s'agit précisément de savoir si les parents naturels ont un droit absolu, qu'ils puissent exercer d'après leur seule volonté, ou si l'exercice de leur droit suppose le concours de tous les intéressés.

On comprendrait, en législation, que les père et mère eussent la faculté d'exhéréder par leur seule volonté un enfant naturel ; mais cette exhérédation supposerait un acte unilatéral, c'est-à-dire un testament. Ici, au contraire, la loi suppose un acte entre-vifs, et par conséquent le concours de plusieurs volontés. Aussi est-ce au fait personnel des enfants que le texte s'attache principalement. Ils ne sont déchus de toute réclamation que *lorsqu'ils ont reçu,* c'est-à-dire accepté, ce qui leur était offert ([3]). Ainsi entendue, la disposition du Code prend un nouveau caractère. Ce n'est pas seulement une sorte d'exhérédation de la part du père ; c'est aussi, de la part de l'enfant, une renonciation à une succession non ouverte. Bien plus, c'est une convention sur la succession d'une personne vivante. Sous ces divers rapports, l'article 761

([1]) Nous avons renvoyé au titre des Donations les questions relatives à la réserve des enfants naturels. Nous devons pareillement ajourner la question de savoir si ces expressions, *la moitié de ce qui leur est attribué par les articles précédents,* doivent s'entendre de la moitié de leur part ab intestat, ou de la moitié de la réserve qui pourrait leur appartenir.

([2]) Un arrêt de rejet du 21 avril 1835 s'est prononcé en faveur de ce système.

([3]) Ainsi la Cour de Paris a jugé insuffisante la déclaration faite par le père, dans son testament, que l'enfant avait reçu moitié de la portion à lui afférente (arrêt du 2 *janvier* 1819).

déroge au droit commun (art. 791 et 1130); mais cette dérogation est justifiée par un double intérêt, par celui de l'enfant naturel comme par celui des père et mère et de leur famille. On comprend en effet que, pour se procurer un établissement, il importe à l'enfant d'avoir de suite un capital même restreint, plutôt que de rester dans l'expectative d'une succession toujours incertaine.

525. On s'est demandé si la volonté des père et mère doit être déclarée dans l'acte de donation, ou si la déclaration peut être faite dans un acte postérieur? Cette question nous paraît tranchée par le texte, qui exige que l'enfant naturel ait reçu *avec déclaration expresse,* etc. Ainsi, lorsque la volonté de réduire l'enfant n'est pas exprimée dans l'acte même de donation, il n'existe qu'une libéralité ordinaire qui rentre dans l'hypothèse de l'article 760, et n'atteint pas le but de l'article 761. L'idée d'une déclaration postérieure se conçoit de la part des auteurs qui veulent que tout dépende de la volonté des parents; mais s'il s'agit d'une véritable donation, on ne peut en changer après coup le caractère et le but, qu'en faisant à la même personne une nouvelle libéralité (art. 1052). Si donc la volonté des père ou mère, déclarée dans une nouvelle disposition, peut s'appliquer aux biens compris dans une donation antérieure, c'est lorsque cette seconde disposition est volontairement acceptée par le donataire.

526. Il est souvent difficile d'évaluer exactement, pendant la vie d'une personne, quel sera le montant de sa fortune au jour de son décès. Aussi la loi n'a-t-elle pas voulu que la validité de la disposition qui réduit les droits de l'enfant naturel, dépendît d'une erreur de calcul. Dans la prévoyance du cas où les choses données se trouveraient inférieures à la moitié de ce qu'il a droit de prétendre, elle ne lui accorde qu'une action en supplément. Toutefois, il ne faut pas perdre de vue la pensée principale du législateur, qui a supposé que la donation procurerait au donataire un avantage sérieux. Les tribunaux devront apprécier si les biens donnés à l'enfant ont une certaine importance, et si par conséquent la renonciation est suffisamment motivée.

527. C'est uniquement dans l'intérêt de la famille légitime que le Code a permis de réduire les droits de l'enfant naturel. Par conséquent, lorsqu'il n'existe point de parents au degré successible, la volonté des père ou mère ne doit plus être opposée à l'enfant naturel, qui se trouve appelé à recueillir toute la succession. Il est vrai que l'article 761 se réfère aux *articles précédents;* mais il ne saurait être question ici ni du fisc, ni du conjoint survivant. Quant au fisc, on ne peut supposer que les parents aient jamais entendu le préférer à leur enfant naturel. En ce qui concerne le conjoint survivant, il est facile de reconnaître qu'aucun droit ne peut lui appartenir, puisqu'il n'est appelé dans le système du Code qu'à défaut de tous parents, même naturels.

762.— Les dispositions des articles 757 et 758 ne sont pas applicables aux enfants adultérins ou incestueux.

La loi ne leur accorde que des aliments.

528. Nous avons déjà fait observer la difficulté que cet article a créée en accordant des aliments aux enfants adultérins ou incestueux, tandis que le Code avait précédemment déclaré que leur filiation ne peut être constatée ni par une reconnaissance proprement dite, ni par la recherche soit de la paternité, soit de la maternité (art. 335 et 342). Cette difficulté, qui n'existait pas dans le projet de Code civil, puisqu'il ne prohibait pas la reconnaissance volontaire ou judiciaire des enfants adultérins ou incestueux (¹), fut signalée dans le conseil d'État. Tronchet, après avoir rappelé la prohibition établie, à cet égard, au titre de la Paternité et de la filiation, ajouta : « Il semble donc impossible de comprendre le père dans cet article, puisque d'un côté la paternité ne saurait être légalement avouée, et que de l'autre elle n'est pas, comme la maternité, légalement certaine. » Treilhard répondit que « la section (de législation) s'était déterminée par la considération que « la recherche de la maternité donnerait aussi en certains cas la preuve « de la paternité, comme dans l'hypothèse de l'enlèvement de la « mère (²). » Sur cette seule réponse, l'article a été adopté avec beaucoup de légèreté ; car il s'agissait de savoir, non si la paternité peut être recherchée, mais s'il est possible de constater une filiation incestueuse ou adultérine, et, à cet égard, la réponse de Treilhard porte à faux, puisqu'au cas même d'enlèvement de la mère, cette constatation demeure interdite (art. 342).

529. L'orateur du Tribunat a cherché à expliquer d'une autre manière comment cette filiation peut être constatée. Il a présenté l'hypothèse suivante : « Un homme aura signé, comme père, un acte de naissance, sans faire connaître qu'il est marié à une autre femme que la « mère du nouveau-né, ou que la mère est sa sœur ; *il aura voulu faire* « *fraude à la loi.* L'enfant, ignorant le vice de sa naissance, se présentera « dans la succession pour y exercer les droits d'un enfant naturel. On

---

(¹) Projet de Code civil, liv. 3, tit. 1, art. 68.
(²) Discussion au C. d'État, séance du 2 nivôse an XI.

« le repoussera par la preuve qu'il est né d'un père qui ne pouvait
« légalement l'avouer ; mais l'aveu de fait écrit dans son acte de nais-
« sance lui restera et lui procurera des aliments.» On voit que l'orateur
distingue dans le même acte un aveu juridique, qui ne saurait avoir aucune existence légale, et qui par conséquent ne donne aucun droit sur
la succession, et un aveu *de fait*, qui subsiste, aveu suffisant en ce qui
concerne les aliments. Malgré l'habileté incontestable avec laquelle
cette distinction est présentée, il faut reconnaître qu'elle est dénuée de
fondement. Quand la loi repousse un acte, elle le repousse complètement, et il est aussi impossible de s'en servir pour obtenir des aliments
que pour se faire admettre à la succession. Il serait même scandaleux
qu'un acte ainsi prohibé pût valoir par suite de cette circonstance
que l'auteur a dissimulé son incapacité et *a voulu faire fraude à la loi*.
Ce serait une raison de plus pour que l'acte restât frappé d'une nullité
radicale.

550. Cependant on insiste, et, pour placer l'enfant dans une condition plus favorable, on suppose que, dans une instance en réclamation
d'état, il a été reconnu comme enfant légitime par les parents du défunt, et qu'ensuite le véritable caractère de la filiation vient à se révéler. Il a, dit-on, en sa faveur un aveu judiciaire qui *fait pleine foi*
(art. 1356). Cet argument prouverait trop ; car il conduirait directement à maintenir le réclamant dans la position d'un enfant légitime.
Il est vrai qu'on ne va pas jusque-là : on reconnaît que l'aveu judiciaire ne peut prévaloir sur la prohibition formelle de la loi, et l'on se
borne à soutenir que l'enfant a droit à des aliments. Mais, si l'on veut
se conformer à la loi, il ne suffit pas de réduire le droit de l'enfant à
de simples aliments, il faut reconnaître que sa filiation n'est pas légalement constatée ; car il n'est pas permis d'établir par un aveu, plus
que par tout autre mode, les faits dont le législateur a interdit la
preuve.

Enfin on ne doit pas oublier qu'en défendant de reconnaître les enfants incestueux ou adultérins, la loi a voulu prévenir des révélations
fâcheuses. Or, son but serait totalement manqué si la reconnaissance
ou l'aveu pouvait avoir effet en ce qui concerne les aliments. Du reste,
nous avons expliqué au premier livre (t. I, n° 486), comment la filiation des enfants adultérins ou incestueux peut être constatée, soit à
l'égard de la mère, soit même à l'égard du père.

763. — Ces aliments sont réglés, eu égard aux facultés du père
ou de la mère, au nombre et à la qualité des héritiers légitimes.

764.—Lorsque le père ou la mère de l'enfant adultérin ou incestueux lui auront fait apprendre un art mécanique, ou lorsque l'un

d'eux lui aura assuré des aliments de son vivant, l'enfant ne pourra élever aucune réclamation contre leur succession.

531. En décidant que, pour régler le taux des aliments, le juge aura égard *aux facultés du père ou de la mère*, c'est-à-dire à l'importance des biens que l'un ou l'autre a laissés en mourant, le Code ne fait qu'appliquer la règle qui proportionne les aliments *à la fortune de celui qui les doit* (art. 208). On doit aussi, en s'attachant à la même idée, considérer le *nombre des héritiers*, parce que l'accroissement de ce nombre diminue les ressources de la succession; mais la loi exige de plus ici qu'on ait égard à leur *qualité*. Ainsi, le juge pourra élever le taux des aliments, lorsque la succession, à défaut d'enfants légitimes, sera dévolue à des ascendants ou à des collatéraux plus ou moins éloignés. La loi ne parle ici que des héritiers proprement dits ; cependant l'équité veut qu'on tienne également compte de la qualité des successeurs irréguliers. On accordera donc plus à l'enfant adultérin ou incestueux vis-à-vis de l'É-tat, que vis-à-vis du conjoint survivant.

532. Si les aliments sont proportionnés aux facultés de la personne qui les doit, il faut pareillement les proportionner aux besoins de celui qui les réclame (art. 209). C'est par application de ce principe que des aliments assurés entre-vifs à l'enfant adultérin ou incestueux par l'un de ses parents seulement, suffisent pour acquitter une dette qui leur était commune.

On peut assurer des aliments à une personne de plusieurs manières, notamment en lui donnant l'usufruit d'une rente perpétuelle ou d'un immeuble, ou en constituant à son profit une rente viagère. Remarquons, à cet égard, que, pour remplir le même but envers un enfant adultérin ou incestueux, il suffit même de lui faire apprendre un *art mécanique*, c'est-à-dire un métier (¹).

765. — La succession de l'enfant naturel décédé sans postérité est dévolue au père ou à la mère qui l'a reconnu ; ou par moitié à tous les deux, s'il a été reconnu par l'un et par l'autre.

(¹) La Cour de Toulouse a jugé, le 30 avril 1828, que l'état de *couturière* ne constitue point un art mécanique dans le sens de l'article 764 du Code civil.

533. La loi suppose l'enfant naturel décédé *sans postérité :* s'il n'a laissé que des enfants ou descendants légitimes, ceux-ci succèdent en vertu du principe posé dans l'article 745, et s'il a laissé des enfants naturels, leurs droits sont réglés par l'article 757. Jusqu'ici on s'accorde à reconnaître que la condition du défunt est tout à fait indifférente, et on s'attache seulement à la condition des successeurs.

Mais que faut-il décider si, à défaut de descendants légitimes du DE CUJUS, il existe seulement des enfants naturels en concurrence avec les père et mère? Les enfants naturels doivent-ils avoir toute la succession, ou seulement concourir avec les père et mère, conformément aux règles établies par l'article 757? Il faut décider sans hésiter qu'ils ont toute la succession. En effet, l'enfant naturel a droit à la totalité des biens, lorsque le défunt ne laisse point de parents au degré successible (art. 758), ce qui se réfère évidemment aux héritiers légitimes. Or, le défunt, enfant naturel lui-même, ne peut avoir de parent légitime ni en ligne ascendante ni en ligne collatérale. Les seuls parents que la loi appelle à sa succession sont ses père et mère et ses frères et sœurs, et ils n'y sont appelés que comme successeurs irréguliers, en vertu de la parenté naturelle. Dès lors, entre parents naturels, de même qu'entre parents légitimes, on ne saurait concevoir que les descendants ne vinssent pas en premier ordre.

Dans la *postérité* appelée à succéder, il faut comprendre ici les descendants même naturels du défunt. On pourrait, il est vrai, objecter que, d'après la dernière disposition de l'article 756, l'enfant naturel n'a aucun droit sur les biens des parents de ses père et mère; mais il faut observer que ce principe tend surtout à maintenir les droits de la famille. S'il s'applique sans difficulté dans les cas ordinaires, c'est-à-dire, dans la succession d'un enfant légitime, il en est autrement dans la succession d'un enfant naturel, parce qu'alors il n'existe pas de famille légitime : aussi, dans cette hypothèse, le Code abandonne-t-il ouvertement le principe de l'article 756, en appelant les frères et sœurs naturels du défunt (art. 766). Les descendants naturels doivent être admis à plus forte raison ; car leur exclusion ne pourrait profiter qu'à des ascendants ou à des collatéraux appartenant eux-mêmes à la famille naturelle ; or, une pareille exclusion ne serait nullement motivée.

534. Le père et la mère ont, dans la succession de leur enfant naturel, une position toute différente de celle qu'ils ont dans la succession d'un enfant légitime : au lieu de concourir avec les frères et sœurs, ils succèdent à leur exclusion. Ils partagent la succession par moitié, lorsqu'ils y viennent l'un et l'autre, et, dans le cas contraire, celui des père et mère qui succède seul prend la totalité. Il est bien entendu, d'ailleurs, que le père ou la mère ne succède qu'autant qu'il a reconnu le DE CUJUS. Il faut donc appliquer ici ce que nous avons dit précédemment sur les différentes manières de constater la paternité ou la maternité naturelle (¹).

535. On s'est demandé quel peut être l'effet d'une reconnaissance postérieure au décès de l'enfant naturel. Nous pensons qu'elle est absolument nulle ; car, puisque le droit des successibles se détermine à l'ouverture même de la succession, il ne saurait dépendre d'un événement postérieur. On n'admettait pas, en droit romain, que l'ordre des successions pût se trouver modifié par le fait d'un tiers (²) ; et l'on doit encore moins admettre qu'un successible le modifie dans son propre intérêt. En vain se prévaudrait-on de ce que la reconnaissance des père et mère n'est que la constatation d'un fait antérieur ; car une déclaration ainsi faite après coup est toujours suspecte : ne pouvant s'expliquer par l'affection paternelle, une reconnaissance tardive paraît n'être dictée que par un intérêt pécuniaire. Et d'ailleurs, fût-elle sincère, celui qui n'a rempli aucun des devoirs de la paternité peut-il avoir le droit de succéder à un enfant qu'il a lui-même écarté de sa propre succession ? Le principe de la réciprocité suffirait pour l'exclure. Aussi le texte, lorsqu'il exige la reconnaissance des père et mère, suppose-t-il qu'elle a eu lieu du vivant de l'enfant : sa succession est dévolue au père ou à la mère *qui l'a reconnu..... s'il a été reconnu* (³).

536. Les père et mère succèdent par moitié, sans qu'il y ait lieu de rechercher l'origine des biens que l'un d'eux aurait donnés au défunt. Le droit de retour attribué à l'ascendant donateur par l'article 747, est un droit exceptionnel qu'on ne saurait étendre aux successeurs irréguliers. Si le législateur avait voulu accorder un tel privilége aux père et mère de l'enfant naturel, il l'aurait fait par une disposition expresse, comme il l'a fait dans l'article suivant pour les frères et sœurs légi-

---

(¹) Ainsi, le jugement qui constate la maternité a tous les effets d'une reconnaissance volontaire (Paris, 27 *juin* 1812).

(²) *Inst.*, § 10, *de hered. quæ ab intest. defer.*

(³) Ainsi jugé, en ce qui concerne la paternité, par un arrêt de la Cour de Paris, du 25 mai 1835. Un arrêt de rejet du 22 juin 1813 s'est prononcé en faveur de la mère survivante ; mais, dans l'espèce, il y avait eu possession d'état du vivant de l'enfant.

times. La faculté accordée à ces derniers de reprendre les biens donnés par l'auteur commun, s'explique précisément par cette considération qu'ils ne sont pas admis à succéder aux autres biens. Il n'y a donc aucun motif pour supposer au législateur l'intention d'attribuer aux père et mère, qui viennent à la succession ordinaire, une faveur tout exceptionnelle [1].

766. — En cas de prédécès des père et mère de l'enfant naturel, les biens qu'il en avait reçus, passent aux frères ou sœurs légitimes, s'ils se retrouvent en nature dans la succession ; les actions en reprise, s'il en existe, ou le prix de ces biens aliénés, s'il est encore dû, retournent également aux frères et sœurs légitimes. Tous les autres biens passent aux frères et sœurs naturels, ou à leurs descendants.

FRÈRES OU SŒURS LÉGITIMES, c'est-à-dire enfants légitimes nés du même père ou de la même mère que le défunt.

SOMMAIRE.

537. Droit de retour attribué aux frères et sœurs légitimes, lorsqu'il n'existe ni père ni mère.
538. Dévolution de la succession aux frères et sœurs naturels ou à leurs descendants, même naturels.
539. Ces descendants peuvent-ils succéder par représentation ?
540. Le système de la fente est-il applicable dans cet ordre de succession ?

537. L'enfant naturel survivant ayant un droit dans la succession de ses père et mère, ceux-ci succèdent par réciprocité aux biens de l'enfant naturel prédécédé ; mais la même réciprocité ne saurait avoir lieu à l'égard des frères et sœurs légitimes de l'enfant naturel, puisqu'il est écarté de leur succession par le principe qui lui refuse tout droit sur les biens des parents de ses père et mère (art. 756). Cette considération a fait changer la rédaction primitive, qui, à défaut des père et mère, appelait les frères et sœurs *sans distinction des frères légitimes et naturels*. Toutefois, en excluant de la succession les frères et sœurs légitimes, on a voulu qu'ils reprissent « la portion de biens donnée à l'enfant « naturel dans le patrimoine du père commun [2]. » C'est dans ce but que le Code leur attribue un droit de retour semblable à celui que les

---

[1] Cambacérès a bien proposé, dans le Conseil d'État (séance du 2 nivôse an XI), d'attribuer aux père et mère un droit de retour, mais en les excluant de la succession ordinaire. « Ce serait assez, dit-il, d'accorder au père et à la mère un droit de retour. »

[2] V. l'opinion de Cambacérès dans la séance du 2 nivôse an XI.

descendants de l'adoptant ont dans la succession de l'adopté (art. 351). Remarquons cependant que le texte parle seulement des frères et sœurs légitimes, ce qui exclut leurs descendants.

Les frères et sœurs légitimes ont ce droit de retour *en cas de prédécès des père et mère*, c'est-à-dire, dans l'hypothèse où *tous les autres biens passent aux frères et sœurs naturels*. Si l'un des père et mère seulement est prédécédé, le survivant recueille toute la succession, et alors les frères et sœurs naturels n'ayant aucun droit, les frères et sœurs légitimes n'en ont pas davantage. En effet, le projet déférait la succession à tous les frères et sœurs sans distinction, et c'est en excluant de la succession les frères et sœurs légitimes que le conseil d'État les a réduits à un droit de retour. Il en résulte bien évidemment que ce droit ne leur a pas été attribué au préjudice du survivant des père et mère, mais à titre de prélèvement sur la succession qu'ils devaient primitivement partager avec les frères et sœurs naturels (^{1}).

538. La disposition qui, après avoir exclu les frères et sœurs légitimes, fait passer les biens *aux frères et sœurs naturels ou à leurs descendants*, fonde sur la parenté purement naturelle un ordre de succession contraire, comme nous l'avons déjà vu (533), au principe de l'article 756. Nous croyons donc qu'il n'y a pas à distinguer si les descendants de frères et sœurs sont eux-mêmes légitimes ou naturels. Et effectivement, c'est « pour donner au texte toute la latitude qui est « dans son esprit, » que la mention des descendants de frères et sœurs a été rétablie sur les observations du Tribunat.

539. Les descendants de frères et sœurs naturels doivent-ils être admis à succéder par représentation ? Le doute à cet égard naît de la nature même de la représentation, bénéfice exceptionnel qui n'existe que dans les cas prévus par le législateur, et qui dès lors semblerait ne devoir pas s'étendre aux successions irrégulières. Mais ce doute est levé, du moins quant à la ligne directe, par le texte même de l'article 759. Or, rien n'autorise à supposer que le législateur ait refusé le même bénéfice aux descendants de frères et sœurs.

540. On se demande enfin si les biens de l'enfant naturel décédé doivent se fendre par moitié entre les frères consanguins et les frères utérins, sauf aux germains à prendre part dans les deux lignes. Ceux qui se prononcent pour l'affirmative, se fondent principalement sur une disposition présentée au Conseil d'État par la section de législation, et ensuite supprimée suivant eux sans motif apparent. Il importe de savoir exactement comment les choses se sont passées.

La première rédaction présentée au Conseil d'État contenait, dans

---

(^{1}) Voyez en ce sens un arrêt de la Cour de Riom, du 4 août 1820.

une section intitulée *de la Succession aux biens des enfants naturels*, deux articles, dont le premier, divisé en deux parties, a formé, dans le Code, les articles 765 et 766. Le second était ainsi conçu : « La succession « de l'enfant naturel n'est dévolue à ses père ou mère, frères ou « sœurs, que lorsqu'il a été légalement reconnu. Elle est, au surplus, « recueillie conformément aux règles générales des successions ([1]). » Ce dernier article n'a été supprimé par la section elle-même qu'en partie. La première disposition, relative à la reconnaissance de l'enfant naturel par ses père et mère, se retrouve aujourd'hui dans l'article 756. Quant à la seconde disposition, qui se référait aux règles générales des successions, si elle n'a pas été reproduite, c'est parce que, dans la seconde rédaction, les frères et sœurs légitimes se trouvaient exclus de la succession. Dès lors, il n'y avait plus lieu de se référer aux règles générales des successions, qui sont inapplicables aux frères et sœurs naturels. C'est dans un intérêt de famille, que le système de la fente a été généralisé par la loi actuelle, et les auteurs du Code n'ont jamais songé à l'appliquer aux frères et sœurs naturels. On peut s'en convaincre par le projet de Code civil, qui, à défaut de père et de mère, appelait d'abord les frères et sœurs légitimes, et subsidiairement les frères et sœurs naturels, en ajoutant, pour les premiers seulement, cette explication : « ils succèdent, chacun dans leur ligne, selon qu'ils sont « consanguins ou utérins » ([2]). La section de législation a suivi la même marche : elle avait d'abord prescrit l'observation des règles générales en considération des frères et sœurs légitimes, et, lorsque le conseil d'État les eut repoussées, elle a cru devoir supprimer une disposition qui n'avait plus d'objet.

SECTION II.

DES DROITS DU CONJOINT SURVIVANT ET DE L'ÉTAT.

767. — Lorsque le défunt ne laisse ni parents au degré successible, ni enfants naturels, les biens de sa succession appartiennent au conjoint non divorcé qui lui survit.

SOMMAIRE.

([1]) Séance du 2 nivôse an XI.
([2]) Projet de Code civil, liv. 3, tit. 1, art. 71.

541. La disposition qui attribue au conjoint survivant les biens du conjoint prédécédé, quand celui-ci ne laisse *ni parents au degré successible, ni enfant naturel*, s'applique sans difficulté lorsque le DE CUJUS était lui-même enfant légitime; mais, dans le cas contraire, l'absence d'enfants naturels ne suffit pas pour faire arriver à la succession le conjoint survivant : il faut encore que le défunt n'ait laissé ni père ni mère, ni frères ou sœurs naturels, ni descendants d'eux (art. 765 et 766). Cependant la discussion semble conduire à un autre résultat. Dans le conseil d'État, on a toujours présenté la vocation des frères et sœurs naturels et l'exclusion des frères et sœurs légitimes (art. 766) comme ne pouvant intéresser que le fisc. On a même soutenu formellement qu'à défaut de descendants de l'enfant naturel, « sa femme doit venir « en premier ordre; que s'il ne laisse point de femme, ses frères doivent « être ses héritiers (¹). » Malgré ces observations, les articles 765 et 766 ont été rédigés dans un tout autre sens. Ainsi, le conjoint survivant ne vient qu'en dernier ordre, immédiatement avant l'État. Cependant cette règle reçoit exception dans le cas prévu par l'article 337, c'est-à-dire, lorsque l'un des époux a reconnu pendant le mariage un enfant naturel, né d'un autre que de son conjoint.

542. Cette vocation en dernier ordre est celle qui était accordée au conjoint par l'édit prétorien *unde vir et uxor* ; mais la rigueur de l'édit avait été tempérée en faveur du conjoint pauvre par la novelle 117, qui lui assurait une part de la succession, lors même qu'il existait des enfants (²). Les dispositions de la novelle étaient observées dans les pays de droit écrit (³); et, si le Code n'a point suivi les mêmes errements, ce n'est pas qu'il ne se soit élevé en faveur du conjoint pauvre de justes réclamations ; mais il a été répondu que, « par l'article 40, on « lui accorde l'usufruit du tiers des biens (⁴). » Cet article 40 du projet soumis à la discussion n'est autre que l'article 754 du Code, qui attribue, en effet, le tiers en usufruit de certains biens; malheureusement, ce n'est pas au conjoint du défunt que cet usufruit est donné, c'est au survivant des père et mère en concours avec des collatéraux. C'est donc bien mal à propos qu'on s'est contenté d'une réponse aussi peu satisfaisante.

543. La succession appartient au conjoint *non divorcé*. Cette condition n'était point exprimée dans la rédaction primitive, et en réalité elle n'avait guère besoin de l'être, même lorsque le mariage pouvait se dissoudre par le divorce; car, après la dissolution du lien

---

(¹) Discussion au C. d'État, séance du 2 nivôse an XI.
(²) *Nov.* 117, *cap.* 5; *V. Authent.* PRÆTEREA, *C. unde vir et uxor.*
(³) Lebrun, Successions, liv. 1, chap. 7, n° 3.
(⁴) Discussion au C. d'État, séance du 9 nivôse an XI.

qui les unissait, les anciens époux ne sont plus conjoints. Cependant les mots *non divorcé* ont été insérés après une assez longue discussion, qui portait, non sur le divorce, mais sur la séparation de corps. Le conseil d'État avait décidé, en principe, que « l'époux survivant « n'est pas admis à la succession du conjoint prédécédé, lorsqu'il y a « eu séparation de corps. » L'article fut renvoyé à la section de législation pour qu'elle le rédigeât *conformément à ce principe* [1]; mais la rédaction définitive, en parlant du conjoint *non divorcé*, a infirmé la décision du conseil.

768. — A défaut de conjoint survivant, la succession est acquise à l'État.

SOMMAIRE.

544. Droits de l'État sur la succession en déshérence.
545. Jusqu'à quel point les droits anciennement attribués aux hospices subsistent-ils encore ?

544. Les droits de l'État dans une succession en déshérence sont exercés, en son nom, par les agents de la régie de l'enregistrement et des domaines, que le Code nomme par abréviation *administration des domaines* (art. 772).

Ces agents, d'après une instruction du ministre des finances approuvée par le grand juge ministre de la justice [2], ne doivent ni renoncer à une succession tombée en déshérence, ni même s'abstenir de la recueillir [3]. Est-ce à dire que l'État doive nécessairement accepter la succession ? Il nous paraît évident que les ministres n'ont pas qualité pour aliéner, au nom de l'État, le droit qui lui appartient, comme à tout autre successible, de ne pas se charger d'une succession onéreuse. Si le ministre des finances interdit aux agents de l'administration la faculté même de s'abstenir, c'est probablement pour réserver à l'autorité supérieure l'examen des cas où il importe de ne pas recueillir une succession en déshérence. Cette idée se trouve confirmée par la circulaire du grand juge, qui s'exprime en ces termes : « beaucoup d'abus pourraient naître de l'abstention ou « de la renonciation arbitraire des préposés de la régie. »

545. Avant le Code, les effets mobiliers apportés dans un hospice par les malades étaient, en cas de décès, attribués à ce même hospice, non-seulement à titre de déshérence, mais à l'exclusion même

---

[1] Même séance.
[2] L'instruction du ministre des finances est du 5 mars 1806, et la circulaire du grand juge, du 8 juillet de la même année (V. Sirey, t. 6, part. pag. 189).
[3] Instruction du 5 mars 1806, art. 3.

des héritiers, par différents règlements, dont les principaux sont visés dans un avis du conseil d'État approuvé le 3 novembre 1809. Ce droit de succéder même au préjudice des héritiers directs, ou simplement au préjudice des collatéraux, se trouve compris dans l'abrogation générale prononcée par la loi du 30 ventôse an XII sur la réunion des différentes lois dont se compose le Code civil (¹). Toutefois, en cas de déshérence, les effets apportés dans l'hospice par le défunt sont encore attribués à ce même hospice (²); mais cette attribution ne souffre aucune difficulté, parce qu'elle n'est alors qu'un prélèvement sur la succession dévolue à l'État.

Les enfants qui ont été reçus dans un hospice, ont pour tuteurs, comme nous l'avons vu précédemment (T. I, n° 585), les administrateurs de cet hospice; et s'ils décèdent avant leur sortie, leur émancipation ou leur majorité, ce n'est pas à l'État, c'est à l'hospice même qu'est dévolue la succession en déshérence. Dans ce cas, l'envoi en possession est prononcé à la diligence du receveur de l'hospice (³).

769. — Le conjoint survivant et l'administration des domaines qui prétendent droit à la succession, sont tenus de faire apposer les scellés, et de faire faire inventaire dans les formes prescrites pour l'acceptation des successions sous bénéfice d'inventaire.

SOMMAIRE.

546. Double utilité des scellés et de l'inventaire.

546. Les successeurs irréguliers doivent requérir l'apposition des scellés et faire dresser inventaire, afin de constater la valeur de la succession. En leur imposant cette obligation, le législateur se propose un double but : il veut, d'une part, fixer ce qu'ils auront à restituer aux héritiers légitimes s'ils 'en présente, et, d'autre part, déterminer dans quelles limites ils seront tenus envers les créanciers. En effet, les successeurs irréguliers ne sont pas tenus des dettes *ultra vires*, comme les héritiers légitimes, qui représentent la personne du défunt, mais seulement jusqu'à concurrence des biens. Il faut donc qu'avant de se mettre en possession, ils fassent constater les forces

---

(¹) Arrêts de rejet du 20 juillet 1831 et du 17 avril 1838; arrêts de cassation du 29 janvier 1836. Les doutes, élevés sur ce point, naissent principalement du texte même de l'avis du conseil d'État de 1809, qui admet le droit des hospices *à l'exclusion des héritiers et du domaine en cas de déshérence*; mais ce n'est là qu'un vice de rédaction, puisque le conseil n'était consulté que sur le cas où la succession tombe en *déshérence*.

(²) Avis du conseil d'État du 14 octobre 1809, approuvé le 3 novembre.

(³) Loi du 15 pluviôse an XIII, art. 8.

de la succession. Autrement, ils seraient exposés à payer les dettes en totalité, quelle qu'en fût l'importance, et les héritiers, s'il s'en représentait, seraient admis à établir par tous les moyens possibles, même par commune renommée, la consistance des biens.

770.—Ils doivent demander l'envoi en possession au tribunal de première instance dans le ressort duquel la succession est ouverte. Le tribunal ne peut statuer sur la demande qu'après trois publications et affiches dans les formes usitées, et après avoir entendu le procureur du Roi.

PUBLICATIONS ET AFFICHES. Voyez la note sur l'article 452.

SOMMAIRE.

547. But de la publicité que doit recevoir la demande d'envoi en possession.
548. Mode de publicité qui doit être observé aujourd'hui.

547. La publicité qui doit être donnée à la demande formée par les successeurs irréguliers, tend à établir qu'ils sont fondés dans leurs prétentions, puisque personne ne se présente pour contester le droit qu'ils s'attribuent. Ce n'est pas, comme on l'a cru mal à propos, qu'ils soient tenus de prouver qu'il n'existe pas d'héritiers. La loi prescrit seulement les mesures qu'elle croit nécessaires pour avertir les parents inconnus que pourrait avoir laissés le défunt, et il suffit qu'aucun héritier ne se présente, pour que l'envoi en possession soit prononcé sur la demande des successeurs irréguliers (V. au surplus l'explication de l'article 811).

548. Le mode de publicité auquel le Code s'était référé en exigeant *trois publications et affiches dans les formes usitées*, a été modifié en ce qui concerne l'envoi en possession demandé au nom de l'État. D'après une instruction du ministre des finances déjà citée (544), le premier acte du tribunal à qui la demande est soumise doit être *inséré dans le Moniteur*. Ce premier acte du tribunal doit s'entendre, comme en matière de déclaration d'absence, d'un jugement préparatoire (V. art. 118). L'instruction exige, en outre, *trois affiches,* ou, pour parler plus exactement, trois appositions d'affiches, faites à trois mois d'intervalle. Enfin l'envoi en possession ne peut être prononcé qu'un an après la demande ([1]).

Ces règles ne sont pas obligatoires lorsque l'envoi en possession est demandé par des successeurs irréguliers autres que l'État. Cependant les tribunaux peuvent, sans excès de pouvoir, étendre les mê-

---

([1]) Instruction du ministre des finances, du 5 mai 1806, art. 3.

mes règles à toutes les demandes d'envoi en possession; et même cette extension nous paraît éminemment utile, puisque l'instruction ministérielle satisfait à la publicité exigée par le législateur. Il faut toutefois faire observer que la publicité donnée par le *Moniteur* n'est pas toujours la plus convenable. Le jugement préparatoire rendu sur la demande de successeurs irréguliers autres que l'État, devra donc être publié dans les journaux destinés aux annonces judiciaires.

771. L'époux survivant est encore tenu de faire emploi du mobilier, ou de donner caution suffisante pour en assurer la restitution, au cas où il se présenterait des héritiers du défunt, dans l'intervalle de trois ans : après ce délai, la caution est déchargée.

SOMMAIRE.

549. Obligation de faire emploi du mobilier ou de fournir caution. A qui cette obligation est imposée. Dans quel intérêt.

549. L'obligation de faire emploi du mobilier ou de donner caution n'est point imposée à l'État, qui est toujours réputé solvable. Du reste, elle est commune au conjoint survivant et aux enfants naturels appelés, à défaut de parents, à recueillir toute la succession (art. 773).

Cette obligation est établie dans l'intérêt des héritiers qui pourraient se présenter. Cet intérêt serait facilement compromis, quant aux meubles, à raison de la facilité avec laquelle ils peuvent se déplacer et de la difficulté qu'on éprouve à les revendiquer. Il faut donc vendre le mobilier corporel, le seul auquel s'applique le motif de la loi. Le Code n'ayant rien dit sur le mode d'emploi du prix, il peut consister soit en acquisition d'immeubles, soit en achat de rentes sur l'État, soit enfin en placements sur particuliers.

L'obligation de faire emploi n'est pas prescrite d'une manière absolue. Ceux qui préfèrent conserver les meubles en nature sont seulement obligés de fournir caution (V. art. 2040) pour la restitution du mobilier aux héritiers qui se présenteraient *dans l'intervalle de trois ans*. Il faut observer que ce délai ne limite pas l'action en pétition d'hérédité, puisqu'elle ne se prescrit que par trente ans (art. 137 et 2262); il détermine seulement la durée de l'engagement pris par la caution. Ainsi, les héritiers qui ne se présentent qu'après les trois ans, s'ils n'ont plus d'action contre cette dernière, conservent leur recours contre les successeurs irréguliers.

772. —L'époux survivant ou l'administration des domaines, qui n'auraient pas rempli les formalités qui leur sont respectivement prescrites, pourront être condamnés aux dommages-intérêts envers les héritiers, s'il s'en représente.

550. Les successeurs irréguliers qui n'observent pas les formalités prescrites par les articles précédents, commettent une faute dont ils doivent être responsables envers les héritiers. Il est donc tout simple que l'enfant naturel (V. art. 773), le conjoint survivant et l'État lui-même, soient tenus d'indemniser l'héritier, quel qu'il soit, du préjudice qu'il éprouve par suite de leur faute.

De ce que les successeurs irréguliers encourent ainsi par leur faute une grave responsabilité, peut-on conclure qu'ils ne sont plus alors que des possesseurs de mauvaise foi ? Cette idée conduirait à décider qu'après avoir réparé le tort que leur négligence a causé, ils devraient encore restituer tous les fruits perçus depuis l'envoi en possession (art. 549). Nous ne saurions admettre une semblable conséquence : la bonne ou mauvaise foi tient uniquement à l'ignorance ou à la connaissance du droit d'autrui, et cette distinction est indépendante de la responsabilité encourue par suite d'une faute qui n'a rien d'incompatible avec la bonne foi du possesseur (1).

773. — Les dispositions des articles 769, 770, 771 et 772 sont communes aux enfants naturels, appelés à défaut de parents.

551. Les enfants naturels qui succèdent à défaut de parents, le conjoint survivant et l'État, ne sont pas les seuls que la loi appelle comme successeurs irréguliers. On peut donc s'étonner de ce qu'en déclarant les dispositions précédentes (art. 769-772) applicables aux enfants naturels, les rédacteurs du Code n'aient rien dit soit des père et mère, soit des frères, sœurs ou descendants d'eux, à qui est déférée la succession de l'enfant naturel décédé sans postérité (art. 765 et 766). Indubitablement ils doivent se faire envoyer en possession, puisque, n'étant pas héritiers légitimes, ils n'ont pas la saisine (art. 770). Ils doivent aussi requérir l'apposition des scellés et faire dresser inventaire

---

(1) Ainsi jugé, en faveur de l'État, par un arrêt de rejet du 7 juin 1837.

pour constater, à l'égard des créanciers, les forces de la succession (art. 769). Quant aux précautions prescrites par les articles 771 et 772, la nécessité de les appliquer aux successeurs irréguliers de l'enfant naturel n'est pas aussi évidente. Sans doute, lorsque des frères ou sœurs naturels, par exemple, demandent l'envoi en possession, il n'est pas impossible de supposer qu'un parent plus proche, un père, une mère, ou un enfant naturel, venant à se présenter plus tard, leur enlèvera la succession ; mais cette hypothèse est peu probable. Le nombre des personnes qui, en pareil cas, sont appelées à succéder étant toujours fort restreint, on ne saurait avoir, à leur égard, l'incertitude qui s'élève souvent sur l'existence d'un parent légitime plus ou moins éloigné. En prescrivant les mesures dont s'occupent les articles 771 et 772, le législateur avait spécialement en vue l'intérêt des héritiers légitimes, et rien ne prouve qu'il ait songé à les appliquer en faveur des successeurs irréguliers. Il est à remarquer, au surplus, qu'on n'exige rien de semblable des héritiers légitimes dans l'intérêt d'un parent plus proche qui viendrait à se présenter.

INTRODUCTION AU CHAPITRE V.

SOMMAIRE.

552. Le droit civil romain distinguait deux classes d'héritiers. La plus nombreuse, celle des héritiers externes, comprenait tous ceux qui ne s'étaient pas trouvés sous la puissance du défunt au moment de sa mort (¹). Ils étaient libres d'accepter ou de répudier l'hérédité, et ils ne l'acquéraient même pas avant d'avoir manifesté leur volonté à cet égard. Aussi ne la transmettaient-ils pas lorsqu'ils décédaient avant d'avoir fait adition (²).

(¹) *Inst.* § 3, *de hered. qualit.*
(²) Le droit de transmettre une hérédité non acceptée a été introduit, pour quel-

Par opposition aux héritiers externes ou volontaires, on appelait héritiers nécessaires ceux qui étaient sous la puissance du défunt au moment de sa mort : ce qui comprenait, d'une part, les héritiers simplement appelés nécessaires, c'est-à-dire les esclaves institués par leur maître (1), et, d'autre part, les héritiers siens et nécessaires, c'est-à-dire les fils de famille à qui l'hérédité paternelle était déférée, soit par testament, soit ab intestat (2). La condition des uns et des autres était la même, d'après le droit civil : l'hérédité leur était acquise à leur insu, et même malgré eux, par cela seul qu'ils avaient survécu au DE CUJUS, ou, pour parler plus exactement, à l'événement qui leur déférait l'hérédité (3). Mais, comme il paraissait inique de les soumettre malgré eux aux charges de l'hérédité, le droit prétorien modifia, sous ce rapport, les conséquences du droit civil, sans cependant suivre la même marche à l'égard de tous les héritiers nécessaires. Il accorda aux esclaves institués par leur maître le bénéfice de séparation (4), d'où est dérivée la séparation des patrimoines (V. l'article 878 et son explication). Quant aux fils de famille, qui étaient héritiers siens et nécessaires, le préteur leur donnait le bénéfice d'abstention qui les mettait à l'abri de l'action des créanciers, pourvu qu'ils ne se fussent pas immiscés dans les biens héréditaires (5). L'héritier ou les créanciers eux-mêmes pouvaient demander au préteur un délai pendant lequel l'héritier avait la faculté de délibérer sur le parti qu'il avait à prendre. A l'expiration de ce délai, les créanciers faisaient vendre les biens, si l'héritier ne s'était pas immiscé dans la succession (6).

553. En droit français, comme nous l'avons déjà vu, celui à qui une succession est déférée, la transmet à ses propres héritiers, lors même qu'il ne l'a pas acceptée de son vivant. A cet égard, le droit français se rapproche du système suivi en droit romain pour les héritiers siens ; et ce qui augmente encore l'analogie, c'est que chez nous l'héritier est saisi de plein droit, même à son insu, à compter du décès (art. 724). Néanmoins, les coutumes, en admettant, le principe de la saisine, semblaient exiger, une adition d'hérédité lorsqu'elles disaient : *Il ne se porte héritier qui ne veut* (7). Mais toutes les coutumes n'entendaient pas cette maxime de la même manière. La coutume d'An-

ques héritiers seulement, par Théodose et Valentinien (*L. 1, C. de his qui ante apert. tabul.*).

(1) *Inst. § 1 de hered. qualit.*; *§ 1, de hered. instit.*
(2) *Inst. § 2, de hered. qualit.*; *§ 2, de hered. quæ ad intest. defer.*
(3) *Inst. § 7, eod.*
(4) *Inst. § 1, de hered. qualit.*
(5) *Inst. § 2, eod.*
(6) *Inst. de Gaïus, liv. 2, § 167.*
(7) V. Coutume de Paris, art. 316.

jou l'avait interprétée en ce sens que nul ne devient héritier sans
le vouloir, et que dès lors nul n'a besoin de renoncer pour se soustraire au payement des dettes ([1]). D'après la coutume d'Auvergne,
au contraire, nul n'est recevable à repousser la qualité d'héritier, « s'il
« ne répudie et renonce expressément à la succession ([2]). » Un acte de
notoriété du Châtelet de Paris, en date du 27 juillet 1706, consacre
cette règle à l'égard des héritiers en ligne directe, ascendants ou descendants. Suivant cet acte, ils « sont présumés héritiers nécessaires, en
« sorte que, pour se décharger des dettes de l'hérédité, il est absolu-
« ment nécessaire qu'ils fassent une renonciation, » tandis que les
collatéraux ne sont tenus des dettes qu'en vertu de leur acceptation ([3]).
Cette distinction a été repoussée par les auteurs, et avec raison ; car la
saisine, étant la même pour tous les héritiers, doit avoir pour tous les
mêmes conséquences. Mais, en repoussant la jurisprudence du Châtelet, ces auteurs n'admettaient pas un système uniforme. Plusieurs
d'entre eux, pour concilier la règle, *Il ne se porte héritier qui ne veut*,
avec le principe de la saisine, s'attachaient au système de la coutume
d'Anjou, et admettaient la saisine en faveur de l'héritier seulement,
sans permettre aux créanciers de la rétorquer contre lui, s'il n'avait
pas accepté ([4]). D'autres, s'attachant au système de la coutume d'Auvergne, admettaient les conséquences de la saisine contre l'héritier
comme en sa faveur, sauf le bénéfice de la renonciation ([5]).

Sous l'empire du Code civil, le principe de la saisine est admis avec
toute l'extension qu'il comporte (art. 724). L'hérédité est acquise indépendamment de toute adition, mais la saisine n'est pas une attribution définitive de la qualité d'héritier. Subordonnée à l'acceptation ou
à la renonciation, elle n'existe d'abord que conditionnellement. En cas
d'acceptation, la saisine est confirmée au profit de l'héritier ; en cas de
renonciation, au contraire, il est réputé n'avoir jamais été héritier
(art. 785).

554. L'acceptation est expresse ou tacite. On accepte expressément
lorsqu'on prend le titre ou la qualité d'héritier dans un acte authentique ou privé. L'acceptation tacite s'induit seulement de certains faits
qui supposent l'acquisition de la qualité d'héritier. Mais le Code ne
laisse pas au juge, ainsi qu'on le faisait en droit romain, la faculté d'interpréter, comme emportant acceptation, un acte quelconque de l'hé-

---

([1]) « N'est héritier qui ne veut, n'est tenu de renoncer ni faire autre déclaration
« s'il n'est ajourné. » (Cout. d'Anjou, art. 278.)

([2]) Coutume d'Auvergne, tit. 12, art. 54.

([3]) Cet acte de notoriété est rapporté textuellement par Ferrière, dans son Commentaire sur l'article 316 de la coutume de Paris.

([4]) Ferrière, *ibid.* ; Lebrun, Successions, liv. 3, chap. 1, n°s 36 et 37.

([5]) Pothier, Successions, chap. 3, sect. 2.

ritier. Pour prévenir l'arbitraire, il exige un acte qui suppose nécessairement l'intention d'accepter (art. 778).

A la différence de l'acceptation, la renonciation ne se présume pas.
Le Code, plus rigoureux à cet égard que l'ancienne jurisprudence,
exige du renonçant une déclaration solennelle, consignée sur un registre tenu au greffe du tribunal (art. 784). Le renonçant est réputé
n'avoir jamais été héritier : sa part accroît à ses cohéritiers ; et, s'il est
seul ou si tous ses cohéritiers renoncent, la succession est dévolue aux
parents du degré subséquent (art. 785-787).

555. Voyons maintenant dans quels cas l'héritier peut revenir sur son
acceptation ou sur sa renonciation. En principe, l'acceptation est irrévocable, mais il faut qu'elle émane d'une volonté libre. Ainsi, en cas
de dol ou de violence, l'héritier peut faire annuler une acceptation qu'il
n'a faite que par surprise ou par crainte (art. 1109). Quant à la lésion,
qui, en règle générale, ne peut être invoquée que par les mineurs
(V. art. 1118 et 1305), elle autorise les majeurs à faire annuler leur
acceptation dans le cas spécial où la succession se trouve diminuée de
plus de moitié par la découverte d'un testament inconnu au moment
de l'acceptation (art. 783). Dans tout autre cas, l'acceptation demeure
irrévocable. La renonciation, lorsqu'elle émane d'une volonté libre,
semblerait ne devoir pas être moins irrévocable que l'acceptation. Cependant Lebrun (¹), se fondant mal à propos, comme l'a démontré Pothier (²), sur deux lois romaines (³), décidait que l'héritier renonçant
peut encore accepter la succession lorsqu'elle est restée vacante. Les
rédacteurs du Code, qui n'avaient d'abord accordé cette faculté qu'aux
mineurs (art. 462), l'ont ensuite étendue à tout héritier renonçant. La
faculté de reprendre ainsi la succession, lorsqu'elle n'a été acceptée par
aucun autre successible, ne se perd que par la prescription de trente
ans (art. 790).

Du reste, la renonciation d'un héritier peut être annulée, soit sur la
demande de ses cohéritiers, lorsqu'il a diverti ou recélé des objets héréditaires (art. 792), soit dans l'intérêt de ses créanciers, et jusqu'à
concurrence seulement de leurs créances, lorsqu'il a renoncé à leur
préjudice (art. 788).

556. Le droit d'accepter ou de renoncer se transmet, avec l'hérédité d'un successible, à ses propres héritiers. Toutefois le Code ne leur
permet pas de se diviser ; ils doivent s'entendre pour accepter ou pour

---

(¹) Traité des Successions, liv. 3, chap. 8, sect. 2, n° 63.
(²) Traité des Successions, chap. 3, sect. 3, § 3.
(³) *Paul. L.* 12, *D de interrogat. in jur.; Ulp. L.* 20, § 4, *de adquir. vel omitt. hered.*

renoncer. S'ils ne s'accordent pas, la succession doit être acceptée sous bénéfice d'inventaire (art. 782).

557. A l'acceptation proprement dite, ou acceptation pure et simple, dont nous avons parlé jusqu'ici, on oppose une autre acceptation qui n'a lieu que sous bénéfice d'inventaire, et qui tient, pour ainsi dire, le milieu entre l'acceptation pure et simple et la renonciation. Le bénéfice d'inventaire, dont l'origine remonte à Justinien, a été introduit pour donner à l'héritier le double avantage de n'être tenu des dettes que jusqu'à concurrence des biens qui se trouvent dans la succession, et de ne pas confondre ses droits avec ceux du défunt (¹). En établissant ce bénéfice célèbre, l'empereur l'avait restreint aux héritiers qui acceptaient sans délibérer. Quant à ceux qui réclamaient le *jus delibe-randi*, Justinien leur accordait ce droit, mais sans leur permettre alors de jouir du bénéfice d'inventaire. A l'expiration du délai, ceux qui ne s'étaient pas prononcés, au lieu d'être réputés renonçants, du moins à l'égard des créanciers, comme dans l'ancien droit romain, étaient tenus des dettes en qualité d'héritiers purs et simples. Il fallait donc, pour n'être pas soumis à toutes les conséquences qu'entraînait auparavant l'adition d'hérédité, renoncer expressément avant l'expiration du délai (²).

Le bénéfice d'inventaire était régi, dans les pays de droit écrit, par la constitution de Justinien ; mais, dans les pays coutumiers, cette institution avait obtenu moins de faveur. On s'attachait à cette idée que l'acceptation bénéficiaire est moins avantageuse aux créanciers qu'une acceptation pure et simple. Aussi les parents collatéraux étaient-ils souvent forcés d'abandonner leur qualité d'héritier bénéficiaire pour n'être pas exclus de la succession par un parent plus éloigné, qui offrait de se porter héritier pur et simple (³).

Ces restrictions n'ont pas été admises dans le Code civil. Le bénéfice d'inventaire se cumule toujours avec le droit de délibérer, et, d'un autre côté, l'offre d'une acceptation pure et simple n'autorise jamais aucune dérogation à l'ordre des successions. Bien plus, l'acceptation bénéficiaire est la seule qui puisse être faite au nom des mineurs ou des interdits (art. 461 et 509).

558. Lorsque des poursuites sont exercées par les créanciers, la loi accorde à l'héritier trois mois pour faire inventaire, et quarante jours pour délibérer sur les trois partis entre lesquels il doit opter (art. 795). Le tribunal peut même lui accorder un nouveau délai quand les circonstances l'exigent (art. 797-799). Du reste, l'acceptation bénéficiaire ne se présumant pas plus que la renonciation, le silence que l'héritier

---

(¹) *Inst.* § 6, *de hæred. qualit.* ; *Justin.* L. 22, § 4, C. *de jur. delib.*

(²) *Justin.* L. 22, § 14, C. *eod.*

(³) Pothier, Successions, chap. 3, sect. 3, art. 3, § 2.

a gardé pendant les délais fixés par la loi ou par le tribunal ne préjuge rien sur le parti qu'il doit prendre. Il a toujours le droit, soit d'accepter sous bénéfice d'inventaire, soit de renoncer, tant qu'il ne s'est pas porté héritier pur et simple, ou qu'il n'a pas été condamné comme tel (art. 800).

L'acceptation bénéficiaire doit, comme la renonciation, être faite dans une forme solennelle, par une déclaration sur le registre tenu au greffe (art. 793). Il faut, de plus, comme l'indique le nom même du bénéfice d'inventaire, que les biens aient été régulièrement inventoriés (art. 794).

559. Sous le Code civil, le bénéfice d'inventaire produit d'abord, en faveur de l'héritier, les deux effets principaux qu'il produisait dans la législation de Justinien et dans l'ancienne jurisprudence (art. 802). En outre, aujourd'hui comme autrefois, l'héritier bénéficiaire est chargé d'administrer la succession dans l'intérêt des créanciers et des légataires, qui peuvent le contraindre à donner caution (art. 803, 804 et 807).

Il doit payer les légataires, comme les créanciers, à mesure qu'ils se présentent ; et les créanciers qui ne se sont pas présentés avant l'apurement du compte et le payement du reliquat, n'ont de recours à exercer que contre les légataires indûment payés, et pendant trois ans seulement (art. 808 et 809). Cette décision suppose que les deniers distribués existaient dans la succession, et qu'il n'y a pas eu de créanciers opposants. Au cas d'opposition, la distribution doit être réglée par le juge (art. 808). C'est aussi par le juge que doit être réglée, dans tous les cas, la distribution des deniers provenant de la vente des biens, meubles ou immeubles (C. de pr., art. 990 et 991).

560. L'acceptation sous bénéfice d'inventaire est irrévocable, en ce sens, du moins, que l'héritier bénéficiaire ne peut plus renoncer. La loi lui permet seulement de se décharger de l'administration, en abandonnant les biens aux créanciers et légataires (art. 802).

S'il ne peut plus renoncer, il peut toujours reprendre volontairement la qualité d'héritier pur et simple. Cette qualité lui est même attribuée malgré lui lorsqu'il est déchu du bénéfice d'inventaire, soit pour infidélité, par exemple, s'il a recélé des objets dépendants de la succession, ou s'il a sciemment omis de les faire inventorier (art. 801), soit pour inobservation des formes prescrites relativement à la vente des biens (C. de pr., art. 988 et 989).

561. A l'expiration des délais pour faire inventaire et pour délibérer, la succession est réputée vacante, s'il n'y a ni héritier légitime connu, ni successeur irrégulier qui demande l'envoi en possession (art. 811). Dans ce cas, la succession doit être administrée par un curateur que le tribunal désigne sur la demande des parties intéressées

ou sur la réquisition du ministère public (art. 812). C'est ce curateur qui représente judiciairement la succession (art. 813).

CHAPITRE V.

DE L'ACCEPTATION ET DE LA RÉPUDIATION DES SUCCESSIONS.

SECTION PREMIÈRE.

DE L'ACCEPTATION.

774. — Une succession peut être acceptée purement et simplement, ou sous bénéfice d'inventaire.

SOMMAIRE.

562. Option entre l'acceptation pure et simple et l'acceptation bénéficiaire. Cas dans lesquels cette option n'existe pas.

563. Un testateur peut-il interdire à ses héritiers l'acceptation bénéficiaire ?

562. On peut, en général, accepter purement et simplement ou sous bénéfice d'inventaire ([1]); mais ce dernier mode d'acceptation est le seul qui puisse avoir lieu, lorsque l'héritier est mineur ou interdit (art. 461 et 509), ou lorsque les héritiers d'un héritier décédé ne s'accordent point, soit pour accepter la succession, soit pour la répudier de son chef. Dans cette dernière hypothèse, l'acceptation bénéficiaire est un moyen terme que le législateur a pris pour faire cesser l'incertitude résultant du désaccord des héritiers (art. 782). Quant aux mineurs et aux interdits, si la succession qui leur est déférée ne peut être acceptée purement et simplement, il reste toujours à opter entre l'acceptation sous bénéfice d'inventaire et la renonciation (V. t. I, n° 664).

563. On se demande si un testateur peut interdire à ses héritiers la faculté d'accepter sous bénéfice d'inventaire. L'opinion la plus générale, sous l'ancienne jurisprudence, était que ce bénéfice est conféré, non par la volonté du défunt, mais par la loi seule ; et, en effet, pourquoi le testateur exposerait-il ses héritiers à perdre une succession avantageuse qu'ils n'oseraient point accepter purement et simplement, ou à se ruiner en acceptant de cette manière une succession douteuse ? Accorder ce pouvoir au DE CUJUS, ce serait laisser à sa discrétion un bénéfice que le législateur a cru devoir accorder à tous les successibles,

---

([1]) L'acceptation doit toujours être pure et simple, en ce sens qu'elle ne peut avoir lieu sous condition (rejet, 3 *août* 1808).

et que les meilleurs auteurs considéraient autrefois comme tenant à l'intérêt public [1].

L'opinion contraire se fondait principalement sur une constitution de Justinien, qui prescrit la confection d'un inventaire par le tuteur ou le curateur des héritiers, à moins que le testateur ne l'ait expressément défendu [2]. Comme le défaut d'inventaire rendait l'acceptation bénéficiaire impossible, on en concluait que, dans l'intention même de Justinien, le bénéfice d'inventaire était subordonné à la volonté du testateur. Mais l'argument porte à faux ; car il se fonde sur une constitution antérieure à celle qui a introduit ce bénéfice ; et, lorsqu'on sait quelle importance Justinien attachait à cette innovation, on ne peut pas supposer qu'il ait jamais entendu permettre de déroger à sa constitution par testament. Aussi plusieurs arrêts ont-ils décidé, dans l'ancien droit, qu'une pareille dérogation était inadmissible [3]. Qu'on ait discuté sur ce point sous l'ancienne jurisprudence, cela peut se concevoir, puisque le bénéfice d'inventaire était vu, dans les pays coutumiers, d'un œil peu favorable (557) ; mais il en est tout autrement sous le Code, qui préfère quelquefois l'acceptation bénéficiaire à l'acceptation pure et simple (art. 461 et 782). D'après le texte de l'article 774, ces deux manières d'accepter sont placées sur la même ligne, et l'on ne voit pas pourquoi on permettrait au DE CUJUS de prohiber l'une plutôt que l'autre [4].

775. — Nul n'est tenu d'accepter une succession qui lui est échue.

SOMMAIRE.

564. Véritable sens de la règle : *Il ne se porte héritier qui ne veut.*

564. Cette disposition ne fait que reproduire, sous une autre forme, l'ancienne règle, *Il ne se porte héritier qui ne veut*, règle qui, comme nous l'avons vu (554), semblait en contradiction avec le principe de la saisine, et qui n'a été conciliée avec ce principe qu'après une longue controverse. Plusieurs auteurs admettaient la saisine en faveur de l'héritier seulement, et ne permettaient pas de la rétorquer contre lui. Dès lors, ils ne le soumettaient au payement des dettes que lorsqu'il

---

[1] Lebrun, Successions, liv. 3, chap. 4, n° 5 ; Pothier, Successions, chap. 3, sect. 3, art. 2, § 2.

[2] *Justin.* L. 13, § 1, C. arbitr. tutel.

[3] Lebrun, *loc. cit.* Nous ne connaissons point d'arrêt qui ait statué sur cette question depuis la promulgation du Code.

[4] Plusieurs auteurs distinguent s'il y a ou non des héritiers à réserve ; mais, s'il est vrai que le bénéfice d'inventaire émane de la loi et non de la volonté de l'homme, il importe peu que le testateur ait ou non la libre disposition des biens sur lesquels porte la prohibition.

avait accepté la succession. La règle, *Il ne se porte héritier qui ne veut*, signifiait donc, pour ces auteurs, que nul ne devient héritier que par sa volonté, en sorte que, suivant eux, il aurait suffi de s'abstenir pour n'être pas tenu des dettes (¹). Suivant d'autres auteurs, au contraire, la saisine pouvait être rétorquée contre l'héritier; il était soumis à l'action des créanciers, par cela même qu'étant saisi, il n'avait pas formellement renoncé. D'après ce dernier système, la règle, *Il ne se porte héritier qui ne veut*, signifiait que nul ne demeure héritier lorsqu'il manifeste expressément la volonté de ne pas l'être. Cette interprétation, qui avait prévalu dans l'ancienne jurisprudence, est confirmée par les dispositions du Code (²) (V. toutefois l'art. 797).

776. — Les femmes mariées ne peuvent pas valablement accepter une succession sans l'autorisation de leur mari ou de justice, conformément aux dispositions du chapitre VI, du titre *du Mariage*.

Les successions échues aux mineurs et aux interdits ne pourront être valablement acceptées que conformément aux dispositions du titre *de la Minorité, de la Tutelle et de l'Émancipation*.

SOMMAIRE.

565. Incapacités relatives de la femme mariée, du mineur et de l'interdit.

565. La rédaction communiquée au Tribunat contenait une règle générale ainsi conçue : « *Ceux qui ne sont pas capables de s'obliger* ne « peuvent pas valablement accepter une succession. » Après la communication officieuse, on s'est arrêté à la rédaction actuelle, peut-être pour ne laisser aucun doute sur l'acceptation faite par la femme mariée, qui, ainsi que nous l'avons vu sur l'article 217, n'est pas absolument incapable de s'obliger. Il est vrai que la femme mariée n'est pas liée par l'acceptation qu'elle a faite sans autorisation (³); mais la nullité ne peut être invoquée que par elle ou par son mari (art. 225), et, si elle garde la succession, elle se trouve obligée, en tant qu'elle ne peut conserver les biens sans payer les dettes.

(¹) Lebrun, Successions, liv. 3, chap. 1, n₀ 36.

(²) Aussi la cour de Paris a-t-elle jugé, le 16 juillet 1814, qu'un successible est toujours admis à renoncer, à moins qu'on ne prouve qu'il a fait acte d'héritier; que dès lors il n'est tenu de justifier ni d'aucun acte incompatible avec une acceptation, ni d'aucun inventaire (V. aussi Liége, 4 janvier 1812).

(³) Toutefois il faut décider, avec la cour de Bourges (arrêt du 9 *juillet* 1831), par application de l'article 217, que l'autorisation du mari peut n'être que tacite, et résulter de son concours à un acte qui suppose nécessairement l'intention d'accepter.

La même règle s'applique au mineur et à l'interdit, comme nous le verrons sur l'article 1125.

777. — L'effet de l'acceptation remonte au jour de l'ouverture de la succession.

SOMMAIRE.

566. Origine de cette disposition. Dans quel sens on doit l'entendre pour la faire concorder avec le système général du Code.

566. Suivant Pothier, « l'héritier peut bien acquérir la succession « *ignorans*, mais il ne peut pas l'acquérir *invitus*. Sa volonté n'est pas « nécessaire pour cette saisine, mais sa volonté contraire l'empêche... « La saisine de l'héritier est donc en suspens jusqu'à ce que l'héritier « se soit décidé sur le parti de l'acceptation ou de la répudiation de « la succession. S'il l'accepte, la saisine a son effet ; il est réputé saisi « de la succession dès l'instant de la mort du défunt. S'il la répudie, « il est réputé ne l'avoir jamais été (¹). » Cette théorie se retrouve dans deux dispositions du Code : après avoir dit, dans l'article 777, que *l'effet de l'acceptation remonte au jour de l'ouverture de la succession*, le législateur ajoute, dans l'article 785, que *l'héritier qui renonce est censé n'avoir jamais été héritier*. Toutefois ces deux articles sont-ils en parfaite harmonie ? Pothier lui-même s'est-il bien rendu compte de l'alternative qui lui paraissait mettre la saisine en suspens ? Que la saisine soit subordonnée à l'acceptation ou à la renonciation de l'héritier, c'est ce qui ne souffre aucun doute ; mais il importe de savoir de quelle manière elle est subordonnée à l'un ou à l'autre de ces deux faits : si elle est suspendue jusqu'à l'acceptation, ou si elle doit être résolue en cas de renonciation. Si l'on supposait que la saisine est suspendue jusqu'à l'acceptation, on comprendrait que l'acceptation remontât à l'ouverture de la succession, parce qu'elle rétroagirait comme toute condition accomplie (art. 1179). Dans cette hypothèse, l'héritier se trouverait, jusqu'à l'acceptation, dans la position où se trouvait, en droit romain, l'héritier externe qui n'avait point encore fait addition. Il ne pourrait ni se mettre en possession des biens, ni poursuivre les débiteurs, ni être poursuivi par les créanciers. Si l'on admet, au contraire, que la saisine est seulement résoluble, elle existe, dès l'ouverture de la succession, tant contre l'héritier qu'en sa faveur. Dès lors, par cela seul qu'il n'a pas renoncé, il peut être condamné au payement des dettes. C'est précisément ce que décide le Code de procédure (art. 174), lorsqu'en supposant une action exercée par les créanciers dès l'ouverture

---

(¹) Pothier, Successions, chap. 3, sect. 2.

même de la succession, il n'accorde à l'héritier défendeur qu'une exception dilatoire jusqu'à l'expiration des délais qui lui sont donnés pour
délibérer. Il ne lui suffit donc pas, pour repousser les créanciers, d'alléguer qu'il n'a point encore pris qualité : il faut absolument qu'il renonce, ou du moins qu'il accepte sous bénéfice d'inventaire (1). Puisque
telles sont les conséquences de la saisine, on doit reconnaître qu'elle
existe dès le principe, sauf la renonciation, qui constitue à cet égard
une condition résolutoire. Dès lors, l'acceptation n'est pas une condition suspensive, dont l'effet remonte à l'ouverture de la succession, si
ce n'est toutefois dans le cas où l'héritier renonçant, et par conséquent
dépouillé de la saisine, reprend la succession en vertu de l'article 790.
Cependant nous avons peine à croire qu'en rédigeant l'article 777 les
auteurs du Code aient songé à cette hypothèse exceptionnelle.

778. — L'acceptation peut être expresse ou tacite : elle est
expresse, quand on prend le titre ou la qualité d'héritier dans un
acte authentique ou privé ; elle est tacite, quand l'héritier fait un
acte qui suppose nécessairement son intention d'accepter, et qu'il
n'aurait droit de faire qu'en sa qualité d'héritier.

SOMMAIRE.

567. L'acceptation pure et simple est expresse ou tacite. Actes d'où peut résulter une
       acceptation expresse.
568. Quand y a-t-il acceptation tacite ? Système de Pothier. Modification qu'il apporte
       au droit romain.
569. Système du Code.
570. Effet des réserves ou des protestations faites par l'héritier.

567. « L'héritier, suivant Pothier, peut accepter la succession *aut*
« *verbo aut facto : verbo*, c'est-à-dire, en prenant la qualité d'héritier
« dans quelque acte, soit par-devant notaire, soit sous seing privé (2). »
C'est ce système que le Code civil consacre, lorsque, distinguant l'acceptation expresse de l'acceptation tacite, il veut que l'acceptation expresse
résulte d'un acte, c'est-à-dire, d'un écrit authentique ou privé dans lequel l'habile à succéder prend *le titre ou la qualité d'héritier.* Tel serait, par exemple, un exploit signifié à sa requête (3) ou une quittance
par lui donnée à un débiteur du défunt, etc.
La qualité d'héritier se prend quelquefois improprement pour celle

---

(1) « En France, la seule abstinence ne suffirait pour n'être déclaré héritier ; mais
« outre icelle, il faut renonciation expresse. » (Étienne Pasquier, *Interprétation
des Institutes de Justinien,* liv. 2, chap. 106.)
(2) Pothier, Successions, chap. 3, sect. 3, art. 1.
(3) Mais non un exploit signifié contre lui (Riom, 13 *février* 1821).

d'habile à succéder, notamment dans un inventaire. L'acceptation expresse dont parle le Code, suppose, au contraire, un acte où la qualité d'héritier est prise dans son sens propre et définitif [1]. C'est d'après la nature de l'acte et l'ensemble de ses dispositions qu'il faut apprécier en quel sens un successible s'est dit héritier.

568. On accepte tacitement, *facto*, comme le dit Pothier. Dans ce cas, c'est encore d'un *acte*, suivant le texte du Code, que résulte l'acceptation ; mais, dans cette seconde hypothèse, le mot *acte* change de signification : il ne s'agit plus, comme en matière d'acceptation expresse, d'un écrit qui constate un fait ; il s'agit du fait même par lequel l'habile à succéder fait acte d'héritier, *pro herede gerit*, suivant l'expression de la loi romaine [2].

Mais dans quelles circonstances sera-t-il réputé avoir fait acte d'héritier ? En droit romain, le juge avait une latitude illimitée pour apprécier si le successible avait eu, en agissant de telle ou telle manière, l'intention de se porter héritier. *Pro herede gerere videtur*, dit Ulpien [3], *is qui aliquid facit quasi heres*. L'acceptation tacite pouvait donc résulter d'un fait quelconque, lors même que ce fait ne supposait pas nécessairement la volonté d'accepter ; mais cette règle n'a point prévalu dans le droit coutumier. Ainsi Pothier, qui semblait d'abord se contenter d'un témoignage quelconque de volonté [4], interprète lui-même l'article 336 de la coutume d'Orléans en ce sens « qu'on accepte « *facto* lorsqu'on fait quelque chose qui suppose NÉCESSAIREMENT la vo- « lonté d'être héritier [5]. » En donnant cette explication, il semble croire que la coutume concorde exactement avec la règle du droit romain. Toutefois, en ajoutant le mot NÉCESSAIREMENT, il modifie l'idée d'Ulpien, et néanmoins il reproduit en droit français les décisions du droit romain [6], notamment celle qui considère le payement des dettes comme un acte d'héritier. On pourrait donc croire qu'il adopte la doc-

---

[1] La qualité d'héritier prise dans une procuration donnée à un tiers pour la levée des scellés et la confection de l'inventaire n'emporte pas acceptation (Cassation, 1er août 1809).

[2] En droit romain : on pouvait acquérir l'hérédité de deux manières, solennellement *cernendo*, c'est-à-dire en faisant crétion, ou non solennellement *pro herede gerendo* (Ulp. Fragm. tit. 12, § 25). Ainsi opposée à la crétion, la *pro herede gestio* s'entend de toute acceptation expresse ou tacite qui n'a pas lieu solennellement. Souvent aussi la même expression s'entend seulement du fait par lequel un successible manifeste tacitement l'intention de de venir héritier (V. Gaïus, Inst., liv. 2, § 167). Ces deux significations se retrouvent dans un même texte des Institutes de Justinien (§ 7, de hered. qualit.).

[3] L. 20, D. de adquir. vel omitt. hered.

[4] Pothier, Successions, chap. 2, sect. 3.

[5] Pothier, ibid., art. 1.

[6] Alex., L. 2, C. de jur. delib.

trine du droit romain, s'il n'ajoutait pas : « Il en serait autrement si
« l'héritier avait une autre qualité qui l'eût pu engager à faire ces paye-
« ments, comme s'il était obligé aux dettes qu'il a payées, comme cau-
« tion ou codébiteur du défunt. Il ne ferait point, en ce cas, acte d'héri-
« tier, parce que, ayant une autre qualité pour faire ces payements,....
« il s'ensuit que ce qu'il fait ne suppose pas *nécessairement* la volonté
« d'être héritier (¹). » Ce point n'est pas douteux ; mais Pothier né va
pas assez loin : puisque, suivant lui, ceux qui ont une autre qualité pour
payer, n'ont pas *nécessairement* la volonté d'être héritiers, il ne devait
jamais voir dans le payement un acte d'héritier; car de tout temps la
faculté de payer a été reconnue à toute personne, et non pas seulement à ceux de qui le payement peut être exigé.

569. Le Code se montre plus conséquent. Après avoir décidé que
l'acceptation tacite résulte *d'un acte qui suppose nécessairement l'intention
d'accepter,* il a cru devoir reproduire la même idée sous une autre forme,
en exigeant un acte que l'héritier *n'aurait droit de faire qu'en sa qualité d'héritier.* En s'exprimant de cette manière, il reproduit presque
textuellement la disposition de la coutume d'Orléans (art. 336), d'après
laquelle celui qui prend et appréhende les biens du défunt ne fait acte
d'héritier qu'autant qu'il agit *sans avoir autre qualité ou droit de prendre lesdits biens.* C'est donc mal à propos que certains auteurs modernes (²), ont reproduit, sous le Code, la doctrine de Pothier sur l'effet
du payement des dettes.

Il faut cependant avouer que la dernière partie de l'article 778 n'a
pas toute l'exactitude désirable. Si c'est le plus ordinairement en disposant des biens du défunt que l'on fait acte d'héritier, il peut arriver
aussi que l'acceptation tacite résulte d'un acte par lequel on dispose des
biens que l'on croit appartenir à la succession et qui ne lui appartiennent pas réellement. A la vérité, un pareil acte, n'étant pas de ceux
qu'on n'a droit de faire qu'en qualité d'héritier, ne rentre pas précisément dans les dernières expressions du texte ; mais, comme c'est ici
une question d'intention, ce qu'on doit examiner, c'est moins ce
qu'une personne a eu le droit de faire en qualité d'héritier, que ce
qu'elle a cru ne pouvoir faire qu'en cette qualité. C'est ainsi que, suivant les jurisconsultes romains, on fait acte d'héritier, sans disposer
d'aucun objet appartenant à l'hérédité, lorsqu'on manifeste l'intention
tre héritier (*qui animo agnoscit hereditatem*) (³). Cette doctrine est
trop raisonnable pour n'être pas suivie en droit français.

570. Au surplus, il faut toujours considérer la nature du fait (⁴)

(¹) Pothier, *ibid.*

(²) Chabot, sur l'article 778 ; Toullier, t. 4, n° 331.

(³) *Paul. L.* 88, *D. de adquir. vel omitt. hered.*

(⁴) L'appréciation de la nature des faits appartient à la Cour de cassation, en

plutôt que les protestations dont il peut être accompagné. Ainsi, dans un acte de disposition absolue, le juge ne doit tenir aucun compte des réserves faites par le successible (¹). En sens inverse, toutes les réserves sont superflues relativement aux actes de pure administration, puisque, par eux-mêmes, ces actes n'emportent jamais acceptation. Il ne pourrait s'élever de doute que pour ceux qui dépassent les limites de la simple administration, sans être habituellement considérés comme actes de disposition. Tel serait, par exemple, un bail à ferme consenti pour plus de neuf ans dans une localité où cette prolongation serait exigée dans l'intérêt de l'agriculture. En pareille hypothèse, on conçoit que le juge prenne en considération les réserves de l'héritier, pour apprécier s'il a ou non voulu accepter.

779. — Les actes purement conservatoires, de surveillance et d'administration provisoire, ne sont pas des actes d'adition d'hérédité, si l'on n'y a pas pris le titre ou la qualité d'héritier.

ADITION D'HÉRÉDITÉ. *Adire hereditatem* (*ire ad hereditatem*) s'employait en droit romain pour désigner l'acte d'un héritier externe qui, en acceptant, venait à l'hérédité. En droit français, au contraire, c'est la succession qui vient à l'héritier. C'est donc mal à propos que le texte emploie ici le mot adition comme synonyme d'acceptation.

SOMMAIRE.

571. Les actes de pure administration n'emportent point acceptation tacite.

571. Un héritier, bien qu'il n'ait point encore de parti pris, se met souvent en possession de certains objets dépendants de la succession, non pour en disposer comme propriétaire, mais parce que leur conservation importe à tous les intéressés. C'est ainsi qu'il emporte les clefs pour prévenir les soustractions, qu'il fait étayer un bâtiment pour en empêcher la chute. Dans ces cas et autres semblables (²), celui qui se borne à faire, suivant l'expression du Code, un acte *purement conservatoire*, ou bien un acte de *surveillance* ou d'*administration provisoire*, n'accepte pas la succession, puisqu'un acte n'em-

---

tant qu'il s'agit d'en tirer les conséquences légales, ainsi que l'a décidé implicitement un arrêt de cassation du 27 juin 1837. Mais, s'il s'agit uniquement d'examiner quelle a été l'intention du successible dans telle ou telle circonstance, il ne saurait y avoir lieu à revenir sur la décision rendue par les juges du fait (rejet, 26 *juin* 1828).

(¹) Celui, par exemple, qui s'engage à *désintéresser* les créanciers, devient héritier pur et simple, malgré toute protestation contraire (Bordeaux, 21 *mars* 1828).

(²) Le payement des droits de mutation suppose, sans doute, l'intention d'accepter, mais n'exclut pas le bénéfice d'inventaire (Grenoble, 12 *août* 1826; Lyon, 17 *juillet* 1829; Toulouse, 7 *juin* 1830; Limoges, 19 *février* 1831; Paris, 9 *juillet* 1836. Voyez cependant Caen, 17 *janvier* 1824).

porte acceptation tacite qu'autant qu'il suppose nécessairement l'intention d'accepter (art. 778. V. art. 796). Toutefois le texte ajoute avec raison, *si l'on n'y a pas pris le titre ou la qualité d'héritier*, puisque dans ce cas il y aurait acceptation expresse ([1]).

780. — La donation, vente ou transport que fait de ses droits successifs un des cohéritiers, soit à un étranger, soit à tous ses cohéritiers, soit à quelques-uns d'eux, emporte de sa part acceptation de la succession.

Il en est de même : 1° de la renonciation, même gratuite, que fait un des héritiers au profit d'un ou de plusieurs de ses cohéritiers ;

2° De la renonciation qu'il fait même au profit de tous ses cohéritiers indistinctement, lorsqu'il reçoit le prix de sa renonciation.

DONATION, VENTE OU TRANSPORT. L'aliénation à titre gratuit ou onéreux d'un droit de succession, d'une créance ou de toute autre chose incorporelle, se nomme communément *cession* ou *transport* (V. art. 1689). Ces deux expressions sont génériques. La donation et la vente ne sont que des exemples.

SOMMAIRE.

572. Après avoir déterminé en règle générale le caractère de l'acceptation tacite, le législateur a cru devoir, pour prévenir toute controverse, s'expliquer sur certains actes qui ont essentiellement ce caractère.

Telle est d'abord la cession qu'un héritier fait de ses droits successifs : par cela seul qu'il les aliène, il les considère comme lui étant définitivement acquis ([2]). Peu importe, du reste, que le transport ait lieu à titre gratuit ou onéreux, qu'il soit fait à un étranger, à un cohéritier du cédant ou à tous ses cohéritiers. Cependant il convenait de s'expliquer sur cette dernière hypothèse, qui pouvait présenter quelque doute, du moins pour le cas de cession gratuite : en effet, la donation qu'un héritier fait de ses droits à tous ses cohéritiers semble ne différer en rien d'une renonciation, puisqu'elle profite à tous, aussi bien qu'une renonciation proprement dite ; mais, en réalité, il existe entre ces deux

_____

([1]) C'est dans cette hypothèse que la Cour suprême a attribué elle-même à un successible la qualité d'héritier, par arrêt de cassation, en date du 27 juin 1837.

([2]) Ainsi jugé, lorsque le successible vend en qualité d'héritier sans faire aucune réserve (Amiens, 2 *mai* 1806 ; Paris, 9 *janvier* 1806). Mais l'héritier bénéficiaire peut, agissant en cette qualité, céder à un tiers le profit qu'il peut recueillir de la succession, sans encourir la déchéance du bénéfice d'inventaire (Grenoble, 24 *mars* 1827).

actes des différences importantes. Le renonçant ne donne rien à personne ; il ne fait qu'abandonner la succession ; et, si sa part accroît à ses cohéritiers, c'est en vertu de la loi, qui augmente la portion primitive de chacun d'eux à son insu, et même malgré lui. L'héritier donateur, au contraire, dispose de sa part avec le consentement de ses cohéritiers. C'est de lui, et non de la loi, qu'ils la tiennent : aussi faut-il appliquer ici toutes les règles de droit commun en matière de donation, notamment celles qui concernent le rapport et la réduction.

573. Enfin, le législateur prévoit le cas où l'héritier aurait déclaré renoncer. Une pareille déclaration ne peut avoir son effet qu'autant que son auteur n'en tire aucun avantage, et qu'elle ne modifie nullement la répartition des biens entre ses cohéritiers. Ainsi, toutes les fois que la renonciation n'est pas gratuite, elle constitue une véritable acceptation (1). Il en est de même de la renonciation gratuite, lorsqu'elle n'a pas lieu au profit de tous les cohéritiers du renonçant, mais seulement d'un ou de plusieurs d'entre eux ; car le successible qui distingue, parmi ses cohéritiers, ceux qui devront profiter ou non de sa renonciation, n'abandonne pas ses droits, il en dispose.

Ces renonciations faites moyennant un prix, ou au profit de certaines personnes, se concevaient facilement dans l'ancien droit, parcequ'on pouvait alors renoncer à une succession par un acte notarié, acte dont la forme se prête à toutes sortes de restrictions. Aujourd'hui, toute renonciation se fait au greffe (art. 784), par un acte qui doit émaner de la seule volonté de l'héritier (2). Il est donc impossible qu'un pareil acte comprenne les mêmes stipulations que les anciennes renonciations par acte notarié. Toutefois, s'il n'est pas permis de renoncer par un acte quelconque au profit de l'un des cohéritiers déterminément, il n'est pas sans exemple que le prix d'une renonciation faite dans les formes légales soit stipulé par acte séparé, et alors s'applique la dernière disposition de l'article 780.

781. — Lorsque celui à qui une succession est échue, est décédé

---

(1) Dans les principes du droit civil romain, la renonciation faite pour un prix quelconque ne pouvait pas être considérée comme une acceptation tacite, puisqu'elle impliquait formellement la volonté de n'être pas héritier. Néanmoins, lorsqu'une semblable renonciation faisait tomber le testament du défunt, et par suite les legs et fidéicommis contenus dans ce testament, le droit prétorien la réputait frauduleuse, et en conséquence le renonçant devait acquitter les legs et les fidéicommis, comme s'il avait fait adition (*Ulp. L. 24, D. de adquir. vel omitt. hered.; L. 2, D. si quis omiss. caus. testam.*).

(2) Aux termes d'un arrêt de rejet du 17 août 1815, la renonciation au profit d'un étranger, ou même d'un autre héritier, ne peut avoir lieu par acte au greffe. Il faut s'en tenir à ce qui est prescrit pour la donation ou pour la vente des droits successifs.

sans l'avoir répudiée ou sans l'avoir acceptée expressément ou tacitement, ses héritiers peuvent l'accepter ou la répudier de son chef.

782. — Si ces héritiers ne sont pas d'accord pour accepter ou pour répudier la succession, elle doit être acceptée sous bénéfice d'inventaire.

SOMMAIRE.

574. Transmissibilité du droit d'accepter ou de renoncer. Difficulté qui peut en résulter. Innovation du Code.
575. Conséquences fâcheuses de cette innovation. Comment on aurait pu éviter tous les inconvénients.

574. Ainsi que nous l'avons déjà vu, celui à qui une succession est échue, transmet, dans sa propre succession, les droits qu'il n'a pas exercés de son vivant. Ses héritiers ont donc la faculté d'accepter ou de renoncer de son chef ; mais ils peuvent n'être pas d'accord sur le parti à prendre ; et, comme leur auteur ne pouvait accepter pour partie et renoncer pour le surplus, on en a conclu que la succession transmise doit être acceptée ou répudiée pour le tout par les héritiers de l'héritier. Autrefois, en cas de dissentiment, le juge faisait prévaloir le parti qui aurait été le plus avantageux à l'héritier décédé, et par conséquent à sa succession prise en masse (1). Les rédacteurs du Code, voulant éviter l'intervention du tribunal, ont décidé qu'il y aurait acceptation *sous bénéfice d'inventaire*.

575. Cette innovation, adoptée au conseil d'État, malgré les objections de Tronchet et de Cambacérès, n'est pas heureuse. On leur a répondu que c'était le seul moyen de prévenir les nombreuses contestations qui s'élevaient dans l'ancienne jurisprudence. En prescrivant l'acceptation sous bénéfice d'inventaire, on a cru adopter une règle simple *et qui ne nuit à personne* (2). C'était une erreur : on n'a songé qu'aux dettes, et personne n'a fait observer que le bénéfice d'inventaire ne dispense pas du rapport (art. 843). Or, il serait possible que, celui qui a transmis ses droits successifs, ayant comme donataire, intérêt à renoncer, tel fût aussi l'intérêt de ses héritiers pris en masse, tandis que l'un d'eux aurait en particulier un intérêt contraire, notamment s'il était lui-même

---

(1) Pothier, Successions, chap. 3, sect. 3, art. 1, § 2. Cette règle, empruntée au droit romain, ne pouvait s'appliquer à Rome en matière de succession ; car les héritiers externes ne transmettaient pas à leurs propres héritiers l'hérédité qu'ils n'avaient pas acceptée, et quant aux héritiers nécessaires, l'hérédité leur était toujours acquise sans acceptation. La question ne se présentait que pour les legs, à l'égard des héritiers du légataire décédé après le testateur. (*Julian.* L. 84, § *ult.*, D. *de legat.* 1°).

(2) Discussion au C. d'État, séance du 9 nivôse an XI.

héritier du donateur. Il ne serait pas non plus impossible qu'il y eût collusion entre l'un des héritiers du donataire et ceux qui ont droit d'exiger le rapport. En pareil cas, il s'élèvera un dissentiment inévitable entre les héritiers du donataire, et le Code, en leur imposant alors la nécessité d'accepter sous bénéfice d'inventaire, les soumet tous au rapport. Il n'est donc pas vrai que l'acceptation bénéficiaire ne nuise à personne.

Pour éviter toute difficulté, il aurait fallu, en rejetant l'ancienne règle, laisser à chacun des héritiers de l'héritier décédé la liberté d'accepter ou de répudier la succession, comme s'ils y étaient appelés directement. Si l'un acceptait, tandis qu'un autre renoncerait, cette division n'offrirait pas plus d'inconvénients que celle qui existe souvent entre plusieurs représentants d'un successible prédécédé. Ceux qui succèdent par représentation n'ont jamais été forcés de prendre tous ensemble le même parti. Or, il n'existe aucun motif sérieux qui oblige à suivre une autre règle en cas de transmission, et le Code lui-même n'a pas appliqué à l'acceptation de la communauté, par les héritiers de la femme (art. 1475), la décision qui empêche chacun des intéressés d'exercer librement son option.

783. — Le majeur ne peut attaquer l'acceptation expresse ou tacite qu'il a faite d'une succession, que dans le cas où cette acceptation aurait été la suite d'un dol pratiqué envers lui ; il ne peut jamais réclamer, sous prétexte de lésion, excepté seulement dans le cas où la succession se trouverait absorbée ou diminuée de plus de moitié, par la découverte d'un testament inconnu au moment de l'acceptation.

L'HÉRITIER MAJEUR. L'acceptation que ferait le mineur lui-même, n'ayant pas lieu dans les formes requises (art. 461), serait nulle, et cette nullité pourrait être invoquée par lui sans qu'il fût obligé de prouver le dol ou la lésion. Quant à l'acceptation faite par le tuteur avec l'autorisation du conseil de famille, elle doit produire tous les effets d'une acceptation faite par un majeur (V. art. 1514). Il faut donc lui appliquer les mêmes règles.

SOMMAIRE.

576. De la nullité et de la rescision en matière d'acceptation. Pourquoi le Code ne parle point de l'erreur.

577. Caractère du dol. Il comprend la violence. L'acceptation annulée pour cause de dol est annulée à l'égard de tous.

578. Cas unique dans lequel l'acceptation peut être attaquée pour cause de lésion. Difficulté de comprendre comment la lésion peut résulter de la découverte d'un testament.

579. Origine de la disposition exceptionnelle insérée dans le Code. Discussion au conseil d'État.

580. Hypothèse proposée pour expliquer comment l'héritier peut se trouver lésé.

581. Solution plus vraisemblable. Elle ne résout pas complètement la difficulté.

576. L'acceptation d'une succession suppose deux conditions : une succession ouverte et la volonté sérieuse d'être héritier. Dès lors, il est impossible d'accepter l'hérédité d'une personne vivante [1]; et, lors même qu'une succession est réellement déférée, elle ne peut être valablement acceptée par celui qui ignore le décès, ou qui ne se croit pas appelé à succéder [2].

Dans ces différentes hypothèses, l'acceptation est nulle de droit, comme elle l'est en général toutes les fois qu'il y a absence de volonté ou d'objet. Dans le cas contraire, l'acceptation est valable; mais elle est, comme les contrats, susceptible d'être rescindée à raison de certains vices. Nous avons à examiner si les circonstances qui vicient le consentement des contractants, peuvent également vicier la volonté de l'héritier, en ce sens du moins que son acceptation, sans être nulle de droit, soit seulement rescindable (V. t. I, n° 307).

Les vices du consentement sont l'erreur, le dol et la violence. La lésion est quelquefois une cause de rescision, mais seulement dans des cas exceptionnels (art. 1108 et 1109).

L'erreur d'un héritier qui accepterait une succession croyant en accepter une autre, porterait sur l'identité de l'objet, et rendrait l'acceptation nulle de droit par application de la règle générale sur l'erreur *in ipso corpore rei* [3]. Du reste, l'erreur dont le Code se préoccupe en matière de contrats, n'a pas trait à l'identité de l'objet; elle porte seulement sur sa substance (art. 1110). Or, on n'aperçoit pas quelles seraient les qualités substantielles d'une succession. Dès que l'erreur n'a plus trait à l'identité, elle tombe sur les forces de l'hérédité, et alors elle se confond avec la lésion. Le législateur n'avait donc point à s'en occuper spécialement.

577. Il en est autrement lorsque la volonté de l'héritier a été surprise par dol, c'est-à-dire, lorsque des manœuvres frauduleuses pratiquées envers lui, l'ont déterminé à faire une acceptation qu'il n'aurait pas faite spontanément (V. art. 1116). Indépendamment de toute manœuvre pratiquée pour surprendre la volonté de l'héritier, le dol s'entend même de certaines réticences. Peu importe, en effet, qu'en traitant avec l'héritier, un créancier ou toute autre personne intéressée à son acceptation l'ait trompé par des déclarations mensongères ou par une dissimulation frauduleuse, par exemple, en lui laissant ignorer un accident qui aurait détruit en partie les biens de la succession [4].

---

[1] Pothier, Successions, chap. 3, sect. 3, art. 1, § 3; *Inst.* § 7, *de hered. qualit.; Pompon. L.* 27, *D. de adquir. vel omitt. hered.; Ulp. L.* 21, § 2, *D. eod.*

[2] Pothier, *ibid.* V. *Ulp. L.* 32. *D. eod.*

[3] V. l'article 1110 et son explication.

[4] V. Pothier, Vente, n°s 235 et suiv.; n°s 295 et suiv.

Le texte, en se prononçant formellement sur le dol, ne parle point de violence ; mais on ne saurait douter qu'elle ne soit tacitement comprise dans la disposition du législateur ; car la violence n'est pas moins contraire à la bonne foi que le dol proprement dit. Aussi a-t-on toujours admis qu'user de violence c'est commettre par cela même un dol (1).

Bien plus, la violence produit dans les contrats un effet plus étendu que le dol, puisqu'elle est une cause de nullité par quelque personne qu'elle ait été exercée. Le dol, au contraire, ne peut pas, dans une convention, être opposé à ceux qui y sont restés étrangers (art. 1116). Si les règles sur les contrats s'appliquaient toujours à l'acceptation expresse ou tacite de l'héritier, il faudrait admettre qu'elle ne doit être annulée pour cause de dol que vis-à-vis des auteurs de la fraude ; mais on reconnaît généralement que l'acceptation doit être annulée vis-à-vis de tous, en cas de dol comme en cas de violence. À la différence des engagements qui naissent d'un contrat, engagements qui n'ont d'effet qu'entre les parties contractantes (art. 1165), l'acceptation, qui résulte d'une convention entre l'héritier et un créancier ou toute autre partie intéressée, produit son effet à l'égard de tous ; on comprend donc que cette acceptation, lorsqu'elle est rescindée à raison du dol pratiqué par l'un des contractants, doit l'être pareillement à l'égard de tous, surtout si l'on tient compte de l'étendue des obligations qu'impose la qualité d'héritier (2).

578. Quant à la lésion, si elle a suffi autrefois pour faire rescinder l'acceptation d'un héritier majeur, ce n'a été que rarement, soit en droit romain (3), soit dans l'ancienne jurisprudence (4). Il devait en être ainsi, surtout depuis l'introduction du bénéfice d'inventaire : aussi le Code n'admet-il aucune restitution *sous prétexte de lésion* à raison de dettes inconnues au moment de l'acceptation et venant à se découvrir plus tard. Bien plus, le conseil d'État a formellement refusé de prendre cette circonstance en considération, par ce motif qu'il aurait suffi à l'héritier d'accepter sous bénéfice d'inventaire pour éviter la lésion que lui fait éprouver l'acceptation pure et simple (5); et cependant il est permis de revenir sur cette acceptation *dans le cas où la succession se trouverait absorbée ou diminuée de plus de moitié par la découverte d'un testament inconnu au moment de l'acceptation.*

---

(1) *Ulp. L.* 4, § 33, *D. de dol. mal. et met. except.*

(2) Un arrêt de rejet du 5 décembre 1838 s'est prononcé en faveur de cette opinion.

(3) *Inst.* § 6, *de hered. qualit.*

(4) V. Pothier, Successions, chap. 3, sect. 3, art. 1, § 4.

(5) Discussion au C. d'État, séance du 9 ventôse an XI.

Remarquons d'abord, à cette occasion, qu'en droit français l'existence d'un testament n'exclut pas nécessairement les héritiers appelés par la loi. Le Code n'ayant pas admis, comme le droit romain, la règle, *nemo ex parte testatus ex parte intestatus decedere potest* (¹), le testateur peut ne disposer que d'une partie de ses biens. Dans ce cas, la succession n'en est pas moins déférée ab intestat, et les héritiers appelés par la loi demeurent saisis à la charge d'exécuter les dispositions testamentaires (art. 1017). Si donc il en était des legs comme des dettes que l'héritier pur et simple doit acquitter même *ultra vires*, on concevrait facilement que la découverte d'un testament pût devenir une cause de lésion ; mais alors on ne comprendrait pas que le législateur eût pris en considération la lésion résultant d'un testament, sans s'occuper de celle qui serait occasionnée, dans les mêmes circonstances, par les dettes.

579. La décision du Code présente donc une difficulté grave, et, pour l'éclaircir autant que possible, il n'est pas inutile de remonter à l'origine de cette partie de l'article 783. Suivant le projet de Code civil communiqué aux tribunaux, l'acceptation de l'héritier ne pouvait être attaquée *sous le prétexte de lésion*, mais seulement pour cause de dol (²). Le tribunal de cassation proposa une seconde cause de rescision, savoir : « Si, postérieurement à l'acceptation, l'actif de la suc- « cession se trouvait diminué de plus de moitié, soit par la production « d'un testament jusqu'alors inconnu, soit par l'annulation d'actes non « attaqués au moment de l'acceptation. » En proposant cette rédaction, le tribunal s'appuyait sur l'autorité d'une *jurisprudence constante*. En effet, Lebrun cite des arrêts prononçant la restitution d'un héritier majeur, par suite d'un événement imprévu qui avait rendu la succession insolvable. L'événement auquel s'appliquent ces arrêts, est la découverte d'une substitution fidéicommissaire dont le défunt était grevé (³), en sorte que la majeure partie des biens dont il avait joui pendant sa vie, devait passer au substitué, tandis que les dettes restaient toutes à la charge de l'héritier. Lebrun, lui-même, en soumettant l'acceptation et la renonciation aux mêmes causes de nullité, décide que l'héritier peut être relevé, quand il a renoncé par *ignorance de fait*, « comme s'il a paru un faux testament, lequel, s'il eût été valable, eût « absorbé ou extrêmement diminué la succession, suivant la L. *post* « *divisionem, C. de jur. et fact. ignor* (⁴) ». Telle est évidemment l'origine de l'amendement proposé par le tribunal de cassation et admis par le

---

(¹) V. *Inst.* § 5, *de hered. instit.*

(²) Projet de Code civil, liv. 3, tit. 1, art. 88.

(³) Lebrun, Successions, liv. 3, chap. 1, n° 44.

(⁴) Lebrun, Successions, liv. 3, chap. 8, sect. 2, n° 42.

conseil d'État. Toutefois cet amendement n'a point passé dans la loi sans quelque modification, puisqu'on ne retrouve dans le Code qu'une seule des deux circonstances indiquées, celle du testament qui absorbe ou diminue la succession. D'un autre côté, on s'est préoccupé, dans la discussion, des dangers d'une acceptation pure et simple, et l'on a proposé d'étendre la même règle au cas où des créanciers, inconnus au moment de l'acceptation, viendraient à se présenter postérieurement ; mais cette proposition a été rejetée par ce motif que le remède contre l'inconvénient dont on vient de parler *est le bénéfice d'inventaire* ([1]). Il faut conclure de là que, si la découverte d'un testament autorise l'héritier pur et simple à revenir sur son acceptation, c'est lorsqu'il en résulte une lésion qu'il n'aurait pu éviter, même en acceptant sous bénéfice d'inventaire. Dès lors, il ne suffit pas d'affirmer, comme l'ont fait quelques auteurs, que la disposition du Code suppose l'obligation pour l'héritier d'acquitter les legs, comme les dettes, *ultra vires*; car, s'il en était ainsi, le bénéfice d'inventaire ne serait pas un remède moins efficace à l'égard des legs, qu'à l'égard des dettes. Ajoutons qu'aujourd'hui les substitutions ne peuvent plus rester secrètes (V. article 1069) ; les arrêts cités par Lebrun et rappelés par le tribunal de cassation ne sauraient donc plus avoir aucune autorité.

580. En partant de cette idée généralement admise, que l'héritier pur et simple n'est tenu envers les légataires que jusqu'à concurrence des biens, comme nous l'expliquerons sur l'article 1017, on a supposé que l'héritier pourrait être lésé par suite du concours de legs résultant d'un testament d'abord inconnu, avec les dettes qui viendraient à se révéler. Ce concours peut avoir lieu dans l'hypothèse suivante : une succession présente, à l'époque de l'ouverture, un actif de 100,000 fr. et un passif de 30,000 ; l'héritier accepte et paye les dettes. Plus tard, il découvre des legs qui s'élèvent à 60,000 fr. En les acquittant, l'héritier, loin d'être lésé, conserve encore un bénéfice de 10,000 fr. ; mais il survient de nouveaux créanciers à qui le défunt devait 14,000 fr. En les satisfaisant, l'héritier va se trouver en perte de 4,000 fr. Il est vrai qu'il sera fondé à se faire restituer cette somme par les légataires, et que, s'il la recouvre, il n'éprouvera encore aucune perte. Toutefois, comme les légataires peuvent être insolvables, on prétend que cette éventualité suffit pour autoriser l'héritier à faire annuler son acceptation ([2]).

([1]) Séance du 9 nivôse an XI.

([2]) On pourrait supposer que les nouvelles charges dont l'héritier se trouve grevé, résultent de la découverte d'un second testament par lequel le défunt a disposé d'une somme égale au montant des dettes dont nous avons parlé, c'est-à-dire, de 14,000 fr. Cette hypothèse semble cadrer beaucoup mieux avec le texte du Code ; mais il est impossible que l'héritier soit lésé ; en effet, n'étant point tenu des legs au delà de

Cette hypothèse ne saurait, selon nous, être celle du législateur : on ne peut voir une lésion dans une simple éventualité ; car, si le Code permet d'annuler l'acceptation, c'est à raison d'un préjudice certain. D'ailleurs, si l'on suppose l'insolvabilité des légataires, ce n'est pas la découverte du testament qui fait tort à l'héritier, c'est en réalité la découverte de dettes inconnues à l'époque où les legs ont été acquittés. Or, nous avons déjà vu que la survenance de créanciers inconnus ne doit pas être prise en considération ; et, d'après l'intention positivement exprimée dans la discussion, il est impossible de supposer que le législateur ait eu en vue une lésion qu'il était facile de prévenir par une acceptation bénéficiaire.

581. Il faut donc chercher un préjudice que l'héritier n'aurait pas évité en acceptant sous bénéfice d'inventaire. Ce préjudice résulte évidemment du rapport, que tout héritier, même bénéficiaire, doit faire à ses cohéritiers (art. 843). Ainsi, par exemple, si l'on suppose 100,000 fr. de biens et deux héritiers dont l'un a reçu entre-vifs 50,000 fr., chaque héritier devant avoir 75,000 fr., l'héritier donataire, qui a reçu 50,000 fr., a intérêt à accepter pour recevoir encore 25,000 fr. Si l'on découvre un testament qui réduit la succession de 100,000 fr. à 20,000, l'héritier donataire se trouve lésé, puisqu'il ne doit pas moins rapporter 50,000 fr. Par l'effet de ce rapport la masse sera de 70,000 fr., et chaque part héréditaire, de 35,000 ; par conséquent, l'héritier donataire perdra 15,000 fr. sans avoir aucune négligence à se reprocher, puisque le bénéfice d'inventaire ne l'aurait pas dispensé du rapport. Il est donc juste de le restituer contre son acceptation, même bénéficiaire.

L'explication que nous venons de donner ne justifie pas entièrement la disposition finale de l'article 783 ; car le rapport qui suppose le concours de plusieurs copartageants ne saurait avoir lieu dans une succession déférée à un héritier unique. La découverte d'un testament ne peut en pareil cas produire une lésion, ou du moins une lésion que l'héritier n'ait pu prévenir au moyen d'une acceptation bénéficiaire. Dans le cas même où il existe plusieurs héritiers, il faut encore supposer des circonstances exceptionnelles pour trouver une application du texte. Aussi la jurisprudence n'a-t-elle pas eu l'occasion de se prononcer sur cette difficulté.

---

son émolument, il peut toujours se libérer envers les nouveaux légataires, en leur cédant son action en répétition contre les premiers, qui ont reçu plus que leur part contributoire. V. (*Ulp. L. 2, § 1 ; Papin. L. 3 ; Paul. L. 4 ; Ulp. L. 5, D. de condict. indeb.*)

SECTION II.

DE LA RENONCIATION AUX SUCCESSIONS.

784. — La renonciation à une succession ne se présume pas; elle ne peut plus être faite qu'au greffe du tribunal de première instance dans l'arrondissement duquel la succession s'est ouverte, sur un registre particulier tenu à cet effet.

SOMMAIRE.

582. Explication de cette règle : *La renonciation ne se présume pas*. Formes de la renonciation.
583. De la nullité et de la rescision en cette matière.

582. Si la renonciation se présumait, l'héritier poursuivi par les créanciers n'aurait rien à prouver (art. 1352); mais, dans le système du Code, qui présume l'acceptation, c'est à lui à prouver qu'il a renoncé. Bien plus, la loi n'admet ici qu'une seule espèce de preuve, celle qui résulte d'une déclaration expresse et soumise à des formes toutes spéciales.

L'ancienne jurisprudence rejetait également les renonciations tacites; mais la volonté de renoncer pouvait être déclarée soit dans un acte fait au greffe ou devant notaire, soit à l'audience, pourvu qu'il en fût donné acte par le juge [1]. Suivant le Code, la renonciation *ne peut plus être faite qu'au greffe* [2]; la loi veut même qu'elle soit inscrite *sur un registre particulier tenu à cet effet*, sans doute afin que les parties intéressées puissent s'assurer sans difficulté de son existence, en s'adressant au tribunal dans le ressort duquel le défunt avait son domicile [3] (V. art. 110).

583. Au surplus la renonciation, comme l'acceptation, doit émaner d'une volonté libre et sérieuse (556 et 576). Ainsi l'héritier pourrait faire annuler une renonciation qui n'aurait été déterminée que par dol ou par crainte. Quant à la lésion, elle ne peut être invoquée par l'héritier renonçant. Il ne lui reste d'autre ressource que celle d'accepter en vertu de l'article 790, si la succession n'a encore été acceptée par personne.

785. — L'héritier qui renonce est censé n'avoir jamais été héritier.

---

[1] Lebrun, Successions, liv. 3, chap. 8, sect. 2, n° 86; Pothier, Successions, chap. 3, sect. 4, § 3.

[2] Toutefois, l'acte par lequel un héritier majeur s'engage à renoncer à une succession ouverte, vaut cession au profit de ses cohéritiers (Rejet, 11 *août* 1825).

[3] La renonciation faite au greffe d'un autre tribunal serait radicalement nulle (Poitiers, 28 *juin* 1839).

584. Cette disposition, que nous avons expliquée sur l'article 777, est la conséquence du système admis par le Code relativement à la saisine. Nous avons vu que l'héritier est saisi, indépendamment de toute acceptation, mais sous une condition résolutoire, qui n'est autre que la renonciation. Si, comme nous l'avons vu (566), cette condition remonte à l'ouverture de la succession, il est tout simple de considérer l'héritier renonçant comme n'ayant jamais été appelé à succéder (V. article 1183).

786. — La part du renonçant accroît à ses cohéritiers; s'il est seul, elle est dévolue au degré subséquent.

585. Puisque l'héritier renonçant est réputé n'avoir jamais été héritier, ceux qui doivent concourir avec lui ou succéder à son défaut, se trouvent dans la position où ils auraient été dès l'origine, si le renonçant n'avait jamais été appelé à succéder. De là cette conséquence que sa part accroît aux autres héritiers. Il serait plus exact de dire qu'elle accroît à leurs portions, qui se trouvent augmentées, soit dans leurs propres mains, soit même, s'ils sont décédés avant la renonciation, dans les mains de leurs héritiers. Effectivement, l'accroissement s'opère de portion à portion, même à l'insu des personnes et malgré elles ; car chacun de ceux qui sont appelés à une succession, y est appelé pour le tout, et la part qu'il accepte comprend éventuellement toutes les autres parts qui peuvent devenir vacantes.

La part du renonçant, dit le Code, accroît *à ses cohéritiers*; mais on ne saurait considérer comme tels, vis-à-vis des héritiers ordinaires, ceux qui sont appelés à recueillir des biens déterminés, comme l'ascendant donateur (art. 747), ou à prélever sur la succession une part fixe, comme le père ou la mère succédant avec des frères, sœurs ou descendants d'eux (art. 748, 749 et 751). Dans ces deux cas, la part du renonçant accroît à celle des héritiers appelés éventuellement à l'universalité de la succession.

De même, lorsque, par application du système de la fente, les biens se divisent par moitié entre les parents paternels et les parents maternels, ceux qui succèdent dans une ligne ne sont pas, relativement au droit d'accroissement, les cohéritiers de ceux qui succèdent dans l'autre. La part du renonçant accroît donc seulement aux cohéritiers de la même ligne, en sorte que les deux moitiés sont recueillies comme s'il y avait deux successions différentes (¹).

586. Si la part de l'héritier renonçant accroît à ses cohéritiers malgré eux, c'est, comme nous l'avons dit, parce que chacun d'eux est appelé à succéder pour le tout. La renonciation pouvant toujours être prévue, ceux qui ont accepté la succession n'ont à se plaindre d'aucune surprise, lorsque par événement ils se trouvent héritiers pour une part plus forte que celle qui leur était primitivement déférée. Il n'en est pas de même lorsqu'un des héritiers se fait restituer contre son acceptation en vertu de l'article 783. L'ancienne jurisprudence décidait, d'après certains textes du droit romain (²), qu'en pareil cas l'accroissement suppose le consentement des autres héritiers. En conséquence, ceux-ci pouvaient, à leur choix, ou prendre la part qui se trouvait vacante en supportant les charges héréditaires, ou abandonner cette même part aux créanciers du défunt (³). Cette décision, qui ne s'appliquait qu'aux héritiers externes, n'était qu'un expédient du droit prétorien, et aboutissait à rendre la succession vacante pour partie. Nous ne pensons pas qu'il convienne de transporter ce système dans notre droit, où il n'est consacré par aucun texte. Il vaut mieux appliquer une autre décision des jurisconsultes romains, relative à une succession recueillie par des héritiers siens. Lorsque l'un d'eux s'abstenait, les autres pouvaient, à leur choix, ou prendre toute l'hérédité ou l'abandonner tout entière. L'abstention de leur cohéritier leur rendait le droit qu'ils avaient perdu en s'immisçant, c'est-à-dire le droit de s'abstenir eux-mêmes (⁴). Cependant nous ne voyons dans cette décision qu'un tempérament d'équité qui ne doit pas recevoir une application absolue. Aussi croyons-nous devoir distinguer quel est celui des héritiers qui avait accepté le premier; car, évidemment, celui qui accepte avant tout autre s'expose volontairement à rester seul héritier, et l'option dont nous venons de parler ne doit pas lui être accordée.

787. — On ne vient jamais par représentation d'un héritier qui a renoncé : si le renonçant est le seul héritier de son degré, ou si tous ses cohéritiers renoncent, les enfants viennent de leur chef et succèdent par tête.

(¹) Ainsi jugé par la cour de Paris, le 1ᵉʳ juillet 1811.
(²) *Macer*, L. 61, *D. de adquir. vel omitt. hered.*; *Scævol.* L. 98, *D. eod.*
(³) Pothier, Successions, chap. 3, art. 1, § 4. Ainsi jugé, sous l'empire de l'ancien droit, par un arrêt de rejet du 24 mars 1814.
(⁴) *Marcian.* L. 55; *Ulp.* L. 56, *D. de adquir. vel omitt. hered.*

587. Cette disposition n'est que la conséquence du principe qui empêche de représenter une personne vivante. Nous ne pouvons donc que nous référer aux explications données précédemment sur l'article 744.

788. — Les créanciers de celui qui renonce au préjudice de leurs droits, peuvent se faire autoriser en justice à accepter la succession du chef de leur débiteur, en son lieu et place.

Dans ce cas, la renonciation n'est annulée qu'en faveur des créanciers, et jusqu'à concurrence seulement de leurs créances : elle ne l'est pas au profit de l'héritier qui a renoncé.

588. Nous avons dit (231) que les créanciers peuvent, en règle générale, attaquer les actes que le débiteur a faits en fraude de leurs droits (art. 1167), c'est-à-dire avec intention de leur nuire, et en leur causant d'ailleurs un préjudice réel. Effectivement la fraude, comme on le dit communément, suppose le concours de deux circonstances : *consilium et eventus*. Le projet de Code civil appliquait ce principe à la renonciation de l'héritier, comme à celle de l'usufruitier [1] ; mais, ainsi que nous l'avons expliqué sur l'article 622, le mot *préjudice* a été substitué, dans cet article, au mot *fraude*, d'après une observation du tribunal de cassation. Une nouvelle observation, faite dans le même sens par le même tribunal, relativement à la renonciation de l'héritier [2], a donné lieu à une rectification semblable dans l'article 788. On a donc voulu, en dérogeant au principe de l'article 1167, que les renonciations pussent être attaquées par cela seul qu'elles préjudicient aux créanciers du renonçant [3]. (V. toutefois l'article 1464.)

---

[1] Projet de Code civil, liv. 2, tit. 3, art. 43 ; liv. 3, tit. 1, art. 93.

[2] « La fraude du renonçant, qui suppose *consilium et eventus*, ne doit pas être exigée pour que les créanciers puissent attaquer la renonciation. Il doit suffire qu'en résultat elle leur soit préjudiciable. »

[3] La cour de Paris s'est prononcée en ce sens le 13 février 1826.

589. La renonciation d'un héritier, lorsque ses créanciers l'attaquent, comme faite à leur préjudice, n'est annulée que dans leur intérêt et jusqu'à concurrence seulement de ce qui leur est dû. L'excédant, s'il y en a, appartient donc, par droit d'accroissement, aux cohéritiers du renonçant; car, sous ce rapport, la renonciation subsiste : elle n'est annulée que sur la demande des créanciers, et non *au profit de l'héritier qui a renoncé.*

Toutefois ce dernier en profite indirectement, en ce sens qu'il est libéré de ses dettes envers ceux qui ont fait annuler sa renonciation ; car ses cohéritiers ne sont pas fondés à répéter contre lui le montant de ce que ses créanciers ont touché sur les deniers de la succession. Si la part du renonçant profite à ses créanciers plutôt qu'à ses cohéritiers, ce n'est point par sa volonté ou par son fait; c'est la loi qui en dispose, et dès lors il ne doit aucune garantie à ses cohéritiers.

590. D'après le texte, on pourrait croire que les créanciers doivent commencer par demander au tribunal l'autorisation d'accepter la succession au lieu et place de leur débiteur, et la renonciation semblerait ne devoir être annulée que par suite de l'autorisation accordée aux créanciers. Nous pensons, au contraire, que toute acceptation est impossible tant que la renonciation subsiste. C'est donc par une action dirigée contre ceux à qui cette renonciation profite, que les créanciers doivent se pourvoir pour la faire annuler. Il n'est pas impossible, en effet, que les cohéritiers désintéressent le demandeur afin d'éviter l'intervention d'un étranger dans les affaires de la succession. Par conséquent, l'autorisation dont les créanciers du renonçant ont besoin pour accepter de son chef, ne peut être qu'une conséquence du jugement par lequel sa renonciation est annulée [1].

591. Lorsqu'un successible accepte une hérédité onéreuse, ses créanciers peuvent aussi attaquer son acceptation ; mais ce droit ne leur est point attribué par une disposition spéciale du Code. Il résulte du principe général qui s'applique à tous les actes faits par un débiteur *en fraude de ses créanciers* (art. 1167). Il ne suffit donc pas aux créanciers de l'héritier de prouver que cette acceptation leur préjudicie; ils doivent prouver en outre, suivant le droit commun, que leur débiteur a voulu leur nuire.

789. — La faculté d'accepter ou de répudier une succession se prescrit par le laps de temps requis pour la prescription la plus longue des droits immobiliers.

---

[1] Il n'est point nécessaire, pour obtenir cette autorisation, de discuter les biens du débiteur ; les juges ont un pouvoir discrétionnaire pour apprécier s'il y a préjudice (Bourges, 19 *décembre* 1821).

SOMMAIRE.

592. Il ne faut pas confondre la faculté d'accepter une succession avec l'action en pétition d'hérédité. Cette action, qui appartient à l'héritier contre un étranger, possesseur en tout ou en partie de la succession, se prescrit par trente ans, conformément au droit commun (art. 137 et 2262). Quant à la faculté d'accepter, elle subsisterait indéfiniment si le législateur avait gardé le silence ; car une faculté n'est pas en général sujette à prescription (art. 2232). Mais, pour ne pas laisser trop longtemps les intérêts en suspens, la loi décide que la faculté d'accepter ou de renoncer se prescrit *par le laps de temps requis pour la prescription la plus longue des droits immobiliers*, c'est-à-dire par trente ans, comme l'action en pétition d'hérédité. Ce n'est pas à dire que la position de l'héritier soit la même dans les deux cas. Lorsqu'il perd la pétition d'hérédité, ce n'est pas seulement parce qu'il en a trop différé l'exercice, c'est aussi parce que le défendeur est fondé à invoquer le bénéfice d'une longue possession, et alors la prescription, en même temps qu'elle éteint l'action en pétition d'hérédité, constitue pour le possesseur une prescription à l'effet d'acquérir. Il en est tout autrement de celle qui s'applique à la faculté d'accepter ou de renoncer ; elle ne suppose en aucune manière que l'héritier se trouve dans la nécessité d'intenter une action quelconque. S'il perd la faculté d'accepter ou de renoncer, c'est faute de l'avoir exercée en temps utile, de même qu'on perd par non-usage un droit d'usufruit ou de servitude (art. 617 et 706). L'article 789 doit donc s'expliquer indépendamment de cette circonstance que les biens du défunt seraient possédés par un étranger.

593. D'après la lettre du Code, la prescription trentenaire semblerait s'appliquer tout à la fois à deux facultés qui s'excluent réciproquement, savoir, la faculté d'accepter et celle de renoncer. Aussi s'est-on demandé quelle est, après la prescription accomplie, la position de l'héritier. Doit-il être réputé avoir accepté parce qu'il ne peut plus renoncer, ou avoir renoncé parce qu'il ne peut plus accepter ? En s'attachant au texte, un auteur a considéré ces deux facultés comme se

prescrivant l'une en même temps que l'autre, et en conséquence il a décidé que l'héritier doit être réputé acceptant ou renonçant suivant l'intérêt de son adversaire : acceptant, s'il est poursuivi par les créanciers du défunt ; renonçant, s'il veut poursuivre les débiteurs ou évincer un étranger qui se trouve en possession de l'hérédité (¹).

Cette théorie, dont l'auteur croyait suivre le droit romain (²), est généralement repoussée, parce qu'elle conduirait à ce résultat inadmissible, que le même successible serait exclu des biens et devrait néanmoins supporter les charges.

Le concours de deux facultés opposées, dont s'est préoccupé l'auteur de ce système, n'existe pas en réalité. Le texte ne dit pas que la faculté d'accepter et celle de renoncer se prescrivent simultanément ; il parle d'une faculté unique, celle d'accepter ou de renoncer, qui se prescrit en ce sens que la position de l'héritier est irrévocablement fixée, parce qu'il n'a plus le choix qu'il avait précédemment. Toutefois le texte ne s'explique pas en définitive sur la position de l'héritier : il reste donc toujours à savoir s'il doit être considéré comme acceptant ou comme renonçant.

Si l'on se rappelle que la saisine fait présumer l'acceptation, tant que cette présomption n'est pas démentie par une renonciation formelle, on comprendra que la seule faculté qui puisse se prescrire soit celle de renoncer ; qu'après la prescription accomplie, la présomption légale se trouvant définitivement confirmée, le successible déchu du droit de renoncer demeure héritier pur et simple.

594. Cependant on soutient en sens contraire qu'il doit être présumé renonçant, et que la faculté d'accepter se trouve prescrite, même pour les héritiers légitimes. On dit que le Code, en déclarant les héritiers légitimes saisis de plein droit (art. 724), n'a établi la

---

(¹) Delvincourt, liv. 3, tit. 3, chap. 4, sect. 1, § 1.

(²) Ulpien (L. 69, D. de adquir. vel omitt. hered.), supposant qu'un délai pour délibérer est fixé à un héritier institué, décide que l'expiration du délai suffit pour faire présumer la renonciation et pour déférer la succession aux substitués appelés à défaut de l'institué. D'après une constitution de Justinien (L. 22, § 14, C. de jur. delib.), au contraire, l'héritier qui n'a point renoncé dans le délai doit payer toutes les dettes, comme s'il avait accepté purement et simplement. Pour concilier ces deux décisions, on a fait observer qu'Ulpien suppose un délai fixé sur la demande des substitués, tandis que, dans la constitution de Justinien, le délai est fixé sur la demande de l'héritier pour prévenir l'envoi en possession des créanciers. De là on a conclu que l'héritier doit être considéré comme acceptant ou comme renonçant, suivant l'intérêt de ceux qui ont des droits à exercer à l'expiration du délai. Cette prétendue conciliation est inadmissible : 1° parce que, dans l'ancien droit romain, l'héritier qui n'avait pas accepté avant l'expiration du délai, était présumé renonçant, tant à l'égard des créanciers (Gaius, 2 Inst. 167), qu'à l'égard des substitués ; 2° parce que Justinien a certainement innové, comme nous l'avons expliqué précédemment (557).

saisine que dans leur intérêt ; qu'il leur a laissé la liberté d'user ou de ne pas user du droit qui leur était déféré ; qu'il a fixé pour cela un délai, passé lequel ils sont censés n'avoir point répondu à l'appel qui leur était fait, comme s'ils avaient renoncé expressément ; qu'à la vérité la renonciation ne se présume pas, mais que cette règle doit s'appliquer seulement jusqu'à l'expiration du délai fixé pour la prescription. On présente cette interprétation comme étant en harmonie avec l'esprit général du Code, et spécialement avec la règle, *Il ne se porte héritier qui ne veut.*

Il est facile de reconnaître dans cette théorie la trace du système des auteurs qui, n'admettant la saisine qu'en faveur de l'héritier, pensaient qu'elle ne doit pas être rétorquée contre lui ; mais nous avons déjà vu qu'en réalité le Code admet la saisine même contre l'héritier (413), qui se trouve soumis *à toutes les charges de la succession* (art. 724). Nous avons expliqué comment la saisine, quoique sujette à se résoudre en cas de renonciation, produit son effet tant que la condition résolutoire n'est pas réalisée. On ne concevrait pas comment la possession légale de tous les biens, droits et actions du défunt, se trouverait perdue par le seul fait du silence de l'héritier. Il faudrait pour cela que les effets de la prescription se trouvassent singulièrement changés ; car elle a précisément pour but de maintenir la possession, et de confirmer définitivement un état de choses qui, jusque-là, n'était que présumé (¹).

595. Tout en reconnaissant, du moins en règle générale, que l'héritier demeure, par l'effet de la prescription, héritier pur et simple, un jurisconsulte allemand (²) admet une exception pour le cas particulier où l'hérédité a été appréhendée, non par un étranger, mais par un successible du même degré ou d'un degré inférieur. Dans cette hypothèse, la saisine serait éteinte tant activement que passivement ; l'héritier, faute par lui d'avoir accepté dans les trente ans, serait considéré comme renonçant ; il deviendrait complétement étranger aux avantages comme aux charges de la succession, et serait déchu du droit d'évincer les successibles en possession de l'hérédité, ou même de concourir avec eux (³).

(¹) La Cour de cassation avait jugé, par deux arrêts de rejet (le 13 *janvier* 1837 et le 25 *mai* 1840) que, dans l'ancienne jurisprudence, l'héritier ne perdait point au bout de trente ans, la faculté d'accepter ; mais un arrêt de rejet du 14 juillet 1840, rendu également sur l'interprétation de la coutume de Paris, a consacré le système opposé. La question a été décidée, sous l'empire du Code, dans le sens du maintien de la saisine après l'expiration des trente ans, par un arrêt de la cour de Bordeaux, en date du 6 mai 1841.

(²) Zachariæ, édit. de MM. Aubry et Rau, 1844, t. 4, p. 216 et suiv.

(³) Un arrêt de rejet du 14 juillet 1840 paraît conçu dans l'esprit de ce système.

La faveur exceptionnelle dont jouissent, dans ce système, les suc-cessibles qui ont appréhendé l'hérédité, est la conséquence d'un droit particulier qui, suivant le même auteur, appartient aux parents d'un degré inférieur. Ils sont fondés, dit-il, dans l'inaction de l'héritier, non pas précisément à le contraindre de prendre qualité en exerçant son option (¹), mais du moins à se mettre en possession de l'hérédité, et en pareil cas l'héritier du premier degré doit perdre la saisine par suite de son inaction pendant trente ans, jointe à la possession d'un autre successible. Nous ne pouvons reconnaître ce prétendu droit qu'on veut attribuer aux parents d'un degré ultérieur. Tant que l'héritier du premier degré n'a pas renoncé, les autres parents sont tout à fait étrangers à l'hérédité. Les autoriser à se mettre en possession, ce se-rait établir en leur faveur une dévolution anticipée ; ce serait, malgré la prohibition formelle de la loi (art. 784), présumer la renonciation du véritable héritier. Ce système, trop favorable aux successibles d'un de-gré inférieur, est donc inadmissible : ainsi, comme nous l'avons déjà dit, l'article 789 doit s'expliquer indépendamment de toute prise de possession, soit de la part d'étrangers, soit de la part de parents autres que ceux à qui l'hérédité est déférée.

596. Le système que nous avons adopté, en décidant que l'héritier légitime, faute par lui d'avoir pris un autre parti dans les trente ans, demeure héritier pur et simple, entraîne, au premier aspect, de graves inconvénients. Ne peut-il pas arriver, en effet, qu'on se trouve ainsi ruiné par le décès en pays étranger d'un parent dont on ignorait peut-être l'existence? Ne peut-il pas arriver également qu'un parent éloigné, étant saisi à son insu par la renonciation d'un parent plus proche, de-vienne, par l'effet de la prescription, héritier pur et simple, lors même qu'il ne se croyait pas encore appelé à succéder? Cette objection sup-pose que la prescription court contre les successibles à compter de l'ouverture de la succession, ou du moins, pour ceux du second degré, à compter de la renonciation de l'héritier plus proche ; mais nous ne pensons pas qu'il en soit ainsi. Une faculté ne saurait se prescrire faute d'avoir été exercée, lorsqu'elle ne pouvait pas encore l'être. La faculté d'accepter ou de répudier implique la possibilité d'une option : or, puisqu'un héritier ne peut ni accepter ni renoncer utilement avant de savoir que la succession lui est déférée (576), il faut reconnaître que,

---

(¹) En droit romain, le substitué pouvait demander au préteur de fixer un délai à l'expiration duquel la succession lui serait déférée, si l'institué n'avait pas fait adition (*Ulp. L.* 69, *D. de adquir. vel omitt. hered.*). A défaut de testament, le droit préto-rien déférait la succession graduellement aux divers ordres de *bonorum possessores* (*Inst.* § 9, *de bonor. possess.*) ; mais on ne voit pas que rien de semblable ait ja-mais été admis en droit français. On ne saurait donc, dans le silence du Code, intro-duire chez nous la règle du droit romain.

si une pareille faculté se prescrit, c'est seulement à compter du moment où elle commence à exister, c'est-à-dire du moment où le successible sait qu'il est appelé à succéder.

Cette interprétation répond à l'objection tirée des dangers inhérents au système que nous adoptons, dangers qui ont fait proposer de n'admettre ce système qu'avec une modification importante. En reconnaissant que la prescription enlève à l'héritier légitime la faculté de renoncer, on a prétendu qu'il peut encore accepter bénéficiairement. Mais nous verrons, en expliquant l'article 800, que les rédacteurs du Code n'ont jamais songé à prolonger au delà de trente ans cette faveur exceptionnelle. L'acceptation bénéficiaire suppose une option, et celui qui ne peut plus opter ne doit plus avoir le droit de modifier, par sa volonté, la position que lui attribue la loi : or, en confirmant la saisine, la prescription rend le successible héritier pur et simple. On peut le décider sans scrupule, si l'on admet avec nous que la prescription ne court pour chaque héritier que du jour où il a su que la succession lui est déférée.

597. Nous n'avons parlé jusqu'ici que des héritiers légitimes, et nous avons supposé que ces héritiers, saisis de la succession, conservent cependant le choix entre plusieurs partis différents ; mais telle n'est pas la position de tous les successibles. Ainsi, l'héritier renonçant a encore le droit d'accepter la succession dans l'hypothèse prévue par l'article suivant, où la loi fournit elle-même l'exemple d'une acceptation nécessaire, à défaut de saisine, pour acquérir l'hérédité, et d'une prescription applicable à la faculté d'accepter.

Les successeurs irréguliers, qui ne sont jamais saisis, doivent se faire envoyer en possession par justice. La demande qu'ils ont à former dans ce but est encore une acceptation nécessaire pour leur faire acquérir la succession. C'est donc également la faculté d'accepter qui se trouve perdue pour eux à l'expiration des trente ans.

790. — Tant que la prescription du droit d'accepter n'est pas acquise contre les héritiers qui ont renoncé, ils ont la faculté d'accepter encore la succession, si elle n'a pas été déjà acceptée par d'autres héritiers; sans préjudice néanmoins des droits qui peuvent être acquis à des tiers sur les biens de la succession, soit par prescription, soit par actes valablement faits avec le curateur à la succession vacante.

462. — *Dans le cas où la succession répudiée au nom du mineur n'aurait pas été acceptée par un autre, elle pourra être reprise, soit par le tuteur, autorisé à cet effet par une nouvelle déli-*

*bération du conseil de famille, soit par le mineur devenu majeur,
mais dans l'état où elle se trouvera lors de la reprise, et sans pouvoir attaquer les ventes et autres actes qui auraient été légalement
faits durant la vacance.*

SOMMAIRE.

598. Anomalie qui résulte de ces dispositions.
599. Prescriptions qui courent contre le renonçant lorsqu'il est majeur. *Quid* s'il est
mineur?
600. Maintien, dans tous les cas, des actes faits par le curateur à la succession vacante.

598. Nous avons indiqué précédemment (555) l'origine des dispositions, qui, en permettant à un héritier d'anéantir par son fait les droits
que sa renonciation a ouverts à d'autres héritiers, ou, pour parler plus
exactement, à d'autres successibles ([1]), constituent une véritable
anomalie.

Lorsqu'il existe plusieurs héritiers, la succession répudiée par l'un
d'eux peut avoir été déjà acceptée par les autres, et alors évidemment
le renonçant n'a pas la faculté de reprendre la qualité d'héritier. Pour
que la disposition de l'article 790 devienne applicable, il faut supposer,
ou que l'un des cohéritiers renonce avant toute acceptation de la part
des autres, ou que l'hérédité est dévolue tout entière au degré subséquent par la renonciation de l'héritier unique. Dans l'un et l'autre cas,
la succession est attribuée au premier acceptant et, pour ainsi dire, au
premier occupant, comme si tous les intéressés se trouvaient dans la
même position; tandis qu'en réalité le renonçant se trouve dessaisi, et
la saisine dont il est dépouillé appartient à ses cohéritiers ou aux parents du degré subséquent. Ainsi, d'une part, ils doivent accepter,
quoique saisis, pour n'être pas prévenus par l'acceptation du renonçant, et d'autre part, ce dernier, quoiqu'il soit réputé n'avoir jamais
été héritier (art. 785), peut anéantir, par un fait purement volontaire,
le droit des héritiers à qui appartient la saisine.

Pour échapper à cette contradiction, du moins à l'égard des héritiers du degré subséquent, on a soutenu qu'ils ne sont pas saisis tant
qu'ils n'ont pas accepté; mais il n'y a pas de raison suffisante pour ne

---

([1]) En permettant au renonçant d'accepter encore la succession, *si elle n'a pas
été déjà acceptée par d'autres héritiers,* le Code n'a pas entendu parler exclusivement des héritiers légitimes. La demande d'envoi en possession formée par les
successeurs irréguliers équivaut certainement à l'acceptation d'un héritier proprement dit, et doit suffire pour faire cesser la faculté exorbitante accordée au renonçant par l'article 790. Cependant le contraire a été jugé par la cour de Paris, le 25
uillet 1826.

pas les comprendre dans la disposition de l'article 724, qui attribue la saisine aux héritiers légitimes. S'il en était autrement, la renonciation de l'héritier le plus proche suffirait pour rendre la succession vacante; tandis que, d'après le texte même de la loi, la vacance suppose la renonciation des *héritiers connus* (art. 811). Il est donc vrai qu'aujourd'hui, comme dans l'ancienne jurisprudence (1), les héritiers d'un degré inférieur, à qui la succession est dévolue, sont investis de la saisine dont le renonçant est dépouillé; seulement, il faut reconnaître que cette saisine est soumise à une cause de résolution toute spéciale pour le cas où le renonçant prévient, par son acceptation, celle que les héritiers du degré subséquent ont intérêt à faire pour consolider leur saisine.

599. Le droit accordé au renonçant subsiste seulement *tant que la prescription du droit d'accepter n'est pas acquise*; mais cette restriction n'est pas applicable à l'égard des mineurs au nom de qui la succession a été répudiée, parce que la prescription ne court pas contre les mineurs (art. 2252).

Indépendamment de la prescription particulière qui s'applique à la faculté d'accepter, la prescription ordinaire peut se trouver acquise à des étrangers qui ont possédé des biens de la succession. Ils en demeurent propriétaires lorsque le renonçant reprend l'hérédité. Aucun doute ne s'élève sur ce point, quand il s'agit d'un héritier majeur. Dans le cas contraire, c'est-à-dire lorsque la succession est reprise après avoir été répudiée au nom d'un mineur, on se demande si la prescription a couru dans l'intervalle. Quoique la prescription coure incontestablement contre une succession vacante (art. 2258), il faut considérer que les effets de l'acceptation, lors même qu'il y a eu renonciation antérieure, remontent à l'ouverture de la succession (art. 777). S'il en est ainsi, celui qui reprend la qualité d'héritier, se trouve avoir été saisi par le décès même du DE CUJUS, et ce n'est pas à la succession vacante, mais à lui que les biens ont appartenu. Dès lors, s'il est mineur, le cours de la prescription doit avoir été suspendu : aussi la prescription, mentionnée dans l'article 790, ne se retrouve-t-elle point dans l'article 462.

600. La renonciation d'un héritier peut rendre la succession vacante, et par suite nécessiter la nomination d'un curateur (art. 811). Dans ce cas, le renonçant qui reprend la succession, ne peut désavouer les actes d'une administration que son propre fait a rendue nécessaire. Il doit donc reprendre la succession dans l'état où elle se trouve, et respecter tous les droits conférés à des tiers par le curateur, pourvu que ce dernier ait agi *valablement*, c'est-à-dire en observant les formes

---

(1) V. Pothier, Successions, chap. 3, sect. 2.

qui lui sont imposées. Cette règle s'applique à tous les héritiers, sans distinction de majeurs et de mineurs (¹).

791.—On ne peut, même par contrat de mariage, renoncer à la succession d'un homme vivant, ni aliéner les droits éventuels qu'on peut avoir à cette succession.

SOMMAIRE.

601. Renonciations à une succession future autorisées par l'ancienne jurisprudence. Prohibition formelle prononcée par le Code.

601. L'ancienne jurisprudence avait admis en principe, d'après le droit romain (²), qu'on ne peut, ni renoncer valablement à la succession d'une personne vivante, ni disposer des droits ou plutôt des espérances qu'on a sur cette même succession comme héritier présomptif (³). Néanmoins, pour favoriser la conservation des biens dans les familles en assurant aux enfants mâles, et à l'aîné par préférence, la succession de leurs ascendants, cette même jurisprudence validait, par exception, les renonciations faites par les filles au profit de leurs frères, ou même par un fils puîné au profit de l'aîné. Ces renonciations se faisaient ordinairement dans le contrat de mariage de l'enfant renonçant, qui déclarait se contenter de la dot constituée à son profit par ses père et mère. La faculté de faire une semblable renonciation dans un autre acte n'appartenait qu'aux majeurs (⁴).

La loi du 15 avril 1791, en supprimant le droit d'aînesse et les exclusions coutumières (473), avait implicitement prohibé pour l'avenir les renonciations aux successions futures (⁵); la Convention décida d'une manière formelle que « le mariage d'un des héritiers présomptifs, soit « en ligne directe, soit en ligne collatérale, ni les dispositions faites en « le mariant, ne pourraient lui être opposés pour l'exclure (⁶). »

Le Code, confirmant à cet égard les dispositions du droit intermédiaire, prohibe expressément, *même par contrat de mariage*, toute convention relative à la succession d'une personne vivante (⁷) (art. 1130 et 1389).

(¹) Il convient de maintenir également les droits conférés à des tiers par des légataires ou donataires, après la renonciation de l'héritier qui avait qualité pour faire réduire le legs ou la donation, lorsque cet héritier vient à rétracter sa renonciation (Montpellier, 28 mai 1831).

(²) *Paul. L.* 174; § 1, *D. de regul. jur.* ; *Papin. L.* 29, § 1, *D. de donat.*

(³) Pothier, Successions, chap. 1, sect. 2, art. 4, § 3.

(⁴) Pothier, *ibid.*, quest. 1 et 4.

(⁵) Loi du 15 avril 1791, art. 4.

(⁶) Loi du 5 brumaire an II, art. 13 ; V. loi du 18 pluviôse an V, art. 10.

(⁷) Toute succession étant régie par la loi en vigueur lors de son ouverture, les

792. — Les héritiers qui auraient diverti ou recélé des effets d'une succession, sont déchus de la faculté d'y renoncer : ils demeurent héritiers purs et simples, nonobstant leur renonciation, sans pouvoir prétendre aucune part dans les objets divertis ou recélés.

SOMMAIRE.

602. Sanction civile de la prohibition du divertissement et du recel. Peine que prononce en outre le Code pénal.

603. Véritable caractère des dispositions du Code. Le divertissement ou le recel ne doit en aucun cas avoir l'effet d'une acceptation tacite.

602. En divertissant ou recélant des effets de la succession, le successible, dans le cas où il a des cohéritiers, commet un vol. Néanmoins l'ancienne jurisprudence, prenant en considération cette circonstance que le délinquant était copropriétaire des effets, ne le punissait pas criminellement. Il n'était donc pas poursuivi comme voleur ; mais il perdait : 1° la faculté de renoncer ou même d'accepter bénéficiairement ; 2° la part qui lui appartenait dans les choses par lui détournées [1]. Le Code consacre les mêmes principes en ce qui concerne les intérêts civils. Le successible coupable de divertissement ou de recel se trouve héritier pur et simple, non par suite d'une acceptation tacite, comme on l'a dit mal à propos en exagérant l'expression de Lebrun [2], mais en vertu de la loi qui, pour le punir, lui attribue la qualité d'héritier, nonobstant la renonciation qu'il pourrait faire ultérieurement. En effet, celui qui dérobe furtivement des objets dépendants de la succession, loin de faire acte d'héritier, agit dans une intention tout opposée [3] : aussi les jurisconsultes romains n'appliquaient-ils cette doctrine qu'aux héritiers siens, qui, étant héritiers nécessaires d'après le droit civil, pouvaient perdre et perdaient réellement le bénéfice d'abstention [4].

Mais, si le Code civil se contente de reproduire les décisions de l'ancienne jurisprudence, le Code pénal (art. 380) se montre beaucoup plus sévère. Par cela seul que la soustraction n'a pas été commise par l'un des époux au préjudice de l'autre, ou par des descendants au préjudice de leurs parents ou alliés en ligne directe ascendante, et ré-

---

pactes faits sous l'empire de l'ancien droit relativement à des successions futures sont nuls, par cela seul que l'hérédité se trouve déférée sous l'empire des lois nouvelles (Rejet, 30 *décembre* 1816 ; cour de Bastia, 14 *avril* 1834).

[1] V. Jousse, Traité de la justice criminelle, part. 4, tit. 57, n° 64 ; Merlin, *Répert.*, v° RECÉLÉ, n° 1.

[2] Traité des successions, liv. 3, chap. 8, sect. 2, n° 60.

[3] *Ulp. L.* 21, *D. de adquir. vel omitt. hered.*

[4] *Ulp. L.* 71, § 3 et 4, *D. eod.*

ciproquement, la peine du vol est toujours applicable. Ainsi, la seule qualité de successible ne suffit pas pour mettre à l'abri de toute poursuite celui qui a diverti ou recélé des effets de la succession [1].

La décision qui prive l'héritier de sa part dans les effets qu'il a voulu s'approprier exclusivement, tire également son origine du droit romain. L'héritier qui se rendait coupable d'une semblable fraude au préjudice des légataires, était considéré comme indigne de conserver, dans les objets par lui recélés, le quart que lui attribuait la loi falcidie [2]. Cette part était acquise au fisc : le droit français l'attribue aux cohéritiers du délinquant.

Évidemment, cette dernière disposition n'est pas applicable au successible qui est seul appelé à l'hérédité [3]. Il n'encourt pas non plus la peine du vol ; mais, comme *il demeure héritier pur et simple* par suite du fait dont il s'est rendu coupable, la nullité de sa renonciation pourra être invoquée par toute partie intéressée, soit par les créanciers, soit même par les héritiers du degré subséquent, s'ils se repentent d'avoir accepté.

603. Les dispositions du Code sur l'héritier qui a diverti ou recélé des effets de la succession, ont un caractère pénal qu'il ne faut pas méconnaître. L'héritier délinquant n'est donc jamais recevable à s'en prévaloir lui-même, quel que soit son intérêt. Dès lors, il ne pourrait pas, dans le silence de ses cohéritiers ou des créanciers, attaquer la renonciation qu'il aurait faite après avoir diverti ou recélé.

Le divertissement ou le recel commis après la renonciation, c'est-à-dire par un successible devenu étranger à la succession, a toujours été puni comme un vol, même en droit romain [4] et dans l'ancienne jurisprudence [5]. Il est donc tout à fait impossible, si l'on suppose que la succession peut encore être acceptée en vertu de l'article 790, de considérer le divertissement ou le recel comme un acte d'acceptation tacite. Prétendre, avec Toullier [6], qu'en s'appropriant certains effets avant l'acceptation des autres successibles, le renonçant fait lui-même acte d'héritier, c'est l'autoriser à profiter de son propre délit, et méconnaître le véritable caractère de l'acceptation exigée par l'article 790. Évidemment, le législateur a entendu parler, dans cet article, d'un acte qui suppose nécessairement l'intention d'accepter (art. 778). Or, spolier

---

[1] Merlin, *Répert.*, v° RECÉLÉ, n° 1 ; v° VOL, sect. 2, § 4, n° 2. Ainsi jugé par arrêt de rejet du 14 mars 1818.

[2] *Marcell. L.* 6, *D. de his quæ ut indign.*

[3] Mais elle est applicable à l'héritier acceptant, qui divertit ou recèle en fraude de ses cohéritiers (Rejet, 22 *février* 1831).

[4] *Ulp. L.* 71, § *ult. D. de adquir. vel omitt. hered.*

[5] Lebrun, *Successions*, liv. 3, chap. 8, sect. 2, n° 60.

[6] Tome 4, n° 350.

une succession, ce n'est point l'accepter. Les intéressés eux-mêmes ne seraient pas admis, en pareil cas, à faire déclarer que le renonçant est héritier pur et simple ; car l'article 792 suppose un fait antérieur à la renonciation, puisque d'après le texte, les délinquants sont *déchus* de la faculté de renoncer et *demeurent* héritiers purs et simples.

SECTION III.

DU BÉNÉFICE D'INVENTAIRE, DE SES EFFETS, ET DES OBLIGATIONS DE L'HÉRITIER BÉNÉFICIAIRE.

793. — La déclaration d'un héritier, qu'il entend ne prendre cette qualité que sous bénéfice d'inventaire, doit être faite au greffe du tribunal de première instance dans l'arrondissement duquel la succession s'est ouverte : elle doit être inscrite sur le registre destiné à recevoir les actes de renonciation.

SOMMAIRE.

604. Formes diverses auxquelles était subordonnée autrefois l'obtention du bénéfice d'inventaire. Règle uniforme établie par le Code.

604. Dans la plupart des pays coutumiers, les héritiers ne pouvaient accepter sous bénéfice d'inventaire qu'en vertu d'une concession obtenue, en chancellerie, sous le nom de *lettres royaux*, et entérinée par le juge dans le ressort duquel la succession était ouverte (¹). Cette formalité n'était pas exigée dans les pays de droit écrit, où tout ce qui était prescrit à l'héritier, c'était d'accepter sans recourir au *jus deliberandi*, et de commencer, dans les trois mois, un inventaire qui devait être terminé dans les soixante jours suivants, le tout conformément à la constitution par laquelle Justinien avait établi ce bénéfice (²). La loi du 11 septembre 1790 ayant supprimé les chancelleries établies près les cours supérieures et les présidiaux, ainsi que l'usage des lettres royaux qui s'y expédiaient, il a suffi, depuis cette époque, de se conformer aux règles prescrites dans chaque localité, autres que celles qui exigeaient des lettres royaux (³). Le Code établit une règle uniforme, en décidant que l'acceptation bénéficiaire sera faite par une déclaration expresse, inscrite sur le même registre que les renonciations.

(¹) Pothier, Successions, chap. 3, art. 2, § 3 ; Merlin, *Répert.*, vᵒ BÉNÉFICE D'INVENTAIRE.

(²) L. 22, § 2, C. de jur. delib.

(³) Loi du 11 septembre 1790, art. 20 et 21.

794. — Cette déclaration n'a d'effet qu'autant qu'elle est précédée ou suivie d'un inventaire fidèle et exact des biens de la succession, dans les formes réglées par les lois sur la procédure, et dans les délais qui seront ci-après déterminés.

795. — L'héritier a trois mois pour faire inventaire, à compter du jour de l'ouverture de la succession.

Il a de plus, pour délibérer sur son acceptation ou sur sa renonciation, un délai de quarante jours, qui commencent à courir du jour de l'expiration des trois mois donnés pour l'inventaire, ou du jour de la clôture de l'inventaire s'il a été terminé avant les trois mois.

SOMMAIRE.

605. Est-il vrai que l'inventaire doive être tout à la fois fidèle et exact?

605. L'inventaire qui précède ou qui suit la déclaration de l'héritier bénéficiaire, doit, aux termes du Code, être *fidèle et exact*. Il est fidèle quand il relate les effets mobiliers et les titres qui, dans l'opinion de l'héritier, appartiennent à la succession. Il est exact, quand il mentionne tous ceux qui en dépendent réellement. Au fond, cette condition d'exactitude est tout ce qu'exige la loi, et l'on ne saurait critiquer comme infidèle un inventaire où le successible aurait sciemment omis des effets qu'il croyait mal à propos appartenir au défunt. En pareil cas, les créanciers n'ont pas d'intérêt et par conséquent pas d'action. Si la loi veut que l'inventaire soit fidèle, c'est parce qu'elle prévoit des inexactitudes, qui ne seront pas toujours imputables à l'héritier. Cela revient donc à dire que l'inventaire doit être exact ou du moins fidèle [1]. Quant à la régularité, elle suppose tout à la fois l'accomplissement des formes prescrites (C. de pr., art. 941 et suiv.), et l'observation des délais fixés par le Code [2].

Les trois mois et quarante jours qui sont accordés à l'héritier, tant pour faire inventaire que pour délibérer, avaient déjà été fixés par l'ordonnance de 1667 [3], dont la disposition est reproduite presque littéra-

---

[1] La Cour de cassation a jugé par deux arrêts de rejet (11 *mai* 1825 et 16 *février* 1832), que l'inexactitude, lorsqu'elle n'exclut point la bonne foi, ne fait point perdre le bénéfice d'inventaire.

[2] S'il n'y a point d'objets à inventorier, un procès-verbal de carence suffit (Paris, 24 *décembre* 1833).

[3] Tit. 7, art. 1. Le délai de quarante jours pour délibérer vient du droit féodal. L'héritier du vassal avait quarante jours pour entrer en foi et faire hommage au seigneur du fief (*Stylus curiæ parlamenti, cap.* 28, § 7 ; *V.* Coutume d'Orléans, art. 60-62).

lement par l'article 795. Du reste l'expiration de ces délais n'entraîne aucune déchéance (V. art. 800).

796. — Si cependant il existe dans la succession des objets susceptibles de dépérir ou dispendieux à conserver, l'héritier peut, en sa qualité d'habile à succéder, et sans qu'on puisse en induire de sa part une acceptation, se faire autoriser par justice à procéder à la vente de ces effets.

Cette vente doit être faite par officier public, après les affiches et publications réglées par les lois sur la procédure.

SOMMAIRE.

606. Corrélation entre cet article et l'article 779. Conséquences de cette corrélation.

606. Cet article se trouve assez singulièrement placé au milieu de plusieurs dispositions qui ne règlent que des délais. Ce que la loi décide ici sur la vente des objets susceptibles de dépérir ou dispendieux à conserver, ne devait pas être séparé de ce qui a été décidé précédemment (art. 779) sur les actes d'administration provisoire.

Il n'est pas toujours possible de recourir à l'autorisation du juge, ni même à la voie des enchères publiques. Une foule de petits produits, tels que le lait des bestiaux, les légumes d'un jardin, etc., ne peuvent être vendus qu'au marché. En les y envoyant, l'héritier ne fera réellement qu'un acte d'administration nécessaire et provisoire, qui ne peut avoir le caractère d'une acceptation tacite. L'autorisation du juge et le ministère d'un officier public ne sauraient être exigés que pour des objets d'une certaine importance, comme des chevaux, une meute de chiens, des équipages de chasse, etc.

797. — Pendant la durée des délais pour faire inventaire et pour délibérer, l'héritier ne peut être contraint à prendre qualité, et il ne peut être obtenu contre lui de condamnation : s'il renonce lorsque les délais sont expirés ou avant, les frais par lui faits légitimement jusqu'à cette époque sont à la charge de la succession.

LES FRAIS PAR LUI FAITS. Les frais ou les dépens, dans une instance judiciaire, sont faits par les deux parties, et sont en général supportés par celle qui succombe (C. de pr., art. 130). La loi suppose une demande formée par un créancier : si cette demande n'est pas fondée, le demandeur doit supporter tous les dépens, et son insolvabilité seule pourra laisser à la charge de la succession les frais faits par le défendeur. Si, au contraire, la demande est fondée, l'héritier doit être condamné aux dépens ; mais il échappe à toute responsabilité quand il renonce en temps utile. C'est alors la succession qui supporte les frais faits, soit par l'héritier défendeur, soit par le créancier qui a obtenu gain de cause.

607. On pourrait supposer mal à propos, d'après la rédaction de cet article, que, pendant les trois mois et quarante jours, les créanciers ou autres intéressés sont non-recevables à intenter aucune action, et que dès lors ceux qui agissent doivent être condamnés aux dépens faute d'avoir attendu l'expiration des délais ; mais tel n'est pas le sens du Code. Une semblable prohibition serait souverainement injuste ; car il peut être nécessaire d'interrompre une prescription. Pothier, à qui cette disposition a été empruntée presque littéralement, nous avertit lui-même que les demandes formées par les créanciers contre l'héritier « procèdent et ne sont pas nulles [1]. » Si donc *il ne peut être obtenu de condamnation contre l'héritier,* cela doit s'entendre en ce sens qu'il ne sera pas condamné, s'il oppose [2], avant toute défense au fond, l'exception dilatoire (C. de pr., art. 174 et 186).

En cas de renonciation, soit avant, soit même après l'expiration des trois mois et quarante jours, les frais faits par l'héritier *jusqu'à cette époque,* c'est-à-dire jusqu'au moment où il renonce, sont à la charge de la succession, pourvu qu'ils aient été faits *légitimement.* Tels sont incontestablement les frais qu'il a dû faire, pendant les délais légaux, pour constituer avoué ou pour proposer son exception. Quant aux frais postérieurs à l'expiration des délais, ils sont encore à la charge de la succession si l'on suppose que l'héritier présomptif a succombé en défendant, comme *negotiorum gestor,* et non pas en son propre nom, les intérêts de la succession. Mais s'il a fait, pour défendre aux demandes intentées contre lui, des frais qu'une renonciation postérieure a rendus frustratoires, ces frais doivent rester à sa charge, quoique, par suite de sa renonciation, il soit renvoyé de la demande [3].

Toutefois, au lieu de renoncer, il peut encore demander un nouveau délai, et alors on applique les articles suivants.

798. — Après l'expiration des délais ci-dessus, l'héritier, en cas de poursuite dirigée contre lui, peut demander un nouveau

---

[1] Pothier, Successions, chap. 3, sect. 5.

[2] Un arrêt de cassation, du 10 juin 1807, consacre la doctrine de Pothier quant aux demandes formées contre l'héritier. La cour de Bordeaux (10 *juillet* 1834) a déclaré valables les saisies poursuivies pendant les trois mois et quarante jours, sauf à l'héritier à demander un sursis.

[3] Pothier, *ibid.*

délai, que le tribunal saisi de la contestation accorde ou refuse, suivant les circonstances.

799. — Les frais de poursuite, dans le cas de l'article précédent, sont à la charge de la succession si l'héritier justifie, ou qu'il n'avait pas eu connaissance du décès, ou que les délais ont été insuffisants, soit à raison de la situation des biens, soit à raison des contestations survenues : s'il n'en justifie pas, les frais restent à sa charge personnelle.

SOMMAIRE.

608. Circonstances d'après lesquelles le tribunal doit accorder un nouveau délai.

608. A l'expiration des délais donnés par la loi pour faire inventaire et pour délibérer (art. 795), l'héritier, en cas de poursuites exercées contre lui, peut demander une prorogation (¹) que le tribunal accorde ou refuse *suivant les circonstances,* c'est-à-dire suivant que l'héritier justifie ou non de l'insuffisance du délai légal. D'après cette même distinction, les frais postérieurs à l'expiration des trois mois et quarante jours doivent, lorsque l'héritier vient à renoncer, être mis à la charge de la succession, si le délai est accordé ; ou, au contraire, à la charge de l'héritier lui-même, s'il ne fournit pas les justifications exigées et par conséquent n'obtient pas de prorogation (²). C'est ainsi que, suivant nous, la distinction établie par l'article 799 explique, en les précisant, les *circonstances* auxquelles l'article précédent fait allusion.

Effectivement, la prorogation, qui peut être accordée ou refusée par le tribunal, ne doit pas l'être arbitrairement ; elle doit être accordée en cas d'insuffisance des délais ordinaires, et refusée dans le cas contraire. En réalité, ces *circonstances* sont les seules que le tribunal puisse prendre en considération, et c'est mal à propos qu'un auteur (³) a voulu borner l'application de l'article 799 au cas où le tribunal accorde un délai, en argumentant des mots *dans le cas de l'article précédent.* Ce renvoi ne comprend pas seulement l'hypothèse où le délai est accordé, mais encore celle où il est refusé ; car l'article 799 suppose expressément le refus, aussi bien que la concession du délai réclamé par l'héritier.

800. — L'héritier conserve néanmoins, après l'expiration des délais accordés par l'article 795, même de ceux donnés par le

---

(¹) Après l'expiration du nouveau délai, l'héritier peut encore obtenir une prorogation si elle est jugée nécessaire (Paris, 11 *fructidor* an XIII).

(²) Sauf ce que nous avons dit précédemment (606) de l'héritier qui a défendu comme *negotiorum gestor* les intérêts de la succession.

(³) Chabot, sur l'article 799.

juge, conformément à l'article 798, la faculté de faire encore inventaire et de se porter héritier bénéficiaire, s'il n'a pas fait d'ailleurs acte d'héritier, ou s'il n'existe pas contre lui de jugement passé en force de chose jugée, qui le condamne en qualité d'héritier pur et simple.

SOMMAIRE.

609. Comment se perd la faculté d'accepter sous bénéfice d'inventaire.

610. Réfutation de l'opinion qui attribue ici une autorité absolue à la chose jugée.

611. Distinction entre les jugements par défaut et les jugements contradictoires, rejetée par le conseil d'État. Résultat de la discussion.

612. Autre distinction, fondée sur l'interprétation littérale des mots *passé en force de chose jugée*. Pour quelles raisons elle n'est pas admissible.

613. Troisième distinction. Terme fatal que le jugement établirait quant à l'acceptation bénéficiaire seulement. Raisons qui doivent faire repousser ce système.

609. Il résulte clairement de cette disposition que l'expiration des délais précédemment accordés par la loi ou par le juge n'emporte aucune déchéance contre l'héritier. Ainsi, tant que la prescription établie par l'article 789 n'est pas accomplie, la faculté d'accepter sous bénéfice d'inventaire ne cesse que dans deux hypothèses : lorsque celui à qui la succession est déférée a fait acte d'héritier pur et simple, ou lorsqu'il a été condamné en cette qualité par un jugement *passé en force de chose jugée*.

Aucune difficulté ne s'élève sur la première hypothèse. Évidemment, celui qui accepte expressément ou tacitement, confirme irrévocablement la présomption résultant de la saisine. Dès lors, sa position ne peut plus être modifiée, ni par une renonciation, ni même par une acceptation bénéficiaire. Quant au successible qui a été condamné en qualité d'*héritier pur et simple* par un jugement *passé en force de chose jugée*, il conserve sans aucun doute, envers le créancier qui l'a fait condamner, la qualité que lui attribue le jugement ; mais on se demande s'il n'en est pas de ce jugement comme d'un acte d'héritier, qui emporte acceptation à l'égard de tous les intéressés, même étrangers aux faits d'où résulte l'acceptation ?

610. En principe, la chose jugée n'a qu'une autorité relative ; elle s'applique seulement aux parties entre lesquelles le jugement a été rendu. C'est ainsi qu'on disait, en droit romain, *Res inter alios judicatas aliis non præjudicare* (¹), et cette règle a été consacrée par le Code civil (art. 1351). Cependant plusieurs auteurs prétendent que la chose jugée a, dans cette matière, un effet absolu. Ils se fondent principalement sur l'indivisibilité de la qualité d'héritier, pour en conclure que

_____

(¹) *Macer, L.* 63, *D. de re judicat.*

le même successible, héritier pur et simple à l'égard d'un créancier, doit l'être à l'égard de tous. Mais, si la qualité d'héritier, considérée en elle-même, est indivisible, ses effets ne le sont pas. Il n'est donc pas étonnant que le jugement qui condamne un successible comme héritier pur et simple, n'ait, quant à ses effets, qu'une autorité restreinte aux parties entre lesquelles il a été rendu. La qualité d'héritier, tout indivisible qu'elle puisse être, ne l'est certainement pas plus que l'état des personnes, et néanmoins le jugement qui ordonne la rcetification d'un acte de l'état civil, n'est point opposable aux tiers (t. I, n° 162).

Toutefois, on insiste en s'appuyant sur le brocard *judiciis quasi contrahimus*, et l'on en tire cette conséquence que le successible, condamné en qualité d'héritier pur et simple, doit être considéré comme ayant fait une véritable acceptation. Cet argument n'est pas même spécieux : ce qui emporte acceptation dans un acte quelconque, c'est là volonté manifestée par l'héritier, et certes rien n'est moins volontaire de sa part que la condamnation prononcée contre lui. Pothier était loin de voir une acceptation dans la chose jugée : « L'héritier condamné..... est bien obligé, dit-il, *à cause de l'autorité* « *de la chose jugée*, à payer les sommes auxquelles il est condamné, « mais il ne devient pas héritier pour cela ; *car il ne peut pas être hé-* « *ritier sans l'avoir voulu*....... C'est pourquoi cette condamnation « n'empêchera pas cet héritier de renoncer valablement..... vis-à-vis « des autres créanciers et légataires.... parce qu'ils n'étaient point par- « ties en cet arrêt ([1]). » On sait combien il est facile, lorsqu'il s'agit de faibles sommes, d'obtenir une condamnation devant un juge de paix, et il serait trop dangereux d'en induire que l'héritier a perdu, envers tous les intéressés, le droit de renoncer, ou même celui de recourir au bénéfice d'inventaire. Aussi, loin d'admettre un semblable système, le législateur l'a-t-il constamment repoussé, comme le prouvent les travaux préparatoires du Code.

611. Le projet de Code civil avait distingué, à cet égard, entre les jugements contradictoires et les jugements par défaut. L'héritier condamné contradictoirement était réputé *avoir accepté la succession*; tandis qu'un jugement par défaut rendu au profit d'un créancier ne devait pas *profiter aux autres* ([2]); mais ce système, consacré par plusieurs coutumes ([3]), fut repoussé au Conseil d'État. La section de législation ayant présenté un article d'après lequel le successible condamné par un jugement *même contradictoire* n'était réputé héritier, en vertu de ce jugement, *qu'à l'égard du créancier qui l'avait obtenu*, la

---

([1]) Pothier, Successions, chap. 3, sect. 5.
([2]) Projet de Code civil, liv. 3, tit. 1, art. 87.
([3]) Bourbonnais, art. 326 ; Nivernais, ch. 34, art. 27.

discussion s'engagea entre ceux qui voulaient faire admettre la distinction du projet de code, et ceux qui, même en cas de condamnation contradictoire, appliquaient purement et simplement les règles ordinaires sur l'autorité de la chose jugée. Enfin, Berlier, après s'être prononcé dans ce dernier sens, donna lecture de l'article 1351, déjà rédigé comme il l'est aujourd'hui dans le Code, et déclara que si cet article était admis, celui qu'on discutait pourrait être supprimé *comme inutile,* « attendu que le principe général recevrait son application « dans cette espèce comme dans toutes les autres.» Après une observation faite dans le même sens par un autre conseiller, l'article a été supprimé (¹). On voit pour quel motif ; et, comme la distinction entre les jugements contradictoires et les jugements par défaut n'a pas été reproduite, on ne saurait douter que le législateur n'ait voulu s'en tenir au droit commun.

612. Une autre distinction a été proposée. En interprétant à la lettre les mots *passé en force de chose jugée,* on a supposé que le texte n'a pas entendu parler des jugements contradictoires rendus en dernier ressort, parce que, à proprement parler, ils ont force de chose jugée dès qu'ils sont rendus ; tandis que les jugements contradictoires en premier ressort, et les jugements par défaut, même en dernier ressort, *passent en force de chose jugée,* c'est-à-dire acquièrent, par l'inaction de la partie condamnée, l'autorité qu'ils n'avaient pas d'abord. Dans ce système, c'est à cette dernière classe de jugements que s'appliquerait l'article 800, et le silence de l'héritier condamné serait considéré comme une sorte d'acquiescement équivalant à une acceptation tacite. Sans examiner ici le sens grammatical de cette expression, *jugement passé en force de chose jugée,* nous devons faire observer qu'elle n'est pas nouvelle, et qu'autrefois on l'appliquait constamment, dans une acception générale, à tous les jugements qui ont force de chose jugée, sans distinguer s'ils l'avaient eue dès l'origine ou s'ils l'avaient acquise postérieurement, C'est ainsi que l'ordonnance de 1667, qui est restée en vigueur jusqu'au 1er janvier 1807 (V. C. de pr., art. 1041), signale comme devant passer en force de chose jugée, « les sentences et jugements rendus en dernier ressort, et « dont il n'y a appel ou dont l'appel n'est pas recevable, soit que les « parties y eussent acquiescé ou qu'elles n'en eussent interjeté appel « dans le temps, ou que l'appel ait été déclaré péri (²), » c'est-à-dire périmé (³). C'est encore dans cette acception générale que la loi actuelle parle des jugements passés en force de chose jugée (art. 1262,

---

(¹) Discussion au C. d'État, séance du 9 nivôse an XI.
(²) Ordonnance de 1667, tit. 27, art. 5.
(³) Jousse, sur la même ordonnance, tit. 27, art. 5. *V.* C. de pr., art. 469.

1263, 2056 et 2061 ; C. de pr., art. 562 et 478). A la vérité, il en est autrement lorsque cette expression n'est employée que par opposition à celle de jugements en dernier ressort (art. 2157 et 2245) ; mais, dans tout autre cas, elle conserve sa signification générale. Il serait même impossible de l'entendre autrement en matière d'offres réelles (art. 1262 et 1263), de transaction (art. 2056) et de contrainte par corps (art. 2061). Or rien n'indique que cette même expression, dans l'article 800, ne s'applique pas, selon son acception ordinaire, à tous les jugements qui ont force de chose jugée.

613. Enfin, d'après une autre interprétation, le successible condamné par un jugement passé en force de chose jugée, aurait encore, à l'égard de tous les intéressés autres que ceux qui ont été parties au jugement, le droit d'accepter purement et simplement, ou de renoncer ; il aurait seulement perdu, à l'égard de tous, la faculté d'accepter sous bénéfice d'inventaire. Dans ce dernier système, le jugement est considéré, non comme ayant à l'égard des tiers l'autorité de la chose jugée, mais comme établissant un terme fatal, au delà duquel la faculté d'accepter sous bénéfice d'inventaire n'existe plus.

Pour bien apprécier cette nouvelle distinction, il faut savoir que l'article 800, dans la rédaction discutée au conseil d'État, contenait une disposition additionnelle conçue en ces termes : *mais cette faculté ne s'étend pas au-delà d'une année, à compter du jour de l'expiration des délais. L'héritier ne peut ensuite qu'accepter purement et simplement, ou renoncer.* Cette disposition restrictive fut combattue et supprimée par ce motif que, « dans la jurisprudence actuelle, l'héritier est admis à « réclamer le bénéfice d'inventaire à quelque époque qu'il se présente », et que « jamais la faculté de se porter héritier bénéficiaire n'avait été « limitée par un délai; qu'elle a toujours été conservée tant que les « choses demeuraient entières (¹). » En s'attachant à ces divers documents, on fait observer (²) que la rédaction primitive tendait évidemment à établir, relativement à l'acceptation bénéficiaire, des restrictions qui ne s'appliquaient ni à l'acceptation pure et simple ni à la renonciation, et malgré la suppression de la disposition qui limitait le bénéfice d'inventaire à *une année,* la même tendance restrictive, subsiste dit-on, dans la disposition conservée. Ainsi, dans la pensée des auteur du code, le jugement qui condamne un successible comme héritier pur et simple serait considéré, après l'expiration des délais, comme la dernière limite de l'acceptation bénéficiaire. On croit même pouvoir proposer de suppléer à la fin de l'article 800 les derniers mots de la rédaction primitive : *l'héritier ne peut ensuite qu'accepter purement et simplement ou renoncer.*

(¹) Defermon et Tronchet, séance du 16 nivôse an XI.
(²) Revue du droit français et étranger, t. I, p. 507 et 594.

Cette interprétation ne nous paraît pas admissible. En effet, la rédaction discutée au conseil d'Etat contenait deux dispositions qui avaient chacune un objet différent. Celle qui subsiste ne refusait le bénéfice d'inventaire qu'aux successibles qui avaient fait acte d'héritier pur et simple ou qui avaient été condamnés en cette qualité, et certes ce n'est pas à eux qu'on aurait pu reconnaître la faculté d'opter entre une acceptation pure et simple et une renonciation ; car le droit d'option est épuisé pour celui qui, en faisant acte d'héritier, a accepté tacitement. Quant au successible condamné comme héritier pur et simple, s'il peut encore renoncer, c'est seulement à l'égard des intéressés qui n'ont pas été parties au jugement : on ne saurait donc lui reconnaître d'une manière absolue le droit de renoncer. Cependant c'est dans un sens absolu que cette faculté était réservée par les derniers mots de la disposition supprimée ; et il devait en être ainsi, puisque cette disposition concernait exclusivement le successible qui avait laissé écouler le délai d'un an sans user du bénéfice d'inventaire, mais qui n'avait point fait acte d'héritier et n'avait point été condamné. Par conséquent, si cette disposition eût été conservée, elle serait demeurée complétement étrangère à l'hypothèse d'un jugement rendu contre l'héritier ; en la supprimant, le conseil d'Etat a voulu évidemment donner, pour l'acceptation bénéficiaire, la même latitude que pour la renonciation.

On concevrait un système de législation qui, dans l'intérêt des créanciers, fît cesser promptement l'incertitude où ils sont tant que l'héritier délibère. Dans ce but, le législateur aurait pu n'accorder le bénéfice d'inventaire que jusqu'à l'expiration d'un certain délai ; mais alors il aurait dû restreindre, dans les mêmes limites, la faculté de renoncer ; car autrement l'expiration du délai aurait toujours laissé subsister pour les créanciers une fâcheuse incertitude. Remarquons enfin qu'on ne saurait prendre pour limite l'existence d'un jugement passé en force de chose jugée, sans exposer les héritiers au danger que nous avons signalé précédemment, en parlant de l'extrême facilité avec laquelle des condamnations pourraient être prononcées contre eux pour de faibles sommes (¹).

801. — L'héritier qui s'est rendu coupable de recélé, ou qui a omis, sciemment et de mauvaise foi, de comprendre dans l'inventaire, des effets de la succession, est déchu du bénéfice d'inventaire.

(¹) Plusieurs arrêts de cours d'appel (Montpellier, 1er *juillet* 1828; Toulouse, 25 *juillet* 1828 et 1er *avril* 1844; Bordeaux, 22 *novembre* 1844) se sont prononcés dans le sens de l'opinion qui n'accorde qu'un effet purement relatif aux condamnations obtenues par un créancier contre le successible.

614. Cette déchéance prononcée contre l'héritier bénéficiaire a lieu d'abord lorsqu'il s'est rendu coupable de recel, ce qui, dans la pensée du législateur, comprend le divertissement, et alors elle n'est, à proprement parler, qu'une conséquence du principe posé dans l'article 792. Cependant la loi ne reproduit pas la disposition qui défend à l'héritier de prendre part dans les objets par lui recélés, probablement parce qu'elle ne s'occupe pas des rapports des cohéritiers entre eux, mais seulement des rapports de l'héritier bénéficiaire avec les créanciers.

La déchéance du bénéfice d'inventaire est également encourue par celui qui, *sciemment et de mauvaise foi,* a omis de faire inventorier des effets dépendant de la succession, quoiqu'il ne les ait ni divertis ni recélés, par exemple s'il s'agit d'objets qui se trouvent dans les mains d'un dépositaire (1).

Au surplus, la déchéance ne suppose pas nécessairement une acceptation bénéficiaire préalable. La disposition du Code s'applique même au successible qui n'a pas encore pris qualité.

615. L'héritier ainsi déchu du bénéfice d'inventaire est puni très-sévèrement, puisque les dettes qu'il doit acquitter même *ultrà vires,* peuvent absorber son propre patrimoine. Si l'on conçoit cette déchéance à l'égard des majeurs, il est difficile d'admettre à l'égard des mineurs une décision aussi rigoureuse. De ce que le mineur n'est pas restituable contre les obligations résultant de son délit (art. 1310), il n'est pas permis de conclure qu'il soit passible de réparations dont l'importance peut excéder de beaucoup le préjudice qu'il a causé. La seule peine qu'il doive encourir est la privation de sa part dans les objets divertis ou recélés. Il faudrait un texte formel pour déroger au principe suivant lequel toute acceptation d'une succession échue à un mineur doit être faite sous bénéfice d'inventaire (2).

802. — L'effet du bénéfice d'inventaire est de donner à l'héritier l'avantage :

1° De n'être tenu du payement des dettes de la succession que jusqu'à concurrence de la valeur des biens qu'il a recueillis, même de pouvoir se décharger du payement des dettes en abandonnant

(1) Cet héritier peut également être condamné à payer les legs *ultra vires,* faute de pouvoir établir la consistance de la succession (Rejet, 16 *janvier* 1821).

(2) La cour de Limoges a jugé en ce sens, le 30 juillet 1827.

tous les biens de la succession aux créanciers et aux légataires ;

2° De ne pas confondre ses biens personnels avec ceux de la succession, et de conserver contre elle le droit de réclamer le payement de ses créances.

SOMMAIRE.

616. Effets différents de l'acceptation pure et simple et de l'acceptation sous bénéfice d'inventaire. L'héritier bénéficiaire n'est qu'un administrateur comptable.

617. Abandon qu'il peut faire aux créanciers et légataires. Conséquences qui en résultent.

618. Les droits de l'héritier bénéficiaire ne se confondent en aucun cas avec ceux du défunt.

616. L'acceptation pure et simple confond les droits et les obligations du défunt avec les droits et les obligations de l'héritier. De là vient que celui-ci succède à toutes les dettes comme à toutes les créances de son auteur, et que, s'il est lui-même créancier ou débiteur du défunt, sa créance ou sa dette s'éteint par la réunion, dans sa personne, de deux qualités contraires (art. 1300). L'acceptation bénéficiaire n'a pas les mêmes effets ; elle empêche toute confusion entre l'actif et le passif du défunt, parce qu'elle maintient la distinction des deux patrimoines. De là plusieurs conséquences qu'il faut examiner séparément.

Et d'abord, suivant le texte du Code, l'héritier bénéficiaire n'est *tenu du payement des dettes ... que jusqu'à concurrence de la valeur des biens.* Cette disposition, qui reproduit presque littéralement celle de Justinien ([1]), manque d'exactitude. Elle semble indiquer que l'héritier bénéficiaire, de même que l'héritier pur et simple, est débiteur de ce qui était dû par le défunt, sauf cette seule différence que la dette, au lieu de le grever même *ultra vires,* serait limitée, comme celle d'un successeur irrégulier, à la valeur des biens par lui recueillis. Si tel était réellement l'effet du bénéfice d'inventaire, les créanciers auraient, jusqu'à concurrence de cette valeur, le droit de poursuivre l'héritier bénéficiaire sur ses propres biens. Mais il n'en est pas ainsi (art. 803). En réalité, l'héritier bénéficiaire ne doit rien aux créanciers du défunt ; quoiqu'il soit héritier et par conséquent propriétaire des biens de la succession, il n'est considéré, à l'égard des créanciers, que comme un administrateur comptable ([2]).

617. La loi va plus loin, lorsqu'elle l'autorise à *se décharger du payement des dettes en abandonnant tous les biens aux créanciers et léga-*

([1]) « Ut in tantum hereditariis creditoribus teneantur, in quantum res substantiæ « ad eos devolutæ valeant. » (*L.* 22, § 4, *C. de jur. delib*).

([2]) Pothier, Successions, chap. 3, sect. 2, art. 2, § 6.

taires. Et ici encore elle s'exprime d'une manière inexacte ; car la seule obligation qui incombe à l'héritier bénéficiaire envers les créanciers et les légataires est celle d'administrer dans leur intérêt. Toutefois, en leur abandonnant les biens, il ne se décharge que pour l'avenir, et doit rendre compte des actes antérieurs ; pour qu'il n'ait aucun compte à rendre, il faut que l'abandon ait lieu avant tout acte d'administration de sa part.

De plus, l'héritier bénéficiaire n'est déchargé de toute responsabilité qu'autant que l'abandon comprend tous les biens qu'il a recueillis dans la succession, et est fait à tous les créanciers comme à tous les légataires sans distinction. Un abandon fait à quelques-uns d'eux seulement serait une véritable disposition en leur faveur (*V.* art. 780), et, bien loin de décharger l'héritier bénéficiaire, il emporterait acceptation pure et simple de sa part, ce qui l'obligerait à supporter la totalité des dettes.

Néanmoins il ne faut pas croire que cet abandon enlève à l'héritier la propriété des biens abandonnés pour la transférer aux créanciers et aux légataires. Il ne leur confère qu'un droit d'administration, par suite duquel ils peuvent provoquer collectivement la vente des biens pour se faire payer sur le prix (*V.* art. 1269).

Bien plus, l'héritier qui fait l'abandon ne doit, sous aucun rapport, être considéré comme renonçant [1]. Puisqu'il a accepté, quoique sous bénéfice d'inventaire, il demeure héritier, et par conséquent, si le prix des biens excède le montant des dettes et des legs, c'est à lui qu'appartient l'excédant. D'un autre côté, l'abandon ne le dispense pas du rapport dans le cas où il en est tenu [2].

618. De ce principe que les droits du défunt et ceux de l'héritier bénéficiaire demeurent complétement distincts, résulte directement cette autre conséquence que l'héritier, s'il est créancier du défunt, conserve la faculté de réclamer son payement, comme tout autre créancier ; et ce que la loi décide pour les créances, s'applique à tous les droits qu'il peut avoir contre la succession ; par exemple à un droit d'usufruit ou de servitude. Enfin, si l'on suppose que le défunt a vendu

---

[1] Plusieurs arrêts, notamment un arrêt de rejet du 6 juin 1815, avaient autorisé l'héritier bénéficiaire à renoncer ; mais la jurisprudence la plus récente s'est prononcée par de nombreuses décisions dans le sens opposé (Rejet, 29 *décembre* 1829, 1er *février* 1830 et 25 *mars* 1840).

[2] Lebrun (*liv. 3, ch. 4,* no 34) ne voyait dans l'abandon des biens par l'héritier bénéficiaire qu'une renonciation. Aussi décidait-il que le rapport n'est pas dû ; mais cette décision n'a pas été suivie dans le dernier état de l'ancienne jurisprudence (*V.* Pothier, *Successions, loc. cit.,* § 8, et l'annotation d'Espiart sur Lebrun). Cependant la cour de Lyon s'est prononcée, le 14 mai 1813, contre l'obligation du rapport. La cour de Paris s'est prononcée en sens contraire le 26 décembre 1815.

un bien appartenant à l'héritier bénéficiaire, celui-ci pourra le revendiquer, sans être tenu de la garantie (¹) qui serait valablement invoquée contre un héritier pur et simple, soumis comme tel aux mêmes
obligations que le défunt.

Lorsqu'une action doit être intentée par l'héritier bénéficiaire contre
la succession, elle est dirigée contre ses cohéritiers, et, s'il est héritier
unique, contre un curateur au bénéfice d'inventaire nommé par le tribunal (C. de pr., art. 996).

803. — L'héritier bénéficiaire est chargé d'administrer les biens
de la succession, et doit rendre compte de son administration aux
créanciers et aux légataires.

Il ne peut être contraint sur ses biens personnels qu'après avoir
été mis en demeure de présenter son compte, et faute d'avoir satisfait à cette obligation.

Après l'apurement du compte, il ne peut être contraint sur ses
biens personnels que jusqu'à concurrence seulement des sommes
dont il se trouve reliquataire.

SOMMAIRE.

619. Compte que l'héritier bénéficiaire doit rendre en qualité d'administrateur.
620. *Quid* s'il excède ses pouvoirs ?
621. L'héritier bénéficiaire est le représentant général des intérêts de la succession.
622. L'acceptation bénéficiaire n'exclut pas les poursuites individuelles des créan-
    ciers.

619. En sa qualité d'administrateur, l'héritier bénéficiaire est obligé
de rendre compte, et de payer le reliquat du compte rendu et apuré.
Cette obligation résultant de son fait personnel, il n'est pas étonnant
que les créanciers et légataires puissent, après l'avoir mis en demeure,
le poursuivre sur ses propres biens. La même observation s'applique
aux dommages-intérêts qu'il encourrait en cas de faute grave (V. art.
804).

620. S'il doit se borner aux fonctions d'un simple administrateur,
c'est en ce sens seulement qu'il ne saurait faire acte de propriétaire
sans renoncer aux avantages du bénéfice d'inventaire. Lorsqu'il
excède ses pouvoirs, sa position n'est pas la même que celle d'un tuteur : les biens de la succession lui appartenant, il peut en disposer

---

(¹) Pothier, Successions, chap. 3, sect. 3, art. 2, § 7. La cour de Riom a jugé le
contraire, le 13 décembre 1807 ; mais un arrêt de la cour de Grenoble, du 28 mars
1835, s'est prononcé dans le sens de l'ancienne jurisprudence.

comme de sa propre chose. Il devient alors héritier pur et simple, sans que la validité de ses actes puisse être mise en doute [1].

621. Voyons maintenant quelle est la position de l'héritier bénéficiaire qui n'a point excédé ses pouvoirs. En vertu de l'administration dont il est investi, il doit faire le recouvrement des créances héréditaires, interrompre les prescriptions, entretenir et réparer les biens, et plaider, soit comme demandeur, soit comme défendeur, dans tous les procès qui intéressent la succession, mais sans aller jusqu'à transiger ou acquiescer de sa propre autorité.

Comme administrateur de la succession, il représente tous les intérêts qui en dépendent, et ce qui est jugé avec lui l'est également avec les créanciers et légataires. On ne saurait vouloir qu'ils profitassent des jugements obtenus par l'héritier, et qu'ils pussent se soustraire aux conséquences des jugements rendus contre lui. S'il en était autrement, il faudrait dire que les tiers, pour agir valablement, doivent mettre en cause tous les créanciers ainsi que tous les légataires, ce qui est impraticable. Les uns et les autres sont donc valablement représentés par l'héritier : dès lors nous ne leur accorderons la tierce opposition qu'en cas de fraude [2]. (V. art. 1167).

622. On s'est demandé si le droit d'administration conféré à l'héritier bénéficiaire est tellement exclusif qu'il mette obstacle à l'exercice de tout droit individuel; par exemple si les créanciers peuvent former des saisies-arrêts sur les sommes dues à la succession, et faire saisir les meubles ou les immeubles qui en dépendent. On a dit, pour soutenir la négative [3], que l'héritier bénéficiaire, administrant pour tous les intéressés, est par cela même chargé de liquider la succession; qu'en exerçant individuellement les poursuites que le droit commun autorise, les créanciers paralyseraient l'administration de l'héritier, l'empêcheraient de rien recevoir, et augmenteraient les frais de procédure, en un mot, que chacun d'eux nuirait à l'intérêt de tous. Pour obvier à cet inconvénient, plusieurs auteurs ont décidé que les créanciers ne doivent point agir par eux-mêmes, si ce n'est en cas de négligence de l'héritier bénéficiaire, et en se faisant, pour ainsi dire, subroger à ses droits, après l'avoir mis en demeure.

Ce système tendrait à établir une similitude complète entre les biens d'une succession acceptée sous bénéfice d'inventaire, et ceux d'un commerçant en faillite. Cette similitude est loin d'exister. En effet, la

---

[1] Jugé en ce sens par les cours de Paris (17 *décembre* 1822) et de Limoges (10 *mars* 1836).

[2] Voyez en ce sens un arrêt de rejet du 10 novembre 1828.

[3] Il a été rendu, en ce sens, un assez grand nombre d'arrêts (Paris, 27 *juin* 1820 ; Rouen, 12 *août* 1826 ; Riom, 24 *août* 1837 et 24 *août* 1841).

liquidation des affaires du failli est confiée à des syndics sur le choix
desquels les créanciers sont consultés (C. de comm., art. 462), et l'on
comprend qu'en pareil cas ceux-ci ne puissent plus exercer aucune
poursuite (C. de comm., art. 443, 571 et 572); mais ces règles n'ont
été appliquées au bénéfice d'inventaire par aucune disposition de nos
lois. On ne saurait d'ailleurs assimiler l'héritier bénéficiaire aux syndics d'une faillite, qui sont choisis en connaissance de cause, tandis
que l'héritier ne doit sa qualité d'administrateur qu'au hasard. Aussi,
dans la discussion de l'article 805, a-t-on formellement reconnu au
conseil d'État « que les créanciers ont le droit de faire vendre les
meubles (¹). »

804. — Il n'est tenu que des fautes graves dans l'administration
dont il est chargé.

SOMMAIRE.

623. Que doit-on entendre ici par faute grave?

623. Suivant Pothier, on exige dans l'administration de l'héritier
bénéficiaire de la bonne foi; « mais on n'exige pas... d'autre diligence
« que celle dont il est capable et qu'*il a coutume d'apporter à ses pro-*
« *pres affaires.* C'est pourquoi il n'est tenu que de la faute grossière...
« de la *culpa lata.* En cela l'héritier bénéficiaire est différent des ad-
« ministrateurs du bien d'autrui : ceux-ci sont tenus de la faute lé-
« gère, *de levi culpa.* La raison est qu'ils ne doivent point s'ingérer à
« l'administration du bien d'autrui, s'ils ne sont pas capables du soin
« et de la diligence nécessaires pour le bien administrer ; au lieu que
« l'héritier bénéficiaire est administrateur de son propre bien. C'est
« pourquoi on ne doit pas exiger de lui d'autre soin que celui dont il
« est capable (²). »

Évidemment les rédacteurs de l'article 804 avaient ce passage sous les
yeux. Les mots *faute grave* signifiaient donc pour eux, comme pour
Pothier, la faute appréciée *in concreto,* laquelle consiste à n'être pas
aussi diligent pour les autres qu'on l'est habituellement pour soi-

---

(¹) Treilhard, séance du 16 nivôse an XI. Un arrêt de rejet (8 *décembre* 1814) et
deux arrêts de la cour de Bordeaux (19 *avril* 1822 et 6 *mai* 1841) reconnaissent
d'une manière absolue le droit des créanciers. Suivant de nombreux arrêts de cours
d'appel et un arrêt de la Cour de cassation (Rejet, 23 *juillet* 1833 et 3 *décembre*
1834), il faudrait distinguer s'il y a eu ou non négligence de la part de l'héritier.

(²) Pothier, Successions, chap. 3, sect. 3, art. 2, § 4. En écrivant ce passage, Pothier se référait à un texte de Celsus (*L.* 32, *D. deposit.*). Lebrun (Successions, liv.
3, chap. 4, n° 85) se réfère dans le même sens à un texte d'Ulpien (*L.* 22, § 3, *D*
ad. Sc. trebell.).

même. C'était là, en droit romain, la seule faute qui fût imputable aux associés, aux cohéritiers, aux copropriétaires, en un mot, à quiconque administre une affaire qui est la sienne, au moins pour partie (¹); tandis que, sous le Code, le débiteur est tenu en général *de tous les soins d'un bon père de famille* (art. 1137), ou, en d'autres termes, de la faute IN ABSTRACTO : règle qui s'applique dans tous les cas où elle n'est pas modifiée, comme elle l'est ici, par une décision spéciale.

805. — Il ne peut vendre les meubles de la succession que par le ministère d'un officier public, aux enchères, et après les affiches et publications accoutumées.

S'il les représente en nature, il n'est tenu que de la dépréciation ou de la détérioration causée par sa négligence.

IL NE PEUT VENDRE LES MEUBLES, etc. Le mot *meubles* est employé ici par opposition aux immeubles dont s'occupe l'article suivant, et comprend par conséquent tout ce qui n'est pas immeuble. Il faut donc se garder de prendre cette expression dans le sens restrictif de l'article 535, où elle ne comprend pas les livres, les médailles, les chevaux, etc.

SOMMAIRE.

624. L'héritier bénéficiaire n'est pas tenu de vendre les meubles. *Quid* s'il les représente en nature ?
625. Dispositions applicables à la vente du mobilier.

624. L'héritier bénéficiaire n'est pas, comme le tuteur, obligé de vendre les meubles corporels. La loi le reconnaît évidemment puisqu'elle lui permet de les représenter en nature. On aurait pu croire que l'estimation des meubles dans l'inventaire les met aux risques de l'héritier (²) (V. art. 1822). S'il en était ainsi, les meubles représentés en nature seraient compris dans la restitution pour une valeur déterminée par une nouvelle estimation, en sorte que leur dépréciation resterait au compte de l'héritier bénéficiaire ; mais le Code exclut cette idée en décidant, conformément à l'ancienne jurisprudence (³), que l'héritier est tenu seulement *de la dépréciation ou détérioration causée par sa négligence*. Du reste, il faut supposer, par application de l'article précédent, une négligence que l'héritier n'apporte pas habituellement à ses propres affaires. Quant aux meubles qu'il ne représente pas, il doit en payer la valeur estimative d'après l'inventaire (V. art. 455 et 950).

625. Les règles du Code civil sur la vente des meubles ont été com-

---

(¹) *Inst.* § 8, *de societ.*
(²) Il n'est pas même permis à l'héritier de s'attribuer personnellement les meubles pour le montant de l'estimation (Cassation, 19 *février* 1821).
(³) Pothier, Successions, chap. 3, sect. 3, art. 2.

plétées par le Code de procédure (art. 845 et 989). Il faut suivre, à l'é-
gard des meubles corporels, les formes établies au titre des saisies-
exécutions (¹), et à l'égard des rentes sur particuliers, les formes
spécialement applicables à la saisie de ces sortes de biens (²). Quant
aux rentes sur l'Etat, un avis du conseil d'Etat, approuvé le 11 janvier
1808, oblige l'héritier bénéficiaire à se conformer aux mêmes règles
que le tuteur (V. t. 1, n° 653). Ainsi les inscriptions qui excèdent
50 fr. de rente, ne peuvent être vendues, au cours du jour, qu'en
vertu d'une autorisation du tribunal. Nous avons déjà considéré cette
décision comme une règle de raison écrite qui doit s'appliquer aux
créances (t. 1, n° 655). L'héritier bénéficiaire ne peut donc les vendre
sans autorisation qu'autant qu'elles ne dépassent pas mille francs. Dans
tous les cas, la vente doit être annoncée par publications et affiches, et
avoir lieu aux enchères devant un officier public.

D'après le Code de procédure, l'héritier bénéficiaire qui dispose du
mobilier ou des rentes sans observer les formes prescrites, devient
par cela même héritier pur et simple (C. de pr. art. 889) ; mais le mot
mobilier dans cette disposition ne comprend pas tous les meubles indistinctement ; il s'applique seulement aux meubles corporels : les
seuls qui soient susceptibles de saisie-exécution. Parmi les meubles
incorporels, le Code de procédure ne parle que des rentes, ce qui ne
doit s'entendre que des rentes sur particuliers, dont la vente judiciaire
est réglée par la loi (³) ; mais en ce qui concerne les rentes sur l'État
et les créances, il n'existe aucune disposition spéciale. Dès lors
l'héritier bénéficiaire qui disposerait d'une rente sur l'Etat ou d'une
créance sans se conformer aux règles prescrites, ne serait point
nécessairement déchu du bénéfice d'inventaire. Il appartiendrait
aux juges d'apprécier, d'après les circonstances, s'il a fait ou non
acte d'héritier pur et simple, sans préjudice des dommages-intérêts
dont il serait toujours passible envers les créanciers et légataires (⁴).

806. — Il ne peut vendre les immeubles que dans les formes
prescrites par les lois sur la procédure ; il est tenu d'en déléguer le
prix aux créanciers hypothécaires qui se sont fait connaître.

SOMMAIRE.

(¹) *V.* C. de pr., art. 617 et suiv.

(²) *Ibid.*, art. 626 et suiv.

(³) V. C. de pr., part. 1, liv. 5, tit. 10.

(⁴) Un arrêt de rejet du 27 novembre 1820 donne aux tribunaux la même latitude,
même en ce qui concerne la vente des rentes sur particuliers.

626. Les immeubles, à la différence des meubles, ne doivent jamais être vendus qu'en vertu d'une autorisation accordée par le tribunal sur un rapport d'experts. La vente ainsi autorisée doit avoir lieu dans les formes prescrites au titre *des partages et licitations* ([1]) (C. de pr., art. 988 ; V. art. 966 et suiv.) ; l'héritier qui dispose des immeubles dans toute autre forme, devient, par cela même, héritier pur et simple (C. de pr., art. 988).

627. Le prix des immeubles vendus doit être délégué *aux créanciers hypothécaires qui se sont fait connaître*. Cette disposition est généralement considérée comme une réminiscence de l'ancienne législation, dans laquelle les hypothèques étaient occultes. Dans le système de publicité que le Code a consacré, cette délégation se trouve, dit-on, sans objet, puisque le prix des immeubles doit être *distribué dans l'ordre des priviléges et hypothèques* (C. de pr., art. 994). Mais, comme l'a fait remarquer l'orateur du Tribunat, « il ne suit pas de « cette disposition qu'on soit obligé d'entamer une procédure d'or- « dre. » La nécessité de procéder pour la distribution du prix, *dans la forme prescrite au titre de l'ordre*, n'est plus écrite dans l'article 991 du Code de procédure, comme elle l'était dans la rédaction primitivement adoptée par le conseil d'État. La disposition qui imposait cette nécessité absolue a été supprimée, sur les observations du Tribunat, comme « contraire à l'article 806 du Code civil, qui veut que l'héri- « tier bénéficiaire, en vendant les immeubles, soit tenu de déléguer le « prix aux créanciers hypothécaires qui se sont fait connaître. Il est « évident, a dit le Tribunat, que lorsque les délégations sont réguliè- « res et qu'aucun créancier ne s'oppose à leur exécution, il n'y a pas « lieu de former une procédure d'ordre. » Par suite de ces observations, la rédaction a été modifiée, et l'article 991 du Code de procédure n'a plus eu d'autre objet, suivant l'orateur du Tribunat, « que d'empê- « cher les délégations qui peuvent être faites d'intervertir l'ordre des « hypothèques. »

628. Faut-il conclure de là qu'il n'y ait jamais lieu à l'ouverture d'un ordre, lors même qu'il s'élève des contestations sur le rang des créanciers hypothécaires, du moins s'il y a plus de trois créanciers inscrits (C. de pr., art. 775) ? Telle n'était point la pensée du Tribunat, qui s'est

---

([1]) Il doit en être ainsi, lors même que l'héritier bénéficiaire est créancier de la succession, et fondé en cette qualité à pratiquer une saisie immobilière (Toulouse, 17 mars 1827).

borné à nier qu'il fallût *toujours ouvrir un ordre judiciaire.* Effectivement, la procédure d'ordre est le seul moyen légal de vider les contestations entre créanciers hypothécaires ; et, lors même qu'il ne s'élève
point de contestation, par cela seul que le prix de l'immeuble est inférieur au montant des créances inscrites, un règlement judiciaire est
encore indispensable, silescréanciers qui ne doiventpas veniren ordre
utile, ne consentent point à donner main levée de leurs inscriptions ;
car, bien que l'adjudicataire ait pu, au moyen de la purge, qu'il faut
toujours supposer faite (C. de pr., art. 775), restreindre le droit des
créanciers au prix dont il se trouve débiteur, l'héritier bénéficiaire
n'a point qualité pour établir une sorte de règlement provisoire
entre les intéressés. Un ordre judiciaire est alors indispensable pour
faire radier les inscriptions des créanciers non utilement colloqués. Il
faut donc supposer, pour la validité des délégations faites par l'héritier
bénéficiaire, que le montant des créances hypothécaires ne dépasse
point le prix de l'immeuble, ou que les créanciers s'accordent sur la
distribution des deniers. Même dans cette hypothèse, il importait que
le législateur s'expliquât sur la faculté de déléguer le prix. Il ne faut
pas perdre de vue que l'héritier ne peut faire aucun acte de disposition à peine de devenir héritier pur et simple ; dans le silence de la
loi il eût été prudent pour lui de s'abstenir, et les créanciers eussent
alors été forcés de faire homologuer leurs arrangements en justice : ce
qui eût amené pour eux des frais et des complications, et pour l'adjudicataire, la nécessité de consigner le prix. Or, cette consignation, en entraînant une perte d'intérêts considérable, aurait pour résultat de faire
manquer les fonds sur les créanciers colloqués en dernier ordre. On
voit que la délégation, même restreinte à l'hypothèse que nous avons
prévue, présente encore un intérêt sérieux.

629. Mais que veut dire la loi lorsqu'elle parle des *créanciers hypothécaires qui se sont fait connaître?* S'il est démontré, comme nous le
croyons, que l'article 806, au lieu de se référer aux hypothèques occultes de l'ancienne législation, se réfère au système de publicité qui régissait les hypothèques lors de la rédaction du Code, c'est-a-dire à
la loi du 11 brumaire an VII, on doit admettre que les créanciers
hypothécaires se font suffisamment connaître, lorsqu'ils se conforment
à la loi en prenant inscription sur les registres du conservateur.

807. — Il est tenu, si les créanciers ou autres personnes intéressées l'exigent, de donner caution bonne et solvable de la valeur
du mobilier compris dans l'inventaire, et de la portion du prix des
immeubles non déléguée aux créanciers hypothécaires.

Faute par lui de fournir cette caution, les meubles sont vendus, et leur prix est déposé, ainsi que la portion non déléguée du prix des immeubles, pour être employée à l'acquit des charges de la succession.

630. — La caution peut être exigée ([1]) par les créanciers ou *autres parties intéressées*, ce qui comprend les légataires. Toute partie intéressée peut individuellement sommer l'héritier bénéficiaire de fournir caution (C. de pr., art. 992).

808. — S'il y a des créanciers opposants, l'héritier bénéficiaire ne peut payer que dans l'ordre et de la manière réglés par le juge.

S'il n'y a pas de créanciers opposants, il paye les créanciers et les légataires à mesure qu'ils se présentent.

631. Le prix des immeubles, devant, comme nous l'avons dit, être distribué suivant l'ordre des priviléges et hypothèques (C. de pr., art. 991), la disposition qui enjoint à l'héritier bénéficiaire de payer les créanciers et légataires *à mesure qu'ils se présentent*, ne concerne que les deniers existant dans la succession, ou provenant, soit du prix des meubles, soit de la portion du prix des immeubles qui excède le montant des créances hypothécaires.

Ce payement des créanciers et légataires par l'héritier suppose qu'il n'existe aucune opposition ([2]). Or, des oppositions peuvent survenir, soit de la part des créanciers, soit de la part des légataires, quoique la loi ne parle point de ces derniers. Les opposants, s'il en existe, doivent être appelés, et les payements faits avec leur consentement sont valables ; mais, faute par eux de s'accorder dans le mois sur la répartition des deniers, il doit être procédé à la distribution par contribution (C. de pr., art. 990; V. art 656 et suiv.) entre les créanciers. Quant aux légataires, ils ne viennent à contribution qu'autant que les créanciers sont entièremnet désintéressés (V. art. 809).

Si l'héritier a fait un payement au mépris d'une opposition, ce seul fait ne suffit pas pour le faire déclarer déchu du bénéfice d'inventaire ;

([1]) La cour de Paris a jugé, le 28 janvier 1812, que la fortune immobilière de l'héritier ne peut le dispenser de fournir caution ; toutefois, la cour d'Aix l'a admis, le 28 novembre 1831, à se cautionner lui-même au moyen de ses immeubles.

([2]) Dans ce cas, l'héritier est autorisé à se payer lui-même (Paris, 25 *juin* 1807).

mais il l'oblige à répondre sur ses biens personnels du préjudice par lui causé aux créanciers (¹).

809. — Les créanciers non opposants qui ne se présentent qu'après l'apurement du compte et le payement du reliquat, n'ont de recours à exercer que contre les légataires.

Dans l'un et l'autre cas, le recours se prescrit par le laps de trois ans, à compter du jour de l'apurement du compte et du payement du reliquat.

DANS L'UN ET L'AUTRE CAS. Après avoir parlé des « créanciers qui ne se présentent qu'après l'apurement du compte et le payement du reliquat,» et après avoir dit «qu'ils n'ont de recours que contre les légataires,» la rédaction présentée au Conseil d'État le 16 nivôse an XI ajoutait: *Ceux qui se présentent avant l'apurement peuvent aussi exercer un recours subsidiaire contre les créanciers payés à leur préjudice.* » Cette addition ne se trouve plus dans la rédaction définitive, telle qu'elle a été présentée et adoptée le 5 ventôse an XI.

SOMMAIRE.

632. Les créanciers non opposants qui ne se présentent qu'après l'apurement du compte et le payement du reliquat, n'ont aucune réclamation à exercer contre l'héritier, puisqu'il s'est régulièrement dessaisi. Ils ne peuvent non plus, à raison de leur défaut de diligence, agir contre les autres créanciers : la loi leur accorde seulement un recours contre les légataires. Cette disposition prouve que le droit des légataires sur les biens du testateur n'existe, comme nous l'avons dit, que déduction faite du montant des dettes, conformément à cette ancienne maxime : *bona intelliguntur cujusque quœ deducto œre alieno supersunt* (²). Remarquons cependant que le recours des créanciers non opposants contre les légataires est limité à trois ans, sans doute parce qu'il importait à ces derniers que leurs intérêts ne fussent pas trop longtemps tenus en suspens.

Les créanciers non opposants qui se présentent avant le payement du reliquat, ont incontestablement droit sur les deniers qui se trouvent encore entre les mains de l'héritier; mais on se demande s'ils n'ont pas aussi un recours contre les créanciers qui ont reçu plus que leur part contributoire. On dit, pour soutenir l'affirmative, que dans la ré-

---

(¹) Ainsi jugé par arrêt de rejet du 27 décembre 1820.
(²) *Paul. L.* 39, § 1, D. *de verb. signif.*

daction présentée au Conseil d'État le 16 nivôse an XI, ce recours était établi par une disposition formelle (¹), dont la disparition ne peut s'expliquer que par une erreur de copiste. On ajoute que les mots *dans l'un et l'autre cas* n'auraient pas été maintenus dans le texte, si les rédacteurs du Code avaient voulu supprimer l'une des deux hypothèses auxquelles ces mots se référaient, et on en conclut qu'il faut suppléer, dans le premier alinéa, une disposition qui, évidemment, dit-on, n'a été omise que par inadvertance.

Cette omission paraît peu vraisemblable lorsqu'on voit que le projet de Code civil n'admettait point de recours contre les créanciers, et que sa disposition ne différait pas, au fond, de celle qui a été convertie en loi. C'est la section de législation qui, en introduisant une seconde hypothèse, a voulu soumettre les créanciers payés à une répétition de la part des autres; mais le Conseil d'État n'adopta pas purement et simplement ce système, et un changement de rédaction devint nécessaire par suite d'un amendement de Tronchet, qui restreignait l'article aux créanciers *non opposants*. On comprend qu'en remaniant sa rédaction, la section ait abandonné la proposition dont elle avait pris l'initiative, pour en revenir au projet de Code civil. C'est une chose grave, en effet, qu'une action en répétition contre des créanciers qui, après tout, n'ont reçu que ce qui leur était dû, et qui ont pu le recevoir en toute sécurité, puisqu'il n'existait pas d'opposition.

Il est probable qu'en insérant dans le texte les mots *non opposants* qui restreignent considérablement l'application de l'article, la section n'a plus voulu accorder aux créanciers non opposants le droit d'agir en répétition contre un autre créancier, *qui suum recepit* (²). Elle a dû penser qu'en donnant à l'héritier le droit de payer les créanciers et les légataires à mesure qu'ils se présentent (art. 808), on avait voulu accorder quelque chose aux plus vigilants. Tel est, d'ailleurs, le système suivi en matière de faillite par le Code de commerce (art. 503). Si donc il est certain que, dans la rédaction définitive, adoptée le 5 ventôse an XI, l'article 809 se trouvait tel qu'il est aujourd'hui dans le Code, il faut considérer les mots *dans l'un et l'autre cas*, comme un vestige maladroitement conservé de la rédaction précédente.

633. En ce qui concerne les créanciers opposants, il nous paraît

---

(¹) Le texte disait *avant l'apurement*; mais en faisant courir le délai de trois ans *du jour de l'apurement du compte et du payement du reliquat;* le législateur indique assez que, dans sa pensée, l'apurement se confond avec le payement du reliquat. C'est donc au jour du payement qu'il faut s'arrêter dans tous les cas.

(²) « Repetitio nulla est ab eo qui suum recepit » (*Paul. L.* 44, *D. de condict. indeb.*). Un arrêt de cassation, du 4 avril 1832, refuse également toute action en répétition aux créanciers non opposants.

évident que, s'ils n'ont pas été appelés, ils conservent tous leurs droits. En conséquence, ils peuvent intenter une action en dommages-intérêts contre l'héritier qui a payé au préjudice de leur opposition, et en répétition contre les créanciers ou légataires indûment payés. S'ils ont été sommés de faire valoir leurs droits, et qu'ils aient négligé de le faire, ils ne doivent s'en prendre qu'à eux-mêmes.

810. — Les frais de scellés, s'il en a été apposé, d'inventaire et de compte, sont à la charge de la succession.

SOMMAIRE.

634. L'apposition des scellés n'est pas indispensable. Pourquoi les frais sont à la charge de la succession.

634. Le Code ne parle des scellés que d'une manière conditionnelle : ainsi leur apposition n'est pas absolument nécessaire. Nous verrons sur l'article 819 dans quels cas ils doivent être apposés.

Les frais de scellés, d'inventaire et de compte ont dû être compris dans le passif de la succession, par suite du principe qui, en séparant les biens du défunt des biens de l'héritier bénéficiaire, dispense ce dernier de toutes les charges de l'hérédité.

SECTION IV.

DES SUCCESSIONS VACANTES.

811. Lorsqu'après l'expiration des délais pour faire inventaire et pour délibérer, il ne se présente personne qui réclame une succession, qu'il n'y a pas d'héritier connu, ou que les héritiers connus y ont renoncé, cette succession est réputée vacante.

Lorsqu'après l'expiration des délais... il ne se présente personne... qu'il n'y a pas d'héritier connu, ou que les héritiers connus.... ont renoncé, etc. Les rédacteurs ont voulu comprendre dans cette disposition tous les successibles, héritiers ou successeurs irréguliers; mais ils ont renversé l'ordre naturel des idées. La première condition, *qu'il ne se présente personne*, ne concerne pas les héritiers proprement dits, lesquels, étant saisis de la succession, n'ont pas besoin, de manifester leur volonté. Tout est réglé, à leur égard, par la suite du texte, *lorsqu'il n'y a pas d'héritiers connus ou que les héritiers connus ont renoncé*. Ce n'est donc qu'à défaut d'héritiers connus ou en cas de renonciation, que les successeurs irréguliers doivent se présenter, c'est-à-dire, demander l'envoi en possession.

SOMMAIRE.

635. Dans quel cas la succession tombe en déshérence. Dans quels cas elle est réputée vacante. Nécessité de la renonciation de tous les héritiers connus.
636. La renonciation des héritiers du premier degré ne suffit pas. Réfutation du système contraire.
63 . Règle différente en ce qui concerne les successeurs irréguliers.

635. On oppose souvent les successions en déshérence aux successions vacantes. Une succession tombe en déshérence lorsqu'à défaut d'héritier légitime, de parents naturels et de conjoint, elle est déférée à l'État (art. 768). La succession est réputée vacante, lors même qu'il existe des héritiers, s'ils ne sont pas connus. Alors il importe de donner aux autres intéressés un contradicteur légitime, et dans ce but la loi permet de demander au tribunal la nomination d'un curateur à la succession. Il convient à cet égard de bien préciser dans quelles circonstances cette mesure peut être prise.

Les héritiers légitimes ou héritiers proprement dits, étant saisis de plein droit *sous l'obligation d'acquitter toutes les charges de la succession* (art. 724), sont par cela même soumis à l'action des créanciers et autres intéressés. Dès lors, la succession ne doit être réputée vacante qu'autant *qu'ils ont renoncé*. Cette règle suppose que les héritiers sont connus ; mais ils peuvent ne pas l'être, et alors, les intéressés ne trouvant pas de contradicteurs, la succession est réputée vacante.

636. En parlant des héritiers, la loi ne restreint pas sa disposition à ceux du degré le plus proche. C'est donc mal à propos qu'on a soutenu qu'après leur renonciation la succession peut être déclarée vacante, sans qu'il soit nécessaire d'attendre la renonciation des parents plus éloignés. C'est là, selon nous, une erreur grave : la loi s'attache à ce simple fait qu'il y a ou qu'il n'y a pas d'héritiers connus. S'il arrive ordinairement qu'après la renonciation des plus proches parents, la succession est déclarée vacante, c'est parce qu'en fait les héritiers sont moins connus à mesure que les degrés de parenté s'éloignent ; mais, quel que soit leur degré, les héritiers connus peuvent être poursuivis. Il n'y a donc pas lieu de nommer un curateur.

Dans le système contraire (¹), on dit qu'il convient de ne pas tenir en suspens l'action des créanciers, légataires et autres intéressés, jusqu'à la renonciation de tous les héritiers jusqu'au douzième degré. Mais évidemment leur action n'est pas suspendue lorsqu'il existe à un degré quelconque des héritiers connus qui n'ont pas renoncé. On ne saurait

---

(¹) On cite dans l'ancien droit, en faveur de ce système, trois arrêts du parlement de Paris, en date du 28 mars 1702, du 21 juin 1705 et du 24 avril 1735. La jurisprudence moderne est moins explicite. La cour d'Aix a jugé, le 17 décembre 1807, que les créanciers, après la renonciation des héritiers du premier degré, ne sont pas *obligés de rechercher les autres héritiers* : ce qui suppose qu'ils peuvent n'être pas connus. Dans une autre espèce, jugée par la cour de Paris le 31 août 1822, les héritiers étaient bien connus, puisqu'il s'agissait des enfants du duc de Berry ; mais la nomination du curateur n'était qu'un incident de peu d'intérêt dans la cause, où il s'agissait de savoir si la Régie des Domaines pouvait s'emparer de la succession, par cela seul que les héritiers saisis ne l'acceptaient pas. Cette question devait être et a été en effectivement résolue contrairement aux prétentions de la Régie.

nier que ces héritiers ne soient soumis à l'action des créanciers, à moins de soutenir qu'après la renonciation de l'héritier le plus proche, ceux à qui la succession est dévolue n'ont pas la saisine, ce qui, comme nous l'avons vu (598), est inadmissible. Toutefois on insiste en proposant une distinction entre la succession vacante et la succession réputée vacante. Il y a, dit-on, succession vacante dans l'hypothèse prévue par l'article 811, c'est-à-dire, lorsqu'il n'y a pas d'héritiers connus ou que les héritiers connus ont renoncé ; et, au contraire, la succession est réputée vacante, lorsque, indépendamment des héritiers renonçants, il existe des héritiers du second degré, dont la renonciation est légalement présumée par cela seul qu'ils n'ont pas accepté. Il est facile de voir que cette distinction est en opposition directe avec le Code, puisqu'elle aboutit à déclarer vacante une succession qui, dans le texte, est seulement *réputée vacante*. D'un autre côté, présumer la renonciation des héritiers du second degré, c'est introduire dans la loi une présomption qui ne repose sur aucune base ; c'est même méconnaître le principe de la saisine.

637. A défaut d'héritier légitime, les biens passent aux successeurs irréguliers. Ceux-ci, n'ayant pas la saisine, ne sont soumis à l'action des créanciers qu'autant qu'ils se sont fait envoyer en possession : aussi ne doit-on pas attendre leur renonciation. A l'expiration des trois mois et quarante jours, si personne ne se présente, c'est-à-dire, si l'envoi en possession n'est réclamé par aucun des successeurs irréguliers, la succession est réputée vacante. On objecterait à tort que l'État est toujours connu : ce n'est pas là une objection à laquelle il faille s'arrêter, puisque la disposition du Code sur les héritiers connus s'applique exclusivement aux héritiers légitimes, seuls investis de la saisine. L'État n'est pas soumis à l'action des créanciers tant qu'il ne s'est pas fait envoyer en possession ; la succession doit donc être réputée vacante par cela seul qu'il n'a été fait aucune demande d'envoi en possession. C'est en ce sens que l'orateur du Gouvernement s'est expliqué devant le corps législatif : « Il peut arriver, dit-il, qu'il ne se présente pour recueillir une succession, ni parent, ni enfant naturel, *ni même l'État*. La « succession est alors réputée vacante » (1).

812. — Le tribunal de première instance dans l'arrondissement duquel elle est ouverte, nomme un curateur sur la demande des personnes intéressées, ou sur la réquisition du procureur du Roi.

---

(1) V. l'exposé des motifs par le conseiller d'État Treilhard.

638. Sont intéressés à la nomination d'un curateur, tous ceux qui, ayant des droits à exercer contre la succession, ont besoin, pour intenter leur action, d'avoir un contradicteur. Telles sont, indépendamment des créanciers et des légataires, les personnes qui veulent revendiquer un immeuble possédé par le défunt ou partager des biens indivis avec lui.

813. — Le curateur à une succession vacante est tenu, avant tout, d'en faire constater l'état par un inventaire : il en exerce et poursuit les droits ; il répond aux demandes formées contre elle; il administre, sous la charge de faire verser le numéraire qui se trouve dans la succession, ainsi que les deniers provenant du prix des meubles ou immeubles vendus, dans la caisse du receveur de la régie royale, pour la conservation des droits, et à la charge de rendre compte à qui il appartiendra.

814. — Les dispositions de la section III du présent chapitre, sur les formes de l'inventaire, sur le mode d'administration et sur les comptes à rendre de la part de l'héritier bénéficiaire, sont, au surplus, communes aux curateurs à successions vacantes.

639. Le curateur à la succession vacante doit faire inventaire, administrer, rendre compte, comme l'héritier bénéficiaire, et observer les mêmes règles (¹), sauf quelques différences. La plus importante concerne le numéraire qui se trouve dans la succession, et les deniers provenant soit du recouvrement des créances, soit de la vente des biens meubles et immeubles. Ces différentes sommes doivent être versées dans une caisse publique (²), qui ne se confond plus, comme lors de la promulgation du Code, avec celle de la Régie de l'enregistrement et des domaines, mais qui a été spécialement établie depuis cette époque pour recevoir les dépôts et consignations. Remarquons, à l'égard des meu-

(¹) Dans le silence de la loi, on ne saurait l'astreindre à prêter serment (Bordeaux, 4 avril 1809).

(²) Le receveur de la caisse a qualité pour contraindre l'héritier au versement de ces sommes (Nancy, 29 avril 1843).

bles, que le curateur n'a pas, comme l'héritier bénéficiaire, la faculté de les conserver en nature. La vente n'en est pas moins obligatoire pour lui que l'inventaire (C. de pr., art. 1000). Il se trouve donc toujours dans le cas prévu par le second alinéa de l'article 807, et par conséquent il n'est pas tenu de fournir caution.

D'un autre côté, sa gestion n'est pas gratuite comme celle de l'héritier bénéficiaire, et dès lors sa responsabilité n'est pas limitée aux fautes graves (V. art. 804). Il est d'ailleurs évident qu'il n'administre pas sa propre chose, et que par conséquent ses actes ne peuvent être valables qu'autant qu'il n'a pas excédé ses pouvoirs.

INTRODUCTION A LA SECTION Ire DU CHAPITRE VI.

SOMMAIRE.

640. Les règles établies dans les chapitres précédents sont indépendantes du nombre des successibles. Qu'il y ait plusieurs héritiers ou un seul, elles s'appliquent également. Dans ce chapitre, au contraire, la loi suppose nécessairement plusieurs héritiers. Évidemment, il n'y a point de partage, point de rapport possible, lorsque la succession appartient tout entière à une seule personne. Mais, lors même qu'il existe plusieurs héritiers, il n'y a pas toujours lieu au partage proprement dit. Cette opération, qui a pour but de faire cesser l'indivision, ne s'étend pas à tous les biens du défunt. Elle est sans objet à l'égard des créances; la loi les divise elle-même en attribuant à chaque héritier, dans chaque créance, une part correspondante à la part héréditaire dont il est saisi (art. 1220). En sens inverse, les obligations du défunt se divisent de plein droit entre les héritiers, comme nous le verrons en parlant du payement des dettes (739).

641. Les biens corporels, au contraire, ne se divisant pas de plein droit, forment une propriété indivise entre les héritiers; mais, comme l'état d'indivision entraîne de nombreux inconvénients, on a compris dans tous les temps qu'il ne doit se prolonger que du consentement

de tous les intéressés. Aussi la loi des Douze-Tables avait-elle donné à chacun des cohéritiers l'action *familiæ erciscundæ*, tendant au partage de la succession (¹). On a même été jusqu'à prohiber toute convention qui perpétuerait l'indivision. Cependant cette prohibition a été renfermée dans de justes limites ; les jurisconsultes romains ont admis la validité des conventions qui suspendent le partage pour un certain temps (²). Ces principes, adoptés par notre ancienne jurisprudence, sont consacrés par le Code, qui limite à cinq ans le temps pendant lequel les héritiers peuvent s'interdire le droit de provoquer le partage (art. 815).

642. Ce qu'on vient de dire des cohéritiers a lieu dans tous les cas d'indivision, quelle qu'en soit l'origine. Il en est autrement de la disposition toute spéciale qui, aujourd'hui encore, permet à chaque héritier d'écarter du partage d'une succession toute personne étrangère, qui s'y présente comme cessionnaire des droits d'un cohéritier. Ce retrait ne peut s'exercer que moyennant le remboursement du prix de la cession.

643. Le partage peut être fait à l'amiable par tel acte que les héritiers jugent convenable, pourvu qu'ils aient la capacité nécessaire (art. 819) : s'il y a parmi eux des mineurs ou des interdits, ou si les parties capables ne s'accordent point, il y a lieu de procéder en justice (art. 823, 827, 838 et 839). Le partage, quand il a été fait régulièrement, est définitif ; sinon, il ne vaut tout au plus que comme provisionnel (art. 840).

L'action en partage est imprescriptible. Cette règle ne cesse d'être applicable qu'autant qu'un partage antérieur est prouvé par écrit ou du moins présumé par suite d'une possession suffisante pour faire acquérir à l'un des héritiers la propriété exclusive d'une partie des biens (art. 816).

Cette action doit être portée au tribunal dans le ressort duquel la succession est ouverte (art. 822 ; V. art. 110).

644. Le mineur en tutelle est représenté dans le partage par son tuteur, sauf l'autorisation du conseil de famille, qui est nécessaire pour intenter l'action, non pour y défendre (art. 465 et 817). Quant au mineur émancipé, il agit lui-même, soit comme demandeur, soit comme défendeur, mais toujours avec l'assistance de son curateur (art. 840). Les héritiers dont l'absence a été déclarée, sont représentés par les envoyés en possession ou par le conjoint administrateur légal de la communauté (art. 817 et 134), et les héritiers présumés absents, par un notaire que le tribunal commet lorsqu'il y a nécessité (art. 112 et 113). La femme mariée procède elle-même au partage amiable ou judiciaire, pourvu qu'elle soit autorisée par son mari ou par la justice. Le mari,

---

(¹) *Gaius, L.* 1, *D. famil. ercisc.*
(²) *Paul. L.* 14, § 2 *et* 3, *D. commun. divid.*

lorsqu'il a le droit de jouir des biens échus à la femme, peut demander un partage provisionnel; enfin, il est seul fondé à demander un partage définitif, lorsque la femme est commune en biens et que les objets à elle échus tombent en communauté (art. 818).

645. Pour opérer le partage, il faut répartir les biens en plusieurs lots, dont chacun doit former la part d'un héritier ou celle de plusieurs héritiers appartenant à la même souche : aussi doit-il y avoir autant de lots que d'héritiers ou de souches copartageantes (art. 831). La formation des lots suppose, d'une part, que la valeur de tous les biens est connue, et qu'ils sont susceptibles d'être partagés sans inconvénient; d'autre part, que les droits respectifs des cohéritiers sont liquidés. Il faut donc préalablement estimer les biens (art. 824 et 825), et régler les comptes des copartageants entre eux (art. 828).

En principe, tout héritier peut exiger sa part en nature des meubles et des immeubles. Cette règle reçoit évidemment exception lorsque des biens meubles ou immeubles sont vendus sur la poursuite des créanciers. Il en est de même lorsque la majorité des héritiers juge la vente des meubles nécessaire pour l'acquittement des dettes et charges de la succession (art. 826). Quant aux immeubles, ils ne sont pas toujours susceptibles de se diviser sans inconvénient; il peut même arriver qu'aucun des héritiers ne puisse ou ne veuille les prendre dans son lot. Dans ces différents cas, ils doivent être vendus par licitation (art. 827 et 1686).

646. Lorsqu'on veut liquider les droits respectifs des héritiers, il faut examiner ce que chacun d'eux doit aux autres, soit à raison des obligations dont il était tenu envers le défunt, soit à raison des libéralités sujettes à rapport qu'il en a reçues. Si les dettes ne sont pas acquittées ou si les libéralités ne sont pas rapportées en nature, les autres héritiers sont indemnisés par un prélèvement opéré à leur profit sur la masse de la succession, et le surplus seulement est partagé en nature (art. 831).

647. Chaque héritier ayant droit, comme nous l'avons dit, à une part en nature des divers biens de la succession (art. 826), chaque lot doit, en principe, comprendre une égale quantité de meubles et d'immeubles (art. 832). Toutefois, le législateur prescrit d'éviter, soit le morcellement des héritages, soit même la division des exploitations; et en conséquence une certaine inégalité dans les lots est souvent inévitable. Cette inégalité se compense par une soulte ou retour de lot, c'est-à-dire, par une obligation imposée à l'héritier qui a le lot le plus fort, en faveur du cohéritier à qui échoit le lot le plus faible. Cette obligation consiste à payer un capital ou à servir les arrérages d'une rente (art. 832 et 833). Enfin les lots, du moins dans le partage judiciaire, sont tirés au sort (art. 834).

CHAPITRE VI.

DU PARTAGE ᵗ ET DES RAPPORTS.

SECTION PREMIÈRE.

DE L'ACTION EN PARTAGE ET DE SA FORME.

815. — Nul ne peut être contraint à demeurer dans l'indivision ; et le partage peut être toujours provoqué, nonobstant prohibitions et conventions contraires.

On peut cependant convenir de suspendre le partage pendant un temps limité : cette convention ne peut être obligatoire au delà de cinq ans ; mais elle peut être renouvelée.

SOMMAIRE.

648. Cas où, par exception, l'indivision doit être maintenue.
649. Par quels actes, et pour quel temps, le partage peut être suspendu.

648. Le principe que nul ne peut être contraint à demeurer dans l'indivision, s'applique, comme nous l'avons dit, à toute copropriété, quelle qu'en soit l'origine, et néanmoins cette règle n'est pas sans exception. L'indivision, loin d'être toujours un inconvénient, devient, dans certaines circonstances, éminemment utile et quelquefois même nécessaire. La mitoyenneté, par exemple, ne doit pas cesser par la volonté d'un copropriétaire du mur ou du fossé mitoyen, qui en demanderait la division. Le Code autorise même, à l'égard des murs, l'établissement forcé de cette espèce d'indivision (art. 661), et il n'admet qu'une seule manière de la faire cesser, l'abandon de la mitoyenneté (art. 656). Il peut arriver également que certaines parties d'un héritage se trouvent, par leur destination même, dans un état d'indivision forcée : tel est l'escalier d'une maison dont les différents étages appartiennent à divers propriétaires (art. 664), ou un vestibule commun à plusieurs bâtiments (1). La nécessité de maintenir en pareil cas l'indivision constitue une sorte de servitude légale (2). Quelquefois même le maintien de l'indivision se rattache à un motif d'intérêt général. C'est ainsi que les copropriétaires d'une mine ne peuvent la partager qu'avec l'autorisation du gouvernement (3). Remarquons enfin que la licitation d'un navire n'a lieu, sauf convention contraire,

---

(1) *Paul. L.* 19, § 1, *D. commun. divid.*
(2) L'obligation de maintenir l'indivision dans de semblables hypothèses a été consacrée par deux arrêts de rejet du 10 décembre 1823 et du 10 janvier 1842.
(3) Loi du 21 avril 1810, art. 7.

que sur la demande d'un copropriétaire ayant la moitié au moins du navire (C. de comm., art. 220).

649. En règle générale, le partage peut être demandé *nonobstant prohibitions et conventions contraires*. En excluant les prohibitions, le législateur a en vue la clause d'un testament qui interdirait le partage. Quant aux conventions, elles sont l'œuvre des héritiers, et en général des copropriétaires d'accord pour maintenir l'indivision. Si aucune convention, comme nous l'avons dit, ne peut interdire le partage à perpétuité, il a toujours été permis de le suspendre pour un temps déterminé[1]; mais alors, suivant le Code, la convention n'est pas obligatoire au delà de cinq ans. La convention faite pour un temps plus long, n'est pas nulle elle est seulement réductible au terme fixé par la loi (V. art. 1660). Bien plus, elle *peut être renouvelée*. Il est évident d'abord que ce renouvellement peut avoir lieu après l'expiration du délai primitif, et les termes généraux du texte nous autorisent même à penser que le Code a voulu permettre le renouvellement fait à l'avance. Toutefois, comme les parties ne doivent jamais être liées pour plus de cinq ans, le nouveau délai doit courir du jour où la prorogation a été convenue, et non de l'expiration du délai primitif.

Cette suspension du partage pendant cinq ans pourrait-elle être imposée aux héritiers par le testament du défunt ? Notre ancienne jurisprudence reconnaissait au testateur le droit d'interdire le partage pendant un certain temps, par exemple, comme le disait Pothier, jusqu'à la majorité de ses enfants [2] ; mais le texte du Code répugne à cette décision [3]. Il autorise l'action en partage *nonobstant prohibitions et conventions contraires*, et n'admet d'exception à cette règle qu'en vertu d'une convention. La règle générale conserve donc toute sa force en ce qui concerne la prohibition faite par le testateur. On conçoit, du reste, que le législateur ait consacré cette doctrine ; car, si l'indivision est une source de difficultés, c'est surtout lorsqu'elle est imposée aux intéressés par une volonté étrangère. D'après cette considération, le législateur a dû laisser aux copropriétaires le soin d'apprécier par eux-mêmes l'opportunité d'une convention suspensive du partage.

816. — Le partage peut être demandé, même quand l'un des cohéritiers aurait joui séparément de partie des biens de la succession, s'il n'y a eu un acte de partage, ou possession suffisante pour acquérir la prescription.

---

[1] Pothier, Successions, chap. 4, art. 1, § 1.
[2] Pothier, *ibid.;* V. Lebrun, Successions, liv. 4, chap. 1, nos 4-7.
[3] Elle a été cependant consacrée par un arrêt de rejet du 20 janvier 1836.

650. Plus l'indivision se prolonge, plus les inconvénients s'en font sentir. Dès lors, ce simple fait que le partage n'a pas été demandé ne peut pas être considéré comme une renonciation au droit de le provoquer. Dùt-on voir dans ce fait une renonciation tacite, elle ne serait pas plus valable qu'une renonciation expresse (¹) (art. 815). Aussi l'action en partage ne se prescrit-elle point, comme les autres actions, faute d'avoir été exercée pendant un certain laps de temps (V. art. 2262). D'un autre côté, la possession exclusive de certains biens de la succession n'emporte pas présomption de partage. Suivant Pothier, « il y a « lieu à l'action en partage, non-seulement lorsque tous les cohéritiers « se trouvent posséder et jouir en commun des biens de la succes- « sion, mais même lorsque chacun d'eux se trouve jouir séparément « de différents héritages de la succession, ou lorsque l'un d'eux se « trouve posséder le total, *tant que l'on ne rapporte pas un acte par* « *lequel ils aient partagé*; car ils sont censés posséder ainsi les uns pour « les autres, à la charge de s'en rendre compte respectivement (²). »

Ainsi, celui qui se refuse à partager, doit, selon Pothier, établir par un acte, c'est-à-dire par un écrit, l'existence d'un partage antérieur. Le Code confirme en tous points cette doctrine : non-seulement il admet l'action en partage, *même quand l'un des cohéritiers aurait joui séparément de partie des biens de la succession*, mais il ajoute, *s'il n'y a eu un acte de partage*, ce qui exclut l'idée qu'un partage verbal suffise pour faire cesser l'indivision. Il reste à examiner en quel sens la loi exige un acte de partage. Un acte, c'est-à-dire un écrit, est-il exigé comme une forme substantielle, pour la validité même du partage, ou bien est-ce seulement la preuve testimoniale que le législateur a voulu exclure? S'il fallait s'attacher à cette dernière idée, la preuve, à défaut d'acte, pourrait toujours résulter, soit de l'aveu, soit du serment. Telle ne nous paraît pas être l'intention du législateur. D'après l'orateur du Tribunat, « il n'y a jamais de partage par le seul « fait ; il faut toujours un acte qui le règle, à moins que la possession « séparée qu'on aurait eue, ne soit transformée en titre par la pres-

---

(¹) Vainement produirait-on un titre par lequel les parties seraient convenues de maintenir l'indivision (Rejet, 9 mai 1827).

(²) Pothier, Successions, chap. 4, art. 1, § 1.

« cription (¹). » S'il en était autrement, la disposition de l'article 816 n'aurait que bien peu de portée, puisqu'elle n'exclurait la preuve testimoniale que dans les circonstances où cette preuve est ordinairement admissible, c'est-à-dire, lorsque la valeur des biens ne dépasse pas 150 francs. Il faut donc considérer l'acte de partage comme une condition indispensable à raison de l'importance que présentent les opérations de cette nature, dont les bases ne pourraient être établies, d'une manière précise, sur de simples souvenirs (²).

651. Si le seul fait d'une jouissance séparée ne suffit point pour faire présumer un partage, en est-il de même lorsque la possession s'est prolongée pendant un certain laps de temps? On pourrait en douter ; car les héritiers, comme le dit Pothier, « possèdent les uns pour les « autres, » ce qui semblerait devoir rendre toute prescription impossible dans leurs rapports respectifs (art. 2236). Cependant les glossateurs décidaient que le partage doit se présumer, comme le rapporte Lebrun, « quand tous les cohéritiers ont joui divisément de quelques « effets du défunt, pendant dix années, chacun d'eux recevant les re- « venus et supportant les charges » (³). On cite deux coutumes dont la disposition était conforme à la Glose (⁴); mais le plus grand nombre des auteurs français ont repoussé la prescription de dix ou vingt ans, sans doute à cause du caractère précaire de la possession. Néanmoins, cette considération ne les arrêtait pas dans le cas où la possession avait duré trente ans. C'est ainsi que Pothier, après avoir supposé que les héritiers ont joui séparément de différents héritages de la succession, ajoute, relativement à la prescription : « Si néanmoins cette « jouissance et possession séparée durait depuis trente ans et plus, et « que cela se pût prouver, soit par témoins, soit par écrit, comme par « des baux qu'ils auraient faits chacun séparément...., ces cohéritiers « pourraient se maintenir dans cette possession séparée contre l'ac- « tion de partage..... par la prescription de trente ans..... Ce laps de

---

(¹) Discours du tribun Siméon, 29 germinal an XI.

(²) Suivant un arrêt de la cour de Montpellier, du 16 août 1842, la preuve du partage doit être régie par le droit commun. Les arrêts de rejet, du 27 avril 1836 et du 12 juin 1844, se sont contentés d'un commencement de preuve par écrit, mais en se fondant sur les circonstances particulières de la cause. Il existe au contraire dans le sens de notre opinion un arrêt de Cassation du 6 juillet 1836, parfaitement motivé en droit (V. dans le même sens, Bastia, 29 *novembre* 1830 et 9 *janvier* 1838; Colmar, 24 *janvier* 1832; Toulouse, 30 *août* 1837; Orléans, 16 *juillet* 1842).

(³) Lebrun, Successions, liv. 4, chap. 1, n° 21; V. aussi le rapport de Chabot au Tribunat. Voici, du reste, le texte des *Glossateurs* :

« Si quis probat... se possedisse rem ut propriam ...., et per decem annos inter « præsentes vel viginti inter absentes, solus subiit onera et solus sensit commoda...; « verisimile est divisionem factam. » (*Gloss. in L. 4, C. commun. divid.*)

(⁴) Maine (art. 448); Anjou (art. 433).

« temps fait présumer qu'il y a eu un partage et que l'acte a pu s'é-
« garer » [1]. En admettant comme équivalant à l'acte de partage *une
possession suffisante pour faire acquérir la prescription*, le Code, dans
ce cas encore, confirme la doctrine de Pothier, fondée sur des considérations pratiques plutôt que sur la rigueur des principes.

652. Lebrun s'attache au cas où tous les cohéritiers ont joui divisément ; Pothier est beaucoup moins précis. Dans le passage que nous
avons transcrit en premier lieu, il assimile deux hypothèses très-différentes, celle où chaque héritier a joui séparément de certains héritages, et celle où l'un d'entre eux a possédé seul le total. Il est vrai
qu'alors il ne s'occupe de la possession des héritages ou de l'un d'eux,
que pour déclarer qu'elle ne saurait dispenser de la preuve du partage ; tandis qu'au contraire, quand il admet la prescription trentenaire,
il parle toujours des cohéritiers au pluriel, ce qui semble exclure, dans
sa pensée, l'hypothèse d'un héritier possédant seul le total. On trouve
dans le Code des traces de l'incertitude que présente à cet égard,
le texte de Pothier. Au lieu de supposer que chaque héritier a joui séparément de certains héritages, le Code parle d'un seul héritier qui a
joui séparément d'une partie de la succession. Faut-il dès lors s'attacher au texte et repousser la présomption légale, quand l'un des héritiers a possédé seul la totalité ? Sans doute on ne peut guère, en
pareil cas, supposer un partage. De plus, la possession, peut-on dire,
ne cesse d'être précaire que dans le cas prévu par le législateur. Or, en
admettant la présomption de partage en faveur de l'héritier qui a joui
séparément *d'une partie des biens*, la loi semble la repousser à l'égard
du possesseur de la totalité. On comprend néanmoins qu'après un
laps de trente ans, le législateur ait entendu maintenir les choses dans
l'état où elles se trouvent, en présumant, à défaut de partage, un arrangement par lequel l'héritier en la possession de qui sont restés les
biens, aurait désintéressé ses cohéritiers. Cette supposition n'a rien
d'extraordinaire ; car, dans le cas même où la présomption a le plus
de force, lorsque chaque héritier a possédé séparément une partie des
biens, il ne suffit pas toujours, pour expliquer la disposition du Code,
de supposer l'existence d'un acte antérieur ; il faut souvent supposer,
en outre, le payement des soultes nécessaires pour égaliser les lots [2].
D'un autre côté, lorsque l'hérédité est possédée en totalité par l'un
des cohéritiers, l'action en partage intentée contre lui se confond avec
l'action en pétition d'hérédité, qui est incontestablement prescriptible
par trente ans [3].

---

[1] Pothier, Successions, *loc. cit.*
[2] Lebrun, Successions, liv. 4, chap. 1, n° 1.
[3] Voyez, en ce sens, un arrêt de rejet du 23 novembre 1831.

653. On s'est demandé si la même présomption de partage est applicable à une succession toute mobilière ? Si la règle, *En fait de meubles la possession vaut titre*, établit une sorte de prescription instantanée, il n'est pas moins certain que le législateur ne songeait nullement à cette règle, lorsqu'il parlait d'une *possession suffisante pour acquérir la prescription*. D'ailleurs, cette règle, ainsi que nous le verrons en expliquant l'article 2279, ne s'applique point aux universalités, mais seulement à des corps certains. C'est donc à la prescription trentenaire qu'il faut recourir, même dans une succession toute mobilière.

817. — L'action en partage, à l'égard des cohéritiers mineurs ou interdits, peut être exercée par leurs tuteurs, spécialement autorisés par un conseil de famille.

A l'égard des cohéritiers absents, l'action appartient aux parents envoyés en possession.

818. — Le mari peut, sans le concours de sa femme, provoquer le partage des objets meubles ou immeubles à elle échus qui tombent dans la communauté : à l'égard des objets qui ne tombent pas en communauté, le mari ne peut en provoquer le partage sans le concours de sa femme ; il peut seulement, s'il a le droit de jouir de ces biens, demander un partage provisionnel.

Les cohéritiers de la femme ne peuvent provoquer le partage définitif qu'en mettant en cause le mari et la femme.

SOMMAIRE.

654. Nous avons vu (t. I, nº 668) comment le tuteur peut exercer l'action en partage ou y défendre. Nous examinerons, sur l'article 840, les questions relatives au mineur émancipé, aux héritiers dont l'absence est présumée ou déclarée, et à ceux qui sont simplement non présents. Nous n'aurons donc à nous occuper ici que des successions recueillies par une femme mariée.

Lorsque ses cohéritiers veulent la contraindre au partage, ils doivent mettre le mari en cause. Ce n'est là qu'une conséquence du principe qui déclare la femme incapable d'ester en jugement sans l'autorisation de son mari ou de la justice. (V. t. I, nº 374.)

Pareillement, si c'est la femme qui demande le partage, elle doit être autorisée par son mari ou par le tribunal (art. 215). Cependant il est certains biens échus par succession à la femme, pour lesquels la loi reconnaît au mari le droit de procéder seul au partage, soit comme

demandeur, soit comme défendeur. Ce sont les biens meubles ou immeubles (¹), qui tombent dans la communauté dont le mari est le
chef (art. 1421), et sont par cela même dévolus au mari, en ce sens
du moins qu'il en a, tant que dure la communauté, la libre disposition.

Ce droit attribué au mari, de procéder seul à un partage définitif, est
une prérogative toute spéciale qui ne doit être appliquée que dans le
cas de communauté légale ou conventionnelle : Il en est autrement sous
le régime exclusif de communauté. On objecterait mal à propos que
le mari perçoit, sous ce régime, tout le mobilier qui échoit à la femme
pendant la durée du mariage, et que c'est à lui qu'appartient l'exercice de toutes les actions mobilières de la femme, comme s'il y avait
communauté (V. art. 1428); car, le mobilier échu à la femme étant
sujet à restitution (art. 1531), le mari ne le perçoit que comme
administrateur. A la vérité, l'action en partage, quant aux objets
mobiliers, semblerait appartenir au mari seul, en sa qualité d'administrateur; mais le tuteur qui, en principe, exerce librement les actions
mobilières du mineur, doit être autorisé relativement à l'action en partage, même de biens mobiliers (art. 465); parce que, dans la pensée du
législateur, le partage a un caractère tout spécial, à raison des graves
et nombreux intérêts auxquels il se rattache. De même le mari, n'ayant
qu'un simple droit de jouissance, ne peut demander qu'un partage
provisionnel, c'est-à-dire un partage dont l'effet est limité à une jouissance temporaire, et laisse subsister au fond l'indivision.

Cette règle s'applique même sous le régime de la communauté
légale ou conventionnelle, à l'égard des biens qui ne tombent pas en
communauté.

Lorsqu'ils se sont occupés de l'article 818, les rédacteurs du Code ne
savaient pas encore s'ils admettraient le régime dotal. Dès lors, ce que
le texte dit des *objets qui ne tombent pas en communauté*, ne préjuge
rien à l'égard des biens dotaux. Nous examinerons, sur l'article 1549, si
le partage de ces biens peut être demandé par le mari.

819. — Si tous les héritiers sont présents et majeurs, l'apposition de scellés sur les effets de la succession n'est pas nécessaire, et

---

(¹) En principe, les immeubles ne tombent point en communauté. Ce que la
loi dit ici du partage des immeubles ne peut s'appliquer, dans le cas de communauté légale, qu'aux immeubles donnés ou légués conjointement à une femme
mariée et à une autre personne, sous la condition que la part de la femme tombera
dans la communauté (V. art. 1405). La communauté conventionnelle comprend quelquefois tout ou partie des immeubles, présents et même futurs, des époux (art. 1497, 3°;
art. 1526), et alors la disposition du Code s'applique directement à ces immeubles.

le partage peut être fait dans la forme et par tel acte que les parties intéressées jugent convenables.

Si tous les héritiers ne sont pas présents, s'il y a parmi eux des mineurs ou des interdits, le scellé doit être apposé dans le plus bref délai, soit à la requête des héritiers, soit à la diligence du procureur du Roi près le tribunal de première instance, soit d'office par le juge de paix dans l'arrondissement duquel la succession est ouverte.

SOMMAIRE.

655. But de l'apposition des scellés. Forme de cette apposition. Levée des scellés.
656. L'apposition des scellés est étrangère aux opérations du partage. Vice de rédaction dans l'article 819.

655. L'apposition des scellés est une mesure de précaution, tendant à empêcher la soustraction des meubles ou des titres qui ne sont pas encore inventoriés. Cette opération est faite par le juge de paix, qui, après avoir fermé les armoires, secrétaires, etc., retire les clefs et appose son cachet sur une bande de toile ou de papier, placée de manière qu'on ne puisse ouvrir, sans un bris extérieur. Ce bris donnerait lieu à l'application de dispositions pénales (C. pén., art. 252).

L'apposition des scellés est nécessaire et doit avoir lieu à la diligence du ministère public ou même d'office, lorsque les héritiers ne sont pas tous présents. La même règle s'appliquait suivant le Code civil, par cela seul qu'il existait des mineurs ou des interdits : aujourd'hui le Code de procédure (art. 911) restreint l'apposition d'office au cas où un mineur non émancipé ou un interdit n'aurait pas de tuteur [1]. Cette apposition est également nécessaire, lorsque le défunt était dépositaire public ; mais alors elle n'a lieu d'office qu'à raison du dépôt confié au défunt et sur les objets qui le composent.

Les scellés sont levés par le juge de paix, sans description (c'est-à-dire sans inventaire), lorsque la cause pour laquelle ils ont été apposés n'existe plus (C. de pr., art. 940). Dans le cas contraire, ils sont levés successivement, au fur et à mesure de la confection de l'inventaire (C. de pr., art. 937).

656. Bien que le législateur s'occupe des scellés à l'occasion du partage, leur apposition n'en doit pas moins être considérée comme une opération préliminaire. C'est, comme nous l'avons déjà dit, une mesure conservatoire qui doit être prise aussitôt après la mort du défunt, ou dans

---

[1] Une circulaire du grand-juge, en date du 5 novembre 1808, constate cette modification apportée par le Code de procédure aux dispositions du Code civil.

le plus bref délai, en attendant la confection de l'inventaire. Si les rédacteurs du Code ont réuni dans ce chapitre les dispositions relatives à l'apposition des scellés, c'est par suite d'une véritable confusion d'idées.

Cette confusion n'a pas été sans inconvénient. En effet, en permettant aux héritiers de partager *dans la forme et par les actes que les parties intéressées jugent convenable*, le Code semble restreindre cette faculté au cas où tous les héritiers sont *présents et majeurs*. Mais ce n'est là qu'un vice de rédaction, provenant de ce qu'on s'est occupé, dans la même phrase, de deux hypothèses différentes : celle où l'apposition des scellés est purement facultative, et celle où le partage peut avoir lieu à l'amiable. Il en résulte que la loi semble soumettre cette dernière faculté à la condition que les héritiers seront tous présents, tandis qu'en réalité les non présents peuvent toujours être représentés, dans un partage amiable, par un mandataire (C. de pr., art. 985). Ce qui empêche le partage amiable, ce n'est pas l'éloignement d'un héritier majeur, c'est son défaut de consentement, qu'il soit ou non sur les lieux.

En ce qui concerne les scellés, l'héritier non présent peut aussi être représenté par un mandataire ; mais alors, il faut supposer un mandat donné par anticipation avant la mort du DE CUJUS (ce qui est assez rare.)

820. — Les créanciers peuvent aussi requérir l'apposition des scellés, en vertu d'un titre exécutoire ou d'une permission du juge.

821. — Lorsque le scellé a été apposé, tous créanciers peuvent y former opposition, encore qu'ils n'aient ni titre exécutoire ni permission du juge.

Les formalités pour la levée des scellés et la confection de l'inventaire, sont réglées par les lois sur la procédure.

SOMMAIRE.

657. Droits des créanciers, relativement à l'apposition et à la levée des scellés.

657. Au nombre des parties intéressées que la loi autorise à requérir l'apposition des scellés, se trouvent notamment les créanciers ; mais ils ne peuvent exercer cette faculté qu'en vertu d'un titre exécutoire, ou d'une permission accordée, soit par le président du tribunal civil, soit par le juge de paix du canton dans lequel les scellés doivent être apposés (C. de pr., art. 909).

Lorsque cette apposition a eu lieu, tout créancier peut y former opposition, c'est-à-dire, mettre obstacle à ce que les scellés soient levés hors de sa présence. En conséquence, les opposants doivent être appelés à cette opération (C. de pr., art. 931). Au surplus, l'opposition, n'étant qu'une sorte d'intervention, n'exige ni titre exécutoire, ni permission du juge.

822. — L'action en partage, et les contestations qui s'élèvent dans le cours des opérations, sont soumises au tribunal du lieu de l'ouverture de la succession.

C'est devant ce tribunal qu'il est procédé aux licitations, et que doivent être portées les demandes relatives à la garantie des lots entre copartageants, et celles en rescision du partage.

SOMMAIRE.

658. Origine et motifs de la compétence attribuée, pour l'action en partage, au tribunal du lieu où la succession est ouverte.
659. Extension de cette même compétence à d'autres actions. La disposition du Code civil a-t-elle été restreinte par le Code de procédure?
660. *Quid*, relativement au partage ou à la licitation de certains biens demeurés indivis?

658. La règle suivant laquelle les actions mixtes, ayant tout à la fois un caractère réel et un caractère personnel, doivent être portées, au choix du demandeur, ou devant le juge du domicile du défendeur, ou devant celui de la situation des biens (C. de pr., art. 59), s'appliquait dans l'ancienne jurisprudence à l'action en partage d'une succession [1]; mais l'inconvénient qu'il y avait à plaider devant divers tribunaux, sur les différentes questions relatives à une même succession, avait fait admettre en Flandre ce principe : que le juge du lieu où la succession est ouverte est seul compétent pour statuer sur les affaires de cette succession, et conséquemment sur les biens qui s'y trouvent compris [2]. Ce principe a prévalu d'une manière générale dans le droit intermédiaire. La loi du 26 ventôse an IV, relative à la compétence du juge de paix, en matière de conciliation, après avoir décidé que le défendeur à une action mixte pourrait être cité, soit devant le juge de son domicile, soit devant le juge de la situation des biens, ajoutait : « Néanmoins, en matière de succession, toute contestation « entre les cohéritiers et autres parties intéressées, *jusqu'au partage*, « seront portées devant le juge de paix du lieu où la succession est « ouverte [3]. »
Bien que cette loi ne parlât réellement que du préliminaire de con-

---

[1] Merlin, *Répert.*, v° LICITATION, § 2, n° 2.
[2] Merlin, *ibid.*, v° MAISON MORTUAIRE.
[3] Loi du 26 ventôse an IV, art. 3.

ciliation, le même principe a été considéré comme applicable à la compétence des tribunaux en matière contentieuse (¹), et le Code civil ainsi que le Code de procédure (art. 59) ont converti en loi cette interprétation, afin de concentrer devant un seul et même tribunal les actions que les héritiers auraient à exercer, en cette qualité, les uns contre les autres.

659. D'après le Code civil, cette règle de compétence ne s'applique pas seulement au partage et aux contestations incidentes qui s'élèvent dans le cours des opérations; elle s'étend aux licitations, qui suppléent souvent au partage proprement dit; et, même après le partage, elle s'applique encore aux contestations qui ont pour objet soit la garantie des lots, dans le cas où l'un des copartageants subirait une éviction (art. 884 et suiv.), soit la rescision du partage (art. 887). Le Code de procédure (art. 59), attribue au juge du lieu où la succession est ouverte, une compétence encore plus étendue, puisqu'il lui attribue la connaissance de toutes les demandes entre héritiers : toutefois, il ajoute *jusqu'au partage inclusivement*. Faut-il en conclure que cette disposition modifie celle du Code civil, en ce qui concerne les actions en garantie et en rescision, puisque ces actions ne sont jamais intentées qu'après le partage ? En réalité, il n'existe aucune opposition entre les deux codes. Les travaux préparatoires du Code de procédure n'indiquent nullement l'intention de déroger au Code civil. D'après la rédaction officieusement communiquée au Tribunat, le juge de la succession devait connaître « des demandes entre héritiers et autres par-« ties intéressées *jusqu'au partage inclusivement*. » Cette rédaction reproduisait évidemment celle de la loi de l'an IV, et les mots *jusqu'au partage inclusivement* s'expliquaient par cette considération, que le législateur s'occupait en même temps des héritiers et des *autres parties intéressées*. Or, ces dernières ne doivent pas être indéfiniment astreintes à plaider devant le juge du domicile du défunt. C'est ce que fit observer le Tribunat qui proposa, en conséquence, de statuer séparément à l'égard des héritiers et à l'égard des créanciers. C'est relativement à ces derniers seulement qu'il entendait prendre le partage pour limite de la compétence du tribunal (²). Néanmoins les mots *jusqu'au partage inclusivement* sont restés dans la disposition relative aux demandes entre héritiers. Tout porte à croire qu'ils y ont été maintenus par inadvertance; mais rien ne nous autorise à penser que les rédacteurs du Code de procédure aient voulu modifier les dispositions du Code civil.

660. On se demande toutefois si la compétence du tribunal de l'ou-

---

(¹) Voir les observations du Tribunat sur le projet de Code de procédure, art. 53.
(²) « Il est plus conforme à la justice, aux convenances, que, jusqu'au partage, le « créancier ne soit pas obligé d'agir contre chaque héritier. »

verture de la succession subsiste encore relativement au partage ou à la
licitation des biens qui sont restés indivis entre les cohéritiers, lorsque
ceux-ci ont partagé le surplus de la succession; en d'autres termes, si
le partage de ces biens doit être demandé au tribunal de l'ouverture,
ou s'il peut l'être, soit au tribunal du domicile du défendeur, soit
à celui de la situation de l'immeuble. Suivant Merlin « cette ques-
« tion revient à celle de savoir si c'est par l'action FAMILIÆ ERCISCUNDÆ,
« ou par l'action COMMUNI DIVIDUNDO, que cette demande doit être for-
« mée. Si c'est par l'action FAMILIÆ ERCISCUNDÆ, le juge de la succes-
« sion est seul compétent; si c'est par l'action COMMUNI DIVIDUNDO, il y
« a prévention entre le juge de la situation des biens et celui du do-
« micile du défendeur. Or, sur cette question, il existe deux lois ro-
« maines, qui semblent au premier coup d'œil se contredire (1). »

Après cet exposé, Merlin discute sérieusement, comme s'il s'agissait en réalité des antinomies du *Corpus juris* et de leur application
pratique. Il y a lieu de s'étonner que ce jurisconsulte ait transporté la
discussion sur le terrain de deux lois romaines, étrangères à la compétence. Nous regrettons surtout que la Cour de cassation, cédant à
l'autorité de Merlin, ait été jusqu'à dire qu'il n'y a plus lieu à l'exercice
de l'action FAMILIÆ ERCISCUNDÆ, mais seulement à celui de l'action COM-
MUNI DIVIDUNDO, et que, par suite, elle ait exclu toute application des
articles 822 du Code civil et 59 du Code de procédure (2).

Nous croyons qu'il faut distinguer si l'indivision, dans laquelle sont
restés quelques biens, est simplement la suite de l'indivision primitive,
ou si elle est l'effet d'arrangements particuliers entre les cohéritiers
qui, après avoir partagé une partie de la succession, sont restés en
communauté pour le surplus dans un but spécial : par exemple, pour
exploiter une usine. C'est peut-être par suite d'une distinction semblable, que, suivant Ulpien, l'action FAMILIÆ ERCISCUNDÆ, une fois
exercée, ne pouvait être admise de nouveau que *cognita causa* (3).
On conçoit en effet que, dans la première des deux hypothèses que nous
avons distinguées, il appartienne toujours au tribunal de l'ouverture
de la succession, de terminer un partage incomplet; tandis que, dans
l'hypothèse opposée, ce ne serait plus en qualité d'héritier que l'un des

---

(1) Merlin, *Répert.*, v° LICITATION, § 2, n° 2.
(2) Arrêt du 11 mai 1807, rendu sur une demande en règlement de juges.
(3) *Ulp. L.* 20, § 4, D. famil. ercisc. ; *Sever. et Anton. L.* 1, C. famil. ercisc. Les
empereurs Sévère et Antonin donnent positivement l'action FAMILIÆ ERCISCUNDÆ.
Leur décision est-elle contredite par Ulpien? l'action COMMUNI DIVIDUNDO est-elle la
seule qu'il permette d'intenter? Nullement. Ulpien dit seulement que l'action FAMI-
LIÆ ERCISCUNDÆ ne se donne pour la seconde fois qu'en connaissance de cause.
Il ajoute, il est vrai, qu'on peut agir par l'action COMMUNI DIVIDUNDO; mais il ne décide pas que cette action soit la seule qu'on doive exercer.

copropriétaires demanderait le partage (¹). Dès| lors l'action pourrait
se porter, au choix du demandeur, devant le juge du domicile du défendeur ou devant celui de la situation des biens.

823. — Si l'un des cohéritiers refuse de consentir au partage,
ou s'il s'élève des contestations, soit sur le mode d'y procéder, soit
sur la manière de le terminer, le tribunal prononce comme en matière sommaire, ou commet, s'il y a lieu, pour les opérations du
partage, un des juges, sur le rapport duquel il décide les contestations.

SOMMAIRE.

661. Dans quels cas les contestations entre héritiers doivent être jugées comme affaires sommaires.
662. La nomination d'un juge rapporteur n'est, en général, que facultative.

661. Il peut arriver que l'un des héritiers se refuse au partage pour
différents motifs, notamment parce qu'il ne reconnaît pas le demandeur
comme son cohéritier. Dans ce cas, la cause doit être instruite et jugée
d'après les règles ordinaires de la procédure. Dans toute autre hypothèse, c'est-à-dire toutes les fois que la qualité d'héritier n'est pas contestée au demandeur, le refus de consentir au partage ne peut, suivant
le Tribunat, « être fondé que sur des prétentions susceptibles d'être
« jugées *sommairement*. » C'est par suite de cette observation que le
conseil d'État a modifié la rédaction de cet article, en obligeant le tribunal à statuer *comme en matière sommaire*.

Les affaires ou matières sommaires sont, en général, celles qui ont le
moins d'importance pécuniaire, ou qui requièrent célérité : aussi sont-
elles instruites plus simplement et jugées avec plus de promptitude
que les affaires ordinaires (C. de pr., art. 404 et 405). Evidemment, la
procédure doit être sommaire dans les contestations qui s'élèvent à
l'occasion du partage, soit *sur le mode d'y procéder*, *soit sur la manière
de le terminer ;* car elles ne présentent que des questions de pure
procédure.

Mais quand l'un des cohéritiers refuse de consentir au partage, il
faut revenir à la distinction précédemment établie pour appliquer la
procédure ordinaire au cas où la qualité d'héritier est contestée au demandeur, et la procédure sommaire au cas où cette qualité n'est pas
actuellement déniée ou bien a été constatée par un jugement antérieur.

_____

(¹) Ainsi, dans l'espèce d'un arrêt de la cour de Paris, du 22 novembre 1838, il
avait été reconnu que le premier acte avait *substitué à la qualité d'héritiers celle
de communistes.*

Toutefois, faut-il aller jusqu'à dire avec le Tribunat : que toute contestation, autre que celle portant sur la qualité du demandeur, doit être jugée sommairement ? Doit-on juger de cette manière, soit la prétention d'un cohéritier, qui, pour se refuser au partage, invoque la prescription autorisée par l'article 816, soit les graves questions que fait naître la détermination de la part des enfants naturels ? D'un autre côté, des questions très-importantes ne peuvent-elles pas s'élever, même incidemment, pendant le cours des opérations du partage, par exemple, des questions de rapport ou de réduction ? Nous croyons qu'il faut distinguer si les contestations portent sur le fond ou sur la forme, et appliquer, dans ce dernier cas seulement, la procédure sommaire (¹).

662. Le tribunal, pour agir en parfaite connaissance de cause, peut ne statuer que sur le rapport d'un juge qu'il commet, *s'il y a lieu.* C'est une faculté dont il doit user suivant les circonstances, qui sont laissées à son appréciation, du moins lorsque la loi ne prescrit pas elle-même cette mesure (v. art. 838).

824. — L'estimation des immeubles est faite par experts choisis par les parties intéressées, ou, à leur refus, nommés d'office.

Le procès-verbal des experts doit présenter les bases de l'estimation : il doit indiquer si l'objet estimé peut être commodément partagé ; de quelle manière ; fixer enfin, en cas de division, chacune des parts qu'on peut en former, et leur valeur.

SOMMAIRE.

663. Modifications introduites par la loi du 2 juin 1841. Etendue de la mission confiée aux experts.

663. D'après le Code civil et d'après le Code de procédure de 1807 (art. 969), les immeubles, en cas de partage judiciaire, devaient être estimés par des experts au nombre de trois (C. de pr., art. 303) ; mais la loi du 2 juin 1841, qui a modifié plusieurs dispositions du Code de procédure, a rendu l'expertise purement facultative, lors même qu'il existe des mineurs ; en outre le tribunal, quand il ordonne l'expertise, est libre de la confier à trois experts ou à un seul (C. de pr. rectifié, art. 970 et 971).

La mission des experts ne consiste pas uniquement à estimer les immeubles. La loi leur demande une appréciation motivée ; et, lors même qu'ils ne sont pas chargés de former les lots (v. art. 834), ils doi-

---

(¹) La Cour de cassation s'est prononcée plusieurs fois en ce sens, et notamment par les arrêts de cassation du 22 février et du 14 juillet 1830.

vent toujours s'expliquer sur les questions préalables à leur formation, notamment sur le point de savoir si les objets estimés peuvent être partagés sans inconvénient. En cas d'affirmative, ils doivent préciser la manière dont le partage peut avoir lieu, et déterminer les différentes parts qu'il est possible de former, ainsi que la valeur de chacune d'elles.

825. — L'estimation des meubles, s'il n'y a pas eu de prisée faite dans un inventaire régulier, doit être faite par gens à ce connaissant, à juste prix et sans crue.

GENS A CE CONNAISSANT. Il ne faut pas conclure de ces expressions que les meubles doivent être estimés par des personnes que leur profession met à même d'en bien connaître la valeur, comme des tapissiers, fripiers ou autres marchands de meubles. Il est certain, au contraire, que le droit de procéder à cette estimation appartient exclusivement à certains officiers ministériels.

SOMMAIRE.

664. Par qui doit être faite l'estimation des meubles.
665. Origine et objet de la crue; sa suppression.

664. Les meubles sont aussi l'objet d'une estimation qui se trouve ordinairement dans l'inventaire (C. de pr., art. 945, 5°), et qui, à défaut d'inventaire, doit être faite par certains officiers ministériels ayant le droit exclusif de procéder, soit à l'estimation, soit à la vente publique aux enchères des biens meubles. Ce droit appartenait, avant la révolution de 1789, à des *jurés-priseurs-vendeurs de meubles*, dont la création, sous le titre d'*huissiers-priseurs,* remonte à un édit de Henri II, rendu en février 1556. Tous les offices ayant été supprimés en 1790, les mêmes fonctions furent attribuées aux notaires, aux greffiers et aux huissiers ([1]); mais cette attribution cesse d'être applicable à Paris et dans plusieurs autres villes où il existe des *commissaires-priseurs-vendeurs de meubles,* qui sont exclusivement chargés de procéder aux prisées et ventes publiques d'effets mobiliers ([2]).

665. Par suite d'un usage établi sous l'ancienne jurisprudence, l'estimation des meubles était réputée inférieure à leur valeur réelle. Il en résultait que les tuteurs, les héritiers bénéficiaires et autres personnes obligées de restituer la valeur des meubles qu'ils ne représentaient pas

---

([1]) Lois du 26 juillet 1790 et du 17 septembre 1793; arrêtés du Directoire exécutif du 12 fructidor an IV et du 27 nivôse an V (V. Merlin, *Répert.*, v° HUISSIERS-PRISEURS). Ces lois et ces arrêtés parlent des greffiers en général; mais l'usage en a restreint l'application aux greffiers des justices de paix; et ce sont eux, en effet, que mentionne spécialement la loi du 15 juin 1841, article 6.
([2]) Loi du 27 ventôse an IV; loi du 28 avril 1816, article 89.

en nature, devaient payer, en sus de l'estimation, une *crue*, c'est-à-dire un complément qui s'élevait, à Paris, au quart de l'estimation même. Cet usage venait, dit-on, de ce que, d'après l'édit de 1566, les huissiers ou jurés priseurs étaient responsables du montant de leurs appréciations, et par suite n'osaient priser les meubles à leur juste valeur (¹). Cette responsabilité n'existant plus à l'époque de la rédaction du Code civil, le législateur est revenu à un système plus simple, en ordonnant que les meubles seraient estimés *à juste prix* et *sans crue* : cette dernière expression veut dire que les personnes chargées de les représenter, notamment l'héritier bénéficiaire (²), ne sont plus exposées à rien payer en sus de l'estimation.

826.—Chacun des cohéritiers peut demander sa part, en nature, des meubles et immeubles de la succession : néanmoins, s'il y a des créanciers saisissants ou opposants, ou si la majorité des cohéritiers juge la vente nécessaire pour l'acquit des dettes et charges de la succession, les meubles sont vendus publiquement, en la forme ordinaire.

827.— Si les immeubles ne peuvent pas se partager commodément, il doit être procédé à la vente par licitation devant le tribunal.

Cependant les parties, si elles sont toutes majeures, peuvent consentir que la licitation soit faite devant un notaire, sur le choix duquel elles s'accordent.

SOMMAIRE.

666. Circonstances qui obligent de vendre les biens. Devant qui peut avoir lieu la licitation des immeubles.

666. Ces deux articles déterminent dans quels cas on doit vendre les meubles ou même les immeubles, et par cela même déroger à la règle qui autorise chaque héritier à demander sa part en nature, dans ces deux espèces de biens.

Les meubles doivent être vendus publiquement *en la forme ordinaire*, c'est-à-dire dans les formes prescrites en cas de saisie-exécution (C. de pr., art. 945), si les parties ne sont pas toutes majeures et d'accord entre elles. Dans le cas contraire, les héritiers sont dispensés de toutes formalités (C. de pr., art. 952).

(¹) Merlin, *Répert.*, vᵒ CRUE.
(²) Discussion au C. d'Etat, séance du 16 nivôse an XI.

Les immeubles ne doivent être vendus par les cohéritiers qu'autant qu'ils ne peuvent se partager *commodément* ou plutôt sans de notables inconvénients (¹) (art. 1686). Il faut remarquer, à cet égard, que le partage ne suppose pas nécessairement la division de chaque objet en plusieurs parts. Ainsi, bien que la succession comprenne des choses qui ne sont pas susceptibles de division, des maisons, par exemple, le partage n'en sera pas moins facile à effectuer commodément, au moyen de leur répartition en plusieurs lots (²) (V. C. de pr., art. 974).

Les immeubles sont vendus par licitation (V. t. I, n° 663), non pas précisément *devant le tribunal*, mais devant un juge ou devant un notaire commis par le tribunal (C. de pr., art. 970). Toutefois, dans un partage amiable, la loi autorise les parties à faire elles-mêmes le choix du notaire. L'intervention de cet officier ministériel s'explique par la nature même de la licitation, qui est une vente aux enchères (art. 1686); car les enchères doivent toujours être reçues par un officier public.

828. — Après que les meubles et immeubles ont été estimés e vendus, s'il y a lieu, le juge-commissaire renvoie les parties devant un notaire dont elles conviennent, ou nommé d'office, si les parties ne s'accordent pas sur le choix.

On procède, devant cet officier, aux comptes que les copartageants peuvent se devoir, à la formation de la masse générale, à la composition des lots, et aux fournissements à faire à chacun des copartageants.

SOMMAIRE.

667. Le renvoi des copartageants devant un notaire choisi par les parties ou désigné d'office par le tribunal (C. de pr., art. 976), suppose que les héritiers ont des comptes à liquider, des rapports ou des prélèvements à effectuer (art. 830), ou des *fournissements* à faire. Cette dernière expression s'entend généralement des sommes qui doivent être payées à un héritier pour remplir la différence résultant, en sa faveur, de la balance des comptes.

Dans ces diverses hypothèses, le renvoi devant un notaire est indis-

---

(¹) La licitation est nécessaire par cela seul que les immeubles ne peuvent pas se subdiviser en autant de portions qu'il y a de copartageants (V. l'explication de l'article 831). C'est ce qui a été jugé par un arrêt de cassation du 10 mai 1826.

(²) Voir en ce sens un arrêt de la cour de Nîmes, du 13 février 1833.

pensable (¹), et alors c'est devant cet officier qu'il doit être procédé *à la formation des lots*, parce que cette opération est subordonnée à des prélèvements qui, eux mêmes, sont une conséquence de la liquidation des comptes à établir entre les héritiers (V. C. de pr., art. 976). En décidant que la formation des lots aura lieu devant le notaire, le texte semble en contradiction avec l'article 466, d'après lequel les experts chargés d'estimer les immeubles, doivent aussi procéder *à la division des héritages et à la formation des lots*; mais la contradiction n'est qu'apparente. Si les experts estimateurs doivent composer les lots, comme le prescrit l'article 466, c'est lorsque les copartageants n'ont aucun compte à régler ; en d'autres termes, lorsqu'il s'agit de partager des immeubles sur lesquels les intéressés ont des droits antérieurement liquidés (C. de pr., art. 975). Dans les autres cas, c'est devant le notaire qu'il doit être procédé à la formation des lots (C. de pr., art. 976).

829. — Chaque cohéritier fait rapport à la masse, suivant les règles qui seront ci-après établies, des dons qui lui ont été faits, et des sommes dont il est débiteur.

830. — Si le rapport n'est pas fait en nature, les cohéritiers à qui il est dû, prélèvent une portion égale sur la masse de la succession.

Les prélèvements se font, autant que possible, en objets de même nature, qualité et bonté que les objets non rapportés en nature.

SOMMAIRE.

668. Renvoi à la section des rapports.

668. Ces deux articles se réfèrent directement à la matière des rapports. Leur explication rentre donc naturellement dans celle des dispositions de la section II. Nous parlerons spécialement, sur l'article 851, du rapport à faire, par chaque héritier, *des sommes dont il est débiteur*.

831. — Après ces prélèvements, il est procédé, sur ce qui reste dans la masse, à la composition d'autant de lots égaux qu'il y a d'héritiers copartageants, ou de souches copartageantes.

· (¹) Un arrêt de rejet, du 26 avril 1808, avait déclaré ce renvoi purement facultatif ; mais l'opinion contraire a été consacrée depuis, par de nombreux arrêts (Paris, 17 *août* 1810 ; Toulouse, 18 *janvier* 1832 ; Bordeaux, 3 *juillet* 1834 ; Rejet, 19 *juillet* 1838).

669. Le nombre des lots est déterminé par le nombre des souches copartageantes, lorsque les héritiers ou quelques uns d'entr'eux succèdent par représentation (art. 743). Ainsi, par exemple, si un enfant survivant succède avec les descendants d'un fils prédécédé, on ne doit former que deux lots, sauf à subdiviser par un nouveau partage le lot échu à ceux qui viennent par représentation (art. 743 et 836).

Lorsqu'au contraire tous les héritiers succèdent par tête, le nombre des lots est en général égal à celui des copartageants. Quelquefois cependant il doit être supérieur. Par exemple, si le survivant des père et mère concourt avec un frère, qui doit avoir les trois quarts de la succession, on ne peut se borner à deux lots, dont l'un aurait une valeur triple de l'autre ; ce serait rendre le tirage au sort impossible. Il faut alors former quatre lots d'égale valeur, dont un pour le père et les trois autres pour le frère.

Quatre lots sont également nécessaires, quand les père et mère concourent l'un et l'autre avec un frère ou une sœur qui doit avoir moitié des biens ; mais si l'on suppose plusieurs frères, sœurs ou descendants d'eux, il convient, pour procéder régulièrement, de former d'abord deux lots seulement, sauf à les subdiviser ensuite : l'un entre les père et mère, l'autre entre les frères, sœurs ou descendants d'eux. C'est aussi une division principale en deux lots qu'il convient de faire, lorsque la succession est déférée pour moitié aux parents paternels et pour moitié aux parents maternels par application du système de la fente (art. 733).

Du reste, il est bien entendu que, dans un partage amiable, les héritiers, lorsqu'ils s'accordent sur la valeur des biens et sur leur distribution, peuvent se dispenser du tirage au sort, et même de la formation des lots (¹) (art. 819).

832. — Dans la formation et composition des lots, on doit éviter, autant que possible, de morceler les héritages, et de diviser les exploitations ; et il convient de faire entrer dans chaque lot, s'il se peut, la même quantité de meubles, d'immeubles, de droits ou de créances de même nature et valeur.

(¹) C'est ce qu'a décidé un arrêt de rejet du 9 mai 1827. Mais lorsque toutes les parties ne sont pas d'accord, il n'est pas permis aux juges de faire directement aux intéressés l'attribution de lots proportionnels à leurs droits (Cassation, 27 *février* 1838 et 19 *mars* 1844).

La même quantité.. .. de droits ou de créances. Les créances sont des droits; ce sont même les seuls que le législateur ait ici en vue; car les droits réels, autres que la propriété, sont rarement compris dans un partage. Ainsi, les servitudes n'ont pas une existence distincte du fonds dominant, et les droits d'usufruit, d'usage ou d'habitation, que pouvait avoir le défunt, sont en général éteints par sa mort. Cependant ce qui est dit ici des *droits*, peut recevoir son application aux droits d'usage dans les forêts (art. 656), à l'emphytéose (70) et même à l'usufruit, dans le cas où il ne s'éteint point par la mort de l'usufruitier (225).

SOMMAIRE.

670. Égalité de répartition des biens de toute nature entre les différents lots. *Quid* relativement aux créances ?

671. Il convient toutefois d'éviter le morcellement des héritages, et la division des exploitations.

670. Le Code reproduit avec d'importantes modifications la règle qui autorise chaque héritier à demander sa part en nature dans chaque espèce de biens (art. 826). Cette règle ne s'applique pas seulement aux meubles et aux immeubles considérés en masse ; elle s'entend en ce sens que chaque lot doit contenir une égale quantité de biens de chaque espèce, meubles ou immeubles, soit corporels, soit même incorporels, et par conséquent une égale quantité *de droits et de créances de même nature*. Ainsi, bien que des rentes soient certainement des créances, on ne les assimile pas, dans la composition des lots, aux créances exigibles (50); on n'assimile pas davantage les rentes sur l'État aux rentes sur particuliers.

Les créances, comme nous l'avons dit (640) se divisent de plein droit. Il est donc inutile de les distribuer entre les différents lots, si l'on se propose seulement d'en faire une égale répartition ; mais la division des créances, telle qu'elle est établie par la loi (art. 1220), n'est pas toujours sans inconvénient. Elle fractionne chaque créance, tandis qu'il serait généralement plus avantageux d'avoir une créance entière dans chaque lot. Aussi les copartageants sont-ils autorisés par le texte à remédier dans les opérations du partage au vice de la loi. Dans ce cas, il se fait un véritable transport, qui doit être signifié aux débiteurs ou accepté par eux dans un acte authentique (art. 1690). Autrement, il ne produirait d'effet qu'entre les copartageants ; et les payements faits par le débiteur conformément à la division des créances seraient inattaquables.

671. Le législateur manifeste le désir que les biens de toute nature soient, autant que possible, également répartis entre les héritiers. Toutefois, il ne donne pas à cette recommandation le caractère d'une règle absolue. Bien loin de là, il veut surtout éviter le *morcellement des héritages*. Ainsi, lorsqu'il existe deux maisons ou deux fermes, à partager entre deux héritiers, chacun doit avoir dans son lot une maison ou une ferme ; et, si la valeur des deux immeubles est inégale, il

ne faut pas nécessairement, pour attribuer à chacun des copartageants une égale valeur immobilière, opérer un retranchement sur l'héritage le plus considérable. On doit éviter cette division, lorsqu'elle aurait pour résultat de morceler un immeuble, c'est-à-dire, de le fractionner en petites portions qui pourraient se trouver dépréciées.

Ce n'est pas seulement le morcellement des héritages que la loi cherche à éviter ; c'est aussi la *division des exploitations*. Dès lors, si, au lieu de diviser les immeubles, on en comprend plusieurs dans un seul lot, il faut réunir de préférence ceux qui se prêtent le mieux à une exploitation commune ; par exemple, les terres qui sont le plus à proximité l'une de l'autre.

833.—L'inégalité des lots en nature se compense par un retour, soit en rente, soit en argent.

SOMMAIRE.

672. Soultes nécessaires pour compenser l'inégalité des lots.

672. En observant, comme le recommande la loi, d'éviter le morcellement des héritages, on arrive assez rarement à mettre dans chaque lot une égale quantité d'immeubles. La loi prévoit elle-même que la répartition en nature des biens de la succession dans les différents lots, ne sera pas toujours combinée de manière à rendre ces lots parfaitement égaux en valeur ; et elle y pourvoit en décidant que l'inégalité sera compensée par un retour en argent appelé soulte, mis à la charge de celui à qui écherra le lot le plus fort. Le payement de cette soulte est garanti par un privilége sur les immeubles de la succession (art. 2103, 3°; art. 2109).

834. — Les lots sont faits par l'un des cohéritiers, s'ils peuvent convenir entre eux sur le choix, et si celui qu'ils avaient choisi accepte la commission : dans le cas contraire, les lots sont faits par un expert que le juge-commissaire désigne.

Ils sont ensuite tirés au sort.

SOMMAIRE.

673. Corrélation de cet article avec l'article 828.

673. Cet article suppose que les parties ont été renvoyées devant un notaire pour la liquidation de leurs droits respectifs. C'est seulement lorsque les droits des copartageants sont liquidés avant l'estimation des immeubles, qu'il y a lieu de confier aux experts estimateurs la mission

de former les lots (667) ; c'est donc dans l'hypothèse où les coparta-geants ont procédé devant un notaire, que le cohéritier choisi ou un expert désigné par le juge, établit la composition des lots dans un rap-port que le notaire doit recevoir et rédiger ([1]) (C. de pr., art. 979).

Enfin, le procès-verbal du partage est homologué par un jugement qui ordonne le tirage des lots, soit devant le juge-commissaire, soit devant le notaire (C. de pr., art. 981 et 982).

835. — Avant de procéder au tirage des lots, chaque coparta-geant est admis à proposer ses réclamations contre leur formation.

836. — Les règles établies pour la division des masses à partager, sont également observées dans la subdivision à faire entre les souches copartageantes.

837. — Si, dans les opérations renvoyées devant un notaire, il s'élève des contestations, le notaire dressera procès-verbal des diffi-cultés et des dires respectifs des parties, les renverra devant le com-missaire nommé pour le partage ; et, au surplus, il sera procédé suivant les formes prescrites par les lois sur la procédure.

SOMMAIRE.

674. Devoirs du notaire en cas de contestation.

674. Le notaire devant qui les parties ont été renvoyées, n'étant point juge des contestations qui peuvent s'élever entre elles, doit se borner, dans le procès-verbal qu'il dépose au greffe, à constater la nature des difficultés qui se sont présentées, et les prétentions opposées des divers intéressés. Le juge commissaire lui-même n'est que rapporteur. C'est par le tribunal que les parties, si elles ne s'ac-cordent pas, seront jugées au jour indiqué par le juge commissaire (C. de pr., art. 977).

838. — Si tous les cohéritiers ne sont pas présents, ou s'il y a parmi eux des interdits ou des mineurs, même émancipés, le par-tage doit être fait en justice, conformément aux règles prescrites par les articles 819 et suivants, jusques et compris l'article précé-dent. S'il y a plusieurs mineurs qui aient des intérêts opposés dans

---

([1]) Ce rapport doit être l'œuvre du notaire, sauf aux parties à présenter leurs ob-servations sur le procès-verbal (Amiens, 21 décembre 1830).

le partage, il doit leur être donné à chacun un tuteur spécial et particulier.

839. — S'il y a lieu à licitation, dans le cas du précédent article, elle ne peut être faite qu'en justice avec les formalités prescrites pour l'aliénation des biens des mineurs. Les étrangers y sont toujours admis.

675. Comme nous l'avons dit (656), ce n'est pas la présence de tous les cohéritiers qui importe, mais leur consentement. Du reste, lors même que le désaccord des héritiers oblige de recourir à un partage judiciaire, rien ne les empêche de s'entendre sur telle ou telle partie des opérations; par exemple, sur la formation des lots (art. 834), sur le choix et même sur le nombre des experts (art. 834; C. de pr., art. 303). Si l'un des héritiers est mineur ou interdit, le tuteur qui le représente, n'a pas la même latitude, et alors il faut se conformer exactement aux formes prescrites; mais les voies judiciaires peuvent être abandonnées en tout état de cause, lorsque les circonstances qui forçaient d'y recourir n'existent plus, notamment quand l'un des copartageants est devenu majeur ou qu'il a obtenu main-levée de son interdiction (C. de pr., art. 985).

840. — Les partages faits conformément aux règles ci-dessus prescrites, soit par les tuteurs, avec l'autorisation d'un conseil de famille, soit par les mineurs émancipés, assistés de leurs curateurs, soit au nom des absents ou non présents, sont définitifs : ils ne sont que provisionnels, si les règles prescrites n'ont pas été observées.

676. Si les héritiers maîtres de disposer de leurs droits pouvaient

toujours, avant le Code civil, provoquer un partage définitif, même
contre leurs cohéritiers mineurs ou interdits, les tuteurs ou curateurs
de ces derniers n'avaient la même faculté qu'à l'égard des meubles ;
quant aux immeubles, ils ne pouvaient demander qu'un partage provisionnel ([1]). Le Code ne fait plus aucune distinction entre les différents
biens qu'il s'agit de partager. Le tuteur d'un héritier mineur ou interdit a qualité dans tous les cas pour demander un partage définitif,
comme pour défendre à la demande formée par un cohéritier, sauf,
dans la première hypothèse seulement, la nécessité d'obtenir l'autorisation du conseil de famille (art. 465).

Le mineur émancipé agit par lui-même, avec l'assistance de son curateur, et en observant les formes du partage judiciaire (art. 838) ; mais
on se demande si, lorsqu'il provoque le partage, il doit être autorisé
par le conseil de famille. Pour résoudre cette question par la négative, il suffit de remarquer que l'autorisation de la famille n'est exigée
par aucun texte. La loi prescrit seulement l'assistance du [curateur
pour l'exercice des actions les plus importantes, c'est-à-dire des actions immobilières (art. 483). A la vérité, les actes de pure administration sont les seuls que le mineur émancipé puisse faire sans observer les règles prescrites aux autres mineurs (art. 484) ; mais cette
décision, relative aux actes, ne s'étend point aux actions. Aussi l'article 840 place-t-il sur la même ligne le partage fait par un tuteur
avec l'autorisation du conseil de famille, et le partage fait par les mineurs émancipés *assistés de leurs curateurs* ([2]). Il y a toutefois cette
différence, que l'autorisation de la famille n'est pas nécessaire au tuteur qui procède comme défendeur (art. 465), tandis que l'assistance
du curateur est indispensable au mineur émancipé, même quand le
partage est provoqué par ses cohéritiers.

677. En ce qui concerne les personnes dont l'existence est devenue
incertaine, nous remarquerons d'abord que l'exercice de l'action en
partage par les envoyés en possession au nom d'un cohéritier absent
(art. 817) suppose une succession ouverte avant la disparition de ce
cohéritier ; si son existence était déjà incertaine à l'ouverture de la
succession, la succession serait exclusivement dévolue à ses cohéritiers ou à ceux qui l'auraient recueillie à son défaut (art. 136). Dès
lors, personne ne pourrait se présenter en son nom (art. 135), ni par
conséquent demander le partage des biens.

Pour être valable, le partage fait *au nom* des cohéritiers *absents,*
doit, suivant le texte du Code, avoir lieu *conformément aux règles ci-
dessus prescrites* : à cet égard, il importe de distinguer les différentes

---

([1]) Pothier, Successions, chap. 4, art. 1, § 2.
([2]) Ainsi jugé par la cour de Bordeaux, le 25 janvier 1826.

périodes qui suivent la déclaration d'absence. L'exercice de l'action en partage, par ceux qui ont obtenu l'envoi en possession définitif ne pouvait souffrir aucune difficulté : comme ils représentent complétement l'absent, qui, dans aucune circonstance, ne peut revendiquer les biens par eux aliénés (art. 132), rien ne les oblige à recourir aux formes judiciaires pour faire cesser l'indivision. Les envoyés en possession provisoire, au contraire, n'ont qu'une simple administration (art. 128) : non-seulement une disposition spéciale était nécessaire pour les autoriser à demander le partage, mais, en les y autorisant (art. 817), le Code a dû les soumettre, comme les tuteurs, à toutes les formes du partage judiciaire. C'est à eux seuls que s'applique la nécessité de se conformer *aux règles ci-dessus prescrites*.

L'époux, commun en biens, lorsqu'il a opté pour la continuation de la communauté, a tous les droits que donnerait aux héritiers présomptifs l'envoi en possession provisoire (art. 124). Il doit donc pouvoir comme eux demander un partage judiciaire.

Tant que l'absence n'a pas été déclarée, le présumé absent est représenté, dans les inventaires, comptes et *partages*, par un notaire que le tribunal commet (art. 113) en vertu du principe qui le charge de pourvoir à l'administration des biens, mais seulement *lorsqu'il y a nécessité* (art. 112). La nécessité est évidente dans le cas où le partage est demandé par les cohéritiers du présumé absent; si le partage n'était réclamé qu'au nom de l'absent, elle serait beaucoup moins impérieuse, ce serait au tribunal à prononcer en connaissance de cause. Dans tous les cas, le notaire, par lui commis, doit se conformer aux règles du partage judiciaire.

Le Code s'occupe aussi du partage fait *au nom* des cohéritiers *non présents*, qu'il semble assimiler aux absents. Il est vrai que la présence et la majorité de tous les cohéritiers ont été exigées précédemment (art. 819) comme deux conditions également indispensables pour la validité du partage amiable; et, si l'on s'en rapportait au texte de l'article 838, la non-présence de l'un des héritiers suffirait pour nécessiter un partage judiciaire; mais il est indubitable que l'héritier non présent est valablement représenté par un mandataire. Ce n'est donc pas son éloignement qui empêche le partage amiable, c'est son défaut de consentement s'il n'a pas laissé ou envoyé sa procuration. En pareil cas, on ne peut procéder contre lui que judiciairement, mais c'est en son propre nom qu'il doit être mis en cause; tandis que le texte, en parlant des partages faits *au nom des héritiers non présents*, suppose que ces derniers ont, comme les absents, un représentant qui procède en leur nom. Il y a tout lieu de croire qu'en s'exprimant ainsi, les rédacteurs du Code avaient en vue les *présumés absents*.

678. Quant aux héritiers qui, à raison de leur éloignement ou de

toute autre circonstance, ne sont ni présents ni représentés par un mandataire, on procède contre eux directement; et le tribunal, soit qu'il ordonne, soit qu'il homologue le partage, statue contradic- toirement ou par défaut, sauf l'opposition ou l'appel, conformément aux règles ordinaires de la procédure. Cependant il a été jugé, ([1]) mal à propos, selon nous, qu'en pareil cas, le jugement rendu par défaut n'est point susceptible d'opposition. On s'est fondé sur l'article 981 du Code de procédure, portant que « le tribunal homologuera le par- « tage s'il y a lieu, *les parties présentes, ou appelées si toutes n'ont pas* « *comparu à la clôture du procès-verbal.* » Pour bien comprendre cet article, il faut le rapprocher d'une autre disposition du même Code, relative au cas où, dans le cours des opérations du partage, il s'élève des difficultés devant le notaire. Dans cette hypothèse, les parties ne sont point appelées devant le tribunal par un ajournement; le juge- commissaire se borne à leur indiquer le jour où elles devront comparaî- tre à l'audience (C. de pr., art. 977). Mais, lorsqu'il s'agit de l'homo- logation du partage, une pareille indication ne pourrait suffire qu'à l'égard des héritiers qui ont comparu devant le notaire et ont signé son procès-verbal; les autres courraient risque de n'être pas avertis : aussi l'article 981 a-t-il obvié à cette difficulté en décidant que l'homo- logation sera prononcée *parties présentes, ou appelées si toutes n'ont pas comparu à la clôture du procès-verbal.* Si l'on doit appeler les parties qui n'ont pas comparu, c'est parce qu'elles doivent être mises en cause. Ainsi, l'article 981 ne déroge pas en réalité aux règles générales sur l'opposition. Pour lever tous les doutes à cet égard, il suffit de faire observer que les articles 977 et 981 faisaient partie d'une série de dis- positions proposées par le Tribunat, et insérées dans le Code de pro- cédure, à l'exception d'une disposition spéciale, restrictive des délais d'opposition et d'appel. On voit que le Tribunat ne songeait nullement à rendre le jugement d'homologation inattaquable. Or, si son système n'a point prévalu en ce qui concerne l'abréviation des délais ordinai- res, c'est évidemment que le législateur a entendu maintenir le droit commun.

679. L'observation des formes prescrites n'est indispensable pour la validité du partage judiciaire, qu'autant qu'il s'agit d'un partage défi- nitif. Lorsqu'il s'agit, au contraire, d'un partage provisionnel, c'est-à- dire applicable uniquement à une jouissance temporaire de biens dont la propriété reste indivise, le mineur émancipé, les tuteurs et autres administrateurs de la chose d'autrui ont qualité pour y procéder, même à l'amiable, sans aucune assistance ni autorisation. Bien plus, lors même que les parties ont eu l'intention de faire un partage définitif, et

---

([1]) Voir les arrêts de la cour de Paris, du 13 juin 1837 et du 22 décembre 1838.

par conséquent ont pris la voie judiciaire, la loi ne voit pas dans l'i-
nobservation des formes une raison suffisante de d'annuler le partage
pour le tout. Elle a pensé que, dans l'intérêt de ceux-là mêmes qui au
raient pu demander la nullité ([1]), il vaut mieux maintenir le partage
comme provisionnel.

841. — Toute personne, même parente du défunt, qui n'est pas
son successible, et à laquelle un cohéritier aurait cédé son droit à la
succession, peut être écartée du partage, soit par tous les cohéritiers,
soit par un seul, en lui remboursant le prix de la cession.

SOMMAIRE.

680. Origine du retrait successoral.
681. Contre quels cessionnaires ce droit peut être exercé.
682. A qui en appartient l'exercice.
683. Le bénéfice du retrait exercé par un héritier peut-il être réclamé par les
autres?
684. Limitation du retrait aux cessions à titre onéreux. Obligations qu'il impose.
Quid si l'on a voulu éluder le retrait?

680. Suivant deux constitutions d'Anastase et de Justinien, désignées
ordinairement par les premiers mots de leur texte, *per diversas* ([2]) et
ab Anastasio ([3]), le cessionnaire d'un droit litigieux ne peut agir que
jusqu'à concurrence du prix de la cession, qui doit lui être remboursé
en capital et intérêts. Ces deux constitutions, qui limitent de droit les
prétentions du cessionnaire, ont été interprétées, dans notre ancienne
jurisprudence, comme établissant au profit du défendeur une simple
faculté de racheter le droit cédé, en se faisant subroger au cessionnaire
moyennant le remboursement du prix de la cession (V. art. 1699). Ce
rachat, qu'on appelle *retrait litigieux*, a été appliqué à la cession de
droits successifs, lors même qu'ils n'ont rien de litigieux. Voici, suivant Lebrun, les motifs qui ont fait admettre cette extension sous le
nom de *retrait successoral* ([4]). « Si un des héritiers cède ses droits en

---

([1]) Lorsque toutes les parties ont entendu faire un partage provisionnel, les majeurs
eux-mêmes peuvent provoquer un partage définitif. Si, au contraire, il a été dans
l'intention des contractants de procéder à un partage définitif, les mineurs seuls, aux
termes de l'article 1125, peuvent provoquer de nouveau un semblable partage. Telle
est la distinction raisonnable que consacre un arrêt de rejet du 24 juin 1839.

([2]) *Anast. L. 22, C. mandat.*

([3]) *Justin. L. 23, C. eod.*

([4]) Quelques coutumes permettaient à tous les copropriétaires d'immeubles de
racheter la part indivise que l'un d'eux aurait vendue à un étranger. Ce retrait, qui
a existé en droit romain jusqu'au règne de Théodose-le-Grand (V. *L. 14, C. de
Contrah. empt.*), pourrait être considéré comme l'origine du retrait successoral, dont
il se rapproche beaucoup plus que la faculté établie par les constitutions d'Anastase

« la succession à quelque étranger, les autres héritiers sont reçus
« à rembourser cet étranger pour l'empêcher de se venir mêler
« parmi eux et de pénétrer le secret de la famille. Nous avons étendu
« jusque-là les lois *per diversas* et *ab Anastasio*, quoiqu'elles ne
« parlent point de ce cas ; ce que nous avons fait par cette rai-
« son qu'il y a ordinairement de la vexation ou un étrange intéres-
« sement de la part d'un étranger curieux d'apprendre les affaires
« d'autrui [1]. »

681. Voyons d'abord contre quels cessionnaires ce droit peut être
exercé.

La loi permet d'écarter du partage toute personne qui ne pourrait
concourir à cette opération que comme cessionnaire de l'un des héri-
ritiers ; peu importe même qu'elle soit ou non parente du défunt,
pourvu qu'elle ne soit pas *son successible*. Le but de cette restriction
est facile à comprendre : l'extension des droits de l'un des cohéritiers
n'offre aucun des inconvénients que présenterait l'intervention d'un
étranger ; l'acte doit donc alors produire son effet, conformément
au droit commun, qui valide la cession d'un droit même litigieux,
lorsqu'elle est faite à un cohéritier (art. 1701).

Ce que nous décidons à l'égard du cohéritier cessionnaire, s'applique à tous les successeurs qui sont admissibles au partage, lors même
qu'ils ne sont pas héritiers proprement dits. Tels seraient les enfants
naturels ; tels sont aussi les légataires à titre universel, et même les
légataires universels, dans le cas où ils ne recueillent qu'une quote-
part de la succession (V. art. 1003). Mais il en est autrement d'un légataire particulier, qui ne succède pas *in universum jus* [2]. A plus forte
forte raison peut-on exclure l'héritier renonçant, qui est réputé n'avoir
jamais été héritier (art. 785).

682. Puisque le retrait successoral a pour but d'écarter les étrangers

---

et de Justinien ; mais il a été pour ainsi dire oublié. Les auteurs français s'en sont
à peine occupés : Pothier se contente de le mentionner au commencement de son
traité *des Retraits* ; et Merlin, dans son Répertoire, ne lui consacre qu'un article
fort court (v° *Retrait de communion ou d'indivision*). Il est peu probable qu'on
y ait songé lorsqu'on a autorisé, dans l'ancienne jurisprudence, le rachat des droits
successifs.

Au surplus, il existait autrefois un grand nombre de retraits. Merlin n'en compte
pas moins de vingt-cinq. Le plus grand nombre a été supprimé en 1790, par
les lois du 28 mars, tit. 1, art. 10, du 21 mai et des 18 et 23 juillet. Voyez en outre
les lois du 13 mai 1792, des 2 et 30 septembre 1793.

[1] Lebrun, Successions, liv. 4, chap. 2, n° 66.

[2] La question est vivement controversée en ce qui concerne le légataire à titre
universel de l'usufruit. Un arrêt de rejet, du 21 avril 1830, a déclaré non susceptible
de retrait la cession faite à ce légataire ; un autre arrêt de rejet, du 17 juillet 1843,
a assimilé, avec raison suivant nous, ce même légataire à un légataire particulier.

qui voudraient s'immiscer dans les affaires de la succession, il est évident qu'il peut être exercé par tout héritier ayant qualité pour demander le partage. Le Code décide formellement que le rachat peut être fait, *soit par tous les cohéritiers, soit par un seul.* Ainsi, lors même que la succession se fend par moitié entre les parents paternels et maternels du défunt (art. 733), la cession faite par un héritier appartenant à l'une des deux lignes donne ouverture au droit de tous les parents qui succèdent, même dans l'autre ligne. On ne saurait admettre en pareil cas qu'il y ait deux successions distinctes, puisque les parents paternels et maternels doivent tous concourir à un premier partage où la succession est divisée en deux parts : chacun d'eux a donc intérêt à en écarter les étrangers.

De ce que le retrait successoral peut être exercé par tout héritier, il ne faut pas conclure que la même faculté appartienne à tous les copartageants ; par exemple, à tous ceux qui recueillent comme légataires une quote-part de la succession. Les légataires ne se rattachent pas nécessairement à la famille du défunt, et dès lors ils n'ont point à se préoccuper de l'intervention d'un étranger dans les opérations du partage. Remarquons d'ailleurs que l'article 841 consacre une disposition exceptionnelle qu'on ne saurait, en l'absence d'un texte formel, étendre aux successions testamentaires [1].

685. Dans le cas où le retrait successoral est exercé par l'une des parties intéressées, on se demande si les autres ne peuvent pas la contraindre à mettre son acquisition en commun. Lebrun admettait bien que les cohéritiers doivent tous profiter des arrangements faits par l'un d'eux relativement aux affaires de l'hérédité : par exemple, relativement à une dette pour laquelle il transige avec un des créanciers [2]; mais ce jurisconsulte n'appliquait pas la même règle à la cession de droits successifs [3], et nous ne voyons pas comment on pourrait l'invoquer contre l'héritier qui se fait subroger dans les droits d'un cessionnaire étranger, en usant d'une faculté que la loi lui accorde expressément. Il suffit toujours, pour que le but du législateur soit rempli, qu'un étranger n'arrive pas au partage ; car, il faut bien

---

[1] L'opinion contraire prévaut dans la pratique (Rejet, 5 *décembre* 1833; Bordeaux, 19 *juillet* 1826; Bastia, 23 *mars* 1835; Caen, 19 *mars* 1842).

[2] Lebrun, Successions, liv. 4, chap. 1, sect. 3, n° 66. Cet auteur fonde sa décision sur une loi romaine dont l'application paraît contestable (*V. Gaïus, L. 19, D. famil. ercisc.*). Il faudrait, selon nous, distinguer si l'héritier a traité en son nom et pour sa part, ou comme gérant d'affaires pour le compte de la succession : c'est dans ce dernier cas seulement que les arrangements pris par l'un des héritiers doivent profiter aux autres. Du reste, on présume facilement que l'héritier a voulu agir comme *negotiorum gestor.*

[3] Lebrun, *ibid.*, n° 68.

le remarquer, ce n'est pas d'un intérêt pécuniaire que la loi se préoccupe, c'est uniquement d'un intérêt de famille. D'un autre côté, on ne
pourrait sans injustice forcer celui qui exerce le retrait successoral à
ses risques et périls, à mettre son acquisition en commun, puisque
les héritiers avaient tous la même faculté; et que, si quelques-uns ont
négligé de l'exercer, c'est probablement parce qu'ils n'y voyaient
aucun avantage. Dès lors, comment pourraient-ils prendre part aux
bénéfices d'une opération dont on n'aurait pu, en cas de perte, les contraindre à supporter les conséquences ([1]) ?

684. Quand la loi permet d'exercer le retrait successoral en remboursant *le prix de la cession*, elle suppose, comme les constitutions
d'Anastase et de Justinien, une cession à titre onéreux. Ainsi, une cession gratuite ne donnerait pas lieu au rachat, sans doute parce qu'une
semblable cession ne suppose, ni de la part du cédant, ni de la part du
cessionnaire, cet esprit de spéculation qui préside ordinairement à
l'acquisition des droits successifs.

Au surplus, pour exercer le retrait successoral, il faut désintéresser
le cessionnaire, en lui payant tout ce que la cession lui a coûté. Il ne
suffit pas de lui rembourser *le prix de la cession* ; car il a eu à payer
en sus *les frais et loyaux coûts*, c'est-à-dire, le montant des droits d'enregistrement et les honoraires du notaire qui a reçu l'acte de vente.
Enfin, en soldant le prix de son acquisition, le cessionnaire s'est privé
d'un capital qui aurait produit des intérêts. Il faut donc lui tenir
compte de ces mêmes intérêts, à compter du jour où il a payé le prix
de la cession (V. art. 1699).

Pour empêcher le retrait successoral, le cessionnaire et le cédant
font quelquefois figurer, dans l'acte de vente, un prix supérieur au
prix réel de la cession ([2]). Quelquefois même la cession reste secrète,
et le cédant donne au cessionnaire une procuration en vertu de laquelle
celui-ci se présente au partage comme mandataire d'un cohéritier.
Dans ces différents cas où les parties cherchent à éluder la loi, il y a
une fraude dont la preuve est toujours admissible, même par témoins
(V. art. 1353).

842. — Après le partage, remise doit être faite à chacun des copartageants, des titres particuliers aux objets qui lui seront échus.
Les titres d'une propriété divisée restent à celui qui a la plus

---

([1]) La cour d'Aix a jugé, le 4 mars 1841, que l'héritier est tenu de communiquer
à ses cohéritiers le bénéfice du retrait. Mais l'opinion contraire a été consacrée par
de nombreux arrêts, et notamment par un arrêt de rejet du 28 juin 1836.

([2]) En ce cas, les juges ont un pouvoir discrétionnaire pour déterminer le prix réel
(Paris, 14 février 1834).

grande part, à la charge d'en aider ceux de ses copartageants qui y auront intérêt, quand il en sera requis.

Les titres communs à toute l'hérédité sont remis à celui que tous les héritiers ont choisi pour en être le dépositaire, à la charge d'en aider les copartageants, à toute réquisition.

S'il y a difficulté sur ce choix, il est réglé par le juge.

SOMMAIRE.

685. Utilité des titres de propriété. A qui ils doivent être remis.

685. Les titres dont il s'agit ici, sont les actes authentiques ou privés, constatant le droit qu'avait le défunt sur les différents biens dont se compose la succession, et principalement sur les immeubles. La production des titres est d'un grand secours dans les contestations qui s'élèvent souvent sur des questions de propriété. Aussi la délivrance des immeubles est-elle considérée comme incomplète, tant qu'il n'y a pas eu remise des titres de propriété (art. 1605).

On comprend, d'après cela, pourquoi les titres particuliers à certains biens sont remis à celui des copartageants à qui ces biens sont échus; tandis que les titres communs, soit aux différentes parties d'un immeuble divisé en plusieurs lots, soit à toute l'hérédité, sont confiés à l'un des intéressés, à la charge par lui d'en aider les autres. Lorsqu'un immeuble a été divisé, les titres qui le concernent sont remis à l'héritier qui en a la plus forte part. Quant aux titres communs à toute l'hérédité, c'est aux héritiers à choisir celui d'entre eux qui en restera dépositaire; s'ils ne s'accordent pas, le choix appartient au *juge*, c'est-à-dire au tribunal de l'ouverture de la succession.

INTRODUCTION A LA SECTION II.

SOMMAIRE.

686. But du rapport. Son origine et son application en droit romain.

687. Règle suivie dans les pays de droit écrit. Diversité de principes dans les pays coutumiers. Incompatibilité, dans la plupart des coutumes, des qualités d'héritier et de légataire.

688. La loi de nivôse fait prévaloir le système des coutumes d'égalité. Modification introduite par la loi du 4 germinal an VIII.

689. Nouveau système établi par le Code.

690. Le rapport n'est dû qu'à la succession du donateur.

691. L'héritier donataire doit rapporter ce qu'il a reçu, même indirectement. Libéralités auxquelles ne s'étend pas l'obligation du rapport.

692. Le rapport n'est dû ni aux légataires ni aux créanciers.

693. Rapport du mobilier en moins prenant. Rapport des immeubles en nature ou en moins prenant.
694. Conséquences de cette distinction.

686. Au partage se rattache intimement le rapport qui tend à maintenir l'égalité entre les cohéritiers. Le système du rapport remonte au droit romain : le préteur l'avait introduit pour établir l'égalité entre les fils de famille, seuls appelés à l'hérédité par la loi des Douze-Tables, et les enfants émancipés, qu'il appelait lui-même à succéder par les possessions de biens *contra tabulas* ou *unde liberi*. En effet, les fils de famille n'avaient, du vivant de leur père, aucune propriété ; leurs acquisitions, quelle qu'en fût l'origine, se confondaient dans le patrimoine paternel. Les enfants émancipés, au contraire, acquérant pour eux-mêmes, pouvaient avoir un patrimoine séparé. En les admettant à succéder, le préteur considérait leur émancipation comme non-avenue : dès lors leurs acquisitions devaient être comprises dans le partage, comme les acquisitions faites par les fils de famille. C'est ainsi que les émancipés, concourant avec d'autres enfants qui étaient restés sous la puissance du père de famille jusqu'à sa mort, ont dû rapporter les biens par eux acquis depuis leur émancipation [1].

Toutefois la nécessité du rapport ne s'appliquait pas aux biens que l'enfant émancipé aurait conservés en propre, dans l'hypothèse même où il serait resté fils de famille. [2] Ces biens constituaient, dans le dernier état du droit, trois pécules qui se distinguaient par les dénominations de *peculium castrense, quasi castrense* et *adventitium*. Les biens profectices, c'est-à-dire provenant du père de famille lui-même, étaient, sous Justinien, les seuls que l'enfant émancipé dût rapporter, soit qu'il succédât en vertu d'un testament, soit qu'il vînt à l'hérédité *ab intestat*. Du reste, il pouvait être dispensé du rapport, mais seulement par une déclaration expresse de la volonté du défunt [3].

687. La constitution de Justinien, qui consacrait ces règles, était observée dans les pays de droit écrit [4]; mais dans les pays coutumiers il existait une grande diversité de principes. Les coutumes peuvent se diviser, pour ce qui concerne le rapport, en quatre classes :

1° Les coutumes dites d'égalité obligeaient l'enfant donataire au rapport, lors même qu'il renonçait à la succession [5].

2° Le plus grand nombre des coutumes, notamment celles de Paris

[1] *Ulp. L. 1, D. de collat.*
[2] *Justin. L. 21, C. de collat.*
[3] *Novell. 18, cap. 6.*
[4] Merlin, *Répert.*, v° RAPPORT A SUCCESSION, § 1, n° 2.
[5] Merlin, *ibid.*, § 2, art. 3, n° 3.

et d'Orléans, ne soumettaient l'enfant donataire au rapport qu'autant qu'il se portait héritier ([1]).

3° Les coutumes dites de préciput autorisaient le donateur à dispenser le donataire du rapport, pour le cas où il se porterait héritier ([2]).

4° Enfin, certaines coutumes établissaient de plein droit la dispense du rapport ([3]).

Remarquons, du reste, qu'en ligne collatérale, le rapport n'était pas aussi généralement prescrit qu'en ligne directe ([4]).

Jusqu'ici nous n'avons eu en vue que les donations entre-vifs. Quant aux legs, ils ne sont pas, à proprement parler, susceptibles d'être rapportés ; mais la plupart des coutumes, notamment celles de Paris et d'Orléans, déclaraient la qualité d'héritier incompatible avec celle de légataire ; et il en résultait qu'aucun héritier direct ou collatéral ne pouvait profiter des dispositions testamentaires faites en sa faveur, sans renoncer à la succession du testateur ([5]).

688. La loi du 17 nivôse an II, fit prévaloir, dans toute la France, les principes admis par les coutumes d'égalité. D'après cette loi, les collatéraux, comme les enfants, ne pouvaient, même en renonçant à la succession, conserver aucune libéralité ([6]). La loi du 4 germinal an VIII, au contraire, permit de donner la quotité disponible aux enfants ou autres successibles, en ajoutant, *sans qu'ils soient sujets à rapport* ([7]).

689. Cette loi du 4 germinal an VIII n'a précédé que de trois ans

---

([1]) Merlin, *ibid.*, n° 4 ; Pothier, Successions, chap. 4, art. 2, § 1.

([2]) Merlin, *Répert.*, v° RAPPORT A SUCCESSION, § 2, art. 2, n° 3.

([3]) Merlin, *ibid.*, § 1, n° 3.

([4]) Pothier, Successions, chap. 4, art. 3, § 1.

([5]) Pothier, *ibid.*, § 2.

([6]) Loi du 17 nivôse an II, art. 9.

([7]) Loi du 4 germinal an VIII, art. 5. Ce texte a été interprété de plusieurs manières : on s'est demandé si la dispense du rapport était de droit, ou si elle devait être exprimée. Grenier, dans son Traité des Donations (*Part. 4, chap. 1, sect. 1, n° 476*), incline à penser que cette question doit se décider par les lois anciennes, qui, à cet égard, auraient conservé leur empire, cette loi du 4 germinal an VIII n'y ayant pas dérogé. Telle était aussi l'opinion de Chabot (*Questions transitoires*, tom. 2, pag. 191). Cependant un arrêt de la cour de Riom, du 21 juin 1809, prend les mots, *sans qu'ils soient sujets à rapport*, dans le sens d'une dispense légale. Cette interprétation est peu vraisemblable. La loi porte en effet que les libéralités par elle autorisées *pourront* être faites au profit des enfants et autres successibles, *sans qu'ils soient sujets à rapport*, c'est-à-dire, sans qu'ils y soient nécessairement sujets, comme ils l'étaient sous la loi de nivôse. Le sens de la loi de l'an VIII est donc, suivant nous, qu'ils pourront n'être pas sujets à rapport, ce qui ne veut pas dire qu'ils ne le seront jamais, ni par conséquent que la dispense n'a pas besoin d'être exprimée.

le Code civil, qui soumet au rapport tous les héritiers (¹). Si cette obligation se comprend parfaitement, en ce qui concerne les donations
entre-vifs, il n'en est pas de même pour les dispositions testamentaires. Comme elles ne produisent leur effet qu'à la mort du testateur,
elles ne peuvent être l'objet d'un rapport proprement dit. Il est donc
plus exact de dire, avec le texte des articles 843 et 845, que l'héritier ne
peut *retenir* les donations entre-vifs qu'il a reçues, ni *réclamer* les legs
qui lui ont été laissés. Toutefois il faut reconnaître que les règles établies par le législateur sur le rapport, s'appliquent aussi bien aux legs
qu'aux donations entre-vifs.

Du reste, le Code, repoussant les principes des coutumes d'égalité,
n'oblige point au rapport l'héritier qui, en renonçant, est devenu
étranger à la succession (art. 845 et 785). Il importe peu d'ailleurs,
l'hérédité une fois acceptée, qu'elle le soit purement et simplement, ou
sous bénéfice d'inventaire (art. 843) ; car ce bénéfice, qui modifie la
position des héritiers envers les créanciers, ne modifie en rien celle
des héritiers entre eux.

Les rédacteurs du Code, en donnant au père de famille une plus
grande latitude, quant à la faculté de disposer, lui ont permis d'avantager un des héritiers en le dispensant du rapport; mais cette dispense doit être exprimée formellement (art. 843).

690. Pour être soumis au rapport, il faut être à la fois héritier et
donataire. Ainsi, les père et mère et le conjoint du donataire peuvent
accepter la succession du donateur sans avoir rien à rapporter (art.
847 et 849). Pareillement, les enfants du donataire, qu'ils aient ou
non recueilli la succession, ne sont point soumis au rapport, lorsqu'ils
viennent de leur chef à la succession du donateur; mais s'ils viennent
par représentation, ils prennent la place du donataire, et sont tenus du
rapport, comme il en eût été tenu lui-même (art. 848).

Si le rapport n'est dû que par le donataire, il n'est dû également
qu'à la succession du donateur (art. 850). Dès lors le donataire succédant aux héritiers du donateur n'a rien à rapporter.

691. L'héritier doit rapporter tout ce qu'il a reçu *directement ou in-*
directement (art. 843). Il faut considérer comme donations indirectes,

---

(¹) En décidant que *tout héritier doit rapporter*..... le Code (art. 843) a en vue
les ascendants et les collatéraux, et met ainsi un terme aux incertitudes de l'ancienne jurisprudence (V. Lebrun, *Successions, liv. 3, chap. 6, sect. 2, n°s 22 et 24*).
La loi du 17 nivôse an II (art. 9 et 16) obligeait au rapport les descendants et les collatéraux, sans s'expliquer à l'égard des ascendants; et cependant ils étaient évidemment soumis au rapport, puisque, dans le système de cette loi, la faculté de disposer
d'une certaine portion de biens existait seulement *au profit d'autres qne les per-*
sonnes appelées par la loi au partage des successions (Loi du 17 *nivôse* an II,
art. 16).

et par conséquent comme sujettes à rapport, toutes les libéralités qui n'ont pas le caractère extérieur de donations proprement dites, ou qui n'ont pas été faites au véritable donataire. Telles sont les donations déguisées sous la forme d'un contrat onéreux, comme une vente consentie pour un prix notablement inférieur à la valeur de l'objet, ou une société dans laquelle le défunt seul aurait fait un apport. Les donations faites à personne interposée sont aussi des donations indirectes : tel est également le caractère du payement par le défunt des dettes du successible.

La donation qui n'est pas faite par préciput n'ayant d'autre résultat que de procurer à l'héritier donataire la jouissance de la chose donnée, l'obligation du rapport ne s'étend jamais aux intérêts ni aux fruits (art. 856). De même, les libéralités prélevées sur les revenus dont la destination est d'être annuellement dépensées, ne sont pas rapportables. Cette règle s'applique spécialement aux frais de nourriture et d'entretien (art 852).

692. Le rapport, qui tend à maintenir l'égalité entre les cohéritiers, n'a point pour but d'augmenter la masse héréditaire au profit des légataires ou même des créanciers de la succession. Dès lors, il ne peut être réclamé que par un cohéritier (art. 857).

693. Le successible qui reçoit une donation s'oblige, dans le cas où il recueillerait la succession du donateur, à rapporter la valeur des objets qu'il a reçus ou ces objets mêmes, suivant qu'il s'agit de meubles ou d'immeubles : il est, dans le premier cas, débiteur d'une quantité ; et dans le second, débiteur d'un corps certain. De là vient que les meubles sont toujours à ses risques : lors même qu'ils ont péri par force majeure, il n'en est pas moins comptable de la valeur qu'ils avaient au jour de la donation (art. 868). Les immeubles, au contraire, sont aux risques de la succession ; et, lorsqu'ils ont péri sans la faute de l'héritier donataire, celui-ci est libéré de toute obligation (art. 855).

Par cela même que le donataire de meubles en doit la valeur, le rapport des meubles ne se fait pas en nature ; il a toujours lieu en moins prenant, au moyen de l'abandon, jusqu'à due concurrence, d'une partie du mobilier compris dans la succession, et subsidiairement d'une partie des immeubles (art. 869). Puisque les immeubles, au contraire, sont aux risques de la succession, le rapport s'en fait en nature, c'est-à-dire qu'ils sont remis dans la masse et compris dans le partage, comme s'ils avaient toujours appartenu au défunt. Toutefois cette règle admet deux exceptions. Et d'abord, pour faciliter la circulation des biens, en évitant l'incertitude de la propriété, la loi cesse d'exiger le rapport en nature, lorsque l'immeuble donné a été aliéné par le donataire (art. 860). Il y a également dispense du rapport en nature à l'égard des biens dont la propriété est demeurée entre les mains du donataire, lorsque le motif pour lequel ce rapport est exigé n'existe plus : ce qui arrive quand il existe dans la succession d'autres immeubles semblables, susceptibles de constituer pour chacun des autres héritiers, un prélèvement à peu près équivalent (art. 859).

694. Ces deux modes de rapport ont des effets très-différents. Le rapport en moins prenant consolide la propriété de l'immeuble dans les mains du donataire, et maintient les hypothèques et autres droits réels par lui constitués ; tandis que le rapport en nature, résolvant la propriété du donataire, fait rentrer le bien donné dans la masse partageable, franc et quitte de tous droits réels, créés par le donataire (art. 865). Néanmoins, si l'immeuble ainsi rapporté tombait dans le lot du donataire qui en a fait le rapport, il serait censé lui avoir toujours appartenu (art. 883). Ceux à qui le donataire a constitué des droits réels, notamment ses créanciers hypothécaires, se trouvent dès lors intéressés à surveiller les opérations du partage, pour empêcher qu'elles n'aient lieu en fraude de leurs droits : aussi la loi a-t-elle admis leur intervention (art. 865).

Du reste, le donataire qui fait le rapport d'un immeuble en nature ou en moins prenant, est responsable des dégradations ou détériorations qui en auraient diminué la valeur ; et réciproquement, on doit lui tenir compte des dépenses nécessaires qui ont été faites pour la conservation de l'héritage (art. 861), ainsi que des améliorations qui en ont augmenté la valeur (art. 862). Pour mieux assurer le recouvrement de ces avances, dans le cas où le rapport doit avoir lieu en nature, l'héritier donataire est autorisé à retenir la possession jusqu'au remboursement effectif des sommes qui lui sont dues (art. 867).

SECTION II.

DES RAPPORTS.

843. — Tout héritier, même bénéficiaire, venant à une succession, doit rapporter à ses cohéritiers tout ce qu'il a reçu du défunt, par donation entre-vifs, directement ou indirectement : il ne peut retenir les dons ni réclamer les legs à lui faits par le défunt ; à moins que les dons et legs ne lui aient été faits expressément par préciput et hors part, ou avec dispense du rapport.

SOMMAIRE.

695. Nous avons à examiner ici deux questions importantes : 1° par
qui le rapport est dû ; 2° quelles sont les donations sujettes à rapport.

La première question présente peu de difficulté. En obligeant au
rapport *tout héritier*, la loi ajoute *venant à la succession*, pour indiquer
clairement qu'elle ne consacre pas le principe adopté par la loi de nivôse comme par les coutumes d'égalité, qui ne permettaient point au
donataire d'éviter le rapport en renonçant à la succession. Les rédacteurs du Code, préférant le système suivi par le plus grand nombre
des coutumes, autorisent l'héritier renonçant à conserver les dons
qu'il a reçus, et à réclamer les legs qui lui ont été faits (art. 845). Ainsi,
l'obligation de rapporter ne pèse que sur les héritiers venant à la succession ; mais ils en sont tenus lors même qu'ils ne se trouvaient pas
héritiers présomptifs au moment de la donation (art. 846). Au surplus, il ne faut pas assimiler à une renonciation l'acceptation sous bénéfice d'inventaire, qui ne modifie en rien les rapports des héritiers
entre eux.

696. Le Code, qui autorise le donateur à dispenser l'héritier du rapport, exige une déclaration expresse de sa volonté. Toutefois, il n'est
pas absolument indispensable d'employer les expressions du texte en
déclarant que les dons et legs sont faits *par préciput, hors part*, ou *avec
dispense de rapport* ; car nous n'avons pas de formules sacramentel-
les. Il suffit que la volonté du donateur ou du testateur soit formellement exprimée (¹). Telle est du moins la règle générale : nous verrons,
en effet, que l'intention de dispenser un héritier du rapport ne se présume que dans les cas prévus par la loi même.

697. La disposition qui oblige chaque héritier à rapporter *tout ce
qu'il a reçu... directement ou indirectement*, est empruntée à Pothier.
En interprétant l'article 306 de la coutume d'Orléans, ce jurisconsulte
arrive à cette conclusion qu'on doit rapporter « tous les avantages,
« tant directs qu'indirects », et il développe ce principe en distinguant plusieurs sortes d'avantages indirects. Il s'occupe successivement : 1° des libéralités faites à une personne interposée qui ne
reçoit que pour rendre à l'un des héritiers ; 2° des libéralités déguisées sous la forme d'une convention à titre onéreux, par exemple,

---

(¹) Ce principe a été consacré par de nombreux arrêts, notamment par les arrêts
de rejet du 22 juillet 1828, du 16 juin 1830, du 23 février 1831 et du 7 juillet 1835.

d'une vente ou d'un échange ; 3° enfin des libéralités qui, sans être déguisées ni faites à personne interposée, ont été faites sous un autre nom que celui de donation, par exemple, lorsque le DE CUJUS a donné quittance d'une somme qu'il n'avait pas reçue, ou a supprimé la reconnaissance d'un prêt qu'il avait fait ([1]).

Le Code civil semble reproduire cette doctrine, en imposant à l'héritier l'obligation de rapporter *tout ce qu'il a reçu, directement ou indirectement.* Ces expressions paraissent comprendre tous les avantages directs ou indirects signalés par Pothier : il serait difficile en effet de concevoir comment une donation quelconque pourrait n'être ni directe ni indirecte, et échapper ainsi au texte précis de l'article 843.

698. Cependant plusieurs auteurs proposent une distinction entre les donations indirectes et les donations déguisées ou faites à personne interposée. Le donateur, dit-on, en déguisant sa libéralité ou en recourant à une interposition de personne, n'a pu avoir d'autre but que de soustraire l'héritier donataire à l'obligation du rapport, et l'on ne voit pas pourquoi cette dispense n'aurait pas son effet. On ajoute que le mot *indirectement* doit avoir, dans l'article 843, la même acception que dans l'article 1099, où les donations déguisées et celles qui ont été faites à personne interposée sont évidemment opposées aux donations faites indirectement. On invoque, en outre, plusieurs dispositions du Code, qui supposent des libéralités déguisées (art. 918), ou faites à personne interposée (art. 847 et 849), et dans lesquelles la loi présume la dispense du rapport.

Examinons successivement ces différents arguments.

Sans doute, en prenant une voie détournée pour avantager un de ses héritiers, le DE CUJUS a pu vouloir le dispenser du rapport ; mais il a pu aussi être dirigé par d'autres motifs, notamment par la crainte d'exciter, en avantageant ostensiblement un de ses héritiers présomptifs, la jalousie des autres : il recourt alors à une interposition de personne, ou bien il dispose sous la forme d'un contrat onéreux. Dans ce dernier cas, il peut avoir un motif particulier : celui de diminuer, autant que possible, les droits d'enregistrement, dont la proportion est moins forte dans les actes à titre onéreux que dans les actes à titre gratuit. Enfin, lors même que le donateur, en prenant une voie détournée, n'aurait eu d'autre but que de dispenser le donataire du rapport, ce ne serait là qu'une dispense tacite, insuffisante pour satisfaire au vœu du législateur qui exige une dispense expresse.

Quant à l'article 1099, il décide d'abord que les époux ne peuvent se donner *indirectement* au delà d'une certaine quotité ; puis il annule

---

([1]) Pothier, Successions, chap. 4, art. 2, § 2 ; introduction au titre 17 de la Coutume d'Orléans, n° 77.

toute donation déguisée ou faite à personne interposée. Or, dit-on, ces deux espèces de donations sont nulles pour le tout ; dès lors elles doivent être distinguées des donations faites *indirectement,* qui, d'après la première disposition de l'article, sont simplement réductibles. C'est là exagérer beaucoup la portée de l'article 1099. Suivant nous, la première disposition de cet article, celle qui défend aux époux de s'avantager indirectement, comprend les donations déguisées ou faites à personne interposée, comme tout autre avantage indirect. Vient ensuite une sanction spéciale à ces deux espèces de donations : si elles sont frappées de nullité, ce n'est pas qu'il faille, en règle générale, les distinguer des donations indirectes ; c'est qu'on a voulu, dans l'espèce, établir une règle plus sévère pour les dispositions qui prêtent le plus à la fraude.

D'après les articles 847 et 849, les dons ou legs faits à certaines personnes sont réputés faits *avec dispense de rapport ;* mais, quelle que soit l'interprétation que l'on donne à ces textes, on ne saurait en tirer aucun argument. Ou bien il faut y voir une véritable présomption de dispense de rapport, et alors cette présomption ne doit pas s'étendre au delà des cas déterminés par la loi (art. 1350); ou bien on doit y voir, comme nous l'expliquerons bientôt, des hypothèses où il n'y a pas lieu à rapport, et dès lors ces articles sont tout à fait étrangers à la matière qui nous occupe. Quant à l'article 918, il est vrai qu'on y trouve une donation déguisée qui s'impute sur la portion disponible, et qui par cela même est dispensée du rapport ; mais c'est là une règle toute spéciale, dont nous expliquerons plus loin l'origine et les motifs.

Loin d'être favorable à l'opinion que nous combattons, le Code, indépendamment même de l'article 843, fournit des arguments à l'appui de notre interprétation. Tout héritier doit rapporter les bénéfices qu'il a faits par suite de conventions ou associations entre le défunt et lui, toutes les fois qu'il y a eu *fraude* ou *avantage indirect* au moment du contrat (art. 853 et 854). En pareil cas, il est impossible, comme nous le verrons, de distinguer les donations déguisées des donations indirectes (1).

699. Tout en admettant que les donations indirectes sont toujours sujettes à rapport, nous devons examiner s'il faut voir une donation indirecte dans la renonciation qu'aurait faite le DE CUJUS à une suc-

---

(1) Les cours d'appel, qui ont eu fréquemment à se prononcer sur cette question, ont rendu de nombreuses décisions qui se partagent à peu près également entre les deux opinions. Suivant la doctrine de deux arrêts de rejet (3 *août* 1841 et 20 *mars* 1843), doctrine qui nous paraît prêter singulièrement à l'arbitraire, les juges auraient un pouvoir discrétionnaire pour apprécier l'intention du disposant.

cession ouverte en sa faveur, renonciation dont profiterait l'un de ses successibles. Suivant Lebrun, il y avait lieu au rapport ([1]). Pothier, au contraire, tout en reconnaissant que le défunt a eu un droit à la succession par lui répudiée, fait observer que les autres héritiers ne viennent point en vertu de ce droit éteint par la renonciation, mais en vertu d'un droit qui leur est propre ([2]). On peut ajouter en faveur de cette opinion que, si la part du renonçant accroît à ses cohéritiers, ou si la succession arrive par dévolution au degré subséquent, c'est par l'effet même des dispositions de la loi (art. 745). Il est vrai que le DE CUJUS a pu avoir l'intention d'avantager ceux qui devaient profiter de sa renonciation, mais il a pu aussi avoir un autre but, et, quand il a usé d'une faculté qui lui appartenait, on ne doit pas scruter ses motifs. Les rédacteurs du Code ayant généralement pour but de prévenir les procès, on ne doit pas supposer qu'ils aient entendu permettre de rechercher, d'une manière plus ou moins arbitraire, la pensée qui a pu présider à la renonciation.

844. — Dans le cas même où les dons et legs auraient été faits par préciput ou avec dispense du rapport, l'héritier venant à partage ne peut les retenir que jusqu'à concurrence de la quotité disponible : l'excédant est sujet à rapport.

845. — L'héritier qui renonce à la succession, peut cependant retenir le don entre-vifs, ou réclamer le legs à lui fait, jusqu'à concurrence de la portion disponible.

SOMMAIRE.

700. Ces deux articles se rattachent à un même ordre d'idées. Il s'agit des restrictions qu'apportent à la faculté de disposer, même par préciput, les règles sur la quotité disponible (V. art. 913). On appelle ainsi la portion de biens qui peut être donnée entre-vifs ou par testament, par opposition à l'autre portion qui doit rester dans l'hérédité, et que l'on nomme réserve, parce que le DE CUJUS n'a pas pu en disposer, du moins au préjudice de certains héritiers.

Le législateur, en supposant l'existence de libéralités excédant la quotité disponible, semble placer sur la même ligne l'héritier renonçant, non dispensé du rapport par le défunt, et l'héritier venant à la

---

([1]) Lebrun, Successions, liv. 3, chap. 6, sect. 3, n° 11.
([2]) Pothier, Successions, chap. 4, art. 2, § 2.

succession, mais dispensé du rapport. Il les autorise tous deux à rete- nir les dons qu'ils ont reçus, ou à réclamer les legs qui leur ont été faits, *jusqu'à concurrence de la quotité disponible.* Toutefois cette parité de position tient à des causes différentes. Si l'héritier dispensé du rap- port cumule, en acceptant la succession, tout ou partie de la quotité disponible avec sa part héréditaire, c'est en vertu de la volonté expresse du défunt. La position de l'héritier donataire qui renonce est tout autre : la donation que le défunt lui a faite sans dispense de rap- port n'était qu'un avancement d'hoirie, imputable sur sa part héré- taire. En répudiant la qualité d'héritier, il devient étranger à la suc- cession, et dès lors la donation qu'il avait reçue par avancement d'hoi- rie, ne pouvant plus subsister à ce titre, change complétement de ca- ractère. Comme toute donation faite à un étranger, elle devient impu- table sur la quotité disponible. C'est en développant ces principes que nous aurons à examiner plus tard si l'héritier peut retenir, outre cette quotité, tout ou partie de sa part héréditaire.

En restreignant l'effet de la dispense de rapport dans les limites de la portion disponible, l'article 844 ajoute mal à propos que l'*excédant est sujet à rapport;* car, puisqu'il s'agit précisément d'une donation faite par préciput, ce ne sont pas les règles du rapport, mais celles de la ré- duction qu'il faut appliquer à cet excédant.

846. — Le donataire qui n'était pas héritier présomptif lors de la donation, mais qui se trouve successible au jour de l'ouverture de la succession, doit également le rapport, à moins que le donateur ne l'en ait dispensé.

SOMMAIRE.

701. C'est de la volonté du donateur que dérive la dispense de rapport.

701. Le rapport des donations entre-vifs s'explique ordinairement par cette considération qu'elles ont été faites en *avancement d'hoirie;* et, bien que cette ancienne locution n'ait plus aujourd'hui toute la portée que lui donnait Dumoulin, lorsqu'il déniait à l'héritier donataire la faculté de retenir les biens donnés en renonçant à la succession ([1]), il faut cependant reconnaître que, le DE CUJUS pouvant à son gré dis- penser du rapport, c'est réellement sa volonté qui détermine le ca- ractère et le but de la donation. Ainsi, lorsqu'en faisant une donation à l'un de ses héritiers présomptifs, il n'a pas disposé par préciput, il est tout naturel de considérer le don sujet à rapport comme un avan- cement d'hoirie. Mais cette idée ne saurait s'appliquer au cas où le do-

---

([1]) Merlin, *Répert.*, v° RAPPORT A SUCCESSION, § 2, art. 3, n° 8.

nataire, n'étant pas héritier présomptif à l'époque de la donation, arrive plus tard à la succession du donateur; et cependant la loi l'oblige formellement au rapport, en cas d'acceptation de l'hérédité, bien que la donation, à l'époque où elle a eu lieu, ne fût pas et ne pût pas être faite en avancement d'hoirie.

En faisant une libéralité à son parent, le donateur ne prévoyait pas que celui-ci dût arriver à la succession. Ainsi, la donation était, dans le principe, imputable sur la quotité disponible; mais elle prend un autre caractère par cela seul que le donataire succède au donateur, et elle devient imputable sur sa part héréditaire. C'est là précisément l'inverse de ce que nous avons dit précédemment sur la donation faite en avancement d'hoirie à un héritier présomptif, donation qui devient imputable sur la portion disponible, lorsque le donataire renonce.

847. — Les dons et legs faits au fils de celui qui se trouve successible à l'époque de l'ouverture de la succession, sont toujours réputés faits avec dispense du rapport.

Le père venant à la succession du donateur, n'est pas tenu de les rapporter.

SOMMAIRE.

702. Présomption admise dans les coutumes d'égalité, inadmissible sous le Code. Le père du donataire n'est pas soumis au rapport.

702. La jurisprudence générale des pays coutumiers considérait la donation faite aux enfants de l'héritier comme un avantage indirect pour l'héritier lui-même. Ces enfants étaient réputés personnes interposées entre le donateur et leur père, et celui-ci devait rapporter ce qui leur avait été donné [1]. Cette règle, établie par le texte des coutumes de Paris et d'Orléans [2], ne s'appliquait, comme le rapport lui-même, qu'en ligne directe, et elle s'expliquait par cette considération que, le DE CUJUS n'ayant pas le droit de dispenser du rapport, il fallait se tenir en garde contre une fraude trop commune : autrement, si l'aïeul avait pu donner aux enfants de son fils, il aurait été trop facile, comme le fait remarquer Pothier [3], d'éluder l'obligation absolue du rapport.

---

[1] En droit romain, le père était tenu de doter sa fille. En dotant sa petite-fille, l'aïeul paternel acquittait la dette de son fils, qui était considéré comme donateur à l'égard de sa fille, et comme donataire à l'égard de l'aïeul (*V. Cels.*, *L.* 6, *D. de Collat.*). Aussi, dans les pays de droit écrit, le père était-il tenu de rapporter à la succession de l'aïeul (Lacombe, vo *Rapport à succession*, sect. 2, no 13).

[2] Paris, art. 306 ; Orléans, art. 308.

[3] Traité des Successions, chap. 4, art. 2, § 4.

Aujourd'hui ce danger n'existe plus, puisque la volonté du donateur suffit pour affranchir le donataire de cette obligation. Il n'y a donc plus aucun motif pour exiger le rapport des donations faites aux enfants de l'héritier; aussi le projet de Code civil disait-il expressément : « le « père ne rapporte point le don fait à son fils non successible (¹). »

La section de législation, dont la rédaction a été adoptée sans discussion, ne voulait pas non plus qu'un pareil don fût rapporté; mais, au lieu de déclarer purement et simplement qu'il n'est pas sujet à rapport, elle a cru devoir dire que les dons et legs faits aux enfants d'un héritier *sont toujours réputés faits avec dispense du rapport.* En s'exprimant ainsi, la section semblait considérer le père comme étant le véritable donataire, et ne voir dans les enfants que des personnes interposées. Cette idée est tout à fait inexacte ; car, si, dans le système du Code, les enfants sont réputés personnes interposées, c'est seulement lorsque leur père est incapable de recevoir directement (art. 911 et 1100): or, ce n'est point là ce que le Code suppose dans la matière des rapports. Dans l'hypothèse proposée, le père n'est pas plus incapable que ses enfants, et dès lors il n'y a point lieu de présumer une interposition de personne. Cette présomption écartée, le père, qui n'a rien reçu, n'a rien à rapporter. La dispense qu'on lui accorde est donc un véritable non-sens.

848. — Pareillement, le fils venant de son chef à la succession du donateur, n'est pas tenu de rapporter le don fait à son père, même quand il aurait accepté la succession de celui-ci : mais si le fils ne vient que par représentation, il doit rapporter ce qui avait été donné à son père, même dans le cas où il aurait répudié sa succession.

SOMMAIRE.

703. Obligation du rapport imposée aux représentants du donataire.
704. Doivent-ils rapporter ce qu'ils ont eux-mêmes reçu du DE CUJUS?

703. Si *le fils venant à la succession du donateur n'est pas tenu de rapporter le don fait à son père,* ce n'est là qu'une conséquence du principe d'après lequel l'héritier donataire est seul obligé au rapport; mais il n'en est ainsi qu'autant que les enfants du donataire succèdent *de leur chef;* car ceux qui succèdent par représentation, sont soumis au rapport, comme l'aurait été leur père lui-même. En effet, les repré-

---

(¹) Projet de Code civil, liv. 3, tit. 1, art. 163.

sentants ne doivent pas prendre dans la succession plus que n'aurait pris la personne qu'ils représentent et du chef de laquelle ils succèdent (1).

Ces différentes décisions, il faut le remarquer, sont indépendantes du parti que les enfants ont pris relativement à la succession de leur père. En l'acceptant, ils ne se sont point par cela même soumis au rapport pour le cas où ils viendraient à la succession du donateur; et réciproquement, en la répudiant, ils n'ont pu se dispenser du rapport pour le cas où ils succéderaient au donateur par représentation (2).

704. En s'expliquant sur le rapport des donations faites au représenté, le Code garde le silence sur les donations faites au représentant. Pour soutenir qu'elles ne doivent pas être rapportées, on dit que le représentant doit être mis à la place du représenté, tant activement que passivement, et que dès lors l'obligation du rapport doit être pour lui ce qu'elle aurait été pour le représenté lui-même. Telle n'est point notre opinion : raisonner ainsi, c'est oublier que le représentant, bien qu'il prenne la place et les droits d'autrui, vient à la succession, et par conséquent doit, comme tout héritier, rapporter ce qu'il a reçu du défunt (art. 843). Ce principe n'a rien que de très-équitable : s'il paraît inique dans l'application, c'est lorsque le représentant se trouve obligé à faire, du chef du représenté, un autre rapport ; mais, outre qu'on ne rencontre pas souvent ce concours de libéralités faites par le même donateur à des successibles de différents degrés, il serait étrange que le représentant, dans le cas où le représenté n'aurait rien reçu, se trouvât dispensé de tout rapport par ce motif qu'il ne succède pas de son chef. Pour admettre une semblable prétention, il faudrait aller jusqu'à soutenir que la fiction de la loi (art. 739) fait revivre la personne du représenté ; mais nous avons déjà vu (461) qu'il ne faut point pousser la fiction jusque-là.

Posons maintenant une hypothèse plus compliquée. Il peut arriver qu'un successible prédécédé soit représenté par les enfants de ses enfants. C'est ainsi que les arrière-petits-fils, lorsque leur père et leur aïeul sont tous deux prédécédés, peuvent succéder à leur bisaïeul. Dans ce cas, ils doivent rapporter, comme héritiers venant à la succession, ce qui leur a été donné à eux-mêmes, et, comme représentants de leur aïeul, ce qui lui a été donné par le défunt ; mais ils ne sont pas tenus de rapporter les donations faites à leur père, parce que ce n'est pas lui qu'ils représentent.

---

(1) Pothier, Successions, chap. 4, art. 2, § 2. Aussi la cour de Grenoble a-t-elle jugé, le 27 décembre 1832, que le représentant doit le rapport des sommes prêtées au représenté, aussi bien que des donations proprement dites faites à ce dernier.

(2) Pothier, *ibid.*

849. — Les dons et legs faits au conjoint d'un époux successible, sont réputés faits avec dispense du rapport.

Si les dons et legs sont faits conjointement à deux époux, dont l'un seulement est successible, celui-ci en rapporte la moitié ; si les dons sont faits à l'époux successible, il les rapporte en entier.

SOMMAIRE.

705. Les époux ne sont plus considérés comme personnes interposées l'un à l'égard de l'autre.
706. Possibilité d'un avantage indirect qui serait présumé fait avec dispense de rapport.

705. Dans l'ancienne jurisprudence, la donation faite par le beau-père ou la belle-mère à son gendre ou à sa bru, n'était pas réputée faite à la fille ou au fils, comme la donation d'un aïeul à ses petits-enfants était réputée faite à leur père ou mère. Les époux n'étaient donc pas généralement considérés comme personnes interposées, l'un à l'égard de l'autre (¹). Aussi la section de législation avait-elle proposé une rédaction portant simplement que « les dons et legs faits au conjoint « d'un successible *ne sont pas rapportables.* » C'est dans la discussion seulement que ces derniers mots ont été remplacés par ceux-ci : *sont présumés faits avec dispense du rapport.* Voici à quelle occasion. Tronchet prétendait que l'article, tel qu'il était proposé, pourrait donner lieu à des fraudes, en permettant à un père d'avantager un enfant marié en communauté ; et il présentait comme préférable une disposition du projet de Code civil, d'après laquelle l'époux successible devait rapporter la donation faite à son conjoint, mais dans le cas seulement où il en profiterait, et pour la portion dont il profiterait par l'effet de la communauté (²). Treilhard, voulant expliquer pourquoi cette disposition n'avait pas été reproduite par la section, invoqua le principe consacré par le Code, qui admet la dispense de rapport. Tronchet, changeant alors de système, pour s'attacher à l'idée émise par Treilhard, mit fin à la discussion en disant que la section de législation présumait une dispense de rapport et qu'il valait mieux l'exprimer (³).

706. Du reste, la disposition du projet de Code civil n'ayant pas été rétablie, comme l'avait d'abord demandé Tronchet, il faut bien reconnaître que l'inconvénient signalé subsiste toujours ; mais c'est là

(¹) Pothier, Successions, chap. 4, art. 2, § 4.

(²) Projet de Code civil, liv. 3, tit. 1, art. 167. Il faut observer que cette disposition concernait surtout les donations mobilières ; car les immeubles donnés à l'un des époux ne tombent pas, de droit commun, dans la communauté (V. p. 449, note 1).

(³) Discussion au C. d'État, séance du 28 nivôse an XI.

une conséquence du système général du Code ; car le conjoint du donataire se trouve, à l'égard du rapport, dans la même position que le père de ce même donataire. Pour l'un comme pour l'autre, l'interposition n'est présumée qu'autant qu'il s'agit d'une personne incapable de recevoir directement (V. art. 911 et 1100).

Puisque, indépendamment de toute présomption d'interposition, l'existence de la communauté amène la possibilité d'un avantage indirect pour le conjoint du donataire, il faut reconnaître, en ce qui concerne les époux, que la dispense de rapport peut avoir un sens qu'elle n'a pas dans le cas prévu par l'article 847. Dans cette dernière hypothèse, il faudrait, pour donner un sens à la dispense de rapport, supposer, ce qui est inadmissible, que le père s'enrichit personnellement de ce qui est donné à ses enfants. La dispense de rapport se comprend, au contraire, facilement dans le cas où le don est fait à une personne mariée sous le régime de la communauté, puisque alors le conjoint du donataire profite indirectement de la libéralité.

850. — Le rapport ne se fait qu'à la succession du donateur.

707. Par une conséquence directe de ce principe, la donation qu'un aïeul a faite à son petit-fils est sujette à rapport dans la succession de l'aïeul donateur, lorsque les descendants y arrivent de leur chef, ou même par représentation ; mais, lorsqu'ils viennent à la succession d'un autre parent, qui était lui-même héritier du donateur, par exemple, à celle de leur père ou mère, ou bien à celle de leur oncle, ils ne sont point tenus de rapporter ce qu'ils ont reçu de l'aïeul.

Lorsque les enfants sont dotés par leurs père et mère ou par l'un d'eux, le rapport doit toujours être fait à la succession de celui qui a fourni la dot ; mais c'est une question de savoir si la dot constituée par l'un des conjoints est toujours fournie par lui seul, et la solution peut varier suivant que les père et mère ont adopté, en se mariant, le régime de la communauté ou un autre régime (V. art. 1438, 1439 et 1544). C'est donc au titre du contrat de mariage que nous devrons traiter cette question.

851. — Le rapport est dû de ce qui a été employé pour l'établissement d'un des cohéritiers, ou pour le payement de ses dettes.

709. Le payement des dettes de jeu ne donne pas lieu au rapport.

710. Distinction à établir relativement aux dettes proprement dites, en raison de leur importance.

711. Par l'acquittement d'une dette importante, celui qui paye peut devenir, soit donateur, soit créancier. Dans l'un et l'autre cas il y a lieu au rapport.

712. Dispositions de l'ancienne jurisprudence sur le rapport des sommes prêtées.

713. Consécration des mêmes principes par le Code.

708. Cette disposition s'applique à deux objets bien différents : les sommes employées *pour l'établissement d'un des cohéritiers,* et celles qui ont servi *pour le payement de ses dettes.*

Aucune difficulté ne saurait s'élever sur le premier point. Les sommes employées à l'établissement d'un héritier sont, par exemple, celles qui ont servi à lui constituer une dot lors de son mariage; celles qui lui ont été avancées pour acheter, soit un fonds de commerce, soit un office, comme une charge d'avoué ou de notaire, soit même les instruments ou les livres nécessaires à l'exercice de sa profession, par exemple, la bibliothèque dont il a besoin comme avocat ou comme médecin (1).

709. En ce qui concerne les dettes d'un héritier présomptif, il y a plusieurs distinctions à faire. Et d'abord, nous ne pensons pas qu'on doive appliquer la disposition du Code aux dettes en raison desquelles le créancier n'a pas d'action, comme les dettes de jeu (art. 1965). Lorsqu'il satisfait à de semblables engagements, le père de famille ne doit pas empirer la condition du débiteur en l'obligeant au rapport. Ce serait, comme l'a dit Berlier dans le Conseil d'État, « le ruiner en « un jour, et à l'avance dissiper toute sa fortune, uniquement parce « qu'il aurait plu à son père de payer une dette illégale (2). » Lorsqu'un père acquitte une semblable dette, il le fait *honoris causa,* dans l'intérêt de toute sa famille, et alors la perte doit retomber sur la famille entière.

710. La disposition du Code sur le rapport des sommes employées pour le payement des dettes ne doit donc s'appliquer qu'aux dettes proprement dites, à raison desquelles le créancier peut exercer une action. Parmi ces dettes, il en est que la loi semble séparer des autres, lorsqu'en les supposant contractées par un mineur émancipé, elle les déclare *réductibles en cas d'excès* (art. 484). Mais lorsqu'ils sont pris par un majeur, de semblables engagements sont obligatoires pour le tout, et ne diffèrent en rien des autres. Toutefois, il n'y aurait point lieu à rapport si la somme était assez faible, eu égard à la fortune du défunt,

_____

(1) Pothier, Successions, chap. 4, art. 2, § 3.

(2) Séance du 23 nivôse an XI. Berlier combattait l'article 851, parce qu'il le supposait applicable aux dettes de jeu. Nous croyons, au contraire, que ces sortes de dettes sont en dehors de la disposition du Code.

pour être facilement prélevée sur son revenu ; car, ainsi que nous le verrons sur l'article 852, le rapport n'est exigible qu'autant que le défunt a employé, au profit de l'héritier, une partie de ses capitaux.

711. Lors même que la dette est importante et sérieuse, le défunt peut avoir payé *animo donandi*, en renonçant à toute espèce de recours contre le débiteur, et alors le payement a le caractère d'une véritable libéralité évidemment sujette à rapport.

Si, au contraire, le défunt a payé dans l'intention de se faire rembourser ses avances, sa position n'est plus celle d'un donateur, mais celle d'un véritable créancier, qui a, comme gérant d'affaires, un recours contre le débiteur (art. 1375). Ce qu'un héritier peut devoir de cette manière ne diffère point de ce qu'il devrait à raison d'un prêt que le défunt lui aurait fait. Aussi peut-on s'étonner, au premier coup d'œil, que le législateur s'en soit occupé en traitant du rapport ; mais il faut observer à cet égard que les cohéritiers ont plus d'intérêt à demander le rapport qu'à poursuivre leur payement comme créanciers : c'est que l'insolvabilité du débiteur peut rendre leur créance inutile, tandis que l'imputation de la dette de leur cohéritier sur sa part héréditaire les met à l'abri des pertes qu'éprouvent nécessairement ses autres créanciers.

712. C'est dans ce but que l'ancienne jurisprudence considérait comme données en avancement d'hoirie les sommes prêtées par le défunt à l'un de ses héritiers présomptifs. Celles qui n'avaient pas été remboursées avant l'ouverture de la succession, devaient être rapportées en moins prenant, ou, ce qui revient au même, imputées sur la part héréditaire du débiteur, lors même que le terme d'exigibilité n'était pas encore échu. Autrement, le prêt, n'étant pas sujet à rapport, aurait pu devenir un avantage non moins contraire à l'égalité du partage que les donations elles-mêmes (¹) : aussi les cohéritiers de l'emprunteur étaient-ils préférés à ses autres créanciers, du moins jusqu'à concurrence de ses droits dans la succession. Cette jurisprudence avait obtenu tant de faveur qu'elle s'étendait aux collatéraux, dans les pays mêmes où les coutumes ne les obligeaient pas au rapport des donations (²) ; et Pothier en déduit une conséquence remarquable, lorsqu'il suppose que, du vivant même du DE CUJUS, l'héritier débiteur est tombé en faillite et a obtenu de ses créanciers un concordat avec remise d'une partie de ce qui leur était dû, de 50 pour cent, par exemple. Dans cette hypothèse, le prêteur, soumis malgré lui aux conditions acceptées par la majorité des créanciers, ne peut plus exiger

---

(¹) Lebrun, Successions, liv. 3, chap. 6, sect. 2, nᵒˢ 2 et 3 ; Bourjon, Droit commun, tit. 17, sect. 3, nᵒ 8 ; sect. 4, nᵒ 47.

(²) Lebrun, *ibid.*

qu'une partie de sa créance ; et cependant, lorsque son décès donne lieu au rapport, l'héritier débiteur n'en est pas moins tenu, suivant Pothier, d'imputer sur sa part héréditaire le montant intégral de sa dette [1].

713. Nous pensons que le Code, en soumettant chaque héritier au rapport *des sommes dont il est débiteur* (art. 829), a voulu consacrer les règles que l'ancienne jurisprudence avait adoptées relativement aux sommes prêtées par le défunt à l'un de ses héritiers présomptifs ; mais, quoique le texte parle en général des sommes dont l'héritier est débiteur, on ne doit pas appliquer la même décision à toutes les créances du défunt, par exemple, à celles qu'il aurait acquises en devenant héritier d'un créancier de l'un de ses successibles. En effet, les anciens auteurs ont toujours supposé un contrat de prêt [2]. Si l'article 851 admet le rapport de ce qui a été employé pour le payement des dettes de l'héritier, sans distinguer la nature et l'origine de la dette, c'est parce que, dans cette hypothèse, le DE CUJUS a fait une avance de fonds qui peut, comme le prêt lui-même, constituer un avancement d'hoirie ; mais on ne saurait attribuer ce caractère aux autres créances, ni par conséquent les soumettre aux règles du rapport.

Remarquons enfin que, si certaines dettes se trouvent ainsi assimilées aux donations, ce n'est qu'autant qu'il s'agit d'assurer l'égalité entre les héritiers, ce qui suppose la succession du créancier acceptée par le débiteur. En cas de renonciation, il n'y a plus lieu au rapport ; le renonçant demeure débiteur, et peut être poursuivi comme tel par ceux qui ont accepté la succession du créancier [3].

852. — Les frais de nourriture, d'entretien, d'éducation, d'apprentissage, les frais ordinaires d'équipement, ceux de noces et présents d'usage, ne doivent pas être rapportés.

SOMMAIRE.

714. Motifs divers qui expliquent ici la dispense de rapport.

714. Cette disposition, empruntée à la coutume d'Orléans, article 309, ne s'appliquait autrefois que dans la succession des ascendants, et elle s'expliquait alors par cette considération que les père et mère, lors-

---

[1] Pothier, Successions, chap. 4, art. 2, § 2. La jurisprudence moderne s'est prononcée dans le même sens (Bordeaux, 16 *août* 1827 ; Paris, 13 *août* 1839).

[2] Pothier, Coutume d'Orléans, introd. au titre 17, n° 78 ; Lebrun, Successions, liv. 3, chap. 6, sect. 2, n° 4 ; Bourjon, Droit commun, tit. 17, part. 2, chap. 6, sect. 2, n° 8 ; sect. 3, n° 46 ; sect. 4, n° 47 ; Merlin, *Répert.*, v° RAPPORT A SUCCESSION, § 3, n°s 15 et 16.

[3] Lebrun, Successions, liv. 3, chap. 6, sect. 2, n° 7.

qu'ils nourrissent et entretiennent leurs enfants, lorsqu'ils leur donnent l'instruction dans un collége ou les placent en apprentissage, ne font pas une libéralité, mais acquittent une véritable dette (V. art. 203). Le Code a généralisé la règle, en l'appliquant à tous les héritiers même collatéraux, et cependant les collatéraux ne sont pas tenus des mêmes obligations que les ascendants. Néanmoins, il faut observer que celui qui fait de semblables dépenses, les prélève ordinairement sur ses revenus, qu'il aurait probablement dépensés d'une autre manière, *lautius vixisset*, comme on dit ordinairement. Dès lors peu importe aux héritiers l'emploi qu'il en a fait (1).

Sous la dénomination de *frais d'équipement*, on doit comprendre uniquement ceux qui ont été faits pour équiper un militaire (2). Il en serait autrement des dépenses faites pour le libérer du service : les parents qui font remplacer leur fils payent une dette généralement assez importante pour être imputée sur leur capital. Les *frais de noces* ne sont pas sujets à rapport, parce qu'il n'en reste rien aux époux. A cet égard, ils diffèrent du trousseau, qui fait partie de la dot (3). Quant aux *présents d'usage* que l'on se fait entre parents, il faut les considérer comme l'acquittement d'un devoir imparfait, qu'on ne pourrait négliger sans blesser les convenances.

Plusieurs coutumes comprenaient parmi les *frais d'éducation*, l'achat de livres classiques, achat qu'il ne faut pas confondre avec le don d'une bibliothèque, dont nous avons parlé sur l'article précédent, et les frais d'études dans les colléges, ou même dans les facultés jusqu'à la licence inclusivement. Les frais de doctorat, au contraire, étaient sujets à rapport, comme étant faits pour l'établissement de l'enfant plutôt que pour son instruction (4). Cette distinction ne saurait être suivie aujourd'hui. Le grade de docteur n'est jamais qu'un complément d'études plus ou moins indispensable : il ne confère point à proprement parler un état.

853. — Il en est de même des profits que l'héritier a pu retirer

---

(1) Mais les frais de nourriture et d'entretien en faveur d'un enfant majeur, marié et pourvu d'une dot, peuvent, s'ils sont excessifs, constituer un avantage indirect, sujet à rapport (Nancy, 20 *janvier* 1830).

(2) Voir, en ce sens, Grenoble, 13 mars 1817 ; Bourges, 22 juillet 1829 ; Riom, 19 août 1829. La cour de Dijon (23 *janvier* 1817) a repoussé le rapport d'une manière absolue. Celle de Grenoble a décidé seulement (2 *janvier* 1822) qu'on peut l'écarter, si la somme est modique relativement à la fortune du *de cujus*.

(3) Pothier, Coutume d'Orléans, art. 309.

(4) Pothier, *loc. cit.*

de conventions passées avec le défunt, si ces conventions ne présentaient aucun avantage indirect, lorsqu'elles ont été faites.

854. — Pareillement, il n'est pas dû de rapport pour les associations faites sans fraude entre le défunt et l'un de ses héritiers, lorsque les conditions en ont été réglées par un acte authentique.

SOMMAIRE.

715. Sévérité de l'ancienne jurisprudence relativement aux conventions entre le défunt et ses héritiers. Conditions auxquelles ces conventions sont soumises par le Code.

716. Précautions spécialement exigées à l'égard des associations. L'acte authentique peut être suppléé par la transcription sur le registre tenu au greffe.

717. Que faut-il entendre par associations faites *sans fraude*?

715. Ainsi qu'on l'a vu sur l'article 851, l'ancienne jurisprudence avait soumis au rapport les sommes prêtées par le DE CUJUS à l'un des héritiers ; et cette règle était exécutée si rigoureusement que, dans le cas même où le capital prêté formait le prix d'une constitution de rente (V. art. 1909), il devait être rapporté à la succession du créancier. Il y aurait, dit Pothier, avantage indirect pour le débiteur de la rente « si un père faisait par ce moyen passer son argent comptant à l'un de « ses fils, pendant que les autres n'auraient à la place qu'une simple « créance... contre leur frère (¹). » Les rédacteurs du Code, qui se sont éloignés de l'ancienne jurisprudence, en admettant la dispense de rapport et en étendant l'obligation de rapporter aux ascendants et aux collatéraux, n'ont pas dû admettre des principes aussi rigoureux. Ils ont laissé au père de famille la faculté de contracter avec ses héritiers présomptifs ou avec l'un d'eux, sans que les bénéfices résultants de l'exécution de la convention soient sujets à rapport. Ainsi, en cas de constitution de rente, l'héritier débiteur des arrérages ne sera pas forcé de rapporter le capital, ou, en d'autres termes, de racheter la rente.

Néanmoins, si le Code respecte les conventions passées avec le défunt, et laisse les profits que l'héritier a pu en retirer, en dehors des règles du rapport, ce n'est qu'autant que ces conventions, lorsqu'elles ont été faites, ne présentaient *aucun avantage indirect*. Il faut donc, à cet égard, établir une distinction, qu'un exemple fera facilement comprendre. Supposons un domaine affermé par le défunt à l'un de ses héritiers. Les bénéfices résultants de l'exploitation ne seront point sujets à rapport, si la location a été faite à juste prix. Si, au con-

---

(¹) Pothier, Successions, chap. 4, art. 2, § 2.

traire, elle n'a pas été portée à sa véritable valeur, il y a lieu à rapport parce que la convention présente par elle-même un avantage indirect, qui, bien que déguisé sous la forme d'un louage, doit tomber sous l'application de l'article 843. Évidemment, le législateur, lorsqu'il consacrait une pareille distinction, n'entendait pas dispenser du rapport les libéralités déguisées.

716. Ce que la loi décide pour les conventions en général, doit s'appliquer au contrat de société comme à tout autre contrat, et en effet le mot *pareillement* indique assez l'identité de principe qui existe entre les articles 853 et 854. Toutefois, la loi prend, à l'égard des associations, une précaution spéciale, probablement parce qu'elles sont très-fréquentes dans le commerce, et se prêtent mieux que tout autre contrat aux avantages indirects. Les conditions de l'association doivent avoir été réglées *par un acte authentique*. Par là, on a, sans doute, voulu prévenir la suppression de l'écrit qui constate ces conditions. Effectivement, l'acte notarié, dont l'officier public doit garder minute [1], est conservé dans un dépôt d'où il ne peut pas facilement disparaître ; tandis qu'un acte sous seing privé, lors même qu'il est enregistré, peut être supprimé et remplacé par un autre, et alors, les conditions primitives de l'association pouvant n'être pas connues, les héritiers n'auraient aucun moyen de vérifier si elles présentaient un avantage indirect.

Les sociétés commerciales, autres que les associations en participation, doivent être constatées par écrit. Cet écrit doit être authentique, lorsqu'il s'agit d'une société anonyme, et alors l'article 854 s'applique littéralement. Quant aux sociétés en nom collectif ou en commandite, l'acte qui les constate peut être sous seing privé ; mais, dans tous les cas, un extrait de cet acte, contenant, entre autres indications, le nom des associés et les valeurs fournies ou à fournir par les commanditaires, doit être transcrit sur un registre tenu au greffe du tribunal de commerce (C. de comm., art. 42-44). La transcription ainsi faite sur un registre public semble remplir, à l'égard des actes privés, le but que se propose le Code civil en exigeant un acte authentique. On pourrait objecter sans doute que, même avant le Code civil, l'ordonnance du commerce exigeait déjà l'enregistrement au greffe d'un extrait des actes de société commerciale [2] ; et l'on en conclurait que les rédacteurs du Code ont exigé l'acte authentique en connaissance de cause. Mais cette opinion nous semble peu rationnelle : si le législateur a voulu prévenir la suppression de l'acte, son but se trouve atteint par la transcription au greffe d'un acte privé, tout aussi bien que par la rédaction d'un acte authentique [3]. Au surplus, la disposition du Code demeure

---

[1] Loi du 25 ventôse an XI, art. 20.
[2] Ordonn. de 1673, tit. 4, art. 2.
[3] Un arrêt rendu dans le sens de cette opinion par la cour de Montpellier, le 16

textuellement applicable en ce qui concerne les sociétés civiles ou les associations en participation.

Lorsque l'acte ne présente ni les conditions ordinaires de l'authenticité ni les conditions particulières exigées par le droit commercial, l'héritier ne peut se soustraire à l'obligation de rapporter les bénéfices ; car les termes de la loi sont trop positifs pour que nous puissions admettre, avec certains auteurs, la possibilité de combattre, par une preuve contraire, la présomption de fraude établie par le Code.

717. Au lieu de dire pour les associations, comme on le dit pour les autres conventions, qu'elles ne doivent présenter *aucun avantage indirect*, la loi dit qu'elles doivent avoir été faites *sans fraude*. Dans le système qui considère les donations déguisées comme dispensées par cela même du rapport, on donne aux mots *sans fraude* un sens étranger à la matière de cette section. Suivant Toullier, la loi voudrait dire « sans fraude aux dispositions légales qui règlent la capacité de dispo-« ser ou de recevoir à titre gratuit, et qui fixent la quotité disponi-« ble (¹). » Cette interprétation nous paraît inadmissible ; car il ne s'agit ici ni de la quotité disponible, ni de la capacité nécessaire pour disposer ou pour recevoir. Il nous semble évident que l'article 854 doit être interprété par l'article précédent, et que dès lors l'association faite *sans fraude* est celle qui, au moment de la convention, ne présentait *aucun avantage indirect*. On objecte, il est vrai, que, le DE CUJUS pouvant toujours avantager un des successibles par une dispense expresse de rapport, il ne saurait y avoir fraude à faire indirectement ce que la loi permet de faire ouvertement. Cette proposition pourrait être fondée, si on interprétait le texte du Code sans avoir égard aux précédents historiques ; mais il est permis d'y voir une réminiscence de l'ancien droit. Tout en autorisant le père de famille à disposer avec dispense de rapport, les rédacteurs du Code ont pu parler de fraude, comme le faisait Pothier, sous l'empire d'une coutume qui n'admettait pas la clause de préciput, lorsqu'il supposait des libéralités tendant à *éluder la loi du rapport* (²). C'est ainsi que Tronchet lui-même critiquait la disposition de l'article 849, comme pouvant *donner lieu à des fraudes* (705). Il n'est donc pas étonnant que le mot fraude ait été employé ici comme synonyme d'avantage indirect.

---

août 1838, a été cassé le 26 janvier 1842. Mais, dans l'espèce, la société, contractée pour quatre ans, par un acte sous seing privé dûment publié, avait été ensuite prorogée tacitement : ce qui mettait l'association en dehors, soit des termes, soit de l'esprit de l'article 854, et ce qui, en fait, prêtait beaucoup à la fraude.

(¹) Toullier, tome 4, n° 474.

(²) Pothier, Successions, chap. 4, art. 2, § 4.

855. — L'immeuble qui a péri par cas fortuit et sans la faute du donataire, n'est pas sujet à rapport.

PAR CAS FORTUIT ET SANS LA FAUTE DU DONATAIRE. Le cas fortuit est quelquefois la conséquence d'une faute commise par le débiteur (1) (V. *Inst.*, § 2, *Quib. mod. re contrah.*), et alors l'obligation n'est pas éteinte (art. 1807).

SOMMAIRE.

718. Application des principes généraux sur la perte des corps certains.

718. Cette règle n'est, comme nous l'avons vu (693), qu'une application du principe qui libère le débiteur d'un objet déterminé, lorsque cet objet vient à périr par cas fortuit (art. 1302). La décision du Code sur les immeubles sujets à rapport est conçue en termes absolus. Il n'y a donc pas lieu de distinguer si l'immeuble est encore entre les mains de l'héritier donataire, ou s'il a été aliéné. Il est vrai qu'en cas d'aliénation, le rapport cessant d'être dû en nature (art. 859), on pourrait croire que l'obligation du donataire se trouve alors transformée en une dette de quantité, et que par suite il doit supporter les risques. Mais, dans le système du Code, ce n'est pas à l'époque de l'aliénation que se réalise l'obligation du rapport, c'est à l'ouverture de la succession. Par conséquent, si l'immeuble aliéné a péri du vivant du donateur, cette obligation n'a jamais existé, et dès lors n'a pu changer d'objet.

856. — Les fruits et les intérêts des choses sujettes à rapport ne sont dus qu'à compter du jour de l'ouverture de la succession.

SOMMAIRE.

719. Distinction à établir entre le droit et l'émolument qui en résulte.

719. Si l'on appliquait rigoureusement les termes généraux de l'article 843, qui oblige l'héritier à rapporter *tout ce qu'il a reçu*, le donataire devrait remettre à la masse de la succession les revenus aussi bien que le fonds qui les a produits ; mais, comme nous l'avons vu, les capitaux seuls sont sujets à rapport. Si l'héritier devait rapporter les fruits ou les intérêts qu'il a perçus, la donation lui serait plus onéreuse que profitable (2).

---

(1) La cour de Paris a jugé, le 20 avril 1811, qu'il est dû rapport d'un immeuble vendu et confisqué sur le donataire pour cause d'émigration, cette circonstance constituant, sinon une faute, du moins un fait personnel, imputable au successible.

(2) L'héritier a, en conséquence, le droit d'exiger les intérêts ou arrérages qui

On est d'accord sur l'application de cette règle, lorsque la donation a pour objet un capital dont la propriété se distingue facilement de l'u sufruit. Ainsi, le donataire d'un champ ou d'une somme placée à intérêt profitera des fruits naturels ou civils jusqu'à l'ouverture de la succession. Il y a plus de difficulté lorsque la donation porte sur le droit de jouissance même, par exemple, sur un usufruit ou sur une rente viagère. La donation, dans ce cas, semblerait n'avoir pour objet qu'une succession de fruits ou d'arrérages; et, s'il en était ainsi, le rapport serait dû pour l'émolument de la jouissance, par cela seul que le donataire n'en serait pas dispensé. Mais il faut se reporter, à cet égard, aux principes que le Code établit sur l'usufruit des rentes viagères (art. 588) et sur l'usufruit constitué en dot (art. 1568). Comme nous l'avons déjà vu (171), ce n'est pas une succession de fruits ou d'arrérages qui est donnée, mais un droit de jouissance dont les fruits ou arrérages sont l'émolument, et c'est ce droit seulement qui est sujet à rapport ([1]).

857. — Le rapport n'est dû que par le cohéritier à son cohéritier; il n'est pas dû aux légataires ni aux créanciers de la succession.

SOMMAIRE.

720. Pourquoi les légataires et les créanciers eux-mêmes ne peuvent demander le rapport soit des donations entre-vifs, soit des legs.
721. Règle différente pour les créanciers de l'un des héritiers.

720. L'unique but du rapport étant de maintenir l'égalité entre les copartageants, il en résulte que les héritiers seuls sont tenus de cette obligation, et ne le sont qu'envers leurs cohéritiers. Nous avons vu jusqu'à quel point ce principe s'applique aux enfants naturels, qui peuvent exiger, sinon un rapport proprement dit, du moins une imputation (507 et 519). Quant aux *légataires* et aux *créanciers de la succession*, ce n'est pas dans leur intérêt que le rapport a été établi: aussi la faculté de l'exiger leur est-elle expressément déniée par le Code.

Et d'abord, en ce qui concerne les donations entre-vifs, les légataires ne peuvent, à aucun titre, en demander le rapport; car leur droit ne prend naissance qu'au décès du testateur, et dès lors il se trouve limité aux biens existants à cette époque. Ce que nous disons des léga-

peuvent lui être dus jusqu'au jour de l'ouverture de la succession (Cassation, 31 mars 1818).

([1]) Ainsi jugé par la cour de Bastia, le 21 novembre 1832.

taires s'applique évidemment aux créanciers dont la créance est postérieure à la donation. Quant aux créanciers antérieurs, ils avaient un droit de gage sur tous les biens de leur débiteur (art. 2092). Si ce droit cesse en cas d'aliénation des biens, les créanciers peuvent attaquer l'aliénation, lorsqu'elle a eu lieu en fraude de leurs droits (art. 1167); et lorsqu'ils ont une hypothèque, ils sont toujours admis à la faire valoir : mais l'action révocatoire, en cas de fraude, et les poursuites hypothécaires n'ont rien de commun avec le rapport.

En ce qui concerne les legs, les créanciers n'ont point à en demander le rapport, parce que le payement des dettes passe toujours avant l'exécution des dispositions testamentaires. Les légataires ne sont pas dans la même position les uns à l'égard des autres. Sans doute, ceux qui viennent à la succession ne sauraient être tenus au rapport, même en moins prenant, envers les autres légataires ; car c'est entre les héritiers seulement que le législateur a entendu maintenir l'égalité. Mais il faut se garder de confondre le rapport en moins prenant avec l'imputation (520), et l'on ne peut nier l'intérêt des légataires à demander que le legs fait à l'un des héritiers soit imputé sur sa réserve plutôt que sur la quotité disponible, puisque tous les autres legs portent nécessairement sur cette quotité. De là naît une grave question : s'ils ne peuvent demander le rapport, ne peuvent-ils pas au moins exiger que le legs fait à l'un des héritiers soit imputé sur sa réserve? Nous ne pourrons discuter cette question que lorsque nous traiterons de la réduction des donations et legs (art. 922 et suiv.).

721. Si les créanciers du défunt ne sont point fondés à exiger le rapport, il en est autrement des créanciers de chaque héritier. Comme ils peuvent toujours exercer, au nom de leur débiteur, les droits et les actions qui lui appartiennent (art. 1166), on ne saurait leur refuser la faculté de se présenter au partage et d'exiger le rapport du chef de leur débiteur [1]; et il en serait ainsi lors même que ce dernier aurait renoncé au préjudice de leurs droits (art. 788) [2]. Bien plus, les créanciers du défunt, s'ils deviennent créanciers de l'héritier, peuvent demander eux-mêmes le rapport. C'est ce qui arrive par suite de la confusion qu'entraîne l'acceptation pure et simple. Pour appliquer ce principe que le rapport n'est pas dû aux créanciers de la succession, il faut supposer que les héritiers qui ont droit de le demander, sont des héritiers bénéficiaires, dont les droits ne se confondent pas avec ceux du défunt. Alors les créanciers de la succession, n'étant pas

---

[1] La cour de Toulouse a cependant jugé, le 9 juin 1835, que la faculté de demander le rapport est un droit purement personnel. La cour de Colmar s'est prononcée en sens contraire, le 19 janvier 1815.

[2] Pothier, Successions, chap. 4, art. 2, § 6.

créanciers de l'héritier à qui le rapport est dû, ne peuvent pas le demander en son nom.

858. — Le rapport se fait en nature ou en moins prenant.

722. Dans le système du Code, le rapport en nature s'applique seulement aux immeubles. C'est donc aux immeubles seuls que se réfère l'article 858. Quant aux meubles, ils ne se rapportent que d'une seule manière, en moins prenant (art. 868); ou, pour parler plus exactement, ils s'imputent sur la part de l'héritier donataire.

Les articles suivants, jusques et y compris l'article 861, concernent le rapport des immeubles. Les deux derniers articles de cette section sont les seuls qui s'occupent du mobilier.

859. — Il peut être exigé en nature, à l'égard des immeubles, toutes les fois que l'immeuble donné n'a pas été aliéné par le donataire, et qu'il n'y a pas, dans la succession, d'immeubles de même nature, valeur et bonté, dont on puisse former des lots à peu près égaux pour les autres cohéritiers.

723. L'immeuble sujet à rapport doit être rapporté en nature lorsqu'il n'a pas été aliéné par le donataire avant l'ouverture de la succession. Et cependant, s'il existe d'autres immeubles de même nature, susceptibles de former, pour les autres héritiers, des lots à peu près équivalents, en un mot, si le but des articles 826 et 832 peut être rempli indépendamment du rapport en nature, alors rien n'empêche l'héritier donataire de conserver l'immeuble donné en tenant compte de sa valeur; mais c'est là une faculté introduite en sa faveur, et dont il est libre de se départir, s'il lui convient de faire le rapport en nature.

Lors même qu'il n'existe pas dans la succession d'autres immeubles d'une importance à peu près égale, le donateur a le droit de dispenser le donataire du rapport en nature. On conçoit facilement que, pouvant exclure toute espèce de rapport, le DE CUJUS ait pu à plus forte raison n'exiger que le rapport en moins prenant [1]. C'est ainsi qu'on l'a entendu au conseil d'État [2].

724. Nous ne parlons ici que des biens donnés entre-vifs. Quant aux biens légués, il semble, d'après le texte de l'article 843, que le légataire venant à la succession n'a d'action pour les réclamer qu'autant qu'ils lui ont été laissés par préciput. Ainsi, dans l'opinion des interprètes qui prennent cet article à la lettre, le legs fait sans dispense de rapport à l'un des héritiers ne lui procure d'autre avantage que la faculté d'opter entre l'objet légué et sa part héréditaire. Pour ne pas restreindre l'effet du legs à une pareille option, d'autres interprètes ont pensé que la volonté du défunt doit suffire, même en cas d'acceptation, pour assurer à l'héritier légataire le droit d'avoir dans son lot l'immeuble légué, sauf à tenir compte de la valeur, puisqu'il n'est pas dispensé du rapport. On voit que, dans ce système, par cela seul que le DE CUJUS a fait un legs à l'un de ses successibles, il l'a dispensé virtuellement du rapport en nature. Mais, s'il est vrai, comme nous l'avons dit précédemment (689), que toutes les règles établies dans le Code sur le rapport des donations entre-vifs doivent s'appliquer aux dispositions testamentaires, il ne faut admettre ni le système exclusif qui forcerait le légataire à opter entre le legs et sa part dans la succession, ni le système contraire qui l'autoriserait dans tous les cas à prendre dans son lot l'immeuble légué. Cette faculté, d'après le texte de la loi [3], n'appartient à l'héritier légataire que dans le cas où l'immeuble légué peut être rapporté en moins prenant, c'est-à-dire, lorsqu'il existe dans la succession d'autres immeubles de même nature et d'une importance à peu près égale (art. 859).

Quant aux meubles, il ne saurait s'élever aucune difficulté, puisque le rapport n'a jamais lieu qu'en moins prenant (art. 868).

860. — Le rapport n'a lieu qu'en moins prenant, quand le donataire a aliéné l'immeuble avant l'ouverture de la succession; il est dû de la valeur de l'immeuble à l'époque de l'ouverture.

---

[1] C'est ainsi que, d'après un arrêt de rejet, du 20 mars 1843, le père qui déclare acquérir un immeuble pour son fils est considéré comme manifestant suffisamment l'intention de ne l'astreindre qu'au rapport du prix porté dans l'acte.

[2] Séance du 2 nivôse an XI.

[3] La première partie de l'article 859 ne se réfère qu'aux donations entre-vifs, parce qu'elle suppose une aliénation consentie par le donataire; mais la seconde partie s'exprime d'une manière plus générale, et s'applique dès lors aux immeubles légués comme à ceux qui ont été donnés entre-vifs.

SOMMAIRE.

725. La donation faite sans dispense de rapport est résolue par cela même que le donataire vient à la succession. Il semblerait dès lors que, s'il a aliéné l'immeuble, il n'a transféré qu'un droit semblable à celui qu'il avait, c'est-à-dire une propriété résoluble. C'est en vertu de ce principe que l'immeuble rapporté en nature rentre dans la succession, franc et quitte de toutes charges créées par le donataire (art. 865), qui est réputé n'avoir jamais eu la propriété ; mais déjà l'ancienne jurisprudence avait refusé d'appliquer ce principe à la propriété même [1], parce qu'en soumettant à une chance fréquente d'éviction l'acquisition des immeubles donnés en avancement d'hoirie, on les aurait, pour ainsi dire, mis hors du commerce. Les rédacteurs du Code ont voulu également que le donataire, bien qu'il n'ait qu'une propriété résoluble vis-à-vis de ses cohéritiers, pût conférer aux tiers une propriété incommutable. C'est dans ce but que, d'accord à cet égard avec les coutumes de Paris et d'Orléans, ils ont substitué, en cas d'aliénation, le rapport en moins prenant au rapport en nature [2].

726. Quant à la valeur dont le donataire doit tenir compte à ses cohéritiers, on ne doit pas s'attacher au profit qu'il a pu tirer de l'aliénation. Qu'il ait aliéné à titre gratuit ou à titre onéreux, par exemple par vente ou par échange, peu importe : il n'a pu, par son propre fait, changer la nature de son obligation. En réalité, c'est toujours de l'immeuble même qu'il est débiteur. Ainsi, bien qu'on le dispense du rapport en nature, ses cohéritiers ne doivent pas moins avoir l'équivalent de ce qu'ils auraient si l'immeuble avait été remis dans la masse partageable.

Mais à quelle époque faut-il se reporter pour apprécier la valeur dont il doit leur être tenu compte ? Il convenait de s'attacher au moment où l'obligation du rapport prend naissance, c'est-à-dire *à l'époque de l'ouverture.* Cette décision du Code est remarquable en ce qu'elle déroge à l'ancienne jurisprudence, qui se référait au jour du partage [3], jurisprudence dont un vestige se retrouve dans l'article 861.

---

[1] Pothier, Successions, chap. 4, art. 2, § 7.

[2] Coutume de Paris, art. 305 ; d'Orléans, art. 306 ; discussion au C. d'État, séance du 23 nivôse an XI.

[3] Pothier, *ibid.*

Cependant cette décision du Code ne doit pas s'appliquer dans toutes les hypothèses. Si, au lieu d'être aliéné volontairement, l'immeuble
avait été exproprié pour cause d'utilité publique (V. art. 545), ou racheté par suite d'une convention de réméré (V. art. 1659), le donataire ne devrait rapporter que l'indemnité ou le prix par lui reçu,
parce que c'est précisément cette indemnité ou ce prix qu'aurait reçu
le donateur, si la donation n'avait pas eu lieu. En pareil cas, le prix
est substitué au corps certain sujet à rapport ; le donataire devient débiteur d'une quantité, et peu importe que l'immeuble exproprié ou
racheté ait ensuite augmenté ou diminué de valeur, peu importe même
qu'il ait entièrement péri.

727. Dans le cas même où l'immeuble n'a pas cessé d'appartenir au
donataire, le rapport peut encore n'avoir lieu qu'en moins prenant,
lorsque les autres héritiers trouvent dans la succession des lots équivalents (art. 859). On ne saurait, dans cette hypothèse, se reporter à
l'ouverture de la succession ; car, si le donataire est autorisé à ne faire
qu'un rapport en moins prenant, c'est à raison de la corrélation qui
existe entre l'immeuble donné et les autres immeubles de la succession : il faut que ces derniers soient de même nature, de même valeur,
de même bonté, et tels qu'on en puisse fournir, pour chacun des autres cohéritiers, un lot à peu près égal à celui que doit conserver le
donataire. Dès lors, c'est à l'époque du partage que la valeur de l'immeuble donné doit être appréciée, puisque c'est à cette époque seulement que peuvent se réaliser les conditions qui placent le donataire
dans l'hypothèse prévue par le Code.

861. — Dans tous les cas, il doit être tenu compte au donataire
des impenses qui ont amélioré la chose, eu égard à ce dont sa valeur
se trouve augmentée au temps du partage.

862. — Il doit être pareillement tenu compte au donataire, des
impenses nécessaires qu'il a faites pour la conservation de la chose,
encore qu'elles n'aient point amélioré le fonds.

SOMMAIRE.

728. A qui profite l'augmentation de valeur des biens sujets au rapport. De quelles
dépenses la succession doit compte à l'héritier donataire.
729. A quelle époque doit se calculer la plus value résultant des dépenses utiles.

728. Soit que le rapport ait lieu en nature, soit qu'il se fasse en
moins prenant, la succession profite des augmentations qui s'opèrent
naturellement, sans aucun déboursé de la part du donataire, par exemple, des alluvions, accrues de bois, etc. Il en est de-même lorsque la

valeur des biens donnés s'augmente par suite de travaux publics, tels que l'établissement d'une route nouvelle. Si, au contraire, l'augmentation a eu lieu par le fait du donataire, la succession ne doit pas s'enrichir à ses dépens; mais, pour savoir comment elle doit lui en tenir compte, il y a plusieurs distinctions à établir.

Et d'abord, les réparations d'entretien, qui sont une charge de la jouissance (art. 605 et 608), doivent être supportées par le donataire, puisque dans aucun cas il ne rapporte les fruits (art. 856).

Quant aux autres dépenses, il faut distinguer si elles sont voluptuaires, utiles ou nécessaires [1]. On ne doit pas tenir compte au donataire des dépenses purement voluptuaires, qui n'augmentent pas la valeur de l'immeuble; il lui suffit d'avoir, comme l'usufruitier, la faculté d'emporter les objets susceptibles d'être enlevés sans dégradation, à la charge par lui de rétablir les choses dans leur état primitif (V. article 599).

La même règle ne saurait s'appliquer aux dépenses nécessaires. Le montant doit en être remboursé intégralement, *encore qu'elles n'aient point amélioré le fonds*; car, dans ce cas même, la succession en profite, en ce sens qu'elles ont évité au défunt une dépense qu'il aurait été forcé de faire si l'immeuble était resté entre ses mains.

Quant aux dépenses utiles, qui, sans être nécessaires, ont augmenté la valeur du fonds, elles ne sont pas remboursées au donataire en totalité: on lui tient compte seulement de la plus value donnée à l'immeuble [2].

729. Voyons à quelle époque se calcule cette plus value. Si l'on s'attachait toujours aux termes de l'article 861, elle devrait, *dans tous les cas*, être appréciée *au temps du partage*; mais cette rédaction, nous l'avons déjà dit, n'est qu'un vestige de l'ancienne jurisprudence. Le Code a posé un principe nouveau en décidant que le rapport en moins prenant de l'immeuble aliéné par le donataire aurait lieu sur le pied de la valeur existante à l'ouverture de la succession (art. 860). Évidemment, il doit en être de la plus value donnée aux biens comme de leur valeur même: l'une et l'autre doivent être appréciées en même temps, c'est-à-dire à l'ouverture de la succession, lorsqu'il s'agit d'un immeuble aliéné. Que si le donataire a été autorisé à conserver l'immeuble, soit en vertu de l'article 859, soit par la volonté du donateur, c'est au temps du partage qu'il faut apprécier la valeur, et par conséquent

---

[1] V. Fragments d'Ulpien, tit. 6, § 15-17.

[2] Un arrêt de rejet, du 3 avril 1821, suivant la doctrine de la loi 48, D. *de rei vind.*, admet la compensation des fruits perçus de bonne foi depuis l'ouverture de la succession avec l'indemnité due au successible pour la plus value de l'immeuble. Mais cette compensation est repoussée par les termes généraux des articles 549 et 138.

la plus value. Enfin, la même règle doit s'appliquer lorsque l'immeuble est rapporté en nature. Si, dans ce cas, le rapport s'effectue sans qu'il y ait lieu d'évaluer l'immeuble donné, l'équité n'en veut pas moins qu'on tienne compte des améliorations existantes à l'époque du partage. C'est ce qui résulte d'ailleurs des termes généraux de l'article 861.

863. — Le donataire, de son côté, doit tenir compte des dégradations et détériorations qui ont diminué la valeur de l'immeuble, par son fait ou par sa faute et négligence.

864. — Dans le cas où l'immeuble a été aliéné par le donataire, les améliorations ou dégradations faites par l'acquéreur doivent être imputées conformément aux trois articles précédents.

SOMMAIRE.

730. Si la succession tient compte des améliorations qui ont augmenté la valeur des biens sujets à rapport, l'héritier donataire est, par réciprocité, comptable des dégradations ou détériorations résultant de son fait, ou même, en cas d'aliénation volontaire, du fait des nouveaux propriétaires. En sens inverse, on doit également tenir compte à l'héritier des améliorations résultant de leur fait. Le donataire, en transmettant la propriété, n'a pas pu changer sa position vis-à-vis de ses cohéritiers.

Il faut remarquer, en ce qui concerne les détériorations, que le texte comprend celles qui résultent, soit de la *faute* du donataire ou de ses ayants cause, soit même de leur simple *fait*, c'est-à-dire, de tout acte par lequel ils ont détérioré l'immeuble, même en agissant dans la limite de leur droit, et par conséquent sans être en faute ; par exemple, si le rapport, au lieu d'être fait par le donataire lui-même, est fait par un enfant qui représente son père, et qui, dans l'ignorance de la donation faite à son auteur, a diminué d'une manière quelconque la valeur des biens. Cette décision n'est qu'une application du principe qui n'admet l'extinction de l'obligation par la perte de l'objet qu'autant que le débiteur n'y a contribué, ni par sa faute, ni même par son simple fait, comme nous le démontrerons sur les articles 1042 et 1302.

865. — Lorsque le rapport se fait en nature, les biens se réunissent à la masse de la succession, francs et quittes de toutes charges créées par le donataire ; mais les créanciers ayant hypothèque peuvent intervenir au partage, pour s'opposer à ce que le rapport se fasse en fraude de leurs droits.

731. Le rapport en nature a pour effet de résoudre toutes les charges créées par le donataire, c'est-à-dire, comme le décide formellement Pothier, les hypothèques et autres droits réels, tels que l'usufruit et les servitudes (1). Ces droits cessent d'exister, parce que le donataire est réputé n'avoir jamais eu la propriété, et alors, comme on le dit communément, *resoluto jure dantis resolvitur jus accipientis.* Cependant il peut arriver que l'immeuble rapporté en nature tombe dans le lot du cohéritier qui a fait le rapport. Or, comme la condition résolutoire est admise dans l'intérêt des héritiers qui ont demandé le rapport, et non dans l'intérêt de celui qui l'a effectué, il faut reconnaître que la résolution n'a lieu que conditionnellement, pour le cas où l'immeuble rapporté en nature viendrait à échoir dans le partage à un cohéritier du donataire. Dans le cas contraire, c'est-à-dire, lorsque l'immeuble échoit au donataire qui l'a rapporté, le rapport n'est que fictif (2), la propriété du donataire se trouve consolidée, et tous les droits réels dont il avait grevé l'immeuble doivent subsister.

S'il en était autrement, on ne concevrait pas comment le partage pourrait avoir lieu en fraude des *créanciers hypothécaires*, et pourquoi, lorsque le rapport peut se faire en nature, le Code leur accorde un droit spécial d'intervention, indépendamment de celui qui appartient aux *créanciers d'un copartageant* (art. 882), lors même qu'ils n'ont pas d'hypothèque et que leur débiteur n'est soumis à aucun rapport. Mais l'intervention des créanciers hypothécaires s'explique lorsqu'on reconnaît que la propriété de leur débiteur sur l'immeuble sujet au rapport en nature peut être consolidée par l'effet du partage. C'est qu'alors les créanciers hypothécaires ont une chance de conserver leur droit; chance qu'il leur importe de ne point perdre en intervenant dans le partage afin qu'il soit régulièrement procédé à la distribution des lots par la voie du sort (art. 834), ou même afin que le rapport n'ait pas lieu en nature, dans le cas où la loi permet de le faire en moins prenant.

866. — Lorsque le don d'un immeuble fait à un successible

---

(1) Pothier, Successions, chap. 4, art. 2, § 8.
(2) Pothier, Coutume d'Orléans, introduction au titre 17, n° 95.

avec dispense du rapport excède la portion disponible, le rapport de l'excédant se fait en nature, si le retranchement de cet excédant peut s'opérer commodément.

Dans le cas contraire, si l'excédant est de plus de moitié de la valeur de l'immeuble, le donataire doit rapporter l'immeuble en totalité, sauf à prélever sur la masse la valeur de la portion disponible : si cette portion excède la moitié de la valeur de l'immeuble, le donataire peut retenir l'immeuble en totalité, sauf à moins prendre et à récompenser ses cohéritiers en argent ou autrement.

SOMMAIRE.

732. Donation faite avec dispense de rapport, mais sujette à réduction; Réduction en moins prenant.
733. Quand il y a lieu au retranchement en nature, l'héritier peut-il retenir tout à la fois la quotité disponible et sa part héréditaire?

732. Cet article suppose un immeuble donné avec dispense de rapport, dont la valeur excède la quotité disponible. Dès lors c'est improprement que le texte parle du *rapport* de l'excédant; car ce qui excède la quotité disponible n'est pas sujet à rapport, mais à réduction (art. 920).

Le retranchement de l'excédant semble devoir s'opérer en nature, puisque la réduction, du moins lorsqu'elle s'applique à des étrangers, ne s'opère pas en moins prenant ; mais il en est autrement lorsque le donataire vient prendre une part dans la succession du donateur. S'il existe dans cette succession d'autres immeubles d'une importance à peu près égale à celle de l'immeuble donné, la réduction se fait en moins prenant (art. 924), comme se fait le rapport en pareille hypothèse (art. 859).

733. Ici le Code va plus loin encore. Sans examiner s'il existe ou non d'autres immeubles, l'article 866, supposant que la donation dépasse la quotité disponible, ne prescrit le retranchement en nature de l'excédant qu'autant qu'il peut s'opérer *commodément* (666) (¹).

Dans le cas contraire, la loi, voulant éviter le morcellement des héritages, distingue si l'excédant dépasse ou non la moitié de la valeur de l'immeuble. S'il est de plus de moitié, l'héritier donataire doit remettre la totalité dans la succession, sauf à prélever sur les autres biens la valeur de la quotité disponible. Si, au contraire, l'excédant ne

---

(¹) Lorsque le retranchement de l'excédant peut s'opérer en nature, le donataire ne saurait être autorisé, même par testament, à récompenser ses cohéritiers en argent (Rouen, 14 *juin* 1836).

s'élève pas à la moitié, le donataire conserve le tout ; *sauf... à récompenser ses cohéritiers en argent ou autrement.* Suivant le texte, l'héritier pourrait aussi *moins prendre :* ce qui ferait supposer qu'en retenant l'immeuble jusqu'à concurrence de la quotité disponible, il ne retient pas en même temps sa part héréditaire ; mais un semblable résultat serait véritablement choquant. En combinant l'article 866 avec l'article 924, on reconnaît que l'excédant dont parle la loi doit s'entendre eu égard au montant cumulé de la quotité disponible et de la réserve. Pour qu'il y ait lieu à moins prendre, il faut supposer que le donataire a encore quelque droit à exercer dans la succession : ce qui est impossible dans l'hypothèse proposée. Il faut donc rectifier le texte du Code, et admettre que le donataire est nécessairement obligé de récompenser ses cohéritiers.

On se demande ce qui arriverait si l'excédant était exactement de moitié. Il paraît conforme à l'esprit du Code de décider que l'héritier conserve le tout. On ne doit pas, dans le doute, déposséder le donataire, auquel cette éviction de propriété pourrait causer un grave préjudice.

867. — Le cohéritier qui fait le rapport en nature d'un immeuble peut en retenir la possession jusqu'au remboursement effectif des sommes qui lui sont dues pour impenses ou améliorations.

SOMMAIRE.

734. L'héritier donataire n'a plus seulement un droit de rétention : il a aussi une action en indemnité.

734. D'après les coutumes de Paris et d'Orléans, le droit de rétention accordé au donataire tenu du rapport en nature, était la seule garantie qu'il eût pour le recouvrement des impenses dont ses cohéritiers lui devaient compte (¹). Aussi les coutumes, prévoyant le cas où les cohéritiers ne voudraient pas faire le remboursement que leur impose le rapport en nature, se bornaient-elles à décider qu'alors l'immeuble serait rapporté en moins prenant. C'est avec raison que cette disposition du droit coutumier n'a pas été reproduite par le Code. On ne saurait admettre aujourd'hui que, faute par le donataire d'avoir retenu l'immeuble, il n'ait aucune autre voie pour recouvrer l'indemnité qui lui est due. Cette idée, empruntée à d'anciennes traditions du droit

---

(¹) Pothier, successions, chap. 4, art. 2, § 7 ; V. Coutume de Paris, art. 305 ; d'Orléans, art. 306.

romain (¹), est trop manifestement contraire à l'équité pour qu'on puisse refuser au donataire une action contre ses cohéritiers. Du reste, on conçoit que ceux-ci préfèrent quelquefois un rapport en moins prenant à un rapport en nature, qui les obligerait à payer une indemnité considérable, et rien n'empêche les parties de s'entendre pour régler leurs droits de cette manière.

868. — Le rapport du mobilier ne se fait qu'en moins prenant. Il se fait sur le pied de la valeur du mobilier lors de la donation, d'après l'état estimatif annexé à l'acte ; et, à défaut de cet état, d'après une estimation par experts, à juste prix et sans crue.

SOMMAIRE.

735. Pourquoi le mobilier est aux risques de l'héritier donataire. Comment se constate la valeur des objets donnés.
736. Rapport en moins prenant du mobilier incorporel.

735. En décidant, d'une part, que le rapport du mobilier n'a lieu qu'*en moins prenant*, et, d'autre part, qu'il se fait sur le pied de la valeur que les meubles avaient *lors de la donation*, le Code consacre l'opinion de Pothier (²), contraire à celle de Lebrun. Ce dernier jurisconsulte appliquait le rapport en nature aux meubles qui ne se détériorent point par l'usage, par exemple, aux perles et aux diamants. Quant aux autres meubles corporels, Lebrun pensait qu'ils devaient être appréciés eu égard à ce qu'ils auraient pu valoir au temps du partage (³). Ce mode d'appréciation, proposé dans la discussion par Maleville, a été repoussé. Tronchet a fait valoir à cet égard que « l'usage est « la seule jouissance qu'on puisse tirer des meubles, et que cet usage « les dégrade pour le profit du donataire. » De plus , a-t-il ajouté, en invoquant assez mal à propos la maxime *res perit domino*, « les meu-« bles sont donnés en pleine propriété. » En parlant de pleine propriété, Tronchet voulait dire que la propriété du donataire sur les meubles donnés en avancement d'hoirie est incommutable, d'où il tirait implicitement cette conséquence, que les meubles sont toujours aux risques du donataire pour la valeur qu'ils avaient au jour de la donation.

Cette valeur est déterminée par l'état estimatif qui doit être joint à l'acte de donation (art. 948), lorsqu'il est dressé un acte (V. art. 951).

(¹) V. *Inst.*, § 30, de divis. rer.
(²) Successions, chap. 4, art. 2, § 7.
(³) Lebrun, Successions, liv. 3, chap. 6, sect. 3, n° 34.

A défaut d'état estimatif, la valeur des meubles est déterminée par des experts, qui, après l'ouverture de la succession, apprécient ce que les meubles ont pu valoir à l'époque de la donation. Ce mode d'évaluation, quelle qu'en soit l'incertitude, est le seul auquel on puisse recourir, lorsque des meubles assez importants pour être sujets à rapport ont été donnés par simple tradition. Nous n'avons pas à nous préoccuper ici du plus ou moins de difficulté qu'on rencontre relativement à la preuve d'une semblable donation ; nous supposons le fait établi par l'aveu du donataire ou par tout autre mode de preuve.

L'insolvabilité du donataire qui doit faire le rapport en moins prenant, retombe nécessairement sur ses cohéritiers. Il faut même signaler un cas spécial où la succession supporte l'insolvabilité d'un débiteur du donataire. Lorsqu'une fille dotée par son père se marie sous le régime dotal avec un homme sans profession et déjà insolvable, elle n'est tenue de rapporter à la succession paternelle que l'action qui lui appartient contre son mari (art. 1573).

756. La règle que le rapport n'a lieu qu'*en moins prenant* s'applique, d'après le texte, au *mobilier*, c'est-à-dire, aux termes de l'article 535, à tout ce qui est réputé meuble suivant les règles établies au titre de la distinction des biens (art. 527 et suiv.). Nous ne nous dissimulons pas combien est vicieuse la disposition de l'article 535 considérée comme définition absolue ; mais les différents articles placés dans la section *des rapports* se réfèrent évidemment à la division générale des biens meubles et immeubles. Les articles 868 et 869 sont les seuls qui s'occupent des meubles ; et, s'ils ne s'appliquaient pas aux biens qui sont meubles par la détermination de la loi, comme à ceux qui sont meubles par leur nature, il existerait dans le Code une véritable lacune, ce qui ne peut pas se supposer. En décidant que *le rapport du mobilier ne se fait qu'en moins prenant*, le législateur a dû vouloir comprendre dans cette règle tout ce qui n'est pas compris dans les règles précédentes, et par conséquent tout ce qui n'est pas immeuble. C'est ainsi, d'ailleurs, que l'entendait Pothier lorsqu'il disait : « L'enfant donataire d'un office ou d'un meuble n'est point tenu de rapporter « en essence et espèces les choses qui lui ont été données, mais seulement à rapporter les sommes qu'elles valaient lorsqu'elles ont été « données. » Ainsi, Pothier ne faisait point de distinction, même à l'égard des offices, et tout porte à croire que les rédacteurs du Code n'ont pas fait plus de distinction que Pothier. Nous devons donc appliquer aux offices, aux rentes, en un mot à tous les biens meubles par la détermination de la loi, la règle qui prescrit le rapport en moins prenant [1].

---

[1] La cour de Nîmes a statué en ce sens pour les rentes, le 24 janvier 1828. Un

869. — Le rapport de l'argent donné se fait en moins prenant dans le numéraire de la succession.

En cas d'insuffisance, le donataire peut se dispenser de rapporter du numéraire, en abandonnant, jusqu'à due concurrence, du mobilier, et, à défaut de mobilier, des immeubles de la succession.

SOMMAIRE.

737. Application à tous les cas de rapport en moins prenant, de la règle posée pour l'argent donné.

737. Toutes les fois que le rapport a lieu *en moins prenant*, c'est une valeur pécuniaire qui est due par l'héritier. Dès lors, ce qui est dit ici de l'*argent donné*, s'applique nécessairement à tous les autres cas de rapport en moins prenant, même lorsqu'il s'agit d'immeubles.

On aurait pu croire que, dans l'hypothèse où le numéraire trouvé dans la succession serait insuffisant pour satisfaire aux prélèvements à opérer par les cohéritiers du donataire, celui-ci devrait prendre *de suo* la somme nécessaire. Le Code l'en dispense, en lui permettant de s'acquitter au moyen de prélèvements opérés par ses cohéritiers sur les autres biens.

INTRODUCTION A LA SECTION III.

SOMMAIRE.

738. Distinction des dettes et des charges de la succession.
739. Différence entre l'obligation aux dettes et la contribution. Division des dettes comme des créances entre les héritiers.
740. Exceptions que comporte cette règle. Effet des poursuites hypothécaires.
741. Dans quelles limites le cohéritier qui a payé la dette hypothécaire peut exercer son recours. Différence entre l'héritier pur et simple et l'héritier bénéficiaire.
742. Comment se règle la contribution aux dettes. Droit qui en résulte pour les créanciers.
743. Origine de la séparation des patrimoines. En quoi ce bénéfice diffère du bénéfice d'inventaire.

758. Après avoir réglé, dans les deux premières sections, ce qui concerne l'actif de la succession, la loi s'occupe du passif. Ce passif comprend les dettes et les charges.

---

arrêt de Cassation, du 21 novembre 1815, a également ordonné le rapport d'un office sur le pied de sa valeur lors de la donation, dans une espèce bien favorable pourtant au donataire, puisqu'il s'agissait d'un office supprimé en 1789, dont le prix avait été remboursé en assignats.

Par dettes, il faut entendre ici les obligations dont le DE CUJUS était tenu de son vivant ; mais sa mort impose à ses successeurs de nouvelles obligations. De là vient qu'indépendamment des dettes proprement dites, le passif comprend plusieurs charges. Tels sont les frais funéraires, et les divers frais nécessaires, tant pour la conservation et la liquidation des droits respectifs des cohéritiers que pour le partage des biens, comme les frais de scellés, d'inventaire et d'expertise. Lorsqu'il existe un testament, les legs peuvent aussi être considérés comme une charge de la succession (¹) ; mais le mot *charges*, tel que l'ont entendu dans ce titre les rédacteurs du Code, n'a pas autant d'extension. C'est au titre des *donations et testaments* (art. 1017) que le législateur s'occupe du payement des legs.

759. Lorsqu'on examine comment le passif doit être supporté par les différents successeurs qui concourent au partage des biens, il faut rechercher d'abord comment les héritiers sont tenus envers les créanciers, et ensuite comment se règle la contribution aux dettes, tant entre les héritiers proprement dits qu'entre les autres successeurs appelés à une quote-part de l'hérédité.

Vis-à-vis des créanciers, les héritiers proprement dits sont tenus même *ultra vires*, quelle que soit l'importance de l'actif laissé par le défunt. Effectivement, en leur accordant la saisine, la loi leur impose l'obligation d'acquitter *toutes les charges* (art. 724). Toutefois, chaque héritier n'en est pas tenu pour la totalité. D'après un principe qui remonte à la loi des Douze Tables, les dettes et les créances se divisent de plein droit entre les héritiers dans la même proportion que l'hérédité ; et, malgré la disposition exceptionnelle de quelques coutumes, qui déclaraient les héritiers débiteurs solidaires envers les créanciers, le principe de la division des dettes avait prévalu dans notre ancien droit avant de passer dans le Code civil. Ainsi, chaque héritier ne succède aux dettes comme aux créances du défunt qu'en proportion de sa part héréditaire, c'est-à-dire de la part dont il est saisi (art. 873 et 1220).

740. Évidemment cette règle ne s'applique point aux obligations indivisibles, et, lors même que l'obligation est susceptible de division, le créancier a quelquefois le droit d'agir contre un seul des héritiers pour le tout. Tel est le cas où sa créance est garantie par une hypothèque (art. 1221). Alors, en effet, outre l'action personnelle qu'il peut intenter contre chacun des débiteurs pour sa part, il peut, en vertu de l'hypothèque, suivre les immeubles affectés à sa créance en quelques mains qu'ils passent (art. 2114), en sorte que tout possesseur, lors même qu'il n'est pas personnellement obligé, est suscep-

---

(¹) Pothier, Successions, chap. 5, art. 1.

tible d'être poursuivi pour la totalité de la dette. Par conséquent, si l'un des héritiers reçoit dans son lot un immeuble grevé d'hypothèques, il sera soumis, en raison de sa part héréditaire, à une action personnelle, et, en raison de sa qualité de détenteur, à des poursuites hypothécaires pour le montant intégral de la dette, sauf, bien entendu, son recours contre ses copartageants.

741. Dans cette hypothèse, le recours de l'héritier pur et simple n'a pas la même étendue que celui d'un étranger, qui n'est pas tenu de contribuer au payement des dettes, comme un légataire particulier (V. art. 871 et 874). L'héritier, ou tout autre successeur, appelé à supporter personnellement une quote-part de la dette par lui intégralement acquittée, ne peut, quoique subrogé aux droits du créancier, et par conséquent à ses hypothèques, agir, même hypothécairement, pour la totalité contre les autres successeurs ; il n'est fondé à leur demander que la part pour laquelle chacun d'eux est tenu de contribuer au payement.

Il en est autrement de l'héritier bénéficiaire. Sans doute, cet héritier, à la différence du légataire particulier, est comptable envers les créanciers ; mais ce n'est pas une raison pour le considérer comme tenu personnellement des dettes de la succession. On a déjà vu (616) qu'il lui suffit de rendre compte des biens héréditaires pour que ses biens personnels soient à l'abri de toute poursuite. Ainsi, cet héritier, étant subrogé dans les droits du créancier hypothécaire qu'il a payé de ses deniers, peut agir hypothécairement pour le tout contre l'un de ses cohéritiers (art. 875).

742. Voyons maintenant comment se règle la contribution aux dettes entre les différents successeurs. Ici la base à laquelle s'attache le législateur, n'est plus la part héréditaire, mais la quote-part de biens que chacun prend dans la succession (art. 870). Cette part contributoire ne diffère point de la part héréditaire lorsqu'il n'existe que des héritiers légitimes ; mais il peut y avoir en concours avec eux des successeurs irréguliers, qui, sans avoir la saisine, recueillent une quote-part de la succession, et doivent par conséquent supporter une quote-part des dettes et charges (art. 757). La même observation s'applique au cas où les héritiers concourent avec des légataires universels ou à titre universel (art. 871). Enfin, lorsqu'un des héritiers recueille, indépendamment de sa part héréditaire, une quote-part de la succession qui lui est léguée par préciput, il doit contribuer tout à la fois comme héritier et comme légataire à titre universel.

La part contributoire, qui se distingue alors de la part héréditaire, est celle que chacun des copartageants doit supporter en définitive ; et celui d'entre eux qui, pour une cause quelconque, acquitte une plus forte part, a son recours contre les autres. C'est ainsi qu'un héritier légitime, forcé de satisfaire les créanciers pour la part dont il est saisi (art. 1220), est fondé à recourir contre un enfant naturel ou contre un légataire à titre universel, pour leur part contributoire. Toutefois, quoiqu'ils n'aient pas la saisine, les successeurs que la loi oblige à contribuer peuvent être poursuivis directement par les créanciers (art. 1012).

743. Lorsqu'il accepte purement et simplement, l'héritier confond ses droits et ses obligations avec les droits et les obligations du défunt. Cette confusion, en faisant concourir les créanciers du défunt avec ceux de l'héritier, peut nuire à ces derniers, si la succession est insolvable, et, dans l'hypothèse de l'insolvabilité de l'héritier, aux créanciers du défunt. A Rome, le droit civil n'offrait aucun moyen d'éviter ce fâcheux résultat; mais le droit prétorien vint au secours des créanciers de la succession, en les autorisant à demander que le patrimoine de l'héritier fût séparé du patrimoine du défunt, afin que les biens du *de cujus* continuassent d'être leur gage ([1]). Les créanciers de l'héritier, au contraire, n'ont point obtenu le bénéfice de cette séparation, parce qu'un débiteur conserve pendant toute sa vie le droit de contracter de nouvelles obligations, par exemple, en acceptant une hérédité onéreuse, sans que ses créanciers soient fondés à s'en plaindre, du moins lorsqu'il n'a pas agi en fraude de leurs droits ([2]).

Ces principes étaient généralement adoptés dans notre ancienne jurisprudence, et le droit intermédiaire ne les a point changés. L'existence de la séparation des patrimoines était formellement reconnue par la loi de brumaire an VII, sur les hypothèques ([3]), lorsque le Code civil l'a réglée au titre des successions, en se référant, du moins généralement, aux principes du droit romain; mais nous aurons à examiner, au titre des priviléges et hypothèques, jusqu'à quel point les règles primitivement établies sur cette matière ont été modifiées par les dispositions de l'article 2111.

Bien que la séparation des patrimoines soit de beaucoup antérieure au bénéfice d'inventaire, qui ne remonte qu'à Justinien, l'analogie qui existe entre ces deux bénéfices est évidente, puisqu'ils ont été introduits, l'un comme l'autre, pour prévenir les conséquences rigoureuses produites en droit romain par la confusion des droits et obligations de l'héritier avec ceux du défunt. Seulement, il faut remarquer que la séparation des patrimoines se borne à modifier ces conséquences dans l'intérêt des créanciers de la succession, tandis que le bénéfice d'inventaire empêche la confusion dans l'intérêt de l'héritier, qui peut tou-

---

([1]) *Ulp. L. 1, pr. et § 1, D. de separat.*

([2]) *Ulp. d. L. 1, § 2, D. eod.*

([3]) Loi du 11 brumaire an VII, sur le régime hypothécaire, art. 14.

jours reprendre la qualité d'héritier pur et simple. Les créanciers du défunt ne doivent donc pas se fier au bénéfice d'inventaire ; car, bien qu'il empêche réellement la confusion tant qu'il subsiste, la volonté de l'héritier qui renonce à ce bénéfice en faisant une acceptation pure et simple, suffit pour faire revivre la confusion entre les deux patrimoines, qui, jusque-là, étaient distincts. Pour qu'il n'en soit pas ainsi, ils ont intérêt, lors même que la succession n'a été acceptée que bénéficiairement, à demander la séparation des patrimoines.

SECTION III.

DU PAYEMENT DES DETTES.

870. — Les cohéritiers contribuent entre eux au payement des dettes et charges de la succession, chacun dans la proportion de ce qu'il y prend.

871. — Le légataire à titre universel contribue avec les héritiers au prorata de son émolument ; mais le légataire particulier n'est pas tenu des dettes et charges, sauf, toutefois, l'action hypothécaire sur l'immeuble légué.

SOMMAIRE.

744. Quels successeurs doivent contribuer avec les héritiers au payement des dettes. Pourquoi le légataire particulier n'est tenu ni envers les créanciers, ni envers les héritiers.

744. D'après les principes que nous avons posés (742), tous ceux qui recueillent une quote-part de la succession, doivent contribuer au payement des dettes. Cette obligation s'applique notamment en matière de legs d'universalités. Nous avons déjà vu (208), en effet, que le Code distingue des legs *universels* et des legs *à titre universel* (art. 1003 et 1010), et cependant l'article 871 ne parle que du légataire *à titre universel*; mais il ne faut point prendre ce texte à la lettre. Le légataire universel, lorsqu'il concourt avec des héritiers, comme nous le verrons sur l'article 1006, doit contribuer aux dettes, tout aussi bien que le légataire à titre universel. Si le Code ne parle ici que de ce dernier légataire, c'est que le législateur s'exprime comme les anciens auteurs, qui ne distinguaient pas le legs universel du legs à titre universel. Ces deux dénominations s'employaient également par opposition au legs particulier ou à titre particulier (¹). C'est dans cette acception générale que les rédacteurs de l'article 871, comme ceux

---

(¹) Pothier, Donations testamentaires, chap. 2, sect. 1, § 2.

du projet de Code civil (¹), ont parlé du légataire à titre universel, sans se préoccuper de la signification nouvelle que la même expression devait prendre dans le titre suivant.

Si les légataires doivent contribuer au payement des dettes et charges, c'est lorsqu'ils succèdent à une quote-part des biens qui en sont grevés; mais les dettes, pesant sur les biens pris en masse, ne pèsent pas sur chacun d'eux considéré isolément. De là vient que, par opposition au légataire universel ou à titre universel, le légataire particulier, n'étant pas appelé à succéder, même pour une quote-part, à l'universalité des droits du testateur, n'est personnellement tenu des dettes et charges, ni envers les héritiers, ni envers les créanciers (²). Cependant, lorsque l'objet du legs est un immeuble grevé d'hypothèque, le légataire particulier peut être, comme tout autre détenteur, poursuivi hypothécairement pour la totalité de la dette; mais alors il acquitte la dette d'autrui, et il est fondé à exercer un recours dont nous expliquerons les conséquences sur l'article 874.

872. — Lorsque les immeubles d'une succession sont grevés de rente par hypothèque spéciale, chacun des cohéritiers peut exiger que les rentes soient remboursées, et les immeubles rendus libres avant qu'il soit procédé à la formation des lots. Si les cohéritiers partagent la succession dans l'état où elle se trouve, l'immeuble grevé doit être estimé au même taux que les autres immeubles; il est fait déduction du capital de la rente sur le prix total; l'héritier, dans le lot duquel tombe cet immeuble, demeure seul chargé du service de la rente, et il doit en garantir ses cohéritiers.

SOMMAIRE.

745. Inconvénient spécial du recours hypothécaire lorsqu'il s'agit d'une rente perpétuelle. Ce qu'on doit faire pour l'éviter.

746. Faut-il étendre l'application du texte au cas d'hypothèque générale? Distinction à établir entre les deux moyens indiqués par la loi.

745. Parmi les dettes au payement desquelles doivent contribuer les copartageants, peuvent se trouver des rentes, c'est-à-dire des dettes dont les arrérages sont périodiquement exigibles. Cette espèce de dette, lorsqu'elle n'est point garantie par une hypothèque, n'est l'ob-

_____

(¹) Liv. 3, tit. 1, art. 191.

(²) Lorsque, d'après l'intention du défunt, un legs particulier doit être acquitté sur les valeurs mobilières de la succession, si ces valeurs se trouvent absorbées, toutes les dettes du défunt doivent être à la charge de la masse immobilière (Cassation, 19 février 1821).

jet d'aucune règle particulière. Chaque héritier en est tenu en raison de sa part héréditaire, sauf le règlement ultérieur de la contribution des différents successeurs entre eux, conformément aux articles précédents. Dans le cas contraire, celui dans le lot duquel tombe l'immeuble hypothéqué, est exposé, comme détenteur, à être poursuivi pour la totalité des arrérages. A la vérité, s'il est ainsi forcé de payer pour les autres, il aura son recours contre ses copartageants, jusqu'à concurrence de la part contributoire de chacun d'eux ; mais cette nécessité de payer les arrérages, sauf à exercer son recours contre les autres débiteurs, se renouvellera indéfiniment à raison de la nature de la dette. C'est un inconvénient grave, que le législateur s'efforce de prévenir par différents moyens.

Et d'abord, il veut que le créancier soit désintéressé par le remboursement du capital, si l'état de la succession le permet, et si la convention ne s'y oppose pas (V. art. 530 et 1911). Nous avons déjà vu que le créancier ne peut jamais exiger ce remboursement, et que le débiteur, au contraire, a en général la faculté de l'effectuer. Dans les cas ordinaires, chaque héritier use de cette faculté dans son intérêt particulier et pour sa part seulement ; mais, dans l'hypothèse qui nous occupe, la volonté d'un seul héritier suffit pour contraindre les autres à rembourser la rente avant la formation des lots.

En second lieu, s'il n'est pas possible d'éteindre la rente par le remboursement du capital, la loi veut que le payement des arrérages soit mis à la charge d'un seul lot. Dans ce but, le montant du capital nécessaire au rachat de la rente doit être déduit de la valeur estimative de l'immeuble hypothéqué ; et, en compensation de l'excédant dont profite le copartageant à qui cet immeuble échoit, il est chargé de payer à lui seul la totalité des arrérages.

Les expressions du texte : *demeure seul chargé du service de la rente*, sont exactes dans les rapports des copartageants entre eux, seul point dont s'occupe ici le législateur ; mais, à l'égard du créancier, les héritiers sont toujours débiteurs des arrérages, chacun en proportion de sa part héréditaire ; car les arrangements qu'ils font entre eux relativement au partage du passif, ne peuvent modifier en rien leur position vis-à-vis des créanciers. C'est précisément parce que le créancier de la rente conserve son action contre chacun des héritiers, que celui d'entre eux à qui l'immeuble hypothéqué est échu, *doit* les *garantir*, c'est-à-dire les défendre contre les attaques du créancier, ou les indemniser, s'ils sont forcés de payer.

746. Le texte suppose qu'un immeuble dépendant de la succession est grevé de rente *par hypothèque spéciale*. Cette expression semble exclure l'hypothèse d'une affectation générale de tous les immeubles. Dans ce dernier cas, en effet, les copartageants sont tous dans la même

position à l'égard du créancier, et il n'y a point lieu de modifier le opérations du partage en augmentant la valeur de tel ou tel lot. Néanmoins, cette circonstance, que l'hypothèque s'étend à tous les immeubles du défunt complique singulièrement la position des cohéritiers. Elle multiplie les recours que le législateur a voulu prévenir, et c'est alors surtout que le remboursement du capital devient nécessaire. On se demande, dès lors, si les dispositions de cet article ne sont pas applicables, même en cas d'hypothèque générale.

Pour résoudre cette question, il faut savoir que l'article 872, lorsqu'il a été discuté au conseil d'État, ne parlait point du rachat de la rente. En prévoyant l'hypothèse d'une rente et d'une hypothèque spéciale sur *un immeuble* seulement, les auteurs du projet de Code civil (1) et la section de législation elle-même n'avaient songé qu'aux moyens à prendre pour qu'un des héritiers demeurât seul chargé du service des arrérages. Ce fut seulement dans la discussion que Tronchet fit admettre par voie d'amendement la disposition relative au remboursement du capital, et cet amendement n'était en aucune façon restreint au cas d'une hypothèque spéciale. Loin de là, cette condition de spécialité fut opposée par Treilhard à la proposition de Tronchet, et celui-ci répliqua qu'une rente peut être « hypothéquée sur plusieurs immeu- « bles répartis dans des lots différents (2). » Tronchet entendait donc parler d'une hypothèque générale aussi bien que d'une hypothèque spéciale. Son amendement ayant été adopté, il aurait fallu refondre entièrement la rédaction primitive, et faire disparaître, dans la première partie de l'article, la mention de l'*hypothèque spéciale*. On n'en a rien fait. La section de législation, en intercalant cette phrase : *chacun des cohéritiers*, et en conservant plus bas le texte primitif, qui ne suppose toujours qu'un seul immeuble, s'est contentée de parler, au commencement de l'article, *des immeubles* au pluriel, reproduction très-inexacte de l'amendement de Tronchet.

Nous croyons qu'il faut, en s'attachant à la pensée du législateur, distinguer dans l'application de la loi ce qui n'a pas été distingué dans sa rédaction. Ainsi, nous considérons le droit accordé à chaque héritier d'exiger le rachat de la rente, comme un droit général qui peut être exercé, quelle que soit la nature de l'hypothèque (3). Quant à la disposition tendant à ce que l'un des héritiers demeure seul chargé du service des arrérages, elle ne saurait s'appliquer dans le cas où les biens sont tous hypothéqués; elle doit être restreinte au cas dans lequel un des immeubles ou quelques-uns d'eux sont grevés d'une hypothèque spéciale.

(1) Projet de Code civil, liv. 3, tit. 1, art. 192.
(2) Discussion au C. d'État, séance du 23 nivôse an XI.
(3) V. en ce sens un arrêt de la cour de Nîmes, du 16 avril 1830.

Les inconvénients dont le législateur s'est préoccupé dans cet article, n'existent pas au même degré, lorsqu'il s'agit de rentes viagères. Aussi est-on d'accord pour restreindre aux rentes perpétuelles ce que la loi dit des rentes en général.

873. — Les héritiers sont tenus des dettes et charges de la succession, personnellement pour leur part et portion virile, et hypothécairement pour le tout, sauf leur recours, soit contre leurs cohéritiers, soit contre les légataires universels, à raison de la part pour laquelle ils doivent y contribuer.

PART ET PORTION. Pléonasme évident, quoique le mot *part* et le mot *portion* ne soient pas toujours employés l'un pour l'autre : on dit *portion disponible*, tandis que *part disponible* est inusité.

SOMMAIRE.

747. En quel sens les créanciers peuvent agir hypothécairement pour le tout contre les héritiers. Réfutation du système qui leur accorde une hypothèque légale.
748. Dans quelle proportion les différents successeurs sont soumis à l'action personnelle.
749. Distinction entre la part héréditaire et la part virile.
750. Explication tirée de l'ancienne jurisprudence. Raisons qui aujourd'hui la rendent inadmissible.
751. Explication plus conforme au système général du Code.
752. La division des dettes s'opère-t-elle entre les héritiers légitimes et les successeurs à certains biens ?

747. Les dettes d'un défunt se divisent de droit entre ses héritiers, comme ses créances, en sorte que chaque héritier succède aux unes et aux autres, mais pour sa part seulement [1]. Toutefois, cette division des créances et des dettes ne s'applique point aux obligations qu'on appelle indivisibles, dont l'exécution peut être poursuivie pour le tout contre un seul héritier, sauf son recours contre ceux qui doivent contribuer avec lui (V. art. 1220, 1225 et 1225). De plus, l'obligation est souvent garantie par une hypothèque, et alors, outre l'action personnelle qui se divise entre les héritiers du débiteur, le créancier a, contre tout détenteur des biens affectés à sa créance, une action réelle hypothécaire. Cette action ne se divise pas comme l'action personnelle, et de là vient qu'en se référant aux différentes actions que peuvent exercer les créanciers, le Code, après avoir dit que les héritiers sont tenus des dettes et charges de la succession *pour leur part et portion...*

_____

[1] Cette division est applicable aux héritiers bénéficiaires comme aux héritiers purs et simples (Cassation, 22 *juillet* 1811).

ajoute, conformément aux dispositions des coutumes de Paris (art. 333) et d'Orléans (art. 358) : *et hypothécairement pour le tout.*

Suivant une interprétation qui a été proposée, on donnerait à ces derniers mots le sens qu'ils ont dans l'article 1017, aux termes duquel les héritiers ou autres débiteurs d'un legs en sont tenus *hypothécairement pour le tout, jusqu'à concurrence de la valeur des immeubles de la succession dont ils sont détenteurs.* D'après cette opinion, les immeubles de la succession se trouveraient tous grevés en faveur des créanciers, comme ils le sont en faveur des légataires, d'une hypothèque légale. Ce n'est pas ici le lieu d'examiner pourquoi l'hypothèque accordée par la loi aux légataires n'a pas été pareillement accordée aux créanciers du défunt. Ce qu'il y a de certain, c'est qu'il n'y a jamais eu de prérogative de ce genre en leur faveur, ni en droit romain, ni dans notre ancienne jurisprudence. On ne saurait supposer qu'une innovation aussi importante ait été improvisée par trois mots ajoutés à la fin d'un article, surtout lorsque ces mots trouvent une interprétation toute naturelle dans la législation antérieure. D'après les articles précités des coutumes de Paris et d'Orléans, les héritiers sont tenus *hypothécairement pour le tout*, mais seulement *s'ils sont détenteurs d'héritages qui aient appartenu au défunt et hypothéqués à la dette par ledit défunt.* Nous comprenons, en effet, que, dans l'ancienne jurisprudence, on ait insisté spécialement sur cette hypothèse, par ce que les biens du débiteur se trouvaient frappés d'une hypothèque générale au profit du créancier, par cela seul qu'il était porteur d'un titre exécutoire. Aujourd'hui que l'hypothèque ne peut être constituée sans une déclaration expresse de la volonté du débiteur, l'action du créancier pour le tout se présente beaucoup plus rarement [1].

Ce point expliqué, voyons quels sont les différents effets de l'action personnelle et de l'action hypothécaire. Personnellement, chacun des héritiers est débiteur pour sa part, et ne peut éviter d'être condamné qu'en payant. Hypothécairement, au contraire, l'héritier qui a payé sa part de la dette, ne peut être contraint qu'au délaissement de l'immeuble. Le payement intégral n'est pour lui qu'une faculté, au moyen de laquelle il peut éviter le délaissement et conserver l'immeuble hypothéqué [2]. S'il préfère payer, il acquitte la dette de ses copartageants, et a son recours contre eux conformément aux articles 875 et 876.

748. Maintenant, en nous bornant à ce qui concerne l'action per-

---

[1] Dans tous les cas, l'héritier n'étant tenu hypothécairement que comme détenteur, l'aliénation par lui faite sans fraude le met à l'abri de tout recours autre que l'action personnelle (Rejet, 26 *vendémiaire* an XI).

[2] Pothier, Successions, chap. 5, art. 4 ; Lebrun, Successions, liv. 4, chap. 2, sect. 1, n° 5.

sonnelle, nous avons à examiner dans quelle proportion elle se divise. Les créanciers peuvent, sans aucun doute, prendre pour base de leurs poursuites le règlement établi par les articles 870 et 871, et agir, tant contre les héritiers que contre les autres successeurs à titre universel, pour la part contributoire que chacun doit supporter (V. art. 1009 et 1012); mais rien ne les oblige de s'attacher à cette base. Les héritiers proprement dits sont, comme représentants de la personne du défunt, investis de la saisine; dès lors, ils doivent à eux seuls tout ce que devait leur auteur, et, comme chacun le représente en raison de sa part héréditaire, c'est-à-dire de la portion d'hérédité dont il est saisi (art. 1220), c'est en raison de cette même portion qu'il est tenu envers les créanciers (1), sauf son recours contre ses copartageants, si sa part héréditaire excède sa portion contributoire.

749. Cependant le texte ne parle pas de la part héréditaire. En décidant que les héritiers sont tenus *personnellement*, la loi ajoute : *pour leur part et portion virile*. Or, à proprement parler, la part virile est une fraction dont le dénominateur est égal au nombre des héritiers, en sorte qu'elle est toujours la même pour chacun d'eux. Elle est de moitié, s'ils sont deux, du tiers, lorsqu'il y en a trois, et ainsi de suite (2). La part héréditaire, au contraire, est déterminée par la quotité pour laquelle chaque héritier est saisi (3). Elle se confond avec la part virile, lorsque tous les héritiers sont appelés à succéder par égales portions; mais il n'en est pas toujours ainsi. Le père ou la mère du défunt, par exemple, venant en concours avec un frère ou une sœur, succède pour un quart, et son cohéritier prend les trois autres quarts (art. 748, 749 et 751). Dans cette hypothèse, il y a deux parts héréditaires très-inégales, tandis que la part virile serait de moitié pour le frère comme pour le père. Ce dernier sera-t-il donc tenu, envers les créanciers, de la moitié des dettes, et le frère, qui représente le défunt pour les trois quarts, ne devra-t-il à ces mêmes créanciers que l'autre moitié? Un semblable résultat serait souverainement inique et en contradiction formelle avec l'article 1220.

750. Certains interprètes ont fait observer, à cet égard, que l'ancienne jurisprudence, tout en admettant comme règle générale la division des dettes en raison des parts héréditaires, obligeait chacun des héritiers à payer en raison de sa part virile, lorsqu'il y avait des héritiers à différentes espèces de biens; par exemple, un héritier aux meubles, acquêts et propres maternels, et un héritier aux propres

---

(1) Pothier, *ibid.*, art. 3, § 2; Lebrun, *ibid.*, n° 35.

(2) Merlin, *Répert.*, v° PORTION VIRILE; V. Pothier, Successions, chap. 5, art. 3, § 3.

(3) Merlin, *Répert.*, v° PART.

paternels. Ils ont cru apercevoir dans la disposition de l'article 873 un vestige de cette ancienne distinction. En conséquence, bien que la division des dettes en raison des parts héréditaires soit toujours pour eux la règle générale, ils veulent restreindre l'application de l'article 1220 au cas où, conformément au droit commun (art. 732), la succession est réglée sans égard à l'origine des biens ; et dans les cas spéciaux où le Code reconnaît encore des héritiers à certains biens (art. 351, 352, 747 et 766), ils appliquent l'article 873 comme disposition exceptionnelle. Dans ce système, la présence d'un successeur à certains biens suffirait pour obliger chaque héritier à payer d'abord en raison de sa part virile, sans préjudice du payement supplémentaire qu'il pourrait avoir à effectuer plus tard, en raison de sa part héréditaire. Effectivement, dans l'ancienne jurisprudence, le payement en raison de la part virile n'était que provisoire, et cette division, étrangère au texte des coutumes, n'était, comme le dit Pothier, qu'un expédient admis par l'opinion commune, en attendant la ventilation nécessaire pour fixer définitivement la proportion des parts héréditaires (¹).

Aujourd'hui, c'est le texte même du Code qui mentionne la part virile ; et, s'il fallait s'y attacher, ce ne serait plus simplement d'un règlement provisoire qu'il s'agirait, mais bien d'un principe général sur le payement des dettes. Et, d'ailleurs, comment admettre que les rédacteurs du Code se soient préoccupés d'un cas particulier, aussi rare dans le droit actuel qu'il était fréquent sous l'ancienne législation ? Enfin, comment s'expliquer qu'ils aient voulu établir d'abord, au titre des successions, une disposition exceptionnelle, en renvoyant au titre des contrats l'établissement de la règle générale ?

751. Il y a tout lieu de penser qu'en parlant de la *part virile* les rédacteurs du Code ont voulu dire *part héréditaire*, par suite d'une confusion de mots qui n'est pas nouvelle. Il en existe des traces dans l'ancienne jurisprudence et dans le droit intermédiaire (²). On s'était habitué à prendre ces deux expressions dans le même sens, et cet usage a été suivi par les auteurs du Code civil. C'est ainsi que l'article 1475 parle de la portion *virile et héréditaire* dans une hypothèse où évidem-

---

(¹) Pothier, Successions, chap. 5, art. 3, § 2.

(²) V. Bourjon, Droit commun de la France, titre des Successions (*Partie 2, chap.12, n° 2*). Espiart, annotateur de Lebrun, employe les mots *part virile* dans le sens de *part héréditaire*, et cette synonymie se trouve en outre dans un sommaire en marge du texte de Lebrun (*liv. 4, chap. 2, sect. 1, n° 10*). La loi du 8 janvier 1790, ayant refusé le droit d'élire aux enfants d'un débiteur décédé insolvable, lorsqu'ils détiendraient une portion des biens paternels sans avoir payé leur *part virile* des dettes, ces deux mots furent définis, dans une instruction officielle du même jour, en ces termes : « La *part virile* est, pour chaque enfant, la part des dettes qu'il aurait été « tenu de payer, s'il eût hérité de son père. »

ment il s'agit de la portion pour laquelle la succession est déférée à chaque héritier.

782. Si la part virile dont parle l'article 873 se confond avec la part héréditaire, chaque héritier est toujours tenu personnellement vis-à-vis des créanciers, de la part dont il est saisi *comme représentant du défunt* (art. 1220). Cette règle générale doit-elle se modifier lorsque des héritiers légitimes concourent avec des successeurs à certains biens, tels qu'un adoptant (art. 351) ou un ascendant donateur (art. 747)? Ces successeurs étant appelés à contribuer aux dettes (485), l'action du créancier doit-elle se diviser entre eux et les héritiers légitimes? Nous avons déjà préjugé la solution de cette question en réfutant le système qui oblige alors chaque successeur à payer provisoirement les dettes en raison de sa part virile.

Au surplus, la difficulté n'est pas la même dans les deux hypothèses proposées. Aucun doute sérieux ne saurait s'élever pour la succession de l'adopté ; car l'adoptant, n'étant point au nombre des héritiers légitimes, ne peut avoir la saisine des biens qu'il recueille indépendamment de toute parenté avec le défunt. Il ne peut donc être poursuivi par les créanciers qu'en raison de sa part contributoire, lorsqu'elle sera fixée par suite de la liquidation. Jusque-là, comme la saisine appartient exclusivement aux parents venant à la succession de l'adopté, c'est entre eux seulement que doit se diviser l'action des créanciers.

L'application de la même règle, dans le cas prévu par l'article 747, souffre plus de difficulté, parce que cet article fait partie des dispositions relatives à la succession des ascendants, ce qui semble placer l'ascendant donateur au nombre des héritiers légitimes auxquels appartient la saisine (art. 724). Cependant, il ne faut pas assimiler le droit de cet ascendant à celui qu'avaient, sous l'ancienne jurisprudence, les héritiers aux propres paternels ou maternels ; les biens recueillis par ces héritiers formaient une sorte d'universalité, tandis que l'ascendant donateur succède *in re singulari*. D'après la règle qui fait peser les dettes sur l'universalité des biens, et non sur chacun des biens considéré isolément (744), l'ascendant donateur ne devrait supporter aucune partie du passif. Si on l'oblige à contribuer aux dettes, c'est par un motif d'équité, et en considération de l'importance que présentent ordinairement les biens ainsi donnés; mais ce n'est pas une raison pour le considérer comme un véritable héritier et pour lui attribuer la saisine.

874. — Le légataire particulier qui a acquitté la dette dont l'immeuble légué était grevé, demeure subrogé aux droits du créancier contre les héritiers et successeurs à titre universel.

875. — Le cohéritier ou successeur à titre universel, qui, par l'effet de l'hypothèque, a payé au-delà de sa part de la dette commune, n'a de recours contre les autres cohéritiers ou successeurs à titre universel, que pour la part que chacun d'eux doit personnellement en supporter, même dans le cas où le cohéritier qui a payé la dette se serait fait subroger aux droits des créanciers ; sans préjudice néanmoins des droits d'un cohéritier qui, par l'effet du bénéfice d'inventaire, aurait conservé la faculté de réclamer le payement de sa créance personnelle, comme tout autre créancier.

876. — En cas d'insolvabilité d'un des cohéritiers ou successeurs à titre universel, sa part dans la dette hypothécaire est répartie sur tous les autres au marc le franc.

SOMMAIRE.

753. Lorsqu'il s'agit du recours à exercer par suite du payement d'une dette hypothécaire, il y a une distinction importante à faire entre le légataire particulier et les successeurs à titre universel.

En acquittant la dette pour laquelle l'immeuble légué était hypothéqué, le légataire particulier paye la dette d'autrui, et doit avoir son recours contre le véritable débiteur. Si le texte, en lui donnant un recours, y soumet seulement *les héritiers* et autres *successeurs à titre universel*, c'est parce qu'il suppose, ce qui arrive le plus communément, que l'hypothèque a été constituée pour une dette du défunt.

Mais quelle est l'étendue de ce recours ? Celui qui acquitte la dette d'autrui, peut avoir deux sortes d'actions. D'abord, en payant volontairement ou non, il se rend *negotiorum gestor* du débiteur (V. art. 1372), ce qui soumet ce dernier à un recours personnel. De plus, celui qui paye peut être *subrogé aux droits du créancier*. C'est une question de savoir si le subrogé est réellement investi de tous les droits qu'avait auparavant le créancier, et, par conséquent, sauf certaines restrictions, de la créance elle-même, comme si elle n'était pas éteinte par le payement ; ou si, au contraire, la subrogation conserve seulement les hypothèques, et, en général, les garanties de la créance primitive, pour les rattacher à la nouvelle créance née de la gestion d'affaires. Nous verrons plus tard qu'en cas de subrogation, la créance primitive n'est pas éteinte ; qu'elle se conserve malgré le payement, aussi bien que ses accessoires, et que dès lors, le subrogé peut, comme l'aurait pu le créancier lui-même, agir hypothécairement pour la totalité de ses déboursés, contre tout détenteur des immeubles affectés à sa créance, aussi bien que contre le débiteur lui-même.

754. Telle est spécialement la position du légataire particulier, qui, outre son recours personnel comme *negotiorum gestor,* peut invoquer les principes généraux sur la subrogation légale. En effet, le Code (art. 1251, 3°) accorde cette subrogation à quiconque, étant tenu avec d'autres ou pour d'autres au payement de la dette, avait intérêt de l'acquitter. Or, quand le légataire acquitte la dette, il paye pour d'autres, et par conséquent il doit être subrogé aux droits du créancier. S'il est vrai que le subrogé est mis au lieu et place du créancier, il en résulte que le légataire particulier peut agir hypothécairement pour le tout, non-seulement contre les héritiers et autres successeurs à titre universel, mais aussi contre tous autres détenteurs. A cet égard encore, l'article 874 s'exprime d'une manière qui n'est pas assez générale.

755. Maintenant, lorsqu'une dette hypothécaire, au lieu d'être acquittée par un légataire particulier, l'est par un héritier ou par un successeur à titre universel, il y a sans doute subrogation légale en sa faveur, du moins pour tout ce qui excède sa part contributoire ; mais son recours contre les autres successeurs, tenus comme lui de contribuer au payement, s'exerce uniquement pour la part que chacun d'eux doit personnellement supporter. Cette décision du Code confirme celle que l'ancienne jurisprudence avait admise après beaucoup de controverses sur les effets de la subrogation (1), en considérant tous ceux qui prennent part à la même hérédité, comme des associés dont la condition doit être égale (2). Il en résulte qu'ils sont

_____

(1) Pothier, Obligations, n° 281; Merlin, *Répert.,* v° SUBROGATION, sect. 2, § 1 ; Lebrun, Successions, liv. 4, chap. 2, sect. 3, n° 2.
La cour de Paris a jugé en ce sens, le 30 ventôse an XIII, dans une espèce régie par l'ancienne jurisprudence.

(2) Lebrun, Successions, liv. 4, chap. 2, sect. 1, n° 43. Suivant Pothier (*loc. cit.*), dont l'opinion a été reproduite par Chabot, dans son rapport au Tribunat, si le codébiteur subrogé aux droits du créancier, doit diviser son recours, c'est afin d'éviter un circuit d'actions interminable. « Celui de mes codébiteurs, dit Pothier, à qui j'au-
« rais fait payer le total de la créance, *ma part déduite,* aurait droit, en payant,
« d'être *pareillement* subrogé aux actions du créancier, sous la déduction de la
« part dont il est lui-même tenu; et en vertu de cette subrogation, il aurait droit
« d'exiger de moi, *sous la déduction de sa part,* ce qu'il m'aurait payé ». Ce prétendu circuit d'actions n'a aucun fondement. Supposons trois cohéritiers, PRIMUS,

réciproquement garants les uns envers les autres, et dès lors, un héritier pur et simple, lors même qu'il agit hypothécairement en vertu de la subrogation, ne peut exiger des autres débiteurs rien de plus que leur part contributoire. Ce qu'on vient de dire de la subrogation légale, s'applique également à celle qui serait accordée par le créancier lui-même. C'est précisément à cette subrogation conventionnelle que le texte fait allusion, lorsqu'il parle d'un héritier qui *se serait fait subroger aux droits du créancier*. L'un des héritiers ne saurait, en effet, par une convention faite avec le créancier, se soustraire à l'obligation de garantie que la loi établit entre les successeurs à titre universel. C'est par suite de cette même obligation de garantie, que, dans le cas où l'un d'eux se trouverait insolvable, on n'a pas voulu que la perte retombât tout entière sur celui qui, malgré la subrogation, est forcé de diviser son recours. Cette perte se répartit entre les successibles solvables, comme elle se répartirait entre les codébiteurs solidaires, que la loi répute associés (V. art. 876 et 1214).

Si ces règles ne s'appliquent point au légataire particulier, c'est parce qu'il n'existe aucune société, aucune obligation de garantie entre lui et les successeurs à titre universel. Cependant, si l'on suppose qu'un immeuble hypothéqué a été légué par préciput, l'héritier légataire ne pourra, en sa qualité de légataire particulier, contraindre un de ses cohéritiers à lui rembourser la totalité de ses avances; car la qualité de légataire ne détruit pas celle d'héritier, ni par conséquent les obligations qui en dérivent.

En vertu de ces mêmes obligations, si l'un des héritiers se trouvait

---

SECUNDUS et TERTIUS : PRIMUS, en désintéressant le créancier, sera subrogé pour la totalité *sa part déduite*, c'est-à-dire pour les deux tiers, qui lui seront remboursés par SECUNDUS. En décidant que ce dernier « doit pareillement être subrogé aux droits « du créancier sous la déduction de la part dont il est lui-même tenu », Pothier suppose que SECUNDUS sera subrogé contre PRIMUS jusqu'à concurrence des deux tiers; mais, dans cette supposition, Pothier perd de vue le caractère essentiel de la subrogation, qui n'a d'autre but que de faciliter au subrogé le recouvrement de ses avances. Si PRIMUS a été subrogé pour les deux tiers, c'est parce qu'il a payé la totalité. SECUNDUS, au contraire, ne payant que les deux tiers, la subrogation à laquelle il a droit sous la déduction de la part dont il est lui-même tenu, se réduit à un tiers; et, pour ce tiers même, SECUNDUS n'a pas droit de revenir contre PRIMUS; car il a été reconnu depuis longtemps que le subrogeant n'est jamais censé avoir cédé des actions que l'on puisse exercer contre lui-même : *Creditor non videtur cessisse contra se*, dit Dumoulin (*De Usur., Quæst.* 89); or, cette règle s'applique à la subrogation qui s'opère de PRIMUS à SECUNDUS, comme à la subrogation du créancier à PRIMUS. C'est donc exclusivement contre TERTIUS, et pour un tiers seulement, que SECUNDUS doit exercer son recours. Sans doute, ces recours successifs offriraient des inconvénients qu'on a dû prévenir; mais ils n'aboutiraient point, comme le croyait Pothier, à ce résultat que l'un des codébiteurs pût jamais répéter ce qu'il aurait payé pour la part contributoire dont il était personnellement tenu dans la dette.

en son propre nom créancier du défunt, il faudrait lui appliquer ce qu'on a dit précédemment de l'héritier subrogé aux droits d'un étranger. En agissant même hypothécairement contre ses cohéritiers, il ne peut demander que la part contributoire de chacun d'eux. S'il en était autrement, le cohéritier qui paye la totalité de la dette, pourrait facilement éluder l'obligation qui lui est imposée de diviser son recours, en se faisant céder la créance, au lieu de se faire simplement subroger.

756. L'héritier bénéficiaire est dans une position toute différente. La loi rappelle expressément qu'il *a conservé... la faculté de réclamer sa créance personnelle, comme tout autre créancier.* On aurait tort de dire, pour justifier cette décision, que cet héritier n'est tenu des dettes que jusqu'à concurrence des biens (art. 802). En réalité il n'est pas débiteur, même jusqu'à concurrence de la valeur des biens de la succession; il est seulement administrateur comptable (616).

877. — Les titres exécutoires contre le défunt sont pareillement exécutoires contre l'héritier personnellement; et néanmoins les créanciers ne pourront en poursuivre l'exécution que huit jours après la signification de ces titres à la personne ou au domicile de l'héritier.

SOMMAIRE.

757. Comment, dans l'ancienne jurisprudence, les actes exécutoires contre le défunt pouvaient être exécutoires contre ses héritiers.

758. Historique de la rédaction de l'article. Signification qui doit précéder la mise à exécution.

757. Les jugements et actes notariés sont exécutoires, lorsqu'ils ont été expédiés dans la forme prescrite pour la promulgation des lois (1). Dans la jurisprudence des pays coutumiers, cette force exécutoire cessait par la mort de l'obligé (2); l'exécution parée (3) ne pouvait avoir lieu contre les héritiers qu'autant qu'ils s'étaient reconnus débiteurs en souscrivant un titre récognitif (V. art. 1337), ou bien que le jugement ou acte exécutoire contre le défunt avait été déclaré pareillement exécutoire contre eux. Toutefois, cette nécessité d'obtenir un titre nou-

---

(1) C. de pr., art. 545. V. t. I, n° 11. Il faut observer qu'aujourd'hui la formule qui rend exécutoires les jugements et actes notariés n'est plus la même. Elle a été changée en 1848 par un décret du gouvernement provisoire, en date du 25 février, et par un arrêté du ministre de la justice, en date du 15 mars.

(2) Coutume de Paris, art. 168; d'Orléans, art. 433.

(3) On appelle ainsi l'exécution qui peut avoir lieu en vertu de l'acte même, sans qu'il soit besoin de recourir à l'autorité du juge. Parée vient du latin *parata*. Ce mot signifie que l'exécution peut avoir lieu *de plano*, d'après la forme même de l'acte (V. Merlin, *Répert.*, v° Exécution parée).

vel ou de recourir à l'autorité du juge n'était pas sans quelque avantage pour le créancier ; car le titre récognitif ou le jugement lui conférait une hypothèque générale sur les biens personnels des héritiers ([1]).

Ces règles n'étaient pas admises dans les pays de droit écrit, et, même dans les autres parties de la France, plusieurs coutumes s'écartaient à cet égard du droit commun. D'après l'ordonnance de Villers-Cotterets, rendue par François Ier, au mois d'août 1539, les actes passés sous le scel royal étaient exécutoires, dans tout le royaume, contre les héritiers aussi bien que contre le débiteur lui-même : les actes passés sous autres sceaux authentiques étaient « aussi exécutoires contre les obli-« gés ou *leurs héritiers*... pourvu qu'au temps de l'obligation ils fus-« sent demeurants au dedans du détroit et juridiction, où lesdits sceaux « étaient authentiques ([2]). »

Pothier prétend que ces dispositions de l'ordonnance ont été abrogées par Henri II, dans sa déclaration du 4 mars 1549, rendue sur les remontrances des parlements ([3]). Or, c'est ce qu'il est difficile de comprendre ; car cette déclaration ne se réfère point aux articles 65 et 66 de l'ordonnance. La seule disposition abrogée ([4]) est la disposition vraiment exorbitante de l'article 72, qui autorisait le créancier à faire exécuter son titre même contre un prétendu héritier dont la qualité n'était pas reconnue, mais « à la charge des dépens, dommages-inté-« rêts, si ladite qualité n'est vérifiée ([5]). »

758. Quoi qu'il en soit, il paraît certain que les articles 65 et 66 de l'ordonnance de 1539 n'étaient pas observés dans la pratique des pays coutumiers, et telle était même la pensée des rédacteurs du projet de Code, lorsqu'ils posaient comme principe que les titres exécutoires contre le défunt ne l'étaient pas *de plano* contre ses héritiers ([6]). Mais cette disposition, d'abord adoptée par le conseil d'État, fut combattue dans les observations du Tribunat par les motifs suivants : « Les « héritiers représentent la personne de leur auteur ; les titres qui étaient « exécutoires pour lui sont exécutoires pour eux contre les débiteurs « de la succession. Pourquoi ne pas les soumettre également à l'effet « des titres exécutoires contre le défunt ? La nécessité où seraient les « créanciers de la succession d'obtenir un jugement contre les héri-« tiers ne servirait qu'à occasionner des frais, et à multiplier des pro-« cès que le Code doit prévenir. »

([1]) Pothier, Successions, chap. 5, art. 4.
([2]) Ordonn. de 1539, art. 65 et 66.
([3]) Pothier, Procédure, part. 4, chap. 2, sect. 2, art. 1er, § 5.
([4]) V. déclaration du 4 mars 1549, art. 1.
([5]) Ordonn. de 1539, art. 72.
([6]) Projet de Code civil, liv. 3, tit. 1, art. 194.

Ces observations étaient péremptoires ; car aujourd'hui l'hypothèque n'est plus attachée à la force exécutoire authentique des actes, et les biens d'un héritier ne seraient pas frappés d'hypothèque, par cela seul qu'il aurait souscrit un titre récognitif, ou laissé prendre un jugement qui, sans prononcer aucune condamnation, rendrait exécutoires contre lui les titres qui l'étaient déjà contre son auteur.

Néanmoins, tout en faisant droit aux observations du Tribunat, le conseil d'État a dû tenir compte de cette circonstance que les héritiers peuvent ne pas connaître toutes les obligations du défunt. En conséquence, il a voulu qu'ils fussent prévenus par la signification du titre huit jours au moins avant la mise à exécution (¹).

Cette signification n'est pas un acte d'exécution, mais un simple avertissement qui peut être donné même pendant les délais accordés à l'héritier pour faire inventaire et délibérer. (²).

878. — Ils peuvent demander, dans tous les cas, et contre tout créancier, la séparation du patrimoine du défunt d'avec le patrimoine de l'héritier.

SOMMAIRE.

759. La séparation des patrimoines est un bénéfice introduit en fa-

---

(¹) Suivant un arrêt de la cour d'Angers, du 21 mars 1834, les créanciers pourraient poursuivre, sans signification préalable, l'héritier qui aurait eu personnellement connaissance du titre exécutoire. La cour de Pau a décidé, avec plus de raison, le 3 septembre 1829, que rien ne peut suppléer la notification prescrite par l'article 877.

(²) Ainsi jugé par la cour de Paris, le 29 décembre 1814.

veur des créanciers du défunt et même de ses légataires (art. 2111), afin d'éviter la confusion que le droit commun établit entre les biens du défunt et ceux de l'héritier, confusion par suite de laquelle les créanciers d'un héritier insolvable pourraient exercer leurs droits sur les biens de la succession en concours avec les créanciers et légataires du défunt, ou même par préférence à eux. On pourrait se demander, au premier abord, quelle est l'utilité de ce bénéfice à l'égard des légataires, qui ont une hypothèque légale sur les immeubles de la succession (article 1017). Mais, parmi les créanciers de l'héritier, quelques-uns peuvent avoir, sur tous les biens présents et à venir de leur débiteur, une hypothèque générale, qui frappe l'immeuble au moment où il entre dans le patrimoine de l'héritier. Il importe donc aux légataires, pour n'avoir point à souffrir du concours de ces créanciers, d'obtenir la séparation des patrimoines, que leur assure une collocation en premier ordre (¹).

760. Cette séparation supposait, en droit romain, la déconfiture de l'héritier et l'envoi en possession de ses biens au profit de ses créanciers. C'est dans cette hypothèse que les créanciers héréditaires, voulant éviter la réunion en une seule masse des biens de la succession et des biens propres de l'héritier, demandaient que les deux patrimoines fussent distingués pour être vendus séparément, comme ils auraient pu l'être du vivant de leur débiteur, *et quasi duorum fieri bonorum venditionem*, dit Ulpien (²). Le droit français ne suppose pas, comme le droit romain, une action collective des créanciers. C'est dans son propre intérêt que chacun d'eux exerce ses droits et demande la séparation des patrimoines. Elle peut donc avoir lieu en faveur de quelques-uns seulement, et alors elle n'a d'effet qu'à leur égard. Nous verrons toutefois qu'en ce qui concerne les héritiers, à notre avis du moins, la séparation peut encore être collective.

La séparation des patrimoines, qui profite aux créanciers et aux légataires du défunt, tend précisément à écarter les créanciers de l'héritier. Aussi est-ce contre eux, suivant le texte, qu'elle est demandée. Mais, avant d'examiner si c'est uniquement contre eux que la demande doit être formée, remarquons qu'il ne s'agit pas de les appeler tous pour que la séparation soit prononcée contradictoirement avec eux.

(¹) Quant aux créanciers hypothécaires du défunt, la cour de Pau a jugé, le 30 juin 1830, que ces créanciers n'ont pas besoin de demander la séparation des patrimoines. Et, en effet, leur droit hypothécaire, ayant pris naissance du vivant du défunt, ne saurait être primé par une hypothèque générale, venant du chef de l'héritier, hypothèque qui ne peut affecter les biens héréditaires qu'à partir de l'ouverture de la succession.

(²) *L.* 1, § 1, *D. de separat.*

Cela serait impossible ; car les créanciers sont rarement connus au moment de la mort de leur débiteur. Si l'on consulte Pothier, dont les rédacteurs du Code n'ont guère fait que reproduire le texte en cette matière, on voit qu'en accordant la séparation des patrimoines *contre tout créancier*, ils ont voulu dire qu'elle produit son effet contre tous les créanciers de l'héritier, quels qu'ils soient, même contre le fisc, dit Pothier ([1]) d'après la loi romaine ([2]), même contre la république, disait le projet de Code civil ([3]).

761. Le Code de procédure n'a point tracé la marche à suivre pour obtenir la séparation des patrimoines, sans doute parce que le plus ordinairement elle est prononcée par suite d'une demande incidente, par exemple, lorsque des poursuites exercées contre l'héritier, tant par ses propres créanciers que par ceux de la succession, font apparaître un conflit entre les intérêts de ces deux ordres de créanciers. C'est ainsi qu'une saisie-arrêt, signifiée à un débiteur du défunt, mettrait les créanciers de ce dernier dans la nécessité d'invoquer le bénéfice de séparation contre ceux de l'héritier, pour les écarter de la distribution par contribution. La confection de l'inventaire fournit aussi aux créanciers de la succession l'occasion d'intervenir pour déclarer qu'ils entendent se réserver tous leurs droits contre les créanciers de l'héritier.

En ce qui concerne les immeubles, le privilége attaché à la séparation des patrimoines se conserve par une inscription prise dans les six mois de l'ouverture de la succession (art. 2111), et cette inscription suffit pour assurer la collocation en premier ordre des créanciers ou légataires du défunt ; mais, en attendant cette collocation, il peut y avoir intérêt pour le créancier ou légataire inscrit à faire prononcer la séparation ([4]), notamment pour mettre obstacle au partage ; car la division des biens peut rendre l'exercice des droits des créanciers plus difficile, et augmenter beaucoup les frais de poursuites.

([1]) Pothier, Successions, chap. 5, art. 4.

([2]) *Ulp.*, L. 1, § 4, *D. de separat.*

([3]) Liv. 3, tit. 1, art. 198.

([4]) Lorsque des immeubles appartenant, les uns au défunt, les autres à l'héritier, ont été compris dans la même saisie, on peut imputer aux créanciers de la succession de les avoir laissé vendre pour un seul et même prix. Dans ce cas, en effet, la ventilation nécessaire pour distinguer la partie du prix qui représente les biens de l'héritier, de celle qui représente les biens du défunt, entraîne des frais considérables et offre de grandes difficultés. D'un autre côté, les créanciers de l'héritier ont été dans l'impossibilité de surenchérir, c'est-à-dire de faire monter le prix des biens de leur débiteur à un taux plus élevé, en provoquant une nouvelle vente (art. 2185 et suiv.), comme ils auraient pu le faire, si les biens avaient été vendus séparément (Rejet, 25 *mai* 1812 ; Riom, 3 *août* 1826 ; Grenoble, 7 *février* 1827

762. C'est ici le lieu d'examiner si la séparation doit être uniquement dirigée contre les créanciers de l'héritier, ou si elle n'intéresse pas l'héritier lui-même. On peut s'expliquer pourquoi le texte a parlé des créanciers seulement. En se reportant au droit romain, on voit que la séparation supposait un héritier tombé en déconfiture, et ses créanciers envoyés en possession de ses biens. Dans une pareille situation, c'est contre ces derniers seulement que la demande pouvait être dirigée ; mais le système du droit actuel diffère essentiellement de celui du droit romain.

Aujourd'hui la séparation peut être demandée *dans tous les cas*. Si ces expressions, qui ne se trouvaient pas dans le projet de Code civil, laissent à désirer sous le rapport de la précision, il est certain du moins qu'elles tendent à généraliser le droit des créanciers du défunt. Aussi les admet-on au bénéfice de séparation, bien que l'héritier ne soit point tombé en déconfiture. Il n'est même pas nécessaire qu'on lui connaisse des dettes ; il suffit que les créanciers de la succession n'aient pas foi dans sa solvabilité, en un mot, qu'ils ne l'acceptent pas pour débiteur, comme dit l'article 879. D'un autre côté, l'héritier, lors même qu'il est tombé en déconfiture, demeure investi de l'hérédité, et au fond, c'est contre lui que la séparation est admise ; car c'est à lui que reviendra, s'il y a lieu, c'est-à-dire après l'acquittement des dettes héréditaires, le surplus des biens de la succession : autrement, ses créanciers personnels n'y auraient aucun droit.

La séparation des patrimoines a donc, pour l'héritier lui-même, un intérêt qui nécessite sa mise en cause, et c'est même contre lui qu'elle doit être demandée directement (¹). Quant aux créanciers, il peut n'en pas avoir, ou en avoir qui ne se sont pas fait connaître, et comme, dans ce dernier cas, la procédure est régulière, bien que les créanciers ne soient pas appelés, il en résulte que, dans la pratique la plus usuelle, la séparation, lorsqu'elle donne lieu à une action principale, se demande tant contre l'héritier que contre les créanciers qui se sont fait connaître, soit par voie d'opposition aux scellés, soit par voie de saisie des biens meubles ou immeubles de la succession.

763. S'il est constant que la séparation des patrimoines peut être demandée quelle que soit la position pécuniaire de l'héritier, on est moins d'accord lorsque la succession n'a été acceptée que sous bénéfice d'inventaire. Les auteurs qui n'admettent pas alors la séparation des patrimoines, prétendent qu'elle est superflue, parce que

---

et 9 *mars* 1831). C'est pour éviter toute responsabilité à cet égard que les créanciers du défunt doivent faire prononcer la séparation des patrimoines.

(¹) Nancy, 14 février 1833. V., en sens contraire, un arrêt de la cour de Poitiers, du 8 août 1828.

l'acceptation bénéficiaire empêche l'héritier de confondre ses droits avec ceux du défunt. La loi, disent-ils, opère dans ce cas une séparation dont le bénéfice ne peut être enlevé aux créanciers héréditaires par un fait postérieur. Si l'héritier qui dispose des biens sans observer les formes prescrites, devient héritier pur et simple (C. de pr., art. 988 et 989.), c'est là une sorte de pénalité établie dans l'intérêt des créanciers, et qui ne doit pas tourner contre eux. L'héritier bénéficiaire, n'étant qu'un administrateur comptable, ne peut se créer un droit par son propre fait : une doctrine contraire favoriserait la fraude, puisqu'elle lui permettrait de frustrer les créanciers du privilége que la loi leur accorde, en faisant à leur insu acte d'héritier pur et simple postérieurement au délai de six mois fixé par l'article 2111.

Ces considérations, bien qu'adoptées par la cour de cassation ([1]), ne nous paraissent pas admissibles. Elles conduiraient logiquement à décider que, dans l'hypothèse prévue par le Code de procédure (art. 988 et 989), de ventes faites sans l'emploi des formes prescrites, les créanciers du défunt, au lieu de poursuivre l'héritier comme débiteur pur et simple, pourraient faire annuler les aliénations par lui consenties. Un tel système irait au-delà de la pensée de ses auteurs, puisqu'alors le bénéfice d'inventaire deviendrait plus avantageux pour les créanciers que la séparation des patrimoines, qui exclut toute action contre les tiers acquéreurs, du moins dans le système établi au titre des successions. Il serait, d'ailleurs, en opposition manifeste avec le texte du Code de procédure, aux termes duquel l'héritier bénéficiaire est *réputé héritier pur et simple*. Sans doute, les créanciers ne sont pas forcés d'invoquer cette disposition ; mais rien ne les autorise à faire rejaillir sur les tiers la peine encourue par l'héritier. Ils n'ont à opter qu'entre ces deux partis : ou bien le poursuivre comme héritier pur et simple, ou bien le considérer comme étant toujours administrateur comptable. C'est là toute l'option qui leur appartient : il faudrait un texte formel pour les autoriser à invoquer eux-mêmes les effets du bénéfice d'inventaire, afin d'empêcher l'acceptation pure et simple.

De ce que la séparation des patrimoines tend, comme le bénéfice d'inventaire, à empêcher que les droits de l'héritier ne se confondent avec ceux du défunt, il ne faut pas conclure que ces deux bénéfices produisent exactement les mêmes effets. Ils ont été introduits dans la législation romaine à des époques et dans des vues trop différentes pour aboutir aux mêmes résultats. Notre ancienne jurisprudence avait admis l'un et l'autre bénéfice comme deux exceptions modifiant en

---

([1]) Arrêts de cassation, du 8 juin 1833, et de rejet, du 10 décembre 1839. De nombreuses décisions ont été rendues dans le même sens par les cours d'appel.

sens inverse les conséquences de l'acceptation. Il appartenait aux rédacteurs du Code de refondre ces institutions disparates dans un système qui, avec plus de simplicité, aurait concilié tous les intérêts : malheureusement le législateur n'y a pas songé, tout porte à croire qu'il n'a fait que se référer à l'ancienne doctrine, et dès lors il est difficile de supposer que la loi ait autorisé à faire tourner contre l'héritier une faculté établie dans son intérêt. Si, d'après le Code civil lui-même (art. 801), la déchéance du bénéfice d'inventaire est quelquefois encourue par le successible, aucun texte ne le prive du droit de devenir héritier pur et simple, lorsqu'il le juge convenable. On ne saurait admettre, dans le silence du Code, une aussi grave innovation ; car l'héritier bénéficiaire perdrait ainsi un droit que la loi n'a pas voulu refuser à l'héritier renonçant (V. art. 790), et la condition des héritiers mineurs serait singulièrement aggravée, puisqu'ils ne pourraient jamais devenir héritiers purs et simples, même après leur majorité, et se trouveraient forcés, même dans l'hypothèse d'une succession avantageuse, de supporter les frais considérables qu'impose le bénéfice d'inventaire.

Il est évident que les auteurs du Code civil, en s'occupant d'abord du bénéfice d'inventaire et ensuite de la séparation des patrimoines, n'ont pas pensé, plus que Justinien lui-même, à combiner entre elles ces deux institutions. Chacune d'elles conserve donc son caractère et ses effets primitifs : le bénéfice d'inventaire est dans l'intérêt de l'héritier, et la séparation des patrimoines dans celui des créanciers du défunt. Or, comme chacun est libre de renoncer à son droit, rien ne doit empêcher l'héritier de renoncer au bénéfice d'inventaire. S'il en résulte un préjudice quelconque pour les créanciers héréditaires, c'est qu'ils auront mal à propos compté sur le droit d'autrui, au lieu d'user du droit qui leur est spécialement attribué.

764. La séparation des patrimoines n'a d'autre but que d'assurer aux créanciers du défunt le payement de leurs créances : aussi, lorsqu'ils ont été désintéressés, le surplus des biens doit-il servir à payer les dettes de l'héritier. Ce principe n'a jamais souffert aucun doute ; mais, en sens inverse, on se demande si les créanciers du défunt peuvent se faire payer sur les biens de l'héritier, soit en concurrence avec ses propres créanciers, soit du moins après eux. Cette question a divisé les jurisconsultes romains. Paul refusait aux créanciers de la succession toute espèce de droit sur le patrimoine de l'héritier. En demandant la séparation, ils ont voulu, disait ce jurisconsulte (¹), n'avoir d'autre débiteur que le défunt, et ils ont abandonné toute relation avec l'héritier (*recesserunt à persona heredis*). Ulpien adoptait la même

---

(¹) *Paul., L. 5, D. de separat.*

opinion, tout en admettant certains tempéraments (¹). Suivant Papinien, au contraire, les créanciers du défunt devaient être payés après les créanciers de l'héritier (²). Cette décision, qui était la plus équitable, a été admise dans l'ancienne jurisprudence, tant par Domat (³) que par Lebrun (⁴) et Pothier (⁵).

765. Aujourd'hui les interprètes du Code sont plus divisés qu'on ne l'était autrefois. Quelques-uns, s'attachant au système de Paul (*recesserunt à persona heredis*), refusent aux créanciers du défunt toute espèce de recours sur les biens de l'héritier. Ils s'appuient principalement sur un argument tiré de l'article 879, et que nous discuterons sur ce même article (768). D'autres, au contraire, pensent que ces mêmes créanciers doivent être payés sur les biens de l'héritier concurremment avec ses propres créanciers, comme si la séparation pouvait nuire à ceux-ci, sans jamais leur profiter en rien. Les auteurs qui admettent ce concours, se fondent sur la disposition de l'article 2111, qui attribue aux créanciers du défunt un privilége sur les immeubles de la succession, sans attribuer réciproquement aux créanciers de l'héritier un semblable privilége sur les immeubles de leur débiteur. Il en résulte, et telle est l'opinion de la plupart des auteurs, que les créanciers de l'héritier, n'ayant, sauf les hypothèques qui pourraient appartenir à quelques-uns d'eux, aucune cause de préférence vis-à-vis des créanciers de la succession, doivent venir par contribution (V. art. 2093).

Nous comprendrions toute la force de cet argument, s'il n'existait réellement qu'une seule masse de biens, ou si l'article 2111 régissait seul la matière qui nous occupe; mais cet article renvoie expressément à l'article 878, et doit par conséquent se combiner avec les principes généraux qui régissent la séparation des patrimoines. Il faut donc distinguer deux masses différentes, soit quant à l'actif, soit quant au passif. Dès lors, les créanciers du défunt ne doivent pas concourir avec ceux de l'héritier; ils peuvent tout au plus se présenter en seconde ligne, lorsque les biens de l'héritier sont plus que suffisants pour acquitter ses propres dettes. Il est vrai que les créanciers du défunt ont seuls un privilége; mais ce privilége ne fait que garantir les effets ordinaires de la séparation des patrimoines, il n'existe donc que sous la condition de réciprocité comprise dans cette séparation, dont il nous paraît impossible de scinder les effets. On peut concevoir que l'acqui-

---

(¹) *Ulp.*, L. 1, § 17, D. *eod.*

(²) *Papin.*, L 3, § 2, D. *eod.*

(³) Lois civiles, liv. 3, tit. 2, sect. 1, n° 9.

(⁴) Successions, liv. 4, chap. 2, sect. 1, n° 26.

(⁵) Successions, chap. 5, art. 4; V. Merlin, *Répert.*, v° SÉPARATION DES PATRIMOINES, § 5, n° 6.

sition des biens de la succession par l'héritier soit considérée comme non avenue relativement à ses créanciers, mais ce qu'il est impossible d'admettre, c'est qu'on les fasse contribuer au passif de la succession, lorsqu'on les écarte de l'actif. Il faut donc les supposer désintéressés, pour que les biens de leur débiteur puissent servir à payer les dettes de la succession.

766. Jusqu'ici nous n'avons supposé qu'un seul héritier. S'il en existe plusieurs, le principe qui divise entre eux les dettes du défunt, peut avoir de grands inconvénients pour ses créanciers, notamment lorsqu'un héritier à qui le défunt a fait des avances, se libère par le rapport en moins prenant, ou lorsqu'un immeuble formant à lui seul presque tout l'actif de la succession est licité comme impartageable et adjugé à l'un des cohéritiers, qui, après en avoir acquitté le prix, ne demeure tenu envers les créanciers que jusqu'à concurrence de sa part héréditaire. On se demande alors si la séparation des patrimoines, accordée aux créanciers du défunt pour sauvegarder leurs droits, n'a pas pour effet d'empêcher la division des dettes entre les différents héritiers, et par conséquent, de préserver les créanciers des pertes auxquelles les exposerait cette division.

Pour maintenir le principe de la division des dettes, on dit que, d'après le texte même de la loi, ce n'est pas contre les héritiers, mais seulement contre les créanciers que la séparation est demandée ; et que par conséquent elle ne modifie en rien les rapports des héritiers avec les créanciers de la succession. Mais nous avons déjà reconnu (762) que la séparation est demandée contre l'héritier lui-même.

On ajoute que le principe de la division des dettes continue de recevoir son application nonobstant l'action hypothécaire résultant de l'article 2111. En effet, dit-on, les héritiers sont tenus chacun pour sa part seulement envers les créanciers ; car, bien que le privilége de ces derniers semble s'étendre sur tous les immeubles du défunt pour la totalité, il ne faut pas oublier que ce privilége ne remonte qu'à l'ouverture de la succession. Or, les créances auxquelles il s'applique se trouvant déjà divisées par le décès du débiteur primitif, l'action hypothécaire ne doit avoir lieu contre chaque héritier que jusqu'à concurrence de la part dont il est personnellement tenu [1].

Cette idée d'une action hypothécaire divisée comme la créance même qu'elle garantit, est empruntée à la constitution de Justinien qui a créé l'hypothèque des légataires [2]. Mais le Code civil donne à cette hypothèque une tout autre extension. Aujourd'hui chaque héritier est t

---

[1] La cour de Caen a rendu un arrêt dans le sens de cette opinion, le 14 février 1825.

[2] *Justin. L. 1, C. commun. de legat. et fideic.*

tenu des legs personnellement pour sa part, et hypothécairement *pour le tout jusqu'à concurrence des immeubles de la succession dont il est détenteur* (art. 1017). Et ce qui est remarquable, c'est que cet avantage est accordé aux légataires, lors même qu'ils ne demandent pas la séparation des patrimoines, et par conséquent lorsqu'ils acceptent l'héritier pour débiteur. Dans le cas contraire, le législateur leur accorde, non plus seulement une hypothèque, mais un privilége (art. 2111); or, comment supposer qu'il ait voulu, en leur donnant une garantie nouvelle, diminuer l'efficacité de leur action? On est conduit par là à reconnaître que le privilége des légataires doit, comme leur hypothèque, s'étendre à la totalité de chaque legs. Autrement, il faudrait dire que la séparation des patrimoines, qui a pour but d'améliorer la position des légataires, la rend à certains égards moins avantageuse, ce qui n'est pas admissible. Or, si les légataires, *qui certant de lucro captando*, sont fondés à exercer leur privilége pour le tout, il doit en être de même, à plus forte raison, pour les créanciers, *qui certant de damno vitando*. Nous pensons donc que les créanciers et légataires qui ont conservé leurs droits en la forme légale, ne doivent pas subir les conséquences de la division des dettes.

Indépendamment de cet argument fondé sur la nature de l'hypothèque légale des légataires, on peut repousser la division des dettes en invoquant une considération beaucoup plus grave, le but même qu'a dû se proposer le législateur en établissant la séparation des patrimoines. Il a voulu évidemment faire revivre, en quelque sorte, la personne du défunt, et mettre les créanciers qui ont traité avec lui à l'abri de tout préjudice que pourrait leur causer la transmission héréditaire. Or, ce but serait manqué si les garanties sur lesquelles ils ont dû compter pouvaient se trouver amoindries par l'effet du partage; si, par exemple, un immeuble, qu'ils avaient le droit de saisir en totalité, se trouvait dévolu à l'un des héritiers qui ne pourrait être actionné que pour partie, tandis que les autres héritiers n'auraient que des valeurs mobilières, qu'il serait facile de soustraire à l'action des créanciers. Admettre de pareils résultats, ce serait affaiblir singulièrement la portée du principe de la séparation des patrimoines [1].

Cette considération, qui nous paraît décisive, doit recevoir également son application en ce qui concerne les valeurs mobilières. Peu importe qu'elles ne soient point susceptibles d'hypothèque. De même que les immeubles du défunt peuvent être affectés par l'inscription hypothécaire pour la totalité de la créance, de même l'intégralité des meubles peut être arrêtée par voie de saisie ou d'opposition. Et ce ré-

---

[1] Voir en ce sens les arrêts de la cour de Bourges, du 20 août 1832, et de la cour de Bordeaux, du 14 juillet 1836.

sultat doit paraître d'autant moins extraordinaire que, dans le système du Code, indépendamment de toute séparation des patrimoines, les meubles du défunt sont spécialement affectés à l'acquittement de ses obligations. Nous avons vu, en effet, qu'une saisie, ou même une simple opposition au partage de la part des créanciers, empêche les héritiers de pouvoir obtenir leur part en nature des valeurs mobilières, et nécessite la vente des meubles avant tout partage (art. 826). A plus forte raison le partage ne doit-il point mettre obstacle à l'action des créanciers et légataires, lorsqu'en réclamant la séparation, ils ont manifesté l'intention de conserver intact leur droit de gage sur le patrimoine du défunt (art. 2092, 2093).

879. — Ce droit ne peut cependant plus être exercé, lorsqu'il y a novation dans la créance contre le défunt, par l'acceptation de l'héritier pour débiteur.

SOMMAIRE.

767. Cette disposition, tirée de Pothier ([1]), ne fait que reproduire une décision d'Ulpien ([2]). C'est donc dans le droit romain qu'il faut en chercher l'interprétation. Ulpien supposait d'abord un créancier du défunt stipulant de l'héritier *novandi animo*, c'est-à-dire acceptant une obligation nouvelle formée par stipulation, et destinée à remplacer l'obligation primitive, dont elle opérait l'extinction. En pareil cas, il y avait novation proprement dite : la succession était libérée, et le créancier n'avait plus aucun droit à la séparation des patrimoines. Lors même qu'il n'y avait pas novation, les créanciers de la succession perdaient le bénéfice de la séparation par cela seul qu'ils s'attachaient à l'héritier et le prenaient volontairement pour débiteur, par exemple, en recevant de lui un gage ou un fidéjusseur ([3]). Il en était autrement des créanciers qui intentaient une action contre l'héritier, parce qu'alors ils agissaient par nécessité ([4]). Ces principes ont été reproduits, non sans quelque confusion, par Pothier, qui n'a pas suffisamment distingué le cas où il y a novation, de ceux où

([1]) *Successions*, chap. 5, art. 4.
([2]) *Ulp., L.* 1, § 10, *D. de separat.*
([3]) *Ulp., d. L.* 1, § 11 et 15, *D. eod.*
([4]) *Marcian., L.* 7, *D. eod.; Gordian., L.* 2, *C. de reb. auctorit. judic.*

les créanciers se sont simplement attachés à l'héritier par choix, *eligentis mente*, suivant l'expression d'Ulpien. Les rédacteurs du Code se sont exprimés plus confusément encore, en parlant dans une seule phrase du cas où *il y a novation* et du cas où il y a simplement *acceptation de l'héritier pour débiteur*. Il semble résulter de cette rédaction qu'en acceptant l'héritier pour débiteur, les créanciers du défunt font par cela même une novation, ce qui est fort inexact, puisqu'ils ne font que rentrer dans le droit commun, suivant lequel l'héritier est tenu des obligations du défunt (1). La prétendue novation dont parle le texte, n'est pas autre chose que la nouvelle position dans laquelle les parties se trouvent placées par suite de l'acceptation de l'héritier pour débiteur (2).

768. De ce que les créanciers héréditaires doivent, pour conserver leurs droits, éviter de prendre l'héritier pour débiteur, quelques interprètes concluent qu'il y a nécessité d'opter entre l'héritier et la succession ; que dès lors les créanciers qui ont demandé la séparation des patrimoines n'ont plus aucun recours à exercer sur les biens de l'héritier : autrement, ils le prendraient pour débiteur, ce qu'ils ne pourraient faire qu'en répudiant le bénéfice de séparation. Tel est, en effet, le sens des expressions de Paul, *recesserunt à persona heredis*. Cet argument confond avec les causes qui rendent toute séparation impossible, les effets d'une séparation obtenue : autre chose est l'obstacle apporté à l'exercice d'un droit, autre chose est la déchéance de ce même droit déjà exercé. L'acceptation de l'héritier pour débiteur est, dans le Code, comme dans le texte d'Ulpien, un fait antérieur à la demande en séparation des patrimoines, et ce fait empêche qu'elle ne soit accueillie, tandis que le recours à exercer sur les biens de l'héritier, en cas d'insuffisance des biens de la succession, est un fait postérieur à la séparation obtenue par les créanciers du défunt. Leur refuser ce recours, ce serait rétorquer contre eux le bénéfice qu'ils ont obtenu ; ce serait en faire profiter l'héritier, pour le libérer des conséquences d'une acceptation qui, une fois consommée, est devenue irrévocable.

L'ancienne jurisprudence, en attribuant un recours aux créanciers du défunt sur le patrimoine de l'héritier, les avait traités, par une

---

(1) Aussi ne doit-on point appliquer à l'acte qui constate cette prétendue novation, le droit proportionnel de 1 pour cent établi par la loi du 22 frimaire an VII (art. 69, § 3, 3°).

(2) On ne saurait induire cette acceptation du simple fait que les créanciers ont reçu de l'héritier les intérêts de leurs créances (Paris, 23 *mars* 1824). Il faut, pour exclure le bénéfice de séparation, quelque chose de plus significatif ; par exemple, le fait que l'héritier a hypothéqué ses biens personnels pour la créance du défunt (Rejet, 7 *décembre* 1814).

juste réciprocité, comme on avait toujours traité les créanciers de l'héritier relativement au patrimoine du défunt. Domat, Lebrun et Pothier, guides ordinaires des rédacteurs du Code civil, sont unanimes à cet égard, et, si le législateur n'avait pas entendu confirmer la jurisprudence existante, il s'en serait expliqué, ou du moins les dispositions du titre des successions sur la séparation des patrimoines n'auraient pas été empruntées aux écrits de Pothier sur la même matière.

Que si plus tard le titre des priviléges et hypothèques a profondément modifié le système de l'ancienne jurisprudence, ce n'est pas pour établir une séparation absolue entre les créanciers du défunt et ceux de l'héritier. Loin de là, l'article 2143, en attribuant aux créanciers qui n'ont pas conservé leur privilége, une hypothèque dont le rang, vis-à-vis des créanciers de l'héritier, est déterminé par la date de l'inscription, prouve évidemment qu'ils peuvent concourir sur les mêmes biens, ce qui les suppose tous créanciers d'un seul et même débiteur.

880. — Il se prescrit, relativement aux meubles, par le laps de trois ans.

A l'égard des immeubles, l'action peut être exercée tant qu'ils existent dans la main de l'héritier.

SOMMAIRE.

769. Circonstances qui rendent la séparation des patrimoines impossible. Effet de l'aliénation, soit des immeubles, soit des meubles.

770. Prescription triennale à l'égard des meubles, même non aliénés.

769. La séparation des patrimoines suppose que les biens du défunt et ceux de l'héritier peuvent encore se distinguer, ce qui est toujours possible à l'égard des immeubles, et même de certains meubles dont l'individualité se constate aisément, comme des statues ou des tableaux [1]. Quant aux effets mobiliers qui ne se reconnaissent pas aussi facilement, si l'héritier en prenait possession, il les confondrait par cela même avec ses propres biens. C'est donc lors de la confection de l'inventaire que les créanciers de la succession doivent se hâter de requérir la séparation, afin que ces objets soient vendus à leur profit exclusif [2].

La séparation n'était applicable en droit romain qu'aux biens dont l'héritier avait conservé la propriété [3], et les dispositions du Code,

---

(1) *Ulp.*, L. 1, § 12, *D. de separat.;* Pothier, Successions, chap. 5, art. 4.

(2) Mais, suivant la doctrine de la loi 1, § 12, *D. de separat.*, une confusion partielle ne mettrait point obstacle à la séparation quant aux biens non confondus (Cassation, 8 *novembre* 1815).

(3) *Papin.*, L. 2, *D. eod.*

au titre des successions, sont encore conçues dans le même esprit, lorsqu'elles décident que l'action doit être exercée, à l'égard des immeubles, *tant qu'ils existent dans la main de l'héritier.* Nous verrons, sur l'article 2111, que le législateur, au titre des priviléges et hypothèques, a accordé une bien plus grande latitude à l'action des créanciers. Mais, lors même qu'il faudrait refuser aux créanciers toute action contre les tiers, il y aurait lieu d'admettre un tempérament et de décider que l'aliénation des immeubles vendus par l'héritier ne doit pas être considérée comme complète, tant que le prix n'a pas été payé. La loi le décide expressément à l'égard du droit de retour accordé à l'ascendant donateur (art. 747). Or, ses dispositions ne doivent pas s'interpréter avec moins de latitude, en ce qui concerne les créanciers héréditaires, qui ne sauraient être traités avec plus de rigueur que l'ascendant (¹).

770. En excluant toute séparation à l'égard des immeubles qui n'existent plus entre les mains de l'héritier, le Code garde le silence à l'égard des meubles, et cependant l'intention du législateur ne saurait être douteuse; car évidemment, en établissant pour les meubles une prescription de trois ans à compter de l'ouverture de la succession, il a voulu restreindre la latitude qu'il laissait pour les autres biens. Il faut donc décider, par argument *à fortiori*, que les créanciers du défunt n'ont aucun recours à exercer, même dans les trois ans, contre les tiers détenteurs de meubles de la succession. Et nous entendons parler, non-seulement des tiers de bonne foi qui sont évidemment protégés par la règle *en fait de meubles la possession vaut titre* (art. 2279) ; mais même des tiers de mauvaise foi, l'esprit de la loi étant de n'accorder aucun droit de suite.

En établissant, à l'égard des meubles, une prescription de trois ans, le Code semble adopter un moyen terme entre le droit romain, qui refusait toute séparation cinq ans après l'adition d'hérédité (²), et notre ancienne jurisprudence qui, d'après l'opinion la plus commune, n'admettait aucune limite de temps (³).

881. — Les créanciers de l'héritier ne sont point admis à demander la séparation des patrimoines contre les créanciers de la succession.

(¹) Cassation, 17 octobre 1809; rejet, 26 juin et 16 juillet 1828.

(²) *Ulp., L.* 1, § 13, *D. de separat.*

(³) Pothier, Successions, *loc. cit.* La prescription, sous le Code, court à partir de l'ouverture de la succession, et non à partir de l'acceptation (Rejet, 9 *avril* 1810).

771. Nous avons déjà vu (743) pourquoi, en droit romain, les créanciers de l'héritier n'étaient pas admis à la séparation des patrimoines. Les mêmes motifs n'étaient pas toujours applicables dans notre ancienne jurisprudence: plusieurs coutumes attribuaient aux créanciers de la succession, sur les biens de l'héritier lui-même, une hypothèque générale, qui pouvait causer à ses créanciers un grave préjudice. C'est pour les en préserver que plusieurs auteurs voulaient leur accorder le bénéfice de séparation malgré la décision formelle du droit romain, ce qui a donné naissance à de vives controverses [1].

Cette hypothèque sur les biens de l'héritier n'existant plus dans le Code, les créanciers de l'héritier sont exclus du bénéfice de séparation, comme ils l'étaient en droit romain; mais ils peuvent attaquer l'acceptation que leur débiteur aurait faite en fraude de leurs droits. La généralité du principe posé dans l'article 1167 fait disparaître les doutes qui, malgré l'assertion contraire de Pothier [2], existaient à cet égard parmi les jurisconsultes romains [3]. Les créanciers de l'héritier auraient plus de facilité encore pour attaquer la renonciation de leur débiteur, puisqu'ils peuvent, ainsi que nous l'avons vu (558), la faire annuler par cela seul qu'elle leur préjudicie.

882. — Les créanciers d'un copartageant, pour éviter que le partage ne soit fait en fraude de leurs droits, peuvent s'opposer à ce qu'il y soit procédé hors de leur présence: ils ont le droit d'y intervenir à leurs frais; mais ils ne peuvent attaquer un partage consommé, à moins toutefois qu'il n'y ait été procédé sans eux et au préjudice d'une opposition qu'ils auraient formée.

772. Le législateur, avant de passer aux effets du partage, a cru de-

---

[1] Merlin, *Répert.*, vº SÉPARATION DES PATRIMOINES, § 2, nº 5; Lebrun et son annotateur Espiart, liv. 4, chap. 2, sect. 1, nºs 14-20.

[2] Successions, chap. 5, art. 4, *in fine*.

[3] Ulp., L. 1, § 5, D. de separat.

voir s'occuper de cet acte en ce qui concerne les créanciers des copartageants.

L'intérêt que ces créanciers ont à intervenir au partage, se conçoit
aisément au cas où l'un des héritiers a hypothéqué un immeuble sujet
au rapport en nature, ou sa part indivise dans un des immeubles de
la succession; car, en vertu de ce principe que le partage en droit
français est déclaratif de propriété (V. art. 883), l'hypothèque sera
maintenue si l'immeuble hypothéqué tombe dans le lot du débiteur,
tandis qu'elle s'évanouira s'il tombe dans un autre lot. Les créanciers
hypothécaires ont donc intérêt à intervenir, non pour exiger que le
partage ait lieu de la manière qui leur serait la plus avantageuse, mais
seulement pour empêcher les combinaisons frauduleuses qui leur seraient préjudiciables (V. art. 865).

C'est aux créanciers hypothécaires seulement qu'était attribué dans
la rédaction primitive le droit d'intervenir au partage ; mais, le mot
hypothécaires ayant été supprimé dans la discussion (¹), la disposition
du Code est devenue applicable à tous les créanciers sans distinction.
On ne saurait douter, en effet, que l'intérêt des créanciers chirogra-
phaires ne fût également compromis dans le partage, si le lot attribué
à leur débiteur était moindre qu'il ne doit être, ou s'il était composé
exclusivement de valeurs qu'il serait facile de soustraire à leur action, telles que les rentes sur l'État, qui sont insaisissables (²).

773. En règle générale, les créanciers ont une action, qu'on appelle
révocatoire, pour attaquer après coup les actes que leur débiteur a
faits en fraude de leurs droits ; mais la loi établit relativement au partage une règle toute spéciale. Les créanciers de chaque cohéritier sont
dans la nécessité de prévenir la fraude, en intervenant à leurs frais dans
les opérations mêmes du partage. En conséquence, le Code les autorise à
s'opposer, par une signification faite à chaque cohéritier, à ce qu'il y
soit procédé hors de leur présence. Lorsqu'ils ont pris cette précaution, le partage fait sans leur concours peut être annulé s'il leur préjudicie ; dans le cas contraire, le Code, confirmant à cet égard la décision
de l'ancienne jurisprudence (³), ne leur permet pas de recourir à
l'action révocatoire pour attaquer un partage consommé.

Cette décision, toutefois, suppose évidemment que les créanciers à
qui on refuse cette action, ont eu le temps d'intervenir. Si donc les
cohéritiers hâtaient le partage précisément pour rendre toute inter-

---

(¹) Le conseiller d'état Jolivet en a donné ce motif assez singulier, que l'héritier
n'a pas pu hypothéquer les biens de la succession (Séance du 23 nivôse an XI).

(²) Lois du 8 nivôse an VI, art. 4, et du 22 floréal au VII, art. 7.

(³) Lebrun, Successions, liv. 3, chap. 6, sect. 4, n° 1 ; liv. 4, chap. 1, n° 65 ; Pothier, Successions, chap. 4, art. 5, § 1, *in fine*; Introduction au titre 17 de la coutume d'Orléans, n° 96.

vention impossible, le principe de l'article 1167 redeviendrait applicable. Effectivement, les cohéritiers, dans cette hypothèse, seraient tous coupables de fraude. Or, si l'on a voulu exclure l'action révocatoire, c'est pour ne pas faire tomber sur tous les copartageants les conséquences d'une fraude à laquelle ils n'auraient pas tous participé [1], considération qu'il serait impossible d'invoquer dans l'espèce [2]. C'est à cette même hypothèse que peuvent se référer les paroles de l'orateur du gouvernement, lorsqu'il refuse aux créanciers le droit d'attaquer un partage fait *sans fraude* [3].

INTRODUCTION AUX SECTIONS IV ET V.

SOMMAIRE.

774. Nature du partage considéré en lui-même. Échange qu'il suppose entre les copropriétaires. Il est, en réalité, *attributif* de propriété.

775. Il est *déclaratif* de propriété en droit français. Origine féodale de ce nouveau principe.

776. Comment ce principe a prévalu, malgré l'opposition de Dumoulin, dans l'ancienne jurisprudence.

777. Analogie de la licitation avec le partage. Effet *déclaratif* attribué par Dumoulin lui-même à la licitation. Distinctions proposées en cette matière et définitivement repoussées.

778. L'effet déclaratif de la licitation n'a prévalu que fort tard en dehors des matières féodales.

779. Nécessité de restreindre dans une juste mesure la fiction qui attribue un effet purement déclaratif au partage et à la licitation.

780. A quelles causes d'éviction s'applique la garantie. A quoi se borne le recours du cohéritier évincé.

781. Distinction du partage nul de droit et du partage rescindable. Quelles sont les causes de rescision du partage.

782. Diverses hypothèses où il peut y avoir erreur dans le partage. Conséquences légales qu'entraîne cette erreur.

783. Comment peuvent être couverts les vices de violence et de dol.

784. Rescision pour lésion. Comment on est arrivé, dans l'ancienne jurisprudence, à exiger une lésion *de plus du quart*.

785. Quels actes peuvent être rescindés pour lésion entre cohéritiers.

786. A quelle époque s'apprécie la lésion. Faculté pour le défendeur d'offrir une indemnité.

---

[1] Lebrun, Successions, liv. 3, chap. 6, sect. 4, n° 1.

[2] De nombreuses décisions ont été rendues en ce sens (Voir notamment Aix, 30 *novembre* 1833; Bordeaux, 11 *juillet* et 25 *novembre* 1834; Montpellier, 11 *juin* 1839; Paris, 16 *juillet* 1839). Il y a moins de doute encore dans l'hypothèse d'un partage simulé (Rejet, 10 *mars* 1825).

[3] Il est douteux qu'en s'exprimant ainsi, le conseiller d'état Treilhard comprit bien nettement à quels créanciers il refusait ce droit. Ce passage de l'exposé des motifs, pris dans son ensemble, peut s'entendre des créanciers du défunt, tout aussi bien que des créanciers des copartageants.

774. Pour bien se rendre compte des effets du partage, il faut examiner quelle est la nature de cet acte considéré en lui-même, abstraction faite de la règle nouvelle que consacre le Code (art. 883).

Prenons l'hypothèse la plus simple. Supposons deux héritiers et la succession comprenant un seul objet susceptible d'être divisé commodément, par exemple, une pièce de terre labourable. Jusqu'au partage, les cohéritiers en sont copropriétaires chacun pour moitié, mais par indivis seulement. Il n'existe pas encore deux propriétés distinctes séparées par une ligne de démarcation tranchée ; il n'y a qu'une copropriété, qui s'étend à toutes les parties de la chose indivise, dont chaque molécule appartient à la fois aux deux copropriétaires.

Après le partage, il en est tout autrement : au lieu d'avoir la copropriété de chacune des parcelles, les cohéritiers ont chacun la totalité d'une partie matériellement déterminée. Et en effet, PRIMUS, aujourd'hui seul propriétaire de ce qui forme son lot, a dû nécessairement acquérir la part indivise de SECUNDUS, qui, de son côté, est devenu seul propriétaire de l'autre lot, en acquérant la part indivise de PRIMUS. On voit que le partage suppose un échange entre les parts indivises que chacun des copropriétaires avait dans le lot attribué à l'autre.

Il en est de même lorsque l'indivision s'étend à plusieurs objets que l'on répartit en différents lots ; et, si l'on suppose un plus grand nombre de copropriétaires, l'opération deviendra plus compliquée sans changer de nature. Chacun des copartageants acquiert toujours la part indivise que les autres avaient dans les objets qui forment son lot, en leur abandonnant celle qu'il avait lui-même dans les autres objets. Ainsi, le partage, supposant un échange, opère toujours une acquisition et une aliénation tout à la fois. Aussi, en droit romain, lorsque l'indivision établie entre cohéritiers ou entre copropriétaires à un autre titre, cessait par l'adjudication des objets indivis à tel ou tel copartageant, cette adjudication était-elle avec raison rangée au nombre des manières d'acquérir ([1]). C'est en ce sens que le partage en droit romain était, comme on le dit communément, *attributif* de propriété.

775. On dit, au contraire, qu'en droit français le partage est *déclaratif* de propriété, en d'autres termes, que chaque héritier, sans rien recevoir des autres, sans leur rien transmettre, est censé avoir succédé seul aux objets dont se compose son lot, par conséquent en avoir été seul propriétaire depuis l'ouverture de la succession, et par contre n'avoir jamais eu aucun droit sur les autres objets (art. 883). D'après ce système, chaque héritier n'a, lors de l'ouverture de la succession,

---

([1]) *Inst.* § 7, *de offic. judic.; Ulp., fragm., tit.* 19, § 2.

qu'un droit indéterminé quant à son objet, qui se trouve déterminé plus tard par l'effet déclaratif, et par cela même rétroactif du partage. Le partage diffère donc essentiellement dans le droit moderne de ce qu'il était à Rome. Mais comment, à quelle époque et dans quel but ce changement s'est-il opéré ?

Lorsque les fiefs furent devenus héréditaires, l'usage ne tarda point à les rendre aliénables, sauf une redevance que le nouveau vassal payait au seigneur pour le prix du consentement donné à la mutation. Il n'en était pas de même de la transmission héréditaire des fiefs, qui s'opérait toujours sans le consentement du seigneur ou même malgré lui ; les héritiers n'avaient aucune redevance à payer, même à l'époque du partage. Cette exception au droit commun fut consacrée par le texte des coutumes [1] avant qu'aucun jurisconsulte essayât de la justifier. Les glossateurs en cherchèrent l'explication dans le droit romain. Jason fit remarquer, d'une part, que la prohibition d'aliéner n'entraînait pas toujours celle de partager [2], et, d'autre part, que le partage n'est pas toujours volontaire, puisque les textes distinguent entre celui qui demande le partage et celui contre qui la demande est formée [3]. De là Jason concluait que l'aliénation résultant du partage a des caractères particuliers ; que dès lors il est permis de ne pas la comprendre sous la dénomination générale d'aliénation. Enfin, on s'attacha à cette idée, que, les cohéritiers n'étant pas libres de demeurer dans l'indivision, l'aliénation résultant du partage n'est qu'une aliénation forcée. C'est ainsi que Dumoulin, bien qu'opposé au principe nouveau sur l'effet du partage, approuvait l'opinion qui dispensait le copartageant de toute redevance *quia est alienatio necessaria* [4].

776. Quand il fut bien établi que le partage n'est pas une aliénation volontaire, on alla bientôt jusqu'à dire qu'à proprement parler ce n'est pas une aliénation ; mais, en s'exprimant ainsi, on dépouillait le partage du caractère que lui avaient reconnu les lois romaines, sans lui assigner positivement un autre caractère. C'est au seizième siècle seulement, et à l'occasion des hypothèques, que la nature déclarative du partage a été admise par la jurisprudence. D'après le droit romain, la part indivise que l'un des cohéritiers avait hypothéquée avant le partage, ne passait à ses copartageants qu'avec la charge dont elle était grevée. Et il en était, à cet égard, du partage comme de toute autre

---

[1] V. Coutume de Paris, art. 33 ; de Bretagne, chap. 3, art. 6.

[2] L'emphytéose, qui, dans le Bas-Empire, ne pouvait pas être aliénée sans le consentement du bailleur (*Justin., L. 3, C. de jur. emphyt.*), était cependant partageable entre les héritiers de l'emphytéote.

[3] *Ulp. L. 12, § 1, de condict. furtiv.* (V. au surplus, Code civ., art. 1667).

[4] Dumoulin, sur la coutume de Paris, tit. des Fiefs, § 33, Glose 1, n° 69.

aliénation (¹). D'après la doctrine du partage déclaratif, au contraire, les hypothèques et autres droits réels constitués par l'un des héritiers ne subsistent, après la cessation de l'indivision, que sur les objets compris dans son lot. Les autres biens en sont affranchis. Dumoulin raconte comment cette dernière théorie parvint pour la première fois à sa connaissance en 1538, dans une conférence entre plusieurs jurisconsultes, réunis pour examiner quel effet devait avoir une saisie féodale, pratiquée, avant le partage, sur la part indivise de l'un des héritiers. Loin d'admettre la nouvelle doctrine, Dumoulin la combattit énergiquement. Malgré la fièvre quarte dont il était atteint, il s'empressa d'insérer dans son commentaire sur la coutume de Paris, qui était alors sous presse, une dissertation où il rétablit les principes du droit romain, et montre la différence qui existe entre le droit personnel résultant de la saisie féodale, et le droit réel qui appartient au créancier hypothécaire (²). La lutte judiciaire ne tarda point à s'établir, mais l'autorité de Dumoulin ne servit qu'à la prolonger jusqu'à la fin du seizième siècle, sans empêcher le succès de la nouvelle théorie, comme le constatent quatre arrêts rendus le 8 janvier 1569, le 20 juillet 1571, le 15 mai 1581 et le 2 août 1595. C'est d'après cette jurisprudence que la doctrine du partage déclaratif a été universellement admise par les auteurs du dernier siècle (³). En conséquence de cette doctrine, les lois sur l'enregistrement (⁴) ne soumettent qu'à un droit fixe les partages de biens meubles ou immeubles.

777. Lorsqu'une chose appartenant en commun à plusieurs propriétaires ne peut se partager sans inconvénient, le moyen donné par la loi pour faire cesser l'indivision est une vente aux enchères, qu'on appelle *licitation* (V. art. 1686). Puisque la licitation est une vente, on comprend que celui des cohéritiers à qui la chose commune est adjugée en totalité, ait été considéré, jusque dans le seizième siècle, comme ayant acheté la part de ses cohéritiers; aussi était-il obligé à payer les redevances seigneuriales. Dumoulin s'éleva le premier contre cette jurisprudence. Après avoir approuvé l'opinion des auteurs qui ne voyaient dans le partage qu'une aliénation nécessaire, il présenta la licitation comme une conséquence du partage même. En effet, les cohéritiers ou autres copropriétaires qui veulent faire cesser l'indivision, sont souvent obligés de liciter des choses qu'on ne pouvait diviser sans inconvénient.

(¹) *Gaius*, L. 7, § 4, *D. quib. mod. pign.*; *Ulp.*, L. 6, § 8, *D. commun. divid.*

(²) Dumoulin, sur la coutume de Paris, tit. des Fiefs, § 1, Glose 9, nᵒˢ 43 et suiv.

(³) Lebrun, Successions, liv. 3, chap. 6, sect. 4, nᵒ 3; liv. 4, chap. 1, nᵒ 65; Pothier, Vente, nᵒ 631; Successions, chap. 4, art. 5, § 1. V. Revue de Législation, t. 7, p. 405.

(⁴) Lois du 22 frimaire an VII, art. 68, § III, 2ᵒ; du 28 avril 1816, art. 45, 3ᵒ.

En s'attachant à cette idée, Dumoulin voyait dans la licitation une aliénation non moins nécessaire que le partage proprement dit (1). En conséquence, suivant Dumoulin, il devait en être du fief adjugé à l'un des colicitant, comme du fief qu'un partage proprement dit avait mis dans son lot, et pour lequel le seigneur n'avait rien à percevoir. Bien plus, pour mieux justifier cette conclusion, Dumoulin paraît se départir de son ancienne opinion sur l'effet attributif du partage, puisqu'en parlant, quelques lignes plus bas (2), d'un fief échu par succession à plusieurs collatéraux ou acquis en commun par plusieurs acheteurs, il ne craint pas d'ajouter : *Divisio autem vel assignatio postea inter eos secuta, non videtur esse nova mutatio nec translatio in aliam manum, sed consolidatio in unum ex eis, quæ inter eos quibus est res communis, permittitur.*

Quoi qu'il en soit, dans cette lutte contre les prétentions seigneuriales, le célèbre jurisconsulte ne marchait encore qu'avec une certaine timidité. En présentant son nouveau système sur la licitation, il en restreignit d'abord l'application au cas où la chose commune serait licitée entre les copropriétaires seulement. Dans le cas contraire, c'est-à-dire lorsque des étrangers étaient admis à enchérir, la licitation, suivant Dumoulin, n'était plus un moyen de sortir d'indivision ; c'était une véritable vente, et l'héritier adjudicataire devait être soumis, comme l'aurait été un adjudicataire étranger, au payement des droits seigneuriaux (3) ; mais cette distinction, que Dumoulin avait admise dans son traité des fiefs, fut rétractée dans le traité des censives : *Non obstat*, dit-il, *quod extraneus licitator fuit admissus, quia victus fuit et repulsus, ex quo res remansit socio. Et hic idem est ac si solum inter socios fuisset licitata, ex quo extraneus non fuit admissus effectu* (4).

Cette dernière opinion, ayant prévalu dans la pratique, fut consacrée en 1580, lors de la réformation de la coutume de Paris, par l'insertion d'un nouvel article ainsi conçu : « Si l'héritage ne se peut partir « entre cohéritiers et se licite par justice sans fraude, ne sont dues « aucunes ventes pour l'adjudication faite à l'un d'eux ; mais s'il est « adjugé à un étranger, l'acquéreur doit vente (5). » Cette disposition, loin de trancher les difficultés, fit naître de nouvelles contestations. En s'attachant au texte même de la coutume, les seigneurs féodaux prétendirent en restreindre l'application à la licitation faite par des cohé-

---

(1) « Illa assignatio incipit, et dependet à causâ necessariâ divisionis » (Dumoulin, sur la coutume de Paris, tit. des Fiefs, § 33, Glose 1, n° 69).

(2) Dumoulin, *ibid.*, n° 70.

(3) Dumoulin, *ibid.*, n° 73.

(4) Dumoulin, sur la coutume de Paris, tit. des Censives, § 78, glose 1, n° 157.

(5) Coutume de Paris, art. 80.

ritiers, en justice, et pour des objets matériellement impartageables. Les auteurs et la jurisprudence, au contraire, adoptant une interprétation plus large, appliquèrent le même principe aux associés et autres copropriétaires, comme aux héritiers, aux licitations faites devant notaire, comme aux licitations faites en justice, et aux objets dont la division ne pouvait avoir lieu sans inconvénient, comme à ceux dont le partage est matériellement impossible (¹).

778. Néanmoins la nouvelle disposition introduite dans la coutume de Paris ne statuait qu'à l'égard des droits féodaux. Aussi ne fut-elle étendue aux matières civiles qu'avec beaucoup de difficulté. Il y a eu de longues discussions, notamment sur la question de savoir si les biens adjugés à l'un des héritiers lui seraient propres pour la totalité, ou seulement pour la part qui lui appartenait avant la licitation. Cette dernière opinion était soutenue par Ferrière (²) au dix-septième siècle, et par Renusson (³) au commencement du dix-huitième, et la controverse durait encore au temps de Lebrun. A la vérité, cet auteur décide que l'immeuble adjugé à l'un des héritiers est propre pour le tout (⁴); mais la manière même dont il s'exprime prouve que l'effet déclaratif de la licitation n'était pas encore, comme celui du partage, hors de toute controverse. C'est qu'en effet la jurisprudence, qui avait d'abord varié, ne s'est fixée qu'assez tard dans un sens contraire au système de Ferrière et de Renusson, par trois arrêts du 9 mars 1722, du 3 mai 1743 et du 20 juin 1761 (⁵). Enfin, au temps de Pothier, la licitation était complètement assimilée au partage (⁶). Toutefois la rédaction primitive de l'article 883, dans le projet de Code civil (⁷) ne mentionnait pas la licitation; mais, ce n'était là qu'une omission involontaire, qui a été réparée par la section de législation du conseil d'État.

779. Est-ce à dire qu'en réalité le partage et la licitation soient, comme on le répète trop souvent aujourd'hui, des actes *purement déclaratifs?* Faut-il dire avec Pothier, d'une manière absolue, que « le partage n'a aucun rapport avec le contrat d'échange ; que ce n'est pas un « acte par lequel les copartageants acquièrent ni soient censés acquérir « rien les uns des autres ; » et que, dans la licitation même, « l'adju- « dicataire n'acquiert proprement rien de ses cohéritiers ou de ses co-

---

(¹) Merlin, *Répert.*, vº LICITATION, § 4.

(²) Coutume de Paris, art. 326, Glose, 1, nº 11. Le même auteur paraît se contredire sur l'article 93, § 1, nº 6.

(³) Renusson, Traité des Propres, chap. 1, sect. 5, nᵒˢ 7 et suiv.

(⁴) Lebrun, Successions, liv. 4, chap. 1, no 35.

(⁵) Espiard, éditeur et annotateur de Lebrun, *loc. cit.*

(⁶) Pothier, Vente, nᵒˢ 639 et 640.

(⁷) Liv. 3, tit. 1, art. 204.

« propriétaires (¹)? » S'il en était ainsi, comment expliquerait-on la garantie des lots entre les copartageants ? S'il ne s'est opéré aucune transmission de l'un à l'autre, si chacun d'eux a toujours été seul propriétaire des objets compris dans son lot ou à lui adjugés sur licitation, avoir jamais eu aucun droit sur les autres biens, comment s'expliquer sans qu'ils soient respectivement garants des évictions qu'ils subissent? Et cependant le Code consacre formellement (art. 884 et 886) cette garantie réciproque. Il y aurait donc contradiction dans les principes du législateur, s'il avait voulu que le partage et la licitation fussent *purement déclaratifs* ; mais il n'en est pas ainsi. L'article 883, on ne saurait trop le remarquer, n'établit qu'une fiction. Au lieu de dire que chacun des cohéritiers succède seul aux objets compris dans son lot ou à lui adjugés sur licitation, la loi admet seulement que chaque héritier est *censé* avoir succédé de cette manière; et par cela même elle reconnaît qu'en réalité le partage et la licitation ont été précédés par un état d'indivision qui n'a pu cesser que par un échange ou une vente, d'où résulte pour chacun des copartageants l'obligation de garantir aux autres ce qu'il leur a transmis. Si le partage et la licitation sont déclaratifs et non attributifs de propriété, c'est en tant qu'il s'agit d'empêcher les droits de mutation que le fisc aurait à percevoir, et pour que les droits réels constitués pendant l'indivision par l'un des copartageants soient limités aux seuls biens qui formeront plus tard son lot. A tous autres égards, la fiction cesse d'être applicable ; le partage et la licitation reprennent leur véritable caractère : ils sont attributifs de propriété.

780. L'obligation de garantie, conséquence nécessaire du principe de l'égalité entre les copartageants, n'a trait qu'aux causes d'éviction antérieures au partage. Cette règle s'applique tant à l'éviction proprement dite qu'au préjudice causé à l'un des cohéritiers par l'insolvabilité d'un débiteur de la succession (art. 884, 886).

Toutefois le Code, s'attachant à une doctrine qui remonte à l'ancienne jurisprudence, n'impose point aux copartageants les mêmes obligations qu'au vendeur en cas d'éviction de l'acheteur. D'une part, il n'y a point lieu de refaire le partage ; le cohéritier évincé doit se contenter d'une indemnité pécuniaire. D'autre part, on lui tient seulement compte de la perte par lui soufferte lors de l'éviction (art. 885) ; dès lors, s'il peut, comme l'acheteur, réclamer la plus-value existant à cette époque (V. art. 1633), il ne peut, comme lui (V. art 1631), se faire tenir compte de la diminution de valeur survenue depuis le partage.

781. En ce qui concerne la rescision du partage, nous devons faire

---

(¹) Pothier, Vente, nᵒˢ 631 et 640.

observer que la distinction faite précédemment entre les mariages nuls de droit et les mariages annulables (t. 1, n° 307) s'applique à toutes les conventions. Mais les nullités radicales sont assez rares dans les partages, le seul exemple qu'en fournissent les dispositions du Code, est celui où l'un des héritiers n'a pas été partie dans l'opération. En ce cas le prétendu partage est nul pour le tout, par conséquent l'indivision subsiste, et un véritable partage peut être demandé soit par l'héritier à qui l'on n'avait fait aucune part, soit même par ceux entre lesquels avaient été divisés les biens de la succession (V. art. 1078).

Les partages qui ne sont pas nuls de droit, peuvent être rescindés à raison de certains vices. Suivant Pothier ([1]), la rescision pouvait avoir lieu dans le partage, comme dans les autres contrats, pour cause de violence, de dol et d'erreur (V. art. 1109 et suiv.). Cette idée avait été adoptée par les auteurs du projet de Code civil ([2]), qui toutefois restreignaient la rescision pour erreur au cas d'erreur de fait ; mais cette dernière cause n'a point été admise dans la loi ([3]). Le Code prévoit seulement le cas où quelque bien de la succession aurait été omis, et décide que cette omission donnera simplement lieu à un supplément de partage (art. 887).

782. Dans l'hypothèse inverse, c'est-à-dire lorsque des biens qui n'appartiennent pas à la succession ont été compris dans le partage, l'héritier qui les a reçus dans son lot, court la chance d'une éviction ; mais alors ce n'est pas une action en rescision qu'il doit intenter, c'est une action en garantie.

En dehors de ces deux hypothèses, l'erreur la plus fréquente est celle qui peut être commise dans l'estimation des biens. L'inégalité des lots produit dans ce cas une lésion qui, pour autoriser la rescision, doit excéder le quart (art. 887). Remarquons au surplus que l'erreur de calcul doit toujours être réparée, lors même qu'il n'en résulte qu'un préjudice inférieur au quart (art. 2058).

Enfin on peut supposer que l'erreur ne porte pas sur les biens à partager, mais sur le droit des personnes admises au partage. Ainsi, on peut avoir admis un étranger ou avoir attribué à l'un des héritiers une part supérieure à celle qu'il devait avoir. En pareil cas, les biens indûment reçus restent indivis ; dès lors c'est à un supplément de partage qu'il faut recourir.

783. La violence et le dol sont donc les seuls vices du consentement dont s'occupe le législateur ; or, comme ces vices n'entraînent pas une nullité radicale (1117), elle peut être couverte, après la cessation

---

(1) Traité des Successions, chap. 4, art. 6.
(2) Liv. 3, tit. 1, art. 211.
(3) Discussion au C. d'État, séance du 23 nivôse an XI.

delaviolence ou la découverte du dol, par une ratification expresse. La loi admet aussi la ratification tacite résultant de l'exécution volontairement donnée à un acte rescindable (art. 1338), et spécialement, en cas de partage, de l'aliénation totale ou partielle que l'un des copartageants aurait faite de l'un des objets compris dans son lot (art. 892).

784. La lésion, sans être un vice du consentement, devient une cause de rescision lorsqu'elle dépasse certaines limites et dans certains contrats seulement (art. 1118), c'est-à-dire, dans la vente (art. 1674), dans la société (art. 1854) et dans le partage. La question de savoir quelle doit être l'importance de la lésion n'a pas été décidée sans difficulté. En droit romain, on ne pouvait, du moins en matière de vente, invoquer la lésion, qu'autant que le prix était inférieur à la moitié de la valeur réelle (¹); mais aucun texte ne déterminait le taux de la lésion en matière de partage : aussi les interprètes, qui admettaient tous la rescision du partage pour cause de lésion, se sont-ils divisés lorsqu'il s'est agi de savoir quel doit être le préjudice éprouvé par l'un des copartageants. Accurse exigeait une lésion d'outre moitié, comme dans le contrat de vente. Au contraire, d'après une opinion, reçue en France dès le seizième siècle, une lésion du quart était considérée comme suffisante. Cette opinion se fondait elle-même sur le droit romain, qui en matière de partage semble exiger spécialement l'égalité : *Quod inæqualiter factum est in melius reformabitur*, dit un texte du Code (²). De là on concluait qu'une lésion d'outre moitié n'était pas nécessaire pour la rescision du partage comme pour celle de la vente ; et comme il fallait cependant un préjudice assez notable, on s'attachait au quart, par argument d'une constitution de Justinien relative au fidéicommis *de eo quod supererit*, laquelle fixe au quart la quotité qui doit être restituée au fidéicommissaire (³). D'autres interprètes se montrent plus exigeants, surtout lorsque les copartageants n'étaient pas frères et sœurs, voulaient que la lésion s'élevât jusqu'au tiers (⁴). L'ancienne jurisprudence a concilié cette dernière opinion avec la précédente, en exigeant une lésion *du tiers au quart* (⁵). Cette idée ayant prévalu, il en résulte qu'aujourd'hui le partage ne peut être rescindé que lorsqu'il existe une lésion *de plus du quart*, comme le dit Pothier (⁶).

(¹) *Diocl. et Maxim.*, L. 2, *C. de rescind. vendit.*

(²) *Diocl. et Maxim.*, L. 3, *C. commun. utriusq. judic.*

(³) *Novell.* 108, *cap.* 1 ; *Authent.* CONTRA CUM ROGATUS, *C. ad sc. trebell.*

(⁴) V. Ant. Faber, *de error. pragmatic.*, dec. 8, error 1.

(⁵) Cette expression, admise dans l'ancienne jurisprudence, n'a pas été reproduite par le Code, et avec raison ; elle est très-inexacte, puisque le tiers n'est pas un *maximum* que la lésion ne puisse dépasser.

(⁶) *Successions*, chap. 4, art. 6.

785. La rescision pour lésion est admise (art. 887), non pas seulement contre un acte qualifié partage, mais contre tout acte ayant pour objet de faire cesser l'indivision quelque nom qu'il porte. Ainsi, une transaction, lorsqu'elle porte, non sur la qualité des copartageants, mais sur les opérations mêmes du partage, est rescindable pour cause de lésion de plus du quart ; mais aussi, lorsque l'indivision a déjà cessé par un partage proprement dit ou de toute autre manière, la transaction qui intervient postérieurement sur les difficultés réelles n'avait fait naître ce premier acte, rentre dans le droit commun, et ne peut pas être rescindée pour cause de lésion (art. 888 et 2052). La même distinction s'applique à toutes autres conventions, notamment à un échange ou à une vente de certains biens que l'un des héritiers ferait sans aliéner ses droits successifs (art. 888); mais il en est autrement lorsqu'un des héritiers achète, à ses risques et périls, les droits successifs des autres. Une pareille vente est un contrat aléatoire, qui ne saurait, en aucun cas, être rescindé pour cause de lésion (art. 889).

786. L'action en rescision pour lésion, de même que le recours en garantie, suppose une cause antérieure au partage : dès lors, pour juger si l'un des copartageants a été lésé, il faut se reporter à la valeur qu'avaient les biens à l'époque où ils ont été partagés (art. 890). Du reste, l'égalité pouvant être rétablie, sans qu'il soit nécessaire d'opérer un nouveau partage, le défendeur à la demande en rescision a la faculté de se libérer en fournissant une indemnité en nature ou même en argent (art. 891).

SECTION IV.

DES EFFETS DU PARTAGE, ET DE LA GARANTIE DES LOTS.

883. — Chaque cohéritier est censé avoir succédé seul et immédiatement à tous les effets compris dans son lot, ou à lui échus sur licitation, et n'avoir jamais eu la propriété des autres effets de la succession.

SOMMAIRE.

787. But et conséquences de l'effet déclaratif du partage.
788. En est-il des aliénations consenties par le cohéritier comme des hypothèques par lui constituées?
789. L'effet déclaratif du partage est-il applicable aux créances que l'on a fait entrer dans la composition des lots ?
790. La fiction de l'article 883 n'est pas applicable au cas où un étranger s'est rendu adjudicataire sur licitation. Conséquences.

787. Comme nous l'avons vu (776), c'est à raison des droits réels constitués en faveur des tiers pendant l'indivision, qu'a été admise la fiction du partage déclaratif. On n'a pas voulu laisser à l'un

des cohéritiers la faculté que lui donnait le droit romain, de grever sa part indivise de servitudes et surtout d'hypothèques qui, suivant l'expression de Lebrun, *infesteraient* le lot des autres [1].

Ainsi, évidemment, l'hypothèque constituée sur un immeuble indivis s'évanouit lorsque cet immeuble ne tombe pas dans le lot de l'héritier qui l'a hypothéqué, parce que cet héritier est réputé n'avoir jamais eu aucun droit sur les biens qui, par le résultat du partage, sont échus à ses cohéritiers. Si, au contraire, l'immeuble échoit à celui qui l'a hypothéqué, le droit du créancier subsiste, parce que son débiteur est réputé tenir l'immeuble immédiatement du défunt, et en avoir été seul propriétaire depuis l'ouverture de la succession.

On se demande, dans ce dernier cas, si l'hypothèque existe sur la totalité de l'immeuble, ou seulement sur la portion indivise qui à l'époque de la constitution d'hypothèque appartenait au débiteur. La solution dépend de l'intention que les parties avaient en contractant [2]. Dans le doute, il faut supposer qu'elles ont entendu se référer au résultat de l'acte qui devait déterminer la propriété de chaque héritier, c'est-à-dire, au résultat du partage, et par conséquent que l'hypothèque doit frapper éventuellement l'immeuble en totalité. Nous parlons ici de l'hypothèque conventionnelle, qui ne frappe, en général, que les biens présents (art. 2129). Il en est tout autrement des hypothèques légales et judiciaires, qui s'étendent sur tous les biens présents et à venir du débiteur (art. 2122 et 2123), et par conséquent sur la totalité des immeubles que le partage lui attribue.

788. Les aliénations faites par l'un des héritiers pendant l'indivision ne sauraient avoir pour ses cohéritiers les mêmes inconvénients que les constitutions d'hypothèques ou d'autres droits réels. On pourrait donc supposer que la stabilité des aliénations consenties pendant l'indivision est indépendante des chances du partage. Il n'est pas douteux, en effet, qu'un héritier n'aliène valablement ses droits successifs, et alors le partage a lieu avec le cessionnaire comme il aurait eu lieu avec le cédant, si toutefois le retrait successoral n'est pas exercé par les autres héritiers (art. 841). En est-il de même quand un héritier aliène sa part indivise dans certains immeubles de la succession? Le cessionnaire doit-il encore être considéré comme étant au lieu et place du cédant? On a repoussé, dans cette hypothèse, l'application de l'article 883, en soutenant, d'après le droit romain [3], que les biens, dont une part indivise a été aliénée ne doivent pas être compris dans le par-

---

[1] Lebrun, Successions, liv. 4, chap. 1, n° 21.

[2] Ainsi, l'hypothèque ne peut s'étendre à tout l'immeuble, si l'héritier a déclaré hypothéquer *la moitié qui lui appartient* (Cassation, 6 *décembre* 1826).

[3] *Nerat., L.* 54, *D. famil. ercisc.; Alex., L.* 3, *C. commun. divid.*

tage de la succession. Si l'indivision a déjà cessé par l'effet de l'aliéna
tion entre le cédant et ses cohéritiers, relativement aux biens dont il
s'agit, le partage ne peut, dit-on, être provoqué contre lui que relativement aux autres biens de la succession [1]. Ce système aurait pour
conséquence nécessaire de forcer les autres héritiers à faire deux partages au lieu d'un : ils devraient partager certains biens avec leur cohéritier, et les autres avec son cessionnaire. Cette double opération est
déjà un inconvénient grave, mais ce n'est pas le seul. Il pourrait arriver qu'en liquidant la succession, en établissant les rapports et les
comptes respectifs, on fût obligé, pour compléter les lots de certains
héritiers, de s'attaquer aux biens dont une part indivise aurait été
aliénée, et alors comment les héritiers, qui se trouvent à découvert, fe-
raient-ils valoir leur droit contre des tiers acquéreurs? Il n'existe évidemment d'autre garantie de l'égalité qui doit régner entre les cohéritiers, que l'effet déclaratif du partage. Il faut donc mettre les aliénations sur la même ligne que les constitutions d'hypothèques [2], et par
conséquent appliquer l'article 883 à tous les actes de disposition, totale ou partielle, faits par l'un des héritiers pendant l'indivision.

789. D'après un principe emprunté au droit romain, les créances se
divisent entre les héritiers comme les dettes, c'est-à-dire de plein droit
(art. 1220). Cependant les copartageants peuvent et doivent même,
d'après le vœu du législateur, faire entrer dans chaque lot une égale
quantité de *créances* de même nature et de même valeur (art. 832).
Cette distribution opérée par le fait des copartageants modifie sensiblement celle qui, à l'ouverture de la succession, s'était opérée entre les
héritiers : elle constitue une véritable cession pour l'excédant de la
part afférente au créancier dans le lot duquel est placée la créance. Aussi
avons-nous déjà dit qu'en pareil cas la clause du partage contenant
transport, doit être notifiée aux débiteurs (art. 1690). Néanmoins une
jurisprudence récente [3] applique aux créances, comme aux autres
biens, le principe du partage déclaratif. S'il en était ainsi, l'héritier
qui reçoit dans son lot la totalité d'une créance serait réputé avoir été
seul créancier, comme s'il était l'unique représentant du défunt. Ce
système qui ne tient aucun compte de l'article 1220, conduirait aux
plus graves conséquences.

Remarquons notamment que le principe qui divise de plein droit
les créances et les dettes, se combine de plein droit aussi avec les règles
de la compensation. Dès lors, quand un débiteur du défunt se trouve
en même temps créancier de l'un des héritiers, la compensation a lieu

---

[1] V. Thémis, t. 8, p. 49.
[2] V. Lebrun, Successions, liv. 4, chap. 2, n° 21.
[3] V. Arrêt de rejet, du 24 janvier 1837.

à l'ouverture même de la succession : ainsi le veut l'article 1290. Il en serait tout autrement si l'on appliquait aux créances la fiction du partage déclaratif. Les compensations, au lieu de s'opérer au décès du créancier en raison de la part de chaque héritier, seraient suspendues jusqu'au partage, quelque tardif qu'il pût être. C'est alors seulement qu'on saurait que telle créance du défunt s'est trouvée, dès le moment du décès, appartenir en totalité à tel héritier, et que dès lors aucune compensation n'a pu avoir lieu antérieurement au partage, si ce n'est du chef de ce même héritier.

Sans disconvenir des avantages que présente ce système dans les rapports des cohéritiers entre eux, nous devons faire remarquer qu'en modifiant le droit commun sur la compensation, il peut entraîner des conséquences fâcheuses et même prêter à des collusions au préjudice des débiteurs : c'est ce qui arriverait, par exemple, si la créance héréditaire était mise dans le lot d'un héritier autre que celui vis-à-vis duquel s'opérerait la compensation. Nous persistons donc à penser que l'effet déclaratif du partage n'est pas applicable aux créances, et que la clause contenant transport doit être notifiée aux débiteur.

790. La licitation a les effets d'un partage, lorsque l'adjudication a lieu au profit de l'un des cohéritiers [1]. Et peu importe, dans cette hypothèse, que les étrangers aient été, ou non, admis à enchérir : nous avons vu (777) que l'ancienne jurisprudence a repoussé la distinction tendant à restreindre l'effet déclaratif de la licitation au cas où les héritiers seuls y auraient figuré.

Mais, lorsque c'est un étranger qui s'est rendu adjudicataire du bien licité, il devient impossible d'appliquer le texte du Code, suivant lequel *chaque cohéritier* est censé avoir succédé seul et immédiatement à tous les effets à lui échus sur licitation. Comment appliquer, d'ailleurs, à une personne non successible une fiction qui la ferait réputer tenir le bien du défunt dès le moment même de l'ouverture de la succession ? Il est vrai que les droits réels consentis par l'un des cohéritiers pendant l'indivision, lorsqu'ils seront exercés contre un tiers acquéreur, donneront pour lui ouverture à un recours en garantie, qui pourra être une source de complications et d'embarras dans les rapports des cohéritiers. Mais, pour supprimer ce recours, il eût fallu que le législateur prohibât d'une manière absolue tout acte de disposition portant sur la part indivise d'un cohéritier, tandis qu'il s'est

____

[1] Néanmoins la législation fiscale ne reconnaît point l'effet déclaratif de la licitation, puisqu'elle frappe d'un droit proportionnel (loi du 22 frimaire an VII, art. 69, § V, 6°, et § VII, 4°) *les parts et portions indivises acquises par licitation.* V., sur l'application faite par la jurisprudence de cette règle, Revue de Droit français et étranger, t. VII, p. 18.

borné à défendre l'expropriation forcée et en tant seulement qu'elle porte sur la part indivise immobilière (art. 2205). D'ailleurs, il y aurait eu peut être quelque danger à multiplier ainsi les entraves apportées par la loi à la faculté de disposer. En définitive, on s'accorde à reconnaître avec Pothier (¹) que lorsque le bien licité est adjugé à un étranger, la licitation produit, de part et d'autre, toutes les obligations que fait naître le contrat de vente.

Ainsi, d'une part, l'adjudicataire étranger est tenu, sauf son recours tel que de droit, de toutes les charges qui ont pu être établies pendant l'indivision ; et, puisqu'il est un véritable acheteur, les héritiers ont contre lui, soit l'action en résolution de la vente, soit le privilége du vendeur pour assurer le recouvrement du prix de l'adjudication : privilége soumis à d'autres règles que celui qui est accordé aux copartageants pour le prix de la licitation (V. art. 2108 et 2109). D'autre part, ce même adjudicataire peut exercer tous les droits qui appartiennent à un acheteur, notamment celui de demander la résolution de la vente, en cas d'éviction (art. 1599) ; tandis qu'en pareille hypothèse, le cohéritier adjudicataire aurait un simple recours personnel contre les autres héritiers (²) (art. 885).

884. — Les cohéritiers demeurent respectivement garants, les uns envers les autres, des troubles et évictions seulement qui procèdent d'une cause antérieure au partage.

La garantie n'a pas lieu, si l'espèce d'éviction soufferte a été exceptée par une clause particulière et expresse de l'acte de partage ; elle cesse, si c'est par sa faute que le cohéritier souffre l'éviction.

SOMMAIRE.

791. Véritable caractère du partage. Extension trop grande donnée par Pothier à la fiction du partage déclaratif. Fondement de l'obligation de garantie entre copartageants.
792. Théorie de Pothier empruntée à Dumoulin, sur l'étendue de cette garantie. Décision contraire du Code.
793. Caractère restreint de l'*éviction* en droit romain ; extension qu'elle comporte en droit français.
794. L'éviction doit résulter d'une cause antérieure au partage. Exemple d'une éviction postérieure.

(¹) Vente, n° 516.

(²) La cour de Nimes a jugé, le 2 août 1838, que l'adjudicataire étranger est passible de l'action en résolution de la vente, à défaut de paiement du prix ; d'autre part, de nombreux arrêts (Rejet, 24 *mars* 1823 et 9 *mai* 1832 ; Cassation, 14 mai 1833 ; Bourges, 9 mai 1832) refusent d'admettre cette action contre un cohéritier adjudicataire.

791. L'effet déclaratif du partage est, comme nous l'avons vu, basé sur une fiction dont l'application ne peut être que relative. Aussi le partage reprend-il son véritable caractère lorsqu'il s'agit des obligations que les copartageants contractent réciproquement. S'ils *demeurent respectivement garants les uns envers les autres des troubles et évictions*, c'est évidemment parce que le partage proprement dit suppose un échange, et la licitation une vente.

Telle n'est pas, il faut en convenir, la théorie de Pothier. Tandis que Lebrun cite, pour expliquer la garantie des lots, les textes du droit romain [1], Pothier, s'attachant uniquement à l'idée du partage déclaratif, soutient que les copartageants ne se cèdent rien et ne tiennent rien les uns des autres. La seule raison sur laquelle se fonde, suivant lui, la garantie qu'ils se doivent réciproquement, c'est « que l'égalité « qui doit régner dans les partages, serait blessée par l'éviction que « souffre l'un des copartageants dans quelques-unes des choses tombées dans son lot [2]. » En raisonnant ainsi, Pothier recule la difficulté sans la résoudre; car il reste toujours à savoir pourquoi l'égalité doit régner dans les partages. A-t-on jamais parlé d'égalité entre des étrangers qui ne se seraient rien cédé, qui ne tiendraient rien les uns des autres? Si telle était réellement la position des copartageants, il en résulterait qu'ils ne peuvent être tenus d'aucune garantie à raison de causes antérieures au partage. Il faudrait les assimiler à des légataires particuliers, dont l'un peut être évincé sans avoir aucun recours à exercer contre l'autre. Jamais on ne rendra compte de la garantie que se doivent les copartageants, si l'on fait complétement abstraction de l'indivision préexistante et de l'échange nécessaire pour sortir de cette indivision.

792. Pour refuser de fonder la garantie des lots sur les principes de la vente ou de l'échange, Pothier invoque sur cette considération que l'obligation de garantie n'a pas entre les copartageants toute l'étendue qu'elle a entre le vendeur et l'acheteur. En effet, le vendeur doit, en cas d'éviction, restituer à l'acheteur le prix de la vente, et en outre la plus-value existante à l'époque de l'éviction (art. 1630 et 1633). Dans la doctrine de Pothier, au contraire, les copartageants ne sont pas tenus « des dommages-intérêts résultant de l'éviction par rapport à

---

[1] *Diocl. et Maxim. L. 14, C. famil. ercisc.;* V. Lebrun, Successions, liv. 4, chap. 1, nº 66.

[2] Pothier, Vente, nº 633.

« l'augmentation survenue depuis le partage (¹). » Mais cette différence, en supposant qu'elle eût été admise par les rédacteurs du Code, justifierait-elle l'opposition que Pothier s'efforce d'établir, relativement à la garantie, entre le partage attributif du droit romain et le partage déclaratif du droit français? En aucune manière, puisque la décision de Pothier sur l'étendue de la garantie entre copartageants est empruntée à Dumoulin, qui n'admettait pas l'effet déclaratif du partage.

La raison principale qui empêchait Dumoulin d'imposer aux copartageants les mêmes obligations qu'au vendeur, c'est, comme nous l'expliquerons plus loin (000), qu'ils n'agissent pas avec cet esprit de spéculation qui préside souvent à une vente (²); mais il ne résulte pas de cette différence que l'égalité du partage soit violée par cela seul que l'indemnité à laquelle l'éviction a donné lieu se calcule d'après la valeur de l'objet au jour de l'éviction, et non au jour du partage. Le plus ordinairement lorsque les biens augmentent ou diminuent de valeur, c'est par l'effet de causes générales qui agissent en même temps sur tous les lots. Les copartageants dont le lot demeure intact, doivent donc tenir compte à celui qui est évincé, de la valeur de l'immeuble à l'époque de l'éviction, comme on le décidait en droit romain (³), et comme le décide l'article 885, aux termes duquel le cohéritier évincé doit être indemnisé *de la perte que lui a causée l'éviction.*

En sens inverse, si l'immeuble évincé a diminué de valeur depuis le partage, il est présumable que les autres biens héréditaires ont subi une dépréciation équivalente, et en conséquence il faut, suivant la décision du droit romain (⁴), s'attacher encore exclusivement à la valeur existante lors de l'éviction. Si l'acheteur est fondé, en pareille hypothèse, à répéter l'intégralité du prix (art. 1631), c'est parce

---

(1) Pothier, Vente, nᵒ 633.

(2) « Neuter asserit, neuter magis decipit quam alter; imò dicitur res evinci a facto vel culpa communi, et sic nulla debet esse inter eos obligatio in id quod « extrinsecus interest, sed id mutuo compensent » (Dumoulin, *Tract. de eo quod interest,* nᵒˢ 143-145).

En portant cette décision, Dumoulin se mettait en contradiction avec Papinien (L. 66, § 3, D. de evict.); mais, loin d'en convenir, le jurisconsulte français prétendait être d'accord avec les principes généraux du droit romain. C'est pour n'avoir pas à prendre partie entre Papinien et Dumoulin que Pothier, tout en admettant la décision de ce dernier, cherche à l'expliquer par la différence qui existe entre le droit romain et le droit français, relativement aux effets du partage. « La « question qu'agite Dumoulin est superflue dans notre jurisprudence, dit Pothier, « par les raisons ci-dessus expliquées. »

(3) *Papin.,* L. 66, § 3, D. de evict.

(4) *Melioris aut deterioris agri facti,* dit Papinien (loc. cit.).

qu'il agit dans un but intéressé, ce qui lui permet de profiter du fait même de l'éviction. Or, c'est ce que l'on ne saurait admettre en ce qui concerne la garantie du partage, sans violer le principe de l'égalité entre cohéritiers.

Remarquons que cette indemnité est purement pécuniaire : on n'admet, pas en effet, que le cohéritier évincé puisse, à l'occasion de la garantie à laquelle il a droit, exiger un nouveau partage. Ce système entraînerait des frais et des complications trop considérables : si Dumoulin a pu l'admettre un instant, ce n'a pas été sans s'apercevoir qu'il se laissait entraîner trop loin [1] et sans se rétracter immédiatement [2].

793. « L'éviction, dit Pothier, est le *délais* qu'on oblige quelqu'un de « faire d'une chose en vertu d'une sentence qui l'y condamne. » Dans un sens un peu moins étroit, le même auteur appelle éviction non-seulement la sentence par laquelle un acheteur est condamné à délaisser la chose vendue, mais encore celle qui le déboute de la revendication par lui intentée contre un tiers détenteur [3]. Ces définitions, tirées des textes qui se trouvent, au digeste, dans le titre *de evictionibus et duplæ stipulatione*, se réfèrent à la *stipulatio duplæ*, par laquelle le vendeur s'obligeait envers l'acheteur à lui payer, en cas d'éviction, le double du prix. Le mot éviction alors était pris dans sa signification étymologique : puisque, suivant Pothier, *evincere à vincendo in judicio dicitur* [2]. Dès lors il fallait que l'acheteur eût été judiciairement dépossédé pour qu'il pût invoquer la *stipulatio duplæ*. Mais, il arrivait fréquemment que, sans être évincé dans le sens propre du mot *evincere*, l'acheteur se trouvait cependant en perte, par exemple, lorsqu'on lui avait livré la chose d'autrui et qu'il devenait héritier du propriétaire. Comme ce n'était pas en vertu de la vente que la conservation de la chose vendue lui était assurée, il ne pouvait pas agir *ex stipulatu*; mais il avait contre le vendeur l'action *ex empto* [5], et alors il demandait, non pas le double du prix, mais *quod interest*, c'est-à-dire une indemnité égale au préjudice par lui éprouvé [6].

En droit français, il n'existe qu'une seule espèce de garantie, et cette garantie n'a d'autre but que l'indemnité due à celui qui est évincé. Ainsi le mot éviction doit se prendre dans une acception générale, qui comprend toutes les causes de perte ou de préjudice que l'acheteur ou l'un des copartageants éprouve en dehors du cas fortuit.

---

[1] Sed jam sentio me nimis efferri (Dumoulin, *Tract. de eo quod interest*, n° 45).

[2] Dumoulin, *ibid.*, n° 146.

[3] Pothier, Vente, n°s 383 et 384.

[4] Pothier, *Pand. Justin.*, lib. 21, tit. 2, n° 10.

[5] *Paul., L.* 9 ; *L.* 44, § 1, D. de evict.

[6] Pothier, *Pand. Justin.*, lib. 21, tit. 2, n° 3.

794. Pour donner lieu à la garantie, l'éviction, suivant Pothier, doit procéder d'une cause ancienne qui ait existé dès le temps du partage. Il faut, de plus, que l'éviction subie n'ait pas été exceptée de la garantie par une clause particulière du partage, et que le cohéritier n'ait pas été évincé par sa faute (¹). Examinons séparément ces trois conditions énoncées par le Code.

On conçoit facilement qu'un des héritiers soit évincé pour une cause antérieure au partage, par exemple, lorsqu'un tiers revendique soit la propriété d'un bien dont le défunt n'avait que la possession, soit un droit d'usufruit ou de servitude sur un bien héréditaire. Tel serait encore le cas où l'un des copartageants serait forcé de délaisser un des immeubles de la succession, ou de payer, pour le conserver, une dette hypothécaire, si l'on suppose toutefois l'hypothèque constituée par le défunt ou par un de ses prédécesseurs ; car, en droit français, les droits réels que l'un des héritiers aurait établis sur sa part indivise, n'ont d'effet qu'à l'égard des biens compris dans son lot, et ne peuvent causer aucun préjudice à ses copartageants.

Il se présente rarement des causes d'éviction postérieures au partage. On n'en cite guère d'autre exemple que l'expropriation pour cause d'utilité publique (²), et dans ce cas le propriétaire est indemnisé par l'État (art. 545).

Cette indemnité ne représente que la valeur de l'immeuble au jour de l'expropriation, et si, par suite des circonstances, la propriété territoriale se trouve dépréciée, le cohéritier exproprié éprouve une perte qu'il aurait évitée, s'il avait pu conserver sa chose et attendre une époque plus favorable pour la vente. Sa part devient ainsi moins avantageuse que les autres, et cependant il n'a droit à aucune garantie, parce que l'éviction procède d'une cause postérieure au partage (³). Remarquons, toutefois, que, si l'immeuble avait augmenté de valeur, le cohéritier évincé en aurait seul profité. C'est donc sur lui seul que doit retomber la perte dans le cas contraire.

(¹) Pothier, Successions, chap. 4, art. 5, § 3. Le même auteur exige en outre que « l'éviction ne procède point de la nature de la chose donnée par le partage pour « être de telle nature » ; et il applique cette règle à un droit de seigneurie utile qui aurait été mis dans un lot « pour le temps de quinze ans qui en restait à cou- « rir ». Cette règle, si elle était exacte, serait encore applicable aujourd'hui, soit à des rentes viagères, soit à un droit d'emphytéose ou d'usufruit. En pareil cas, sans doute, il n'y a pas lieu à garantie ; mais c'est mal à propos que Pothier voit, dans cette circonstance, une exception à l'obligation de garantie : l'extinction d'un droit, lorsqu'elle est amenée par la force même des choses, ne saurait être considérée comme une éviction.

(²) Pothier, Successions, chap. 4, art. 4, § 3.

(³) Ce principe s'applique au cas même où l'expropriation aurait eu lieu sans indemnité, ainsi que l'a jugé la cour de Bordeaux (23 janvier 1826), à l'égard de rentes supprimées en 1791.

795. Lors même que l'éviction procède d'une cause antérieure au partage, la garantie cesse, d'abord, quand il a été dérogé au droit commun *par une clause particulière et expresse de l'acte de partage*, par exemple, quand un objet litigieux a été compris dans un lot avec déclaration que l'événement du litige sera aux risques de l'héritier à qui ce lot échoira.

Dans le contrat de vente, il suffit de convenir en termes généraux que la garantie n'aura pas lieu (art. 1626 et 1628); mais dans un partage, il faut préciser la nature de l'éviction. C'est que les copartageants, comme nous l'avons dit, sont étrangers à toute idée de spéculation; l'égalité qui doit exister entre eux ne permet pas de supposer qu'ils aient voulu faire entrer dans la composition des lots rien d'aléatoire. On conçoit donc que, lorsque telle est leur intention, la loi les oblige à s'en expliquer d'une manière *expresse*, et même par une clause *particulière* en ce sens qu'elle doit préciser *l'espèce d'éviction* qui sera exceptée de la garantie.

796. En second lieu, la garantie cesse lorsque l'éviction ne s'est réalisée que par la faute du copartageant, par exemple, lorsqu'il a négligé d'opposer une prescription qui lui était acquise, ou lorsqu'il s'est laissé condamner sans appeler ses copartageants. Il n'est pas impossible, en effet, qu'ils aient eu des moyens suffisants pour faire rejeter la demande; et, s'ils justifient de l'existence de semblables moyens, le cohéritier évincé devra s'imputer de ne les avoir pas mis en cause (V. art. 1640).

885. — Chacun des cohéritiers est personnellement obligé, en proportion de sa part héréditaire, d'indemniser son cohéritier de la perte que lui a causée l'éviction.

Si l'un des cohéritiers se trouve insolvable, la portion dont il est tenu doit être également répartie entre le garanti et tous les cohéritiers solvables.

SOMMAIRE.

797. Comment l'indemnité se répartit entre les copartageants.
798. Privilége établi pour la garantie des lots. Il se divise dans la même proportion que l'action personnelle.
799. L'héritier bénéficiaire est-il tenu de la garantie, comme l'héritier pur et simple?

797. Nous avons montré dans nos explications sur l'article précédent que, pour indemniser un copartageant *de la perte que lui a causée l'éviction*, il faut prendre pour base la valeur de l'objet évincé à l'époque même où l'éviction se réalise. La perte de cette valeur, devant

être supportée par la masse tout entière, se répartit entre tous les co-partageants, sans excepter celui qui a souffert l'éviction. Il doit lui-même supporter le dommage en raison de sa part héréditaire, et c'est aussi dans la proportion de leurs parts respectives que les autres copartageants doivent l'indemniser.

Si l'un d'eux se trouve dans l'impossibilité d'acquitter la portion d'indemnité dont il est tenu, son insolvabilité occasionne une perte nouvelle, qui doit se répartir entre tous les autres *également*, c'est-à-dire, conformément à la règle précédente, puisque, comme nous l'avons déjà vu (755), il existe entre les cohéritiers une sorte de société.

798. Pour éviter, autant que possible, les conséquences d'une semblable insolvabilité, la loi ne se contente pas, en ce qui concerne la garantie des lots, de donner une action personnelle au cohéritier évincé. Elle lui accorde un privilége, qui affecte tous les immeubles de la succession (art. 2103, 3°, et 2109); mais, il faut le remarquer, il n'en est pas de ce privilége comme de l'hypothèque des légataires, qui, d'après la disposition expresse du Code (art. 1017), permet d'agir contre chaque héritier pour le tout jusqu'à concurrence de la valeur des immeubles dont il est détenteur. Cette disposition exceptionnelle n'étant pas reproduite en ce qui concerne la garantie des lots, le privilége accordé au cohéritier évincé n'existe, comme dans le système de la constitution de Justinien qui a créé l'hypothèque des légataires [1], que pour le montant de l'action personnelle, qui naît, contre chaque héritier séparément, en raison de sa part héréditaire.

799. On se demande si l'héritier bénéficiaire est tenu de la garantie, comme l'héritier pur et simple. L'obligation de garantie peut devenir très-onéreuse, par exemple, si les biens dont l'éviction a eu lieu ont acquis une plus-value qui ne se retrouve pas dans les autres lots. Pour soutenir la négative, on invoque ce principe que l'héritier bénéficiaire n'est pas tenu *ultra vires* des charges de la succession ; mais il faut se rappeler que le bénéfice d'inventaire ne reçoit son application qu'à l'égard des créanciers et des légataires, et que dans les rapports des héritiers entre eux, ce bénéfice n'a aucun effet. La seule règle à laquelle s'attache le législateur est celle de l'égalité : aussi avons-nous vu que l'héritier bénéficiaire est soumis au rapport comme tout autre héritier, quelque préjudice que puisse lui causer cette obligation. La garantie des lots est aussi une conséquence du principe de l'égalité dans les partages. Dès lors il faut décider que les héritiers sont tous tenus de la garantie, sans qu'il y ait à distinguer comment ils ont accepté la succession.

---

[1] « In omnibus autem hujus modi casibus, in tantum et hypothecaria unum-quemque conveniri volumus, in quantum personalis actio adversus eum competit » (*Justin., L. 1, C. commun. de legat. et fideicomm.*).

886. — La garantie de la solvabilité du débiteur d'une rente ne peut être exercée que dans les cinq ans qui suivent le partage. Il n'y a pas lieu à garantie à raison de l'insolvabilité du débiteur quand elle n'est survenue que depuis le partage consommé.

SOMMAIRE.

800. La garantie due par un copartageant est plus étendue que celle dont est tenu le vendeur d'une créance.
801. Jusqu'à quelle époque s'étendait, dans l'ancienne jurisprudence, l'obligation de garantir la solvabilité du débiteur. Application remarquable de cette règle aux rentes.
802. Système du projet de Code civil. Observation du tribunal de Cassation, adoptée par le législateur.
803. Anomalie que présente la prescription de cinq ans introduite à l'égard des rentes.
804. A quelle époque doit exister l'insolvabilité du débiteur pour donner lieu à la garantie en matière de créances. Dans quelles limites l'action peut s'exercer.

800. Nous avons reconnu que l'attribution d'une créance à un des lots constitue un véritable transport (art. 832). Toutefois ce transport n'est pas entièrement régi par les règles ordinaires. Celui qui vend une créance doit, sans doute, indépendamment de toute convention, garantir l'existence de cette créance au temps du transport (art. 1693), mais il n'est garant de la solvabilité du débiteur, soit pour l'avenir, soit même à l'époque du partage, qu'en vertu d'une clause spéciale (art. 1694 et 1695). C'est que la loi considère l'acheteur d'une créance comme un spéculateur qui a dû faire entrer dans ses calculs toutes les chances qui peuvent résulter de la plus ou moins grande solvabilité du débiteur. Il en est tout autrement du copartageant qui reçoit une créance dans son lot : il est étranger à toute idée de spéculation, et par conséquent le principe de l'égalité entre copartageants veut qu'il lui soit tenu compte de l'insolvabilité du débiteur.

801. Dans l'ancienne jurisprudence, la solvabilité devait même être garantie jusqu'à l'époque où le payement devenait exigible, et l'application aux rentes de cette règle avait fait admettre une conséquence que Lebrun trouvait *un peu dure* [1] : Le remboursement du capital n'étant jamais exigible, la rente était réputée avoir pour objet une valeur qui ne se réalisait que par la perception successive des arrérages. « C'est pourquoi, dit Pothier, lorsque, par l'insolvabilité du débiteur, « je cesse de percevoir les arrérages... je suis censé n'avoir pas en- « core reçu toute la chose qui est tombée dans mon lot, et n'être pas « égal à mes copartageants, qui ont reçu tout ce qui est tombé dans le

---

[1] Lebrun, Successions, liv. 4, chap. 1, n° 68.

« leur. » De là on concluait que les copartageants devaient se garantir réciproquement l'insolvabilité du débiteur, quand même cette insolvabilité, dit Pothier, « ne surviendrait que plus de cent ans après « le partage (¹). »

802. Les rédacteurs du projet de Code civil, se préoccupant spécialement des rentes, avaient modifié la rigueur de l'ancienne jurisprudence; ils avaient adopté, conformément à l'observation de Lebrun, *le terme ordinaire de la prescription à compter du jour du partage* comme la limite du temps pendant lequel l'insolvabilité devait survenir pour donner lieu à la garantie (²); mais le tribunal de cassation proposa de distinguer entre l'insolvabilité existante au moment du partage et celle qui surviendrait postérieurement. Dans ce dernier cas, le tribunal comparait l'insolvabilité du débiteur à l'incendie, qui, en détruisant une maison, ne donne lieu à aucune garantie. Quant à l'insolvabilité existante au temps du partage, le tribunal, tout en admettant qu'elle donne lieu à une garantie de la part des copartageants, demandait que l'action ne pût être exercée que dans les cinq ans qui suivent le partage (³), et c'est dans le sens de cette observation qu'a été rédigé l'article 886 du Code.

803. On comprend parfaitement que le législateur ait supprimé toute garantie à raison de l'insolvabilité survenue depuis le partage. Il ne fait en cela que rentrer, comme nous l'avons dit, dans le droit commun; mais lorsque le recours en garantie a pour cause l'insolvabilité antérieure, la prescription à laquelle est soumise l'action du copartageant évincé, devient tout à fait anormale. Il est étrange que le point de départ en soit fixé au moment même du partage, tandis qu'en règle générale, *la prescription ne court point contre une action en garantie jusqu'à ce que l'éviction ait lieu* (art. 2257). On ne s'explique pas non plus pourquoi la prescription est limitée à cinq ans. Il est impossible, en effet, d'admettre que cette prescription se réfère, comme le disent quelques auteurs, à la prescription quinquennale des arrérages de rentes. En premier lieu, la disposition de l'article 2277 n'est pas limitée à ces arrérages, elle s'étend aussi aux intérêts des créances; et cependant on reconnaît qu'il est impossible de restreindre l'action en garantie dans les mêmes limites en ce qui concerne une créance exigible. De plus, lorsque l'article 2277 défend d'exiger des intérêts

---

(¹) Pothier, Vente, nº 634.

(²) Projet de Code civil, liv. 3, tit. 1, art. 210.

(³) Voici la rédaction proposée par le tribunal de Cassation :

« La garantie de la solvabilité des débiteurs de rente *au moment du partage* ne « peut être exercée que pendant les cinq ans qui suivent la consommation du par- « tage. . . . . Mais si l'insolvabilité n'est survenue que depuis le partage « consommé, les copartageants n'en sont pas garants les uns envers les autres. »

arriérés, il n'a pas trait au capital : le créancier conserve son droit à cet égard, tant que la prescription trentenaire n'est pas accompli. Au contraire, lorsqu'il s'agit de la garantie d'une rente, la prescription quinquennale anéantit complétement le recours du cohéritier. On objecterait à tort que le défaut de payement des arrérages pendant cinq ans fait présumer l'insolvabilité du débiteur, et que dès lors le copartageant a été suffisamment averti. Il arrive assez souvent qu'un débiteur dissimule une insolvabilité déjà ancienne en prélevant sur son capital le payement de quelques années d'arrérages. Il faudrait, pour justifier la loi, supposer qu'elle exige en effet le défaut de payement des arrérages pendant cinq ans; mais il n'en est pas ainsi. La prescription quinquennale peut s'accomplir avant que le rentier ait été averti. Rien ne saurait donc justifier une semblable disposition.

804. Le Code ne contient aucune disposition sur la garantie des créances proprement dites. On pourrait donc croire, en se référant à l'ancienne jurisprudence, qu'il y a lieu de prolonger encore la garantie de la solvabilité du débiteur jusqu'à l'époque de l'exigibilité; mais, puisque c'est à l'époque du partage que la créance entre dans le patrimoine des cohéritiers, elle se trouve dès lors à ses risques comme le serait un bien corporel, et c'est même par application de ce principe que l'éviction doit résulter d'une cause antérieure au partage (art. 884).

Quant à la durée de l'action, on ne saurait étendre une disposition exorbitante hors du cas prévu par le Code. Il faut donc en revenir à la règle générale qui limite à trente ans la durée des actions (art. 2262). Quel est le point de départ des trente ans? S'attacher au moment du partage, ce serait obliger le créancier à agir avant que son intérêt soit né. Puisque la prescription ne court point à l'égard d'une action en garantie jusqu'à ce que l'éviction ait lieu (art. 2257), les trente ans ne doivent courir qu'à partir du moment où s'est révélée l'insolvabilité du débiteur.

SECTION V.

DE LA RESCISION EN MATIÈRE DE PARTAGE.

887. — Les partages peuvent être rescindés pour cause de violence ou de dol.

Il peut aussi y avoir lieu à rescision lorsqu'un des cohéritiers établit, à son préjudice, une lésion de plus du quart. La simple omission d'un objet de la succession ne donne pas ouverture à l'action en rescision, mais seulement à un supplément à l'acte de partage.

805. La loi énumère, comme causes de rescision en matière de partage, la violence, le dol et la lésion.

La violence et le dol étant des causes de rescision applicables à toutes les conventions, nous devons nous référer aux règles générales du titre *des Contrats*, soit en ce qui concerne les cas où une convention peut être rescindée à raison de la violence (art. 1111-1115) ou à raison du dol (art. 1116), soit en ce qui concerne la durée de l'action en rescision (art. 1304).

Le partage est également rescindable lorsque l'un des copartageants établit qu'il existe à son préjudice une lésion *de plus du quart*, ce qui doit s'entendre relativement à son lot. Il y a lésion dans le sens de la loi lorsqu'un lot n'a pas les trois quarts de la valeur qu'il devrait avoir [1].

Des doutes se sont élevés autrefois sur le point de savoir si le partage était rescindable pour cause de lésion, dans le cas où les lots avaient été tirés au sort. L'incertitude du résultat étant la même pour tous les intéressés, le sort, disaient plusieurs jurisconsultes, établit une égalité suffisante. Néanmoins l'opinion opposée a prévalu à raison de cette considération que l'inégalité est toujours contraire à la nature même du partage, et que dès lors on ne doit pas distinguer s'il a été fait dans telle forme plutôt que dans telle autre [2]. Aussi Pothier décide-t-il que la rescision doit être admise, quoique les lots aient été tirés au sort [3], et les termes généraux du Code ne permettent pas de décider autrement.

888. — L'action en rescision est admise contre tout acte qui a pour objet de faire cesser l'indivision entre cohéritiers, encore qu'il fût qualifié de vente, d'échange et de transaction, ou de toute autre manière.

Mais après le partage, ou l'acte qui en tient lieu, l'action en rescision n'est plus admissible contre la transaction faite sur les difficultés réelles que présentait le premier acte, même quand il n'y aurait pas eu à ce sujet de procès commencé.

---

[1] Si le lot d'un cohéritier comprend un nombre de mesures déterminées, avec estimation à tant la mesure, le déficit, lors même qu'il est de moins du quart, peut donner lieu à un recours en garantie. Il ne s'agit alors que de réparer une erreur de calcul (Rejet, 8 *novembre* 1826; Bordeaux, 16 *mars* 1829).

[2] Lebrun, Successions, liv. 4, chap. 1, n° 55.

[3] Pothier, Successions, chap. 4, art. 6.

806. Cette disposition du Code reçoit généralement une interprétation que nous ne saurions admettre d'une manière absolue. En cherchant les motifs qui peuvent déterminer les héritiers à donner au partage la forme d'une vente, d'un échange ou d'une transaction, on s'est attaché à ces expressions du texte : *encore qu'il fût qualifié de vente, d'échange*, etc., et on en a conclu qu'il s'agit d'actes auxquels les copartageants ont donné une fausse qualification afin d'éviter la rescision pour lésion de plus du quart. Cette supposition d'une fraude à la loi, au moyen d'une fausse qualification donnée à l'acte de partage, n'est pas celle des anciens auteurs que les rédacteurs du Code ont le plus souvent consultés. Si Pothier suppose un partage « qua-« lifié de transaction, » c'est par suite d'une méprise qu'il attribue au notaire (¹), ce qui exclut l'idée d'une fraude pratiquée par les parties. De même, Lebrun parle seulement d'un « partage réglé par une transaction (²). »

Mais comment s'expliquer ce règlement du partage ? Il faut examiner, à cet égard, quelle est la nature des difficultés que les héritiers ont terminées ou prévenues par transaction. Certainement, si l'on suppose qu'ils ont transigé sur l'étendue de leurs droits respectifs dans la succession, par exemple, pour déterminer la part que chacun d'eux doit recueillir, la transaction, dans cette hypothèse, ne fait pas cesser l'indivision, et dès lors elle ne peut sous aucun rapport être assimilée à un

---

(¹) Pothier, Successions, chap. 4, art. 6.

(²) La lésion, dans l'ancienne jurisprudence, était une cause de rescision généralement admise dans les contrats commutatifs et pour toutes les parties contractantes. Ainsi, lorsqu'il existait une trop grande disproportion entre le prix d'un immeuble et sa valeur, la rescision du contrat de vente était accordée, soit au vendeur, à raison de l'infériorité du prix, soit même à l'acheteur dans le cas inverse (V. Pothier, *Vente*, n° 374). L'ordonnance de Charles IX, en refusant l'action en rescision, a tranché les doutes qui s'étaient élevés en matière de transaction (V. Merlin, *Répert.*, v° Transaction, § 5, n° 7) ; mais cette décision spéciale n'empêchait pas que, de droit commun, les contrats commutatifs ne fussent rescindables pour cause de lésion. Aujourd'hui il en est tout autrement : si la lésion vicie encore les conventions, ce n'est, d'après le Code civil (art. 1118), que dans certains contrats ou à l'égard de certaines personnes. On ne saurait donc voir dans l'article 2052, au titre *des Transactions*, qu'une reproduction superflue de l'ordonnance de Charles IX.

partage, ni par conséquent être rescindée pour cause de lésion ([1]). Si l'on suppose, au contraire, que, sans être d'accord sur leurs droits respectifs, les héritiers ont transigé sur certaines difficultés qui s'élèvent fréquemment dans les opérations mêmes du partage, notamment au sujet de la formation et de la distribution des lots, l'un des copartageants peut être lésé, et par cela même fondé à demander la rescision du partage ([2]). C'est à une semblable hypothèse que se réfère Lebrun quand il parle d'un « partage réglé par une transaction ([3]). »

On doutait autrefois qu'une transaction de ce genre pût être rescindée pour une telle cause, parce qu'une ordonnance de Charles IX, connue sous le nom d'*édit des transactions*, avait établi à l'égard de ce contrat une règle spéciale ([4]), en décidant qu'il ne serait pas rescindable pour cause de lésion. La doctrine a fait prévaloir une distinction entre les partages sous forme de transaction et les transactions intervenues sur des procès relatifs à des partages antérieurs. « Les partages « en forme de transaction, dit Lebrun, peuvent être cassés sur le fon- « dement d'une simple lésion du tiers au quart, parce que, quelque « clause qu'on y ait apposée, ce sont toujours de véritables partages.» Au contraire, suivant le même auteur, lorsqu'on transige dans une instance relative à un partage déjà fait, ce nouveau contrat a tous les caractères d'une véritable transaction et la restitution n'est point admise. En effet, dit-il, l'on n'est point demeuré, « en ce cas, aux termes d'un « simple partage ; mais l'on a fait un nouveau titre aux coparta- « geants ([5]). »

807. Telle est la distinction que la Code a consacrée en décidant, d'une part, que *tout acte qui a pour objet de faire cesser l'indivision...* pourra être rescindé en cas de lésion, *encore qu'il fût qualifié... de transaction*, et, d'autre part, que l'action en rescision *n'est plus admissible* contre une véritable transaction faite après que l'indivision a cessé. Seulement, comme Lebrun supposait une transaction intervenue dans le cours et à l'occasion d'une instance déjà introduite, les rédacteurs du Code ont cru devoir repousser l'idée qu'il fallût un procès commencé pour que la transaction fût possible. Aussi ont-ils généralisé la proposition de Lebrun en déclarant qu'une véritable transaction peut avoir lieu *même quand il n'y aurait pas eu de procès commencé*. Il suffit qu'il existe des *difficultés réelles* ; car la transaction n'est pas

---

([1]) Ainsi jugé (Rejet, 3 *décembre* 1833) pour l'acte par lequel des cohéritiers avaient réglé leurs parts respectives sans faire cesser l'indivision.

([2]) La cour de Cassation a effectivement appliqué l'article 888 à des cas où il y avait eu transaction sérieuse (Cassation, 12 *août* 1829 ; Rejet, 16 *février* 1842).

([3]) Lebrun, Successions, liv. 4, chap. 1, n° 56.

([4]) Édit d'avril 1561.

([5]) Lebrun, Successions, liv. 4, chap. 1, n° 56.

seulement un moyen de terminer les procès, c'est aussi un moyen de les prévenir (art. 2044).

808. La distinction qui vient d'être faite à l'égard des transactions s'applique à tous les autres actes entre cohéritiers, et spécialement aux ventes et échanges. Une lésion de plus du quart suffira pour faire rescinder ceux qui auront eu *pour objet*, ou même pour résultat, *de faire cesser l'indivision* ; mais lorsque l'indivision a déjà cessé, soit par un partage proprement dit, soit de toute autre manière (¹), il en est de la vente ou de l'échange entre cohéritiers comme d'une vente ou d'un échange entre personnes étrangères. Le vendeur n'a l'action en rescision qu'autant qu'il s'agit d'un immeuble et que le prix est inférieur aux cinq douzièmes de la valeur réelle (art. 1674), et l'échange n'est jamais rescindable pour cause de lésion (art. 1706).

S'il arrive fréquemment, comme nous l'avons dit, qu'un partage soit réglé par une transaction, on conçoit plus difficilement qu'un semblable règlement puisse avoir lieu au moyen d'une vente et surtout d'un échange. Pothier suppose bien le cas où l'un des cohéritiers vendrait à l'autre sa part dans les immeubles de la succession (²) ; mais, en dehors de cette hypothèse, qui se présente assez rarement, on ne s'explique pas comment ceux qui veulent sortir de l'état d'indivision, le feraient cesser soit par une vente, soit par un échange, soit par tout autre acte qu'un partage ordinaire, à moins toutefois qu'on ne suppose chez l'un d'eux l'intention de frauder la loi en cherchant à éviter la rescision que pourrait demander un copartageant lésé de plus du quart. Sous ce rapport, la disposition du Code peut être effectivement considérée comme une précaution prise par le législateur contre toute fraude tendant à éviter l'application de la règle établie dans l'article 887.

889. — L'action n'est pas admise contre une vente de droit successif faite sans fraude à l'un des cohéritiers, à ses risques et périls, par ses autres cohéritiers ou par l'un d'eux.

SOMMAIRE.

809. Distinction entre la vente de certains biens et la vente de droits successifs. Controverses de l'ancienne jurisprudence.
810. Exception en cas de fraude.

(¹) Suivant un arrêt de rejet, du 15 décembre 1832, il faudrait que le premier acte eût fait cesser l'indivision entre tous les cohéritiers. Il nous paraît plus rationnel de décider, avec un autre arrêt (Rejet, 20 *mars* 1844), qu'il suffit que l'indivision ait cessé entre les cohéritiers qui ont figuré dans l'acte.

(²) Pothier, Successions, chap. 4, art. 6.

809. L'article précédent, en parlant de la vente, suppose que l'un des héritiers achète de l'autre sa part indivise de certains biens, par exemple, des immeubles de la succession. Les mêmes principes ne sont pas applicables quand la vente a pour objet les droits successifs de l'un des héritiers ; car alors l'acheteur se charge des dettes dont le vendeur est tenu pour sa part héréditaire, et l'incertitude qui existe souvent sur le montant du passif ([1]) « empêche, dit Pothier, qu'on ne « puisse dire qu'il y a eu lésion, et met cet acte au rang des contrats « aléatoires, contre lesquels la restitution n'est pas admise ([2]). » Toutefois ce n'est pas sans quelque hésitation que Pothier se prononce contre la rescision d'une semblable vente ; *elle n'est guère sujette à rescision* ([3]), dit-il. C'est qu'autrefois il avait existé sur ce point beaucoup de controverses. Lebrun, tout en reconnaissant qu'une vente de droits successifs ne peut être rescindée pour cause de lésion, lorsqu'elle est faite à un étranger, n'étendait pas cette décision à la vente faite par l'un des héritiers à son cohéritier. « Il y a toujours, dit cet « auteur, un principe d'équité qui oblige les cohéritiers à garder « entre eux quelque égalité. » En conséquence, tandis qu'il n'admettait la rescision d'une semblable vente que pour lésion d'outre moitié lorsqu'elle avait été contractée seulement après le partage, il la considérait comme un partage rescindable pour lésion du tiers au quart, lorsqu'elle avait fait cesser l'indivision ([4]).

810. Le Code, rejetant l'idée de Lebrun, consacre la distinction de Pothier. Au surplus, il faut évidemment supposer *ici* l'absence de dol : c'est ce que le législateur exprime surabondamment en exigeant que la vente ait été faite *sans fraude*. En effet, suivant Lebrun, il faut examiner le temps *et* les circonstances de la vente, afin de voir si l'une des parties n'a pas été trompée par l'autre, en sorte que l'on ne puisse pas dire avec la loi romaine *non tam paciscitur quam decipitur* ([5]). C'est à ces mêmes circonstances que Pothier se réfère lorsque, rejetant la restitution pour cause de lésion, il veut cependant que « l'un des con-« tractants n'ait pas été plus instruit que l'autre des droits de la suc-« cession ([6]). »

([1]) Les tribunaux peuvent reconnaître qu'il n'y avait aucune incertitude sur le passif, et que dès lors la vente, n'ayant rien d'aléatoire, est sujette à la rescision pour lésion, aux termes de l'article 888 (Rejet, 9 *juillet* 1839 et 20 *mars* 1844).

([2]) Pothier, Successions, chap. 4, art. 6.

([3]) Pothier, *ibid.*

([4]) Lebrun, Successions, liv. 4, chap. 1, nos 60 et 61.

([5]) Lebrun, *ibid.*, no 58.

([6]) Pothier, Successions, chap. 4, art. 6. La cour d'Agen a fait l'application de ce principe (22 *mai* 1817) à une vente où la modicité du prix annonçait que le vendeur ne connaissait pas l'importance de ses droits.

890. — Pour juger s'il y a eu lésion, on estime les objets suivant leur valeur à l'époque du partage.

891. — Le défendeur à la demande en rescision peut en arrêter le cours et empêcher un nouveau partage, en offrant et en fournissant au demandeur le supplément de sa portion héréditaire, soit en numéraire, soit en nature.

SOMMAIRE.

811. Ces deux articles sont-ils spécialement applicables en dehors du cas de lésion ?

811. Ces dispositions sont tirées d'un passage de Lebrun, où cet auteur, après avoir établi, d'après le droit romain, que « dans tous les « cas où la restitution *pour lésion* a lieu, on considère la lésion eu « égard au temps du partage et non suivant l'événement, » ajoute, toujours en parlant de cette même restitution : «Quelquefois aussi on « ne donne point atteinte au partage, mais on supplée en biens héré- « ditaires. » Dans le Code civil, c'est également à l'hypothèse d'une rescision pour lésion que se rattache la faculté accordée au défendeur de fournir un supplément pour *empêcher un nouveau partage*. Il faut donc supposer que le demandeur se plaint, non pas d'avoir été fraudé, mais seulement d'avoir été lésé. Lebrun lui-même s'en explique formellement lorsqu'il distingue la simple lésion du tiers au quart, d'une autre lésion qu'il appelle énorme, et qui, suivant lui, constitue un dol, par suite duquel le défendeur n'aurait pas la faculté d'éviter un nouveau partage [1].

Remarquons toutefois la modification apportée par le Code à cette ancienne jurisprudence. Le supplément, suivant Dumoulin et Lebrun, ne devait consister qu'en biens héréditaires et non en deniers. Le texte, au contraire, permet, d'après l'opinion de Pothier [2], de fournir ce supplément même *en numéraire*.

892. — Le cohéritier qui a aliéné son lot en tout ou partie, n'est plus recevable à intenter l'action en rescision pour dol ou violence si l'aliénation qu'il a faite est postérieure à la découverte du dol ou à la cessation de la violence.

SOMMAIRE.

812. Ratification tacite du partage contracté par dol ou par violence.
813. *Quid* en cas de lésion?

---

[1] Lebrun, Successions, liv. 4, chap. 1, nos 761 et 762.
[2] Pothier, Successions, chap. 4, art. 6, *in fine*.

814. Effets de la rescision, soit entre les parties, soit à l'égard des tiers.
815. Lorsque le partage est rescindé pour cause de lésion, les tiers acquéreurs peuvent-ils opposer à leur vendeur la maxime *quem de evictione tenet actio*, etc. ?

812. Lorsqu'un des copartageants aliène, en tout ou en partie, les objets compris dans son lot, il fait acte de propriétaire, il exécute volontairement le partage, et par cela même renonce aux moyens qu'il pouvait avoir d'attaquer cet acte, pourvu toutefois qu'il en ait connaissance. En effet, on ne saurait renoncer ni expressément ni tacitement aux droits ou actions dont on ignore l'existence. Aussi la confirmation ou ratification tacite résultant de l'exécution volontaire d'un acte rescindable, n'est-elle admise par le Code, qu'autant que cette exécution est postérieure à l'époque où aurait pu intervenir une ratification expresse, par exemple, lorsque la violence a cessé ou que le dol a été découvert (art. 1338). C'est par application de ce principe, que l'un des copartageants peut perdre le droit de demander la rescision du partage pour cause de dol ou de violence, non par cela seul qu'il a aliéné tout ou partie de son lot, mais par cette circonstance que l'aliénation est *postérieure à la découverte du dol ou à la cessation de la violence* [1].

813. Le texte ne s'occupant point du cas de lésion, plusieurs auteurs ont conclu de son silence qu'il n'y a point à distinguer, dans ce cas, si l'héritier savait ou non qu'il se trouvait lésé. Rien ne l'empêche, dit-on, de vérifier l'importance de son lot ; il peut, il doit même faire cette vérification. Il faut donc supposer ou qu'il l'a faite, ou qu'il renonce à exercer son action lorsqu'au lieu de réclamer, il aliène son lot et exécute par cela même le partage [2]. Cette supposition, si elle pouvait être admise, conduirait à décider que l'héritier lésé renonce au droit d'agir en rescision, lors même qu'il ne connaît pas encore le préjudice qu'il éprouve. Il y aurait là une ratification d'une nature particulière, qui ne rentrerait sous aucun rapport dans les dispositions générales de l'article 1338. C'est donc arbitrairement que l'on imposerait à l'héritier qui veut disposer de son lot la nécessité de *vérifier préalablement s'il n'a pas été lésé*. D'autre part, si la loi autorise la rescision du partage, c'est parce que l'héritier lésé est présumé n'avoir consenti qu'en cédant à une nécessité que lui imposait l'état de ses affaires. On suppose qu'il lui importait d'avoir immédiatement la disposition de son lot, et, si l'on admettait qu'en aliénant sa

---

[1] Ainsi jugé au cas même où la demande avait été formée avant l'aliénation (Rejet, 17 février 1830).

[2] V. Chabot, sur cet article. V. aussi, en ce sens, Grenoble, 3 juillet 1822 et 17 juin 1831 ; Poitiers, 10 juin 1830.

part, il renonce à l'action en rescision, cette action s'éteindrait presque toujours au moment même où elle commence à naître. L'héritier lésé peut sans doute transiger, et par conséquent renoncer expressément au droit qui lui appartient de demander la rescision ; il peut aussi y renoncer tacitement, mais cette renonciation suppose une exécution *volontaire* (art. 1338), et l'on ne saurait supposer une pareille volonté de la part de celui qui ne connaît pas le vice du partage. Nous pensons donc que l'aliénation totale ou partielle du lot de l'héritier lésé n'emporte point par elle-même ratification du partage (¹). Toutefois il appartient au juge d'apprécier, d'après les circonstances, si l'héritier a réellement agi en connaissance de cause et par cela même renoncé à l'action en rescision (²).

814. Lorsque le partage est rescindé, les biens de la succession sont rétablis dans leur indivision primitive pour être partagés de nouveau. Ainsi chacun des cohéritiers n'a eu sur son lot qu'une propriété résoluble, et les aliénations par lui consenties n'ont pu transférer que des droits pareillement résolubles (art. 2125). Les biens aliénés par les cohéritiers ou par l'un d'eux, doivent donc rentrer comme tous les autres biens de la succession dans la masse partageable. Si quelque doute peut s'élever à cet égard, c'est uniquement lorsque le partage est rescindé pour cause de dol ; car c'est une question de savoir si la rescision d'une convention pour cause de dol peut réfléchir contre les tiers. Mais ce n'est pas ici le lieu d'examiner cette question ; elle se présentera sur l'article 1116, au titre *des Contrats.* Dans les deux autres cas de rescision du partage, c'est-à-dire, lorsqu'il y a eu violence ou lésion, les biens aliénés doivent incontestablement rentrer dans la masse partageable. A la vérité, le partage sera rarement rescindé pour cause de lésion ; car l'indemnité autorisée par l'article 891 sera presque toujours offerte au demandeur, soit par ses cohéritiers, soit du moins par les tiers acquéreurs ; mais dans le cas contraire, la rescision doit inévitablement suivre son cours.

815. Néanmoins on peut se demander si les tiers qui auraient acquis du cohéritier lésé tout ou partie des biens compris dans son lot peuvent en être dépossédés sur la demande de leur propre vendeur, bien qu'il doive les garantir de toute éviction. En règle générale, celui qui est éventuellement passible d'un recours ne peut pas lui-même donner lieu à ce recours en revendiquant le bien dont il a disposé (³).

(¹) Toulouse, 24 novembre 1832 ; Agen, 21 janvier 1836 ; Bordeaux, 26 juillet 1838 ; Nîmes, 22 mars 1839.

(²) Cette distinction a été consacrée par la cour de Cassation (Rejet, 24 janvier 1833.

(³) *Quem de evictione tenet actio, eumdem agentem repellit exceptio.* La règle,

Il est vrai qu'ici le demandeur en rescision se plaint d'un vice du partage ; mais ce vice est totalement étranger aux tiers acquéreurs auxquels il doit lui-même garantie. On ne saurait donc l'autoriser à revenir sur des engagements volontairément contractés.

Lorsque des biens ont été ainsi aliénés par le demandeur en rescision, le partage ne peut produire tous ses effets ordinaires. En pareil cas, vis-à-vis des cohéritiers du demandeur en rescision, les biens par lui aliénés doivent être comptés dans la masse partageable pour leur valeur actuelle, et alors on doit procéder au nouveau partage comme s'il s'agissait d'immeubles rapportés en moins prenant (art. 861).

ainsi formulée par Denis Godefroy, est fondée sur un texte d'Ulpien (*L.* 17, *D. de evict.*).

FIN DU DEUXIÈME VOLUME.

TABLE

DES TITRES ET DE LEURS SUBDIVISIONS.

LIVRE DEUXIÈME.

DES BIENS ET DES DIFFÉRENTES MODIFICATIONS DE LA PROPRIÉTÉ.

LIVRE TROISIÈME.

DES DIFFÉRENTES MANIÈRES DONT ON ACQUIERT LA PROPRIÉTÉ.

FIN DE LA TABLE.